余姚年鉴

YUYAO NIANJIAN

2015

余姚市人民政府　主办

余姚市地方志编纂委员会　编

方志出版社
Publishing House of Local Records

图书在版编目（CIP）数据

余姚年鉴. 2015 / 余姚市地方志编纂委员会编 .
—北京： 方志出版社， 2016.12

ISBN 978-7-5144-2293-1

Ⅰ. ①余… Ⅱ. ①余… Ⅲ. ①余姚市— 2015 —年鉴
Ⅳ. ① Z525.53

中国版本图书馆 CIP 数据核字（2016）第 299106 号

余姚年鉴 2015

编　　著：余姚市地方志编纂委员会
责任编辑：刘方圆

出 版 者：方 志 出 版 社
（北京市朝阳区潘家园东里 9 号（国家方志馆 6 层）
邮编 100021
网址 http：//www.fzph.org
发　　行：方志出版社发行部
（010）67110500
经　　销：各地新华书店
印　　刷：宁波三和印刷有限公司

开　　本：889 × 1194　　1/16
印　　张：25.75
字　　数：728 千
版　　次：2016 年 12 月第 1 版　2016 年 12 月第 1 次印刷
印　　数：0001~1000 册

ISBN 978-7-5144-2293-1　　　　定 价：180.00

《余姚年鉴（2015）》
余姚市地方志编纂委员会

《余姚年鉴（2015）》编辑部

余姚市政区图
海盐县
海宁市
平湖市
宁波杭州湾新区
余姚经济开发区
滨海新城
浙江杭州湾上虞工业园区
慈溪市
上虞区
江北区
鄞州区
奉化市
嵊州市
小曹娥镇
泗门镇
黄家埠镇
临山镇
马渚镇
朗霞街道
低塘街道
阳明街道
凤山街道
兰江街道
梨洲街道
大岚镇
三七市镇
河姆渡镇
丈亭镇
陆埠镇
大隐镇
鹿亭乡
四明山镇
余姚市
图例
余姚市政区图
比例尺 1:75000
余姚市地名委员会
浙江省工程勘察院 编制
余姚市测绘与地理信息局 监制
审图号：浙S（2012）144号 2012年09月

2014 年余姚市国民经济主要指标

项　目	单　位	指标值	增长率（%）
一、地区生产总值	亿元	807.68	8.5
其中：第一产业	亿元	41.34	5.3
第二产业	亿元	467.55	8.8
其中：工业	亿元	426.31	8.4
第三产业	亿元	298.79	8.5
人均生产总值	元	96625	1.1
二、农业总产值	亿元	63.2	4.3
其中：农业	亿元	42.7	8.8
林业	亿元	3.4	2.1
牧业	亿元	11.4	-3.0
渔业	亿元	5.2	-10.8
农林渔牧服务业	亿元	0.6	8.8
三、规模以上工业			
总产值	亿元	1324.78	7.6
销售收入	亿元	1273.68	7.3
新产品产值	亿元	469.03	25.8
利税总额	亿元	95.29	15.1
其中：利润总额	亿元	59.78	15.4
四、全社会固定资产投资额	亿元	515.62	17.2
其中：第一产业	亿元	6.30	113.8
第二产业	亿元	211.04	19.0
其中：工业	亿元	210.94	38.4
第三产业	亿元	298.28	18.9
五、社会消费品零售总额	亿元	388.08	13.1
其中：城镇消费品零售额	亿元	250.59	12.0
农村消费品零售额	亿元	137.49	15.0
旅游总收入	亿元	82.00	15.5
六、对外经济			
自营进出口总额	亿美元	91.73	10.2
其中：自营出口总额	亿美元	70.84	9.0
实际利用外资	亿美元	3.91	5.7
七、财政			
财政总收入	亿元	119.43	12.3
其中：公共财政预算收入	亿元	64.81	8.7
公共财政预算收入	亿元	80.47	7.9
八、金融			
金融机构年末存款余额（本外币）	亿元	1200.92	2.7
金融机构年末贷款余额（本外币）	亿元	1245.41	4.6
九、城乡居民收入			
农村居民人均纯收入	元	24312	10.5
城镇居民人均可支配收入	元	41921	9.2

2月12日至13日，省委组织部副部长、人才办主任姚志文（右二）到余姚调研人才工作

2月17日下午，副省长梁黎明（左二）考察中国塑料城

4月16日，宁波市人大常委会主任王勇（中）到余姚调研人大工作和灾后恢复重建工作情况

5月27日，宁波市副市长万亚伟（中）到余姚调研民政工作

6月11日，中国（宁波）意大利产业园签约仪式在北京人民大会堂举行，中意两国总理见证签约仪式

6月12日上午，中国宁波—意大利技术与产业合作项目签约仪式在北京举行

9月4日，省委赴宁波督导组组长王培民（左5）到余姚调研党的群众路线教育实践活动开展情况

10月16日下午，省委常委、宣传部部长葛慧君（右二）到余姚调研宣传思想文化工作

10月30日，省委常委、组织部部长胡和平（中）到泗门镇谢家路村考察“小板凳工作法”

1月12日上午，市政协十二届三次会议在余姚影城开幕

1月13日上午，市十六届人大三次会议在余姚影城开幕

1月16日，国家级非遗项目——余姚土布制作技艺亮相第五届中国余姚·河姆渡农业博览会

1月22日晚，“万成·水韵江南杯”2014年余姚青少年迎春文艺晚会在龙山剧院举行

2月12日下午，泗门镇举行汝湖春晓·第八届元宵灯会开灯仪式暨“福满泗门”民间艺术巡游

4月11日晚，由上海音乐学院和余姚市高风中学主办的2014年余姚市新春音乐会在高风中学举行

5月18日上午，余姚市申报国家历史文化名城系列宣传活动启动仪式在龙山西麓广场举行

5月23日晚，“体彩杯”浙江稠州俱乐部与塞尔维亚KK康斯坦丁俱乐部男子职业篮球对抗赛在市职成教中心学校体育馆举行

6月17日，全省加快“机器换人”和“三新”开发推进工业经济稳定增长工作现场交流会在余姚举行

7月18日，由宁波市委、光明日报社主办，余姚市委、光明日报理论部、光明日报宁波记者站共同承办的中华优秀传统文化与王阳明思想研讨会在余姚举行

9月20日至21日，稻作农业起源与传播学术研讨会暨中国考古学会植物考古专业委员会成立大会在余姚召开

9月23日，首届“悦湖湾”杯姚西北广场舞赛总决赛在泗门影剧院举行

9月26日上午，中国（宁波）意大利产业园在余姚经济开发区滨海新城举行开园仪式

10月16日上午，省委党校梁弄分校成立1周年暨更名四明山分校座谈会在余姚举行

10月27日晚，由中国商业联合会和中国皮革协会主办的2014年中国裘皮服装节在余姚宾馆开幕

10月31日，姚台阳明文化缘交流活动暨省级对台交流基地授牌仪式在王阳明故居举行

10月31日下午，宁波市“五水共治”工作现场推进会在余姚召开

11月6日上午，第十六届中国塑料博览会在中塑国际会展中心开幕

12月24日，宁波市农村文化礼堂文艺团队才艺大比拼在朗霞街道天华村举行

12月30日晚，由市委宣传部、市文化广电新闻出版局主办的“文化让生活更美好”2015年市新年音乐会在龙山剧院举行

编辑说明

一　《余姚年鉴》是由余姚市人民政府主办、余姚市地方志编纂委员会编纂的系统记述全市自然、政治、经济、文化、社会等方面情况的年度资料性文献。由市级机关各部门、各乡镇（街道）及有关企事业单位负责供稿，市史志办公室负责全书的编辑、校对、出版。本鉴是创刊至今的第6部。

二　《余姚年鉴》的编纂方针是：以马克思列宁主义、毛泽东思想、邓小平理论、"三个代表"重要思想和科学发展观为指导，深入贯彻习近平总书记系列重要讲话精神，系统准确地反映市委、市政府的工作，如实记载全市各领域事物变化状况，客观地记述全市建设社会主义"三个文明"的历史进程，使年鉴既为当今的改革开放和经济建设服务，又为后人提供资料和借鉴。

三　《余姚年鉴（2015）》采用分类编辑法。卷首设特载、概貌、大事记、专记，正文部分设类目、分目、条目三个层次，其中条目为主要的信息载体。卷末设有附录。

四　本鉴的栏目设计和编排次序是根据年鉴的基本体例和行业归类的特点而设置的，与每一个具体部门的行政级别高低无关。

五　本鉴收录的资料和记载的事件未予特别说明的均限于2014年度。各单位领导干部名单也以2014年度在职者为准。文中所述领导职务以事件发生时的相关主要职务为准。

六　本鉴所采用的统计数据一般以市统计局口径为准；市统计局未作统计的，由各业务部门和单位提供。

七　为方便读者检索，本鉴在末尾附有主题索引，按主题词首字汉语拼音字母顺序排列。

八　由于编纂水平有限，时间仓促，书中难免会有疏漏和错讹，欢迎广大读者批评指正。

《余姚年鉴》编辑部

2015年12月

部分组织机构全称、简称对照表

全　称	简　称
浙江省全省	全省
浙江省	省
中共浙江省委员会	省委
浙江省人民政府	省政府
中共宁波市委员会	宁波市委
宁波市人民政府	宁波市政府
余姚市全市	全市
中共余姚市委员会	市委
余姚市人民代表大会常务委员会	市人大常委会
余姚市人民政府	市政府
中国人民政治协商会议余姚市委员会	市政协
中共余姚市纪律检查委员会	市纪委
余姚市人民法院	市法院
余姚市人民检察院	市检察院
中国人民解放军余姚市人民武装部	市人武部
中共余姚市委政法委员会	市政法委
中共余姚市委办公室	市委办
余姚市人民政府办公室	市府办
中共余姚市委组织部	市委组织部
中共余姚市委宣传部	市委宣传部
中共余姚市委统一战线工作部	市委统战部
余姚市机构编制委员会办公室	市编委办
中共余姚市委政策研究室	市委政研室

全 称	简 称
中共余姚市直属机关工作委员会	市直机关党工委
中共余姚市委老干部局	市委老干部局
中共余姚市委党校	市委党校
余姚市流动人口服务与管理办公室	市流管办
余姚市行政审批管理办公室	市审管办
中共余姚市委台湾工作办公室、余姚市人民政府台湾事务办公室	市台办
余姚市人民政府侨务办公室	市侨办
余姚市民族宗教事务局	市民宗局
中共余姚市委、市人民政府农村工作办公室	市农办
余姚市革命老区开发建设领导小组办公室	市老区办
中国共产主义青年团余姚市委员会	团市委
余姚市妇女联合会	市妇联
余姚市文学艺术界联合会	市文联
余姚市科学技术协会	市科协
余姚市残疾人联合会	市残联
余姚市社会科学界联合会	市社科联
余姚市关心下一代工作委员会	市关工委
中国民主促进会余姚市支部委员会	民进余姚支部
农工民主党余姚市支部委员会	农工党余姚支部
中国国民党革命委员会余姚支部	民革余姚支部
余姚市工商业联合会	市工商联
余姚市发展和改革局	市发改局
余姚市经济和信息化局	市经信局
余姚市科学技术局	市科技局
余姚市老龄工作委员会办公室	市老龄办
余姚市国家税务局	市国税局
余姚市地方税务局	市地税局
余姚市人力资源和社会保障局	市人社局

全　称	简　称
余姚市安全生产监督管理局	市安监局
余姚市住房和城乡建设局	市住建局
余姚市公共项目建设管理中心	市公建中心
余姚城投集团有限公司	余姚城投集团
余姚市环境保护局	市环保局
余姚市交通运输局	市交通局
余姚市城市管理行政执法局	市城管局
余姚市房屋动迁管理办公室	市动迁办
余姚市国土资源局	市国土局
余姚市农业机械管理局	市农机局
余姚市工业国有资产经营公司	市工业国资公司
余姚市供销合作社联合社	市供销联社
余姚市文化广电新闻出版局	市文广局
余姚市人口与计划生育局	市计生局
余姚市招投标管理办公室	市招管办
余姚市市场监督管理局	市市场监管局
余姚市质量技术监督局	市质监局
余姚出入境检验检疫局	余姚检验检疫局
宁波海关驻余姚办事处	海关余姚办事处
宁波镇海海事处余姚办事处	海事余姚办事处
余姚市盐务管理局	市盐务局
余姚市烟草专卖局	市烟草局
中国移动通信有限公司余姚分公司	中国移动余姚分公司
中国人民银行余姚市支行	人行余姚支行
宁波银监局余姚办事处	银监余姚办事处
中国工商银行股份有限公司余姚支行	工行余姚支行
中国银行股份有限公司余姚支行	中行余姚支行
中国建设银行股份有限公司余姚支行	建行余姚支行

全　称	简　称
中国农业银行余姚市支行	农行余姚支行
交通银行股份有限公司宁波余姚支行	交行余姚支行
上海浦东发展银行余姚支行	浦发银行余姚支行
中国农业发展银行余姚市支行	农发行余姚支行
中国人民财产保险股份有限公司余姚支公司	人保余姚支公司
中国人寿保险股份有限公司余姚市支公司	中国人寿余姚支公司
中国太平洋财产保险股份有限公司余姚支公司	太保余姚支公司

目 录

余姚市人民代表大会 ……………………………… 068

余姚市人民政府 ……………… 072

财政·税务 …………………… 178

金融 …………………………… 185

经济综合管理 ………………194

环境·旅游 ……………………223

文教·科技·卫生 …………229

文件选编 ……294

荣誉（部分）……337

名录 ……343

CONTENT

特　　载

主动适应新常态积极谋求新作为
为加快建设美丽富裕幸福新余姚而努力奋斗

——在市委十四届七次全体（扩大）会议上的报告

中共余姚市委书记　毛宏芳

（2015年1月12日）

同志们：

这次市委全会的主要任务是：深入学习贯彻党的十八大、十八届三中、四中全会、中央经济工作会议和省委十三届六次全会、宁波市委十二届八次全会精神，回顾总结2014年工作，研究部署2015年任务，动员全市各级党组织和广大党员干部群众，提振信心、凝聚力量，开拓创新、奋勇争先，全力以赴做好各项工作，为加快经济社会转型升级、建设美丽富裕幸福新余姚而努力奋斗。

下面，我代表市委常委会向全会作报告。

一、2014年工作回顾

2014年是贯彻落实党的十八届三中全会精神的开局之年、第二批党的群众路线教育实践活动的开展之年，也是我市全面推进灾后恢复重建、加快经济社会转型升级的关键之年。一年来，市委常委会深入学习贯彻习近平总书记系列重要讲话精神，认真落实省委、宁波市委的决策部署，牢牢把握“稳中求进、转中求好”的总基调，直面各类难题和挑战，统筹推进各项事业发展，在建设美丽富裕幸福新余姚的征程中迈出了坚实步伐。预计实现地区生产总值808亿元，增长8.2%；完成财政总收入119.4亿元，其中公共财政预算收入64.8亿元，分别增长12.3%和8.7%；固定资产投资520亿元，增长18.2%；社会消费品零售总额386亿元，增长13%；自营进出口总额91.5亿美元，增长

9.9%；实到外资3.91亿美元、内资66.71亿元，分别增长5.7%和56.6%；城镇和农村居民人均可支配收入分别达到45032元、22520元，增长10%和10.5%。我市再次获得“中国最具幸福感城市”称号。

1. 重活动、强实效，推动了作风形象明显向好。市委常委会深刻认识到，开展党的群众路线教育实践活动，是党在新形势下坚持党要管党、从严治党的重大决策。我们切实把活动作为推动各项工作的有效抓手，在省委赴余姚督导组用心用情的指导下，既把上级要求的规定动作做到位，又结合市情把自选动作抓扎实。坚持以示范点、排头兵为要求，高起点谋划、高标准推进教育实践活动，公开承诺“六带头、六表率”，以身作则开展32项具体整改，市级党员领导干部全部建立联系点，各督导组严督实导，各级党委精心组织实施，确保了活动不走过场。坚持把加强理想信念教育放在首位，认真学习贯彻习近平总书记系列重要讲话精神，大力弘扬焦裕禄精神，自觉践行“三严三实”，组织开展“三问三观”大讨论、“千名干部进梁弄、万名党员受教育”等活动，夯实了作风建设的思想基础。坚持把联系群众、服务群众贯穿活动始终，全面组织开展走亲连心，在活动第一环节结束前，全市党员干部实现走村入户100%。坚持以整风精神开展批评和自我批评，以上率下开好高质量专题民主生活会和组织生活会，深入查摆问题，深挖问题根源，广大党员干部接受了一次从未有过的党性教育和思想洗礼。坚持抓住“四风”问题不放，从严执行中央“八项规定”和省委、宁波市委相关规定，深化正风肃纪专项行动，切实加大明察暗访力度，抓好21项专项整治任务落实，倒逼党员干部讲规矩、守纪律。坚持用制度管权管事管人，扎紧制度的笼子，制定出台作风建设17项制度。活动结束后，根据上级要求，及时把活动办调整为整改办，推动整改承诺落实。通过教育实践活动，切实解决了一批群众反映强烈的突出问题，有效提升了党员干部的作风形象。

2. 重转型、强创新，推动了经济发展回升向稳。市委常委会深刻认识和把握发展的阶段性特征，坚持恢复重建和转型升级一起抓，在春节上班后第一天召开“经济社会转型发展推进年”动员大会，制定出台助企强企稳增促转等政策意见，组织开展“五联五促”“三进三解”等活动，努力把因灾显现的短板补起来，把因灾延误的时间抢回来，把因灾造成的损失夺回来。坚持以工业经济主导转型升级，深入实施工业强市提效行动和新兴产业双倍增长计划，规上工业增加值增长9.5%，战略性新兴产业增加值增长12%。坚持以“四换三名”推动转型升级，出台“机器换人”技术改造三年行动计划，全省加快“机器换人”和“三新”开发现场会在我市召开，完成“机器换人”项目106个，减员9200余人；出台电子商务发展扶持政策，注册电商企业突破1300家；坚决淘汰落后产能，1-11月万元工业增加值能耗下降8.1%；高度重视市场主体培育，成为省“小升规”重点市。坚持以改革创新引领转型升级，成立全面深化改革领导小组，梳理确定8方面、48项重点改革项目，“四张清单一张网”、工商注册登记、政府机构、村经济合作社股份制等改革进展顺利；深入实施科技领航计划和人才强市战略，出台高层人才创业扶持资金、种子资金、贷款贴息具体办法，建立科技金融风险池基金，科技创新体系更加完善，“国家知识产权城市试点”创建通过验收。坚持以平台建设支撑转型升级，浙江“千人计划”余姚产业园累计注册项目达到32个，其中投产13个，部分项目填补国内空白；中意宁波生态园正式开园并晋升“国字号”，首批3个项目落地开工。坚持以现代服务业助推转型升级，中国塑料城获得“浙江省线上线下结合十强专业市场”称号，华润五彩城等建成开业，引进慧聪家电产业新城、丰树物流产业园等项目，商品市场成交额增长14.7%；旅游总收入增长15.5%。着力破解土地要素制约，获批使用省级规划预留指标891亩，获得新增建设用地指标4616亩。大力发展现代农业，“两区”建设、现代农业经营主体培育取得新进展，获得“全国农业机械化示范区”称号。

3. 重谋划、强保障，推动了灾后重建克难向前。市委常委会始终坚持困难面前不低头、越是困难越向前，认真落实灾后恢复重建各项政策措施，全力争取上级支持，团结带领全市人民，努力走出一条大灾之后又好又快发展之路。特别是把“五水共治”作为灾后重建的重中之重，作为最大的政治、最大的民生、最大的责任，全力以赴打好治水攻坚战。坚持系统问题系统谋划，第一时间邀请省内外专家对“五水共治”进行系统研究，广泛征求省、宁波市有关部门和市级老领导、老水利工作者、“两代表一委员”和市民的意见和建议，修编完成防洪排涝等一系列规划和实施方案；第一时间制定“五水共治”三年行动计划，作为市委一号文件下发。坚持非常任务非常对待，全域统筹设计建设，全力压缩审批环节，全市统一资金调配，以非常模式推进治水项目建设，132 个治水项目实现开工，126 个对口帮扶项目全面完成，1100 处水毁水利工程全部修复，供电、通信、广电等公共设施标准得到提升。扎实做好地质灾害防治工作，创建成为全国首批、宁波首个地质灾害防治高标准“十有县”。全面推行“河长制”，打通断头河 8 条，68 条“三河”全部摘帽。滨海污水处理厂提标改造工程、榨菜污水治理工程建成投用，农村生活污水治理 112 个村启动，其中 61 个村竣工运行。坚持全民关注全民共治，修编完成市、镇、部门防汛防台应急预案，全面公布防汛防台部署，广泛开展应急演练和宣传，市民防灾减灾意识明显增强。全面推进城市社区治理体系创新，把支部建在楼道里，基本形成了党建引领、“四治”联动的格局，社区应急反应和综合服务能力得到提升。

4. 重品质、强统筹，推动了城乡环境稳步向优。市委常委会始终以新型城镇化为方向，坚持规划引领、项目带动、资源整合、模式创新、综合治理一起抓。市域总体规划修编等工作全面启动，泗门卫星城城市客厅区块修建性详细规划、姚北新城分区规划等编制完成，马渚、陆埠等 7 个乡镇总体规划完成报批，8 个精品村规划获省级奖项，数量全省领先。西南组团、南雷路两侧等重点区块开发建设稳步推进，玉皇山公园建成开园，府前路历史文化街区改造等工程进展顺利。泗门、梁弄、陆埠入选全国重点镇，泗门镇获省小城市培育试点考核优秀，美丽乡村 11 个精品村 54 个项目全部启动。杭州湾跨海大桥杭甬高速公路连接线进展顺利，浒溪线大岚至奉化段改造工程完工，一批断头路打通，城乡交通路网进一步完善。全面启动“阳光征收”，积极探索“模拟征迁”、“房票”安置，完成房屋征收拆迁 50.2 万平方米，14 个项目实现“清零”。强势推进“三改一拆”，妥善处置了一批涉宗违法建筑。深化生态环境综合整治，完成四明湖周边环境安全隐患企业整治，关停搬迁饮用水源地和主要河道规定范围内畜禽养殖场 157 家，淘汰黄标车及老旧车 8775 辆，基本完成化纤、再生金属熔炼等行业整治。扎实推进“森林余姚”建设，改造新建绿化面积 1.25 万亩，完成四明山区域生态修复 2400 亩。

5. 重民生、强治理，推动了人民生活持续向上。市委常委会牢固树立“再紧不能紧民生”的理念，切实加大民生投入，市公共财政用于民生支出 63.6 亿元，增长 11.6%。把扩人和促进就业作为改善民生的头等大事，制定出台支持姚籍大学生回乡就业创业等扶持政策，积极创建省级创业型城市，新增就业人员 2.51 万人，创业带动就业 7.33 万人，城镇登记失业率控制在 1.28%。加强社会保障体系建设，推动社保体系从制度全覆盖向人群全覆盖转变，社会救助更加公平高效。推动教育事业健康优质均衡发展，全国义务教育发展基本均衡市通过评估，高考取得历史最好成绩。围绕让群众看得起病、看得好病，全面推进县乡村卫生一体化综合管理试点工作，省“卫生强市”通过复核，成功创建为国家慢性病综合防控示范区。把创建全国文明城市作为一项重要任务来抓，多次召开动员会、推进会和情况分析会，着力打造整洁有序的市容环境、文明有礼的人文环境和温暖有爱的社会环境，接受了中央文明委考评。繁荣发展文化事业，举办首届百姓文化节，大运河（余姚段）申遗成功，“阳明讲堂”正式开讲，电视纪录片《余姚四先贤》等作品获奖，竞技体育取得重大突破，“全国文化先进县”通过复评，我市获省“传统戏剧特色县（市）”称号。稳妥实施“单独两孩”生育政策，出生人口性别比综合治理成效明显。积极创新社会治理，宗教事务管理得到加强，基层协商民主建设经验向全省推广。紧紧围绕提升群众对平安创建的知晓率、参与率、满意率，深化平安余姚建设，完善公共安全保障体系，信访总量、越级上访持续下降，安全生产事故发生起数、受伤人数、死亡人数、直接经济损失实现“四下降”。

6. 重责任、强担当，推动了党的建设不断向强。市委常委会严格落实从严治党的政治责任，把抓好党建作为最大政绩。精心组织中心组理论学习，广泛开展党的十八届三中、四中全会精神和习近平总书记系列重要讲话精神等宣传教育培训，“小载体”宣讲团获全国基层理论宣讲先进集体。大力弘扬社会主义核心价值观，深化“做文明崇德余姚人”系列活动，加强主题宣传，强化舆论引导，清朗网络空间，推进网络问政，营造了良好舆论氛围。深化干部人事制度改革，树立实绩为先的用人导向，推行“亮绩竞标”、公开比选促人才脱颖而出，实施“岗位对责、绩效对账”促干部勤政履职，组织年轻干部到基层一线历练促干部成长进步。严格干部职数管理，建立经常性考察机制，畅通不适宜担任现职干部退出渠道，全面清理规范领导干部兼任社团领导职务。扎实推进省委党校四明山分校建设，打造党员干部理想信念教育主课堂。不断加强人才工作综合保障，优化人才发展环境，累计培养和引进“国千”“省千”专家41人。加强基层服务型党组织建设，健全优化基层组织服务网络体系，推广“小板凳”工作法，完成村（社区）评比达标创建多、挂牌多、检查考核多等“五多”问题专项整治，完成16个软弱涣散村级党组织整顿转化，抓好基层权力规范运行，深入推进在职党员进社区，深化两新党组织区域化、标准化和示范群建设。严格履行党风廉政建设主体责任，认真落实履行党风廉政建设主体责任情况向上一级党委、纪委报告的制度，全力支持纪委“三转”，推动纪检监察机关集中精力履行监督责任、干好主职主业。立案查处违法违纪案件139件，给予党纪政纪处分137人。

一年来，市委常委会高度重视自身建设，要求每一位常委同志时时事事处处以更高的标准要求自己。带头强化政治定力，坚决维护上级权威，确保政令畅通、决策落地。带头强化责任担当，主动挑重担、奋力抓落实，不敢有丝毫放松和懈怠。带头遵守民主集中制，做到讲统筹、讲团结、讲协作。与此同时，市委常委会坚持统揽全局、协调各方，通过人大、政府、政协三个党组加强对人大、政府、政协工作的领导，开好人大、政协工作会议，专门出台《关于推动人大工作与时俱进充分发挥地方国家权力机关作用的意见》和《加强人民政协政治协商的办法》《加强人民政协民主监督的意见》，合心合力合拍推动各项工作落实。认真抓好统战工作，切实加强同民主党派、工商联和无党派人士的合作共事，重视抓好党外代表人士队伍建设。加强对工会、共青团、妇联等人民团体的领导，支持依法按章履行职责、发挥作用。支持司法机关依法独立行使审判权和检察权，进一步提高了司法公信力。强化党管武装责任，全面落实党管武装各项制度，推动了党管武装和国防后备力量建设迈上新台阶。

回顾2014年，我们能取得来之不易的成绩，归功于上级党委政府的坚强领导和亲切关怀，饱含着社会各界的积极参与和默默奉献，凝聚了全市上下的聪明才智和辛勤汗水。在此，我代表市委，向对余姚经济社会发展予以大力支持的各方各界，向全市广大党员干部群众，表示衷心的感谢并致以崇高的敬意！

二、2015年工作的总体要求和目标任务

2015年是全面完成“十二五”规划、谋划“十三五”发展的承上启下之年，是全面深化改革、加快经济社会转型升级的关键之年，也是全面落实依法治国决定、推进法治余姚建设的开局之年。**放眼全球，**世界经济仍处于深度调整期，美国、欧元区、日本以及新兴经济体经济走势继续分化，美元汇率走强导致全球汇市、债市、股市波动风险增加，地缘政治等非经济因素影响进一步加大。**环顾国内，**经济发展步入新常态，三大需求、生产力和产业组织方式、生产要素相对优势、市场竞争方式、资源环境约束、经济风险、资源配置模式和宏观调控方式等一系列重大而深远的变化正在发生。认识新常态，适应新常态，引领新常态，成为当前和今后一个时期经济发展的大逻辑。**审视自身，**虽然经济社会保持了平稳较快发展，但一些深层次问题和矛盾依然存在，改革发展稳定的任务依然艰巨。这一切，要求我们坚定发展信心、增强战略定力，按照既定的目标和思路，咬定青山不放松，一张蓝图绘到底。做好今年的各项工作，必须**坚持“三个不变”：**

坚持加快建设美丽富裕幸福新余姚的目标不变。建设美丽富裕幸福新余姚，既体现了历史传承，又契合发展大势；既符合余姚实际，又符合省委“两富”、“两美”以及宁波实现“两个基本”、建

设“四好示范区”的战略部署，我们必须紧盯不放，一以贯之地抓下去。

坚持推动“六大转型”的部署不变。加快推动县级城市向区域性中心城市转型、县域经济向城市经济转型、传统产业向现代产业转型、文化大市向文化强市转型、社会管理向社会治理转型、粗放型发展向绿色发展转型，是科学发展、可持续发展、包容性发展理念在余姚的落实，是宁波市委“双驱动四治理”决策部署的具体化，是新常态下实现新发展的必由之路和有效抓手。过去一年，“六大转型”开局良好；展望未来，“六大转型”前景更好。我们必须紧抓不松，持之以恒地抓下去。

坚持稳中求进的基调不变。继续坚持稳中求进，既是中央对做好今年经济工作的重要指导方针，也契合当前我市的发展形势和现状。我们必须牢记稳字当头、贵在有进，凡事从坏处准备、向好处努力，兼顾上级各项指标任务完成、群众的需求和自身的承受能力，既注重稳住经济发展“基本面”，又注重谋求转型发展“加速度”，着力保持中高速增长，努力跃向中高端水平。

目标不变、部署不变、基调不变，并不意味着我们的领导思维、发展理念、工作举措、精神状态也不需要改变。在坚持“三个不变”的同时，必须**牢记“三个不能”：**

面对新一轮改革发展的机遇，我们绝不能麻痹懈怠。当前，以新一轮全面深化改革为动力的发展热潮正蓄势待发，“一带一路”、长江经济带、自贸区扩容等国家战略已实质性启动，以信息化为核心的新技术革命正在深刻地改变着经济、社会活动与生活方式，各种新技术、新产品、新业态、新商业模式层出不穷，市场、区域之间的竞争越来越激烈。机遇不抢抓就会错失，竞争不努力就会掉队，发展不争先就会落后。我们必须更加自觉地抢抓机遇、更加积极地迎接挑战，努力在新一轮竞争发展中抢占先机、赢得主动。

面对治国理政的新要求，我们绝不能因循守旧。十八大以来，习近平总书记发表了系列重要讲话，提出了许多治国理政的新思想、新观点、新论断、新要求，为我们做好工作提供了强大思想武器和行动指南。不登高无以望远路，不创新无以向前进，不转变无以开新局。我们要跳出思维定势，摆脱路径依赖，突破行为惯性，更加注重以创新的思维来谋划发展、开辟新路，更加注重以改革的办法来破解难题、释放活力，更加注重以法治的方式来化解矛盾、维护稳定，更加注重用从严的举措来正风肃纪、弘扬正气，努力做到精准施策、精准发力。

面对自身存在的困难问题，我们绝不能畏难退缩。当前，经济运行仍面临不少困难和挑战，部分企业生产经营困难，房地产市场持续低迷，结构调整阵痛显现，增长动力转换青黄不接，政府性债务风险防控和财政收支平衡难度加大，生态环保和社会治理任务艰巨。不爬坡难以过坎，不破难难有作为，不担责难言担当。我们必须坚持问题导向，拿出越是困难越向前、越有挑战越奋发、越有压力越团结的信心和决心，在攻坚克难中推动各项工作。

2015年全市工作的总体要求是：**全面贯彻党的十八大、十八届三中、四中全会和习近平总书记系列重要讲话精神，认真落实省委、宁波市委战略决策部署，主动适应发展新常态，以提高发展质量为中心，以深化改革创新为动力，以保障改善民生为根本，以全面从严治党为保障，全力促进经济社会平稳健康发展，为加快建设美丽富裕幸福新余姚奠定更加坚实的基础。**

根据这一总体要求，建议2015年经济社会发展主要预期目标为：地区生产总值增长7.5%左右，公共财政预算收入增长5%左右，城镇和农村居民人均可支配收入分别增长9%和10%以上，节能减排指标完成上级下达的任务。

围绕上述要求和目标，重点要抓好以下四方面工作：

1. 突出稳增长、转方式、调结构，着力推进经济转型升级。坚持不懈推动经济发展提质增效升级，坚定不移打好转型升级组合拳，做到调速不减势、量增质更优。

一要以更优的服务培育企业、帮扶企业。组织开展“进厂入企”活动，帮助破除难题，着力提振信心。围绕企业做大做强，继续推进“个转企、小升规、规改股、股上市”，深化“六型企业”培育，力争实现百亿企业零的突破。围绕企业做精做专，鼓励企业深化产学研合作，建立研发机构，组建产业技术创新战略联盟，力争新认定高新技术企业10家、宁波级以上企业工程(技术)中心10家。围绕企业做稳做实，强化资金链、担保链风险防范和预测预警，落实属地负责、企业担责、银行支持、政府协调的风险处置机制，优化融资转贷服务，确保企业健康稳定发展。

二要以更快的速度提升产业、壮大产业。围绕工业强市目标，全面深化“六个一”建设，扎实推进“两化”深度融合，力争规上工业增加值增长8.5%。加快传统产业改造提升，实施“机器换人”重点专项130个以上、完成现代化技改投入130亿元以上。加快新兴产业集聚发展，壮大新材料版块，推动新能源汽车、节能环保、智能装备、现代医疗器械等产业发展，力争实现战略性新兴产业增加值72亿元。加快推进“腾笼换鸟”，深化重点区域、重点行业污染整治，关停并转高污染、高能耗企业。加快专业市场转型提升，扎实推进塑料城转型发展，抓好裘皮产业园建设，引旺有色金属材料城。加快商贸业提档升级，引导城市综合体调整业态、提升档次、错位发展、强化辐射，培育邻里中心、月光经济，力争社会消费品零售总额增长12%。加快发展旅游业，推动养老养生、文化休闲、生态农业等与旅游业深度融合。加快发展现代农业，支持农业规模经营，培育壮大新型农业经营主体，推动国家级现代农业综合区创建取得新进展。

三要以更大的力度主攻项目、突破项目。按照“量力而行、有保有压、统筹平衡、民生为先”的原则，突出保续保竣保重点，着力优化政府投入；千方百计扩大产业投资，推动宁波大叶园林现代农业高效节水产品生产等在建项目提速快进，力促中科莱恩机器智能化制造等项目建成投用，促成宁波神通模塑及汽车零部件等项目落地开工，力争固定资产投资达550亿元。注重项目谋划，结合“十三五”规划编制、市域总体规划修编和土地利用总体规划调整，瞄准重点产业、重点平台、重点区块和重点领域，全方位谋划生成一批具有全局性、带动性的大项目。深入实施招商引资“一号工程”，进一步落实部门与乡镇街道的联动责任，综合运用委托招商等模式，深化与央企国企、大企强企、浙商姚商的对接，招引一批龙头型、基地型、补链型项目，确保实到外资2.5亿美元、实到内资47亿元、浙商姚商创业创新资金19亿元。强化项目服务，进一步完善投资和项目建设责任制，建立健全领导联系协调等机制，保障项目建设高效有序推进。

四要以更高的标准建设平台、拓展平台。围绕创建国家级开发区，加快余姚经济开发区整合提升。优化中意宁波生态园开发建设管理体制，抓好园区总规、控规、重点专项规划编制和核心服务区建设，完善基础设施配套，加快开工项目建设、签约项目落地和意向项目落户，力促中节能低碳技术产业园等园中园早出形象。全面加快“千人计划”产业园开发建设，增强孵化基地和综合服务中心功能，抓好中试基地、产业化基地建设，强化产业园引才、聚才、留才效应，力争新注册“千人计划”项目15个、新投产12个。围绕模具行业转型提升，加快推进国际模具城建设，打造国际高档模具产业平台。推动慧聪家电产业新城开工建设，助力家电产业集群更上一层楼。

五要以更宽的视野拓展市场、抢占市场。紧紧抓住以互联网为核心的信息经济高速发展的机遇，大力推动电子商务产业园等电商发展平台、应用平台和支撑体系建设，深入实施电子商务“七进”工程，大力推广运用云计算、大数据、物联网等新兴技术，全面推动产业发展对接互联网、企业产销借力互联网、市民生活融入互联网，抢占网上市场，拓展发展空间。注重以外贸促外经、以外经带外贸、以外包促转型，支持企业到境外办企设厂、建立营销体系，完善促进贸易便利化机制，力争自营出口增长7.5%、进口增长6%。组织企业参加重大经贸活动及专业展会，鼓励参与国家重大工程投标，支持发展连锁经营、品牌代理等营销模式，深入开辟国内市场。

六要以更实的举措集聚要素、盘活要素。加快资源要素配置改革，探索实施以工业企业亩均税收为核心的资源配置模式，实行差别地价、电价、水价，把有限资源用在刀刃上。强化土地节约集约利用，深入开展“批而未供、供而未用”工业土地消化利用专项行动，统筹抓好围涂造地、农村土地综合整治、城镇低效用地再开发等工作。完善投融资运行机制，拓展融资方式，实施《关于鼓励民间资本投资社会事业的若干政策意见》，加快制定政府购买服务的指导目录、社会事业投资项目库目录，充分激发民间资本活力。整合各类扶持资金，强化资金管理、绩效评估，放大财政资金杠杆效应。加大重点领域招才引智力度，推动智力与资本对接，着力集聚创新发展要素。

2. 突出强功能、优环境、促融合，着力推进新型城镇化。牢牢把握新型城镇化主攻方向，结合“五水共治”“三改一拆”等重点工作，加快城乡一体化发展。

一要以重点区块开发建设引领城市功能提升。落实宁波市委推进余姚、慈溪城区相向融合发展的要求，优化以高铁新城为中心的北部区域的功能定位和空间布局，积极引进战略投资者，逐步推进中心城区发展重心北移。以功能完善和人口集中为导向，抓好城东新城、西南组团、南雷南路两侧开发建设，进一步提升门户景观和辐射能力。坚持修旧如旧，抓好府前路历史文化街区改造，彰显古城魅力。深化泗门省小城市培育和卫星城试点，推进城市客厅建设，增强综合承载能力。实施姚北新城产城联动发展战略，推进城市综合体、机器人产业园等项目，强化功能提升和产业支撑。抓好牟山湖休闲度假区配套设施建设，优化区域发展条件。

二要以微观空间有效治理推动城乡环境改善。以洁、序、美为导向，扩大城区网格化管理覆盖范围，完善“智慧城管”工作机制，不断提升城市管理精细化水平。强化科技治堵、交通管理和社会参与，抓好黄标车淘汰，进一步完善公共交通体系，推动治堵、治气取得新成效。以“无违建”创建为主抓手，健全完善长效机制，推动“三改一拆”取得新成效。坚持标本兼治、水岸同治、城乡共治，抓好各项污水收集处理设施建设，稳步推进农村生活污水治理，着力扩大污水纳管覆盖率，完成第二轮畜禽养殖场关停搬迁，进一步改善城乡水环境。深化“森林余姚”建设，扎实推进平原绿化和生态修复，不断美化人居环境。深化“三村一线”创建，抓好美丽乡村精品村建设和老区村庄整治提升，强化古村落和古民居保护，改善农村人居环境。

三要以基础设施互联互通带动城乡融合发展。继续抓好防洪排涝重点工程建设，进一步拉长防洪排涝短板。加快杭州湾跨海大桥杭甬高速公路连接线等重大交通设施工程建设，抓好国省道干线公路大中修、断头路打通和农村联网公路建设，进一步完善城乡交通路网。稳步推进姚东水厂及原水管网铺设、姚西北供水干管联网等项目，加快天然气管道建设和老小区天然气改造，实施“6252”输变电工程，加强基础通信设施、光纤宽带网和移动通信网建设，扩大公共场所免费无线网络覆盖面，推动基础设施城乡联网、共建共享。

四要以体制机制创新突破激发城镇化动力。抓好朗霞街道、泗门镇、陆埠镇城乡一体化改革发展试点，积极推进扩权强镇改革，激发新型城镇建设活力。以成片危旧住宅区为重点，扎实推进棚户区改造。大力推行模拟征迁、“房票”安置等创新举措，推广实施“竞地价、限房价”安置房建设模式，推动房屋征迁和项目“清零”提速提效。以确权、赋权、活权为方向，坚持规范提升和改革扩面两手抓，基本完成村经济合作社股份制改革，稳步推进农村土地承包经营权确权登记工作，抓好省“三位一体”新型农村合作体系试点，推进农村金融信用体系建设，进一步激发农业农村发展活力。加快推进以人为核心的城镇化，深化户籍管理制度改革，逐步推动有能力在城镇稳定就业和生活的常住人口有序实现市民化。创新流动人口服务管理体系，优化流动人口结构。

3. 突出惠民生、倡文明、保稳定，着力推进社会建设。坚持把改善民生作为第一目标，把维护稳定作为第一责任，全力办好民生实事，不断提升群众幸福指数。

一要着眼民富推进乐业增收。深入实施全民创业、乐业增收三年计划，扎实推进老区低收入农户奔小康工程，重点抓好长期失业人员、农村劳动力、高校毕业生等群体就业，激发“大众创业”活力，掀起“万众创新”浪潮，打造全省领先的“充分就业市”，力争城镇登记失业率控制在3%以内。

二要关注民忧完善社会保障。完善城乡居民基本养老保险制度，稳步推进养老金制度改革，抓好各类养老保险制度间的转换衔接，着力提升社会保险参保率。加快安置房建设和交付，扎实推进“农房两改”，促进城乡居民住房条件持续改善。大力发展养老事业，抓好老年大学建设一期工程，鼓励引导社会资本投资养老服务产业。支持慈善、红十字、残疾人等事业发展，加强医疗救助与基本医疗保险、大病保险等制度衔接，进一步完善社会救助体系。

三要对照民需提升社会事业。着眼办好人民满意的教育，加快公办学校标准化和公办幼儿园建设，抓好一批学校新（改、扩）建工程，全面提升基础教育、素质教育和职业教育水平。强化“名医名院”培育，推进优质卫生资源城乡共享，积极探索多元化、市场化办医模式。加快国家历史文化名城申报，积极创建省公共文化示范区，深入实施文化惠民工程，支持文化精品创作，出版发行《余姚市志（1988—2010）》，促进文化事业全面繁荣。全面落实计生政策，促进性别均衡和素质提升。广泛开展群众性体育活动，提高全民健康水平。

四要立足民本深化文明创建。巩固文明城市创建成果，建立健全长效管理机制。大力弘扬社会主义核心价值观和本地优秀传统文化，深化“做文明崇德余姚人”系列活动，开展“道德走亲”，强化未成年人德育工作，树立宣传一批身边的道德典型、平民英雄、凡人善举。普及文明礼仪规范，推动文明行为常态化。加强公民诚信教育，健全企业、中介机构和个人信用档案，形成诚信为本的社会风气。

五要围绕民安创新社会治理。坚持一手抓“经济报表”、一手抓“平安报表”，深化“平安余姚”建设，创新系统治理、依法治理、综合治理、源头治理的具体举措，进一步提升信访化解、事件处置、治安防控、打击犯罪的能力和水平。严格落实安全生产责任制，健全综合治理联合执法机制，严防重特大事故发生。加强食品药品监管，做好重大疾病和动植物疫情防控工作，保障群众生命健康安全。落实防灾减灾应急预案，切实提高应急管理水平。培育健康向上网络文化，严防网上攻击和渗透行为，维护意识形态安全。

4. 突出强领导、聚共识、抓落实，着力推进法治余姚建设。坚持依法治市、依法执政、依法行政同步推进，法治城市、法治政府、法治社会一体建设，努力在法治化道路上率先前行。

一要着力提高依法执政水平。坚持党委总揽全局、协调各方，加强和改进对全面深化法治余姚建设的领导，统筹推进法治建设各领域工作，把法治建设成效纳入政绩考核指标体系。推动人民代表大会制度与时俱进，健全党委领导人大工作制度，督促“一府两院”重大决策出台前向人大报告，支持人大对重点热点领域开展监督。完善中国共产党领导的多党合作和政治协商制度，落实加强人民政协民主监督的意见，支持政协开展专题调研。加强和改进党对政法工作的领导，健全党委定期听取政法机关工作汇报等制度。切实加强统战工作，充分发挥各民主党派、工商联、无党派人士及党外代表人士的作用，继续抓好分众统战、网络统战、同心服务品牌创建等工作，推进基层协商民主“三化”建设。加强群团和人民武装工作。

二要着力推进法治政府建设。围绕打造“责任政府”，坚持“法定职责必须为”“法无授权不可为”，推进以简政放权为核心的政府职能转变，深化“四张清单一张网”建设。围绕打造“高效政府”，推进政府机构改革，深化行政执法体制改革，加大关系群众切身利益的重点领域行政执法力度，强化执法监察、廉政监察、效能监察。围绕打造“廉洁政府”，调整完善乡镇财政体制，全面深化国库集中支付改革，建立财政支出绩效问责机制，逐步实现对公共资金、国有资产、国有资源和领导干部履行经济责任情况审计全覆盖。围绕打造“透明政府”，深化阳光工程建设，健全公众参与、专家论证、风险评估、合法性审查与集体讨论决定相结合的决策机制，让权力在阳光下运行。

三要着力提高司法公信力。支持和保障审判机关、检察机关依法独立行使职权，认真落实地方法院、检察院人财物管理体制改革部署，设置领导干部干预司法活动、插手具体案件处理的高压线，完善司法人员履行法定职责保护机制。健全公安机关、检察机关、审判机关、司法行政机关各司其职、相互配合的体制机制，完善行政执法与刑事司法衔接体系。保障人民群众参与司法，健全人民陪审员制度，扩大审判公开、检务公开、警务公开。强化人权司法保障，加强特殊群体司法保护，落实错案防止、纠正、责任追究制度，完善社区矫正工作机制。加强对司法活动的监督，完善法律监督、社会监督制度。

四要着力加快法治社会建设。组织实施“法治文化提升年”活动，加强法治宣传教育，深化“法律六进”，广泛开展群众性法治文化活动，加快建设集法律知识普及、法治观念引导、用法能力培养“三位一体”的区域法治文化体系。加快乡镇（街道）社会服务管理中心规范化建设，推动法治乡镇（街道）创建取得新成效。完善基层治理体系，健全村（社区）民主选举、民主决策、民主管理、民主监督制度，抓好民主法治示范村（社区）创建，规范基层权力运行，巩固“五多”问题治理成果；深化社区治理创新，进一步破解物业管理等难题。加快培育发展社会组织，强化政策扶持和分类指导，建立健全社会组织参与社会事务、维护公共利益、救助困难群众的制度化渠道。强化公共法律服务，健全司法救助体系，鼓励和引导社会力量参与公共法律服务。发挥人民团体在法治社会建设中的积极作用，推动志愿者服务制度化、规范化。依法管理民族宗教事务，促进民族关系、宗教关系和谐。

三、全面加强党的建设

认真贯彻落实习近平总书记从严治党“八项要求”，全面巩固党的群众路线教育实践活动成果，始终坚持从严管党治党，不断提高党建工作科学化水平。

1. 以上促下。各级党组织要牢固树立“抓好党建是本职，不抓党建是失职，抓不好党建是不称职”的理念，全面落实从严治党主体责任，自觉把党建工作与中心工作一起谋划、一起部署、一起考核。强化党建工作“一岗双责”，特别是各级党组织“一把手”要切实肩负起“第一责任人”职责，始终把管党治党责任放在心上、扛在肩上、抓在手上。完善党建工作考核评价机制，加大党建工作在年度实绩考核中的权重，树立干部考核的“党建导向”，实现述职述党建、评议评党建、考核考党建、任用干部看党建制度化常态化。全面推进基层党建“项目管理”和“对标亮绩”，深化党委书记抓党建“七一工作法”，落实限期整改、“一把手”约谈、“双述双评”等机制，探索实行基层党建工作季度督查、会议点评模式，推动形成党委抓、书记抓、各有关部门抓、一级抓一级、层层抓落实的良好局面。

2. 以知促行。坚持把学习贯彻习近平总书记系列重要讲话精神作为一项重大的政治任务，按照真学真懂、真信真用、真抓真改的要求，领导带头、层层推进，着力提升政治素养和政治定力。组织开展领导干部“三严三实”专题教育活动，强化党员干部的政治纪律、组织纪律、财经纪律、工作纪律意识，防止为官不为，促进善作善为。大力推进学习型党组织建设，精心制订理论学习中心组学习计划，办好阳明讲堂、姚江论坛等学习平台，不断开阔党员干部眼界、思路和胸襟。充分发挥省委党校四明山分校作用，组织开展“一把手”理想信念教育、市管干部依法治国轮训等活动。强化宣传思想基层基础建设，巩固基层主流思想舆论阵地。深入开展主题报道，抓好网络舆论引导，进一步弘扬主旋律、凝聚正能量。

3. 以人促事。开展“干部执行力建设深化年”活动，努力打造“信念坚定、为民服务、勤政务实、敢于担当、清正廉洁”的党员干部队伍。坚持从严从实从细选拔培养管理监督干部，切实改变重使用轻管理现象，严肃处理违反政治纪律、政治规矩问题，引导干部积极主动适应新常态。坚持凭实绩选拔使用干部，完善“挂牌招才”“实战点将”等选人用人举措，确保把能干事、敢担当、善创新的优秀干部选拔到重要岗位。选优配强领导班子，优化班子结构，积极培养年轻干部、妇女干部和党外干部，增强领导班子战斗力。坚持在基层实践中培养干部，建立常态化干部轮岗交流机制，分批推进35周岁以下无基层工作经历干部基层锻炼工作，让干部在全方位培养、多岗位锻炼中提高实际工作能力。完善干部考核办法，健全“三推三评三排”工作机制，加大经常性考察干部力度，实施反向激励，探索“群众评干部”试点工作和反向提名领导干部制度，落实《行政不作为问责暂行办法》，推进干部“能上能下、能进能出”，激发干部干事创业热情。

4. 以点促面。深入开展“夯实基层基础强化年”活动，加强基层服务型党组织建设，把工作重心转到服务改革、服务发展、服务民生、服务群众、服务党员上来。编制基层党组织“责任清单”、“工作流程图”和“年度对账表”，着力推进基层党组织建设规范化。抓好“四日联动”、民主评议党员等制度落实，进一步严格和规范基层党内政治生活。深入开展以“百人、百事、百悟”为载体的“寻找身边的感动”活动，探索基于柔性引导的党员教育和作用发挥模式。继续抓好党员联系服务居住地（社区）工作，全面推行党员“先锋指数”考评管理，稳妥做好不合格党员分类处置工作，保持党员队伍的纯洁性和先进性。进一步总结提炼推广以“小板凳”群众工作法为代表的“党建引领·治村理事”工作方法，抓好基层“领头雁”工程，扎实做好新一轮软弱涣散村级党组织整顿提升工作，增强基层党组织的凝聚力和战斗力。健全区域化党建工作体系，加强两新党组织建设，努力实现党的组织和工作全覆盖。

（五）以查促改。严格落实市委《关于落实党风廉政建设党委（党组）主体责任、纪委监督责任的实施意见》，严肃执行主体责任定期报告、廉情约谈、责任承诺、一案双查等制度，推进党风廉政建设责任落到实处。认真开展“作风建设提升年”活动，严格落实各级关于作风建设的规定，狠抓各项整改措施的落地生根，持续开展正风肃纪专项检查行动，不断加大检查密度、执行强度、处罚力度。强化对重大决策部署贯彻执行情况的跟踪督查，推进服务基本建设项目效能评议、民主评议机关等活动，营造风清气正的干事创业环境。全力支持纪检监察机关“三转”，以零容忍态度查办各类违纪违法案件，以良好的党风促政风带民风。

同志们，新的任务已经明确，新的征程已经开始。让我们紧密团结在以习近平同志为总书记的党中央周围，高举中国特色社会主义伟大旗帜，求真务实，开拓创新，向着建设美丽富裕幸福新余姚的目标奋力前行！

政府工作报告

2015年1月28日在余姚市第十六届人民代表大会第四次会议上

余姚市人民政府市长　奚　明

各位代表：

现在，我代表市人民政府向大会报告工作，请予审议，并请各位政协委员和其他列席人员提出意见。

一、2014年工作回顾

2014年，我们在上级党委政府和市委的正确领导下，在市人大及其常委会和市政协的监督支持下，团结依靠全市人民，牢牢把握稳中求进、转中求好工作总基调，坚持灾后重建与转型升级两手抓，深入开展经济社会转型发展推进年活动，全力推进“六项行动”，各项工作取得扎实成效，较好地完成了市十六届人大三次会议确定的目标任务。全年实现地区生产总值807.7亿元，增长8.5%；实现财政总收入119.4亿元，其中一般公共预算收入64.8亿元，分别增长12.3%和8.7%；完成固定资产投资515.6亿元，增长17.2%；社会消费品零售总额388.1亿元，增长13.1%；自营进出口总额91.7亿美元，增长10.2%；实到外资3.91亿美元、内资66.7亿元，分别增长5.7%和56.6%；城镇和农村居民人均可支配收入达到41921元、24312元，分别增长9.2%和10.5%，城镇登记失业率控制在1.28%。我市再次荣获“中国最具幸福感城市”称号。

一年来的主要工作和成效是：

1. 系统谋划，统筹推进，防灾减灾能力有效提升。把推进灾后恢复重建与提高防灾减灾能力作为重中之重，科学修编防洪排涝规划，启动实施“五水共治”三年行动计划，治水强基提标取得明显成效。126个对口帮扶项目全面完成，1100处水毁水利工程全部修复，供水、供电、供气、通信等公共设施得到提升，灾后重建工作基本完成。坚持远近结合，着力推进防洪排涝项目建设，长泠江堤防加固、食禄桥江整治等工程开工，陶家路江泗门泵站如期投用，姚江干流（中舜江至蜀山大闸）防洪整治主体工程完工，陆埠大溪整治等工程扎实推进，城区11个低洼地块、15处低洼积水点和22个排涝泵站完成改造，城区240公里雨水管网完成疏通检测，打通断头河8条，防洪排涝能力得到加强。扎实做好地质灾害防治工作，创建成为全国首批、宁波首个地质灾害防治高标准“十有县”。修编市、镇（街道）、部门防汛防台应急预案，规范提升避灾安置中心54个、安置点265个，健全镇村（社）基层应急组织网络，开展防汛防台、雨雪冰冻等应急实战演练，完善水库河网调度、信息发布、灾情研判、舆情引导等机制，科学应对“8·19”强降雨和“凤凰”台风，应急反应体系更加完备。

2. 稳增促调，创新引领，经济发展质量转中向好。全面实施“工业强市提效”行动，实现规上工业增加值231.4亿元，增长9.9%；战略性新兴产业增加值66.9亿元，增长11.4%。“四换三名”工程深入推进，完成“机器换人”重点项目106个，减员9200余人；推进企业“腾笼换鸟”，加速淘汰不锈钢等落后产能，实施重大节能改造项目48个，万元工业增加值能耗下降7.3%；加强“质量强市”建设，名牌产品产值占规模上工业产值比重提高到42%，出口电器（家电、灯具）质量安全示范区通过国家级验收。加大科技创新力度，设立科技金融风险池基金，新增发明专利授权261件，新认定宁波级以上企业工程（技术）中心16家，新增院士工作站1家，实现高新技术产业增加值100.8亿元，增长12%，“国家知识产权试点城市”创建通过验收。平台名片更加闪亮，“千人计划”产业园注册项目达32个，其中投产13个；中意宁波生态园正式开园并晋升“国字号”，首批3个项目开工建设；余姚工业园区“一区三城”稳步推进。着力培育创新创业主体，舜宇集团入选省首批“三名”培育试点企业，新增各类市场主体13085家、“个转企”745家、“小升规”130家，我市被列入省“小升规”重点市。中国塑料城被评为“中国优秀示范市场”，中国裘皮城二期等建成开业，慧聪家电产业新城、丰树物流产业园成功落户，实现商品市场成交额851.5亿元，增长12.1%。制定电子商务发展规划，“甬易支付”运营首年实现支付结算额500亿元，浙塑股份在区域股权交易中心挂牌，注册电商企业突破1300家。积极实施“走出去”战略，新批境外企业26家。加快休闲旅游发展，香泉湾养生度假区一期等建成投用，浙东“小九寨”创建成为国家AAA级景区，我市荣获第二十届亚洲金旅奖“最美人文休闲旅游目的地”称号，实现旅游总收入82亿元。农业经济恢复到灾前水平并实现新的发展，滨海现代农业园区综合开发二期完成建设，临山现代农业园区成为省级现代农业综合园区，新增宁波级以上示范性家庭农场8家、无公害农产品基地17个，政策性农业保险参保率达到95%，被授予“全国农业机械化示范区”称号。224个农村经济合作社完成股改，农村土地承包经营权确权登记试点稳步推进，农村发展活力得到新提升。

3. 提升功能，优化环境，城乡融合发展呈现新貌。城乡规划体系日臻完善，市域总体规划启动修编，姚北新城核心区等完成控规编制，7个乡镇总体规划完成修编，8个精品村规划获省级奖项。中心城区品质有效提升，华润五彩城、四明广场建成营业，南雷南路两侧、西南组团功能形象日趋成熟，玉皇山公园正式开放。全面推进“阳光征收”，积极探索“模拟拆迁”、“房票”安置新模式，14个征收项目实现“清零”，完成房屋征收拆迁50.2万平方米。创新城市网格化管理模式，强化城市交通秩序管理，超载超限、餐厨垃圾、户外广告等专项治理有效开展，城市管理水平得到提高。特色城镇建设步伐加快，泗门、梁弄、陆埠入选全国重点镇，泗门镇获省小城市培育试点考核优秀，陆埠众安新区开发、马渚棚户区改造项目顺利签约，梁弄集镇农贸市场改造工程竣工投用。提升美丽乡村建设水平，新增宁波级全面小康村4个、美丽乡村建设先进乡镇2个，完成山区村庄整治提升9个，2个村入围中国名村影响力300强。城乡基础设施网络日益完善，杭州湾跨海大桥杭甬高速公路连接线、陆埠互通等工程进展顺利，梁周线、329国道（黄家埠段）等国省道提升扎实推进，浒溪线改造全线贯通，打通城区断头路3条，城区供水管网改造基本完工，铺设天然气管道40.2公里。以“生态环境提质行动”为抓手，开展打击环境违法行为百日专项行动，关停环境安全隐患企业65家，取缔非法线路板、废塑等企业269家，酸洗、化纤等行业完成整治，关停搬迁饮用水源地和主要河道规定范围内畜禽养殖场209家。扎实开展河道“三洁九无”治理，全市河道实现“河长制”全覆盖，68条“黑臭河、垃圾河”全部摘帽，泗门、牟山入选“治水美镇·浙江样本”50强。实施农村生活污水治理三年行动计划，112个村启动实施，61个村竣工运行。榨菜废水治理、城市污水处理厂提标扩建工程建成投用，新增污水纳管企事业单位860家。我市成为全国节水型社会建设示范区。建成城区天然气加气站，淘汰黄标车及老旧车8830辆，13家省重点废弃矿山生态治理基本完成。深入推进“三改一拆”，涉宗违法建筑得到有效整治，7个乡镇（街道）达到“无违建”创建标准。加强“森林余姚”建设，改造新建绿化面积1.25万亩，实现道路、河道绿化90公里，完成四明山区域生态修复2400亩，新增省级森林乡镇2个、森林村庄28个。

4. 优质均衡，惠民安民，各项社会事业全面发

展。扎实推进“社会建设提升行动”，全力办好十方面民生实事，一般公共预算用于民生支出63.6亿元，增长11.6%。出台支持姚籍大学生回乡就业创业等扶持政策，积极创建省级创业型城市，所有乡镇（街道）达到充分就业标准。社会保险扩面提标，本市户籍养老保险参保率达到92%，企业退休人员基本养老金平均提高13.6%，城乡居民大病保险政策范围内报销比例提高到72%以上。社会救助信息平台日趋完善，残疾人综合服务中心完成建设。全国义务教育发展基本均衡市通过评估，市八中、二职校完成搬迁，梨洲小学等6所中小学改扩建工程竣工交付，无证幼儿园得到有效整治，中德余姚职业教育项目顺利签约，高考取得历史最好成绩。县乡村卫生一体化综合管理试点全面推进，市二院迁建工程进展顺利，村卫生室标准化建设率达90%，创建成为国家慢性病综合防控示范区。“单独”二孩政策全面实施，出生人口性别比综合治理取得新成效。文化事业繁荣发展，公共文体场所全部免费开放，大运河（余姚段）被列入世界文化遗产名录，“阳明讲堂”正式开讲，电视艺术片《余姚四先贤》获得宁波市“五个一工程”奖，散文《被语言争夺的舌头》获得人民文学奖，“全国文化先进县”通过复评，荣获省“传统戏剧特色县（市）”称号。全民健身运动和竞技体育蓬勃发展，我市选手在仁川亚运会和亚残会上取得佳绩。深化“恪守信孝俭，做文明崇德余姚人”系列活动，开展市容秩序、经营秩序等六大整治行动，“全国文明城市”创建接受中央文明委考评。双拥工作再上台阶，连续三次荣获省“双拥模范城”称号。深化“平安余姚”建设，严厉打击各类违法犯罪活动，全市发案数、命案数和“两抢一盗”案件数实现“三下降”，安全生产事故发生起数、受伤人数、死亡人数、直接经济损失实现“四下降”，信访总量、市长电话、越级上访实现“三下降”。强化食品药品安全监管，创建星级食品安全示范店204家，食检中心通过国家实验室认证。创新服务管理，流动人口结构不断优化。社区网格化管理取得实效，小区物业管理得到加强，完成第十届村委会换届选举，基层管理水平和社会动员能力有效提升。推进村（社区）“五多”问题清理，机构牌子和创建达标、考核评比事项大幅削减。

5. 优化服务，深化改革，政府自身建设得到加强。深入开展党的群众路线教育实践活动，带头查摆、整改“四风”突出问题，作风建设取得明显成效。努力打通联系群众、服务企业“最后一公里”，扎实开展“双带双走”走亲连心活动，出台防范化解企业金融风险、助企强企稳增促调、促进融资性担保行业健康发展等政策，扩大转贷基金规模，帮助企业周转资金156.7亿元。认真贯彻中央“八项规定”精神，清理各级超标机关办公用房2.15万平方米，会议、文件分别削减27.5%和22%，“三公”经费支出下降30.3%。制定政府职能转变和机构改革实施方案，调整整合政府部门职能，政府机构改革稳步推进。开展“四张清单一张网”改革，权力清单、责任清单公布实施，浙江政务服务网余姚分厅上线运行。行政审批制度、政府购买服务、工商注册登记等改革取得新的成效。着力破解土地要素制约，获批使用省级规划预留指标891亩。出台政府性债务管理和考核办法，规范投融资平台管理，加大闲置资产处置力度，有效防控政府性债务风险。推进乡镇（街道）国库集中支付改革试点扩面和税收征管改革，财政预决算和“三公”经费面向社会公开。完善依法行政考核制度，推行行政处罚结果公开，依法行政水平不断提高。规范重大行政决策程序，完善专家论证、社会公示等制度，开展重大决策咨询课题13项。自觉接受市人大、市政协和社会各界监督，办理人大代表建议260件、政协委员提案172件。推进政府信息公开，健全新闻发布制度，电子政务网络实现村村通，政务微博“余姚发布”走在全省前列。严格落实和履行党风廉政建设责任，开展勤政廉政“三带三查”活动，严肃查处违法违纪行为，干事创业氛围更加浓厚。与此同时，国防、征兵和优抚安置等工作进一步加强，民族宗教、台务侨务、统计、审计、档案、史志、外事、气象、工商联等工作有了新进展，老龄、慈善、红十字、妇女儿童、关心下一代等事业实现新发展，对口帮扶、山海协作等工作取得新成效。

各位代表，面对灾后重建和转型发展的双重任务，面对复杂严峻的宏观形势，我们能取得这样的成绩，实属不易。这是市委科学决策、正确领导的结果，是市人大、市政协有效监督、大力支持的结果，是全市上下奋力拼搏、艰苦奋斗的结果。在此，我代表市人民政府，向辛勤工作在各条战线的广大干部群众，向全体人大代表、政协委员，向离退休老干部，向民主党派、工商联和社会各界人士，向驻姚部队和武警官兵，致以崇高的敬意！向所有关心支持余姚发展的海内外朋友，表示衷心的感谢！

各位代表，当前我市经济社会发展中还存在着不少问题，政府工作还有许多不足。受宏观环境影响，部分企业生产经营困难，房地产市场持续低迷，投融资遭遇瓶颈，财政收支平衡难度加大；产业结构性矛盾比较突出，产业层次还不够高，创新能力还不够强，经济转型发展任务依然艰巨；新型城镇化推进、生态环境保护与发展要求、群众期盼还有差距，社会建设、社会治理等短板还比较多；少数政府工作人员精神状态不佳、责任意识不强等情况还一定程度存在，政务环境有待进一步优化。对此，我们将高度重视，采取有效措施，切实加以解决。

二、2015 年主要任务

2015 年，是全面深化改革的关键之年，是全面推进依法治国的开局之年，是全面完成“十二五”规划的收官之年。做好今年的政府工作，意义十分重大。纵观国内外形势，世界经济仍处于金融危机后的深度调整期，增速略有回升，但总体复苏疲弱态势难以改变；我国经济发展步入新常态，消费、投资和出口需求、资源配置模式等已发生趋势性变化，经济发展减速换挡，经济结构加快调整，政府职能和运作方式也将发生较大转变；余姚发展仍处于转型爬坡阶段，但总体呈现“稳中有进、转中向好、改中放活”态势，国家“一带一路”和长江经济带战略更是给我市带来了发展新动力、新空间。我们将自觉把思想和行动统一到中央的战略判断和决策部署上来，坚定信心、保持定力，抢抓用好新机遇，积极应对新挑战，奋力增创新优势。

根据市委十四届七次全会精神，今年政府工作的总体要求是：**深入贯彻落实党的十八大、十八届三中、四中全会和习近平总书记系列重要讲话精神，围绕稳中求进总基调，坚持全面需求拉动、全面创新驱动、全面改革推动，扎实开展经济社会转型发展攻坚年活动，着力推进“六大攻坚突破”，加快转变发展方式、转换发展动力、提高质量效益、促进惠民利民，主动适应新常态，积极培育新优势，推动经济平稳健康发展和社会和谐稳定，为建设美丽富裕幸福新余姚奠定更加坚实的基础。**

综合考虑各种因素，**建议今年经济社会发展主要预期目标为：**地区生产总值增长 7.5% 左右，一般公共预算收入增长 5% 左右，城镇和农村居民人均可支配收入分别增长 9% 和 10% 以上，城镇登记失业率控制在 3% 以内，节能减排指标完成上级下达任务。

实现上述目标，重点是抓好以下六方面工作：

1. 推进扩大有效投资攻坚突破。坚持扩投量、优投向、提投效“三投并重”，切实增强经济社会转型发展的后劲和潜力。

强化项目攻坚。组织开展重大项目会战攻坚行动，带动完成固定资产投资 550 亿元。突出抓好“五水共治”、交通道路、供电供水等一批重大设施项目，深化做好东泄北排等防洪排涝工程和宁波 — 余姚城际铁路等项目前期，开工建设 329 国道大修、319 省道中修改造、110 千伏宪卿变等工程，加快杭州湾跨海大桥杭甬高速公路连接线、陶家路江整治二期、姚江城区段堤防加固一期等建设，完成陆埠大溪整治一期等工程，不断提升综合发展承载能力。把扩大产业投资放在更加突出位置，促成一批高端化、龙头型产业项目开工建设或竣工投产，确保产业投资突破 300 亿元。

激发投资活力。结合“十三五”发展规划编制、市域总体规划修编和土地利用总体规划调整，依托重点平台、重点区块和重点乡镇，积极谋划一批带动型的产业项目、提升发展质量的技改项目、事关长远发展的基础设施项目、提高城乡品质形象的生态环保和功能性项目。全面落实鼓励民间资本投资社会事业激励政策，推出生成一批医疗卫生、教育培训、文化体育、养老服务等民生产业项目，充分激发民间投资活力。

提高投资绩效。注重项目前期工作，健全重大项目领导联系、联合督查等推进机制，强化项目审批、资金筹措、用地保障等统筹协调，建立全程跟踪与评估制度，促进项目建设提速增效。探索建立土地开发利用和盘活新模式，积极实施“低产田”改造和“零增地”技改，完成城镇低效用地再开发 3000 亩，消化处置“批而未供”土地 4000 亩。

2. 推进产业转型升级攻坚突破。坚持三产联动、创新驱动，着力培育新的经济增长点，全面提升产业综合竞争力。

优化升级工业经济。深化“六个一”工程建设，加快打造工业经济升级版，力争规上工业增加值增长8.5%。推动以科技创新为核心的全面创新，充分发挥市科创中心、兵器材料院余姚研究所等创新服务平台作用，鼓励企业建立产学研实体和技术创新联盟，切实增强自主创新能力。力争新认定高新技术企业10家、创新型初创企业100家、宁波级以上企业工程（技术）中心10家，实现新产品产值450亿元，研究和实验发展经费占GDP比重达到2.5%。推动传统产业高端化，以“四换三名”工程为抓手，加快推进家用电器、塑料模具等传统优势产业设备、工艺、技术和产品升级换代。完成现代化技改投入130亿元以上，实施“机器换人”项目130个。推动新兴经济规模化，深入实施“两化深度融合”专项行动，培育壮大光电信息、新能源汽车、机器人等一批新兴产业，力争实现战略性新兴产业增加值72亿元、装备制造业增加值145亿元。强化发展质量，推进“质优余姚”建设。重视企业家和职业经理人队伍建设，促进企业并购重组和管理创新，推动企业制度现代化。培育打造百亿企业1家，新增上市申报企业1家、新三板挂牌3家，实现“小升规”100家以上。

提升壮大第三产业。大力发展电商经济，深入实施电子商务“七进工程”，加快慧聪家电产业新城、电子商务产业园等建设，规（限）上企业电子商务应用率突破50%。深入推进中国塑料城转型发展，加快裘皮产业园二期、国际模具城等建设，力争商品市场成交额增长7%。扶持发展现代物流业，加快构建普惠金融体系。引导城市综合体创新营销方式，投运高铁新城中心商业广场，探索邻里中心商业模式，培育“月光经济”特色街（区），加强乡镇商贸中心建设，力争社会消费品零售总额增长12%。强化“菜篮子、米袋子”保障，力争农批市场迁建工程开工建设。大力发展文化旅游，加快“一带四区”五大旅游功能板块建设，推进四明山区域运动、养生、创意、民宿等旅游新兴业态融合发展，旅游总收入突破90亿元。

大力发展现代农业。坚持三产融合互动，加快农业产业化，加强农业基础设施建设，积极创建国家现代农业园区，力争建成农业主导产业示范区2个、特色农业精品园3个、宁波市级标准化粮食功能区2.4万亩。充分激发农民创新创业活力，强化新型农业经营主体培育和经营体系创新，推动农业适度规模经营，鼓励种养大户工商登记，力争新增示范性家庭农场20家，推广农业新技术20项以上，创建宁波级以上农机化示范园区3家。

3. 推进深化开放合作攻坚突破。坚持开放发展、合作发展，主动融入国家“一带一路”和长江经济带战略。

打造开放合作大平台。推进余姚经济开发区创建国家级开发区。调整优化中意宁波生态园开发建设管理体制，加快规划修编和基础设施配套，全面推进核心服务区和中节能低碳技术产业园、浙商回归产业园等“园中园”建设，努力打造开放合作产业示范区。深化“千人计划”产业园开发，建成投用综合服务中心，加快机器人装备集聚区和新材料集聚区建设，力争新注册“千人计划”项目15个、投产12个。高度重视姚北新城开发，加快城市综合体等重大项目建设。全力推进高铁新城、城西区块、牟山湖休闲度假区和重点乡镇工业功能区开发建设，努力形成区域经济发展新引擎。

拓展开放合作新市场。深入实施外贸企业“机器换精、产品换芯、经营换策、市场换新”工程，加快境外营销网络建设，提高贸易便利化水平，力争自营出口增长7.5%。积极扩大先进技术、核心装备进口。深化“走出去”战略，力争实现境外投资额1.5亿美元，境外工程承包额1.1亿美元。鼓励企业承接国际服务外包业务和发展跨境电子商务。积极拓展国内市场，大力发展会展经济，扩大余姚特色产品和优质名品内销份额，增强内需对经济增长的拉动力。扎实推进山海协作，继续做好对口帮扶工作。

实施开放合作精招商。坚持引资引技引智相结合，强力推进招商引资“一号工程”，确保实到外资2.5亿美元、内资47亿元、浙商姚商创业创新资金19亿元。优化招商机制，整合各类招商资源，鼓励区域之间联动招商，积极开展专业招商、集聚招商、委托招商。突出抓好基地型、补链型、税源型项目的招引，加大闲置土地厂房、低效落后产能二次招商力度，助推产业转型升级。全面落实“3个500万元”等人才政策，完善“海智”与“民资”对接机制，着力引进一批高端人才和项目。

4. 推进城乡品质提档攻坚突破。坚持把新型城镇化作为优化发展空间的重要举措，提升城镇综合承载能力和服务水平。

建管并重提升城区品位。加快西南组团、南雷南路两侧等开发建设，推行“阳光征收”和“房票”安置，推进以成片危旧住宅区为重点的棚户区改造，打通黄山东路（城东路至南排江路）等城区断头路，加快停车泊位（场）建设，完善提升城市基础设施，不断优化城市功能形象。加快推进府前路历史文化街区改造、“三江六岸”贯通提升工程，着力彰显余姚历史文脉、山水特色。完善环卫属地管理机制，扩展城区网格管理区域，提高城市管理精细化、科学化水平。推进“智慧余姚”建设，完善提升智慧交通、智慧城管等系统，政府免费无线网络实现全市公共区域全覆盖。

因地制宜打造新型镇村。坚持新型城镇化与新型工业化相融合、与美丽乡村建设相统一，高标准开展市域总体规划修编，全面完成乡镇总规编制，平原村庄规划实现全覆盖。高度重视姚东、四明山、环牟山湖、姚西北等片区乡镇联动发展，完善泗门城市客厅功能配套，加快陆埠江南国际水暖城建设和马渚棚户区改造，打造梁弄“浙东小延安”旅游品牌，着力培育一批特色小镇。注重“人的新农村”与“物的新农村”齐头并进，深化“三村一线”创建，完成11个美丽乡村精品村建设项目，整治提升老区村庄13个，下山移民350户。

扬长补短建设生态文明。持续推进重点区域、重点行业污染整治，坚决对环境违法行为“零容忍”。强化水环境综合治理，加大劣Ⅴ类水质河道整治力度，打通断头河3条，新增农村生活污水治理达标村61个。推进大气污染治理，全面淘汰黄标车。加强环保基础设施建设，完成城区污水收集四期、市域污水收集一期，新增乡镇污水纳管企事业单位260家以上。加快高污染、高能耗企业关停并转，实施重大节能项目30个，新增清洁生产企业20家。科学划定生态保护红线，完成平原绿化2000亩、四明山生态修复3000亩。扎实推进“三改一拆”，力争50%的乡镇、村达到“无违建”创建标准。

5. 推进社会建设治理攻坚突破。坚持以人为本，完善富民惠民安民机制，让发展成果更多更公平惠及全市人民。

完善社会保障体系。深化实施城乡居民乐业增收三年计划，优化政府激励引导、高校企业对接等就业服务机制，力争建设全省领先的“充分就业市”。加强社会保障体系建设，推进机关事业单位工作人员养老保险制度改革，完善城乡居民基本养老保险制度，本市户籍居民社会保险参保率达到92.5%以上。推进公立医院医保支付方式综合改革，实施医保按病种收（付）费制度。修订临时救助制度，加强医疗救助与基本医疗保险、大病保险等制度衔接，深化残疾人社会保障和服务体系建设，切实为弱势群体提供兜底保障。健全社会养老服务体系和保障机制，新增机构养老床位950张，城乡居家养老服务建设覆盖率达到90%以上。

加快社会事业发展。以创建教育现代化县（市）为目标，优化教育网点布局，完成市实验高中主体工程，推进姚江中学、马渚镇小等中小学校和公办中心幼儿园建设，公办义务段学校省标准化率达到98%以上。顺应高考制度改革，推进普高多样化发展，探索创新拔尖人才培养新模式，推动职业教育与高校、企业合作办学取得突破。加强师资队伍建设，推行现代学校制度，重视学生素质教育，全面提升教育质量。推进县乡村卫生一体化综合改革试点，深化公立医院改革，探索药品采购制度、行业薪酬制度改革，试点发展混合所有制医疗机构，增强卫生事业发展活力。加快市二院、中医医院迁建工程建设，建成投用康复医院，深化“名医名院”工程，加强医疗联合体建设，推行契约式家庭医生制服务，提高医疗卫生服务水平。做好人口计生工作，促进出生人口结构优化和素质提升。积极创建省公共文化示范区，推进公共文化设施、农村文化礼堂、企业文化中心建设，深入实施文化惠民工程，丰富群众精神文化生活。重视文化遗产传承、文化精品创作，做好国家历史文化名城申报工作，推动非遗产业化项目建设，出版发行《余姚市志（1988—2010）》。完善文化产业发展规划和扶持政策，积极培育阳明188、文山文化创意产业园等文化产业集群。健全文明城市创建长效机制，深入开展“做文明崇德余姚人”系列活动，推进诚信建设和志愿服务制度化，深化未成年人德育工作，加强科普宣传，提升市民素质和城市文明程度。

提升社会治理能力。继续深化“平安余姚”建设，完善立体化防控体系，着力构建“打击、防范、管理和控制”为一体的实战警务，切实增强群众安全感。继续推行重大决策社会稳定风险评估，推进涉法涉诉信访工作改革，增强运用法治思维调处化解信访问题和矛盾纠纷的能力。健全安全生产综合治理联合执法机制，加大基层基础和源头管理力度，坚决防止重特大事故发生。加强食品药品监管，做好重大疾病和疫情防控工作，保障人民群众生命健康安全。完善困难企业分类帮扶措施，防范化解企业资金链、担保链风险，严厉打击恶意逃废债，促进金融秩序稳定和企业健康发展。依法加强网络社会管理，弘扬主旋律、传播正能量。完善流动人口信息交流机制，推动产业结构调整与流动人口结构优化互促共进。深化“民主法治村”建设，开展“法律六进”工作，增强市民法治意识。推行城市社区网格化管理，创新小区物业管理模式。积极培育各类社会组织，支持志愿者队伍参与社会治理，切实形成共建共治共享的良好格局。

6. 推进体制机制创新攻坚突破。坚持把全面深化改革作为促进转型发展的根本之策，通过全面改革引领科学发展。

深化行政管理体制改革。抓好政府职能转变和机构改革方案的实施，确保改革任务圆满完成。深入推进行政执法体制改革，科学整合行政执法职能，实行综合执法，着力构建权威高效的行政执法体系。推进财税管理体制改革。建立政府部门权力清单和责任清单动态调整机制，编制完成企业投资项目负面清单和财政专项资金管理清单。坚持能放则放、能减则减，推进扩权强镇，深化行政审批制度改革，进一步提升行政效能。

深化要素配置机制改革。推进投融资体制改革，完善统分结合的投融资运行机制，建立项目资金平衡方案论证制度和基建项目资金集中支付制度，切实提升投融资运作绩效。完善资金保障机制，推行政府和社会资本合作（PPP）模式，开展以基金为主导的金融工具创新，设立产业发展基金，制定政府购买服务指导目录，引导和鼓励社会力量参与公共服务事业。开展工业企业亩产效益综合评价和绩效评价，健全用电、用能、税收、产出等核算制度，建立实施差别化财政、信贷、供地等政策，推动资源要素高效配置。

深化城乡一体发展改革。统筹城乡各类规划，争取成为省“多规融合”试点县市。立足打造一体化发展样板，抓好泗门、陆埠和朗霞城乡一体化改革发展试点工作。深化农村改革，坚持规范提升和改革扩面两手抓，基本完成农村经济合作社股改，加快农村土地承包经营权、宅基地使用权确权登记，加强农村产权交易平台建设，充分激活农村发展活力。完善农村公共服务保障机制，促进村级集体经济发展壮大。

三、努力建设法治政府和服务型政府

不断强化法治思维，加快转变政府职能，努力建设职能科学、权责法定、执法严明、公开公正、廉洁高效、守法诚信的政府。

1. 强化科学施政。坚持依法科学决策，全面落实重大决策程序规定，健全公众参与、专家论证、风险评估、合法性审查与集体讨论决定相结合的决策机制。重视重大决策研究分析，加强重大事项前瞻性研判，不断提高政府工作的科学化水平。注重重大战略、重大改革、重大工程的系统研究，科学谋划“十三五”发展规划。开展“干部执行力建设深化年”活动，强化重大决策落实、重点工作完成情况督查考核，加大行政不作为问责力度，形成刚性执行机制。

2. 强化依法行政。完善领导干部和政府工作人员学法用法制度，提高运用法治方式深化改革、推动发展的能力和水平。提高行政规范性文件质量，完善行政机关违法行政问责纠错机制，依法规范行政行为。健全行政执法公示制度和法制审核制度，确保公正文明执法。拓宽行政复议申请渠道，推进行政调解工作，加强行政与司法良性互动，积极预防和化解行政纠纷。探索接受人大、政协、司法机关和社会舆论监督新机制，认真办理人大代表议案、建议和政协委员提案。

3. 强化为民勤政。巩固拓展群众路线教育实践活动成果，全面整改“四风”突出问题，健全服务联系群众长效机制。深入开展“三严三实”专题教育活动，切实转作风、敢担当、优服务、办实事，进一步提振发展信心。强化行政效能监察，深入开展服务基本建设项目效能评议活动，探索建立发现问题、调查问题和问责处理机制。完善四明热线、e政平台、政务微博等互动平台，健全民情信息反馈机制，充分听取和吸纳群众的意见建议。统筹整合行政服务中心、公共资源交易中心、市民服务中心，积极构建集中、高效、便捷的公共服务体系。

4. 强化廉洁从政。坚持源头治理、制度防腐，严格落实“一岗双责”和责任追究制度，切实加强政府系统党风廉政建设和反腐败工作。全面深化“阳光政务”建设，加大政府信息公开力度，逐步实现全市行政机关权力阳光规范运行。加强公共财政管理，完善乡镇财政体制，深化国库集中支付改革，建立财政支出绩效问责机制。强化经济责任审计，健全重要岗位领导干部任期内轮审制度，加强重点领域、关键环节监管，推进全部政府性资金审计全覆盖。厉行节约，“三公”经费和会议经费只减不增。

新的一年，我们将坚持量力而行、尽力而为，全力办好就业创业、教育均衡、医疗提升、饮食安全、百姓安居、交通优化、社会保障、文体惠民、环境治理、治水强基等十方面民生实事，积极顺应人民群众过上更加美好生活的新期待。

各位代表，完成目标任务，关键在于实干。让我们在中共余姚市委的正确领导下，紧紧依靠全市人民的智慧和力量，团结奋进，开拓创新，扎实工作，为加快建设美丽富裕幸福新余姚而努力奋斗！

余姚概貌

历史渊源

河姆渡文化遗址证明，早在七千年前的新石器时期，就有原始人类居住在余姚境内。余姚历史见于文献记载则从虞舜开始，有“舜耕历山”“禹藏秘图”之说。

余姚之名由来大致有四：一、舜后支庶所封之地，舜姓姚，故云余姚（见《元和郡县图志》《史记正义》等）；二、夏少康封少子无余于会稽以奉禹祀，姚乃其属邑，故云余姚（见明万历《绍兴府志》《余姚县志》等）；三、考余姚帝舜所生之地，故其江曰姚江，南有句余山，合山水之名为余姚（见康熙《新修余姚县志》，乾隆《余姚县志》，黄宗羲《四明山志》《孟子师说·舜生诸冯章》等）；四、“余姚”为古越语（见清李慈铭《越缦堂日记》），“余”即“盐”，越人谓盐曰余（见《越绝书》），又临姚江，故称余姚。

余姚春秋时期属越国，战国时期为楚国辖地。秦始皇三十七年（前 110）置县，属会稽郡。隋开皇九年（589），省余姚入句章县，属越州。唐武德四年（621），析句章复余姚而置姚州，属越州总管。武德七年，废姚州复余姚县，仍属越州。元元贞元年（1295），升余姚县为余姚州，属绍兴路。明洪武二年（1369），废州复余姚县，属绍兴府。1949 年 5 月 23 日，余姚解放，次月归属宁波专区（1970 年改宁波地区，1983 年改宁波市）。1985 年 7 月 16 日，撤余姚县改余姚市（县级）。1995 年，国务院宣布余姚升格为二类市。

余姚城素为县治所在，为浙东古县城之一。古县城由南、北两城组成。北城始建于东汉建安五年（200），南城筑于明嘉靖三十七年（1558）。时至今日，城区原有的里巷格局、街道尺度、河网水系仍有相当部分保存完好，并与成片的民居构成较完整的古城区风貌。

（谢建龙）

行政区划

唐时，余姚县设十五乡，历宋、元、明无大变动。清光绪三十四年（1908），全县划为四十三乡（不含南城、北城两乡）。民国17年（1928）推行村里制，全县划为7区、512村、50里。民国19年，改村里为乡镇，全县设163乡、28镇，7区如故。民国23年，推行保甲制，至民国29年整编结束，全县设8区、55乡、12镇。

中华人民共和国成立后，调整行政区划，建立区、乡（镇）和行政村。至1950年4月，全县建12区，134乡、11镇，共826个行政村。1954年10月，余姚、慈溪两县调整县界，大古塘以北棉区划归慈溪县，慈溪县南部稻区、山区划归余姚县，全县设12区，120乡、5镇。1958年10月，实现人民公社化，推行政社合一，全县建立13个公社及122个管理区、1961年9月，恢复区建制，改管理区为公社，全县重新划为10区，共1镇、77个公社。1979年9月，余姚、慈溪两县再次调整县界，龙南区及所属8公社划归慈溪县辖，泗门区及所属10公社划归余姚县辖。1985年7月，余姚撤县建市，全市设9区、63乡、8镇。1992年5月，撤区扩镇并乡，全市划为19镇、3乡。2001年9月，撤销余姚镇、梁辉镇、肖东镇建制，设城区东北、西北、东南、西南等4个街道办事处（2006年6月改名凤山、阳明、梨洲、兰江街道办事处）。2003年5月，撤销朗霞镇、低塘镇建制，设朗霞、低塘街道办事处。

截至2014年12月，全市有凤山、阳明、兰江、梨洲、低塘、朗霞等6个街道办事处，黄家埠、临山、小曹娥、泗门、马渚、牟山、丈亭、三七市、河姆渡、梁弄、陆埠、大隐、大岚、四明山等14个镇，鹿亭1个乡，共有265个村委会、19个居委会和37个社区。

（余姚年鉴）

水资源现状

余姚市境属亚热带海洋性季风区，气候湿润，径流丰富，多年平均降水量1546.8毫米，折合水量20.74亿立方米。其中，9.08亿立方米耗于蒸发，占43.8%；11.36亿立方米形成河川径流（多年平均地表水资源总量），占54.8%；0.3亿立方米直接补给平原及山前河谷平原地下水（即为多年平均地下水资源总量），占1.4%。虽然有入境过境水量，但大都在暴雨洪水期间，水量利用率很低。

总体上来说，余姚属湿润带和多水区。但由于经济社会比较发达，人口稠密，全市人均水资源量仅为1330立方米，低于全省人均2100立方米和全国人均2200立方米的水平，远低于世界人均近9000立方米的水平。根据瑞典水文学家M.富肯玛克提出的“水紧缺指标”，人均水资源占有量为1000～1700立方米/时，将会出现周期性和规律性用水紧张。从水资源时空分布来看，由于气候及自然地理条件的差异，水资源禀赋差别较大。时间上，年内降水集中在汛期，非汛期少雨甚至干旱，三伏时期往往出现一段时间的伏旱。一般降水年内分配是两个高峰一个低谷，第一个高峰在梅雨期，低谷在伏旱期，第二个高峰在台风暴雨期。年际之间变化也很大，枯水年份全年降水量不足1000毫米，而丰水年份全年降水量高达2000毫米左右，最多年与最少年的比值达2.66倍。空间上，地区分布不均匀，南部山区降水量大于中部姚江平原，姚江平原降水量大于北部滨海平原，降水量自南向北递减。暴雨中心夏家岭多年平均年降雨量达2009.7毫米，而姚江沿岸年降雨量多在1400～1500毫米之间，姚西北地区仅为1300毫米左右。

针对余姚水资源特点，水利部门根据气象、水文预报，按照批准的控制运行计划，进行科学调度。对年内不均采取以丰水期补枯水期，对年际不均采取多年调节，以丰水年补枯水年。对地区不均采取“南水北调”或境外引水等途径。通过合理开发、高效利用、综合治理、优化配置、全面节约、有效保护，进一步构建防洪安全、水资源供给安全与水生态环境安全三大保障体系，为经济社会发展提供强有力的支撑。

（陈吉江）

2014 年气候

【年度气候特点】

2014 年度全市气候总体正常，气象灾害中等偏轻。主要受强冷空气（寒潮）、低温冰冻、积雪（道路结冰）、雾霾、连阴雨、强对流（短时暴雨、雷电、大风）、暴雨、高温、干旱、台风等灾害性天气影响，其中强对流和台风灾害程度相对较重，给全市造成一定的经济损失。

主要气候特点有：（一）气温略偏高，但有阶段性低温；降水偏多，但时空分布不均；降水日数略偏少；日照时数明显偏少。（二）春季天气总体比较平稳，无明显春寒和倒春寒天气发生。（三）夏季高温天数偏少，高温强度偏弱，凉夏天气明显，并出现低温阴雨寡照；梅雨期接近常年，梅雨量偏多；台风影响个数正常，台风"凤凰"正面袭击，致灾较重。（四）强对流天气多发频发，多短时暴雨、强雷电，局部出现雷电、大风、冰雹灾害。（五）春、冬季冷空气影响频繁，多低温冰冻和连阴雨、雪天气。（六）春末夏初、秋中和冬初，均出现不同程度干旱，对作物生长有一定影响。（七）春季和秋冬季空气质量差，雾霾严重。

【主要气象要素概述】

干旱　年平均气温 17.5℃，比常年略高 0.5℃，夏季（6—8 月）和 12 月气温比常年偏低，其他月份均比常年偏高，其中 1 月和 3 月比常年偏高 2.3℃和 2.2℃。全市平均气温平原 16 ~ 18℃，半山区 14 ~ 16℃，山区 12 ~ 14℃，最低四明山国家森林公园站 12.2℃，最高泗门站 17.9℃。国家站年极端最高气温 37.8℃，出现在 7 月 12 日（历年极端最高气温 42.4℃，出现在 2013 年 8 月 8 日）；年极端最低气温 -3.9℃，出现在 12 月 18 日（历年极端最低气温 -9.8℃，出现在 1977 年 1 月 30 日）。

降水　年总降水量 1654.1 毫米，比常年偏多 222.1 毫米，偏多近 15%。偏多的月份是 2 月和 5—9 月，其余月份均偏少，其中 8 月降水量 373.7 毫米，为历史同期第二多。全市年降水量山区多于平原地区，降水中心出现在山区南部，最大大岚镇华山站 1693.9 毫米。年降水日数 150 天，比常年偏少 4.6 天，其中 1 月、3 月、6 月、10 月、12 月比常年偏少，其余月份比常年偏多。

日照　年总日照时数 1663.8 小时，比常年偏少 203.6 小时。其中 2 月、4—9 月、11 月均比常年偏少，其余月份比常年偏多。

其他　2013—2014 年度结冰终日、终霜日均为 3 月 14 日，降雪终日为 2 月 19 日。2014 年度初霜日 12 月 2 日，结冰初日是 12 月 5 日。全年共有 22 个雷暴日，初日为 3 月 19 日，终日为 11 月 28 日。

【主要气候事件】

梅雨　6 月 17 日入梅，比常年偏迟 3 天，7 月 7 日出梅，比常年偏早 2 天，梅雨期 20 天，接近常年略偏少；梅雨量 255.7 毫米（国家气象站），属于梅雨降水较多的年份。全市平均梅雨量 252.4 毫米，有 6 站累积雨量超 300 毫米，最大大岚镇丁家畈站 330.3 毫米。梅雨期间，共有 4 次集中降水过程，分别出现在 6 月 17—18 日、20—22 日、25—28 日和 7 月 5—6 日。其中 7 月 5 日下午到傍晚，城区以北乡镇和山区的中部普遍出现 8 ~ 10 级大风和短时暴雨，姚北地区有短时小冰雹。

高温　全年共出现六轮高温天气过程，5 月 28—29 日（范围大，强度弱），7 月 11—12 日（全市性，强度弱），7 月 16 日（范围小，强度弱），7 月 20—22 日（全市性，强度弱），7 月 29—30 日（范围大，强度弱），8 月 3—7 日（全市性，强度弱），全年气温≥ 35℃的高温日数 17 天，比常年偏少 9.9 天，总体强度弱。本站年极端最高气温 37.8℃，出现在 7 月 12 日。

干旱　全年共出现 3 次干旱过程，分别是 5 月 21—6 月 15 日（全市轻旱，姚西北中旱）、10 月

20—30 日（全市轻旱）、12 月 25—31 日（全市中旱）。5 月 21—6 月 15 日，国家站累积降水量仅 7.7 毫米，为有气象记录以来同期第一少，全市雨量呈南多北少分布，姚西北面雨量 5 毫米以下。9 月 25—10 月 30 日，国家站累积降水量仅 4.2 毫米，比常年偏少 99.4 毫米，为有气象记录以来同期第一少。12 月 5 日后，由于降水严重偏少（降水量仅 2.4 毫米，比常年同期偏少 9 成多），25 日起全市东部地区出现轻旱，至月底全市气象干旱等级达到中等。

强对流（短时暴雨、雷电、冰雹） 受冷暖空气影响，强对流天气春、夏、秋季均有发生，其中夏季强度较强，并多次造成局地灾害。其中 5 月 13 日夜里至 14 日出现大到暴雨过程，降水主要集中在平原地区，山区略偏小，全市面雨量 55.9 毫米，最大城区文山站 75.6 毫米。7 月 5 日西北部地区受强对流影响，风力普遍 8 ~ 10 级，其中黄家埠镇五车堰站 11 级（32.3 米 / 秒）；受风灾影响，黄家埠镇等乡镇 400 ~ 470 公顷水稻、玉米、高粱、棉花出现倒伏现象，即将上市的 70 公顷蜜梨 3 ~ 4 成被大风刮落，大部分老房子屋顶受损，部分绿化树被刮倒或吹断，无人员受伤，直接经济损失约 2000 万元；8 月 26 日和 27 日部分地区出现短时暴雨和强雷电活动，致使丈亭镇、河姆渡镇等乡镇的住宅、厂房遭受小范围雷电灾害，造成一定的经济损失，主要是多户家庭家用电器、电脑设备及屋顶受损；11 月 29 日晚上出现全市性强对流天气过程，伴有强雷电和局地短时暴雨，最大大隐站 40.6 毫米。

台风 全年受到 1410 号“麦德姆”台风、1412 号“娜基莉”台风、1416 号“凤凰”台风影响，其中“麦德姆”和“娜基莉”是外围影响，未造成明显灾害，“凤凰”在宁波象山登陆，对市境影响较大。“麦德姆”7 月 23—25 日影响市境，过程面雨量 2.4 毫米，最大四明山棠溪 11.0 毫米；过程风力 5 ~ 7 级，其中梨洲街道东岗、上王岗站达 9 级。“娜基莉”7 月 31—8 月 2 日影响市境，过程面雨量 61.8 毫米，共有 29 个站超 50 毫米，其中 8 个站超 100 毫米，最大大岚丁家畈站 129.8 毫米；过程风力 6 ~ 7 级，最大大隐双溪口和三七市大池墩站达 8 级。“凤凰”9 月 22—23 日影响市境，全市出现大到暴雨，局部大暴雨，过程面雨量 109 毫米，有 20 个站超 100 毫米，6 个站超 200 毫米，最大上王岗站 273 毫米，过程最大风力有 10 站达 8 级。据不完全统计：受台风“凤凰”影响，全市受灾人口 4.6 万余人，紧急转移人口 1.1 万余人；全市大部分水库、山塘、河网水位均超警戒水位；部分乡镇低洼地段和农田出现内涝；山区 10 余处出现轻微山体滑坡，1 处较大近 1000 立方米；部分乡镇水稻出现倒伏现象。

8 月低温多雨寡照 8 月全市面雨量 369.2 毫米，最多黄家埠五车堰站 521.3 毫米；国家气象站雨量 373.7 毫米，比常年同期偏多 213 毫米，仅次于 1989 年，为历年同期第二多。雨日共有 20 天，仅次于 1980 年和 1999 年，与 1989 年、2011 年并列历年同期第三多。8 月 1—9 月 9 日日照时数仅 156.1 小时，比常年 294 小时少 137.9 小时，为历年同期最少。8 月平均气温 26.9℃，比常年同期偏低 1.3℃，为历年同期第二低。盛夏（7—8 月）35℃以上高温日数仅 15 天，是近 15 年（2000 年后）最少的一年；极端最高气温 37.8℃，是近 15 年（2000 年后）最低的一年（2013 年曾达 42.4℃）。

冷空气（寒潮、低温冰冻） 冬、春、秋季出现多次明显冷空气过程，并伴有连续低温冰冻，致使局地出现冻害现象；全年共有霜日 37 天，结冰日 26 天。1 月 22—23 日早晨平原最低气温 –4 ~ –3℃，山区 –9 ~ –7℃，出现较严重的霜、冰冻。2 月 1—4 日出现连续降温过程，日平均气温从 17.8℃降至 5.0℃，最高气温从 26.4℃降至 6.8℃。3 月 12—14 日中等强度冷空气影响，14 日早晨平原最低气温 0℃左右，山区 –1 ~ –3℃，出现霜和结冰。11 月 30—12 月 2 日寒潮影响，日平均气温 48 小时降温 10.0℃，3 日早晨最低气温 1.1℃。12 月 5 日，平原出现入冬后首次冰冻。12 月 18 日和 22 日，平原最低气温分别降至 –3.9℃、–2.9℃，山区最低气温接近 –8℃，出现严重冰冻，其中 12 月 18 日最低气温为 2014 年全年最低气温。

连阴雨（雪） 2 月 6—19 日（11 日和 15 日有短暂雨止）和 24—28 日各出现一次连续阴雨（雪）天气，日照严重偏少，降水量和降水日数偏多明显；其间日照仅 17.0 小时，降水量多达 155.2 毫米。4 月 18—22 日、24—27 日出现连阴雨，期间偶有阳光，时段内累积雨量分别为 29.4 毫米、22.5

毫米。5月11—15日、17—20日出现连阴雨，过程雨量分别为84.2毫米和42.3毫米，期间日照明显偏少。8月16—20日受副高边缘和冷空气共同影响，全市出现大到暴雨，局部大暴雨，过程雨量206毫米，最大大池墩站282.6毫米，且期间无日照时数。

雾（霾） 全年共有15次大雾过程，1月出现5次，3月和11月2次，2月和4—8月分别出现1次。其中，1月5日、2月3日和11月22—23日达浓雾标准，局部能见度小于100米，对交通安全和身体健康造成一定的不利影响。全年灰霾天气频发，共有霾日144天，主要集中在春季、秋季后期和冬季。其中1月和12月中下旬达到中度至重度污染，其余以轻微污染为主。

降雪 2月8—10日、12—13日受冷暖空气的共同影响，分别出现降雪天气过程，两次过程平原积雪0～1厘米，山区8～12厘米，个别15～20厘米。2月18—19日受冷暖空气共同影响出现降雪过程，平原普遍1～3厘米，山区15～25厘米，个别30厘米；期间山区道路结冰较为严重，对当地居民生产生活、交通运输、农林作物、供电供水等带来不同程度的影响。12月4日受冷空气补充影响，南部山区迎来年度入冬后的首场降雪，普遍积雪0.2～0.5厘米。

（注：本文采用的常年气象资料，年代平均值：1981—2010年；极值：1961—2013年）

（高益波）

2014年余姚市主要气象要素表

表1

要素 / 时段	气温（℃）		降水量（毫米）		雨日（天）		日照时数（小时）	
	实况	距平	实况	距平	实况	距平	实况	距平
1月	7.2	2.3	23.9	−58.5	5	−7.8	181.1	74.3
2月	6.7	0.2	156.3	75.2	17	4.3	69.9	−35.5
3月	12.4	2.2	93.6	−37.8	13	−2.9	155.3	30.3
4月	16.5	0.6	63.4	−49.2	15	0.1	127.9	−26.0
5月	22.0	1.0	141.4	27.7	16	1.9	172.2	−3.5
6月	24.2	−0.4	211.5	21.1	13	−2.2	119.4	−39.3
7月	28.5	−0.3	187.8	37.2	15	2.3	183.0	−54.3
8月	26.9	−1.3	373.7	188.7	20	6.2	114.3	−106.4
9月	24.5	0.4	315.0	154.2	16	2.7	95.9	−64.9
10月	20.4	1.5	11.9	−69.0	5	−5.1	166.1	8.0
11月	14.8	1.6	64.0	−19.0	11	1.5	112.7	−18.3
12月	6.1	−1.0	11.6	−48.5	4	−5.6	166.0	32.0
全年	17.5	0.5	1654.1	222.1	150	−4.6	1663.8	−203.6

说明：常年资料年代1981—2010年

大事记

1月

11日，陶家路江泗门泵站工程开工建设。建设项目主要由排涝泵站、上下游引河及二塘横江连接河道组成，列为宁波市重要治水工程，也是余姚市“北排”的基础工程之一。

12—14日，市政协第十二届三次会议召开。

13—15日，市人大第十六届三次会议召开。

16—20日，以“健康、生态、精致、创新”为主题的第五届中国余姚·河姆渡农业博览会暨第二届中国甲鱼节在中塑国际会展中心举行。设市名优农产品展区、国际国内名优农产品展区、传统特色小吃休闲区、传统农用具展示区等区块，展示展销名优农产品3000余种，同时举办农产品电商对接会、中国（余姚）甲鱼发展论坛等活动。有来自10余个国家和地区、21个省（市、区）的250余家农业企业近1000位客商参展。

22日，《余姚市防洪排涝规划》专题研讨会召开。该规划委托省水利水电勘测设计院起草，以2013年10月特大洪涝灾害防御为水平，按照扩大“东泄、北排（西分）、南蓄、中疏、低围”的基本要求，计划近期到2020年，城区及卫星镇防洪标准达到50年一遇，排涝标准为20年一遇，24小时暴雨24小时排出；农村防洪排涝标准均为20年一遇，3天暴雨3天排出。远期到2030年，全市防洪标准普遍达到100年一遇。工程估算投资约173亿元。市领导毛宏芳、奚明、孙钜昌、陈建泰等出席会议。

28日，意大利驻华大使携意大利今日美术馆理事、意大利菲亚特（中国）商务有限公司董事长以及中国水电集团路桥工程有限公司总工程师、上海元合建设管理有限公司董事长等企业家，考察余姚经济开发区和牟山湖开发地块。市委书记毛宏芳，市委副书记、市长奚明会见意大利贵宾。

29日，省委常委、宁波市委书记刘奇到余姚慰问困难群众和科技专家。

2月

10日，市委办、市府办联合下发《余姚市“河长制”实施方案》。全市1579条河道中，市骨干河道和重点治理河道的“河长”由市级领导担任，各乡镇、街道和余姚经济开发区及各行政村（社区、居委会）相关负责人担任辖区内乡镇（街道）级、村级河道的“河长”。“河长”负责牵头组织开展河道水质和污染源现状调查，组织制订“一河一策”治理方案，推动河道截污纳管、水质改善、河岸绿化、河道保洁等水环境综合治理，督促有关部门履行职责，协调处理河道水环境治理的重大问题。市“五水共治”领导小组办公室负责对全市河道所在地进行考核。

12日，市委常委会扩大会议暨党的群众路线教育实践活动领导小组第一次会议召开。省委赴余姚督导组组长金敏在会上讲话，市委书记、党的群众路线教育实践活动领导小组组长毛宏芳主持会议，省委赴余姚督导组副组长叶显邦，市委副书记、市长、党的群众路线教育实践活动领导小组副组长奚明等出席会议。

14日，全市党的群众路线教育实践活动培训会举行。市委常委、组织部部长、党的群众路线教育实践活动领导小组副组长叶枝利出席会议并讲话。按照中央、省委和宁波市委有关要求，市委派出16个督导组，对相关单位教育实践活动进行全程督导。

19日，市纪委十四届四次全会召开。

20日，市委举行理论学习中心组学习（扩大）会议。邀请中央党校哲学教研部副主任董振华作题为《习总书记系列重要讲话精神概述》的专题报告。省委赴余姚市督导组成员、市委理论学习中心组全体成员、市委党的群众路线教育实践活动领导小组成员等参加学习会。

24日，市委召开党的群众路线教育实践活动征求意见座谈会。听取市级老同志对市级领导班子和党员领导干部作风方面情况的总体评价，征求对开展党的群众路线教育实践活动、大力整治“四风”突出问题的意见和建议。市委书记毛宏芳主持会议。

26日，《余姚市大气重污染应急预案（试行）》出台。明确全市大气重污染应急指挥机构和办事机构，以及各机构的职责分工，同时对应急工作如何开展进行细化。

27日，梁弄镇开通全市首个乡镇微信公众平台“梁弄微视角”。

28日，市委召开征求意见座谈会，听取民主党派、工商联负责人及无党派代表人士对市级领导班子和党员领导干部作风方面情况的总体评价，征求对党的群众路线教育实践活动的意见和建议。市委副书记诸晓蓓主持会议。

28日，省科技厅组织10余位专家，对舜宇集团“跨尺度三维光电振动测量仪”项目的开发和应用进行会商。由舜宇集团牵头的该国家重大科研项目，应用于国防、航空航天、汽车、机床、精密机械、新材料领域，可解决上述领域测量上的精度、可靠性、寿命、安全等关键问题，技术处于国际先进水平，产品可替代进口。

3月

4日，梁弄“正蒙学堂”经市旅游投资发展有限公司出资300余万元修缮后正式对外开放。“正蒙学堂”始建于清光绪三十二年（1906），抗日战争时期为浙东敌后各界临时代表大会会址，2006年公布为全国重点文物保护单位。

13日，市长奚明主持召开市政府第20次常务会议。审议并原则通过《加快推进企业“机器换人”三年行动计划（2014—2016）》《关于优化流动人口结构提升人力资源素质的实施意见》和《余姚市政府性债务管理办法（试行）》，听取2013年依法行政工作及行政规范性文件清理情况的汇报。

18日，《余姚日报》发表长篇通讯《情系田野显身手》，报道临山供销社主任胡国森36年如一日扎根基层、踏实为民服务的先进事迹。市委书记毛宏芳在报道上批示，号召全市广大党员干部向胡国森同志学习。

19日，位于横塘横隔堤北侧、横塘直堤和临海直堤之间的横塘北块围涂工程合龙。围涂面积520公顷，防汛标准达20年一遇。该工程作为市海塘除险治江围涂四期工程的重点，被列入省级“五水共治”重点项目。

是日，市委、市政府召开全市河道“三洁九无”治理工作推进会，要求年底前全面清除“黑河臭河垃圾河”。市委书记毛宏芳在会上讲话，市委副书记、市长奚明部署工作。

是日，城区低洼地段居住小区排水系统开始改建。涉及区域总面积约225.9公顷，具体分为11个区块。主要对原有排水管道进行排查，清除管道内部淤泥，疏通管道，查明管路走向及运行状况，对检查中发现的破损管道进行修复或改建。通过新增排水管道，扩建新建泵站，提高小区内部排水能力。

20日，省委常委、宁波市委书记刘奇到余姚督查重大项目建设。实地查看姚江北排工程、余姚国际模具城工程建设现场，考察牟山江水环境整治工程、牟山湖开发建设工程和浙江阿凡柯达环保科技有限公司、临山镇现代农业园区、邵家丘村新农村建设情况，强调要保持有效投资强度，推进重大项目建设。

是日，由多元集团投资50亿元的余姚国际模具城在朗霞街道开工建设。规划占地面积47.67公顷，建筑面积70万平方米，规划建设模具制造区、模具科创区、模具材料区、五金机电采购中心、综合配套服务区等五大功能区。

21日，宁波市委副书记、市长卢子跃到余姚督查生态环境综合整治。实地察看位于黄家埠镇的复旦水务滨海污水处理厂，强调要树立绿水青山就是金山银山的理念，守住发展和生态两条底线，实现经济效益、社会效益、生态效益同步提升，努力创建产业兴、百姓富、生态美的幸福家园。

24日，城区污水收集系统四期工程开工。工程主要包括谭家岭西路（梁周线 — 上板桥路）、世南西路（梁周线 — 余梁公路）、长城路、长元路、罗渡路、长安路等区块，计划铺设管网35千米，新建污水提升泵站两座，总投资约1.3亿元。

是日，省委赴宁波督导组到余姚调研党的群众路线教育实践活动。在实地查看泗门镇谢家路村后，组长王培民对余姚积极开展党的群众路线教育实践活动给予充分肯定，对谢家路村在开展群众工作中坚持实施“小板凳工作法”表示赞赏。

4月

3日，市长奚明主持召开市政府第21次常务会议。审议并原则通过《余姚市畜禽养殖禁养区划分方案》《余姚市农村生活污水治理三年行动计划》和《余姚市荣誉市民爱乡楷模称号授予办法实施意见》。

7日，宁波电气安检中心（余姚）实验室通过国际电工委员会电工产品安全认证组织（简称IECEE）的CB资质实验室现场评审。CB制度是国际电工委员会建立的一套全球性互认制度，制造商只要凭借CB测试证书，就能获得整个CB体系的其他成员国的国家认证。

11日，省委赴余姚市督导组召开座谈会，听取部分离退休干部和“两代表一委员”对于“四风”存在问题和群众反映强烈的突出问题的意见建议。

15日，市委召开理论学习中心组学习（扩大）会议，传达学习习近平总书记在兰考县委常委扩大会议上的重要讲话精神。

17日，余姚绿色高新农业产业园项目与全球规模最大的绿色生态高效农业投资管理企业以色列艾利公司举行合作意向签约仪式。该项目位于泗门镇谢家路村，占地面积约500公顷，总投资3.75亿美元。副市长郑桂春和以色列艾利投资管理有限公司总裁夏·莱维汀出席签约仪式。

5月

8日，中国国民党高雄市党部主委颜世一一行10人到余姚参观访问。市委常委、统战部部长李森苗陪同参观河姆渡遗址博物馆、王阳明故居等。

15日，第六届中塑高峰论坛在余姚举行。有250余名企业代表与行业专家出席，来自中国石油和化学工业联合会、中石化化工销售华东分公司等单位的塑料业界资深专家作主题发言。塑料城网上交易市场同时展示以融资为主的服务模式，为贸易企业和下游终端工厂提供商机。

15日，市长奚明主持召开市政府第22次常务会议。审议并原则通过《姚北新城低塘街道品牌家电产业基地（DT-02）控制性详细规划》《姚北新城朗霞街道新新—赵家（LX-03）区块控制性详细规划》。

16—17日，由浙江严子陵文化研究会、建德市严州文化研究会、余姚市历史文化名城研究会、余姚市申报国家历史文化名城领导小组办公室共同主办的严子陵学术研讨会在河姆渡宾馆举行。副市长陈为能出席开幕式并致辞。

17日，四明湖灌区续建配套与节水改造项目通过国家发改委稽查。

26日，市委召开常委会扩大会议暨党的群众路线教育实践活动领导小组第二次会议。学习贯彻中央、省委和宁波市委有关会议精神，听取教育实践活动第一环节工作开展情况汇报，研究部署第二环节工作。审议讨论《余姚市党的群众路线教育实践活动查摆问题、开展批评环节工作要点（送审稿）》。

27日，市台商服务中心成立。设有金融、政策、法律、税务等8个服务窗口，为在余姚台商提供“一站式”服务。

6月

3日，《余姚日报》发表长篇通讯《手机里存着1430位病人信息》，报道大岚卫生院院长姚亚强为山区群众服务的先进事迹。市委书记毛宏芳在报道上批示，号召全市广大党员干部向姚亚强同志学习。

9日，继中央和地方相关媒体相继推出泗门镇谢家路村"小板凳工作法"的先进经验后，中组部办公厅、宁波市党的群众路线教育实践活动办公室先后发文，号召各级党组织认真学习、推广。

11日，在中国政府总理李克强、意大利政府总理伦齐的见证下，宁波市政府与意大利国家引进外资和企业发展署签署《关于合作开发建设中国（宁波）意大利产业园项目的合作协议》，总规划面积约47平方千米。9月26日，"中意宁波产业园"在余姚经济开发区滨海新城举行开园仪式。总投资65亿元的3个项目开工，总投资39亿元的8个项目签约。10月14日，中国商务部部长高虎城与意大利经济发展部部长桂迪在意大利罗马签署《关于共同支持建立中意生态园的谅解备忘录》，将"中意宁波产业园"升格为国家级产业园，并更名为"中意宁波生态园"。

19日，市长奚明主持召开市政府第23次常务会议。听取《关于防汛防台应急预案和防洪排涝工程进展情况的汇报》《中国（宁波）意大利产业园开发建设有关情况的汇报》，审议并原则通过《余姚市农村土地承包经营权确权登记试点工作方案》。

22日，在卡塔尔首都多哈召开的联合国教科文组织第38届世界遗产大会上，中国"大运河"项目被列入《世界遗产名录》。余姚境内段大运河属浙东运河，包括上虞—余姚段（虞余运河）和大运河宁波段（慈江）两段河道，涉及牟山、马渚、丈亭、三七市、河姆渡等乡镇，河道总长约24.2千米，同时含运河水工遗存3处、历史文化街区1片、桥梁1座。此前，大运河项目已于2013年5月被列为第七批全国重点文物保护单位。

23日，市委副书记、市长奚明率市党政代表团赴贵州省黔西南布依族苗族自治州望谟县考察。自1996年余姚市和宁波市财税局与望谟县结成对口帮扶对子后，截至2013年底，共实施对口帮扶项目131个，总计3782.85万元，项目涉及教育卫生、工业经济、基础设施、社会公益、新农村建设等方面。

26日，中国（余姚）微广播剧发展论坛在余姚举办。来自北京、上海、四川、浙江等省市的30余位专家学者，围绕"弘扬社会正能量，宣传核心价值观"这一主题，从微广播剧发展的现状、面临的机遇和挑战，以及未来的盈利方式等方面，提出各自的意见和建议。同时举行第三届"幸福余姚杯"中国微广播剧大赛签约仪式，大赛由中国广播剧研究会、浙江广电集团联合主办，余姚市广播电视台冠名主办。

26日，第三届中国县域会展产业创新发展研讨会暨中国会展经济研究会县域会展经济专委会年会在余姚举行。余姚会展业已逐步形成以中国塑料博览会为龙头，以中国裘皮服装节等国字号品牌专业展会为支撑，以若干个具有区域代表性的展览、会议和节庆活动为主体的发展格局，连续3年获宁波市会展业发展综合奖金奖，及"中国品牌会展城市""中国最美会议城市"和"全国优秀会展城市"等称号。

28日，作为华润置地公司上海、浙江大区首个五彩城项目，余姚商业综合体华润五彩城开业。汇聚横跨10个业态的140余个国内外优质品牌，其中近半品牌为首次登陆余姚。

30日，电子级低氧超高纯钛第一炉在宁波创润新材料有限公司下线。此技术由省"千人计划"专家、留美博士吴景晖领衔的科研团队研发，填补国内空白，为提升国内钛材料产业、完善半导体产业链迈出关键一步。

是日，杭州湾跨海大桥杭甬高速连接线余慈高速公路（余夫公路至小曹娥互通段）全面开工建设。工程全长约17.9千米，起点位于马渚镇大施巷东、余夫公路（S61）北侧，连接在建的杭甬高速肖东互通至余夫公路段，途经马渚镇、阳明街道、朗霞街道、泗门镇、小曹娥镇及慈溪市周巷镇，终点连接规划中的杭甬高速公路复线小曹娥枢纽，并通过杭甬复线连接杭州湾跨海大桥，全线在马渚、方桥、泗门设互通式立交3处。

7月

2日，国务院督查组到余姚督查稳增长、促改革、调结构、惠民生政策落实情况。督导组认为余姚在上年遭受特大洪涝灾害后，把贯彻落实国务院有关政策措施作为推进灾后重建和发展转型的主动力，行动迅速，推进有力，经济形势稳中有升、转中向好，特别是“千人计划”产业园、中国（宁波）意大利产业园等国家级产业园的相继落户，说明余姚的环境、氛围、条件都具有竞争优势，显现出品牌效应。

是日，数字余姚地理空间框架（亦称数字余姚地理信息公共服务平台）建设项目设计通过评审。省、宁波市测绘与地理信息局和余姚市政府三方签署合作共建协议。通过该项目的实施，可深度整合和挖掘城市各种信息资源，特别是空间信息资源，建立面向政府、企业和公众服务的信息平台，从而有效避免地理信息重复建设，实现数据共享。

7日，由余姚日报社组建的浙江联尚电子商务有限公司成立。是为全市首家由国有资本与民营资本合作的电商企业，可为从事电子商务的创业者提供培训和采购服务。

10日，省委赴余姚市督导组召开基层干部座谈会，就进一步深化党的群众路线教育实践活动集思广益，听取意见建议。

是日，全国工商联考察组与市商会代表座谈，听取市工商联及商会有关组织建设发展、引导服务作用的发挥、承接政府职能转移的探讨等工作情况汇报。

14日，余姚政务服务网（浙江政务服务网网上分厅）开通。可为市民提供行政审批事项办理指南查询、表格下载、网上咨询、投诉评价等服务，以及查询婚育、教育、求职、住房、医疗、社保、缴费等14类便民服务事项。

是日，市长奚明主持召开市政府第24次常务会议。审议并原则通过《余姚市防洪排涝规划报告（报批稿）》《关于促进融资性担保行业健康发展的若干意见》《余姚市电子商务发展规划》《关于加快我市电子商务发展的若干政策意见》。听取全市“三河”工作治理和全市半年度安全生产工作情况的汇报，并学习《浙江省活禽交易管理办法》。4名市民代表列席旁听。

15日，省督查组到余姚督查民生实事项目和有效投资工作。市委副书记、市长奚明陪同督查。

18日，余姚市作为省“农村土地承包经营权确权登记”试点县（市），在小曹娥镇推开试点工作。通过确权登记试点，基本实现农民承包地面积、四至、合同、权证“四到户”，证地、证户、证簿“三相符”，从而明晰农村土地承包经营权归属，完善土地承包制度，彰显权能，保证农村土地承包关系稳定不变。

是日，由光明日报社、余姚市委、宁波大红鹰学院联合开办的“阳明讲堂”在余姚成立。旨在践行习近平总书记“知行合一”论述，开发利用王阳明思想资源，弘扬阳明思想当代价值。光明日报社副总编辑李春林、宁波市委副书记余红艺、宁波市副市长张明华和余姚市领导奚明等出席授牌仪式。当天举行中华优秀传统文化与王阳明思想研讨会。

19—20 日，召开市委常委班子党的群众路线教育实践活动专题民主生活会。市委书记毛宏芳代表常委班子作对照检查。常委班子成员之间作批评与自我批评，共提出 300 条批评意见，及 23 项 56 条努力方向和整改措施。中央党的群众路线教育实践活动第七巡回督导组副组长许云昭到会指导并作重要讲话。省委常委、宁波市委书记刘奇会前专门到余姚与市主要领导谈话，了解情况，提出要求。省委赴宁波督导组组长王培民，宁波市委常委、组织部部长杨立平全程指导并讲话。省委赴余姚督导组组长金敏对专题民主生活会进行评价。

20 日，中央党校副校长黄浩涛一行到余姚调研党性教育工作，在浙江省委党校梁弄分校听取党性教育现场教学情况汇报。

23 日，由浙江师范大学与泗门镇合作共建的公立学校 —— 浙江师范大学泗门实验中学成立。

8月

7 日，市委十四届六次全会暨市政府第六次全体扩大会议召开。贯彻中共十八大、十八届三中全会和习近平总书记系列重要讲话精神，按照省委十三届五次全会、宁波市委十二届七次全会的部署，总结上半年工作，部署下半年任务。

7 日，北京大学党委书记朱善璐到黄家埠镇参观蒋梦麟故居。

15 日，由余姚市与宁波铭马汽车电动车辆工业有限公司、宁波悍霸汽车制造有限公司合作兴建的新能源汽车工业园项目，由临山镇与宁波江丰高纯钼材料有限公司合作的高纯钼材料项目，在临山镇同时举行签约仪式。新能源汽车工业园总用地近 50 公顷，一期用地 13.3 公顷，项目总投资 50 亿元，一期投资 10 亿元，主要生产新能源 SUV 型汽车，轻型、大中型客车，特种车辆，新能源汽车电控系统和电机等。高纯钼材料项目，主要生产高世代平板显示器高纯钼靶材，总投资 3.5 亿元。

9月

1日，位于谭家岭东路的市特殊教育中心新校区启用。建筑面积11630平方米，按20班200名学生的规模设计，由市公共项目建设管理中心建设，总投资3000余万元。

2日，市委、市政府印发《关于助企强企稳增促转的若干意见》。提出三大类20条具体意见，全力化解企业资金风险，破解企业融资难题，减轻企业负担。

9日，市政府出台《余姚市大气污染防治行动计划（2014—2017年）》。提出到2017年，全市空气质量好转，优良天数逐年提高，细颗粒物（PM2.5）年均浓度比2013年下降18%以上，市中心城区降尘强度比2013年下降20%以上。

10日，市长奚明主持召开市政府第25次常务会议。审议并原则通过《余姚市农村生活污水治理规划（2014—2016年）》《关于进一步加强住宅小区物业管理工作的实施意见》和《关于促进我市房地产市场稳定健康发展的意见》。

16日，开工于2012年的中国裘皮城二期精品区开业。总投资5.8亿元，建筑面积10万平方米，已入驻800余家裘皮企业，涉及来自香港、广州、温州、海宁等地的众多高端裘皮品牌。

19日，举行《余姚市志（1988—2010）》复审会。省政府地方志办公室主任潘捷军出席会议并讲话。

25日，由余姚大发化纤有限公司自主研发的“涤纶及涤棉废旧纺织品再生利用关键技术的研究和产业化应用”项目投入试生产。项目总投资3.5亿元，被列入国家科技部资源环境技术领域863计划。

30日，在四明山革命烈士陵园举行首个“烈士纪念日”公祭活动。毛宏芳、奚明等市四套班子领导，驻余姚部队官兵，市直有关部门主要负责人，革命烈士遗属、老干部及社会各界代表近400人参加公祭活动。

10月

6日，市食品检验检测中心通过国家实验室认可。今后该中心实验室出具的检测报告，可加盖“CNAS”签章及国际互认标志，检测报告在全球50个国家、地区及65个机构有效。

7日，泗门镇的市康绿蔬菜、临山镇的味香园葡萄及朗霞街道的万鑫养蜂、聚德丰果蔬等4家农民专业合作社，被列入2014年中央财政农民专业合作组织发展资金扶持项目。

21日，余姚市举行中国现代著名建筑学家毛梓尧先生百年诞辰纪念活动。毛梓尧出生于余姚县丰山乡山头村（今属阳明街道），是北京人民大会堂、北京展览馆等著名建筑的主要设计师之一。中国工程院原副院长、中国工程院院士杜祥琬，中国建筑学会秘书长、中国城市出版社社长周畅及毛梓尧的亲属代表等出席纪念活动。市委书记毛宏芳在会上致辞。

25日，由市委书记徐华水，市委副书记、市长金政率领的永康市党政代表团到余姚考察。余姚市委副书记、市长奚明陪同考察。

29—30日，全省人才工作推进会在余姚举行。省委常委、组织部部长、省委人才工作领导小组组长胡和平到会讲话，省委组织部副部长、人才办主任姚志文主持会议。

30日，位于兰江街道冯村的“姚墟古迹”坊建成。相传冯村为上古虞舜的出生地，该坊的建成标志舜帝故里建设的开端。

是日，省委常委、组织部部长胡和平到泗门镇谢家路村调研，实地考察该村的“小板凳”工作法。

11月

2日，中国国民党副主席洪秀柱到故里余姚考察。市委书记毛宏芳等陪同考察。

4日，中国石化联合会咨询委员会主任潘德润、余姚市副市长卢建国，在余姚宾馆会见由韩国石化协会常务副会长金炫兑率领的韩国石化协会代表一行。

5日，’2014第十届中国塑料产业发展（国际）论坛在余姚举行。论坛以“塑料产业创新发展—汽车轻量化应用”为主题，由中国石油和化学工业联合会、中国轻工业联合会、余姚市人民政府主办，中国化工经济技术发展中心、中国合成树脂协会承办。

7—10日，以“创新引领，转型发展”为主题的第十六届中国塑料博览会在中塑国际会展中心举行。展览面积4.2万平方米，设展区4个，展位2000个，参展企业436家。确定签约项目11个，其中外资项目1个，总投资833万美元；内资项目10个，协议内资21.85亿元。

12日，由安徽省委常委、合肥市委书记吴存荣率领的合肥市党政代表团到余姚考察。市委副书记、市长奚明陪同考察。

13日，省委赴宁波督查组到余姚开展督查党的群众路线教育实践活动整改落实工作。市委书记毛宏芳就市委常委班子推进整改落实情况、本人整改落实情况和基层党建相关工作作汇报。督查组还赴有关乡镇（街道）、村（社区）进行明察暗访。

19日，由县委书记单锦炎率领的安吉县党政代表团到余姚考察。市委书记毛宏芳陪同考察。

27日，市委书记毛宏芳，市委副书记、市长奚明率市党政代表团到湖州市德清县、长兴县学习考察。

是日，省委宣传部副部长、省文明办主任龚吟怡到余姚调研全国文明城市创建工作。

12月

2日，全省首个O2O产业中心——中国慧聪家电产业新城和慧聪电子商务产业园落户余姚，打造"中国家电总部基地、世界家电贸易中心，永不落幕的中国家电交易会"。

4日，位于临山镇的省级现代农业综合区通过验收。总面积2101.3公顷，于2011年9月列入第四批省级现代农业综合区创建名单。主要建设"二区二园"（临山蔬菜示范区、葡萄示范区和联盛奶牛精品园、神农SPF鸡精品园），实际完成投资3.17亿元。已有市级以上农业龙头企业7家、农民专业合作社9家、家庭农场44家，形成"公司＋合作社＋基地＋农户"的合作发展模式。

5日，市长奚明主持召开市政府第26次常务会议。审议并原则通过《余姚市政府职能转变和机构改革方案》《余姚市人民调解员等级评定管理办法》《关于进一步加强内部审计工作的意见》和《余姚市内部管理领导干部经济责任审计办法（试行）》。

（余姚年鉴）

专　　记

2014年余姚市国民经济和社会发展统计公报

2014年，面对错综复杂的国内外形势，全市人民在市委、市政府的领导下，深入贯彻落实中共十八大和十八届三中、四中全会精神，牢牢把握“稳中求进、转中求好”的工作总基调，奋发有为，攻坚克难，深入开展经济社会转型发展推进年活动，全面推进“五水共治”，全力实施“六项行动”，在宏观经济“新常态”的发展环境下，全市经济社会发展总体保持平稳运行，较好完成各项目标任务。

【综合】

地区生产总值。全市实现地区生产总值807.68亿元(按可比价格计算，下同)，比上年增长8.5%。其中，第一产业实现增加值41.34亿元，增长5.3%；第二产业实现增加值467.55亿元，增长8.8%；第三产业实现增加值298.79亿元，增长8.5%。三次产业之比为5.1 ∶ 57.9 ∶ 37.0。按户籍人口计算，人均生产总值为96625元(按年平均汇率折算为15730美元)。

财政收支。全市完成财政总收入119.43亿元，增长12.3%，其中公共财政预算收入64.81亿元，增长8.7%。在税收收入中，增值税、企业所得税、个人所得税分别增长11.2%、35.2%和23.0%，营业税下降7.1%。全市完成公共财政预算支出80.47亿元，增长7.9%。其中，医疗卫生与计划生育支出9.87亿元，增长31.3%；城乡社区支出3.04亿元，增长15.8%；教育支出15.45亿元，增长14.9%；公共安全支出5.54亿元，增长6.9%。认真落实中央“八项规定”和厉行节约反对浪费条例，压缩一般性支出，全年一般公共服务支出下降7.6%，“三公”经费下降30.3%。

就业和再就业。全年城镇新增就业人员2.51万人，城镇失业人员实现再就业6205人，其中就业困难人员再就业2100人，分别完成目标任务的114.5%、137.9%和105.0%；开发公益性岗位1490个，完成全年指标的149%，农村覆盖率达82.3%；长期失业人员比上年减少252人，下降12.1%。城乡劳动力就业率达99.2%，城镇登记失业率1.28%。

市场价格。全市居民消费价格上涨1.9%，比全国、全省平均水平分别低0.1和0.2个百分点。八大类商品和服务项目价格涨跌呈“五升三降”格局：食品类上涨3.8%，衣着类上涨2.6%，医疗保健和个人用品类上涨2.5%，娱乐教育文化用品及服务类上涨1.9%，居住类上涨1.2%；交通和通信类下降0.7%，烟酒类下降0.4%，家庭设备用品及维修服务类下降0.1%。

【农业、农村】

农业生产。全市实现农林牧渔业总产值63.2

亿元，增长4.3%。其中，完成农业产值42.7亿元，增长8.8%；林业产值3.4亿元，增长2.1%；牧业产值11.4亿元，下降3.0%；渔业产值5.2亿元，下降10.8%；农林牧渔服务业产值0.6亿元，增长8.8%。粮食作物播种面积29000公顷，粮食总产量18.1万吨，增长2.9%。家禽存栏247万只，下降7.8%，出栏564万只，下降18.1%，禽肉总产量1.2万吨，下降21%。

新农村建设。“美丽乡村·幸福家园”建设不断推进，新创建宁波市级全面小康村4个，完成中心村培育建设4个，创建宁波市级特色村3个、精品线1条、美丽乡村建设先进乡镇2个。启动建设市本级精品村11个，完成项目建设33个，完成投资总额的70%。积极推进四明山区域生态修复，全面实施“退花还林”工程，实现生态修复160公顷。农村基础设施进一步完善，投资9297万元，新改建农村联网公路54条，计60.6千米，新建农村客运停靠站30个。农房“两改”稳步推进，完成农村住房集中改造建设项目10个，总建筑面积65.1万平方米。

【工业、建筑业】

工业经济。全市实现工业增加值426.31亿元，增长8.4%。其中，规模以上工业企业实现增加值231.41亿元，增长9.9%。分行业看，在31个行业大类中，25个行业的全年增加值呈上升态势，行业发展普遍向好；占比前十位的行业共完成工业增加值175.93亿元，占全部规模以上工业增加值的比重达76.0%，提高0.4个百分点，其中电气机械和器材制造业完成增加值49.61亿元，总量居各行业之首；计算机、通信和其他电子设备制造业增加值增长35.9%，增速居各行业之首。规模以上轻工业完成增加值80.84亿元，增长2.4%；重工业150.57亿元，增长14.4%，轻重工业之比由上年的1 ： 1.68变化为1 ： 1.86。规模以上工业企业实现总产值1324.78亿元，增长7.6%；实现销售产值1273.68亿元，增长7.3%。其中，内销900.18亿元，增长7.5%；出口交货值373.50亿元，增长6.9%，内销增速高于出口0.6个百分点。规模以上工业企业实现利润59.78亿元，增长15.4%，实现利税总额95.68亿元，增长15.1%。

工业创新转型。全市规模以上工业中战略新兴产业、高新技术产业和装备制造业实现增加值66.92亿元、100.80亿元和138.60亿元，分别增长11.4%、12.0%和11.8%。全年规模以上工业企业科技活动经费支出23.33亿元，增长7.4%，占主营业务收入的比重达1.8%。实现新产品产值469.03亿元，增长25.8%，快于规模以上工业总产值增速18.2个百分点，新产品产值率达35.4%，提高1.3个百分点。“机器换人”成果明显，规模以上工业资产总计增长4.3%，而从业人员减少1.3%，劳动生产率达11.74万元/人，增长11.3%，人均创利税4.85万元，增长16.6%。

建筑业。全市建筑业实现增加值41.34亿元，增长12.9%。113家资质以上建筑企业实现总产值151.15亿元，增长13.5%。全年房屋建筑施工面积1132.88万平方米，增长17.9%；房屋建筑竣工面积510.27万平方米，增长12.5%。

【固定资产投资、城市建设】

固定资产投资。全市完成固定资产投资515.62亿元，增长17.2%。分产业看，第一产业完成投资6.30亿元，增长113.8%；第二产业完成投资211.04亿元，增长19.0%；第三产业完成投资298.28亿元，增长14.9%，三次产业投资比例为1.2 ： 40.9 ： 57.9。全年完成民间投资331.34亿元，增长8.1%。完成工业投资210.94亿元，增长18.9%，对固定资产投资增长的贡献率达44.4%，其中工业技改投资完成176.34亿元，增长16.9%，占工业投资的比重达83.6%。完成房地产开发投资140.33亿元，增长5.5%，商品房销售面积81.27万平方米，增长2.4%。

城市建设。年末中心建成区面积49.74平方千米，比上年扩大0.5平方千米。排涝水工程如期完成，年度11个低洼地改造工程全部完工，累计疏通管道100千米，新建雨水管道52千米，新建污水管道11千米。全面进行排水管网检测及疏通工程，共疏通管道240余千米，修复管道破损点593个，完成城区22座排涝泵站改造工程。道路建设工程稳步推进，8项道路工程顺利实施，其中子陵路路面改造工程、三凤路二标段、南雷南路道路完善工程一期、四明广场周边道路改建工程等6项工程已完工，城区道路网络进一步完善。老小区整治改造工程有序进行，全年新改造城区街道老住宅小区8个，改造面积35.9万平方米，其中4个老小区基本完工。全年（一水厂、二水厂）供水4941.05万吨，处理污水4563万吨，供应天然气3356万立方米，增长37.7%，路灯总数达50649盏，亮灯率保持在98%以上。

【贸易、旅游】

贸易业。全市商品销售总额1159.82亿元，增长19.6%。完成社会消费品零售总额388.08亿元，增长13.1%。分城乡看，城镇消费品零售额250.59亿元，增长12.0%；乡村消费品零售额137.49亿元，增长15.0%。限额以上批发和零售业零售额按商品类别分，服装、鞋帽、针纺织品类增长77%，汽车类增长8.5%，石油及制品类增长4.5%，食品、饮料、烟酒类下降0.5%，金银珠宝类下降1.6%。年末全市限额以上批发和零售企业达195家，实现营业收入453.8亿元。

旅游业。全市实现旅游总收入82亿元，增长15.5%。接待入境旅游者21.93万人次，增长12.8%；旅游外汇收入0.45亿美元，增长12.5%；接待国内旅游者881万人次，增长15.1%；国内旅游收入79.3亿元，增长15.6%。年末全市共有星级饭店17家，其中五星级3家，比上年新增1家；旅行社21家，3星级及以上旅行社14家，其中国际社2家；AAAA级旅游景区2家，休闲旅游示范点2家，三星级经营户（点）单位7家。获“中国十佳最具魅力生态旅游休闲目的地”“美丽中国之旅”十佳山水城市、“最美人文休闲旅游目的地”“魅力节庆城市”“年度旅游推广十佳县”等称号。

【对外经济】

对外贸易。全年实现自营进出口总额91.73亿美元，增长10.2%，其中自营出口总额70.84亿美元，增长9.0%，自营进口总额20.89亿美元，增长14.6%。三资企业、贸易流通企业和自营生产企业出口额分别为24.47亿美元、13.08亿美元和33.29亿美元，增长-1.2%、2.0%和21.4%。机电产品出口50.3亿美元，增长10.6%，占全部出口比重为71%；高新技术产品出口5.32亿美元，增长11.9%。欧美市场仍然是出口的主要地区，其出口额占出口总额的60.0%，其中对美国、俄罗斯的出口额实现11.7%和9.5%的增幅；非洲、亚洲、大洋洲出口额分别增长0.1%、8.0%和10.4%。自营出口实绩企业1983家，比上年净增102家，其中超五百万美元企业186家，超千万美元企业147家。

招商引资。全市新批外商投资项目66个，合同外资93050万美元，下降16.9%。实到外资39133万美元，增长5.7%；新批现代服务业项目23个，增长187.5%；新批国家鼓励类项目24个，下降20%。余姚市外实到内资66.71亿元，增长56.6%；宁波市外实到内资51.18亿元，增长23.6%；新引进注册资本2000万元以上内资项目（含增资）11个，下降8.3%；新引进总投资3000万元以上内资项目17个，下降46.9%；浙商创业创新实到资金51.46亿元，增长109%。

【交通、邮电】

交通运输。全市完成公路客运量141.29万人次，公路客运周转量16955.24万人千米；公路货运量1595万吨，公路货运周转量320655万吨千米。年末境内各类等级公路里程1937.04千米，其中一级及以上公路192.70千米，高速公路41.99千米。铁路营业里程80.3千米，拥有火车站点2个。年末出租汽车拥有量450辆；城区公交线路19条，投放运营车辆274辆；城乡公交线路79条，投放运营车辆324辆。年末小型汽车保有量196714辆，其中私人小汽车161329辆。

邮电业。年末全市共有固定电话用户数33.7万户，移动电话用户数154.9万户，互联网宽带接入用户数33.4万户；完成电信业务收入14.6亿元，增长9.2%。完成邮政业务收入1.25亿元，增长4.2%。

【金融、保险】

银行业。全市共有各类金融机构一级支行31家。年末各类金融机构本外币存款余额1200.92亿元，比年初增加22.67亿元，增长2.7%。各项贷款余额1245.41亿元，比年初增加54.48亿元，增长4.6%。本外币余额存贷比为103.7%，上升2.7个百分点。新增存贷比为240.3%，提高62.6个百分点。年末金融机构人民币存款余额1181.87亿元，增长2.4%；金融机构人民币贷款余额1219.09亿元，增长5.0%。

保险业。全市共有保险公司35家，其中财产险26家，人寿险9家。实现保费收入19.38亿元，增长6.7%，其中财产险10.16亿元，增长17.7%，人身险9.22亿元，下降3.3%。全年保险业共支付各类保险赔款、给付9.56亿元，下降56.0%，其中财产险赔款、给付7.92亿元，下降61.2%，人身险赔款、给付1.64亿元，增长25.3%。

【科技、教育、人才】

科技创新。全年共组织申报各级项目233项，已立项101项，其中国家级20项、省级1项、宁波级80项。企业研发机构不断壮大，新增省级研发中心6家、宁波市级研发中心10家；省级重点企业研究院1家、省级企业研究院1家、宁波企业研究院4家。全市累计拥有市级以上企业工程（技术）中心266家，其中省级31家，宁波88家；省级重点企业研究院2家、省级企业研究院1家、宁波企业研究院7家。新增宁波市科技型企业20家、宁波市创新型初创企业289家。全市专利申请量8638件，授权量7447件，发明专利申请量1592件，发明专利授权量261件，发明专利申请和授权量分别增长55.9%和45%，占专利总量的比例分别为18.4%和3.5%。

教育事业。全市共有各级各类学校306所，在校学生总数14.88万人。其中，普通高中10所，在校学生1.19万人；中职学校9所，在校学生0.95万人；初中31所，在校学生2.78万人；小学87所，在校学生6.76万人；特教1所，在校学生0.01万人；幼儿园168所，在园幼儿3.20万人。小学、初中适龄人口入学率均达到100%；小学升初中比例为100%；初升高比例达98.64%。全年共实施教育基建项目48个，总投入资金14.9亿元。48个建设项目中，梨洲学校新建工程、特教中心迁建等43个工程完成并投入使用。实验高中、泗门第二小学新建工程及小曹娥、马渚、河姆渡中心小学项目正在建设中。新认定普惠性民办幼儿园6所，全市累计达81所，包括公办幼儿园和普惠性民办幼儿园在内的普惠性幼儿园招生覆盖率达71%以上。数字化学习平台——阳明学吧和阳明网校建设不断完善，被评为全国数字化学习先行区。朗霞街道成为全国社区教育示范街道。市特殊教育进入省内县级市中领先行列，适龄“三残”（视残、听残、智残）儿童少年义务教育入学率达95%；特殊教育中心正式投入使用，成为余姚特殊教育新的里程碑。

人才开发。加大海内外高层次人才和项目引进力度，组团赴美开展招才引才，已签约或正在跟踪洽谈的海外高层次人才项目达98个，累计培养和引进国家和省“千人计划”人才41人，宁波“3315计划”个人6人、团队6个。加快推进“千人计划”产业园建设，54家科技型企业入驻科创中心，产业化基地启动区块首批7个项目的标准厂房目前已完成工程量的95%；举办“千人创业”余姚论坛，邀请30余名国家“千人计划”专家为产业园发展建言献策。深化推进“一镇一千人”活动，大力开展“以才引才”，采用聘请担任“引才大使”、市决策咨询委员会委员等方式，吸引“千人计划”专家和高层次领军人才抱团落户。新建市级技能大师工作室1家、高技能人才公共实训基地1个，完成技能培训23645人次、技能鉴定8357人次，培养高技能人才1112人，高技能人才总量达25010人。

【文化、卫生、体育】

文化建设。积极创建全国文明城市，开设“践行核心价值观、争创全国文明城市”的专题专栏，拍摄3部公益广告短片，设置公共场所墙绘公益广告100余万平方米、“遵德守礼”提示牌5000余块、公交候车亭公益广告200余块。公共文化服务力度加大，市图书馆新购图书3.8万余册，接待读者15.5万余人次，图书流通39万册次。开展各类读者活动29次，参与市民达1.8万余人次。河姆渡遗址博物馆、余姚博物馆、王阳明故居等文物开放点共计接待参观人数110万人次。四明阁非遗展演馆组织开展“天天演”活动，全年演出365场次，观众达7万余人次。完成公共文化配送演出420场。“周末文化”系列活动深入开展，文化馆全年开展周末课堂培训80期，举办免费展览20期。申报国家历史文化名城，提高文化遗产保护利用水平。被浙江省文化厅命名为浙江省传统戏剧特色县（市），泗门镇（犴舞）、小曹娥镇（孝文化）被命名为“浙江省民间文化艺术之乡（2014—2016年度）”。盘纽制作技艺、风筝制作技艺2个项目被列入宁波市第四批非物质文化遗产名录公示名单。新增鸡山学堂等40处第六批市级文保单位和太平湖窑址等40处第五批文物保护点。越剧《探春》在第三届中国越剧艺术节中获剧目展演奖。声乐作品《水声中的河姆渡》获2014年度浙江省

"群星奖"。女生组唱《小镇女人》获浙江省第十三届音乐新作演唱大赛创作、表演双金奖。

卫生事业。通过卫生强市复核，并创建为国家级慢性病综合防控示范区。城乡居民医疗卫生条件进一步改善，年末实有病床 2776 张，拥有专业卫生人员 5523 人，卫生技术人员 3405 人，其中执业医师（含助理）2784 人，注册护士 2503 人。按户籍人口统计，每千人床位数、执业医师（含助理）数和注册护士数分别达 3.32 张、3.33 人和 2.99 人。积极推行家庭医生"契约式医疗服务"，全市家庭医生签约人数 14 万人，其中 60 岁以上老人 89151 人、慢性病（高血压、糖尿病）患者 76527 人、孕产妇 5655 人、0 ~ 6 岁儿童 33033 人。区域卫生信息化平台建设顺利进行，居民电子健康档案共享交换平台、慢性病诊疗指导中心平台建设已基本完成，市级医院预约挂号平台已投入使用。全市临床检验报告网上查询功能顺利开通。"余姚医疗"手机 APP 软件开发成功。市人民医院、市三院、市四院、市妇保所等开通微信服务平台，患者可以在手机上完成自助查询检验结果、预约专家挂号、查看就诊排队顺序、订阅健康宣教信息等。其中，市人民医院的微信公众服务平台成为国内首个医患通用的移动终端软件。全年无偿献血 8031 人次，献血总量 243.7 万毫升，分别增加 11.4%、9.8%，全市临床用血 2586 例，用血总量 209 万毫升，无输血安全事故发生。

体育事业。全面完成第六次全国体育场地普查工作。完成各类省级体育创建项目 61 个，其中成功创建省体育特色乡镇 3 个，省现代化体育乡镇 3 个，省小康体育村 20 个，省乡镇（街道）全民健身中心 1 个，省中心村全民健身广场 1 个。全年指导市直部门、单项协会开展有届次的全民健身活动和各类杯赛达 300 余场。市全民健身中心接待健身市民 105.5 万人次。在浙江省第十五届运动会上，余姚市运动员共获 23.17 金、18.5 银和 13 铜，位列全省金牌榜和总分榜第 19 位，县（市）第 8 位。在宁波市计划内青少年体育竞赛中，共计获 21 金、24 银和 18 铜。积极承办大型体育赛事，全年共计承办"体彩杯"浙江稠州篮球俱乐部与塞尔维亚 KK 康斯坦丁俱乐部职业男子篮球对抗赛等国家级及以上赛事 5 次，承办浙江省春季少儿业余围棋段位赛等省级赛事 4 次。全年体育彩票销售额 1.6 亿元。

【人口、居民生活、社会保障、慈善事业、行政区划】

人口。年末全市总户籍人口 836717 人，比上年增加 1649 人；其中非农人口为 191507 人，增加 1490 人；总户数 307795 户，减少 1099 户。全年出生 7215 人，死亡 6170 人，人口自然增长率 1.3‰。年末全市暂住人口登记人数为 52.6 万人，增加 0.5 万人。

居民生活。城乡居民收入持续增加，全体居民人均可支配收入 36304 元，增长 9.8%，其中，城镇常住居民人均可支配收入 41921 元，农村常住居民人均可支配收入 24312 元，分别增长 9.2% 和 10.5%。全体居民人均消费支出 24197 元，增长 10.3%，其中，城镇常住居民人均消费支出 27109 元，农村常住居民人均消费支出 17977 元，分别增长 9.2% 和 14.6%。每百户城镇常住居民家庭拥有汽车 68 辆，增加 3 辆；每百户农村常住居民家庭拥有汽车 38 辆，增加 1 辆。

社会保障。全市职工基本养老、城镇职工医疗、失业、工伤和生育保险分别净增 3.90 万人、3.15 万人、1.68 万人、1.09 万人和 0.98 万人，全市户籍人员参加养老保险（障）率达 92%，城镇居民医保参保人数达 22.58 万人。全年共举办人力资源交流洽谈会 169 场，用人单位进场设摊招聘 7179 家次，提供各类用工岗位 10.1 万个，有 3.1 万人与用人单位达成就业意向。通过公共职介网络平台共发布用工岗位信息 13.3 万条，求职人员登记 4.9 万人，推荐就业 4.5 万名。新增高校毕业生实践（见习）基地 8 家。全市拥有各类社会福利机构 29 处，床位 5762 个。社区服务设施 2994 处。全市共有低保对象 4981 户 7891 人，其中农村低保 4483 户 7247 人，城镇低保 498 户 644 人。每月支出低保资金 325.1 万元。

慈善事业。全市慈善总会募集善款 6266 万元，下降 17.6%；全年救助支出 5753 万元，下降 18.5%。年末全市慈善总会累计募集已达 54977 万元，累计救助支出 44087 万元，受助 35.94 万人次。全市共有网站注册志愿者 5 万余人，全年开展各种市级志愿服务活动 40 场。

行政区划。年末全市共有6个街道办事处、14个镇、1个乡，265个村委会、19个居委会和37个社区。

【生态建设、社会安全】

生态建设。全市共有国家级生态乡镇8个，省级生态镇（街道）8个，宁波市级生态村5个。创建森林城镇2个，森林村庄28个，改造和新建绿化面积833.3公顷，其中实现平原绿化533.3公顷。淘汰黄标车及老旧车8830辆，全市环境空气质量达标天数268天。全年规模以上工业企业单位增加值能耗下降7.3%。

"平安余姚"建设。全年共发生各类生产安全事故（不包括生产经营性火灾）220起；生产安全事故死亡人数112人，下降9.7%；各类生产安全事故经济损失额下降5.8%。道路交通事故起数、死亡人数、经济损失分别下降0.5%、10.3%和0.4%。四项事故指标连续九年实现下降。加大食品药品检验力度，食品抽检（不包括餐饮具）合格率95.48%，药品监督抽检合格率98.3%。全年共受理刑事案件1955件，审结1964件，分别上升4.4%和5.6%，判处罪犯2689人，上升5.5%。依法严厉打击故意伤害、"两抢一盗"等侵害公民人身、财产权益的犯罪案件885件，努力提升群众安全感。严惩生产、销售有毒、有害食品、销售假药、非法经营等破坏市场经济秩序的犯罪，共审结此类案件65件。依法惩处酒驾、交通肇事等危害交通秩序的犯罪行为，共审结此类案件493件。

注：（1）全市生产总值、各产业增加值绝对数按当年价格计算，增长速度按可比价格计算。

（2）规模以上工业企业，指年主营业务收入2000万元及以上企业；限额以上批发、零售、住宿、餐饮企业：批发业，年主营业务收入2000万元及以上；零售业，年主营业务收入500万元及以上；住宿业：年主营业务收入200万元及以上；餐饮业，年主营业务收入200万元及以上。

（市统计局）

"五水共治"工作

2014年，在省委省政府统一部署下，余姚市打响治水转型的第一仗。根据市境地处姚江平原"锅底"的实际，确立"东泄、南蓄、北排（西分）、中疏、低围"的防洪排涝总体布局，提出"防洪排涝是重点，治污是难点，供水节水是亮点"，明确以"源头防控、中间截纳、末端治理"并进的思路治污水，以"工业节水、农业节水、生活节水"同步的思路抓节水，以"水厂扩容、管网互联、水源保护"结合的思路保供水，完善应急保障体系，市、镇两级预案均在媒体公开发布，实现全市应急预案"纵到底、横到边、多层次、全覆盖"。

全年共开工项目132个，其中完工72个，完成投资28.8亿元。陶家路江泗门泵站等一批工程投入运行后，经受住"8·19"持续强降雨和"凤凰"台风的考验。防洪水方面，12个"治水强基"项目中，年度计划开工的8个项目全部开工，完成投资12.34亿元。其中，长泠江、食禄桥江整治等工程开工建设，姚江干流（中舜江至蜀山大闸）防洪整治主体工程完工，陆埠大溪整治等工程正常推进。排涝水方面，完成240千米城区雨水管网系统疏通检测修复。城区10个低洼地块和4个老小区雨污管网工程完成改造提升，城区22座排涝泵站完成改造，排涝能力提升1/3，新增城市内涝应急强排1.3万立方米/小时，完成15处低洼积水点改造。治污水方面，榨菜加工、化纤、金属表面酸洗、畜禽养殖、农业面源污染治理等行业污染整治如期完成。滨海污水处理厂提标改造工程建成投用，小曹娥污水处理厂一期提标二期扩建和城区污水收集系统四期完成年度投资计划。启动112个村农村生活污水治理项目，完成73个村治理项目。打通断头河8条。保供水、抓节水方面，新增高效节水面积133.3公顷，推广节水器具1000套，新建供水管网10千米，改造供水管网8.9千米，新建姚东水厂完成主体工程，在全省率先启动第二轮山区农民饮用水工程。

全市1579条河道全部落实市、镇、村三级河长，40条市级及重点整治河道"河长"由市级领导担任。按照河道"三洁九无"要求，全面落实"一河一策"治理方案，18条垃圾河和50条黑臭河全部完成治理并通过达标验收，共清理垃圾近3万吨，完成河道治理159.2千米，共封堵排污口268个。开展联合执法专项行动48组次，清除河桩23000余根，清理沉船904只、网簖901道、地笼4746只、网箱804只、船屋9只。阿凡柯达公司利用生态修复技术提升河道水质试点工作取得阶段性成效。

按照"六个一律"的要求，依法严厉打击各类涉水违法行为。由市纪委牵头，在宁波大市率先出台"五水共治"工作效能问责暂行办法，对河道保洁排名后三位的镇长（办事处主任）进行约谈，对2名党员企业主给予党纪处分。全面完成"六大行业"151家整治任务，对71家企业采取停产停业措施，其中对黑臭河周边的45家企业进行立案查处，累计拆除涉水违章建筑15000余平方米。全年开展专项督查18次，开展联合执法专项行动48组次，共出动执法人员2500余人次，全市共立案查处98件涉水污染环保行政案件，查处污染环境犯罪刑事案21件，移交公安侦查23人，有效提升执法的威慑力。

全市工青妇等组织开展"五水共治立功竞赛""五水共治青春建功""巾帼河认领"等活动，建立"五水共治"法律专家顾问团，泗门谢家路村建立"五水共治"冠名基金。搭建群众参与平台，开展"五水共治，我能做什么"大讨论，组织召开"五水共治"座谈会让社会各界人士"开药方"，引导两新组织和广大党员投身"五水共治"实践。将"五水共治"条款纳入村规民约，让群众成为"五水共治"主体。创建群众监督途径，建立寻找污染源公众投诉举报系统、公布违法排污举报电话，建设"五水共治"网站、设置"曝光台"专栏，把工作主动置于群众监督之下。

年度因为全市开展的"五水共治"项目大、数量多、投入大，市、镇两级资金压力都很大，部分乡镇防洪提升项目未能完成年度任务。又因为"五水共治"工作涉及面广、技术要求高，特别是工程监管、河道污染淤泥处置、农村生活污水治理等方面技术专业性强，而基层干部越来越年轻化，对工程建设缺少经验。年末全市有18条垃圾河和50条黑臭河完成整治并通过达标验收，但较多河道水质仍为劣Ⅴ类和Ⅴ类，主要原因是农村生活污水、农业面源污染、畜牧业污染等源头控污截污工作没有到位。分析原因，城区实际截污纳管率为50%左右，而乡镇、街道截污纳管刚刚起步，截污纳管率亟待提高。部分断头河治理难度大，如梨洲街道向漕江的黑臭主要原因之一是杭甬高速公路阻断导致汇翠花园小区的生活污水无法接入城市污水管网，沿高速公路南侧沟道进入向漕江，高速公路管理权限属省交通厅，多次向上级反应未果，还有凤山街道的铁路河属铁路部门管辖使用，在要求同步治理中也迟迟不见效果。

（市"五水共治"领导小组办公室）

余姚两段河道成为世界文化遗产

6月22日，在卡塔尔首都多哈召开的联合国教科文组织第38届世界遗产委员会会议上，审议通过中国“大运河”项目列入《世界文化遗产名录》，由此“大运河”成为中国第46项世界文化遗产。余姚市境内有两段河道是大运河的组成部分，意味余姚拥有首项世界文化遗产。

大运河余姚段位于浙东运河中东段，包括大运河上虞—余姚段（虞余运河）和大运河宁波段（慈江）两段河道，涉及牟山、马渚、丈亭、三七市、河姆渡等乡镇，河道总长约24.2千米，同时含运河水工遗存3处、历史文化街区1片、桥梁1座。自2008年启动大运河申遗工作以来，余姚市专门成立大运河申遗工作领导小组，文化、水利、交通等部门通力协作，运河沿线各乡镇共同努力，开展调查遗产、资源梳理、环境整治、保护维修、规划与档案编制等工作，并于2013年9月通过世遗专家莉玛·胡贾女士的实地考察。

世界遗产委员会认为，大运河是世界上最长、最古老的人工水道，也是工业革命前规模最大、范围最广的工程项目，它促进中国南北物资的交流和领土的统一管辖，反映出中国人民高超的智慧和勇气，以及东方文明在水利技术和管理能力方面的杰出成就。历经两千余年的持续发展与演变，大运河至今仍发挥重要的交通、运输、行洪、灌溉、输水等作用，为保障中国经济繁荣和社会稳定做出重要贡献。

在大运河申遗巨大影响力和号召力的推动下，社会各界对大运河保护给予高度关注，大量社会资源向大运河遗产保护领域聚集，使遗产保护状况在短时间内得到显著改善。大运河保护和申遗始终坚持将运河遗产保护与延续运河功能相结合，与城镇发展建设相结合，与历史文化展示相结合，与生态环境保护相结合，如余姚市在环境整治中大力改善水质和河岸环境，清理垃圾、修建公厕。可以说，大运河保护和申遗不仅是一项国家重大文化工程，也是一项民生工程、生态工程；它不仅能将余姚推到世界文化、旅游的舞台上，也会给运河沿岸的百姓生活质量带来有益的提升。

大运河申遗范围包括横贯中国中东部地区的隋唐大运河、京杭大运河和浙东运河。依据历史分段和命名习惯，大运河共包括十大河段。申报的系列遗产分别选取各河段的典型河道段落和重要遗产点，包括河道遗产27段，总长度1011千米，相关遗产共计58处。这些遗产分布在2个直辖市、6个省的25个地级市区域内，遗产区总面积20819公顷，缓冲区总面积54263公顷。

（方其军）

2014年余姚市十方面民生实事完成概况

一、乐业增收工程

创业带动就业比例达到1 ： 6，创业企业一年以上生存率达到87%。新增就业人员2.5万人，城镇失业人员再就业6205人，开发公益性岗位1490个，分别完成目标任务的132%、129%和414%。新增16个行政村作为“道德银行”建设推广对象，累计达91个行政村，727户农户获“道德信贷”6244万元。“道德银行”创业信用贷款余额4123.3万元。全市职校完成技能培训4万人次，完成双证制毕业人数1112人，分别完成目标任务的400%和111%。

二、城乡安居工程

建成穴湖地块保障性住房一期1484套、14万平方米，分别完成目标任务的100%和112%。完成城区花园新村等11个低洼地段改造。完成农村困难群众危旧房改造223户，完成目标任务的223%。完成下山移民508户，完成目标任务的101.6%。完成农民多层公寓建设项目主体工程10个，总建筑面积65.1万平方米，完成目标任务的217%。

三、教育提升工程

梨州街道公办幼儿园已完成工程招投标，进入施工准备阶段；丈亭镇、小曹娥镇各新增一所公立幼儿园。互联网教育服务平台已投入使用，为市民提供实时教学服务。

四、卫生保健工程

市二院迁建工程完成地下室和地上15层主体结构建设。市中医医院迁建工程完成土建工程招标前期的各项准备工作。免费为11.7万名64周岁以下已婚妇女进行妇科常见病检查，完成目标任务的117%；乳腺癌筛查9.8万名，完成年度目标任务数的123%；宫颈癌筛查10.3万名，完成年度目标任务数的128%。完成204家村卫生室标准化建设，占全市226家村卫生室的90.27%。为9691名适龄儿童实施窝沟封闭服务，封闭率达99.2%，学校覆盖率达100%。

五、文化惠民工程

启动府前路历史文化街区改造工程，完成投资1.6亿元，区块内完成征迁306户。丹山赤水等民营收费景区累计接待市民和优秀外来务工人员118264人次。完成四明阁演出365场次、送电影3600场、公共文化配送演出420场。建成30个各具特色的农村文化礼堂，完成目标任务的100%。

六、交通出行工程

329国道黄家埠段改建工程、319省道拓宽改造工程稳步推进。新建（改造）农村网络公路60.6千米，完成目标任务的121%。打通三凤路等3条城区断头路，新增停车位1093个。新增公交线路2条，新建（改造）公交候车亭90个，新增农村客运停靠点（站）30个，更新公交车66辆，分别完成目标任务的200%、225%、300%和220%。

七、生态优化工程

环四明湖截污四期工程超额完成年度目标任务。陆埠水库上游湿地公园建设开工，完成投资500万元。完成7家化纤企业和12家金属表面酸洗企业整治任务，关停非法再生金属熔炼企业66家，11家再生金属熔炼企业停产整治。城区污水处理率达87%。40条市级重点河道由市级领导担任“河长”，1579条河道实现三级“河长”全覆盖。打通钱家埠河等8条断头河。完成334家畜禽养殖污染专项治理工作，关停搬迁畜禽养殖场209家。划定黄标车及无标车限行区域，开始黄标车及无标车抓拍执法。玉皇山公园建成开放，屯山公园基本完成主体工程建设。

八、养老服务工程

向13.98万名老年城乡居民，每人发放春节慰问金500元，共计6989.65万元。深入实施惠民殡葬政策，免除殡仪基本服务费402.7万元。完成10个社区和20个行政村居家养老照料中心建设。

九、饮食安全工程

品牌超市占校园商店总数86%，食品安全量化分级A、B级的学校食堂达79.87%，学校食堂食品和食品原料可追溯率达到99.06%，大宗食品原料统一配送或定点采购率达79%，校园生活饮用水符合国家生活饮用水卫生标准。完成食品定量检测4975批次，药品监督抽检305批次。全年共创建流通领域星级食品安全示范店204家，其中一星级177家、二星级27家，完成目标任务的102%。

十、防洪排涝工程

启动陶家路江二期工程建设，加固加高江、浦塘138千米，新建（改造）排涝泵站74座，山塘加固除险10座，改造提升水闸37座。完成气象防灾减灾中心一期工程建设。

（余姚日报提供）

2014年余姚十大新闻

一、全市扎实开展党的群众路线教育实践活动

2014年2月至10月，党的群众路线教育实践活动在全市持续深入开展。全市89个党委（党工委、党组）、331个党总支、2887个党支部、61659名党员紧紧围绕“为民务实清廉”这个主题，牢牢把握“照镜子、正衣冠、洗洗澡、治治病”这个总要求，对作风之垢、行为之弊进行大排查、大检修、大扫除，经历一场触及思想和灵魂的党性“大考”，交出一份群众满意的作风建设成绩单。

二、打响治水攻坚战

2014年，余姚市启动实施“五水共治”三年行动计划，打响治水攻坚战。全年姚江干流防洪整治、城区低洼地块改造等重点工程快马加鞭实施，有效提高城乡防洪排涝能力，消除大批“黑河”“臭河”“垃圾河”，城乡水环境得到明显改善。泗门镇、牟山镇同时入选“治水美镇浙江样本”50强。

三、“机器换人”掀热潮

2014年，余姚市深入实施“机器换人”三年行动计划，推动技术红利替换人口红利。全市实施300万元以上的“机器换人”重点项目186个，其中已竣工106个，总投资12.5亿元，人均产出提升4.6倍，减员9200人。

四、余姚成为世界文化遗产拥有城市

2014年6月22日，联合国教科文组织第38届世界遗产委员会会议审议通过中国“大运河”项目列入《世界文化遗产名录》，由此“大运河”成为中国第46项世界文化遗产。余姚市两段河道是大运河的组成部分，意味余姚市拥有首项世界文化遗产。

五、国内首创的电子级低氧超高纯钛第一炉下线

2014年6月30日，国内第一炉电子级低氧超高纯钛在位于临山镇的宁波创润新材料有限公司下线。标志由美、日两国垄断的超高纯钛产品从此有“中国制造”。低氧超高纯钛广泛应用于超大规模集成电路制造、高端新型钛合金等产业，处于钛金属加工技术的制高点，是飞机制造、航天行业所必需的战略性关键材料，对国家安全、国防建设起至关重要的作用。

六、举办首届百姓文化节

2014年8月30日，市首届百姓文化节开幕。

首届百姓文化节历时 2 个月，分“中国梦想”“姚江颂歌”“群星荟萃”“阿拉舞台”等 4 个专题，市镇两级共安排 46 项群众性文化活动，活动范围遍及城乡各地。

七、余姚诞生首个世界田径冠军

2014 年 9 月 14 日，在摩洛哥举行的国际田联洲际杯赛中，余姚撑杆跳运动员李玲获女子撑杆跳世界冠军。是为中国撑杆跳建项以来第一个世界冠军，也是余姚市诞生的首个田径世界冠军。

八、中意（宁波）生态园落户

2014 年 9 月 26 日，中意宁波产业园在余姚经济开发区滨海新城开园。10 月 13 日，产业园升格为国家级产业园，并更名“中意（宁波）生态园”，成为全省唯一、全国 8 个国际合作生态园之一。生态园采取中意企业对接合作方式，引进意大利的技术、资金、管理和人才，打造资源节约、环境友好的生态示范区和创新示范区。生态园总规划面积 40 平方千米，已有总投资 15 亿元的 3 个项目开工建设，总投资 39 亿元的 6 个项目实现签约。

九、全市首份权力清单公布，行政权力精简逾五成

2014 年 11 月，余姚市公布首份“权力清单”，市本级保留权力从“一报”时的 8058 项削减至 3940 项，削减幅度达 51.1%。“权力清单”的推出，将进一步厘清政府与市场、政府与社会的关系，率先释放政府自身改革的红利，有利于实现政府“法无授权不可为”“法定职责必须为”以及公民和其他社会组织“法无禁止即可为”的终极目标。

十、谢家路村“小板凳”工作法成为新时期群众工作法先进典型

2014 年，谢家路村“小板凳”工作法作为新时期群众工作法的先进典型，受到中组部和省委、宁波市委主要领导的肯定。

（余姚日报提供）

中共余姚市委员会

综　述

【概况】

2014年，市委班子贯彻落实上级决策部署，把握稳中求进、转中求好总基调，坚持灾后重建与转型升级两手抓，各项事业取得新进展。全市实现地区生产总值807.7亿元，比上年增长8.5%；完成财政总收入119.4亿元，其中一般公共预算收入64.8亿元，分别增长12.3%和8.7%；固定资产投资515.6亿元，增长17.2%；城镇和农村居民人均可支配收入分别达41921元、24312元，增长9.2%和10.5%，再获中国最具幸福感城市称号。

把加强理想信念教育放在首位，扎实开展党的群众路线教育实践活动，高起点谋划、高标准推进，公开承诺“六带头、六表率”，组织实施各个环节的工作。自觉践行“三严三实”，多次专题学习焦裕禄精神，组织开展“三问三观”专题学习、“千名干部进梁弄、万名党员受教育”等活动，夯实作风建设的思想基础。把联系服务群众贯穿活动始终，组织开展走亲连心，活动第一环节结束前实现走村入户100%。以整风精神开展批评和自我批评，以上率下开好高质量专题民主生活会和组织生活会，接受一次从未有过的党性教育和思想洗礼。坚持扭住“四风”问题不松劲，从严执行中央八项规定和省、宁波相关规定，深化正风肃纪专项行动，开展明察暗访17次，问责处理29人；狠抓整改落实，市委常委班子32项具体整改完成29项，全市89个活动单位1364项整改项目完成1352项，完成21项专项整治任务。用制度管权管事管人，制定出台作风建设17项制度。

把加快转型升级作为头等大事，春节上班后第一天即召开经济社会转型发展推进年动员大会，坚持以工业经济主导转型，以“四换三名”推动转型，以改革创新引领转型，以平台建设支撑转型，实施工业强市提效行动、创新驱动发展战略和招商引资“一号工程”。出台“机器换人”三年行动计划、电子商务发展扶持政策、助企强企稳增促转意见，开展“五联五促”“三进三解”等活动，努力把因灾显现的短板补起来，把因灾延误的时间抢回来，把因灾造成的损失夺回来。规模以上工业、战略性新兴产业增加值分别增长9.9%和11.4%；完成“机器换人”项目106个，全省加快“机器换人”和“三新”开发现场会在余姚召开；余姚成为省“小升规”重点市，百强企业产值占规模以上工业总产值比重超50%；“四张清单一张网”、村经济合作社股份制等48项重点改革项目进展顺利；科技创新体系更加完善。平台建设取得新突破，“千人计划”产业园注册项目达32个，其中投产13个，部分项目填补国内空白；中意宁波生态园正式开园并晋升"国字号"，总投资65亿元的3个项目开工建设。

坚持系统问题系统谋划，第一时间邀请省内外专家对"五水共治"进行研究，广泛征求省、宁波有关部门和市级老领导、老水利工作者、"两代表一委员"和市民的意见建议，修编完成防洪排涝等规划和实施方案；制订"五水共治"三年行动计划，作为市委一号文件下发。坚持非常任务非常对待，全域统筹设计建设，全力压缩审批环节，全市统一资金调配，以非常模式推进治水项目建设，132个治水项目实现开工，126个对口帮扶项目全面完成，1100处水毁水利工程全部修复，经受住"8·19"持续强降雨和"凤凰"台风的两次考验；全面推行"河长制"，68条"三河"全部摘帽，农村生活污水治理61个村竣工运行。坚持全民关注全民共治，修编完成三级防汛防台应急预案，广泛开展实战演练，公布防汛防台部署，发放防汛防台资料80余万份。针对城市社区无法有效动员自救、组织互救等问题，制定加快构建新型社区治理体系的意见，把支部建在楼道里，基本形成党建引领、"四治"联动格局。

启动市域总体规划修编，编制完成泗门城市客厅区块修建性详细规划、姚北新城分区规划，7个乡镇总体规划完成报批，8个精品村规划获省级奖项。把"三改一拆"作为拓展发展空间、建设美丽余姚的重要抓手，坚持拆改联动，处置一批涉宗违法建筑，完成"三改一拆"376.54万平方米。启动"阳光征收"，探索实施"模拟征迁"，14个征迁项目实现清零，完成房屋征迁50.2万平方米。坚持重点区块开发与综合体建设互联齐抓，形象提升与功能完善同步推进，西南组团等重点区块基本成型，交通路网进一步完善，梁弄等3个乡镇入选全国重点镇，泗门获省小城市培育试点考核优秀，11个精品村54个项目全部启动。坚持环境整治和"森林余姚"建设齐抓并进，四明湖周边环境安全隐患企业整治、饮用水源地和主要河道规定范围内畜禽养殖场关停、污染行业整治、黄标车及老旧车淘汰等工作进展顺利，改造新建绿化面积833.3公顷。

围绕创建省级创业型城市，出台支持余姚籍大学生回乡就业创业等政策，新增就业人员2.51万人，创业带动就业7.33万人，城镇登记失业率控制在1.28%。市公共财政用于民生支出63.6亿元，增长11.6%。全国义务教育发展基本均衡市通过评估，全国文化先进县通过复评，省卫生强市通过复核。把创建全国文明城市作为一场大考来对待，打造整洁有序的市容环境、文明有礼的人文环境和温暖有爱的社会环境，12月接受中央文明委考评。信访总量、越级上访持续下降，安全生产事故发生起数、受伤人数、死亡人数、直接经济损失实现"四下降"。基层协商民主建设经验向全省推广。

开展中共十八届三中、四中全会精神和习近平总书记系列重要讲话精神宣传教育，发挥省委党校四明山分校作用，弘扬社会主义核心价值观，深化"做文明崇德余姚人"活动，"小载体"宣讲团获全国基层理论宣讲先进集体。出台关于加强干部队伍执行力建设的实施意见，落实干部选拔任用"十不准"要求，推行亮绩竞标、公开比选、绩效对账，组织年轻干部到基层一线历练。严格干部职数管理，建立经常性考察机制，畅通干部退出渠道，一批实绩突出的干部被提拔任用到重要岗位。强化人才工作综合保障，累计培养和引进"国家千人计划"、"省千人计划"专家41人。规范基层权力运行，推进在职党员进社区，完成村(社)"五多"问题整治，整转软弱涣散村级党组织16个，"小板凳"工作法被宁波市委活动办发文推广。履行党风廉政建设主体责任，出台相关实施意见，建立谈话约谈等14项保障机制，落实履行党风廉政建设主体责任情况向上一级党委、纪委报告的制度，支持纪委"三转"，推动纪检监察机关集中精力履行监督责任、干好主职主业。立案查处违法违纪案件137件，给予党纪政纪处分137人。

（市委办）

市委办公室工作

【概况】

2014年，市委办围绕市委重点工作，完成全市“经济社会转型发展推进年”动员大会、市委务虚会、市委十四届六次全会、市委十四届七次全会、县委书记交流会等领导重要报告、讲话、汇报材料200余篇，审核市委主要领导重要活动新闻稿件180余篇、规范性文件28份。完成《关于助企强企稳增促转的对策研究》《关于加快构建新型社区治理体系，提升城市社区建设水平的对策研究》等重点课题的调研工作20余项。起草完成《关于助企强企稳增促转的若干意见》《关于支持姚籍大学生就学和回乡就业创业的若干政策意见》《关于鼓励民间资本投资社会事业的若干意见》等政策文件，有20余项调研成果转化为政策性文件。撰写《余姚市全面深化改革总体思路研究》《2014年余姚市全面深化改革工作要点》等文稿，梳理确定7大项目48项改革项目清单，推进全面深化改革。全年编发《信息通报》35期，《信息通报增刊》23期，《信息通报》(乡镇街道党工委书记一周活动)46期、《信息专报》28期，《每日汇报》248期。完成上级信息考核分2033分。有17篇大型经验类材料被上级党委录用，其中《同坐一条凳、连成一条心——浙江余姚市谢家路村践行“小板凳”群众工作法的生动实践与启示》被中共中央办公厅《领导专报》信息刊物采用送呈中央领导。被省委办公厅和宁波市委办公厅评为信息工作先进集体。

【党的群众路线教育实践活动】

*学习教育。*组织全办干部学习习近平总书记系列重要讲话精神和上级规定的7本必读书目，观看《苏联亡党20年祭》《焦裕禄》等教育影片；组织机关党员干部赴梁弄和泗门开展“读红色书刊、观红色影视、访红色胜迹、听红色报告”系列活动；到余姚经济开发区、市城管局等部门学习了解“千人计划”、中意产业园、招商引资、“三改一拆”、“智慧城管”等工作，了解全市重大产业平台和经济社会发展情况；组织26名中层正职以上干部在市领导信访接待日旁听学习，面对面了解群众上访诉求，学习市领导处置群体性上访事件的方式方法，增强处理突发事件的能力。

*整治“四风”。*采取“自己找、同事评，上级点、群众提”等形式，聚焦“四风”听意见，对准标靶找差距，连续召开10余次意见征求会；参与“五联五促”“三进三解”及“双带双走”走亲连心、在职党员联系服务居住地社区等活动，征求到意见建议47条，并逐一进行整改；同时，班子成员撰写反复修改对照检查材料，做到“对准号、像自己、有深度”。

*建章立制。*加强干部作风建设，完成17项整改落实项目，认领市委开展的“十项集中专项整治重点工作”及市委常委会带头整改承诺清单等相关任务，制定出台加强和改进调研工作、改进文风会风、规范和精简考核等3个文件；对文山会海等问题开展专项整治，以市委、市委办名义召开的全市性会议比上年减少16.5%，下发的文件数量减少26%；加强对基层业务指导，召开全市办公室主任会议和分3次召开乡镇、街道党政办主任会议；同时，调整设立“整改落实办”，开展整改落实情况“回头看”，巩固教育实践活动成果。

*助推全市教育活动有序开展。*克服人手紧张的困难，抽调3人到市群众路线教育实践活动办公室，其中2人常驻。还承担市委常委会、市委领导的讲话材料和各类活动方案、会务接待等大量工作。全年共撰写市委主要领导在中办调研组座谈会、市委常委班子专题民主生活会、市四套班子专题民主生活会情况通报会等讲话材料50余篇；承办全市教育实践活动动员部署大会、“三问三观”专题学习会、市委常委班子专题民主生活会等40余场会务工作；此外，还安排中央第七巡回督

导组、省委赴宁波督导组领导等到余姚考察活动。

【干部队伍建设】

思想建设。依托“微型党课”“网上党课”等阵地开展党员干部日常教育；以党员“五个一”学习活动、“三会一课”等组织生活为抓手，增强干部队伍的执行力、凝聚力和战斗力；动员组织党员干部参加市直机关运动会和各类培训活动，获优秀组织奖。

民主集中。坚持“集体领导、民主集中、个别酝酿、会议决定”的议事原则，凡涉及提拔任用干部等重大工作事项，均由办公会议集体研究决定。年度通过程序发展党员1人，选调3人，有4人进行岗位交流，3人提拔为正科，提拔和调动3名副局级干部，1名班子成员明确正局级；在全市民主评议机关活动中，位列综合服务管理部门第一名。

廉政建设。履行党风廉政建设方面的各项规章制度，把党风廉政建设责任制的各项要求细化到班子成员及分管科室，做到任务明确，责任落实。根据分工，班子成员履行“一岗双责”，对具体承担的党风廉政建设工作落实情况、分管科室党风廉政建设各项任务落实情况、本人执行廉洁自律有关规定情况进行自查，始终保持“自重、自省、自警、自律”的思想状态，维护办公室领导班子清正廉洁的良好形象。

【协调落实各项工作】

沟通交流。发挥办公室综合协调职能，围绕市委中心工作，正确处理“内与外”“上与下”“大与小”“急与缓”等各方面关系，注重加强同省、宁波市的联系，及时了解上级工作动态和要求；注重坚持和完善“四办”工作的沟通衔接，增强工作的计划性和四套班子工作的整体协调性；加强对乡镇、部门之间的工作协调，把重点放在促进市委工作部署和意见转化为各职能部门的实际操作上，对一些涉及部门较多、容易出现推诿扯皮现象的问题，按市委领导要求进行协调，明确和细化部门的责任，发挥基层和部门的作用。

督查跟踪。把督查督办贯穿于抓落实的全过程和各环节，推动各项决策部署和工作事项落实到位。对“批而未供、供而未用”土地消化利用、截污纳管、黑河、臭河、垃圾河治理等多项工作进行实地督查；先后组织开展党风廉政、考核达标清理、乡镇驻夜值班等专项督查，完成村（社区）“五多事项”清理整治相关文件的起草印发及工作报告，完成市委贯彻《省委落实中央巡视组反馈意见十大整改行动方案》的责任分解方案及工作总结报告；共开展决策督查7次，开展督查调研8次，编写督查调研材料8篇，其中介绍“机器换人”做法的材料被宁波市市长卢子跃批示；报宁波市委专项督查自查报告16篇、报省委督查室《今日聚焦》曝光问题整改报告5篇；办理宁波市领导批示件26件；编印《督查专报》31期；办理市委领导批示117件，其中来信59件、来文58件。督查工作考核位列宁波市第二。

考核导向。制定出台乡镇（街道）专项、年度考核和部门考核三个市级考核文件，调整优化考核指标，加大对“社区治理创新”“争创全国文明城市”“矿山整治”“农村生活污水治理”“农村产权制度改革”“民间信仰场所整治规范”“环保工作”的考核力度，实行市直部门和乡镇（街道）联动考核，层层落实责任。同时考核结合督查，采取“自上而下、自下而上”的方式，开展规范和精简全市考核的相关工作，确保考核任务的完成。

【服务保障】

办文办会接待。规范公文运转程序，改进和完善公文的报送、处理和审批制度，全年共下发市委文件126份、市委办文件121份、会议通知99份。按照高标准、高质量、高效率的要求，开展市委重要会议、上级领导视察等重大活动的组织、安排和协调工作，全年共办理大小会议100余次，组织承办上级领导到余姚检查指导和兄弟县市到余姚学习考察72批次，确保市委全会、市委务虚会、塑料博览会等大型会议和中国（宁波）意大利产业园开园仪式等重要活动的顺利举行。同时，担负机关大院接待群众来访、处理信访事件的工作职责，把信访问题解决在基层和萌芽状态，全年共受理群众来信来访180件次。

机要保密。完善密码通信网络，发挥密码通信的主渠道作用，保证中央、省、市重大决策和重要工作部署的贯彻落实，为市委工作提供有力保障。坚持24小时值班制度，以高度的政治责任感对每一份机要件及时、准确地登记、办理、回收、保存，全年共收发明、密电报3200份，其中密码电报

270份，密传电报370份，未出现一起纰漏。开展涉密视频会议的服务保障和日常维护工作，发挥连续作战的精神，总计保障45场各类涉密视频会议，未出现一次重大故障。开展保密宣传教育，对20余个基层单位和公务员初任培训开展保密授课活动；对重点涉密单位和岗位进行管理督查，协助市档案局、市规划局进行保密自查，开展保密工作大检查，对存在问题限时整改；着重对20余家单位的涉密载体统一销毁；启动互联网出口监管平台和政府网站保密监管平台建设，确保保密工作规范化，保证党政机关机密的安全、可靠。

（市委办）

组织工作

【概况】

2014年，市委组织部贯彻落实中共十八大、十八届三中全会精神，按照全市党建工作会议的具体部署，开展干部队伍建设、人才队伍建设、基层组织建设及组织部门自身建设，各项工作取得新成效。

【领导班子和干部队伍建设】

用人导向。组织开展市直部门、乡镇（街道）领导班子和领导干部年度政绩考核定档，采用“三推三评三排”，全面掌握领导干部在单位党委（党组）、分管领导和市委考察组中的评议排名。重视基层导向，明确选拔担任乡镇（街道）党政正职，一般应有乡镇（街道）领导工作经历或3年以上乡镇（街道）、基层站所工作经历要求；出台加强机关年轻干部到基层一线历练实施意见，分三批组织35周岁以下缺乏乡镇（街道）工作经验的干部到基层任职。按照注重实绩、群众公认原则，开展市管领导干部日常选配工作，优化领导班子和干部队伍结构。全年累计提拔任用干部12人。

选人机制。组织开展“亮绩竞标”选拔乡镇（街道）干部试点，推出10个乡镇（街道）中层副职和8个乡镇事业单位工作人员岗位，采取经历业绩比较、综合素质比试、竞标践诺比选等程序步骤，116名符合条件人员中18人成功竞标。启动实施全市优秀中青年干部公开比选，105名报名参选人员通过比试，有50人进入一线实践比选环节，开展挂职情况考察。指导各乡镇（街道）做好中层干部集中调整和聘任工作，改变“凡提必竞”，首次明确同职位连任或平级转任的，可直接经乡镇（街道）党（工）委研究决定后办理任职手续；新提中层副职职位人选，一般采用“竞优比选”方式产生。

管人措施。启动实施超职数配备和高配领导干部清理工作，摸清领导干部职数和实际配备数，明确市直部门和乡镇（街道）享受中层待遇职位设置和程序。健全完善领导班子和领导干部考察机制，实行“五考四谈三审”经常性考察制度，掌握领导干部工作生活德才表现。制定出台调整不适宜担任现职领导干部暂行办法，对1名年度考核不称职等次市管副职领导干部进行降职处理。开展领导干部和机关事业人员在企业、社团兼职（任职）专项清理，全年共有82人辞去企业、社团职务。加强领导干部个人有关事项报告、出国（境）管理、配偶已移居国境（外）国家工作人员任职管理等工作，完成1013名市管领导干部个人有关事项集中填报和汇总综合，集中保管市管领导干部因私证件626本。对2家单位围绕选人用人、党建工作、经济责任进行“三责联审”，结合年度考察开展“一报告两评议”工作。

育人平台。注重资源整合、借力用力，推进省委党校四明山分校建设，挖掘红色资源和人文资源，优化现场教学点布局，推动形成“在现场教学、让历史说话”办学特色品牌，全年承接兄弟县（市、区）四套班子现场教学活动、厅级干部进修班、地级市中青班等318期，累计培训学员15980人次。举办姚江讲坛7期，培训1400余人次；举办领导干部选拔任用工作条例学习培训、深化改革专题培训、“五水共治”专题培训等主体班次14个。继续开展党员干部学习网、干部网上学院建设，实行学分制管理，破解领导干部工学矛盾。

【党的基层基础建设】

优化基层组织网络体系。调整基层党组织设置和党建工作网络，在农村推广“组级”支部，把村下属支部建在村民小组，形成“村—组—户”民情联系机制。推广“小板凳”群众工作法，通过下发文件、召开会议、现场学习、自查互查等方式，督促农村基层党组织借鉴落实。完成16个软弱涣散村级党组织整顿转化，撤换不称职、不作为党组织负责人2人。整合社区在册在职党员力量，探索建立“社区党组织—片区网格党支部—楼群党员活动小组”组织架构和运行机制，全市27个城市社区党组织共设下属党支部182个，党员活动小组448个。

强化党员干部队伍建设。完成村级组织换届工作，推行“四项承诺”、集体谈话制度，优化村级班子结构。组织开展集中培训，举办新一届村级组织班子成员培训班、基层党组织书记培训班、“潜力型”村干部培训班和“80后”村主职干部座谈会。组织开展村级后备干部公开推选，确保每个村后备干部常数不少于2人。量化评价激励大学生村干部，探索实施大学生村干部职业生涯评价体系，6名大学生村干部通过“亮绩竞标”录用为事业单位工作人员。推行“先锋指数”考评管理工作，选择2个乡镇（街道）推广使用党员证。深化农村基层“四日联动”活动，表彰“五十佳”活动示范点。加强党群服务中心建设，推进在职党员联系服务居住地社区工作，开展“点亮微心愿·共筑中国梦”四季主题活动，全年征集“微心愿”1139个，认领1096个，完成1052个。

细化基层党建工作保障。制定下发深化基层服务型党组织建设意见，市财政每年支出约1.1亿元，确保基层组织正常运转。加强基层党组织运行经费保障，农村党组织根据户籍人口落实15万～20万元运转经费，社区党组织根据层级设置落实4万～6万元工作经费。加强村（社区）办公活动场所规范化建设，市财政安排200万元专项资金补助25个村（社区）建设办公活动场所。落实基层党建工作责任制，指导6个乡镇（街道）和市直部门党（工）委对照采集表各项指标，向市委全委会进行基层党建工作情况述职；督促乡镇（街道）“一把手”完成“七一工作法”各项任务，督促基层党组织向乡镇（街道）和市直部门党（工）委进行党建述职，完善党建责任体系。

量化两新组织党建工作。加大两新组织党组织组建力度，新组建区域性党组织6家，建立协商议事机构7家。组织开展新一轮星级争创考评验收，全年转化后进党组织90家、提升一般党组织152家、巩固先进党组织9家。落实两新组织党员“双重管理”制度，排摸消除“口袋党员”“隐形党员”137人。深化党建示范点创建培育，新确定示范点重点培育对象163家，新增示范创建单位64家。开展“先锋岗·示范项”主题活动，党员个体或以党员为主的团队每年确立1～2个示范性项目，推动发挥实质作用。开展新一轮公益项目征集活动，累计征集公益项目10个，资金20.5万元。组织41家“双管”两新组织开展“千企联千村、党建助治水”活动，提出意向帮扶资金1000余万元。

深化远程教育学用水平。建立前端播出平台、视频会议系统、市级中心课堂和辅助教学网站，全市拥有终端接收站点376个。推进远程教育入户“数据广播”平台建设，在1100余个党员责任区、家庭教育活动点推广安装EOC交互盒。拓展阵地建设，全市共建成6个远程教育广场，其中2个被评为宁波市“示范广场”。注重借力讲“故事”，在市广播电台开设党建专栏“党群连心桥”，全年共播出15个身边党员、党组织的先进典型事迹。加强教学资源课件开发，挖掘整理课件25部，下发必看影片1000余盘，完成《红色四明——坚定理想信念，铸就浙东丰碑》拍摄工作，谢家路村“小板凳”农村工作法在省级电视台播出，《最美乡村干部》入选中组部推荐样片。

【人才工作取得新突破】

党管人才。完善人才工作体制机制，组织召

开人才工作领导小组会议，制定下发人才工作目标责任制考核办法。每季度组织开展“千人计划”专家联谊活动，根据“千人计划”专家需求邀请相关市直部门参加会议，组织部长和分管市领导全程参与，全年举办活动3次。组建高层次人才创业创新服务联盟，设立“千人计划”专家综合服务中心，28个市直部门作为成员单位开设服务专窗，牵头协调“千人计划”专家创业创新、工作生活中的实际困难。

灵活招才。加大海内外高层次人才和项目引进力度，组团赴美国密尔沃基等地开展招才引才，已签约或正在跟踪洽谈的海外高层次人才项目98个，累计培养和引进国家和省“千人计划”人才50人，宁波“3315计划”个人4人、团队5个。加快推进“千人计划”产业园建设，54家科技型企业入驻科创中心，产业化基地启动区块首批7个项目已开工建设；举办“千人创业”余姚论坛，邀请30余名国家“千人计划”专家为产业园发展建言献策。推进“一镇一千人”活动，指导各地开展“千人计划”专家申报工作。“以才引才”，采用聘请担任“引才大使”、市决策咨询委员会委员等方式，吸引“千人计划”专家和高层次领军人才抱团落户。推动发挥企业引才主体作用，组织企业参加宁波科技周，承办国侨办重点华侨华人创业团队宁波（余姚）行活动，共有11名国家“千人计划”专家与企业成功“联姻”。加大政策扶持力度，鼓励企业深化院士工作站、博士后科研工作站建设。

人才培养。深化重点创新团队建设，组织重点规模企业、高新技术企业申报省级、宁波市级创新团队。推进优秀中青年人才队伍建设，开展第二轮首批中青年优秀人才选拔培训工作，组织30名优秀中青年人才赴复旦大学、山东临沂进行集中培训教育。全市共有130人入选中青年人才培养计划。加强高技能人才队伍建设，实施“金蓝领人才培育”计划，与哈尔滨工业大学联合培养材料工程硕士班于4月正式开班，与德国德雷斯顿工业大学合作培养五年制高技能人才项目已签订意向协议。加强企业经营管理人才培养，组织企业高级经营管理人才赴武汉大学进行企业管理与创新高级研修。

服务保障。强化政策执行，制定出台高层次人才创业扶持资金、种子资金、贷款贴息管理办法，采用“三级联审”方式对高层次人才项目进行评审。全市共有五个批次30个项目通过评审，累计拨付资金1.27亿元。启动实施“姚江学子回巢计划”，市财政每年安排500万元注入基金设立姚江学子发展基金，资助余姚籍优秀大学生就学就业。推进“余姚阳明科技创投基金”和“智生创投基金”发展壮大，鼓励和引导社会资金投资初创型高新技术企业。实施“人才安居工程”，开通高层次人才服务绿色通道，组织开展高层次人才健康体检和疗休养活动，经常性走访慰问“千人计划”专家及高层次人才，营造服务人才良好环境。

【组织部门自身建设】

打造“学习组工”。组织开展政治理论、党史党章等内容的学习，重点学习中共十八届四中全会精神、习近平总书记系列重要讲话精神。组织参与“千名干部进梁弄、万名党员受教育”活动，安排全体组工干部到省委党校四明山分校接受现场教育。组织开展“组工干部业务大练兵”，通过网上自学课程、网上考试测试等形式，提高组工干部业务水平。建立“科室长大讲堂”制度，每季度安排1名科室长介绍组工业务知识、重点组织工作等内容。结合党的群众路线教育实践活动，选树4名老组工干部作为学习榜样，制作《组工老兵、榜样注脚》视频短片，营造学先进、比先进、赶先进、当先进的氛围。

打造“服务组工”。完善“部门联镇、科室联村、干部联户”制度，部机关联系1个乡镇，7个科室联系4个村，28名组工干部联系140户群众。根据科室工作职能开展针对性走访，干部线组工干部与所有市管领导干部见一次面、谈一次话；组织线对所有行政村走一遍，与村主职干部聊一次天；人才线与所有高层次人才联系一次、慰问一次。建立乡镇（街道）领导班子和领导干部经常性考察制度，21名组工干部联系21个乡镇（街道），每年不少于6次参加联系单位月度工作例会，就开展“四日联动”活动、集中调整和聘任中层干部、推广“小板凳”群众工作法等工作进行指导。

打造“阳光组工”。举办组织部“开放日”活动，邀请市内17名知名微博主走进组织部，部主要领导听取微博主对组织部门和组织工作意见建议。

认真办好余姚党建网、官方微博（@姚江先锋、@余姚组工）、官方微信和《余姚市大学生村官报》，28名组工干部全部开通实名微博、微信，拥有微信听众4000余人，累计推送信息126期；微博粉丝13000余人，累计发布信息2800余条，其中27条信息被省委组织部官方微博@之江先锋转播。加强组工信息宣传，挖掘提炼特色亮点做法，全年被宁波市级以上简报录用信息32篇，其中"小板凳"农村群众工作法得到省委、宁波市委主要领导批示；被宁波市级以上媒体录用信息62篇，其中国家级刊物录用11篇，省级媒体录用20篇。

（市委组织部）

宣传工作

【概况】

2014年，全市宣传思想文化战线在市委的领导下，围绕中共十八大、十八届三中、四中全会精神、中国梦等主题，依托"小载体讲大道理""宣教服务进农村文化礼堂""百场党课送农村、千名书记上党课、万名党员上讲台"等宣讲活动，开展宣讲1500余场次，微型党课巡讲1000余场，受众6万余人次，发送理论知识信息6000余条，向基层党委中心组发放学习资料1.5万册。其中，"小载体"宣讲团被中宣部评为"全国基层理论宣讲先进集体"，受到宁波市委书记刘奇、省委宣传部常务副部长胡坚等领导批示肯定，并在全省基层宣讲工作会议上作典型发言。开展市镇村三级中心组理论学习，促进中心组学习规范化、常态化。加强市委讲师团建设，下发宣讲课题93个。制定下发《关于建立全市党员干部讲学考学述学评学制度的实施意见》和《关于组织开展全市党员干部理论考试的通知》，推动党员教育制度化、长效化。市委中心组被评为2012—2013年度宁波市理论学习先进单位，全年开展集中学习17次。创设"合作社党校、商圈党校、餐厅党校、大巴党校、广场党校、多媒体党校"等十大特色党校，被宁波宣传部亮点通报。创设"阳明讲堂"，推进余姚人文大讲堂举办社科普及讲座33期，社科普及月期间共开展活动58项，市委宣传部被评为宁波市2013年度社会科学普及工作先进集体。

【舆论引导工作】

主题宣传。完善"周总结、月回顾、季评议、年规划"的新闻管理策划机制，联动设置党的群众路线教育实践活动、做文明崇德余姚人、五水共治、三改一拆等重点专题专栏，推出报道1600余篇。围绕传播社会主义核心价值观，开展"传承先贤品格、弘扬先贤精神"、提炼弘扬"梁弄精神"等活动，梳理先进典型130余个。同时，参与浙江骄傲、最美宁波人等人物评选活动，"小城大厨"负责人应邀参加央视七套"'2013三农记忆——十大年度三农新闻事件"颁奖晚会的录制。

对外传播。新华社等20余家主流媒体聚焦中国（宁波）意大利产业园项目合作签约，《中国青年报》头版头条报道谢家路村"小板凳"工作法，中国宁波网"对话"栏目专访市委毛宏芳书记。《浙江日报》发稿33篇，其中头版6篇；《宁波日报》发稿191篇，其中头版52篇，发稿总数和头版发稿数均位列全省、宁波前列。作品《男孩女孩站起来》获省第十九届对外传播"金鸽奖"对外电视节目二等奖，电视艺术片《黄宗羲》《严子陵》获省牡丹江一等奖；新闻摄影作品《余姚看守所遭遇洪水安防失灵在押人员安全大转移》获24届中国新闻奖国际传播类三等奖。举办"画说余姚"全国知名画家到余姚采风活动，承办《人民中国》采访活动。实施城市形象传播计划和"灯下亮"工程，制作《美丽余姚》大型画册，启动拍摄《美丽余姚》城市形象片、城市形象口号和城市 logo 设计。

舆情引导。制定下发《关于进一步加强和改进新闻发布工作的实施意见》，召开新闻发布会 8 次。实施领导干部媒介素养培训工程，强化各级干部舆论引导的能力和水平。加强网络舆论引导队伍建设，建成新闻发布和舆情应对模拟基地，开展模拟演练 4 次，实战拉练 15 次。有效处置黄家埠企业环保问题、三七市违规建设别墅、河姆渡“凤凰山庄”停建建筑群等重大涉姚舆情，维护余姚形象。打造“微余姚”政务微博群和微信公众号、余姚 e 政平台组成的“两微 e 体”网络民生服务体系，“余姚发布”多次在全省政务微博排名前十。开发完成并运行“余姚发布”党政移动客户端，拓宽网络民生服务的渠道。组织开展第六届余姚网络文化嘉年华系列活动，培育健康向上的网络文化。

【精神文明建设】

培育和践行社会主义核心价值观。围绕“信以立业”“孝以修身”“俭以养德”主题，开展“恪守信孝俭，做文明崇德余姚人”系列活动。举办“讲文明树新风”公益广告宣传活动，征集优秀作品 68 件。开展“我推荐、我评议身边好人”“余姚好人”评选活动，有 8 人被评为“宁波好人”，3 人被评为“浙江好人”，2 名个人、1 个群体入围“中国好人榜”候选人，举办“余姚好人”微故事大赛并进社区开展巡讲。发放姚文德基金奖励好人 6.2 万元。新增“道德银行”建设村 16 个，累计有 727 户农户获“道德信贷”6244 万元。

全国文明城市创建。成立创建全国文明城市工作领导小组，组织召开全国文明城市创建工作情况分析会和动员大会，印发创建工作《实施方案》《责任分解》等，组建市民巡查员队伍，召开专业组重点难点问题协调会，开展文明城市创建六大整治行动。开展宁波市城市文明程度指数测评工作，及时通报反馈测评成绩，指导督查问题整改落实。继续开展“三争”文明村镇、“三为”文明行业和“三好”文明社区主题创建活动，开展十星级文明户、和美家庭、和睦邻里等文明细胞创建活动，形成新一轮“双百共建”对子 236 个，有 18 个行政村、24 家单位申报创建宁波市文明村、文明单位。

未成年人思想道德建设。实施春泥计划扩面提质工作，建立 21 个“春泥计划”示范点，编印发放 6000 册《“春泥计划”系列教材之节日习俗》。推进乡村学校少年宫建设，有 2 个乡村学校少年宫列入中央专项彩票公益金支持项目。承办宁波市“春泥计划”实施工作暨乡村学校少年宫建设培训推进会，三七市村、泗门镇中心小学分别被评为宁波市“春泥计划”实施点、乡村学校少年宫精品示范点，1 个集体和 3 名个人被评为省“春泥计划”暑期社会实践志愿服务优秀团队和个人。实施阳光少年成长服务行动，建成 28 个规范化“阳光少年成长乐园”，组建学校志愿教育服务联盟并开展配送活动 381 次。推进“阳光少年 · 七彩假期”未成年人欢乐节、未成年人心理健康关爱行动等 2014 年全市未成年人思想道德建设八大实事项目，开展“中华文化经典进校园”“童心向党歌咏”“网上祭英烈”等主题活动，丰富未成年人校外精神文化生活。

【文化事业、产业发展】

实施文化事业繁荣计划。举办首届市百姓文化节，安排群众性文化活动 46 项。开展公共文化配送工作，共发放阳光文化爱心卡 5600 张，完成文化配送 703 场，向农村配送电影 3000 场次。新建“欢乐大舞台”22 个，举办“欢乐大舞台”管理骨干的业务培训，在余姚电视台开播“欢乐大舞台”节目专栏。推进农村文化礼堂建设，新增 32 个建设村，组织开展农村文化礼堂“五进”活动，省委宣传部长葛慧君等领导实地考察余姚文化礼堂建设并作高度评价。举办 2014 年文化科技卫生“三下乡”活动、第二十届四明山电影节、第四届全民读书节、“乡土文化进姚城”等系列活动，丰富城乡居民的精神文化生活。

实施文化精品振兴计划。开展 2014 年度市文化精品工程重点项目立项、进度督查工作，确定年度重点扶持项共 13 个，确定扶持资金 200 万元。姚剧《严子陵》在余慈地区、江苏、上海等地公演 70 余场，并和电视纪录片《余姚四先贤》同获宁波市第十二届精神文明建设“五个一工程”奖。“雀咚咚”《姚江奇案》获第八届中国曲艺牡丹奖全国曲艺大赛（说唱类）比赛创作提名奖。散文《隐秘的故乡》入围鲁迅文学奖，《被语言争夺的舌头》获人民文学奖。在宁波市第二届合唱大赛中获最高荣誉金奖，并代表宁波参加省群众合唱大赛。协调陈凯歌执导的电影《道士下山》在余姚的拍摄工作。

实施文化产业发展计划。完成《余姚市文化产业发展规划（2014—2020）》二稿修编。组织开展文化产业摸底调查，建立符合余姚实际的文化产业统计体系，明确各文化产业发展领导小组成员单位责任。组织宁波文山创意广场等6个重大项目参加宁波市文化产业项目推介洽谈会。加大对重点文化产业园区、企业、项目和品牌的培育力度，形成龙头企业带动文化产业整体发展的格局。大丰实业和文山创意广场项目分别获国家文化产业发展专项资金扶持190万元和80万元。大丰实业、绿城设计公司获宁波市文化产业项目最佳成就奖，利帅影视器材获宁波市文化产业项目最佳进步奖，阳明一八八获宁波市文化产业项目最佳创新奖。

【余姚市入选中国县域网络形象百强】

1月8日，由新华网主办的“中国县域网络形象排行榜（2013）暨县（区、市）级政府网络履职绩效排行榜”发布会在北京举行，余姚市入选该榜单百强。县域网络形象主要由县域网络形象基础数据、县域政务网络形象、县域商务网络形象、县域社会生活网络形象、县域舆情网络形象5项一级指标构成的县域网络形象总榜得出，较全面反映县域在形象推广、政务、商务、市民生活、舆情等方面的综合形象。新华网已连续两年发布城市网络形象报告及“中国城市网络形象排行榜”。

【知名画家“画说余姚”】

4月10—12日，市委宣传部组织“画说余姚”全国知名画家到余姚创作活动。中国美术学院教授、中国美术家协会水彩艺术委员会副主任周刚等来自浙江、江苏、陕西等地的10余名全国知名画家，先后到梨洲街道金冠村、陆埠镇石门村和河姆渡遗址博物馆、天下玉苑景区、四明山地质公园等地进行创作。

【市“小载体”宣讲团获全国理论宣讲先进集体】

10月28日，在中宣部召开的学习贯彻中共十八届四中全会精神研讨会上，余姚市“小载体”宣讲团等12个理论宣讲先进集体受到表彰，为年度全省唯一获此荣誉的单位。市委常委、宣传部部长陈长锋赴北京参加会议并领奖。

（市委宣传部）

统战工作

【概况】

2014年，全市统战系统按照市委教育实践活动总体部署，共发放意见征求表350份，召开各类统战对象座谈会9次，机关党员干部走访各界统战人士和基层群众412人、村（社区）81个、企业49家，征集意见建议32条。部机关领导带头整改、分工落实六大类17项具体整改内容和措施，出台一批内部规范管理制度，完善一批密切联系基层和统战人士制度，建立一批作风建设长效机制。较上年同期减少各类会议40%，减发各种文件50%，削减评比达标表彰项目50%，压缩“三公”经费65%。活动期间累计落实民生实事项目9个，牵头落实资金550万元，解决群众实际困难86件。

【服务经济发展】

全年共组织招引40余批浙商姚商、23个海内外工商社团及其50余家会员企业到余姚考察投资，浙商姚商回归实际到位资金51.46亿元，完成全年目标的285.89%，吸引促成24个高层次人才创业创新团队及余姚籍海归人才到余姚创业，450余名市内外余姚籍宁波籍企业家投身市公益事业，累计出资和实物捐赠4500万元。发挥小微企业互助合作促进会融资作用，共为全市小微企业提供互助合作贷款2亿余元。推进鹿亭同心实践基地建设，三年累计落实帮扶项目41个，到位项目帮扶、扶贫帮困资金976万元，牵头招商引资5100万元。推进商协会发展改革，完成总商会、企业家协会整合和经济类商协会承接政府职能转移试点工作。

【创新社会治理】

根据年初全市基层协商民主建设推进会工作部署，实现基层协商民主组织平台乡镇街道、重点村社区、主要行业协会组织全覆盖，全面推开基层协商民主“三化”建设十项重点工作，各层面、各领域议事协商活动规范有序。全省统一战线推进基层协商民主现场会在余姚召开，基层协商民主余姚做法得到肯定推广。拓展网络统战工作，成立宁波市首个县级网络界人士联谊组织和两个乡镇街道网联会，搭建“同心微余姚”微信公众平台，规范统一战线网管员、网评员、网络志愿者、“网络社区名人”四支队伍建设，健全统战领域网络舆情处理机制，推进社会组织统战、分众统战、新市民统战、民间信仰场所规范化管理等一批创新试点。

【党外队伍建设】

协助市委出台《关于加强新形势下党外代表人士队伍建设的意见》，从目标任务、工作举措、组织协调、考核督查等各方面强化对党外代表人士队伍建设的顶层设计。全市后备干部选拔、挂职锻炼、中青班学习、中层干部竞聘中坚持按不少于10%比例进行落实。出台《关于开展“五型”知联建设活动的实施意见》，推进知联会的规范提升和组织延伸工作，深化“10+N”统战同心服务联盟建设，全年累计为近3000人次群众提供帮扶济困、助学助医、助教助老等志愿服务，捐款捐物570余万元。加强各民主党派组织建设，新发展成员15人。推进民主党派参政议政，各民主党派、工商联共向市人大、政协提交各类议案提案、意见建议70余件，其中《扶持家庭农场发展、促进农业转型升级》的提案得到国务院副总理汪洋的批示。拓宽统一战线联系各界群众、收集社情民意和服务公共决策的方法途径，建立“统一战线社情民意观测站”36个，收到各类调研报告、社情民意32篇。

【基层基础工作】

推进统战工作“五基本”规范化建设，组织开展统战工作特色示范系列创建活动，其中，阳明街道、梁弄镇、泗门镇、低塘街道完成宁波级基层统战工作示范点复评或创建，新命名9家统战宣教基地。实施统战文化品牌建设，指导培育100家企业文化示范点，编印《市10家企业文化建设先进典型经验汇编》，成立河姆渡镇统战文化研究会。利用余姚特色文化资源和“五大建设”成果，以港澳台和海外基层组织人士、新生代人士为重点邀请对象，组织开展“创二代重温红军路”“国侨办创业创新团队余姚行”“一社一品两岸基层社里交流”等活动，密切两岸文化经贸合作交流。

（陈狄君）

市新联会成立大会

机构编制工作

【概况】

2014年，市编委办推进行政体制改革，将食品药品监管、工商部门职责进行整合，组建市市场监督管理局，调整完成质监部门管理体制，重新开展“三定”工作，市市场监管局和市质监局作为市政府工作部门正常运作。启动政府职能转变和机构改革，提出的《余姚市政府职能转变和机构改革方案》已由宁波市委、市政府批准，并着手组织实施，改革后，市政府工作部门将精简为25个。推行“权力清单”和“责任清单”制度，“权力清单”经三报三审和清权、减权、确权三个环节，行政权力从“一报”时的8058项削减至3940项，削减幅度达51.1%，10月31日在浙江政务服务网上正式公布；涉及29个部门和4个市政府直属事业单位的“责任清单”，12月底前在浙江政务服务网上公布。开展新型农村合作医疗管理中心管理体制调整工作，理顺管理体制；强化动物卫生监督和畜产品安全监管、动物疫病预防控制和畜产品安全监测体系建设，完善市动物卫生监督所派出机构设置，解决基层“看得见，管不了”的问题，保障卫生监督工作和公共卫生安全。

【机构编制管理】

全年办理批复机构编制事项83件；规范编制使用申请、中层干部备案制度，办理用编申请327人次，中层干部备案岗位998个；加强编外用工使用申请，批复编外用工控制数使用申请127人次。推进机构编制工作规范化、制度化建设，修订《编委会工作规则》，明确工作制度和审批权限，出台《关于严控机构编制的若干意见》，细化控制机构编制和财政供养人员增长的操作规定，印发《机构编制核查宣传手册》《事业单位法定代表人使用手册》《业务工作办理流程》等宣传资料。

【机构编制监督检查】

对全市94家机关事业单位的机构设置、人员编制和领导职数配备及编外人员使用情况进行核查，在全面自查基础上，市编委办联合纪委、组织、财政、人社等部门，对40个乡镇（街道）、市直部门及其所属事业单位进行实地检查。为确保核查整改工作取得实效，市委组织部、市编委办、市人社局联合印发《关于做好机构编制实有人员及职数核查整改工作的通知》，召开机构编制核查整改工作暨业务培训会。

【机构编制实名制管理】

推进机构编制实名制管理信息系统运行，完整导入全市机关事业单位的机构编制和实有人员数据，并结合机构编制核查工作，对有关数据进行核对完善，确保实名制管理信息系统信息的准确性。组织开展流程操作培训，实名制管理信息系统已正式实行网上流程操作。

【事业单位登记管理】

全年办理设立登记10件，变更登记94件，注销登记8件，补办法人证书8件；强化社会监督，建立日常登记信息公告制度，每月在余姚日报等媒体公告事业单位法人的登记信息；开展2013年事业单位年度报告工作，全市应检事业单位349家，实际参检事业单位338家，参检率96.8%。执行事业单位印章管理规定，对41家事业单位印章的刻制进行审核把关。全市事业单位法人、非法人事业单位的信息数据已全部导入信用信息平台，信用信息平台建设不断完善。

（方双毅）

政策研究

【概况】

2014年，市委政研室根据市委“加快经济社会转型升级”的决策部署，秉持“围绕中心、统揽全局、突出重点”的工作理念，开拓创新、奋发有为，统筹推进各项工作，较好完成各项任务。

【重大课题调研】

重点课题调研。紧扣牵动全局的关键点，紧贴市委主要领导的关注点，开展各项重点课题调研工作。先后完成《关于助企强企稳增促转的对策研究》《关于加快构建新型社区治理体系，进一步提升城市社区建设水平的对策研究》《关于推进“五水共治”加快转型发展的对策研究》等重大课题，为市委提供决策参考。

热点问题调研。围绕推动经济社会转型发展，开展鼓励民间资本投资社会事业、支持余姚籍大学生就学和回乡就业创业、推进“三改一拆”和“智慧城市”建设等热点课题调研，其中支持余姚籍大学生就学和回乡就业创业、鼓励民间资本投资社会事业等课题转化为市委市政府的政策文件

推动全市调研工作。组织开展2014年度市领导重点调研课题申报汇总和收集工作，会同宣传部门开展2013年度全市调研课题的指导评比工作，推动全市“大调研”格局的形成。

【政策文件制定】

出台经济扶持政策。以优化企业发展环境、促进经济持续平稳健康发展为目标，制定出台《关于助企强企稳增促转的若干意见》《关于加快我市电子商务发展的若干政策意见》，助推企业加快转型发展。

出台民生保障政策文件。针对余姚籍大学生创业就业，促进民间资本投资社会事业等民生热点难点问题，出台《关于支持姚籍大学生就学和回乡就业创业的若干政策意见》《关于鼓励民间资本投资社会事业的若干意见》等政策文件，为保障和改善民生提供政策支撑。

【重要文稿起草】

围绕全市经济社会转型发展的重大问题，起草完成《关于加快构建新型社区治理体系，进一步提升城市社区建设水平的意见》《领导干部改进调查研究工作“八个坚持”》《关于开展教育实践活动即知即改的通知》《关于在市级领导干部中深入开展“深化五联五促　服务转型发展”专项活动的通知》《关于调整市级领导干部联镇带村、结对帮扶对象的通知》等文稿。协助相关部门开展重要文稿的起草工作，参与完成《余姚市工作汇报》《余姚市委常委班子整改方案》《中共宁波市委关于加快建设中意宁波生态（产业）园的决定（初稿）》等文件和综合材料。

【改革工作深化】

前期谋划。按照上级要求并结合余姚实际，起草完成《余姚市全面深化改革总体思路研究》，出台深化改革专项小组建议方案，制定完成市委全面深化改革领导小组、改革办和专项小组工作规则。

工作推进。全面调查排摸拟争取和正在实施的各类改革试点、自主推进或谋划的重要改革项目，针对余姚发展实际和重点难点问题，梳理形成《2014年余姚市全面深化改革工作要点》，并开展责任分解、督促检查工作，确保全面深化改革有力有序推进。

对接沟通。了解掌握各责任单位改革工作开展情况，解决工作推进中的难点问题。强化与宁波市委改革办沟通联系，开展重点改革项目确定、改革试点情况调查等相关工作，撰写《关于2014年全面深化改革工作的自查报告》，分管市领导汇报材料等文稿，完成上级对余姚改革推进情况的督查考核工作。

【政研信息编报】

挖掘全市经济社会发展、改革过程中的特色

亮点，累计向省、宁波两级政研信息部门报送信息50余篇。其中，《余姚市坚持“四措并举”抓好县乡村卫生一体化管理改革试点》《余姚努力从县域经济向城市经济转型发展》等多篇信息被省委政研室改革信息专报、《政策瞭望》等刊物录用。

（陈铭科）

市直机关党建工作

【概况】

2014年，市直机关党工委下辖78个部门机关党组织，其中1个机关党委，25个机关党总支部，231个机关党支部，共有机关党员4080人；77个机关工会；7个妇委会小组；14个机关团支部。获宁波市县（市）区机关党建创新活动优胜奖。

【开展教育实践活动】

按照市委统一部署，2月启动党的群众路线教育实践活动，成立市直机关党工委党的群众路线教育实践活动领导小组和办公室。采取集中学习和个人自学、书本学习与互动交流学习相结合的方式，开展党员干部学习教育。采取书面、座谈会、走访调研等形式，广征意见建议，覆盖每个部门机关党组织。深入根源，开展谈心交心和对照检查，8名机关在职党员之间均开展一次以上的深入谈心交心。坚持高标准高质量，分别召开领导班子专题民主生活会和全体党员专题组织生活会。坚持边学边改，从实际出发抓好整改工作，通过梳理分析、分类和细化，提出4个方面12条整改措施，并建立长效机制。同时，履行好市委交付的职责和任务，抽调副书记、纪工委书记和副局级调研员至领导小组办公室和督导组。在“八项专项整治”工作中，牵头开展办事效率专项整治。指导并有重点地参加部分机关党组织的组织生活会。

【规范提升制度建设】

*指导考评。*深入机关党组织开展走访调研，推动机关党建各项责任的落实。开展机关党建档案（台账）规范化建设，指导各机关党组织建立机关党建工作电子档案（台账）。修订完善机关党建工作目标管理考核办法，日常检查以在线考核平台、电子档案（台账）为主，年度考核以抽查验证为主。

*组织建设。*加强对市直机关党组织规范化建设的日常指导和督查，规范推行机关党组织换届“公推直选”工作，继续试行无候选人直选制度，指导市委老干部局机关党组织通过无候选人直选开展换届工作。推出“余姚机关风采”微信公众平台，同时要求各机关党组织在本部门网站中设立党建工作专栏。落实“党员发展七项制度”，严把党员发展质量关和程序关，全年新发展党员47人，转正46人。

*党风廉政建设。*落实机关党组织党风廉政建设责任制，把党风廉政建设纳入机关党建年度考核内容。落实“三重一大”的议事规则和决策程序。严明党的纪律，贯彻落实中央“八项规定”、省委“六个严禁”和市委关于作风建设的各项规定，对规定落实情况以及窗口单位的工作作风、服务态度等情况加强检查。利用微博微信等新媒体加强廉政文化的宣传教育。

【拓展教育平台】

*发挥“党员大课堂”教育平台作用。*全年举办三期，其中举办“学习贯彻习近平总书记系列重要讲话精神报告会”两期，一期邀请市委书记毛宏芳给730余名机关党员干部“上党课”，参与主体更侧重于机关普通党员；另一期邀请省直机关工委副书记张小勇给310名市直机关党务干部和党员代表作辅导报告。举办“预防职务犯罪教育报告会”一期。

*开展“五个一”学习活动。*组织全体机关党员干部通过“网上党校”，每月一次的机关微型党课等平台，每周“听讲”一课；通过“读书、荐书、赠书”和“好书共享”等读书活动，引导每位机关党员干

部每季度品读一本好书，每年至少撰写一篇学习感悟、心得体会等文章；每位机关党员每年至少主讲一堂“微型党课”；开展各项教育培训，五年内对中层以下机关党员干部进行一次普遍轮训。

举办年轻干部综合素质提升培训班。9月分两期共六天，在省委党校四明山分校举办，共有市直机关党组织推荐的57名35周岁以下干部参加，通过邀请专家学者授课、拓展训练、模拟媒体专访、社会调研、优秀学员评比等方式，分版块进行综合素质教育与培训。

巩固完善原有教育平台。举办市直部门“微型党课”授课比赛，共有31个部门机关党组织推荐的35名选手参加。联合市委宣传部举办全市培育和践行社会主义核心价值观“微演讲”活动，共有11个乡镇（街道）和24个市直部门推荐的35名选手参加。配合市委组织部举办为期两天的全市入党积极分子培训班，组织110名机关入党积极分子参加主会场培训，并通过视频形式，向各乡镇、街道分会场培训班“直播”。在省委党校举办一期为期三天的市直机关党组织书记培训班。

弘扬余姚“四先贤”精神。各机关党组织发动党员集中一段时间参观先贤遗迹，共有43个单位、1034人次参观名人馆，89个单位、877人次参观王阳明故居。印刷《余姚四先贤的故事》丛书3000套，下发至全体机关党员。

【服务型党组织建设】

“群众在心中、服务在基层”先锋行动。在各机关党组织开展“实施一项服务类创新实践项目”“组建一支服务队伍”“开展一次集中志愿服务活动”“结对一家非公企业”“组织一次困难群众帮扶活动”“建立一支网络舆情员队伍”为内容的“六个一”先锋行动。全年共有57家机关党组织实施服务类创新实践项目；组建机关党员志愿服务队65支、成员1527人；组建专业志愿者服务队31支，成员455人；共有网络舆情员450人。

“先锋服务月”活动。确定六月份为“先锋服务月”，各机关党组织党员干部集中开展服务活动。市直机关党工委组织各机关党组织开展以“保护母亲河”为主题的护水行动、以“保护饮用水源”为主题的洁水行动、专业志愿服务行动等三大集中行动。

进社区“集中服务日”活动。在组织机关在职党员到居住地社区（村）报到的基础上，“七一”前夕，组织开展机关在职党员进居住地社区“集中服务日”活动，并制作“庆祝中国共产党成立九十三周年”市直机关党员集中服务日纪念卡。同时统一服务标识，制作“余姚市直机关党员志愿者”红色背心和帽子，发放至每位市直机关在职党员。

民主评议机关和效能建设。年度民主评议机关工作在测评内容上，除综合评价外，设置反向测评内容，为部门今后整改提高明确方向。在投票方式上，为方便参评人员投票，在外网上设置投票网页，试行用户名加密码和手机验证码登录，提高投票的公正性。

【拓展健身平台】

为实现“倡导文明、崇尚健康、凝聚人心、催人奋进”目标，围绕“阳光运动、活力机关”主题，5月至11月，组织举办第十一届市直机关运动会。项目设置以团体为主，组织举行拔河比赛、环湖长跑比赛、羽毛球混合团体比赛、趣味体育比赛及健身操比赛。深化机关党员干部（职工）业余文体俱乐部建设，经过完善，共有读书、书画、摄影、音舞、乒乓球、艺术品鉴赏和收藏、羽毛球等7个子俱乐部，并修订下发俱乐部管理办法。面向机关党员干部职工，推出游泳、烘焙、佳木斯、太极拳、摄影、羽毛球等12项业余文体俱乐部活动和培训，报名的机关干部职工涉及70个部门，共计2800余人次。

（干亚君）

第十一届市直机关运动会

老干部工作

【概况】

2014年，全市老干部工作把握为党和人民事业增添正能量的价值取向，围绕“整合资源优服务，凝心聚力强作用”目标，加强“两项建设”，深化“三项服务”，建好“两大阵地”，抓好“两支队伍”，促进老干部工作转型发展、科学发展，提高老干部晚年生活幸福指数和满意度。

【注重政治教育】

思想政治学习。全市各级党组织坚持把政治理论学习作为落实老干部政治待遇的首要任务，发挥老干部党校的辅导、培训作用，开展“听、读、写、看、学”活动：举办政治理论辅导报告、市领导情况通报会、市级老领导读书会，组织老干部到梁弄、鹿亭等地参观考察，编印、发放《“优秀一员”活动典型实例（第二辑）》，下发省“最美老干部”先进事迹宣传片和书面事迹材料，开展老干部远程教育。各乡镇、街道和市直部门党组织坚持一般每月一次政治理论学习和每年两次就近考察活动制度，并向老干部提供各类学习资料，赠阅报刊杂志。

党支部建设。开展以创建“五好”离退休干部党支部为主要内容的创先争优活动，改选和合理调整离退休干部党支部，推进支部思想建设、组织建设、制度建设和工作方式创新。每两月一次向离退休干部党支部寄送学习资料，规范支部学习内容。每季度举行离休干部党支部书记（联络员）工作例会暨就近考察活动，邀请专家作辅导报告，交流工作经验。结合支部实际，整合各方资源，创新组织形式，丰富学习生活内容，倡导“一支部一亮点”“一党员一旗帜”，评比、表彰离退休干部“优秀一员”模范和各类先进离退休支部，加强对先进典型的宣传，发挥先进典型的引领作用。

引导发挥正能量。以“凝聚正能量，共筑中国梦”为主题，深化“夕阳余辉促和谐”争当“优秀一员”活动。结合当前形势和党委政府中心工作，促进群众路线教育实践活动顺利开展；每季度召开一次市级老领导座谈会，征求意见建议。老干部们发挥优势，参与帮困助学、社会慈善、老年文化教育、关心下一代等社会公益事业；深入学校、部队、社区，开展宣讲教育活动，争当革命传统、政策法规、科普保健宣传员。

解决信访问题。建立健全局机关干部人人都是信访工作第一责任人制度，人手一册信访工作记录簿，每月报老干部信访工作情况统计表，共受理有关老同志维权、生活照顾等问题的来电来信来访53人次，办结率100%。注重捕捉信访苗头，主动开展解疑释惑工作，把矛盾化解在萌芽状态。

【提高生活待遇】

落实各项待遇政策。在巩固完善离休干部“三个机制”的基础上，不折不扣落实好老干部各项生活待遇政策。根据上级文件精神，调整提高全市离休干部护理补贴费和高龄护理补贴标准；规范离休干部生活补贴费等各项经费发放时间。利用离休干部特困资金，为相对困难的老干部提供帮助；加大对生活困难遗属的照顾力度，加强对易地离休干部的关爱力度。

深化医疗保健服务。组织老干部到市人民医院集中体检，分三批对老干部体检情况以“一对一”形式进行反馈；由原单位代为走访慰问每位老干部。完善老干部保健室、老干部就医绿色通道及局医务室，建立老干部康复病房。加强社区老干部医疗保健服务工作。

加强生活照顾服务。改进老干部家政服务，提高服务券金额，实行“三券”合一，扩大服务单位、服务范围。发挥“一键通”服务功能，完善为老干部推荐保姆（钟点工）工作。局老干部服务办公室对老干部开展分级分类服务，细化服务项目。

突出精神慰藉服务。完善局机关干部、社区

干部、社区责任医生联系服务老干部责任制度，每月一次以上电话联系，重点对象上门走访。开展“暑期送清凉”“冬季送温暖”“节日送祝福”活动。在基层老干部工作专（兼）管员中开展“服务百分百，满意争一百”活动。开展“志愿服务·情暖夕阳”机关干部与老干部手拉手活动。开展节日慰问工作，让老干部感受到党委政府的关爱。

完善社区“四就近”服务。完善社区“老干部之家”，建立老干部集中学习教育点，每两月开展一次集中学习；完善社区工作人员联系老干部工作，丰富活动，引导老干部发挥积极作用。加强社区老干部工作规范化建设，评比表彰服务老干部先进社区和社区老干部工作先进个人。

【加强阵地建设】

搭建平台。市老干部活动中心巩固省老干部“满意家园”创建成果，全年365天开放活动。组织老干部兴趣小组定期开展文体活动。结合重大节庆日，开展文体活动近40次。加强对舜辰老年公寓老干部活动点的指导，联合涉老团体和原单位组建文体团队，做到“天天有活动、月月有比赛、年年有大赛”。各地各部门加强基层老干部活动室建设，组织开展形式多样的活动。

办好大学。市老年大学成功创建为省第一批教学管理先进单位。加强思想政治教育，开展“四情”教育和“爱学校、爱学习、爱生活”系列活动，继续开辟每月一次的“夕阳红讲坛”，发挥老年大学党员学员先锋模范作用。承办“美丽梦想，璀璨晚霞”宁波市老年大学六校联谊文艺演出和市民纳凉晚会，举办“走村入企进社区”文艺会演、校运会等。重视教育创新，加强教学管理，探索老年教育规律，自编多种教材，开展爱心结对活动，结对民工子弟学校学生，每年在物质上、思想上、学习上给予帮助。加强对基层老年学校的指导和支持，成立老年大学泗门分校，促进全市老年教育事业发展。

文化养老。开展老年大学建设工程前期工作，拆除原市特教中心老楼。结合重大节庆日，开展庆祝中华人民共和国成立65周年等系列活动。合理设置文化养老课程，挖掘余姚独特的传统特色文化，引入教育活动中。

（陈　晨）

党史地方志工作

【概况】

2014年，市史志办发挥史志工作资政、存史、育人的作用，在党史正本编修、二轮市志编修、党史资料征集、史志资政研究、地方文化挖掘、自身建设等方面均取得较快发展，获全省党史工作先进集体称号。

【党史资政】

配合党的群众路线教育实践活动，结合单位的研究职能，开展新形势下群众工作的相关研究，撰写《以浙东根据地的群众工作为例，推进新形势下群众工作发展》等资政报告。同时，向各个单位派出专业人员进行授课，向党员干部提供《余姚革命根据地》《四明烽火》《浙东根据地的群众工作》等学习教材。指导开展村农村文化礼堂建设，参与省委党校梁弄分校更名为四明山分校相关工作。在国家级历史文化名城创建、大运河申遗等重大工程建设中，发挥自身职能作用，提供相关文史资料。

【地方史料挖掘整理】

与市委宣传部等部门联合开展“传承先贤品格、弘扬先贤精神，加快建设美丽富裕幸福新余姚”系列活动。与市委组织部、市委宣传部、凤山街道等单位合作，编写出版《考验》《'2013凤山抗洪救灾纪实》等两部抗洪救灾专题集和余姚市“春泥计划”系列教材——《我们的节日》。正式出版《余姚农林志》和《临山人物志》，启动《余姚公安志（续编）》《余姚教育志》等编写工作。

【党史胜迹保护利用】

全年新增党史胜迹4处，其中浙东敌后各界临时代表大会旧址（正蒙学堂）于3月正式开放，并承担党员干部现场教学的职能。四明山第一支部陈列室新馆于9月完成土建。何克希将军纪念室于年底完成布展陈列。启动新建党史胜迹6处，包括四明山镇“红色屏风”纪念墙、大隐镇芝林村红色芝林革命史迹长廊及纪念馆、丈亭镇桐湖后方医院旧址纪念碑、黄家埠镇十六户村红色主题公园二期、玉皇山公园毋忘碑扩建等。在2013年台灾中受损的革命胜迹均已制订出修复计划，着手开展整修，有近2/3的革命胜迹已完成修复。

【重大节庆活动宣传】

1月8日，与省新四军历史研究会共同举办新四军浙东游击纵队暨浙东临委成立70周年纪念大会。清明期间，市四套班子领导分别赴四明山革命烈士纪念碑和胜归山革命烈士陵园开展祭扫活动。9月30日，市委、市政府举行全市烈士公祭活动。11月12日，省新四军历史研究会合唱艺术团赴梁弄开展慰问演出。同时组织成立党史理论宣讲小组，定期在基层开展余姚党史、革命史的宣讲工作。全年共开展授课8次，受众超1000人次。与市委组织部共同举办余姚党史专题展览，组织全市基层党员在“七一期”间参观余姚党史陈列室，并开展现场讲解工作。还在余姚电台、余姚电视台等媒体中，开设余姚文史类相关节目和讲座。

【党史资料征集编研】

年度重点开展习近平、张德江、赵洪祝等党和国家领导人在浙江任职期间，与余姚相关的资料搜集工作，共收集到批示贺信、讲话指示、新闻报道、照片、新闻视频等重要史料15件。同时，与市新四军历史研究会、市委老干部局合作，对余姚籍和在余姚的健在新四军老战士集中开展采访活动，通过摄像、摄影、录音等方式，全面记录老战士的历史影像资料，共完成68名老战士的采访征集活动。年度还出版余姚党史一卷专题集《红色四明》（二）（三）卷，余姚党史二卷专题集《姚江巨变》（二）（三）卷。与兰江街道合作编写出版反映兰江街道革命历程的《兰江红涛》一书，重新校对编印《四明山的儿子——记黄连烈士》。

【《中国共产党余姚历史》第二卷出版】

6月，《中国共产党余姚历史》第二卷（1949—1978）通过宁波市委党史研究室审核，同意正式出版。7月31日，经余姚市委常委会审定，亦同意正式出版。8月上旬，送中央党史出版社出版，余姚成为宁波市第二家正式出版党史二卷的县（市、区）。在此基础上，于12月正式启动余姚党史三卷的编写工作，制订出台编写规划，并确定第一批编写的5个专题目录。

【《余姚市志（1988—2010）》终审稿完成】

按照“质量第一、效率为先、打造精品”的工作思路，推进二轮修志工作，9月通过复审验收。复审结束后，根据专家修改意见，并结合全市相关职能部门反馈意见，于11月上旬完成终审稿，在45个工作日后召开终审评审会，进入正式出版程序。

【年鉴编纂和出版】

年度正式出版《余姚年鉴（2012）》和《余姚年鉴（2013）》。同时，完善《余姚年鉴（2014）》纲目，明确各承编单位的编写工作任务，通过培训提高书稿质量，计划于2015年年初出版。

（罗　捷）

党校工作

【概况】

2014年，市委党校贯彻落实中共十八大和十八届三中、四中全会精神，围绕市委和省委党校的中心工作，开拓创新，负重奋进，较好地发挥党校在干部教育培训中的主阵地、主渠道作用和分校在省委党校的“三基地一平台”职能，教学、科研、社科、行政后勤等工作均取得优异成绩。

【干部教育培训】

开展计划班次培训。全年按培训计划举办培训班次25个，参训干部7345余人次。四明山分校共接待群众路线教育、党性教育等各种教学班级334批次，参训学员17452人次，其中市内157批次、9104人次，市外177批次、8348人次。开展对外宣讲180余场次，受众人数约1万余人。会同相关部门先后举办全市深化改革专题研修班、五水共治专题培训班、女领导干部培训班、市管干部群众路线集中轮训班、领导干部媒介素质培训班、企业战略创新与领导力提升培训班、综治司法干部培训班、潜力型村书记赴苏州培训班等。

突出“姚江讲坛”实效。全年举办“姚江讲坛”6期，1370人次市管领导干部参加。先后邀请全国党校系统精品课获得者宁夏区委党校讲师王琼、武汉市委党校副教授赵理富等到余姚讲课，同时邀请在学界和传媒界有资深经历的中国计量学院李惊涛、中央党校博导傅思明、上海音乐学院副院长杨燕迪等作危机处理与媒体应对、依法治国、音乐与人文素养等专题讲座，使“姚江讲坛”更接地气，更注重实际效果。

体现现场教学特色。打造具有余姚特色的现场教学培训基地，挖掘梁弄浙东（四明山）抗日革命根据地红色资源，开设正蒙学堂教学点的现场教学，增加四明山革命先辈碑林处的现场教学，完善烈士陵园现场教学点课程体系。同时精选历史文化、经济社会发展教学基地，开设中国塑料城、大丰集团等经济社会发展类现场教学点。开发6个红色专题课程、12个现场课程和30余个历史经济社会现场教学课程，使现场教学更具特色。

打响分校服务品牌。先后承接省委党校领导干部进修班7个，宁波市委党校主体班次9个，宁波市内县市区四套班子成员群众路线教育专题教学班6个。还接待省公安厅、省信访局、省军区、省机关事务局、省总工会、浙工大等省直部门培训班和有关地市中青班等，接待班次遍及全省10个地区。通过科学统筹，保质保量完成各项接待任务，群众路线现场教学的满意度达98%。在10月召开的“梁弄分校”建立一周年暨更名“四明山分校”座谈会上，分校一年多来的教学与服务得到各相关部门的肯定。

对外宣讲教育。拓展宣讲主题，开发群众路线、三中全会、四中全会、习近平总书记讲话精神、核心价值观、党性教育、国内国际形势、心理调适、王阳明先贤等共10个主题。把宣讲扩展到宁波市直机关和周边县市区，全年共宣讲183场次，受众11460人次。

提升教育教学成果。全年得到实际运用的专题教学课7个，其中1名教师新开发的课程被评为宁波党校精品课，在宁波党校主体班次中获好评。部分新教师第一次走上讲台，思维能力、表达能力、驾驭能力和应变能力等得到大幅提高，使教师队伍实力更加强大。

【课题合作研究】

科研课题硕果累累。借助省委党校课题研究优势，全年撰写论文、调研文章等55篇，其中在各类省市期刊杂志上发表13篇。参会论文总数达32篇，在全省党校系统理论研讨会上提交10篇，获一、二、三等奖各1篇。在全省党校系统调研报告评奖活动中提交5篇，获二、三等奖各2篇。各类课题立项13个，其中申报省委党校规划课题4

个、立项3个。各类课题结项共19个，其中省委党校课题3个。

*开辟联合调研形式。*初步形成与省委党校相关教研室、余姚市内各教研基地相互合作的联合调研形式，实现课题调研的规范化和多样化。确定《余姚"五水共治"的总体思路与对策建议》《加快余姚城市经济转型》等2个课题为年度市委、市政府与省委党校共同合作研究的课题，《浙东敌后抗日根据地群众路线的实践与启示》《浙东红色资源在党员干部理想信念教育中的价值和实现》2个课题被列为市委党校与省委党校合作课题。

*举办"科研学术沙龙"。*依托"教师业务论坛"载体，定期组织教研人员就科研方向、课题选题开展集体讨论、相互点评，借助集体力量对课题选题把好关。在教师论文选题、论文撰写和课题申报等时间节点上，邀请绍兴市委党校杨宏翔教育长等知名专家教授围绕《如何撰写调研报告》专题，对年轻教师们的科研成果进行一对一的交流辅导，并提出针对性地修改意见。在内部合力和外部智力的推动下，全校的科研水平得到明显提升，科研梯队初步形成。

*实现课题质量提升。*积极向省社会主义学院申报课题，开展《参政党在基层多元治理中的功能与作用研究》《基层协商民主制度化建设研究》《民主党派网络政治参与研究》三大方向课题的申报准备工作。根据绩效工资实施后相关情况，对科研奖励办法进行调整，以提高教师从事科研的积极性和创造性。

【新校区迁建项目】

*西区施工正常进行。*在完成立项、供地、规划选址等手续基础上，开展建设地块土地征用、"三通一平"、场地准备等工作，在8月土建施工单位进场后，协调处置施工期间出现的有关问题，进行二层架子、模板、钢筋的搭设及砼浇捣的准备工作。

*东区土建顺利进场。*按相关程序开展原二职校校区部分房屋拆除的招投标工作，11月初前完成部分建筑物的拆除和基础清理工作，及时解决施工现场的供水、供电，东区新建及改造工程施工单位已进场并开始基础施工。

（胡建电）

档案工作

【档案馆藏建设】

2014年，市档案局联合余姚日报社、余姚电视台开展"将幸福定格，让记忆永恒"家庭档案电子相册征集活动，通过联系基层、上门走访、举办活动等方式，征集到全市唯一两次获"全国三八红旗手"称号的黄桂英、2012年伦敦残奥会游泳冠军王益楠等人物的家庭档案作品10余件。还征集接收各类报刊书籍152册；市府办、原劳动局档案共计786卷、15442件；村训、家训16则，报上级档案部门村训5则、家训7则。全年接待档案查阅者6418人次，有效利用4279人次（有利用结果），打印3136页，复印2015页，摘抄252卷，出证明243次，借阅1607卷/件，翻阅160卷，远程利用5次。查阅档案内容主要涉及婚姻档案、文书档案、养老保险、人事调动、精简档案、建房档案、知青档案、修史编志等，并推出档案查阅登记便民信息化服务项目，简化工作流程，提高工作效率。与此同时，深化跨馆服务项目，开展宁波市国家档案馆"异地查档、跨馆服务"工作，构建与各县（市、区）档案馆的互动查档体系。

【档案目标管理】

年度档案目标管理认定单位和认证单位共18

家。其中，目标管理单位2家：市城管执法局申报省二级，市就业管理服务处申报宁波一级；认证单位有市规划局、市科协、市卫生局等16家。加强基层数字档案室建设，鼓励基层单位申报省示范化、规范化数字档案室，开展上门指导，确保考评验收顺利通过。市城管局申报省级示范数字档案室，牟山镇政府、市农林局、阳明街道办事处等7家单位申报省级规范化数字档案室。

【档案执法检查】

根据省、宁波市有关档案安全保密的通知精神，从5月开始开展全市档案安全、保密专项执法检查。第一阶段先由各单位按照通知要求进行自查自纠，并将自查及整改的情况形成自查报告报送市档案局。第二阶段在各单位自查的基础上，于6月24日、25日分三组对市卫生局、市商务局、马渚镇、丈亭镇等12家单位进行上门检查。检查结果显示，大部分单位对档案安全、保密工作十分重视，档案人员安全、保密意识较强，库房设施设备配备齐全，但也有个别单位缺乏重视，档案抢救不及时，存在档案安全隐患问题。针对存在的问题，检查组进行面对面反馈，并提出相应的整改要求，督促相关单位抓紧时间整改落实，确保档案安全、保密。

【档案业务指导】

加强重点建设项目档案的监督、指导服务工作，做到及时介入、同步监督、全程指导，确保档案的完整、安全、准确。对市斗门翻水站迁建工程、河姆渡镇姚江堤防加固一期工程、双板桥翻水站重建工程、四明山镇棠溪水库大坝重建工程等重点建设项目档案的收集、整理进行监督、指导，开展专项验收。同时，对各乡镇（街道）、市直部门、企事业单位开展年度立卷、综合档案室组建等业务的上门服务工作，指导基层单位维护好档案管理软件，提升基层档案工作水平。

【档案教育培训】

委托省档案干部培训教育中心在余姚举办第77期档案管理人员岗位培训（余姚）班，全市有100余名档案管理人员参加，学员学满全部课程并经考试合格者，由省档案干部培训中心颁发浙江省档案管理岗位培训证书。组织举办档案目标管理认定和认证培训班，培训对象包括目标管理认定的2家单位和16家档案认证单位，共20余人参加。组织举办档案从业人员继续教育培训班，有180余名档案从业人员参加培训，对全市档案安全保密工作和新形势下的档案工作起到推动作用。

【档案征文活动】

按照国家、省、宁波市档案部门举办“走进档案”主题征文活动的要求，组织落实征文活动，以“兰台人的周年记”“走进档案看信息资源利用”等为主题，共收到征文稿件6篇。同时，根据上级档案部门关于征集档案学术论文的要求，组织落实，共征集学术论文7篇，择优推荐至上级档案部门。

【档案史料编纂】

根据出版规划，完成“余姚档案馆珍藏系列”之二——《汪一煦城市记忆相册》的图文编辑和印刷出版。年度还配合省档案局开展《浙江通志·档案卷》有关章节的资料征集和编写工作；完成2014年度《余姚大事记》的记写，完成2013年《余姚大事记》精简版的编写。同时，开展档案史料研究会的换届工作，编辑完成2014年号《余姚档案史料》，计15万字。

【“乡村记忆”“企业记忆之窗”建设】

配合农村文化礼堂建设工作，推进“乡村记忆”建设，开展特色乡村关于名人文化、山水文化、慈孝文化、红色革命文化等档案资料的收集，以村史村貌展示、民俗风情展示、红色革命教育、慈孝教育、旅游参观等形式，发挥档案的存史、资政、育人作用，推进乡村档案文化建设。同时，继续开展“企业记忆之窗”示范单位建设，对宁波五谷金属制品有限公司按照示范点建设的要求，逐项落实，不断完善，服务于企业发展，提升企业档案文化。

【档案数字化扫描】

第一期数字化加工项目自2012年6月起，至2014年10月完成，由珠海泰坦软件系统有限公司提供服务。年度实际完成档案扫描1114783页，档案整理992222页，目录检录580861条。第一期数字化加工主要对象为婚姻档案、市委市政府档案、人事局档案、山林延包专题数据库档案、知青档案、养老保险档案、农婚知青招工档案、精简压粮档案等，数据已导入馆藏管理系统，提供查询使用，共扫描档案2548270页，整理2963513页，目录检录1103470条。在做好第一期数字化扫描加工的同时，第二期数字化扫描加工也顺利开展，经招投标工作，由上海中信信息技术有限公司中标提供数字化服务，并于10月进场开展数字化扫描。

【档案信息安全保密】

根据宁波市档案局、公安局《全市档案系统信息安全等级保护工作实施方案》要求，已将相关系统备案材料报送余姚市网警大队，报宁波市档案局备案。市档案局馆藏管理系统、虚拟档案室系统被定为2级，网站被定为1级。同时，配合档案数字化保密工作，创建档案局内网，实现内外网物理隔离。加强设备设施维护、网络维护，对服务器磁盘备份情况进行检查，并根据实际情况对备份策略进行修改，确保数据安全备份。

【数字档案馆系统管理】

市档案局数字档案馆项目包括馆藏档案管理、虚拟档案室、登记备份、多媒体查询点播、门户网站等5个系统，加强日常运行管理，对程序个别问题进行修改完善。全市已有93家单位开通虚拟档案室系统，市档案局不定期组织安排虚拟档案室系统培训，年度已安排14家单位参加；有53家单位开展数据登记备份，涉及医疗、民生、教育等重点领域、重点部门。

（朱杰炳、李建军）

余姚市人民代表大会

综　述

【概况】

2014年,市人大常委会在市委领导下,认真行使宪法和法律赋予的各项职权,共召开常委会会议7次、主任会议6次,听取和审议"一府两院"专项工作报告36个,组织视察和执法检查7次,作出决议决定9个,依法任免地方国家机关工作人员49人次,较好地履行地方国家权力机关的职能,为推动全市经济社会平稳健康发展做出贡献。

关注国民经济运行、灾后恢复生产与经济转型升级,调研专利保护和科技创新促进工作,视察商贸经济工作。专题听取和审议经济开发区、塑料城、牟山湖休闲度假区、四明山旅游、工业园区和高铁新城等六大经济发展平台建设情况。督促危旧老住宅小区和城中村改造工作,提升城乡品质。

从视察、听取和审议专项工作报告、代表主题活动等多方面着手,开展《关于加强我市防洪能力建设推进"五水共治"的决议》落实情况的监督。聚焦生态环境建设保护,开展生态建设与环境保护工作专题询问,关注历史文化名城保护工作。

集中听取和审议市国税局、市气象局、市出入境检验检疫局、银监余姚办事处等垂直管理部门关于执法服务工作情况的报告。探索政府有关部门工作监督,对市动迁办、市老区办、市招商局、市行政审批管理办、市招投标管理办、市工业国资公司、市农机局、市供销联社、市广播电视台、住房公积金管理中心余姚分中心等10个政府直属部门及派出机构开展专项工作评议,并开展满意度测评。首次开展法官、检察官履职评议。

加强服务保障,激发人大代表履职主动性。搭建活动平台,提高代表履职实效性。强化建议督办,增强代表履职积极性。

配合市委开好全市人大工作会议。出台《余姚市人大常委会关于完善市人大代表联系群众制度的实施办法》,修订《余姚市人大常委会关于决定重大事项的规定》《余姚市人大常委会审议意见研究处理办法》和《余姚市人大常委会关于提高常委会会议审议质量的意见》。

【市十六届人民代表大会第三次会议】

2014年1月13日在余姚影城召开。听取和审查市长奚明所作的《政府工作报告》;审查和批准《余姚市2013年国民经济和社会发展计划执行情况的报告》《2014年国民经济和社会发展计划》;审查和批准《余姚市2013年财政预算执行情况的报告》与《2014年财政预算》;听取和审查市人大常委会主任孙钜昌所作的《市人大常委会工作报告》;听取和审查代院长应启明所作的《市人民法院工作报告》；听取和审查检察长毛纪华所作的《市人民检察院工作报告》；听取和审议市人民政府《关于加强防洪能力建设推进“五水共治”的议案》，并作出相应决议。会议补选市十六届人民代表大会常务委员会委员 4 人，补选市人民法院院长 1 人。会议期间收到代表议案 7 件，建议、批评和意见 244 件。市委书记毛宏芳在会议闭幕时讲话。

【市十六届人民代表大会常务委员会会议】

2014 年，共举行市人大常委会会议 7 次。会议情况具体如下：

1 月 3 日，召开市十六届人大常委会第十五次会议。听取和初审市发改局局长郑利刚受市政府委托所作的《关于 2013 年全市国民经济和社会发展计划执行情况及 2014 年国民经济和社会发展计划（草案）》；听取和初审市财政局局长施建苗受市政府委托所作的《关于 2013 年市财政预算执行情况和 2014 年财政预算（草案）》；听取和审议市发改局局长郑利刚受市政府委托所作的《关于 2014 年余姚市 2000 万元及以上政府投资项目、重点工程计划安排情况的报告》；听取和审议市人大常委会主任会议《关于提请审议市十六届人大三次会议各项名单草案的议案》，表决提出《市十六届人大三次会议主席团和秘书长名单（草案）》，表决通过《市十六届人大三次会议各代表团召集人名单、市十六届人大三次会议列席人员名单等》；表决通过市长奚明提请的相关人事任免事项；书面审议市政府《关于 2014 年市级部门预算安排情况的报告》《关于对民政工作评议意见整改落实情况的报告》和《关于对农业工作评议意见整改落实情况的报告》。会议认为，2014 年项目安排总体合理，有保有压，突出重点，量力而行，符合全市当前经济和财力实际，原则上同意通过。会议要求市政府财政投资的建设项目都应依照规定，严格履行可行性研究论证、投资评审、预算报批等手续；抓紧安排防洪应急工程建设，优先安排直接关系民生的重点项目，优先安排符合国民经济和社会发展计划、符合国家宏观调控和产业政策的项目；进一步强化项目资金的监管和绩效评价工作。会议认为，市政府编制的 2014 年部门预算，切合全市工作重点和市本级财力状况，是科学合理、切实可行的，表示同意。会议要求市政府严格执行通过的部门预算，细化预算编制，强化非税收入收支的监管，尽量减少临时性经费追加，有序推进部门预算公开工作，提高部门预算质量。

3 月 27 日，召开市十六届人大常委会第十六次会议。听取和审议市公安局、市法院、市检察院所作的关于司法机关贯彻落实《刑事诉讼法》工作情况的报告；听取和审议市经信局受市政府委托所作的《关于全市工业企业灾后恢复生产及转型升级情况的报告》；听取和审议并表决通过《余姚市人大常委会关于决定重大事项的规定（修订草案）》；表决通过市法院相关人事任命事项。会议认为，自新刑事诉讼法实施后，全市各司法机关高度重视，及时动员部署，加强学习培训，制定具体措施，认真组织实施，为推动法治余姚建设作出积极努力。会议要求各司法机关切实转变执法理念，严格落实证据、辩护等制度，健全社区矫正工作机制，加强特别程序制度建设，切实加强执法保障。会议认为，上年水灾过后，市政府高度重视灾后重建工作，行动迅速，措施有力，积极对受灾企业进行指导帮扶，强化财税金融扶持，帮助企业恢复生产，恢复经济秩序，灾后重建成效明显。同时，积极推进企业转型升级，加强技术改造，淘汰落后产能。会议要求市政府及相关部门大力开展治水强基提标行动，切实提高工业经济发展保障能力；强化政府服务意识，充分发挥企业主体作用；强化产业集聚拉动和科技创新驱动；强化要素保障推动。

5 月 28 日，召开市十六届人大常委会第十七次会议。听取和审议市国税局、市气象局、余姚出入境检验检疫局、银监余姚办事处关于执法服务工作情况的专项报告；听取和审议并表决通过《关于余姚市人大代表联系群众的实施意见》；表决通过市政府、市法院提请的相关人事任免事项；书面审议市政府《关于对全市工业企业灾后恢复生产及转型升级情况审议意见研究处理情况的报告》。会议要求市国税局进一步强化税收依法征管，提升纳税服务水平，提高综合治税水平。要求市气象局进一步提高气象预报准确性，不断提升服务能力，进一步畅通气象信息渠道，自觉服务地方建设，进一步提高法治意识，提高依法行政和监管水平。要求余姚出入境检验检疫局加快构建部门间沟通协作平台，主动转变检验检疫工作职能，不断加强检验检疫队伍能力建设。要求银监余姚办事处进一步服务地方经济发展，做好风险防控工作，强化监管引领。

7月25日，召开市十六届人大常委会第十八次会议。听取和审议市财政局局长施建苗受市政府委托所作的《关于2013年余姚市财政决算（草案）的报告》，批准《2013年市财政决算》；听取和审议市审议局局长何吉忠受市政府委托所作的《关于2013年度余姚市本级预算执行和其他财政收支的审计工作报告》，并进行满意度测评；听取和审议市发改局局长郑利刚受市政府委托所作的《关于余姚市2014年上半年全市国民经济和社会发展计划执行情况的报告》《关于2014年市2000万元及以上政府投资项目、重点工程计划调整情况的报告》；听取和审议市财政局局长施建苗受市政府委托所作的《关于2014年上半年市财政预算执行情况的报告》；听取和审议市科技局局长王文辉受市政府委托所作的《关于全市专利保护和科技创新促进工作情况的报告》；接受余灿辞去市人民政府副市长职务的请求，任命赵丽群为市人民政府副市长，表决通过市法院和市检察院相关人事任免事项；书面审议市国税局、市气象局、余姚出入境检验检疫局、银监余姚办事处关于对市人大常委会第十七次会议审议意见研究处理情况的报告。会议认为，近年来市政府对专利保护和科技创新促进工作非常重视，不断加大财政投入，创新创业平台建设和鼓励企业科技创新、引进科技人才的政策力度全省领先。会议要求市政府加大专利保护力度，提高企业创新积极性；做实基础，切实提高区域创新能力；统筹资源，营造良好的创新环境；加强监管，提高政府资金使用效率。

9月23日，召开市十六届人大常委会第十九次会议。听取和审议市经济开发区管委会主任郑航捷受市政府委托所作的《关于余姚市经济开发区开发建设情况的报告》；听取和审议市塑料城管委会主任董朝辉受市政府委托所作的《关于中国塑料城开发建设情况的报告》；听取和审议余姚工业园区管委会副主任孙建强受市政府委托所作的《关于浙江余姚工业园区开发建设情况的报告》；听取和审议市牟山湖管委会常务副主任杨国元受市政府委托所作的《关于牟山湖休闲度假区开发建设情况的报告》；听取和审议市四明山旅游开发建设办公室主任成立海受市政府委托所作的《关于四明山区域旅游开发建设情况的报告》；听取和审议市客专余姚段和余慈站场指挥部常务副总指挥陈国军受市政府委托所作的《关于高铁新城开发建设情况的报告》；听取和审议并表决通过《余姚市人大常委会审议意见处理办法（修改草案）》和《余姚市人大常委会关于提高常委会会议审议质量的意见（修改草案）》；表决通过市法院相关人事任命事项；书面审议市政府《关于对全市专利和科技创新促进工作审议意见研究处理情况的报告》。会议认为，经济开发区、塑料城、牟山湖休闲度假区、四明山区域旅游、工业园区和高铁新城等经济发展平台，是拉动全市经济发展的主战场和主动力，要求市政府针对各平台所承担的职责和发展目标，围绕运作体制、平台承载、招商选资、管理服务等方面问题，从跨越发展的战略高度，采取适应宏观经济环境变化的开发模式和节奏，集中精力搞好建设，全力破解发展难题。

11月28日，召开市十六届人大常委会第二十次会议。听取和审议市政府《关于"治水强基"工作情况的报告》；听取和审议市政府《关于市十六届人大三次会议代表建议办理情况的报告》；听取和审议市政府《关于调整2014年财政预算的报告》和《关于余姚市地方政府债券收支安排及预算调整方案的报告》，作出关于批准调整财政预算的决议和地方政府债券收支安排及预算调整方案的决议；表决通过增设市人大常委会农业和农村工作委员会的决定；书面审议市政府《关于对经济开发区、塑料城、高铁新铁、牟山湖休闲度假区、四明山旅游、工业园区开发建设情况审议意见研究处理情况的报告》；表决通过市人大常委会、市政府、市法院提请的相关人事任免事项。会议认为，上年因"菲特"台风引起的特大洪涝灾害后，市委、市政府及全市上下都将防洪排涝能力建设提到前所未有的高度，编制《余姚市防洪排涝规划报告》和《余姚市防汛防台应急预案》，实施一批防洪和水利灾后恢复提升改造项目，城区局部和农村大部分地区的排涝能力得到较大提高。会议指出，随城区上游和下游农村平原地区姚江干流及支流内河堤防加固加高和排涝模数大幅提高，中心城区的锅底效应不断被人为强化，姚江东排不畅情况将进一步加剧，存在较大的引洪入城风险。会议要求市政府进一步科学谋划和决策，正确处理好工程措施和非工程措施、应急与长远、重点与非重点之间的关系。进一步加大宣传力度，发动全体市民参与防洪排涝工作，抓好重点工程实施，加强治水工程可行性的论证研究。同时，积极主动地与省政府、宁波市政府沟通并取得支持，切实增强东排能力，减少上游来水流量，从而减轻余姚市防洪排涝压力。

12月23日，召开市十六届人大常委会第二十一次会议。听取和审议《关于召开市十六届人大四次会议的说明》，并作出《关于召开余姚市第十六届人民代表大会第四次会议的决定》；表决通过《余姚市人大常委会关于人大代表建议批评和意见提出处理和督办的办法（修改草案）》；表决通过市人大常委会相关人事任免和宁波市人大代表补选事项；接受毛兰萍等16人辞去余姚市第十六届人大代表职务的请求，并作出相应决定。

【市十六届人大三次会议代表建议批评和意见办理情况】

会议收到代表10人以上联名作为议案提出的7件。因这些议案内容不属于市人大常委会审议决定的事项，不符合议案提出规范要求，均转为代表建议、批评和意见处理。同时，会议收到代表提出的建议、批评和意见244件，加上议案转建议的7件，合计251件。这些建议、批评和意见，涉及交通、通讯、能源类48件；财政、金融类7件；农业、农村、水利、国土类56件；社会保障、人事类26件；教科文卫类29件；社会治安、道路管理类11件；城建、环保、规划类57件；商贸、旅游类8件；其他9件。这些建议根据有关法律法规的规定，交由市政府及有关机关、组织研究办理，并负责答复代表。

有57个单位承办市十六届人大三次会议以来260件代表建议，其中大会期间代表提出的建议251件，闭会期间建议9件。从答复代表反馈意见看，办理工作满意的239件，占91.92%；基本满意的21件，占8.08%。从办理结果看，所提建议得到解决或基本解决的（A类）159件，占61.15%；部分解决或纳入计划解决的（B类）74件，占28.46%；因政策或客观条件限制暂不能解决的（C类）23件，占8.85%；所提建议留作参考的（D类）4件，占1.54%；建议采纳和部分采纳率为89.61%。市人大常委会在11月组织对三次会议已经办理完毕并完成反馈的260件代表建议进行满意度测评，经统计，对办理工作满意的201件，占77.31%；基本满意的52件，占20%，不满意的7件，占2.69%。对代表反馈办理不满意的建议，由市府办牵头重新办理或向代表作进一步解释说明。经再次办理，7件不满意建议均已取得代表的理解和满意。同时，市人大常委会还对办理的代表建议进行解决率测评，对建议答复后是否解决或部分解决代表提出的问题进行统计，代表建议解决或部分解决的147件，占56.54%；未解决的113件，占43.46%。

【市十六届人大三次会议重点建议目录】

1. 关于要求提高城市防洪抗灾能力的建议；
2. 关于要求扩大农业保险目录的建议；
3. 关于要求对全市公墓总体规划的建议；
4. 关于全市居民物业管理急需改善的建议；
5. 关于尽快贯通余姚四明西路延伸至牟山道路的建议；
6. 关于要求加强管理和盘活乡镇闲置固定资产的建议；
7. 关于加大力度实施校长、教师轮流制，促进教学公平和解决择校难问题的建议。

（吕银森）

市人大代表察看农产品质量安全基地

余姚市人民政府

综　述

【概况】

2014 年，市政府在市委的领导下，在市人大、市政协的监督支持下，全面落实省委省政府和宁波市委市政府决策部署，各项工作取得新成绩。实现地区生产总值 808 亿元，增长 8.2%；完成固定资产投资 515.6 亿元，增长 17.2%；实现财政总收入 119.4 亿元，其中一般公共预算收入 64.8 亿元，分别增长 12.3% 和 8.7%；社会消费品零售总额 388.1 亿元，增长 13.1%；自营进出口总额 91.7 亿美元，增长 10.2%；实到外资 3.91 亿美元、内资 66.71 亿元，分别增长 5.7% 和 56.6%；城镇和农村居民人均可支配收入达 44704 元、22520 元，分别增长 9.2% 和 10.5%，城镇登记失业率控制在 1.28%。再次获“中国最具幸福感城市”称号。

把党的群众路线教育实践活动作为推动发展、转变作风的有效抓手，按照“照镜子、正衣冠、洗洗澡、治治病”的总要求，坚持边学边改、边找边改、立行立改，带头参加“三问三观”等学习会，带头开展“双带双走”等活动，深层次查摆“四风”突出问题，高质量召开民主生活会，严要求进行整改落实，群教活动取得明显成效。30 条整改项目已全部完成整改并做到长期执行。特别是把服务基层、服务群众放在突出位置，班子成员下基层时间均在工作日的 1/3 以上。同时，开展助企强企百日攻坚等专项行动，出台防范化解企业金融风险等政策，帮助企业转贷 156.7 亿元，有效保障金融秩序稳定和企业健康发展。

贯彻中央八项规定精神，开展正风肃纪专项行动，制定出台行政不作为问责暂行办法，完善激励约束、绩效对账等制度，开展重大决策推进督查和基本建设项目效能评议，工作部署得到刚性执行，共开展重点工作专项督查 48 次。整治文山会海，可开可不开的会议一律不开，可发可不发的文件一律不发，会议、文件分别削减 27.5% 和 22%。

正确处理政府与市场、社会的关系，加大简政放权力度，成立全面深化改革领导小组，推进重点改革项目 48 项。制订政府职能转变和机构改革实施方案，调整整合政府部门职能，政府机构改革稳步推进。实施“四张清单一张网”改革，公布实施权力清单、责任清单，本级保留权力削减 51.1%，浙江政务服务网余姚分厅上线运行；深化行政审批制度改革，项目审批时限平均再缩短 2.6 个工作日；启动政府职能向经济类商协会转移试点，推行政府购买服务，开展工商注册登记改革，新增各类市场主体 1.3 万余家。

启动实施“五水共治”三年行动计划，长泠江堤防加固、食禄桥江整治等工程开工建设，陶家路江泗门泵站如期投用，城区11个低洼地块、15处低洼积水点和22个排涝泵站完成改造提升，城区240千米雨水管网完成疏通检测，打通断头河8条，防洪排涝能力得到加强。126个对口帮扶项目全面完成，1100处水毁水利工程全部修复，供水、供电、供气、通信等公共设施得到提升，灾后重建工作基本完成。修编防汛防台应急预案，健全应急组织网络，开展实战演练，完善灾情研判、信息发布等机制，应急反应体系更加科学完备。

打造工业经济升级版，实现规模以上工业增加值231.4亿元，增长9.9%；实现战略性新兴产业增加值66.9亿元、高新技术产业增加值100.8亿元，分别增长11.4%和12%。“四换三名”成效明显，完成“机器换人”重点项目106个、减员9200余人，注册电商企业突破1300家；平台名片更加闪亮，“千人计划”产业园13个项目实现投产，中意宁波生态园正式开园并晋升“国字号”。中国裘皮城二期等建成投用，实现商品市场成交额851.5亿元，增长12.1%，实现旅游总收入82亿元，增长15.5%。农业经济实现新发展，政策性农业保险参保率达95%，被授予“全国农业机械化示范区”称号。

城乡规划体系日臻完善，中心城区品质有效提升，华润五彩城、四明广场建成营业，城市管理网格化、智慧化、精细化水平进一步提高。特色城镇和美丽乡村建设步伐加快，泗门、梁弄、陆埠入选全国重点镇，泗门镇获省小城市培育试点考核优秀，2个村入围中国名村影响力300强。城乡基础设施网络日益完善，杭州湾跨海大桥杭甬高速公路连接线、陆埠互通等工程进展顺利，浒溪线改造全线贯通。

关停环境隐患企业65家，取缔非法线路板、废塑等企业269家，68条“黑臭河、垃圾河”全部摘帽，61个农村生活污水治理项目竣工运行，榨菜污水治理等工程建成投用，成为全国节水型社会建设示范区。推进“三改一拆”和“森林余姚”建设，7个乡镇（街道）达到“无违建”创建标准，新增省级森林乡镇2个、森林村庄28个。

办好十方面民生实事，一般公共预算用于民生支出63.6亿元，增长11.6%。社会保险扩面提标，所有乡镇（街道）达到充分就业标准，全国义务教育发展基本均衡县（市）通过评估，创建成为国家慢性病综合防控示范区，“全国文化先进县”通过复评，“全国文明城市”创建接受中央文明委考评。

把党风廉政建设贯穿于政府工作的全过程、各领域，做到一起部署、一起推进、一起考核，全年专题研究党风廉政建设工作5次，市政府常务会议、市长办公会议研究廉政建设和政风行风建设有关议题21个。落实党风廉政建设责任制和“一岗双责”要求，出台《中共余姚市人民政府党组关于落实党风廉政建设主体责任实施办法》，开展政府系统勤政廉政“三带三查”行动，带头作出“践行‘三严三实’、做到‘六个带头’”承诺，并开展“六个一”活动，监督指导分管部门和联系乡镇（街道）抓好党风廉政建设责任制的落实。

加强反腐倡廉教育、监督以及预防和惩治腐败制度建设，深化公共资源市场配置改革，推进财政预决算、“三公”经费公开，全市60个部门和21个乡镇（街道）预算通过单位门户网站向社会公开。开展廉政风险排查，完善“三公”经费、公务接待、办公用房、重大活动等管理制度，强化经济责任审计、内部审计和农村审计，严肃惩治违法违纪行为。全市清理超标机关办公用房2.15万平方米，“三公”经费支出下降30.3%。

贯彻执行中央“八项规定”精神、省委“28条办法”、省纪委“七个一律”和宁波市委“20条措施”，遵守政治纪律和组织人事纪律，严格执行个人重大事项报告制度，严格党内生活，强化自警、自律、自省，并注意管好亲友和身边工作人员，营造风清气正的政务环境。

（市府办）

市政府办公室工作

【概况】

2014年，市府办围绕市委、市政府中心工作，以中共十八大和十八届三中、四中全会精神为指导，解放思想，转变作风，扎实工作，主动参与政务，规范管理事务，努力搞好服务，切实履行参谋、助手、协调、保障等职能，较好完成全年各项工作任务。

【提高党员干部能力素质】

组织开展党的群众路线教育实践活动，坚持自学与集体学习相结合方式，加强政治理论和业务学习。参加市长学法和姚江讲坛等各类学习活动，邀请宁波市委党校老师举行群众路线教育报告会，系统学习中共十八届三中、四中全会和习近平总书记系列重要讲话精神及党的方针政策，牢固树立科学发展观，坚定理想信念，厘清工作思路。同时，班子成员结合工作实际，主动学习公文基础、政府信息公开、经济管理、产业政策、土地法规等一系列专业知识，并将所学知识应用于实践，创新工作思维和方法，提高工作效率和服务水平。

【规范办文办会办事程序】

提高办文标准。完善办文制度，规范办文程序，精简压缩各类文件，严把公文内容政策关、文字关、体例格式关、校对关，提高办文质量和效率，全年精简文件22%。先后撰写各类综合材料150余篇，被省、宁波市政府办公厅录用各类政务信息295条，超额完成上级下达的年度考核任务，其中《余姚市成立企业联合会转贷互助资金缓解中小企业转贷难问题》被国务院办公厅录用。

提高办会质量。搞好市政府各类会议的组织和落实工作，做到会前周密筹备、会中精心组织、会后认真落实，先后组织“中国塑料博览会”、中国（宁波）意大利产业园开园仪式、全国文明城市等大型节庆和创建活动。全年会议削减27.5%。

提高办事效率。按照《党政机关国家公务接待管理规定》，推进公务接待规范化，先后完成大型节庆、会议安排和上级机关及兄弟县市考察接待任务。完善出国管理工作机制，加强境内外涉外事件的预防和处置，开展友好城市交流活动，促进对外交流与协作。完成电子政务外网网络设备升级改造，实施电子政务网络村村通工程建设，“中国·余姚”网获第十三届（2014年）中国政府网站绩效评估县市级网站第2名，连续六年蝉联宁波市政府系统示范网站。

【协调落实督查调研】

强化综合协调。按照市政府工作部署，先后就灾后恢复重建、生态环境建设、“四张清单一张网”改革、涉宗违法事件等一系列事关全局的大事及一些历史遗留问题和热点难点问题，开展组织协调工作，促进政府工作的推进。加强与市委办、人大办、政协办及各乡镇（街道）、部门日常工作的沟通与协调，凝聚形成整体合力。

强化督查督办。围绕市政府重大决策和重点项目，强化现场督查和跟踪督查，推进“五水共治”“三改一折”等重点工作，全年共组织督查活动48次。同时，围绕人大议案、政协提案的办理，强化专项督查，提高办理速度和质量。全年共督促办理人大议案和政协提案432件，办结率100%。

强化调查研究。针对全市经济发展和改革开放中存在的矛盾和问题，开展调研活动，先后完成重大调研课题14个，组织实施政府工作创新奖项目13项，为政府决策和工作指导提供基础依据，其中《谋划打造新引擎提升我市区域竞争力的对策研究》获宁波市优秀调研课题。

【创新行政管理】

法制工作。建立乡镇街道法制机构，完善依法行政考核机制，推行行政规范性文件“三统一”制度，预防化解行政争议，公开各类政府信息1.75

万条，获宁波市2014年度政府信息公开工作先进单位和优秀行政复议案件十佳单位。

应急管理。完成应急平台和应急指挥备用中心建设，修订完善应急预案5个，逐步推进应急动员机制建设，建立健全基层应急救援队伍41支，加强应急演练、宣传和培训，有效防范和处置各类突发性重大事件。

外口管理。实施"以业择人、整治疏人、以房控人、以证转人、引育优人、融合留人"六大行动，开展"互融共建"主题活动，完善外来务工人员维权服务"绿色通道"。

金融管理。制订出台防范和化解企业金融风险维护经济稳定工作的政策意见，协调化解企业融资难问题，扶持和培育朗迪、大丰、江丰、鑫高益等4家企业上市，展通电信、五谷铜业、舜宇模具、付世光电等4家企业开展新三板挂牌工作。

【加强党建廉政教育】

干部队伍建设。修订完善《市政府办公室工作手册》，党组成员作"践行'三严三实'、做到'六个带头'"的承诺，实施工作绩效对账制度，促进干部职工工作作风转变。执行《党政领导干部选拔任用工作条例》，坚持德才兼备、以德为先的原则，重视干部的培养、任用和交流。年度有8名干部得到提拔和交流任用，其中1名干部提拔为正局级、7名干部交流任用。根据工作需要，调整中层干部12人，其中提拔科长8人、副科长3人、平职交流1人。

推进民主决策。坚持行政首长负责制和个人分工合作相结合的制度，班子成员根据集体的决定和分工，在各自分工范围内开展工作。健全领导班子议事规则，完善议事程序，坚持周一例会制度，定期不定期召开主任办公会议和办公室党组会议，研究解决重大事项和重大决策问题，增强工作的透明度和决策的科学化。

落实党风廉政责任。自觉遵守廉政准则和廉洁自律的各项规定，履行"一岗双责"，推行政务公开，及时召开党风廉政建设民主生活会，加强对干部职工的教育和监督。建立健全财务管理、办公用品采购等制度，控制办公室设备配置、公务用车、会议经费、接待经费标准，保证资金的规范合理使用。全年"三公"经费支出下降41%，清理超标办公用房156平方米，未发生违纪违法违纪事件。

强化党建和实践活动。结合党的群众路线教育实践活动，开展"五联五促""双带双走""万名干部联万户"等活动，70余名党员干部深入到所联村、企业和困难户，处理解决群众关注的热点难点问题。通过召开座谈会、面对面交流、谈心交心等途径，征求"四风"问题的意见建议38条，逐一落实整改措施，已全部完成整改。同时，创建"五好"机关党组织，建立党建工作基础电子版台账，健全学习、组织生活、党风廉政等工作制度，实施党员先锋指数考评管理工作，组织党员干部开展参观革命根据地、健身登山等活动，动员所有党员干部到所在社区注册登记及参加志愿活动，定期组织老干部集中学习和活动，增强党员干部的向心力和凝聚力。在全市民主评议机关中获第二名。

（市府办）

法制政府建设

【概况】

2014年,市法制办根据《浙江省法治政府建设实施标准》的要求,加强对重大行政决策事项的合法性审查。年初《政府工作报告》明确提出要完善行政执法责任制,加强行政复议、行政应诉、行政规范性文件管理和政府合同管理等工作,提升依法行政办事能力。根据建设法治政府的目标和要求,把是否依照法定权限和程序行使权力、履行职责作为衡量乡镇政府和市直部门各项工作好坏的重要标准,把是否依法决策、是否依法制定发布规范性文件、是否依法实施行政管理、是否依法受理和办理行政复议案件、是否依法履行行政应诉职责等作为考核内容,科学设定考核指标。在乡镇(街道)、经济开发区设置法制机构,与乡镇(街道)党政综合办公室合署办公。1月对全市乡镇法制办工作人员进行初步培训,并在12月初举办一期法制综合业务培训班,以提升基层法治能力和水平。

【履行政府法治参谋职责】

*参与市政府各事项的协调会、讨论会。*包括大型建设项目土地征用、房屋拆迁、产权纠纷和集中整治等事项,内容涉及群众切身利益、历史遗留问题、群众关心的难点热点问题,提出合理化建议;还派专人参加“三改一拆”“五水共治”“农村股改”等重点工作,提出法律意见和切合实际的解决方案。

*市级部门职权清理审核。*5—10月,根据推行权力清单制度工作联席会议的分工,负责审核各部门报送的梳理材料中有关行政处罚、行政强制、行政给付等八大事项的审查。审核职权设置依据的合法性、合理性、可行性和时效性,对无法律法规规章依据,现实中却在行使的行政权力,纳入重点清理范围,按照“三报三审三回”的工作方式,审查涉及各部门的行政权力4885项,建议保留3129项。

*落实领导学法制度。*在市政府常务会议上安排时间给“市长学法”授课,编辑《法律法规摘录》供领导参阅,学习了解有关行政管理新的法律法规主要精神。全年安排《中华人民共和国消费者权益保护法》《浙江省违法建筑处置规定》等法律、法规学习9次,书面学习《国务院关于2014年政府信息公开工作作出部署》《行政诉讼法修改十大看点》等法律法规摘要5期。

*规范行政机关合同管理。*7—8月,组织人员对市级各部门、乡镇(街道)、国有企业于2013年9月至2014年6月订立的各类合同开展自查和检查,从而防范合同风险,减少合同纠纷,保障国有资产、财政资金的安全,推动自然资源、公共资源的有效利用。9月,完成宁波市法制办评查组开展的重点抽查工作。

*探索建立社区综合执法机制。*为解决社区执法难点、盲点,积极探索强化社区执法工作机制,在深入街道、社区调研的基础上,形成相关建议方案,提交市委市政府。

【规范政府抽象行政行为】

*加强行政规范性文件审核。*推行行政规范性文件“三统一”制度,从源头上遏制政府违法行为的产生。在年度发布的所有规范性文件上全部标注统一编号,并统一发布平台。

*履行行政规范性文件审核职责。*全年审核并出具合法性审查意见书39份,其他文件和征求意见188次。做好上级立法、规范性文件征求意见的答复工作,共收到《浙江省企业权益保护规定》《宁波市城市房屋使用安全管理条例(草案)》《宁波市历史文化名城保护条例(草案)》等各类征求意见稿25件,通过召开座谈会、发送意见稿等形式,及时汇总反馈意见和建议。

*行政规范性文件备案。*将市政府出台的行政

规范性文件向宁波市政府和余姚市人大进行备案，报送《余姚市人民政府关于印发余姚市加快黄标车淘汰工作实施办法的通知》《余姚市人民政府关于调整征地区片综合地价的通知》等规范性文件33件；另收到按照“三统一”制度向市法制办报送的由部门和乡镇制定的规范性文件7件。

现有规范性文件清理。按照两年一次清理的要求，对全市现行的市级行政规范性文件进行集中清理，补录继续有效的行政规范性文件的统一编号，并向社会公布清理结果。

业务培训。为提高全市各行政规范性文件制定主体的业务水平，6月7日组织各乡镇街道、部门办公室主任及相关业务人员共140余人进行行政规范性文件制定、备案的专题培训。11月底，又建议市政府印发《关于进一步加强行政规范性文件管理工作的通知》，对全市法制工作人员进行相关业务培训。

【预防化解行政争议】

发挥行政复议主渠道作用。在案件审理过程中，针对不同案件类型，运用主动纠正、程序内调解等不同方法，提高复议效率。全年收到行政复议案件申请87件，其中受理54件，不予受理5件，另有28件因“三改一拆”行动引起的系列案件经复议机构协调后申请人自愿不作申请处理。已办结36件，另有18件尚在办理过程中。年度以市政府为被告的行政诉讼案件11件，其中被法院驳回诉讼请求7件，驳回起诉1件，原告撤回起诉2件，尚有1件正在审理中；共有以市政府为被申请人的行政复议案件17件，其中被宁波市政府维持具体行政行为5件，申请人撤回复议申请6件，有6件尚在审理中。巩固行政复议人民陪议员制度，开展案件旁听讨论5次，定期或不定期业务探讨7次。推行以案说法，全年发送行政复议意见书、建议书5份。

扩大行政复议受理渠道。6月，在全市各乡镇街道设立行政复议申请受理点，群众可就近提交行政复议申请书，减少行政复议申请人到市政府提交申请书的来回往返。同时行政复议网上办理系统也在分步构建中，将逐步实现行政复议网上受理、答复功能。

探索多层次、多渠道纠纷化解机制。召开行政复议和行政审判联席会议2次，加强行政与司法的良性互动，促进行政执法工作的开展。建立健全行政复议与信访的联系制度，拓宽行政相对人的救济途径，保障行政相对人的合法权益。尝试建立行政执法与刑事司法的衔接机制，完善案件移送标准和程序，克服有案不移、有案难移、以罚代刑现象。指导并推动行政调解工作，利用行政调解业务群，对各单位的行政调解工作人员进行政策咨询解答和业务指导。全年各乡镇街道、职能部门主动介入各类纠纷调解10030件，成功调解6961件，调解成功率达69.40%。

【规范文明公正执法】

坚持执法培训考试制度。依托省行政执法证件申报工作，严把行政执法人员资格关，定期对全市行政执法人员开展增强法律意识和业务能力的综合法律知识培训，将执法培训考试和提高执法队伍素质有效结合。全年共组织3批次70人次新申领省行政执法证件的执法人员法律知识培训及考试，考试合格率达97%。同时，完成2014年度全市行政执法证件审核工作，确保2015年度全市1768本行政执法证件的合法有效性。

行政执法情况专项检查。开展全市行政许可和行政处罚情况专项检查工作，从全市各部门中抽调人员组成案卷评查小组，对市发改局、人口计生局、质监局等25家部门进行抽查，共调取评查行政执法案卷200件，现场点评30卷，评选行政许可“十佳”案卷和行政处罚“十佳”案卷。

履行行政执法监督职能。根据《浙江省县级以上人民政府行政执法监督条例》有关规定，全年制发《行政执法监督意见书》4份。通过对行政处罚、行政许可案件的统计分析，对近3年零处罚、零许可的行政执法部门进行公告，公开征求社会意见，预防行政不作为案件的发生。

行政处罚结果网上公开。为保障公民的知情权、参与权与监督权，起草并以市府办名义印发《余姚市行政处罚结果网上公开工作实施方案》，规定全市42家行政处罚主体单位从2014年起，依法作出的一般程序行政处罚案件应主动向社会公开处罚结果，各执法主体在政府信息公开网站向社会公开各类行政处罚案件结果2767件。

行政权力公开透明运行。全年通过政府信息

公开平台主动公开各类政府信息17500条，比上年增长45%。加强对公开信息及时性、规范性的检查力度，不定时对各公开主体公开的信息进行抽查，并定期对发现的问题进行通报。参与制定市阳光工程实施方案，健全完善党委、政务、村务、机关内部事务、司法等方面的公开制度，全方位打造阳光政府、透明政府。

（市法制办）

决策咨询

【概况】

2014年，市咨询委、市发展研究中心开展各项决策咨询和调查研究活动，先后完成谋划打造新引擎提升区域竞争力、加快推进电子商务发展、控制和化解政府债务压力研究、加快发展民办养老机构、提升住宅小区物业管理水平、加快工业新兴产业发展、深入开展农村物权抵质押工作、破解拆迁安置领域若干问题、推进中心城区城市综合体健康发展、2015年全市若干重点工作、推进快递行业健康发展、推进融资平台健康发展、推进县域经济向城市经济转型等13项重大课题，得到市委、市政府肯定。市委书记毛宏芳、市长奚明等对课题成果作重要批示9项，通过宁波层面转化课题3项，评选政府工作创新奖36项。刊发《咨询研究》11期，《咨询建议》18期，《决策参考》11期，《咨询简讯》2期，《余姚决策咨询》6期，开展调研活动51次，委员、特约咨询员直接参与市咨询委开展的各项咨询论证、调查研究等390人次。

【建言献策】

组织召开政府工作报告决策咨询座谈会，10名参会委员就2014年度市政府工作报告提出建议44条，许多建议被采纳，使政府工作报告更加完善、全面。根据政府工作创新奖的评选标准，开展2013年度政府工作创新奖评选，15名咨询委员采用综合评分法，从36个候选项目中评选政府工作创新奖获奖项目12个。不少特约咨询员还从各自专业角度出发，结合余姚实际情况，通过《咨询建议》刊物渠道提出有参考价值的意见和建议。

【交流合作】

对2012、2013年度咨询研究成果进行汇编整理，形成《2012、2013年度咨询成果汇编集》。同时，整合现有咨询成果刊发平台，成果统一由《余姚决策咨询》进行报送。通过成果寄送、课题委托、成果转化等方式，加强同省、宁波市咨询委及宁波市发展研究中心、宁波市社科院等上级智库的交流。通过专题培训、课题论证、成果寄送等形式，加强与市咨询委市外委员的联系；通过课题开展、学习考察等形式，促进特约咨询员参与咨询委工作。通过专题调研、成果发布、课题研讨等形式，加强与部门、乡镇（街道）的交流沟通。根据课题研究需要，组织有关部门和委员、特约咨询员到全国先进地区进行学习考察和工作交流。

【课题转化】

年初在了解市委、市政府主要领导对全局工作部署和正在思考的重要问题的基础上，经市咨询委主任办公会议研究讨论后，确定12项年度课题。与宁波发展研究中心开展课题成果转化活动，谋划打造新引擎、加快推进全市电子商务发展、创新驱动发展战略等3项课题，并通过宁波发展研究中心向宁波市委、市政府领导进行汇报。全年共完成课题13项，市委、市政府领导听取专题汇报后，专题批示肯定课题成果，多项课题成果直接转化在市委、市政府决策中。

（潘　赞）

应急管理

【概况】

2014年，市应急办认真总结上年“菲特”特大洪涝灾害的启示，梳理洪灾中显现出来的短板和问题，吸取抗洪救灾的经验和教训，在推进灾后恢复重建和治水强基工程建设的基础上，通过完善应急预案、加强物资储备、强化应急宣教等非工程性措施，加强应急管理工作，提升全市突发事件的防范和应对能力，圆满完成上级布置的各项工作任务。

【完善防汛防台及专项应急预案】

防汛防台预案。重新修编《余姚市防汛防台应急预案》，要求水利、通讯、供电、交通等相关部门及各乡镇（街道）、余姚经济开发区结合各自职责，分别制订或修编部门专项应急预案。各村（社区）和城区低洼地段结合各自实际情况，制订具有较强针对性的防汛防台行动方案，将防汛防台预案延伸到各点，实现应急预案“纵到底、横到边、多层次、全覆盖”。全年共有22个市直部门完善防汛防台应急预案，21个乡镇街道和余姚经济开发区全部完成防汛防台应急预案的修订。

专项应急预案。按照《余姚市突发事件应急预案管理暂行规定》要求，对市级专项预案进行修订、优化和细化，提升专项预案的实用性和可操作性。新制订《余姚市大气重污染应急预案（试行）》，对《余姚市森林火灾应急预案》《余姚市防汛防台应急预案（试行）》和《余姚市自然灾害灾民救助应急预案》等预案进行重新修订。

【防汛防台信息公开】

通过电视、网络、报纸等途径，加大防汛防台信息的公开力度，保障群众对防台防汛各项工作的知情权。全市防洪工程建设分布图、城区防洪排涝工程分布图及大中型水库、主要河网防汛防台调度预排预泄方案等一系列重要防汛防台部署，以及水库海塘安全管理、农村水电站防汛安全、水库泄洪预警、地质灾害点监测预防等责任人名单均在《余姚日报》进行公示，防汛防台应急预案、部门应急专项预案、乡镇（街道）应急子预案等通过政务平台、微博等在网络上发布。

【应急培训演练】

健全应急网络。结合创新社区治理工作，起草《余姚市村、社区应急动员机制建设实施方案》，在城区4个街道8个社区开展试点工作的基础上向全市进行推广，编织从社区到小区、到网格、到楼幢、到楼道，直到每户家庭的应急动员网络。

加强应急演练。结合汛期气象、环境等条件及可能引发的衍生灾害类型、特点，围绕组织指挥、协同配合和应急准备重点，制订应急演练计划，反复组织开展各类应急演练，提高应急反应能力、处置能力和救援能力。21个乡镇街道和经济开发区共演练25次，市级部门开展“防汛防台应急演练”等演练7次，同时开展建筑工地架子坍塌、中小学生应急疏散、旅游景区游客疏散等专项演练。

开展应急培训。开展对防汛防台应急预案和村（社区）行动方案中有关工作人员、主要负责人的应急知识培训，提高应急反应和处置能力。全年共完成培训70批次，4184人参加。

整改突出问题。在加强应急演练和培训的基础上，开展应急演练总结评估工作，针对演练中显现出来的短板和暴露出来的问题，制定整改措施，加以整改和完善。6月21日晚，与市政府督查室、市双联中心联合举行防汛工作应急演练，并将有关演练情况进行通报，对演练中暴露出来的问题进行整改落实。

【各类应急准备】

应急物资储备。在市级层面专门成立应急物资协调小组，建立全市应急物质统一调配机制，并扩大社会化储备范围，确保各类防汛救灾物资储备充足。全年共采购对讲机50部、皮划艇20艘和冲锋舟6艘，供市综合应急救援队伍使用。

基础设施改造。供电方面，实施电网补强工程，对地势较低的变电所、开关站及小区配电、配网等进行全面改造升级，完成28个项目的台风补强改造，完成20余个小区变压器增容和110余个配电区的新增或改造；通讯方面，通过抬高基站、增设基站电源等措施，确保通讯畅通，抬升35个移动通信基站，升级广播电台配电设施、信号基站；各主要水厂均配备应急电源，加固加高配电房，确保水厂运作安全。

应急队伍建设。在加强专业队伍建设的基础上，发挥工会、妇联、共青团等社会团体的桥梁纽带作用，制订机关单位与城区社区结对计划，发动广大党员、团员、青年等社会力量参与防汛防台工作。同时，加强市、乡镇（街道）两级志愿服务网络建设，发展消防、自然灾害援助、应急宣教等各类志愿者队伍，构建“纵向联动、横向协调”的志愿服务工作组织体系。全市拥有市、镇、村三级抢险应急小分队288支、志愿服务团队164支，注册志愿者3.5万余人。

【预防预警工作】

预防预警信息发送平台建设。整合气象、移动、电信、联通等力量，建立预防预警信息发送平台，及时实时向社会公众发送各类灾害预警信息，以及可能发生的次生灾害预警信息和紧急避险措施，确保信息即时传送，做到家喻户晓。

预防预警设备安装和发放。投入资金200万，加快气象信息显示屏的安装和预警收音机的发放，确保群众能及时准确掌握防汛防台信息。城区已全部完成气象信息显示屏安装工作，177个乡（镇）村（社区）累计安装气象信息显示屏229个。

拓展预防预警信息发布渠道。按照“分级负责、快速传播、全域覆盖”的要求，整合气象、水利、农林、国土等部门的信息资源，通过广播、电视、报刊、网络、街头大屏幕、各村公告屏等载体，及时公布各类灾害情况。基本形成“横向到边、纵向到底、全覆盖、多渠道”的预防预警信息发布体系。

应急联动建设。以公安“110”指挥中心为中枢，以情报信息为主导，以科技手段为依托，加快“双联中心”建设和管理。基本形成运转高效、配合紧密、管理有序的工作格局，共有101家单位和部门参与应急联动，其中一级联动单位75家，二级联动单位17家，三级联动单位9家。

应急平台及指挥备用中心建设。市应急平台经设计、项目立项、招投标，于上年11月下旬开始安装，至2014年1月底安装完毕，9月26日通过项目终验。同时，为确保指挥中心指挥畅通，投入30余万，在地势较高、后勤保障能力较强的第三职校建成应急指挥备用中心。

【市长三角公益救援中心成立】

4月20日，市长三角公益救援中心正式成立，市应急办和团市委为救援中心授旗、授牌。市公益救援中心前身为余姚中学救援队，成立于2013年10月8日，由应对余姚水灾的志愿者、捐助者组建。同年12月，公益救援中心正式筹建全市首支专业救援队——长三角余姚救援队。长三角余姚救援队系公益组织，以“人道、志愿、专业、保卫城市、救死扶伤”为宗旨，体制上隶属于团市委，业务上受市应急办、市民政局等部门指导，资金主要来源于社会捐赠。作为城市应急救援体系的重要组成部分，救援队立足于本地属地救援，同时与杭州、上海、平湖等20余支地方救援队合力形成长三角救灾伙伴圈。现有队员45人，分为培训制队员、职能队员和救援志愿者三类，平均年龄30岁左右，其中女性占1/6。

（市应急办）

流动人口服务与管理

【概况】

2014年末，全市共有做证登记的流动人口532989人，比上年末多13516人，增加2.60%。其中16周岁以下儿童89605人，减少2349人，减幅2.55%。流动人口来源集中在安徽、贵州、河南等省份。其中安徽122496人，占22.98%；贵州114626人，占21.51%；河南60205人，占11.30%。居住分散，仍以出租房屋为主。全市现有出租房屋8.58万户、35.43万间。文化程度偏低，劳动年龄人口仍占绝对比重。16～60周岁的流动人口占全市流动人口总数的81.76%，初中及以下文化程度41.10万人，占劳动力流动人口的92.69%。

【实施六大行动】

出台《关于优化流动人口结构提升人力资源素质的实施意见》，实施“以业择人、整治疏人、以房控人、以证转人、引育优人、融合留人”六大行动作为工作重点。开展行业整治，加强治安管理，共查处无照经营2520户，疏导登记980户，其中立案查处352起，案值480余万元，罚没金额近75万元。抓获外来人员犯罪嫌疑人1058人。流动人口犯罪嫌疑人信息登记率57.28%，高危流动人口挤压率达70%以上。流动人口居住信息登记率90%，出租房屋信息登记率95%，登记信息准确率达75%。加快企业技改，淘汰落后产能，实施“机器换人”项目152个，减少外来务工人员4300人。加强就业指导和培训，全年共有2938家企业进入市人力资源市场招聘，发布就业信息56878条，48480名流动人口进场应聘，18858人达成就业意向。加强对一线外来务工人员的安全教育，已累计培训6968余人。严格审核新申请入学的流动人口子女入学资格，义务教育段就读的流动人口子女45593人，其中公办学校就读36108人。加强卫生和计生服务，全年流入已婚育龄妇女登记管理率和流出已婚育龄妇女信息掌握率达92.5%，流动已婚育龄妇女在现居住地免费接受孕环情检查率100%，国家规定的免费计划生育技术服务落实率达99%。0～7岁流动儿童建卡5.6万人次，流动儿童免费疫苗接种率超95%。加强合法权益保障，共受理流动人口劳动争议仲裁案件509起，劳动仲裁案件结案率达100%，为1393名流动人口挽回各类劳动报酬、赔偿、补偿款1544.71万元。共办理流动人口法律援助案件812件，提供法律援助事项2251人次。

【开展互融共建活动】

组织开展“幸福余姚欢乐游”、志愿服务行动、“小候鸟”关爱行动、新余姚人法律知识电视大奖赛、新余姚人科普宣传周等9项“互融共建”主题活动。扶持培育示范性社会融合组织，创建宁波、余姚市级融合性社会组织示范点和“村企结对”示范点创建，评选产生10个市级融合组织先进单位。发挥188个新老居民和谐联谊会的作用，深化新余姚人调委会建设，开展矛盾纠纷排查、化解等工作。新余姚人调委会共调处纠纷129件，成功率100%。建立21个流动党员之家，通过流动党员与本地党员“1+1”结对的方式，增强外来流动党员的归属感。深化劳动关系和谐企业创建活动，已建工会企业参与和谐企业创建率达100%。流动人口工会会员入会率在96.5%以上。

【深化体制机制建设】

健全“市指导督促、乡镇（街道）组织落实、村（社区）综合服务”的“大人口”工作新体制，推进人口工作从专项业务工作向经济社会发展全局性工作转变。挖掘各行各业的优秀外来从业人员，培育先进典型，利用余姚日报、余姚电视台和广播电台、余姚新闻网等媒体，开展专题报道和集中报道，宣传流动人口服务管理工作的先进经验和典型做法。完善对乡镇（街道）和各成员单位的年度目标管理考核办法，定期和不定期对工作完成情况进行指导和督查。

（周军贤）

信访工作

【概况】

2014年，市信访局坚持用群众工作统揽信访工作，以法治建设推进信访改革，规范信访事项办理程序，引导群众依法逐级上访，圆满完成重要时段和重大活动期间的信访工作任务，全市信访形势继续平稳有序。市和乡镇、街道两级共受理各类信访总量27199批29685人次，比上年分别下降11.03%和10.72%。

【落实各级信访责任】

市委、市政府把信访工作作为促发展、保稳定的重要抓手，多次听取信访工作情况汇报，定期分析信访形势，研究解决重大信访问题。主要领导亲自协调重要信访问题，多次调研指导市长电话工作，市信访联席会议两次召开疑难复杂信访问题专题会议。继续开展市级领导“1+4”公开大接访，在每月一次市党政领导公开大接访的基础上，每周一由1名市级领导坐班接访，全年共接访476批953人次。将信访工作知识纳入“市长学法日”活动，专题学习《关于依法处理涉法涉诉信访问题的意见》《关于创新群众工作方法解决信访突出问题的意见》和国家信访局《关于进一步规范信访事项受理办理程序引导来访人依法逐级走访的办法》；将“依法信访”列入党员领导干部理论考试、新提任领导任前法律知识考试和公务员学法用法培训考试范围。

【推进信访法治建设】

以“依法信访”主题宣传月和“六五”普法活动为抓手，开展信访工作法规政策和制度规定的宣传，提高群众依法信访意识，推动信访部门与群众形成良性互动。在市党政领导接待日增设涉法涉诉信访接待组，将涉法涉诉信访导入司法渠道，由公检法司等专业部门进行接待，全年共接待涉法涉诉信访104批180人次，并依法处理信访过程中的违法行为。

【夯实巩固基层基础】

在乡镇、街道推广以接访、下访、回访、代访、陪访等为主要内容的“五访”工作机制。组织全市信访干部进行学习培训，开展国务院《信访条例》执法检查。以村级换届为契机，完善村级信访“五个一”工程建设，即树立一种责任意识、组建一个领导小组、编织一张工作网络、完善一套工作机制、建好一个接待场所。

（张锡波）

行政审批

【概况】

2014年，市行政服务中心共办结各类审批服务事项195719件（平均每个工作日789.2件），分中心办结19748件，按期办结率100%；平均承诺时间下降3.59个工作日，平均办理时间缩短至1.94个工作日；收取各类税费32.22亿元，共为企业融资673.98亿元，比上年增长6.70%。“一事一评”满意率为100%，4942件电话回访群众平均满意率98.66%，收到办事企业和群众表扬信、感谢信62封，锦旗118面。市审管办获宁波市节俭养德“十佳机关”、宁波市级“闪光言行之星”、市直机关先进党组织等称号。

【网上公布“权力清单”】

根据省政府“四单一网”（权力清单、责任清单、负面清单、部门专项资金管理清单和政务服务网）建设的要求，从4月起重点开展权力清单清理规范工作和融入浙江政务服务网建设。市审管办会同部门职权清理推行权力清单制度工作联席会议制度的其他6家成员单位，经过“三报三审”、征求意见及市政府审议等程序，并报上级政府相关部门备案后，于10月31日在浙江政务网公布全市各部门权力清单。公布的市级政府部门“权力清单”分为本级保留、共性权力和审核转报三个模块，本级保留权力涉及34个部门、10大类共3940项；共性权力8项；审核转报184项（委托下放事项105项不计入权力总数）。本级保留权力从“一报”时的8058项削减至3940项，削减4118项，削减幅度达51.1%。市审管办从制度层面确保“四单一网”制度的落实，开展行政审批事项的目录化管理和动态化清理。制定《余姚市行政审批事项目录》，对2年以上未发生审批业务、呈现“零审批”状态的行政审批事项，进行打包“冻结”。完善单个事项行政审批标准，督促各审批职能部门依据公布的权力清单，参照省级目录样本，重新制定审批事项的标准。在现有审批网络系统的基础上，逐渐纳入浙江政务服务网权力运行系统，建立一体化的网上办公与政务公开平台，配合有关部门开展软、硬件准备工作。

【承接上级下放审批事项】

在市审改领导小组统一领导下，市审改办、监察局、法制办、审管办分别负责统筹协调、监督问责、合法性审查、服务平台建设等工作。审改领导小组多次进行专题研究，要求各部门落实分管领导、承接科室和责任人，主动及时地与上级部门进行对接，做到承接机构、业务培训、流程优化、事项纳入、责任落实“五个到位”。全市各部门共取消行政审批事项50余项，承接236项（含子项）审批权限下放事项。

【审批制度改革】

*深化模拟审批和联合竣工验收。*以加强多部门联合审批机制建设为重点，推行简易审批流程，深化由余姚市首创的模拟审批制度，开展并联审批工作，提高重点项目的审批效能，并通过加快基建项目联合验收，促进建设项目尽早投用。全市共有牟山湖安置房二期、余大通信等5个项目新进入模拟审批。年末累计进入模拟审批项目有59个，总投资287亿，已完成51个，项目建设周期平均缩短8～10个月。

*建立企业设立联动机制。*从8月起，通过内部协调机制，将企业设立需要办理的工商营业执照、质监组织机构代码证、税务登记证、刻制公章备案等一系列证照统一到一个窗口，一次性受理、统一发证，办理时限从原先的累计7个工作日，减少到一次性4个工作日。至12月底，共为221家企业提供多证联办服务。

*推进“个转企”工作。*按照市政府“个转企”工作的部署，协调市场监管、财政、国土等窗口，通过“提前介入、全程跟踪、主动服务、及时协调”和提

供“保姆式”服务，做好“个转企”工作。累计办结“个转企”2157户，三年任务完成率达124.47%，涉及注册资金11.07亿元，其中，转为公司制企业822家；新增745户，其中，转为公司制553户，占“个转企”公司总数的74.2%。

规范中介执业行为。随时关注基本建设项目中介机构监督管理网站，细化涉及项目审批的中介机构网上进驻工作，组织开展中介服务质量的第三方回访及中介机构的信用等级评定工作。首次基本建设项目中介机构信用等级评定于6月“出炉”，23家中介机构信用等级获A级，4家中介机构定为C级（占全市基建项目中介机构总数的3%），其余为B级。电话回访表明，业主对中介服务质量的平均满意率达98.6%。

对接重大项目审批服务。年度与市发改局联合牵头召开会审会议23次，对42个基本建设项目进行联合会审、“集体会诊”，提前对项目经办人员进行辅导，指导开展项目报批前的各项准备工作；对在办项目的申报资料进行联合审查，协调解决办理过程中出现的问题；实施重点项目联系制度，对10个重大建设项目进行联系、跟踪。

打造网上申报智慧服务平台。推进网上审批系统的完善与应用，对外实现政府信息公开的电子化，进驻行政服务中心的180项行政审批事项、67项管理服务事项（子项511项）均已实现网上受理和申报；对内将网上审批系统，通过党政信息网的内部网络，与各职能部门和乡镇（街道）实时连接，建立以审批服务为核心的、区域一体的智慧服务平台。

【服务经济发展与民生】

帮助企业融资和减负。支持和引导有关窗口利用房地产、土地抵押登记和工商融资等途径，解决中小企业融资难问题。市场监管、国土、房管等部门窗口全年共为企业融资673.98亿元，比上年增加6.70%。同时，协调市行政服务中心及泗门分中心有关窗口，继续落实免征收小微企业行政事业性收费政策，全年共免收677.16万元（增长37.46%），39762家次企业和个体工商户受益。

探索房产三证联办机制。对涉及群众切身利益的房产权证，对办理流程、时限等进行再梳理、再压缩、再优化，推出房产证、土地证、契证三证联合办理机制，将原先需要先后“串联式”办理方式，改为“三证”同时受理、同步办理的“并联式”办理模式。办理时限从原先的20个工作日，减少到8个工作日，自6月1日实施后，共办理房产证4973件。

开拓便民服务新途径。通过深化无午休工作制度，方便企业和群众办事，全年共办理审批服务事项1028件。3月起推出便民联系卡，把行政服务中心的监督投诉电话、政务网站、各窗口联系电话等印在名片大小的卡片上。公安局窗口从2月起推出节假日加班办理临时居民身份证业务的便民措施。

优化零距离特色性服务。组织各窗口向企业和群众提供预约服务、上门服务、延时服务、提醒服务、代办服务、陪同服务、代书服务等特殊性服务举措，全年共开展特色性服务140件（次），其中，预约服务13件（次），上门服务50件（次）。

【获省第三届“人民满意的公务员集体”荣誉】

1月8日，省政府举行表彰大会，向获省第三届“人民满意的公务员”和“人民满意的公务员集体”颁奖。全省共有21名个人和19个集体受到表彰，宁波市仅两家单位获“人民满意的公务员集体”称号，市行政审批管理办公室是余姚市首家获奖的单位。

（方智强）

外事工作

【概况】

2014年，市外事办围绕市委、市政府中心工作，以“经济外事、创新外事、节俭外事”为抓手，发挥外事职能，拓展外事工作领域，推动外事工作科学发展取得新成效。全年共接待重要外宾18批227人次，较上年大幅增长。

【参与重大涉外活动】

2014年是余姚历史上与意大利交往里程碑式的一年，意大利大型商务代表团4次到访余姚，6月市外事办赴北京参与接待和服务在中意两国总理见证下的签约仪式等重大活动。年度市外事办还先后参与中国塑料博览会、“中国尊”中国盆景收藏品国家大展、中国余姚河姆渡农业博览会等重大活动，开展对外联络、外宾接待和提供翻译服务。

【保障海外经贸活动】

继续开展“海外宁波周”活动，制订余姚市分团活动方案，在时间紧、手续复杂的情况下，快速、有效地办理出国手续，使参会人员顺利成行。年度由于中意宁波生态园在余姚落成，多个出访团组在较短时间内与外方商定召开推介活动，尤其是12月市长奚明紧急赴欧洲开展中意宁波生态园推介活动，市外事办与招商局在不足1个月时间内完成海外活动的对接落实工作，及时妥善办理出国手续，保障招商引资活动的顺利开展。

【帮扶涉外企业出入境活动】

继续推广和宣传APEC商务旅行卡，为企业人员的境外经贸活动提供出入境方便，全年共审批APEC商务旅行卡50张。主动上门调研涉外企业在新形势下的新需求，在外事服务月活动期间，配合宁波市外事办整体活动，走访大叶园林、大华电器、舜宇集团和山阳特殊钢等涉外企业，为企业提供服务工作，收集各类意见建议7条，基本妥善解决。

【国际特色交流】

上半年，市教育局会同宁波职业技术学院与德莱斯顿工业大学合作引入德国IHK证书项目，签订三方合作协议。根据协议安排，将安排专业教师团队连续3年、每年1个月赴德莱斯顿工业大学进行专业培训；5月，市实验小学学生参加“’2014中国国际空手道公开赛”，获4金4银9铜；5月，“体彩杯”国际职业篮球对抗赛在市职成教中心学校体育馆举行；联合市人社局推荐市爱优特电机有限公司总经理、技术总监冯豪士先生参评2014年“宁波市茶花奖”并获奖。

【友好城市交流】

促成市长安小学与韩国罗州市南坪小学建立友好学校关系。1月，文化交流杂志社采访长安小学，在年度第5期刊登《中韩学子的异国情——余姚长安小学与韩国友好学校文化交流的故事》，向海内外宣传余姚学子国际交流的风采；5月，日本茨城县友好交流代表团一行22人到余姚进行友好交流活动；上半年，余姚市公务员交流研修生叶文溢完成在韩国罗州市为期半年的挂职锻炼学习回国。

【因公出访管理与服务】

遵循“务实、高效”和“因事定人”的原则，全年共审批因公出国（境）88批179人次，其中审批非企业人员因公出国境28批68人次，实际成行62人次，较上年下降30%以上。7月，联合市财政局下发《转发财政部、外交部关于印发〈因公临时出国经费管理办法〉的通知》文件，人均出访费用下降20%以上。在团组出访前，专门召开行前教育会，并综合上级纪律部门的政策和以往团组在境外的问题编写行前教育资料；团组回国后，及时收缴出访报告和护照，填写绩效考核表并上交。全市护照收缴率100%，因公出国人员中无一出现违反外事纪律的现象。

【涉外事件的预防和处置】

5月，联合市商务局等部门，采取措施应对越南针对中资企业的打砸事件。6月，召开由外事、国安、公安、民政等部门参加的小范围协调机制成员会议，成立专项工作组，对教育、科技、卫生、环保、文体、工商联等部门进行重点走访。根据初步走访情况，再召开由各乡镇街道及20余个市直部门参加的涉外安全专题会议，传达上级关于开展在甬境外非政府组织调查摸底工作精神，对在余姚境外非政府组织及其活动调查摸底工作进行全面部署和摸底。8月，配合卫生局等部门，开展埃博拉出血热疫情防控工作。12月，配合参加涉宗违法建筑的拆除工作，开展国外记者和新闻媒体现场采访管理服务。12月，余姚籍公民在尼日利亚遭遇抢劫和绑架，在各部门的协作下，事件得到圆满解决，人质成功解救。

（市外事办）

涉台工作

【概况】

2014年，市台办牢牢把握两岸关系和平发展的主题，围绕市委、市政府中心工作，发挥自身优势，拓展工作领域，开创对台工作新局面。全年新增台资企业3家，总投资3652万美元；2家台资企业实现增资，共计255万美元；共接待到余姚旅游、观光、考察、交流的台胞3000余人；组织赴台交流团组6批49人次。

【姚台社里美食节】

6月中旬举办，以“牵手家庭同乐、共享姚台美食”为主题，由市台办主办，市旅游局、兰江街道等协办，为期2天。邀请台湾10户家庭、6家食品公司的30余名台胞到余姚参与交流。两岸社区家庭牵手结对，一起观看文艺演出，参加姚台农产品展，采摘余姚杨梅。通过活动，促成台湾食品落户余姚设立专卖点和文创产业项目的合作意向。

【姚台“阳明文化缘”交流活动】

10月底举办，以“文化传情、社里牵手、旅游牵线”为主题，由市台办主办，市农办、市文广局、阳明街道、朗霞街道等协办，为期3天。作为省对台交流的重点项目，也是第三届国际阳明学研讨会子活动之一，其间举办阳明学术研讨交流、省级对台交流基地王阳明故居授牌仪式、社区基层交流联谊活动、旅游项目对接签约、新农村建设考察签约等系列活动，邀请台湾著名学者、中华工商业联合会、台湾旅行社、基层民众等40余名台湾同胞及海协会、省台办、宁波台办等各级领导参加。通过活动，还促成姚台旅游、美丽乡村建设的合作。

【创新服务台商载体】

“四团一中心”为核心。5月27日，成立市“台商服务中心”，整合市台办、工商联、法院、出入境、税务等各方资源，采用企业所需中介机构入驻的形式，设立金融、政策、法律、税务、专利等8个窗口，开展“一站式”服务，为台商企业提供法律服务、公证服务、劳动仲裁、出入境签证、就医服务等多个项目。同时以中心为核心，整合政策宣讲团、金融服务团、企业交流团、培训辅导团的资源，为台资企业转型升级提供服务。截至年末，共收到台商台企来访求助20起，帮助解决19起，另有1起正在多方沟通联系中，涉及内容包括土地问题、环保问题、经济纠纷等。

“一区、一园”为平台。融合滨海园区在建的“中意产业园”和“宁波台资企业转型升级示范区”两大载体元素，以3月通过论证的园区规划为引领，丰富对台招商引资的内容，引入意大利元素，推动中意产业、技术的融合，邀请9家台资企业参加中国余姚—意大利企业合作洽谈会，促成无人载机、太阳农场、卫浴厨浴等项目的合作洽谈。邀请宁波台资企业协会到余姚召开招商洽谈会，30余家台资企业实地参观滨海产业园区建设，促成部分合作意向。

“两站、两月”为载体。健全联系台资企业制度，在台资企业相对集聚地丈亭、远东工业城建立台资企业经济、社会发展联系点和涉台社情民意观测站，对台资企业营商环境及台资企业转型升级等进行实时观测和了解。完善市台办与市法院的联席会议制度，于5月下旬召开在余姚台商座谈会，邀请法院专家团队解读近两年全市涉台经济案件处理的情况，就法律政策、纠纷调解等问题答疑解惑，帮助协调台企提出的关于经济纠纷、环保问题、招工留工等诸多问题。5月开展“台商服务推进月”活动，以“服务台商转型发展，深化姚台产业合作”为主题，开展走访调研、辅导培训、难题破解等活动，累计收集各类意见16条，破解企业发展难题8件。9月开展“台企安全生产宣传月”活动。

【打造基层交流示范社区】

以城区4个街道的8个社区为社里交流示范社区，重点推进凤山街道东江社区、兰江街道四明社区、阳明街道新城市社区3个示范基地的建设，完善软硬件设施配备，在社区办公场所设置对台工作宣传长廊、建立“台联之家”，并结合社区特色文化、产业优势、传统文艺、志愿服务等，打造一社区一品牌的项目，在团组接待、交流活动、对台宣传中发挥作用。

【深化姚台基层联谊】

加强王阳明故居作为省级对台交流基地的建设，在硬件设施完善方面，投入近百万对故居整体布局进行完善，丰富国际馆台湾元素，设置触摸屏展现对台交流工作成果，将故居作为展示余姚文化、先贤思想、交流成果的平台窗口。同时，以阳明文化为渊源，加强文化交流和基层交流的融合，开展台湾团组的接待参观工作，先后接待国民党高雄党部颜世一主委一行、高雄三民区左营区基层团组、台北书画家等团体200余人。还以重大交流活动为平台，加强基层家庭的联谊活动，让台湾家庭感受到宾至如归的感觉，从而拉近两地民众间的感情，深化结对双方在各方面的交流。

【健全社团组织】

发挥台联会作用。台联志愿者队伍自上年成立后，积极开展志愿服务、公益活动。4月组建台联会女子气排球队，每周定期开展活动，不定期举办各类比赛。5月结合社情民意联系点的设置，动员台联会理事、政协委员参与，明确责任分工，加强社团组织与政府工作的联动，为台联会参政议政、联系基层等工作开展搭建平台。

完善台商联谊会职能。加强与台商联谊会的互动沟通，通过面对面交流、参加理监事会议、召开座谈会等形式，开展经常性的交流和对接，在各类联谊活动中及时了解资讯情况。同时，通过建立台商服务中心信息平台、姚台一家亲微信平台、宁波台协余姚联谊会QQ平台等，建立日常化的交流和联络，及时掌握台企台商动态，以便及时有效地提供服务、排忧解难、联络感情、加深情意。

搭建青年交流平台。完善余姚台青会组织建设，建立微信群、QQ群等网络平台，通过举办沙龙活动、茶话会、志愿活动，加强互动联系。发挥健峰企业家未来领袖培训基地的作用，加强对新生代台商的培育。组织余姚籍陆生开展行前辅导座谈会、暑期大学生夏令营活动，加强新老学生的交流联络。丰富余姚籍新生代台胞、涉台婚姻两大数据库，组织家庭参加海峡两岸婚姻论坛，加强对台联会新生力量的排摸和培养，组织余姚籍台胞新生代参与台联会各类活动。

【中国国民党副主席洪秀柱回故乡余姚考察】

11月2日，中国国民党副主席洪秀柱到余姚考察。先后考察远东工业城、健峰管理技术研修中心（宁波）有限公司和高风中学。市委书记毛宏芳等陪同考察。祖籍余姚泗门的洪秀柱曾两次回故里，对家乡人民充满感情。

（市台办）

侨务工作

【概况】

2014 年，市侨办（市侨联）贯彻落实《华侨回国定居办法》，为河姆渡镇一名华侨办理全市首张华侨回国定居证。修改起草《余姚市荣誉市民和爱乡楷模称号授予办法实施意见》，配合开展《宁波市华侨归侨侨眷权益保护条例》的立法调研，向侨务干部、侨眷等发放调查问卷 100 余份。全年共接待涉侨来访 100 余人次，处理信访件 7 件，帮助侨界群众解决就学、房屋过户、经济纠纷等问题。

组织开展“夏送清凉、冬送温暖”暖侨惠民活动，走访慰问侨界家庭 50 余户，为罹患癌症的单姓侨眷捐款 3100 元。推广“侨界空巢家庭一对一帮扶”机制，开展侨界空巢老人养老互助组织可行性调研。指导海创会成立公益服务队，多次组织赴鹿亭乡开展助学、助困等活动，帮助困难群众 100 余人次；海创会还举办“爱心后备箱”义卖活动，筹得善款 15450 元，专项用于资助困难群众。

组织开展侨企服务月活动，采取陪同上级侨务部门领导、邀请侨界政协委员和办公室领导干部上门等方式，考察调研侨资企业，了解侨资企业运行情况，帮助企业解决问题 11 件。组织安排 13 名海创企业家赴武汉大学公费参加为期一周的企业提升战略思维能力培训班，江丰电子公司董事长姚力军被评为感动宁波海归、“第三届科技新浙商”。引介国际著名风投公司“IDG 资本”到余姚与部分高科技企业进行资本和智力对接，建立长期合作渠道。

【参与“五水共治”工作】

起草《余姚侨界“五水共治”倡议书》，动员号召海内外侨界人士投身“五水共治”工作，部署开展“小鱼治水、清源洁水行动”、“揭浊扬清水环境”摄影比赛、“探寻姚江源，保护母亲河”、“五水共治”专家报告会等系列活动，将港胞魏绍相、邵力伟联合捐赠的 30 万元港币用于“五水共治”。此外，还为“五水共治”寻求智力支持，牵头引进余姚籍海归水环境专家章卫军与市水利局开展“余姚市饮用水原水水质监测预警应急决策支持技术研究”，项目获 2014 年度省水利科技创新奖。

香港余姚联谊会资助市“五水共治”项目

【海外侨胞接待】

全年共接待包括意大利青田同乡总会常务副会长陈金海、旧金山中华总商会监事长王龙昌、丹麦上海总会会长朱利华、新加坡浙商协会会长李国生等的海外侨胞、海外留学人员 355 人次，其中海外团组 12 个。

【对外交流活动】

根据上级侨务部门的团拜活动安排，分别赴深圳、香港拜会著名香港同胞。6 月，连续第 11 年在上海举办在沪余姚籍海外高层次人才联谊会，与 40 余名在沪新老余姚籍海外高层次人才共叙乡情、共话发展。11 月，由市委副书记诸晓蓓率团赴港出席香港余姚联谊会五周年庆典，与 100 余名余姚籍乡亲共叙乡情。

【“侨助美丽乡村”项目】

年度继续开展鹿亭乡“侨助美丽乡村”捐建项目的跟踪落实和检查督促，确保捐建项目资金到位、按期完成。由宁波江丰电子材料有限公司、宁波江丰生物信息技术有限公司、宁波创润新材料有限公司、香港甬港联谊会出资60万元共同捐建的中村大会堂和加拿大华侨、宁波市侨商会副会长朱海宏先生出资20万元捐建的石潭村卫生室完工并投入使用，由市侨办主任黄孟丹拍摄的《美丽中村》画册5月由中国摄影出版社出版发行。牵头引进落实幼儿园校车、卫生院救护车等新项目，累计捐赠资金70余万元。7月，市政协社法港澳台侨委对“侨助美丽乡村”工作作专题视察，专题片《侨助“美丽乡村”建设》在余姚电视台播出。

【市首届“侨界好声音”歌唱大赛】

1月17日，市首届“侨界好声音”歌唱大赛在牟山镇文体中心举行，来自全市各乡镇、街道的30余名侨界人士参加比赛。大赛由市侨办、市归国华侨联合会、牟山镇政府主办，牟山镇归国华侨联合会承办，市松原汽车安全装置有限公司协办。大赛以“唱响主旋律，共筑余姚梦”为主题，参赛节目近20个，节目形式有独唱、合唱、音乐快板等。

【’2014国侨办重点华侨华人创业团队宁波（余姚）行活动】

9月21—23日，由宁波市委组织部、宁波市侨办、余姚市委市政府联合主办的’2014国侨办重点华侨华人创业团队宁波（余姚）行活动在余姚举行，国侨办重点华侨华人创业团队负责人、海外侨领、企业代表等160余名嘉宾参加。国侨办副主任庄荣文，省外侨办副主任王通林，宁波市委常委、组织部部长杨立平，宁波市副市长王剑侯，宁波市委组织部副部长、市委人才办主任张良才，宁波市侨办主任陈瑜、副主任赵骏和黄国海及毛宏芳、奚明等市领导出席活动。活动安排“开幕式”“创业论坛”“项目对接”“考察交流”“联谊沙龙”等环节，宣传推介余姚市项目平台和政策环境，促成创业团队、海外侨领、政府部门、当地企业的多方交流互动和对接洽谈，并在生物医疗、现代农业、光通信、微机电、科技园区管理、互联网电商等领域达成10余项合作意向。

【启动筹备美英联谊组织】

根据上年全市基本侨情调查数据，在美国和英国的余姚籍侨胞、留学生人数相对较多，年度启动余姚中学美国校友会、英国余姚联谊会筹备工作，在美国、英国分别建立侨务工作网络，推动工作区域向外拓展。

（市侨办）

对口扶贫协作

【对口帮扶贵州省望谟县】

2014年，余姚市与宁波市财政局、宁波港集团共同帮扶望谟县新农村示范村建设、农业产业发展、劳动力培训、困难学生资助等项目6个，落实帮扶资金530万元。其中，余姚市230万元，宁波市财政局200万元，宁波港集团100万元，政府帮扶资金比上年增加80万元。同时，发挥社会力量开展对口帮扶，宁波申洲针织有限公司捐赠衣服2.4万件，价值约280万元。

【省内结对帮扶】

根据省委、省政府统一安排，市政府及泗门镇、马渚镇、低塘街道、朗霞街道、临山镇等5个乡镇(街道)结对帮扶丽水地区松阳县44个低收入农户集中村，其中市政府结对松阳县象溪镇的8个村。年度市政府帮扶象溪镇饮用水工程、村庄路面硬化、排污工程建设等帮扶项目9个，落实项目资金50万元。同时，牵头开展全市5个省级结对出帮乡镇(街道)的联系衔接工作，起草下发《关于做好新一轮省级扶贫结对帮扶工作的通知》，对新一轮结对帮扶提出要求。5月底，市政府组织部分省内结对帮扶乡镇、街道赴松阳县进行省内结对帮扶活动。5个出帮乡镇、街道共落实项目帮扶资金227万元。省委、省政府授予市政府2013年度浙江省“低收入农户奔小康工程”结对帮扶工作先进单位称号。

（李大炜）

政协余姚市委员会

综　述

【概况】

2014年，市政协常委会在中共余姚市委的领导下，贯彻中央和省、宁波市、余姚市委一系列决策部署，把助推改革发展大局、推动民生福祉改善作为第一要务，履行政治协商、民主监督、参政议政职能，较好完成十二届三次会议确定的各项工作任务，为推进美丽富裕幸福新余姚建设做出贡献。

市政协十二届三次会议以来，共收到以提案形式提出的意见、建议179件。经审查，立为提案的172件，其中民主党派、人民团体、政协专委会和联络委提出的团体提案25件，委员提案147件。这些提案由市政府交59个部门办理，并已按规定要求办结。据统计，意见、建议得到采纳和落实的97件，占56.4%；列入计划逐步落实的62件，占36%；因条件、能力所限近期尚不能落实的11件，占6.4%；因政策或其他原因未被采纳，留作参考的2件，占1.2%。提案者对办理情况的反馈是：一次办理满意和基本满意率为100%。这些提案涉及内容广泛，意见中肯，反映政协委员和各界群众的意愿和心声，对市委、市政府的决策和推动有关部门工作起到积极作用。选出其中7件作为重点提案，由7名市委、市政府领导根据工作分工牵头领办。继续实行主席会议听取重点提案办理情况汇报制度，会同市政府督查室对提案办理重点单位和热点、难点提案联合督办，开展提案办理“回头看”等工作，确保提案圆满完成。市工商联《关于提振企业信心，加快企业发展的建议》等8个提案被评为优秀提案，市发展和改革局等8个部门被评为提案承办先进单位。

市政协办联合市委办、市府办下发《关于进一步加强市直有关部门与市政协专委会对口联系工作的通知》，建立各专委会与89个党政部门及垂直管理单位的对口联系协商制度。针对各领域重点问题，组织委员以听取通报、组织座谈、开展研讨的形式加强与市直有关部门的对口联系和协商，推动部门重点工作。提案委就提案办理中相关难点提案与提案者、承办部门进行三方协商办理；经科城资委就规划实施工作到市规划局开展对口协商活动，就城区老小区低洼地段改造工作到市住建局开展对口协商，就农村新型主体培育及作用发挥与市农林局开展对口协商。年度市政协向省政协报送的“对口协商的创新实践”成为协商民主的十大创新案例。

全年以《社情民意》的方式，向市委、市政府整理报送信息46条(篇)，关于“梁周线交通安全设施亟待完善”“在公共空间树立名人雕塑的建议”等社情民意得到市政府及相关部门重视和采纳。

3月，市政协举行政情通报会，邀请市委常委、常务副市长潘银浩通报全市“五水共治”工作情况。11月，围绕“关注社区治理工作，推进幸福余姚建设”这一主题举行协商交流会(政情交流会改名为协商交流会)，市社区办、市公安局、市民政局、市环保局、市住建局、市城管执法局等6个部门主要负责人，现场听取委员提问并解答。

2月起，按照市委统一安排，市政协主席、副主席分别担任全市部分骨干河道和重点治理河流“河长”。3月起，按照省政协“三级政协联动、万名委员同行、助推五水共治”民主监督工作要求和市委的统一部署，制订相应民主监督方案，组建监督小组，并围绕防洪体系建设、“三河”治理工作、农村河道整治等开展各个层面民主监督活动19次。6月起，启动民主评议“森林余姚”建设工作，重点评议贯彻执行《创建浙江省森林城市全面推进“森林余姚”建设的实施意见》落实情况，成立四个评议调研组，并形成《“森林余姚”建设工作民主评议报告》。年底，市府办就民主评议报告的整改落实情况进行书面反馈。年度有43名委员成为市人民检察院、市城管执法局、市安监局等部门的特约监督员。

市政协“森林余姚”建设工作民主评议会议

开展打造余姚经济升级版重点课题调研，提出加快“一城两园”建设、补足工业发展短板、优化资源要素配置等6个方面18条意见建议。开展推进行政审批制度改革重点课题调研，形成的调研报告得到市委、市政府主要领导批示，推动全市公共服务中心建设；就全市专业市场和商贸特色街区转型升级问题，开展专题调研，提出要注重企业主导与政府助推相结合、市场集群与产业集聚相互动、特色培育与品牌塑造相协调的转型升级思路；开展农村经济合作社股份制改革专题调研，系统分析该项改革的进展情况及面临的困难，提出合理界定股东资格、完善股权管理机制等具体建议，促进农村股改顺利推进；开展政策性农业保险机制调研，推动市政府《关于进一步完善政策性农业保险工作的意见》出台；开展养老事业、初中教育质量提升、古村落保护开发和缓解交通拥堵等专题调研，形成调研报告，均引起市委、市政府重视；全年报送的14篇《议政通报》，有13篇得到市委、市政府主要领导批示，多篇调研报告被评为余姚市2014年学术大会优秀论文。年度市政协还改进调查研究工作，制定出台《关于加强和改进调查研究工作的意见》，调研质量得以进一步提高。

市政协主席会议成员专题视察科技人才服务工作、现代农业发展、文化产业发展情况，推动相关工作开展。组织乡镇(街道)联络委主任视察三七市镇、丈亭镇、低塘街道“五水共治”和现代农业发展。各专委会分别组织委员视察“五水共治”、新农村建设等。

市政协委员视察文化产业发展情况

坚持联系走访民主党派、工商联和委员制度，每季度召开一次民主党派、工商联负责人座谈会，发挥民主党派、工商联和无党派代表人士在政协履职中的骨干作用。十二届三次会议以来，各民主党派、工商联和无党派界别参与大会发言、专题协商、民主评议等专题发言10次，提交调研报告11篇，反映社情民意20条(篇)，提交团体提案9件,其中4件作为重点提案进行督办。

举办以“喜迎中秋节，共话中国梦”为主题的中秋茶话会,增进与社会各界人士的联络联谊；开展委员“进社区、进企业、进乡村、进网络”活动；加强两岸宗亲文化交流；开展侨助美丽乡村建设工作视察,密切与余姚籍港澳台同胞、海外侨胞的联系；协助全国、省、宁波市及兄弟县(市)区政协到余姚开展相关课题调研，推进与各地政协联系协作。

支持政协联谊社、余姚书画院、姚江诗社开展文化联谊活动，组织或参与“唐诗之路·姚江行”——中国书画名家作品展、“东方风来满眼春”——’2014余姚书画展、浙江省政协“三级政协联动、万名委员同行、助推五水共治”书画摄影大赛、宁波市政协系统书画巡回展、庆祝中华人民共和国成立65周年诗词创作等活动。开展《宁波书院》余姚部分、中国塑料城、远东工业城等史料征集。密切与《联谊报》、余姚日报社、余姚电视台、余姚电台等媒体联系，提高《余姚政协》期刊质量，对余姚政协网、余姚书画院网站加强管理。

市政协常委会议通过举办政协常委读书会、召开市政协理论中心组学习(扩大)会议、举行为民履职经验交流会等，加强自身建设。结合工作实际和形势变化，制定出台《关于进一步发挥界别作用的意见》《关于政协委员进基层送服务密切联系群众的意见》等有关履职工作的制度规则7项。根据工作需要,全年调整、充实政协委员20人；完善委员履职信息化管理平台建设，及时录入和反馈委员履职信息。协助市委召开全市政协工作会议，协助下发《中共余姚市委关于印发〈加强人民政协政治协商的办法〉的通知》和《中共余姚市委关于加强人民政协民主监督的意见》，强化政治协商工作、完善民主监督制度。市政协课题组完成的《基层协商民主中的委员主体作用研究》一文获浙江省政协理论研究会第六次理论研讨会论文一等奖和2014年度宁波市政协工作理论和实践研讨论文一等奖。

各专委会围绕政协工作中心，组织开展各类调研、视察、对口协商等活动50余次，撰写调研报告22篇，委员参与率90%以上。加强对乡镇、街道联络委工作指导，每季度召开工作例会。各联络委结合当地实际,开展“五水共治”监督、委员联络室创建、公共服务设施视察等各类活动21次，开展“三下乡”活动，教育、文化艺术、医药卫生等界别委员发挥专业特长,先后赴6个乡镇、街道开展送教上山，送医、送文化下乡等活动；经济、工商联、科学技术等界别委员热心社会慈善事业，开展捐钱捐物、扶老助残活动。朗霞街道联络委、马渚联络委被评为先进联络委，经科城资委城建组、教文卫体文史委文化文史组、社法港澳台侨委港澳台侨组被评为先进专委会活动组。王建和等23名委员被评为优秀委员。

打造“学习型、服务型、创新型、和谐型”政协机关，坚持每月举行全体机关干部学习会，开展机关党日、社会志愿者等活动，修编完善《加强思想政治工作的若干规定》《政协机关重要会议活动办理办法》等规章制度21项，推进政协工作制度化、规范化、程序化建设。机关干部参与“走亲连心”“三进三解”等活动，共走访基层群众330户，走访低收入农户60户,帮助解决实际困难65件。

【市政协十二届三次会议】

2014年1月11—14日召开。参会委员268人，请假10人,列席70人。

大会听取和审议市政协常务委员会工作报告；听取和审议市政协常务委员会提案工作报告；列席市第十六届人民代表大会第三次会议开幕式，听取并讨论市长奚明所作的政府工作报告。会议以等额选举和无记名投票的方式，增补市政协十二届常务委员3人。表彰各类先进单位和优秀委员。大会收到以提案形式提出的意见、建议173件,立案167件。讨论并通过市政协十二届三次会议决议。

会议期间，全体政协委员通过大会发言、小组讨论、撰写提案和反映社情民意等形式，就推进灾后重建、扩大有效投资、加快转型升级、推进城乡融合、发展生态文明、坚持创新引领、深化改革开放、改善社会民生等方面提出建设性意见，得到市委、市政府领导的重视,并纳入决策之中。

【市政协常务会议】

2014年，共举行市政协常务会议5次。会议情况具体如下：

1月11日下午，在市政协十二届三次会议期间，召开市政协十二届十次常委会议。市政协主席陈建泰，市委常委、统战部长李森苗，市政协副主席孙蝶双、吴展、陈洪逵、叶文龙、周银燕、徐栋芳，秘书长张建乔出席会议。审议通过各次大会执行主席和会议主持人名单；讨论选举办法（草案）；提出总监票人、监票人名单（草案）；审议通过关于补选市政协十二届常务委员候选人建议名单。

1月13日下午，在市政协十二届三次会议期间，召开市政协十二届十一次常委会议。市政协主席陈建泰，副主席孙蝶双、吴展、陈洪逵、叶文龙、周银燕、徐栋芳，秘书长张建乔出席会议。听取关于补选市政协十二届常务委员候选人建议名单、选举办法（草案）和总监票人、监票人名单（草案）的讨论情况汇报；审议通过选举办法（草案）；审议通过总监票人、监票人名单（草案）；审议通过市政协十二届常务委员候选人名单（草案）；审议通过市政协十二届三次会议决议（草案）。

6月27日下午，召开市政协十二届十二次常委会议，专题协商医疗卫生工作。市政协主席陈建泰出席会议并讲话，市政协副主席孙蝶双、吴展、陈洪逵、叶文龙、周银燕，秘书长张建乔出席会议。副市长陈为能到会听取协商意见。

10月22日下午，召开市政协十二届十三次常委会议，专题协商"五水共治"工作。并审议通过《中国人民政治协商会议余姚市委员会关于进一步发挥界别作用的意见》，市政协主席陈建泰出席会议并讲话，副主席孙蝶双、吴展、陈洪逵、叶文龙、周银燕、徐栋芳，秘书长张建乔出席会议，副市长郑桂春到会听取协商意见。

12月25日下午，召开市政协十二届十四次常委会议。市政协主席陈建泰，副主席孙蝶双、吴展、陈洪逵、叶文龙、周银燕、徐栋芳，秘书长张建乔出席会议。审议通过关于召开市政协十二届四次会议的决定；审议市政协十二届四次会议议程（草案）；审议通过市政协十二届四次会议日程；分组讨论并审议市政协常委会工作报告和提案工作报告；审议关于推定市政协常委会工作报告和提案工作报告报告人名单；审议通过市政协十二届常务委员会关于增设委员工作委员会的决定；会议表决通过有关人事任免事项，任免王卫锋为市政协委员工作委员会主任，同意韩杭城、魏晓萍辞去政协常委、委员职务，同意马安平、方元文、史红科、邬宏伟、杨水昌、李永飞、肖鹤峰、陈伟根辞去委员职务，增补王卫锋、杜红卫、陈红国、陈高辉、周丽芳、赵科伟、姚核军、黄桂树、鲁永飞、谢丽庆等10人为市十二届政协委员，审议通过市政协十二届四次会议列席人员范围；审议通过市政协十二届四次会议委员分组及召集人列席人员名单。

【市政协十二届三次会议专题发言】

表2

序号	题目	发言人
1	关于加强全民灾害教育的建议	韩玉仙
2	扶持家庭农场发展，促进农业转型升级	周慧娜
3	关于加强我市防洪体系建设的对策建议	陆哲学
4	提振企业信心，加快企业发展	姜电波
5	关于加强农村基层食品安全监管工作的建议	谢东海
6	关于完善我市政策性农业保险的建议	沈亚红
7	优化环境加快转型，再创外贸发展新优势	邓　云
8	构建慢性病防控体系，为群众健康生活护航	史宏辉
9	发挥市民主体作用，提升城市管理水平	周姚平
10	关于创新乡镇市政管理体制机制的几点建议	奕建萍

【重点提案简介】

1.《关于提振企业信心，加快企业发展的建议》

提案者：市工商联

提案内容：一是坚持以工业经济为主体，倡导发展实体经济。二是强化财税政策，加大帮扶力度。如：按照市政府《关于开展灾后重建和恢复生产生活的若干政策意见》(〔2013〕128号)文件精神，小微企业商户可以享受不同条款不少的补助政策，由于人员少、税额少、房地少，造成其实际可享受的补助非常有限。而此类对象多为定期定额纳税人，建议明确文件第7条“实行定期定额征收的纳税人，根据受灾情况调整定额”的操作办法，使该条款可以真正惠及小微企业，尽力降低此类对象定额税征缴的额度。三是拓宽融资渠道，加强金融、保险等支持。四是改进政府服务，优化发展环境。

市经济和信息化局答复：一是继续提振灾后发展信心。利用电视、报纸、网络等新闻媒体，对先进事迹进行深入报道，营造良好的舆论氛围。2014年力争全市工业经济规模以上工业增加值增长9%。二是加大财政帮扶力度。三是加强企业融资帮困服务。四是推动企业“以大带小”。2014年力争新培育规上企业120家。五是提升政府服务水平。力争2014年全年组织各种高级培训班超8次，培训管理人才超1000人，管理人才素质得到显著提升。强化荣誉激励，组织企业参与风云甬商、余姚十大创业创新人物等评比活动，着力搭建知名企业家展示平台。

2.《关于扶持家庭农场发展，促进农业转型升级的建议》

提案者：农工党余姚支部

提案内容：一是加大政策扶持力度，促进家庭农场快速健康发展。二是破解土地流转难题，推进家庭农场适度规模化经营。三是健全社会化服务体系建设，优化家庭农场发展环境。

市农林局答复：一是抓政策扶持，优化家庭农场发展政策环境。草拟《关于大力培育新型农业经营主体的实施意见》，召开协调会议，起草《关于加快推进家庭农场发展的意见》和《余姚市关于开展示范性家庭农场评选的通知》。二是抓指导服务，促使家庭农场建立现代化经营管理机制。加强内部管理。引导农场向粮油、蔬菜、瓜果、畜禽、林特(不含花木)和水产等主导产业发展。指导农场合理布局，推进品牌建设。三是抓职业农民培育，为家庭农场发展提供人力支撑。四是抓土地流转，为家庭农场适度规模化夯实基础。市委、市政府专门出台土地流转和农业规范经营的实施意见，市财政安排150万元专项资金用于土地流转政策扶持。五是抓社会化服务体系建设，保障家庭农场健康发展。全市21个乡镇、街道建立健全农业公共服务平台和农技服务网络，55家农机作业、9家病虫害防治服务组织，239家农资供应及连锁店，19家兽药经营和动物医疗组织等经营性社会化服务组织。

市农机局答复：一是政策支持。有作业补贴、购机补贴、农机综合服务设施建设补贴(示范工程项目补贴)、报废补贴和农机保险。二是科技支持。三是服务支持。通过搭建服务平台，开展技术培训，组织参观交流，成立农机联合会。

3.《关于发挥市民主体作用，提升城市管理水平的建议》

提案者：社法港澳台侨委

提案内容：一是政府带头，转变思想观念。加快转变职能，结合党的群众路线教育实践活动，充分发挥机关党员干部作用，要加强引导，创造市民参与城市管理的社会氛围。二是各界携手，提升市民素质。三是优化平台，拓宽参与渠道。优化志愿服务平台，搭建市民学习掌握专业化社会服务技能的平台，优化公众讨论平台，优化换岗体验平台。四是扩大参与，健全长效机制。

市城管执法局答复：一是关于发挥市民作用，提高城市管理水平的基本情况，市城管执法局主要是加强宣传教育，营造良好氛围；加强媒介阵地建设，正确把握宣传导向；加强法制宣传建设，认真回应市民期盼；加强不文明行为曝光力度；发展城管义工，引导市民参与管理；开展“五进”活动，提升市民文明素养；落实责任制度，强化市民公共意识；加强志愿服务活动；加强城市管理互动；加强社会监督促动。二是关于进一步发挥市民主体作用，提升城市管理水平的做法，主要是政府带头，转变思想观念。搭建服务平台，打造服务队伍，创新服务载体，号召各界携手，提升市民素质。不断优化平台，拓宽参与渠道。

4.《关于加强对拒不支付劳动报酬犯罪案件的刑罚追究的建议》

提案者：郑百军

提案内容：严格执法，依法严厉打击拒不支付劳动报酬违法犯罪案件。市人社局、公安局、检察院、法院要按照有关规定，认真做好拒不支付劳动报酬行为涉嫌犯罪案件的调查、移交、侦办、审查批捕、审查起诉和审判，各司其职，提高效率。要通过各种宣传媒体，宣传渠道，大力宣传依法打击拒不支付劳动报酬违法犯罪的决心，并及时将查处的严重违法犯罪案件向社会公布，以典型的案例达到震慑犯罪的目的。

市人力资源和社会保障局答复：结合本地欠薪逃匿等拒不支付劳动报酬情况所面临的严峻形势，责成市劳动保障监察大队对如何做好拒不支付劳动报酬案件移送工作开展积极探索。到目前为止，已办理欠薪逃匿或拒不支付劳动报酬移送案件 3 起，其中公安部门受理 1 起、证据不足退回 2 起。下一步将努力加强教育宣传，营造良好舆论氛围。努力加强请示汇报，争取更多关心支持。努力加强联系沟通，形成强大工作合力。

市公安局答复：当前，全市公安机关很少收到相关单位调查立案的关于拒不支付劳动报酬的案件移交，拒不支付劳动报酬的受害主体很少来公安机关报案，公安机关也无法直接采取措施进行调查。对此，市公安局也将主动与各单位进行联系，坚决打击恶意欠薪行为，积极维护全市经济社会稳定。

市检察院答复：严格执法，依法严厉打击拒不支付劳动报酬违法犯罪案件，维护劳动者的合法权益，维护社会和谐稳定。与公安、法院建立联动机制，消除在办案过程中的认识分歧，及时解决办案过程中存在的问题，确保案件办理及时、准确、有力。注重在办案过程中宣传依法打击拒不支付劳动报酬违法犯罪的危害，将查处的严重违法犯罪案件及时向社会公布，教育用人单位、企业家认识到拒不支付劳动报酬的危害，以典型的案例达到震慑犯罪的目的。

5.《关于加强全民灾害教育的建议》

提案者：民进余姚支部

提案内容：切实发挥市减灾委员会的主导作用，加大在人力、财力上的保障。充分落实职能部门的教育责任。突出重点，推进全民教育。立足应用，加强实战演练。

市民政局答复：一是加强组织领导、健全防灾减灾工作机制。二是强化宣传教育，增强市民防灾减灾意识。市民政局承办由省减灾委、宁波市减灾委举办的“5・12”主题宣传活动，在职成教中心学校举行启动仪式。启动仪式后，1000 余名学生、社区群众、志愿者、企业职工和武警官兵代表参加防灾减灾器材设备展示、现场技能演练、火灾逃生演练、急救知识培训和防灾减灾知识有奖竞猜等活动。三是创新社区治理，健全社区应急动员机制。四是完善应急预案，提高政府救灾应急能力。

6.《关于应急物资储备的几点建议》

提案者：张建新

提案内容：政府部门在原来的基础上，结合本次突发事件处置经验，规划更加完善的应急物资储备体系。通过政策引导，借助企业的仓储物流能力，确保应急物资储备的充足与有效流转。合理引导民间物资储备。

市应急办答复：重新修订防台防汛应急预案。进一步完善应急物资储备和保障体系。进一步加强政策扶持，提升物资储备和配送能力。强化日常巡查和演练，进一步提升应急能力，拓展信息发布渠道。除加强对传统媒体如广播电视和网络等应急保障外，市气象局已与电信、移动、联通达成协议，建成在紧急时可以向市域范围内的所有手机发送预警信息的预警信息发布平台。还向村（社区）气象信息员和楼道长发放应急收音机，目前已经下发应急收音机 200 余台，进一步加强宣传，提高群众的防灾减灾意识。年度在电视台、广播和报纸等媒体上发布二次防台防汛知识宣传，进一步加强特种车辆的调查和储备工作。

7.《关于加强全市防洪体系建设的对策建议》

提案者：九三学社余姚支社

提案内容：要明确防洪体系建设的思路、目标和原则。健全完善防洪规划体系，尽快修编完善《余姚市防洪排涝规划》，增强洪水东排能力，提高城区排涝能力，统筹城乡防洪排涝，遵循先排洪后排涝、排洪与治涝有机结合的原则，加强调蓄能力建设，健全完善防洪减灾组织管理体系。加强防汛防台组织指挥体系建设，提高防汛物资储备、抢险救援队伍及经费、设备等保障能力。

市水利局答复：2013年“菲特”台风后，市水利局在2012年《余姚市防洪排涝规划》（以下简称《规划》）修编的基础上，又委托规划编制单位——浙江省水利水电勘测设计院对《规划》进行重新编制。目前，《规划（送审稿）》已送宁波审查。《规划》主要成果如下：

规划标准：城区防洪标准50年一遇，排涝标准为20年一遇24小时暴雨24小时排出；农村防洪标准为20年一遇，排涝标准为20年一遇三天暴雨三天排出。防洪排涝体系的总体布局：东泄、南蓄、北排（西分）、中疏、低围，采取排、蓄、围、提、引等相结合的工程措施。目前正按照宁波市水利局组织的专家咨询会议意见及余姚市防洪排涝规划的总体布局加快实施。

全市年度共启动实施防洪水行动项目140个，其中“治水强基”项目12个、乡镇（街道、经济开发区）防洪治涝工程128个，总投资20.23亿元；排涝水行动项目3个，总投资7.105亿元。市水利局还加强对非工程措施的建设，对《余姚市防汛防台应急预案》进行修编、完善。

（娄　彦）

中共余姚市纪律检查委员会

综　　述

【概况】

2014年，全市各级纪检监察组织按照中央关于党风廉政建设和反腐败工作的要求，聚焦中心任务，强化监督执纪问责，全市党风廉政建设和反腐败工作不断深入，余姚特色的惩治和预防腐败体系进一步完善，各项工作取得较好成效。

市委、市政府重视落实党风廉政建设主体责任，制定出台《党风廉政建设党委主体责任、纪委监督责任实施意见》等若干文件，开展政府系统勤政廉政“三带三查”活动，召开全市廉政工作会议。市委、市政府主要领导带头履行“第一责任人”职责，坚持重要工作亲自部署、重大问题亲自过问、重点环节亲自协调、重要案件亲自督办，以亲力亲为的实际行动，支持纪检监察组织开展工作；班子成员也结合各自分管工作，抓好职责范围内的党风廉政建设工作，带头对13名市管干部进行廉情谈话并签字背书。余姚市落实主体责任的做法得到省纪委主要领导肯定。市纪委发挥参谋助手作用，协助市委制定领导干部廉情谈话实施办法，细化分解下级党委（党组）必须向上级党委和纪委报告的九项内容，主要负责人必须报告的七项内容，全市所有乡镇街道和市直部门向市委和市纪委报告落实“两个责任”情况。完成市纪委监察局议事协调机构清理，从100余个减少到12个；完成委局内设机构调整，科室增加到10个，执纪办案的科室、人员占比均达70%。开展全市纪检监察干部专职化工作，乡镇街道纪（工）委副书记、派驻部门纪检组长不再兼管其他业务工作。

贯彻落实中央“八项规定”精神，坚持一个节点一个节点地提醒、检查，抓早、抓小、抓苗头，公开曝光、点名通报、警示教育。全市各级纪检监察组织累计开展正风肃纪专项检查471次，问责处理29人，实名通报8次。组织开展全市党员干部会员卡专项清退和会所中的歪风专项整治，做到零持有、零报告。围绕“五水共治”“三改一拆”等重大决策部署，制定出台《余姚市“五水共治”工作效能问责暂行办法》等制度办法，对2名党员进行党纪处理，对“五水共治”工作推进不力的3个乡镇街道主要负责人进行约谈，对存在违章建筑问题的5名考察对象暂停提任程序，“五水共治”效能问责的做法得到宁波肯定，宁波市“五水共治”办在全大市进行推广。畅通群众监督投诉渠道，继续开展服务基本建设项目效能评议活动，对全市涉及服务基本建设项目的25个部门（单位）79

个科室开展效能评议，对群众关注的40多类热点难点问题进行整改；播出“四明热线”特别节目17期，答复和解决群众投诉224件（次）。

以零容忍态度惩治腐败，保持纪律审查的高压态势。全市共受理信访举报362件（次），立案139件，处分137人，为国家和集体挽回直接经济损失245.82万元。发挥反腐败协调小组作用，理顺与各监督部门间的协作机制，探索建立全市纪检监察实务信息查询平台，完成全市乡镇街道纪检监察信访信息系统建设。强化案件审理工作，加强自办案件质量检查，牵头建立处分决定执行联席会议制度，提升案件审理质量的做法得到中纪委肯定。对上年度公职人员处分决定执行情况进行专项检查，纠正处分决定执行未到位8人，收缴违规多发资金1.7万余元。

制定出台《余姚市建立健全惩治和预防腐败体系2013—2017年实施细则》及工作责任分解方案，推进新一轮惩防体系建设。完善党内监督制度，落实党政领导干部述职述廉、廉政谈话、重大事项报告、廉情登记等制度，严格执行干部提拔党风廉政“一票否决制”，“581”账户收到礼金礼卡礼券共计价值93.62万元。深化廉政教育和廉政文化建设，加强对党员干部的党纪党规教育、警示教育，印发《2013年度余姚市纪检监察机关案件查办情况通报》，举办反“四风”等廉政文化作品巡回展，完成王阳明故居廉政教育基地布展，编印《王阳明廉政思想与行为研究》和王阳明廉政故事小册子，制订出台《余姚市将廉洁教育纳入国民教育体系的实施方案》。推动权力运行监督制约，深化“阳光工程”建设，建立完善“一库三平台”及“阳光工程网”等公开平台；推进“阳光村务”建设，基本实现全市所有行政村“阳光村务”数字电视全公开；推开农村基层权力运行规范化建设，全市279个村（社）完成基层权力清单和运行流程的制定；规范重点领域权力运行，推动电子商务政府采购平台建设。

从“正人先正己”做起，坚持从严教育、从严要求、从严监督、从严管理，完善监督、管理、考核制度，强化责任担当，增强全市纪检监察干部的凝聚力、执行力、战斗力。制定出台《关于加强和规范纪检监察六项文书使用的实施办法》，举办全市纪检监察系统业务培训班，组织开展纪检干部技能竞赛活动，推进50个纪检监察创新性项目，提升纪检监察干部履职能力。开展党的群众路线教育实践活动，落实“四风”整改措施22项。

【落实主体责任】

协助市委、市政府党组制定下发《党风廉政建设党委主体责任、纪委监督责任实施意见》《中共余姚市人民政府党组关于落实党风廉政建设主体责任实施办法》《党委（党工委、党组）履行党风廉政建设主体责任情况报告工作的通知》等制度文件。

协助市委建立完善谈话约谈机制，制定廉情约谈制度，提请市委、市政府责任领导对13名市管干部进行廉情约谈；强化谈话教育机制，市级领导根据党风廉政建设责任制分工，分别对联系部门、乡镇街道负责人进行廉政谈心谈话。

明确下级党委（党组）必须向上级党委和纪委报告的九大内容，主要负责人必须报告的七大内容，全市21个乡镇街道和60余个部门向市纪委报告落实“两个责任”情况报告。

协助市委推动主体责任工程的落实，督促各乡镇街道党（工）委在全市279个村（社）完成基层权力清单和运行流程的制定工作。

完成43个村的党务、村务、三资、便民服务等村级事务电视公开试点工作，并助推电视屏、电脑屏、显示屏、手机屏“四屏联动”的公开新模式。

协助实施党务、政务、司法、村务、公共企事业单位事务、机关内部事务等6个方面的公开，建立完善“一库三平台”及“阳光工程网”等阳光平台。

【落实监督责任】

清理委局参与的议事协调机构，从100余个清理到12个，在此基础上，清理委局机关内设机构工作职责，对清理出的业务外工作内容，落实移交对接。

全市共清理各级纪检监察干部兼职工作17项，充实乡镇街道专职纪检监察干部6人，做到专职干部乡镇街道纪委均有2～3人，派驻部门均有1～2人，乡镇街道纪（工）委副书记、派驻部门纪检组长不再兼管其他业务工作。

调整委局内设机构，科室增加到10个，其中纪检监察室3个，新增副科级市管干部职数2个、中层正职职数1个，确保科室人数向执纪办案倾斜。

注重干部业务能力培养，组织参与宁波市纪委大比武活动，开展市本级技能竞赛活动，举办全市纪检监察系统业务培训班；在参与宁波市纪委创新项目建设的同时，确定5项市本级重点创新课题，21个乡镇街道和24个派驻纪检组也各自落实1个创新性项目。

围绕中心突出监督问责，加强对“五水共治”“三改一拆”等重大决策部署落实情况的监督检查，制定出台《余姚市“五水共治”工作效能问责暂行办法》，宁波市“五水”办在全大市进行推广；出台新增违建管控通报问责制度，加强对新建违建管控不力单位的约谈问责，并对存在违章建筑问题的5名考察对象暂停提任程序；制定《关于加强和规范纪检监察六项文书使用的实施办法》，确保监督程序化、规范化。

【办信办案工作】

全年共受理信访举报362件次，比上年上升37.1%，其中初信初访185件，上升20.1%，办结166件；党政纪案件共立案139件，审结137件，给予党政纪处分137人，重点查办梨洲街道最良村党总支书记挪用资金、职务侵占案，市旅游局干部受贿案等一批群众反映强烈的案件。

完成全市乡镇街道纪检监察信访信息系统建设，实现乡镇街道信访线索全市网上统一输入、统一查询、统一管理，乡镇街道信访件报结率较往年提高20%。

健全办案协作信息机制，理顺与公检法、审计、信访等司法机关和行政部门的办案协作机制，出台相关协作办案措施。探索建立全市纪检监察实务信息查询平台，将市内17家单位的相关信息纳入平台，建立信息共享机制，确保案件线索真实快捷。

重视案件查办后续工作，对上年党政纪处分决定执行工作进行专项检查，共纠正处分决定执行未到位8人，收缴违规多发资金1.7万余元。发挥警示教育作用，下发《2013年度案件查办情况通报》，开展反“四风”漫画等廉政文化作品巡回展出，利用微信、微博等形式发布各类警示教育信息。

【作风建设】

落实中央“八项规定”、省纪委“七个一律”、宁波市“正风肃纪”十项规定等要求，规范公务行为，全市“三公”经费支出压缩41.8%。全市各级累计开展正风肃纪专项检查453次，出动人员1497人次，检查单位1734家次，发现问题148个，督促相关单位对23人进行问责处理。有关暗访情况被制作成视频，在乡镇街道党（工）委书记座谈会上进行播放。

11月针对以往明察暗访的盲区，上班时间对部分娱乐场所进行突击检查，7名机关事业单位工作人员受到处理，并通报批评，市委书记在全市务虚会上就此案例专门强调纪律要求。

对全市涉及服务基本建设项目的25个部门（单位）79个科室开展评议，在年度测评的基础上增加3次动态测评，对参评科室项目办理过程实行全程跟踪评议，并将评议结果与年度考核、奖先评优相挂钩。

（市纪委）

民主党派·工商联

中国国民党革命委员会余姚市支部委员会

【概况】

2014年，民革余姚支部有党员18人，其中年度新发展的党员6人。坚持每月召开支委例会和支部会议，运用政务平台、党员QQ群、微信群，加强党员日常管理和交流沟通，组织党员参加上级民革和统战部门组织的培训会、学习会、交流会等。借助电视、网络、报刊杂志等渠道，反映支部工作动态，传递支部声音，扩大支部知名度和影响力。全年余姚电视台报道1次，余姚日报报道3次，《绿叶》杂志刊登文章8篇。

【履行参政议政职能】

针对支部党员大多缺少参政议政的经历，参政议政整体能力偏弱的问题，邀请九三学社余姚支社主委赵银海作参政议政辅导。党员张翊撰写的《关于进一步做好公共卫生工作的对策建议》，在专题协商医疗卫生工作的市政协十二届十二次常委会上作发言；陈海燕撰写的《关于提高儿童免票乘坐公交车身高上限的建议》和陈刚撰写的《关于在公共空间树立名人雕塑的建议》，被政协《社情民意》录用。组织党员分小组开展专题调研，撰写《关于加快推进我市美丽乡村建设的建议》等参政议政文章10余篇，内容涉及美丽乡村、文化、环境、交通、水资源保护等方面。多次参加政情交流会、专题协商会，议题包括“公共卫生”“五水共治”“党外代表人士”等，结合会议主题建言献策。年度在市司法局设立社情民意观测站，围绕城乡法制建设、法律工作者队伍建设等主题赴律师事务所、法律援助中心、公证处等单位开展专题调研，形成《关于加快我市律师行业发展的建议》等调研成果。

【开展社会服务活动】

成立民革余姚支部同心志愿服务队，下设医疗服务队、爱心妈妈小分队、法律援助工作站，先后开展孙中山逝世纪念日植树认养、赴福利院看望儿童、送医下乡、法律援助、困难帮扶等志愿服务活动。分别在陆埠镇卫生院和鹿亭乡卫生院设立“同心医卫服务基地”，开展送医下乡活动。调研鹿亭山区美丽乡村建设和教育卫生发展现状，就村庄建设规划和发展思路、改善卫生院医疗和管理能力等提出建议。此外，按照民革省委牵手困难群众活动要求，与龙溪村的1名因病致贫群众和1名贫困大学生长期结对帮扶。

【田惠光到余姚考察文化旅游产业】

4月22日，全国政协常委、民革中央副主席田惠光一行到余姚考察文化旅游产业发展情况。先后实地考察天下玉苑文化主题公园和河姆渡遗址博物馆，市委常委、统战部部长李森苗陪同考察。

（民革余姚支部）

中国民主促进会余姚市支部委员会

【概况】

2014年，民进余姚支部围绕全市改革发展大局和中共余姚市委重大决策部署，履行参政党职能，各项工作按照年初工作计划落实、推进。在全国“创先争优”活动中，获“民进全国组织建设先进基层组织”称号。

【履行参政党职能】

撰写《关于加强“社区养老”工作的建议》等团体提案2条，提出个人提案、议案10余件，其中《关于加强全民灾害教育的建议》被评为重点提案和优秀提案。开展调查研究，完成4个课题，其中《关于缓解城市道路交通拥堵状况的几点建议》的调研报告得到市委、市政府主要领导批示。参加“同心献策”活动，共上报同心献策8条，内容涉及教育事业、食品安全、生态环境、社会管理等方面。撰写、上报各类信息20余条，其中《基层群众对国务院关于进一步推进户籍制度改革的意见反响强烈》被中共中央办公厅采用。加强与政府有关部门的对口联系，通过召开对口联系部门工作会议、座谈会、讨论会等形式，会员建言献策，履行参政议政和民主监督职能。

【社会服务】

将文化下乡和重阳节庆典相结合，协助市政协在大岚镇大岚村组织“情融姚江源”大型文艺下乡活动。开展“同心送教入基地”活动，会员鲍建立等为梁弄镇中和姚北实验学校送优质课。

【自身建设】

完善信息工作机制，使信息工作在收集、整理、上报、反馈、评比、表彰等各个环节都更趋规范。年度按照章程发展3名新会员。在“三八”节、重阳节组织女会员和退休会员集体活动，组织部分在职会员赴常熟市开展历史文化名城创建学习交流活动和丽水市调研美丽乡村建设工作，接待民进丽水市委会公立医院改革专题调研组。完成《民进余姚支部志》的定稿和印刷工作。

【会员岗位成就】

会员程载国、徐旭茫、王亦红、戚国棋等有多篇专业论文在省、宁波级重点刊物上发表。方其军文章在《中国文化报》和《宁波日报》上发表。金晶、朱康慈指导的多部音乐作品获全国、省、宁波市音乐创作大赛金奖、表演金奖、辅导金奖等。韩玉仙被提拔为市管领导干部。程载国、戚国棋、翁潇潇3名老师被评为市第四届中小学学科骨干教师。

（民进余姚支部）

农工民主党余姚市支部委员会

【概况】

2014年，农工党余姚支部把参政议政建立在调查研究的基础上，成立4个统一战线社情民意观测组，通过深入基层调研，撰写调研报告与社情民意信息。在宁波、余姚召开的各级人大、政协会议上，提交个人议案、提案近20件。在余姚市政协十一届二次会议上，提交集体提案两件，其中《大力推行绿色环保殡葬的建议》在市政协十二届三次会议上获优秀提案奖。在市政协十二届三次会议上，提交《加强安全防范教育，提高公民自救互助能力》和《关于顺应新工业革命潮流，实现我市跨越式发展的建议》两个提案，党员周慧娜作《扶持家庭农场发展,促进农业转型升级》的发言。

【对口联系】

与市公安局、审计局、统计局、市场监督管理局、卫生局、人口计生局建立对口联系制度，多次对对口单位进行走访沟通，使民主监督落到实处。各党员还通过撰写社情民意向政府建言献策，针对电瓶车加装遮阳伞、南兰江路道路乱象、电梯安全隐患、物业管理、托管乱象、高速公路收费等问题形成建议文章 20 余篇。

【送医送温暖活动】

年度先后组织党内专家医生赴黄家埠镇、鹿亭乡中村、牟山镇新东吴村开展送医送温暖活动。此外，还配合市政府、政协医卫委、台办、侨办、乡镇、街道开展“三下乡”活动。联合农工党宁波市委会继续开展余姚鹿亭同心实践基地的服务工作。

【与桐庐县总支缔结友好关系】

12 月 7 日，农工党余姚支部与桐庐县总支部正式缔结友好关系。根据协议，两地支部重点在信息、调研等方面开展合作。

（农工党余姚支部）

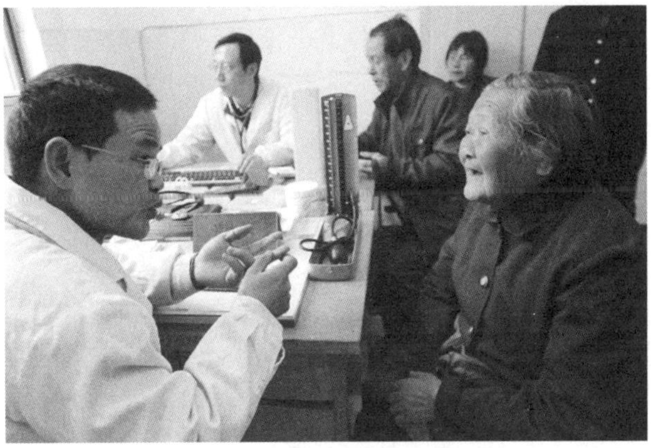

医疗专家在鹿亭乡开展义诊

九三学社余姚支社

【概况】

2014 年，九三学社余姚支社发展新社员 5 人，还有 2 人列入发展后备人选。现有社员 71 人，其中退休社员 30 人。有宁波市人大代表 1 人，余姚市人大代表 2 人，余姚市政协委员 17 人。有 7 人担任副局级以上领导职务。

【积极参政议政】

在余姚市“两会”期间，提交政协大会发言材料 1 篇，常委会专题发言材料 1 篇，集体提案 2 件，委员个人提案 18 件。社员陆哲学、冯宏分别代表支社作《关于加强我市防洪体系建设的对策建议》的政协大会发言和《关于进一步做好防洪工作的几点建议》常委会专题发言。集体提案有《关于开展“医养结合”养老模式的建议》《启动我市防治大气污染计划抑制雾霾天数上升的几点建议》，均被确定为政协重点督办提案，并被评为优秀提案。社员赵银海在宁波市人代会上提交的《关于加快甬江（姚江）流域防洪减灾能力建设的议案》，得到宁波市委书记的肯定和重视。社员项立辉、诸先桥分别在余姚市人代会上提交《关于积压商品房用作拆迁安置房的建议》《关于加快推进新能源汽车项目的建议》和《关于解决泗门镇卫生城市建设中工业发展瓶颈的建议》。赵银海撰写的《关于加强城市（镇）地下管线规划建设管理工作的建议》，被社省委选用年度省政协集体提案，《新形势下农村宅基地管理机制创新研究》被社中央选作年度全国政协九三学社界别委员联名提案。

【履行政治协商和民主监督职能】

全年担任人大代表、政协委员的社员共参加中共余姚市委、市人大、市政府、市政协及市委统战部召开的各类民主协商会、政情通报会、座谈会、学习会15次计200余人次，参加人大、政协组织的视察、考察活动10余人次。各位社员结合工作实际，提出针对性的建议和意见，履行政治协商和民主监督的职能。有8名社员被政府有关部门聘任为特约监督员。

【组织开展调查研究】

发挥支社科技人才相对集中，并拥有其他各类人才的优势，选择事关全市经济和社会发展大局并急需解决的热点、难点问题，开展调查研究。年初确立“森林余姚”建设、防范地方性金融风险作为专题调研重点，形成《关于城区绿化工作的评议报告》《关于我市防范金融风险的几点建议》等调研报告。社员余芳华撰写的《江南曲·春华秋实》获宁波市委统战部征文二等奖，马丽萍撰写的《新市民统战工作的方法与途径》获统战部论文表彰一等奖。在社上级组织开展的参政议政课题招标活动中，支社《关于加强基层科普工作提高公民科学素养的建议》《关于构建新型村级治理机制的对策研究》列为社宁波市委会参政议政课题，《关于加强城市（镇）地下管线规划建设管理工作的建议》列为社省委的参政议政课题，《新形势下农村宅基地管理机制创新研究》列为社中央的参政议政课题，均按时完成调研任务。此外，还配合社宁波市委重点课题组、青岛市委城镇规划调研组赴市卫生局、泗门镇开展调研活动。

【反映社情民意】

在凤山街道东江社区、泗门镇、市模具协会和电动工具协会、市经济开发区、黄家埠镇建立5个社情民意观测站，组织社情民意观测员19人，结合社区治理创新、卫星城市培育等25个观测主题，收集基层百姓在养老服务、土地规模经营、物业管理、老小区公共设施维修、生态环境治理等方面的社情民意。全年上报各类信息51件，其中，《余姚支社专题研讨参政议政工作》《余姚支社启动开展坚持和发展中国特色社会主义学习实践活动》等信息被上级录用。林国红、梁红霞、孙明霞、周红海提交的《关于农产品滥施农药问题的建议和对策》《关于加强发达地区农村村级医疗卫生资源管理的建议》《关于加强沿海地区安全生产科技工程的建议》《基层农技推广体系存在的问题及建议》等社情民意，被社宁波市委录用。《关于加强我市村级卫生医疗资源管理的建议》《加快无证幼儿园清理整顿，提高学前教育整体质量》《关于大力推进农村生活污水治理项目建设的建议》《关于尽快落实精神卫生中心迁建工程的建议》等在市政协社情民意专刊上通报。

【对口联系】

年度与市发展和改革局、旅游局、规划局、农林局、住房和城乡建设局、科技局等6个政府部门开展对口联系活动，参与社员就有关问题提出建议意见，得到对口联系部门领导的肯定。组织相关社员参与集体提案答复面商，让更多的社员了解政府部门工作。还与社浙江工商大学基层委、省医卫综合支社、桐乡基层委、苍南县委会、临海市委会、黄岩支社开展调研合作。

【服务经济社会】

以梁弄百果园“同心”服务基地为中心，组织农技专家进行技术指导12人次，服务内容涉及桑果种植、病虫害防治、果园水产等。配合社宁波市委开展宁波市统一战线鹿亭同心实践基地活动，参加社宁波市委、宁波市规划局赴梁弄镇开展第26届“国际科学与和平周”大型社会服务活动，在梁弄镇梁冯村开展送“农林咨询”“水产养殖”和“食品安全”等科技下乡活动。探索社会服务工作新路径，赴泗门镇健康教育促进中心开展特色社会服务工作调研活动，还与市公益救援队合作开展抗灾减灾培训活动。

（九三学社余姚支社）

余姚市工商业联合会

【概况】

2014年，市工商联（总商会）围绕市委、市政府中心工作，探索商协会承接政府职能转移，强化商会示范化建设，创新服务载体，完善工作机制，促进非公经济和非公经济人士“两个健康”发展。

【参政议政】

在市人大、政协“两会”期间，市工商联和非公有制经济人士代表、委员共提交提案、建议87件，其中市工商联在政协大会上作《提振企业信心，加快企业发展》的发言。针对“综合性经济类商协会整合提升”、新年节后企业开工、裘皮产业裘皮原料下跌和中小企业运行情况等开展调研，《加快我市经济类商协会组织整合提升的调查与建议》获宁波工商联系统二等奖。

【助推浙商姚商回归】

开展市外姚商投资和产业发展情况调查，完善市外姚商数据库，形成《市外姚商投资和产业发展的调研和建议》。正月初四，召开“世界姚商联谊总会”市外姚商联谊恳谈会。春节、端午节、杨梅节期间，举办“乡音会乡亲，乡土凝乡情”浙商姚商家乡行活动。组织参加余姚—意大利企业合作项目对接活动，鼓励市外浙商姚商回家乡投资创业。加强同异地商会、工商社团、行业协会的联动，重点跟踪落实1000亩浙商产业园，南通宁波商会签约投资12亿元落户“浙商产业园”。会同市招商局赴广东等地推介余姚，并协调帮助招商引资项目在落地过程中遇到的困难问题。

【服务平台建设】

2013年11月，市民营经济发展服务中心和“姚商网”—“711890”服务平台正式挂牌运行后，网站浏览量达41000余次，日均访问量273余次。收录近万家企业作为“平台”服务对象，发送信息8000余条。受理问题162起，其中热线咨询160起，现场咨询2起，已答复问题162起。受理企业法律59起，税务咨询3起，电商网络已有近300家企业入驻，合作产品近500种。春节前后，全市400余名现职市管以上领导干部走访非公有制企业1315家（其中规模企业932家），共收集各类意见、建议、难题200余条。在凤山街道、阳明街道、梨洲街道、兰江街道、朗霞街道、低塘街道、马渚镇、丈亭镇、泗门镇、黄家埠镇、陆埠镇、中国塑料城和经济开发区建立中小微企业监测点13个，建立118家企业运行情况数据库，动态掌握企业生产经营中的新情况、新问题及新举措。组织15家企业参加市政府“政银企”座谈会，强化银企之间的支持和理解。发挥小微企业互助合作促进会余姚分会融资服务的作用，为余姚小微企业提供互助合作贷款2亿余元。先后组织副会长以上企业家赴湖州、上海自贸区考察学习，赴台湾学习机器换人和先进管理经验，同时全年国内外有23个工商社团到余姚学习交流。

【企业家学习培训及“创二代”培育】

先后组织企业家赴天津南开大学、武汉大学参加企业提升战略思维能力培训。还组织企业家参加市领导干部“姚江讲坛”、郎咸平“余姚高峰经济论坛”，会同税务部门开展和谐企税讲座。在全市实现“创二代”联谊组织全覆盖的基础上，与市委组织部及台湾健峰企业管理集团合作，组织以“创二代”人士为主体的新生代企业家队伍参加各类培训400余人次。还与浙江大学合作举办为期两年的“企业转型升级与创新管理研修班”，加大对企业经营者的素质能力的培养。

【引导企业家承担社会责任】

组织开展第十三次“光彩爱心月”活动，全市有456家会员企业出资或实物捐赠共计2541.1万元。在“光彩事业梁弄行”活动中，走访慰问“三老”人员和困难群众50户。市“创二代”联谊会成员还参与宁波市“创二代”联谊会“光彩事业进鹿亭”

活动，向山区困难群众送去春节慰问。动员民营企业投身“五水共治”行动，小曹娥镇王龙集团、五星金属公司、宁波庆雷管业公司、宁波世茂铜业公司4家会员企业出资200万元，泗门镇谢家路村商会筹款280万元，用于村级河道疏浚和生活污水的治理等。

【探索商协会承接政府职能转移】

将裘皮城商会作为承接政府部分职能的综合试点单位，模具协会和电动工具协会作为单项试点单位。各基层商会发挥网络优势，“以商引商”，引荐浙商姚商回乡投资。市制笔商会针对企业间相互仿冒等现象，制定《制笔商会产品和技术维权公约》，规范行业有序竞争。市裘皮商会针对企业员工故意跳槽、用工秩序不健康等现象，制定《毛皮行业公约》，促进企业职工工资集体协商和劳动关系和谐。中国塑料城商会开展企业和经营户的自我管理、自我服务、自我教育，配合开展每年一度的“中国塑料博览会”和各类会展的招商工作；余姚裘皮城商会连续五年自费举办中国裘皮节，为推进中国裘皮城的建设与管理，提升中国裘皮城的品位和形象发挥作用。

市外姚商代表联谊会

【基层商会示范化建设】

年度市工商联成功创建为省“五好”县市级工商联。裘皮城商会通过宁波示范商会验收，并获全联“十佳服务典范”称号，在全国性商会建设会议上作典型发言。泗门镇商会创建成为2014年度宁波市示范商会，低塘街道商会创建成为2014年度余姚市示范商会。全国工商联在余姚调研时，对市商会有关组织建设、服务作用的发挥、承接政府职能转移等工作表示肯定。

（市工商联）

人民团体

余姚市总工会

【概况】

2014年，市总工会在市委和上级工会的领导下，围绕加快建设美丽富裕幸福新余姚这一目标，开展建功建业、维权维稳、关心关爱、文化文明、基层基础“五大主题行动”，为全市经济平稳较快发展与社会和谐稳定作出努力。

【服务地方经济发展】

开展以重点工程立功竞赛为重点的劳动竞赛活动，全年开展立功竞赛的项目63个（其中上年延续46个），覆盖面占政府投资项目的95.4%。在全市各级工会中开展“立足岗位争一流，五水共治争作为”主题实践活动，举办第十六届塑博会“五优”竞赛、妇幼保健操作技能竞赛和银行业柜台现场操作技能竞赛等一系列赛事。组队参加宁波市维修电工、工具钳工、职工厨艺大赛、妇幼保健技能竞赛等技术比武项目。开展第十一届职工合理化建议竞赛活动，770余家企业的职工共提出合理化建议1.4万余条，采纳实施7000余条，获“金点子”和优秀合理化建议奖80项，为企业创造经济效益达1.34亿元。举办第五届职工技术进步周，开展喷雾器、打火机、编藤、榨菜、制笔业、工量具、灯具焊接、裘皮服饰制作等八大行业的万名职工大比武，参与职工达14500余人次，涌现36名市级操作技能标兵，46名职工获高级技工以上的职业资格证书。在全省率先建立工会惠企服务中心，组建16支技师服务队，参与技师达158人，免费为中小微企业提供技术帮扶，累计为60家企业解决各种技术难题79个，联系中小微企业236家。新建劳模创新工作室和高技能人才创新工作室5家，发明专利4项，新型专利26项，完成技术攻关项目35个，为企业创造经济效益近亿元。推荐评选全国五一劳动奖章1人，全国五一劳动奖状单位1家，“全国工人先锋号”单位1家，省劳动模范4人，省模范集体1家，3名职工被授予“宁波市首席工人”称号。

【构建和谐劳动关系】

全市有13997家企业参与和谐企业创建活动，创建面动态保持在97%以上。17家单位申报社会责任评价。与市人社局、市工商联联合开展区域劳动关系和谐指数评价和发布工作。2060家企业参加“安康杯”竞赛活动，市电力设备修造厂获全国“安康杯”竞赛优胜企业，宁波世茂铜业股份有限公司等75家企业、班组分别获省、宁波、余姚“安康杯”竞赛先进。开展以夏季“送清凉、送健康、送安全和强意识”为主要内容的职工劳动保护工作集体行动，市、乡镇（街道）两级工会组织走访、慰问企业 205 家，慰问职工 3908 人次，购买慰问品 79.2 万元。深化企业工资集体协商机制，举办由 100 名基层工会主席参加的培训班，培育 160 家工资集体协商示范企业，创立模具行业工资集体协商工作室。建立市汽车维修行业工资集体协商制度，确定汽修行业工资标准，受益企业达 90 家。全市已签订集体合同和工资协议 3147 份，覆盖企业 13100 家，职工 403380 人。

【扩大职工普惠面】

加强职工服务中心建设，组织开展外来务工人员迎春联谊活动、代购火车票、一线职工免费疗休养、名医直通车、开展劳动法律法规讲解等系列活动。建立“5・1 服务卡”平台，扩大“5・1 服务卡”功能。全市 245 个村、20 个社区和规模较大的 630 余家企业筹建职工服务点，实现工会职工三级服务网络体系。元旦春节期间，市总工会慰问困难职工 589 户，慰问资金 65.4 万元；对因病、因灾或重大意外事故等原因造成重大损失的 65 名职工实行临时救助，涉及金额 10.64 万元；为 12 名职工申请医疗补助金 5.4 万元，为 70 名职工发放 24.5 万元专项救助金；为 156 名贫困学子发放助学金 52.5 万元，为 620 名困难职工每人发放半年度生活补助金 500 元。组织 248 家企事业单位的 53055 名职工参加宁波市职工医疗互助保障，报销 394 人次，报销金额 99.68 万元。建立工会就业服务网络，举办 3 期模具设计师培训班和 1 期商务系列培训班，参训职工 310 人，协助开展供需对接从业工作。加强职工岗位技能培训，举办各类技能培训班 43 期，培训职工 6865 人。召开全市劳动争议调解现场会，推广马渚镇总工会加强劳动争议调解经验。市职工服务中心和劳动争议联合调解指导中心受理来信来访案件 964 起，调处劳动争议案件 45 起，涉及金额 129.4 万元。全市各级劳动争议调解组织调处案件 1610 起，涉及金额 2151.5 万元，调处率达 96%。

【繁荣职工文化】

开展“争当好职工、奉献中国梦”主题活动，组织“五型”班组评选，表彰“五型”示范班组 50 家，组织参加宁波市十大“最美”职工评选，推荐优秀职工邵天铭入选宁波市“最美”职工提名奖。举办以“五水共治・同心同行”为主题的第七届职工文化活动月启动仪式，共推出 39 项活动项目，吸引近 3 万名职工参与。开展送电影、送演出、送文化进基层活动，全年送电影 100 场，文艺演出 89 场次，其中专场 18 场，参与职工近 5 万人次。组队参加宁波市第九届职工运动会，在篮球、花样田径、网络棋牌、乒乓球、游泳、羽毛球、钓鱼、气排球等 8 个项目中获个人和团体名次，总分名列第五。夯实职工文化阵地，建区域性职工精神文化家园 7 个，五星级职工俱乐部 9 个。

【提升工会工作水平】

开展“党建带工建”“示范工会”建设活动，10 个乡镇(街道)总工会、22 个村(行业)工会联合会、141 家企业工会达到示范工会标准。泗门镇、朗霞街道总工会被评为宁波市“示范工会”。深化企业工会领头雁工程，99 家企业工会达到领头雁标准。新建 3 家村工会联合会和 3 家行业工会联合会，新建企业工会 77 家，新增会员 2575 人。全市工会组建率和职工入会率分别达 97.5% 和 96.5%。在泗门镇试点建立镇工会代表履职室，制定代表履职制度，已有 5 个乡镇(街道)推行此项制度。

【首次工会工作新闻发布会】

4 月 30 日，市委宣传部和市总工会举行全市工会工作首次新闻发布会，向社会通报全市工会系统基本情况和近年来工会主要工作，并针对广大职工关心的工会组织建设、职工医疗互助保障工作等热点问题回答市级新闻记者和网民代表的提问。

【市政府提高离退休劳模荣誉津贴】

自 2014 年 1 月 1 日起，市政府提高全市离退休劳动模范的荣誉津贴标准。调整对象为：获余姚市及余姚市级以上劳动模范称号和按规定享受劳动模范待遇的个人；省先进生产(工作)者是指 1956 年至 1964 年期间获省先进生产(工作)者称号的个人。调整标准为：全国劳动模范每月荣誉津贴从 150 ~ 200 元提高到 500 元；省(部)级劳动模范每月荣誉津贴从 120 ~ 150 元提高到 400 元；省先进生产(工作)者每月荣誉津贴从 100 元提高到 250 元；宁波市劳动模范每月荣誉津贴从 100 元提高到 250 元；余姚市劳动模范每月荣誉津贴从 80 元提高到 200 元。年满 60 周岁且无固定收入的全国农业劳动模范每月荣誉津贴从 300

组织劳模代表赴上海崇明免费旅游

元提高到600元；省（部）级农业劳动模范每月荣誉津贴从200元提高到500元；省先进生产（工作）者、宁波市农业劳动模范每月荣誉津贴从150元提高到250元；余姚市农业劳动模范每月荣誉津贴从150元提高到200元。获得多项荣誉称号的，按最高一档标准计发，不重复享受。截至5月，全市共有各级劳模和按规定享受劳模待遇的个人356人，可享受此次荣誉津贴调整的离退休劳模为135人。

（周国强）

共青团余姚市委员会

【概况】

2014年末，全市共有团员5.98万，团青比例32.1%。团市委有直属团（工）委68个，全市共有二级团（工）委108个，团总支81个，团支部1068个。现第十八届团市委由委员23人组成，其中常委9人（含书记室成员），副书记3人。团市委机关行政编制核定9人，实有机关干部8人，实行团市委常委会集体领导下的常委"分线"负责制，下设"七部一室"，即青农部、青工部（与市青联秘书处合署）、学少部（与市少工委办公室合署）、组织部、宣传部、统战部、权益部和办公室。团市委有下属事业单位一家，即市青少年宫。

【志愿服务体系建设】

发挥市志愿服务指导中心和志愿服务网作用，举办"益暖姚城"首届余姚市公益项目创意大赛、"卡路里换公益"为爱暴走行动、"志愿进社区，文明共创建""助力全国文明城市创建——青年文明号在行动"等活动。全市注册志愿者达51094人，注册志愿服务队伍372支，全市共青团系统共计开展志愿服务活动1000余次，参与志愿者达3.6万余人次。

【青春护水行动】

选配290名团干部担任共青团治水段长，开展"青春护水"行动，组建23支绿色环保志愿服务队，举办"清水绿岸"行动、"孵放小甲鱼，保护母亲河"青少年暑期环保实践活动、"大手牵小手，共植幸福林"植树体验活动、"一桶水的一天"主题征文比赛、"3·9"保护母亲河主题宣传活动、青联、青企协"青人净水"活动，提升"五水共治"的社会参与度和知晓率。

【网络舆情引导】

加强新媒体运用，官方微博平均日发布量6条以上，原创率达63.7%，开通青春余姚和志愿余姚两个微信公众号，设立"我·说"、青活动等互动栏目，全市69个市直团（工）委已基本开通官方微博和微信公众号，组建青年网评员队伍，完善共青团网络宣传引导工作平台。

【助力青年就业创业】

搭建企业和人才对接互动平台，举办"助推发展促转型、服务青年促就业"余姚企业走进下沙高教园区专场招聘会。加大服务青年电商力度，开展首届青年电商营销创意大赛及"拥抱电子商务"青年沙龙，成立青年电商创业导师团及青年电商联盟，筹建青年电商培训基地，为青年电商沟通交流、成长成才搭建平台。全年累计完成青年就业培训9880人次，青年创业培训2353人次，建成青年就业创业见习基地53家，见习上岗648人。发放青年创业小额贷款1005笔，贷款总额近2亿元。

【完善民生关爱体系】

开展特困生成才扶助计划、“圆梦大学”助学行动、“牵手同行、快乐童年”儿童游等活动，发放“新中宇青少年成长关爱基金”188笔，累计39.13万元。联合江苏卫视、现代金报共同主办“非诚勿扰”全国嘉宾招募余姚站活动，开展“当爱情遇上爱心”单身青年联谊活动。

【青年人才培养】

举办第二届余姚市青工风采节、“我行我秀”2014年余姚市青年职业技能大赛，组织开展电焊工操作技能比武、医学技能比武、“幸福余姚幸福水”青少年美术大赛等技能竞赛，为全市青年搭建展示青春风采的舞台，一大批青年岗位能手脱颖而出。

【基层组织建设】

以“双网互动”团建工作为统揽，建立青少年专业服务团队21支，网格青少年日常管理服务团队431支，开展活动1900余次。新建非公企业团组织57家、新社会团组织16家。完成村级团组织集中换届选举工作，配强村级团组织班子，为基层团工作开展提供保障。完善青联界别组和青企协活动组制度，加强青联、青企协的桥梁纽带作用。开展学校少先队规范化建设达标创优活动，提升“全团带队”工作水平。

【转变团干部作风】

以党的群众路线教育实践活动为契机，开展“团干部深入基层一线解难创优”活动，制定《团市委常委联系基层制度》，发放团市委“连青”服务卡和青年服务手册1000余份，发放意见建议征求表450余份，征求意见建议117条次，明确整改内容和时限，引导各级团干部在实践中锤炼作风。

【青年社会组织建设】

联合市委统战部开展全市青年社会组织摸底调研工作，加强对青年社会组织的联系、服务和引导，促进全市范围内青年社会组织健康、有序发展。

【引领凝聚思想】

围绕“幸福城·青春的力量”，开展“团旗引领，逐梦青春”00后入团仪式、“我是余姚人，我文明、我崇德、我读书”读书讲学大会、多彩童年亲子大赛、青年文明号优质服务、“美德少年”评比、“红领巾相约中国梦，核心价值观记心中”建队65周年主题教育活动等活动。成立新小公民红舞鞋艺术分校，举办第九届新小公民欢乐节，开展以“主题教育”“安全自护”“科技体验”“巧手工坊”“艺术赏析”“游艺活动”等为主题的流动少年宫活动100余次，受益儿童达1万余人次。

【首批“00”后青年节入团】

2014年，全市有符合入团条件的“00”后学生1655人。在纪念建团92年之际，首批年满14岁的150名学生代表，参加由团市委主办的“团旗引领、逐梦青春”新团员集中入团宣誓仪式。

（团市委）

余姚市妇女联合会

【概况】

2014年，市妇联机关设行政编制8人，后勤服务人员编制1人，事业人员编制1人。根据市妇联机关实际情况，暂不设内设机构，内部实行“分线”负责制。

【助推女性参与创业创新】

评选余姚市十佳创新奉献女企业家、十佳创业致富女能手和十佳爱岗敬业女岗长，从各个层次评选、宣传女性创业创新典型，形成全社会支持女性创业就业、广大妇女热衷创业创新的良性互动格局。开展十佳巾帼创业示范基地评选，培育、扶持新近涌现的双学双比示范基地、妇字号农业龙头企业、妇字号农民专业合作社。调研、扶持来料加工业发展，以市政府名义出台来料加工扶持政策，召开全市深化发展来料加工业推进会，成立来料加工经纪人联谊会。新申报宁波市欠发达地区来料加工财政扶持项目91万元，涉及梨洲街道、陆埠镇、鹿亭乡3个乡镇街道。全市来料加工业务已扩展到10个乡镇（街道）28个行政村，从事来料加工的人员5000人，年发放加工费3000万元。推选5家农家乐参评第二批宁波市“乡村厨娘”农家乐示范点，并落实奖励资金。继续为女能手实施小额贷款优质服务，共为28名妇女贷款322万元；为26名妇女贴息28.02万元。继续指导各级巾帼文明岗开展创建工作，举行全市各级巾帼文明岗培训班，在商品交易市场、“双学双比”示范基地开展巾帼文明岗创建。全年新申报各级巾帼文明岗42家，其中国家级2家、省级6家、宁波级15家、余姚级19家。在卫生系统开展全市妇幼健康技能竞赛。与宁海妇联开展“城乡携手文明行”联谊活动，加强两地巾帼文明岗岗长与女能手的交流共促。

【引领女性参与“五水共治”】

每个乡镇（街道）至少认领一条乡镇（街道）级巾帼河，每个村至少认领一条村级巾帼河。按照“一河一队，一河一策，分工负责，分级管理”的工作原则，成立巾帼河管护队，由乡镇（街道）妇联主席担任乡镇（街道）级巾帼河管护队队长，村妇女主任担任各村巾帼河管护队队长，广大巾帼志愿者担任队员。巾帼河管护队牵头组织开展河道水质、河道保洁、河岸绿化的监督，定期清理河面漂浮物和河岸垃圾，定期维护河岸绿化，同时督促有关部门履行职责，协调处理河道水环境治理的各种问题。下发“五水共治”巾帼河认领倡议书，引领妇女姐妹不向河道乱扔垃圾、进行河道清理保洁、开展垃圾分类处理、进行家庭节水行动等，并宣传治水、洁水、护水、节水的理念，营造全社会共同治水的氛围。全市已认领巾帼河287条，管护队员2000余人，参与“五水共治”的巾帼志愿者达20000人次。

【强化维权服务】

充实婚姻家庭纠纷调解室力量，发挥调解室在化解家庭矛盾纠纷、防止民间纠纷激化中的作用，市婚姻家庭纠纷调解委员会创建为宁波市规范化调委会，并被余姚市委、市政府命名为市优秀人民调解委员会。联合市法院成立家事审判合议庭，22名妇女干部被聘请为家事纠纷调解员。家事审判合议庭通过建立“一室一站一庭”的婚姻家庭纠纷调解机制，坚持调解优先、阶段性调解、背靠背调解以及邀请社会其他力量参与调解等多种方式相结合，将调解贯彻到案件的始终，维护家庭和社会稳定。家事审判合议庭的工作受到省高院院长齐其的肯定，并作专门批示。全年“一室一站一庭”受理家事纠纷800余件，审结676件，调解撤诉366件，较上年分别上升19.10%、11.21%、11.29%。开展以“关爱女性，构建幸福家庭”为主题的“三八”妇女维权周送法律进社区活动。通过举办法律知识讲座、现场咨询、法律知识有奖问答等活动，宣传和女性有关的法律法规，共开展送法律进社区活动12场次，分发宣传资料1500余份。

【寻找"最美家庭"主题活动】

在寻找家庭和美、家风良好、邻里团结、热心公益的"最美家庭"过程中，组织群众议家风、谈家规、讲家庭和谐故事、晒家庭幸福生活、展家庭文明风采、秀家庭未来梦想。同时，借助《余姚日报》"百姓故事"专栏和余姚电视台"姚江桥头"栏目等平台，向社会传播各类"最美家庭"典型，挖掘"最美家庭"所蕴含的家庭美德元素，激发和展示家庭美德正能量。开展各类家庭评选，共推荐省文明家庭5户，省绿色家庭3户，宁波市绿色家庭9户，宁波市最美家庭9户，评选余姚市"最美家庭"30户，余姚市"书香家庭"30户。

【优化家庭教育】

召开全市家庭教育工作会议暨家庭教育研究会年会。承办宁波市中学示范家长学校观摩交流活动，市舜水中学在会上作典型交流，姚北实验学校作书面交流。开展家庭教育宣传实践月活动，举行家庭教育百场专题讲座、"最美家庭"巡回宣传周等活动，还邀请全国家庭教育专家到余姚巡讲。开展家庭教育实践活动经典案例和新时期家庭教育平台建设的有效模式论文征集活动。联合团市委、旌永教育举行"奇迹是有梦想的人创造的"公益讲座，开展"童心共筑中国梦"主题教育活动、"我是小小中国通——看图猜成语"网上知识竞答活动、"乐享童年，畅想未来"儿童图文创作大赛。同时开展各级示范家长学校创建工作，年度创建省示范家长学校2所、第五批宁波市示范家长学校4所、第七批余姚市示范家长学校6所，并将示范家长学校向两新组织延伸扩面，已建成5家企业示范家长学校。

【构建妇女培训体系】

争取每年有1万人次妇女接受各类培训，提升广大妇女综合素质。年度举行全市女领导干部培训班，邀请上海浦东干部学院、杭州市委党校和宁波市委党校的专家学者授课，全市150余名副局级以上女领导干部参加培训。举行全市妇联干部培训班，乡镇（街道）妇联主席和机关妇委会主任到义乌市委党校参加培训，并考察来料加工发展工作。邀请国家一级作家、著名诗人、传奇画家赵丽华女士到余姚举行"诗画传奇"——女性综合素质专题讲座，全市300余名各界妇女代表聆听。举行"双学双比"女能手健康知识专题讲座，邀请专家为120余位女能手讲授健康保健知识。联合老体协、体育局举行第五套佳木斯快乐舞步健身操展示活动，提升全民健身意识。在"三八"纪念表彰大会上，举行"树标杆，找差距"身边的典型学习会，邀请全国优秀女法官余国英、全国劳模裘秀菊、全国模范教师王爱娣、全国无偿献血金奖获得者张孟桂作事迹报告。同时开展寻找"最美女性"活动，并通过网络、报纸、电视进行宣传。

【关心妇女儿童健康发展】

根据"十二五"妇女儿童规划中11个重点实施项目，开展实施进度和职责落实的自查工作，开展"十二五"妇女儿童发展规划知识竞赛，加强男女平等基本国策宣传力度。开展"娘家人送温暖"活动，为全市78名患有恶性妇科疾病、生活困难的妇女和贫困老妇女干部送上慰问金9.6万元。开展"关爱女性，关注健康"康乃馨救助行动，各级妇联组织的捐款金额达10万余元。开展"夕阳暖心"空巢老人关爱行动。结合"五联五促""四进四送""走亲连心"等专题活动，慰问家庭贫困、生活困难的妇女群众，每个乡镇（街道）1～2个，慰问金每人500～1000元。举行困难母亲希望工程"舜大之心"助学仪式，为20名困难学子送上第四期助学金。开展"六一"慰问活动，全市各级领导走访慰问学校186所，共发放慰问金近100万元。开展第二季"六一"圆梦行动活动，让15名梦想儿童与爱心圆梦团队、爱心圆梦志愿者实现梦想对接，幸福圆梦。开展"巾帼助春蕾·情暖特殊儿童"爱心义卖主题活动，筹集善款为山区留守儿童、民工子弟学校的孩子们送去书籍。

【基层妇女组织建设】

重视新成立机关妇委会的成立指导，从审批程序、选举过程、操作规范等方面进行指导，确保规范有序开展工作。指导市场监督局、检察院、市府办成立机关妇委会，指导教育局、信访局调整妇委会班子，指导招商局、质监局筹备组建机关妇委会。全市已组建机关妇委会37家。关注村级组织换届后女性进两委情况，全市265个行政村全部有女性进入村"两委"组织，较上届99.6%

提高 0.4 个百分点。女性村民代表数 4335 人，占 34.15%。结合群众路线教育实践活动，开展寻找“贴心娘家”活动，评选一批关爱女性，服务社会，特别是在联系妇女、服务妇女中工作出色的各级妇女组织。加强“妇女之家”建设，开展“妇女之家”示范点创建。组织全市 50 名妇女代表参加宁波市第十四次妇女代表大会。

【落实组织建设机制】

建立健全常委联系执委、联系基层制度，每位班子成员分别联系 5 ～ 6 个乡镇（街道）、9 个部门、1 个村（社区）、1 家两新组织，每位班子成员每年赴联系点走访调研不少于 4 次。每位常委联系 2 ～ 4 个执委。要求全市妇女干部对老弱病残、留守儿童、单亲家庭等特殊群体开展敲门贴心行动，对失和家庭、心理失衡人群开展启门舒心行动，对广大普通家庭、妇女姐妹开展串门连心行动、守门安心行动。学习推广谢家路村党委的“小板凳”群众工作法，结合妇联工作实际，深化妇女代表联系制、推广女代表议事制。树立标杆，典型带路，推动妇联基层组织建设实现新突破。

（市妇联）

余姚市科学技术协会

【概况】

市科协前身为余姚县科学技术普及协会，成立于 1956 年 5 月。1978 年 10 月，恢复县科学技术协会，与县科学技术委员会合署办公。2003 年 10 月，市科协独立建制。截至 2014 年，内设办公室、科普部和学会部 3 个部室。有乡镇、街道和经济开发区科协 22 个，市级学会（协会）25 个，企业科协 27 个，农村专业技术协会 10 个、社区科普协会 34 个和村级科普协会 265 个。办公地点位于开丰路 200 号。

【引智融智提智工作】

围绕“五水共治”“六大转型”等重点工作，先后促成澳大利亚籍院士与市新能源新材料企业达成初步合作意向，争取中国兵工学会和中国自动化学会在企业建设国家级学会服务站，组织浙江中塑在线有限公司等企业与“海智”项目进行对接洽谈，邀请国侨办重点华侨华人创业团队成员考察企业。加强院士工作站建设，新建院士工作站 1 家，全市院士工作站总数已达 7 家，工作站也从服务企业拓展到服务产业发展。发挥市内智力作用，组织市级学会（协会）开展服务企业、服务农村工作，指导企业科协开展“讲、比”活动。全年市级学会（协会）组织课题研究 58 项，实行科技帮扶 45 批，提供决策咨询 11 次，举行专题讲座 96 场次，实施“金桥工程”项目 7 项，企业科协攻克技术难题 19 个，获专利 128 项，制定各类标准 26 项，推动产业的发展。举办 2014 年学术大会，中国工程院院士王超等知名专家作科学治水的学术报告，并征集到各类科技论文 90 余篇；举行市医学会“甲状腺乳头状癌诊治规范”等 9 个重点学术活动，提升科技工作者学术研究的水平和科技成果的转化应用能力；组织企业科协主席和建站企业负责人参加各类专业培训 80 余人次，开展“百场科普报告进企业”15 场次。

【提高公民科学素质】

完善科普基础设施，新建“防灾减灾科普馆”等小型科普场馆 5 个，新建和重建科普画廊 24 座，培植村级科普活动站示范点 30 个，依托科普基地开展普网教育等“三大培训”。重视全市 321 个科普讲堂建设，开展食品安全、应急避险等讲座 1300 余场次。创新科普宣教手段，在继续开展科协网站、阿拉论坛社区、新浪微博科普宣教的同时，在余姚人民广播电台和《余姚日报》分别开辟“科普天天乐”和“科学就在身边”2 个专栏，开通“余姚科普”公众微信平台。树立科普品牌，举行“全国科普日”、第六届科普艺术节、青少年科技创新大赛和科技调研实践等活动。组织青少年参加各类科技竞赛，获第八届国际发明展金奖1个、第十五届国际机器人大赛金牌1枚，3名小学生闯入“2014年公众创新擂台”全国总决赛前十名。优化资源配置，邀请中科院老科学家等高端智力作科普报告，并在余姚中学建立面向全市五大重点人群的中科院老科学家科普教育基地，组织市级学会（协会）专家开展科普志愿服务和科普巡回宣讲，向各乡镇街道、村（社区）、学校配送《十万个为什么》等优质科普图书和光盘，实施“惠农、益民、强企、助教”四类基层科普行动计划。

【服务科技工作者】

搭建服务平台，举办3期科技工作者沙龙，组织开展15个重点课题的调研，撰写“建言”11则。执行联系科技工作者制度，对413名科技工作者进行重点联系，协调解决有关问题。加强联络联谊，举办青年科技工作者“七夕寻缘”活动和“中国科协·12·15，会员日”活动。开展人文关怀，对于事业发展和事业受挫、患病住院和家庭变故、载誉争光和岗位进退的科技工作者做到“六个必访”。举荐宣传优秀科技工作者代表，评选表彰17名市级优秀科技工作者。

【组织队伍建设】

组织乡镇街道科协秘书长参加由宁波市科协组织的科协干部培训班，鼓励各级科协干部撰写调研文章和经验交流材料，其中市科协各有1篇文章在省、宁波市科协杂志上发表，2篇在省科协会议上交流。加强基层组织建设，新建市农机学会和宁波天邦股份有限公司科协、宁波华丰包装有限公司科协；指导社区科普协会及市老科协、市水产学会等4家学会（协会）完成换届；优化学会（协会）内部结构，调整充实学会（协会）负责人5人，吸收新会员108人，退出50人，会员总数达9600人。强化信息工作指导，被省和宁波市科协网站、杂志录用信息240余条；余姚日报、余姚广播电视台报道科协工作50余次（则），余姚科协网和政务微博发布工作信息290余则。

【编印《办公人员健康生活科普手册》】

年初，市科协根据公务人员的需求，编印《办公人员健康生活科普手册》，免费发放给全市各乡镇（街道）和市直部门的工作人员。书籍分公务人员的生活方式、健康状况、饮食安全、心理健康等部分，提供适合办公族工作特点和工作环境的基础保健知识、健康饮食、低碳生活等方面的内容，并摘录部分办公族关注的气象灾害及科技热点，以此普及健康生活的理念，使公务人员养成积极、科学的生活方式，推进《全民科学素质行动计划纲要》的实施。

（市科协）

余姚市文学艺术家联合会

【概况】

2014年，市文联围绕出作品、出人才、建阵地、夯基础、增合力、促和谐目标，推进基层（行业）文联组建和文艺阵地建设，扶持文艺精品创作，开展文艺家志愿服务和文艺惠民活动，培养文艺骨干人才，加强文联和协会自身建设，为文化强市建设做出贡献。

【组织开展各类文艺活动】

全年和各市级文艺家协会、基层文联联合主办、承办、协办大量文艺活动，主要有：“姚江三月三”诗书会、“揭浊扬清水环境”主题摄影赛、写春联送祝福、“春之声”广场音乐会、“中国梦想·品质阳明”广场文艺演出、优秀童谣征集、“全国知名画家画余姚”、浙江歌舞团“五水共治”全省巡演走进姚江源——余姚（梁弄）、书香河姆渡读书节、唐诗之路——姚江行全国知名画家作品展、严子陵学术研讨会、文献名邦——美丽余姚电视纪录片摄制比赛、纪念书协成立30周年系列活动、帕蒂古丽《散失的母亲》新书首发签售仪式、《金精墨迹》首发式、首届百姓文化节（其中文联及文艺协会参与活动有8项）、“中国裘皮城杯”超级歌手、超级舞者、超级戏迷邀请赛，宁波文艺志愿团“送欢乐到基层”、谢志强文学评论集《微观小说内部的秘密》审稿会、“全国知名作家余姚行”采风、余姚本土作家书展、市文艺家协会送文艺进农村文化礼堂、沈守良先生《我的姚剧生涯》首发式等活动，累计举办各类市级层面文艺活动42场次。

【扶持文艺精品创作】

3月初，组织开展“中国梦·杜鹃红”文艺精品创作活动，对诗歌、歌曲、舞蹈、曲艺、书法、摄影、民间文艺等创作进行部署发动，至5月底，征集到作品140余件，数量为历年最多；有8件文艺作品列入宁波和余姚两级文艺精品扶持项目，其中列入宁波市委宣传部的文艺精品1件，列入宁波市文联重点项目2件，列入余姚市委宣传部精品项目的5件。

【文艺骨干人才培养】

建立文学创作骨干团队和各艺术门类骨干会员工作QQ群，通过定期开会、小型座谈、沙龙研讨、采风创作、讲座辅导、横向学习交流等形式，提高自身文艺素养，为全市文艺界起示范带动作用。畅通诉求表达渠道，通过开通工作联系QQ群和“余姚文艺”官方微博，完善余姚文联网站内容，开设电子邮箱，鼓励有条件的文艺工作者建立个人博客，开通微信平台等措施。加强文艺人才的培养使用，组织文艺骨干参加上级部门的各类文艺培训和进修。推荐优秀文艺人才在全市经济、政治、文化、社会等领域发挥作用，有20余名文艺骨干分别兼任党代表、人大代表、政协委员等职务。

【乡镇（街道）文联全覆盖】

至5月上旬，全市21个乡镇（街道）文联如期实现组织和工作全覆盖。全市有乡镇（街道）级以上文艺协会会员数3238人，其中市级会员以上1417人。4月，新成立公安文联，全市行业文联累计2家。新组建成立民办非企业单位——余姚市姚江文艺之家，隶属市文联管理。

【文艺惠民活动】

组建成立由全市150余名文艺家为主的市文艺家志愿服务团，下设作协、剧协、书协、美协、摄协、音协、舞协、民协等8个服务分团，各自排出志愿活动的工作计划表，不定期地开展送文化、种文化活动。各乡镇、街道文联调动乡土文艺家和文艺爱好者的工作积极性，按照有组织、有队伍、有活动、有场地、有经费等“五有”目标要求来开展文艺创作和活动，通过多元渠道强化工作经费保障，为基层文艺事业发展创造良好环境。

【指导协会换届选举】

年度全市有10个文艺家协会五年任期已满，市文联进行走访调研，征求建议意见。在此基础上，制定出台《余姚市文联关于市文艺家协会换届工作实施意见》。至12月中旬，换届选举工作结束。

【市文艺家志愿服务团成立】

3月20日，市文艺家志愿服务团成立，同时成立作协、书协、美协、摄协、剧协、音协、舞协、民协等8个服务分团。市文艺家志愿服务团首批团员主要来自市文联8个核心文艺家协会，义务为全市乡镇、街道、企业、学校开展慰问演出、展览展示展映等“送文化”活动，并开展文艺支教、专业培训、辅导讲座等“种文化”活动。

【市级专业协会工作】

市作协。帕蒂古丽的《被语言争夺的舌头》获《人民文学》杂志2014年“茅台杯·人民文学奖”，入围第六届鲁迅文学奖。谢志强在《小小说选刊》半月刊开设专栏，每期刊登一篇小小说；出版首部长篇小说《塔克拉玛干的少年》。干亚群发表散文近5万字，多篇散文刊于《散文》《散文百家》。符利群短篇小说《水上花生》和中篇小说《木槿只开一回花》在《小说选刊》多期发表。何桂英诗歌发表于《诗选刊》和《星星》。沈春儿小小说发表在《小说月刊》。

市剧协。彭亚萍《恰咚咚》《姚江奇案》参加第八届中国曲艺牡丹奖获创作提名奖。姚剧《严子陵》获宁波市“五个一工程”奖。

市美协。翁赟烨的中国画作品《青春年华》入选“同心塑美”省第十三届美术作品展，工笔画作品《水清茶香》入选2014年浙江美术家大型采风作品展。徐腾杰、李时雨的油画作品《沉默》《在雨中》入选视域江南·浙江省油画展，郑飞军的中国画作品《晨辉》入展“学院的趣味”全国中青年山水画家邀请展，张钟的速写及水墨写生作品《从头越——治水强基在余姚》入选2014年浙江美术家大型采风作品展，作品《五水共治·姚江北排建设工地》入选浙江省“中国梦想·美丽浙江”速写作品展。陈全尧、王国瑞、张钟、翁赟烨、胡荷清、单纪良、徐军辉、郑登桥的中国画作品入选“墨意甬像”宁波市第二届中国画大展，王国瑞、陈全尧、李时雨的美术作品入选宁波市庆祝建国65周年美术摄影作品展。

市音协。男女声表演唱《微时代》获宁波市第十一届音乐舞蹈节表演金奖、创作金奖；女声表演唱《小镇女人》获宁波市第十一届音乐舞蹈节表演金奖、创作金奖和省新人新作大赛表演金奖、创作金奖。

市舞协。少儿群舞《沙滩·小手》参加由中华文化促进会、中国舞蹈家协会主办的“炫舞辉煌”2014年全国优秀群众舞蹈展演，获特等奖、创作奖。舞蹈《那片屋檐》获宁波市第十一届音舞节创作银奖。

市摄协。黄孟丹作品《相随》获“中国·宁夏第二届伊斯兰风情国际摄影大赛”银奖，出版《美丽中村》摄影集。陈斌荣作品《余姚看守所遭遇洪水安防失灵在押人员安全大转移》获中国新闻奖三等奖。徐勇作品《收获》在第四届全国农民摄影大展中获记录类优秀奖。陈慧慧、赵冠军等近十幅作品在2014年度平遥国际摄影节——影像中国网“梦之故乡”主题摄影展中展出。

市民协。金星桥的石雕作品《新布袋和尚》获第四届浙江省工艺美术精品博览会银奖。鲁永平创作的《不当县长当村长》获“中国梦，我的梦”浙江省故事征文比赛创作奖。施灵敏的剪纸作品《家和万事兴》（组图）参加中国·天津2014“西岸”剪纸艺术节剪纸艺术邀请赛，获优秀奖，并选入《剪纸获奖作品集》。

盆景协会。马建中作品在中国盆景收藏家藏品国家大展中获二等奖。

（市文联）

余姚市残疾人联合会

【概况】

2014年，市残联共完成“助明、助听、助行、助智”等康复服务项目537人（例）。新建村级康复示范室1家，开展机构康复训练169人，完成无障碍设施进家庭51户。实施贫困儿童抢救性康复3名。发放定额医疗救助卡2044张，实施医疗救助221人，救助资金129万元。发放人工耳蜗补助金11.7万元。PT治疗1588人次，康复业务培训4期。市残疾人综合服务中心（康复医院）建设项目进展顺利，委托卫生系统管理，完成二次装修设计。

【社会保障服务】

全年发放低保残疾人、重度低收入残疾人、无固定收入残疾人生活补助（贴）金280万元，补助3437人次。发放临救资金52万元，受助600余人。配合民政部门为6209名符合条件的残疾人发放基本生活保障金共计3700万元。全市符合条件的5500余名残疾人均已参加养老保险，发放个体户残疾人职工养老保险补助金10万元，补助人数91人。下拨新农合、城镇居民基本医疗保险补助资金219万元，受惠7797人。为19882名持证残疾人免费实施综合医疗保险。组织开展残疾人集中托养中心等级评定工作。全年发放托安养补助资金760万元，其中集中托养244人，居家安养1422人。

【残疾人就业创业】

举办市第八届残疾人就业专场洽谈会。全年共帮助实现就业222人，其中按比例安置70人，集中安置34人，个体就业创业26人、基地安置25人、灵活就业等67人。新增企业工疗车间1家。开展残疾人扶贫基地专项整改，摘牌4家，新增宁波级基地8家。全年发放就业创业补助资金30万元，受助221人。免费发放生产资料20万元，受助贫困种养殖残疾人100名。组织900余名残疾人接受技能培训。11名残疾人参加宁波电大学历教育。对全市294家清退企业进行统计核准，共清退企业残保金327.5万元，对90余家用人单位进行劳动监察。配合财政部门开展残保金征收工作，共征收残保金6524万元。

【促进残疾人共建共享】

梁弄镇等4个乡镇成功创建第二批宁波市扶残助残爱心乡镇（街道）。宁波思宏电器有限公司和凤山街道肢残人谢向杰被省残工委分别授予省助残先进集体、省自强模范称号。全年创建乡镇、街道残疾人文化体育示范点21家。举办市第三届残疾人运动会。在宁波市八残会上获34金15银10铜，在全国残疾人游泳和自行车锦标赛、省第九届残疾人运动会坐式排球比赛，获6金4铜，王益楠代表国家队参加仁川亚残会，获6金1银。构建残疾人法律援助绿色通道，全年接待来信来访148件（次），办结率达100%。

残疾人书法作品展评

（市残联）

余姚市社会科学界联合会

【概况】

2014年，市社科联有下属学会、协会、研究会102个，其中团体会员91个、特约研究员10人、乡镇级社科联1家。年度通过建设“社科之家”，推进社科“双服务”，承办市委“阳明讲堂”，对口支援新疆库车县社科联，在咨政研究、成果转化、社科普及、平台建设和组织建设以及队伍培育方面取得较好成绩，获2014年度宁波市社科联综合先进集体。

【开发群众路线课程】

根据市委统一部署，组织开展党的群众路线现场教育培训课题课件的开发，建立市社科历史文化课题组，联合省、宁波市级专家教授6人、市社科特约研究员4人，召开“传统文化与当代价值课件座谈会”，完成传统文化课题、课件3项6个。参与群众路线理论学术研究，在《姚江论坛》杂志开辟群众路线现场教育专辑，发表社科研究者学术论文16篇。协助编纂《服务指南》，组稿《浙东革命根据地艰苦奋斗精神》《浙东根据地群众路线》两部电教片。开设以阳明文化为重点的领导干部讲座和培训班，利用余姚博物馆报告厅、市委党校报告厅、余姚名人馆场所等社科示范基地，承办历史文化社科培训班次，其中省厅级领导干部9批次，处级领导干部14批次。

【社科咨政】

以政府决策的重点问题和人民群众关注的热点问题为导向，加强与市级有关部门、市重点企业、市社科科研基地的联系，制定《年度主要工作任务与课题分解表》，重点攻克“五水共治”“中国流动人口课题调研”“我们的价值观”“余姚文化产业研究”“舜传说”等课题。其中，获中国社科院国家级立项课题1项，省委宣传部与省社科院立项课题2项，宁波哲学社科规划重点立项课题2项，市委市政府各1项。立项课题首次获宁波市哲学社会科学规划课题，入选“浙江精神文明论坛与我们的价值观”，并在省新闻中心发布大厅举行演讲。还参与完成《关于余姚市创建国家历史文化名城调研报告》；协助宁波市人大代表余姚小组，以社科视角研究宁波“五水共治”，所撰提案被宁波市第十四届三次人代会采纳为督办提案；协助市政协、余姚经济开发区完成调研课题项目4个，即中国模具城、浙江远东工业城、余姚五金城和中国有色金属材料城的研究课题，为区域经济发展提供服务。

【创立和筹建“两堂一院”】

即面向海内外的“阳明讲堂”，面向市民的余姚人文大讲堂，面向全国的余姚市华夏汉学院。7月18日在陆埠镇举办“中国优秀传统文化与王阳明思想学术研讨会”，宁波市委副书记余红艺、余姚市政府市长奚明分别作主题报告。10月30日，在余姚影城举办“阳明讲堂”开讲仪式，邀请著名学者余秋雨作学术讲座。余姚人文大讲堂继续发挥各学会优势，发挥社科讲团队伍作用，进农村文化礼堂、社区市民学校、中小学校园、企业工厂，举办各类人文堂坛、讲座21期次。在有关市级领导和陆埠镇党委、镇政府的支持和重视下，选址十五岙村，市华夏汉学院在市民政局注册登记，为全省第一家经民政注册的国学研究和培训传统文化场所。

【社科基地建设】

全市现有市级社科普及示范基地11个，在市委宣传部支持下，完善《关于市社科普及示范基地创建工作的通知》《关于命名余姚市社会科学普及示范基地的通知》两个文件。建立社科普及示范基地建设小组，支持各示范基地邀请国内外著名专家学者到余姚举办名家讲座，开展社科与文明余姚交流与合作，先后开展“我心目中的河姆渡”“传奇王阳明”“红色梁弄”等讲座活动。在连续9年获宁波市与省级社科先进单位基础上，加强21名社科联讲师团队伍建设，9—10月围绕“普及社会科学，建设美丽余姚”主题，开展“社科普及月”，推出各类活动58项。发挥会员单位人才优势和智力优势，全年先后制作社科微视4个。

【哲学社科团队打造】

加强学会培训和考核，举办一期学会培训班。市人社学会、市名人研究会等两家会员单位，经市社科联实地考核，获民政部4A社团组织。发挥《姚江论坛》社科杂志桥梁作用，全年共出版5期（其中一期与市委宣传部联合“传承先贤品格，弘扬先贤精神”专辑），同时创办“余姚社科之窗”网站。年度先后接待省社科联、贵州省社科联、浙江工商职业技术学院等到余姚考察，与美国康奈尔大学及绍兴、宁波有关社科研究学者进行学术交流和有关社科组织调研。由宁波市政府援疆办公室指定，启动与新疆库车县社科联援疆共建，还启动与贵阳市社科联阳明文化研究共建项目。

（市社科联）

余姚市慈善总会

【概况】

2014年，市慈善总会募集善款6265万元，发放救助款5752万元，有3.65万人（户）困难群众得到慈善救助，154个公益项目得到帮扶。已累计募集善款5.5亿元，发放救助资金4.41亿元，受助困难群众30.91万人次。

【"慈善一日捐"活动】

5月，市委办、市府办联合发文，转发市慈善总会关于开展2014年"慈善一日捐"活动的通知，要求动员全市社会各方力量，倡导"依靠社会办慈善，办好慈善为社会"理念，打造爱心城市品牌，发挥慈善救助对政府的补充作用。市慈善总会同时发文，表彰"慈善楷模"和"慈善之星"。"慈善一日捐"活动随即在全市展开，有880家单位、2.41万人次参与活动，共募善款1748万元。

【慈善冠名及帮扶基金】

年度新建慈善冠名基金17家，基金规模1860万元。已累计发展慈善冠名基金238家，协议规模2.4亿元，全年冠名基金到账1850万元。全市265个行政村、36个社区均建立慈善帮扶基金，基金规模1.55亿元，年内到账基金750万元。

【助学、助医、助困】

全年发放助学金415万元，1027名困难学生得到资助；对1260名精神病患者实施慈善施药，全年助医支出356万元，向1528户贫困家庭开展送温暖活动，发放扶助金481.2万元，受惠群众9635人次。帮助农村102户低收入家庭改造危旧房6048平方米，补助资金32万元。

（市慈善总会）

余姚市关心下一代工作委员会

【概况】

2014年，市关工委坚持"急党政所急、想青少年所需、尽关工委所能"的工作方针，按照围绕中心、服务大局、突出重点、勇于创新、务求实效的总要求，发挥各级关工委和广大"五老"优势，为广大青少年办实事、做好事，取得较好效果。

【"中国梦"系列教育活动】

与"我的梦"教育活动相结合，组织26名宣讲员宣讲119次；开展青少年书法比赛，收到作品90幅；举办读书征文比赛，全市38984名学生参加，撰写心得28830篇；组织全市16所民工子女学校开展市第六届"书香伴我行"读书征文演讲比赛，撰写读书心得118篇。与社会主义核心价值观教育相结合，开展"送讲座、送电影进学校"活动，邀请教育专家到余姚为青少年做讲座，举办"我的价值观"演讲赛。与爱国主义教育相结合，发动各中小学校开展祭扫革命烈士和网上公祭、纪念抗战胜利69周年、"走红路、读红书、唱红歌"等活动，全市三个校外教育阵地接受红色文化教育青少年达147620余人次。与弘扬优秀传统文化相结合，通过报告会、讲座、文艺演出等形式开展孝德教育活动，全年累计250余场次，参与青少年达2万余人次；在企业和传统文化培训基地举办弟子规夏令营。与形式多样的实践活动相结合，组织爱国主义教育夏令营和“军营一日学”活动；参与“关注五水共治，探索生物奥秘——孵放小甲鱼、保护母亲河”活动；组织开展学雷锋实践活动。

宣讲员裘秀菊在友爱学校宣讲

【孝德教育活动】

开展以“孝亲敬长，感恩回报”为主题，以“知孝理、讲孝德、践孝行”为目标，以“六进”教育实践为主要途径（孝德教育进课堂、日行一孝进家庭、孝星宣传进媒体、孝德宣讲进基层、孝德践行进社区、孝德读物进校园）、以评选小孝星为活动载体的孝德教育活动。开展市第九届“十佳小孝星”、孝德教育活动先进单位评选和征集家训、家规、身边的孝心故事活动，评选“十佳小孝星”及提名奖各10人、鼓励奖12人，孝德教育活动先进单位15家。开展“以小助老”“日行一孝”等孝德践行活动，小曹娥镇中心小学、黄家埠镇回龙小学分别获第三届“浙江孝贤”和浙江省首届“敬老文明号”称号。

【“假日学校”建设】

全市各级关工委共举办“假日学校”193所，惠及青少年学生13271人（其中“小候鸟”3191人），参与“假日学校”服务工作的“五老”志愿者、大学生志愿者、在职教师志愿者、其他社会志愿者共计1879人。28家村、社区、民营企业关工委被评为先进假日学校，6家乡镇街道关工委被评为优秀组织奖。

【服务青少年健康成长】

新增“传统文化培训基地”和“冷江鳖业有限公司”2家校外教育实践基地，市级校外教育阵地已有7家，全年受教育青少年达180158人次。乡镇、街道建立各类校外教育阵地42家。如期完成为期2年的第二届“关爱明天、普法先行”青少年普法教育活动，评选先进集体45个，先进个人41人；组织开展第四届“法在心中”法制宣传教育主题活动；加强法制副校长队伍建设，组织法律知识宣讲200余场次，受益青少年学生50000余人。100名“五老”网吧义务监督员对全市166家网吧进行跟踪监督和管理，全年开展监督活动650余次，并开展“放心网吧”评选活动。动员社会力量筹集资金，开展困难家庭学生的帮困、助学和关爱留守儿童的工作，共收到爱心助学款25.61万元，结对学生178人。组织开展第十七届（2013年）青少年英才评选活动，评出青少年英才30项35人，10人被评为宁波市第九届青少年科技英才奖。开展市第四届青年农民“学科技、奔小康”先进评比活动，评选先进个人26人。市关工委青少年心理健康辅导站有志愿者70余人，与陆埠二小、余姚日报小记者总站等单位合作，举办心理健康讲座15次，受教育学生2200余人，面对面咨询辅导70余次，电话咨询辅导60余人次。

【基层关工委建设】

重新修订测评办法和测评细则，对乡镇（街道）、学校关工委开展“五好”乡镇（街道）关工委和“五好”学校关工委测评。开展两年一次的关心下一代工作“双先”评比活动。调整充实公、检、法、司四家关工委的领导班子和队伍，教育系统对所辖159所学校的关工委进行调整和充实。年度新组建民营企业关工委31家，全市累计150家。全市关工委组织现有思想道德教育宣讲员154人，关爱团人员1016人，校外辅导员284人，常年参与青少年教育活动的“五老”人员达5271人。全年各乡镇（街道）关工委共组织调研活动34次，上报调查报告27篇，有18篇获奖。市教育局关工委推荐6篇调研文章参加宁波市教育局关工委评选，其中5篇获奖。

（市关工委）

余姚市红十字会

【概况】

2014年，全市有92个村（社区）按章程规定成立红十字会（会员小组），其中临山、小曹娥、大隐三个乡镇实现村级组织全覆盖。浙江金马实业有限公司、宁波比依电器有限公司、余姚市捷宇机械有限公司、余姚舒春机械有限公司在全市率先成立企业红十字会。年度全市公立学校红十字组织达到全覆盖，东方民工子女学校成立宁波市首个民工子弟学校红十字会，世南中学、丰北小学创建成为省红十字达标校。新增三支志愿服务队，其中造血干细胞劝捐志愿者服务队与献血活动相结合，每逢双休日在献血屋、人流密集的商场等开展宣传活动。

【救灾备灾工作】

加强对“菲特”台风灾后重建项目的监督管理，省、宁波市两级红十字会援建项目款项拨付及时到位，陆埠镇南雷村3座水毁桥梁全面竣工，梨洲街道花园社区服务中心完成重建后投入使用。加强救灾备灾能力建设，在原有物资库基础上，新增1个40平方米的备灾仓库，新建市本级应急救援志愿服务队1支，村（社区）级红十字赈济救援队伍2支，组织开展应急救援培训演练，并配备相应的救灾备灾物资与设施。“鲁甸”地震发生后，市红十字会通过《余姚日报》、门户网站等途径，募集爱心捐款6.97万元缴入省红会专户。

【人道主义救助】

年度省红十字博爱送万家活动启动仪式在余姚举行，省、宁波两级红会共发放慰问物资和慰问金11余万元，受益困难家庭120户。市本级及乡镇街道红十字会发放慰问金211.22万元，慰问物资26.8余万元，受惠家庭4200户。全年募集博爱救助金70.93万元，慰问贫困学生、困难家庭、麻风病人等困难弱势群体400余人。全年收到爱心捐款358.61万元，爱心物资114.48万元。累计救助支出357.48万元，发放爱心物资134.42万元，受益人数达2000余人。新筹“尿毒症透析救助基金”4.05万元，全年救助38人次。新筹“生命关爱基金”4.05万元，慰问2例器官捐献者家属、1例造血干细胞捐献者。

【应急救护培训】

落实组织、经费、师资三保障，提前、超额、保质完成宁波市民生实事工程应急救护培训项目任务。开展应急救护培训“五进”活动，79名市直部门党员志愿者、70余名矿山企业负责人、280名公交司机、100名狱警接受普及培训，230名旅游、酒店管理、数控等专业职高生获《红十字救护员》证书，公益培训中小学教师救护员1400余人。助推“五水共治”和文明指数测评工作，为130名建筑工人及河道保洁员普及应急救护知识，26个社区的211名学雷锋志愿者通过培训获救护员证书。兰江街道下菱社区学雷锋志愿服务队获宁波市红十字会组织的社区学雷锋志愿者应急救护技能大赛第三名。全年累计培训救护员2641人，普及培训16000余人次。同时全市还举办应急救护师资班一期，培训救护师资45人。

【造血干细胞捐献】

举行以“弘扬红十字精神，传递人道力量”为主题的现场招募造血干细胞捐献志愿者活动，邀请全市第2例造血干细胞捐献者谢福源现身说法。发挥全市第3例捐献者魏锋的示范效应，在舜宇集团及其他单位广泛宣传、巡回演讲。在市红十字医院开展志愿者征集活动。在无偿献血人群中招募志愿者，降低反悔率与流失率。全年新增136名志愿者加入中华骨髓库，全市累计达945人。12月1日，市中医院骨科医生孙益与一名2周岁再生障碍性贫血女孩配对成功，成为余姚市第4例、宁波市第35例、全省第214例造血干细胞捐献者。

【器官捐献实现“零”突破】

6月12日，暂住低塘街道芦城村的安徽籍姑娘阜东芳因车祸去世，在浙医二院捐献一心二肾，使三位患者重获新生。9月22日，贵州籍小伙王兵又因交通意外去世，在市人民医院捐献一肝二肾，成为全市真正意义上的首例器官捐献者。清明节前夕，市红十字会组织全市遗体、角膜捐献者家属代表赴镇海九龙湖大同公墓的“宁波市遗体捐献纪念陵园”，开展缅怀祭奠活动。年度全市人体器官捐献登记12人，累计27人；遗体捐献登记7人，累计39人；角膜捐献登记7人，累计27人。

【公信力建设】

首次邀请社会监督员列席理事会议，听取年度工作报告、监督财务运行及红十字核心业务开展情况。邀请第三方审计机构，对上年度捐赠专户财务收支情况进行审计，并在网站上进行公布。同时，根据市委办、市府办《关于深化推进“阳光工程”建设的实施意见》精神，结合《宁波市红十字会信息工作实施方案》，规范信息公开标准，从公开内容、范围、形式、时限等方面入手，梳理制定符合红十字会自身特点的各项公开目录。对爱心捐款、爱心物资、公益基金的筹集、分配、使用情况均主动公开，接受社会监督，保障捐赠人和社会公众的知情权、监督权，推动红十字事业在阳光下运行。

【“红十字急救掌上学堂”上线】

1月，市红十字会公开发布“红十字急救掌上学堂”，旨在帮助市民学习急救知识、防灾避险的方法，指导市民在危急时刻按步骤进行自救、互救。其内容依据《红十字会与红新月会国际联合会急救与复苏指南》（2011年版）设置，具有学习、预防、应急、测试、信息五项主要功能。市民只要打开手机APP，就能看到出血、骨折、中风、心脏病发作等21种常见伤病的紧急处置方法，内置真人视频和图解动画。市民可通过三种方式下载：一是登录余姚市红十字会网站，点击网页飘窗“红十字急救掌上学堂”；二是登录http://www.red-cross.org.cn/hhzh/zh/sy/zl/app/下载；三是手机直接扫描二维码进行下载。该软件免费下载，离线使用，不占用手机流量，也不含任何形式的商业广告。

（许燕青）

武装·法治

人民武装

【概况】

2014年，市人武部以作战准备为中心，在党管武装工作、专武干部队伍建设、跨区异地训练等方面多次得到上级首长机关肯定，被评为省征兵工作先进单位。

【主题教育活动】

围绕贯彻落实中共十八大和习近平主席关于部队要“听党指挥、能打胜仗、作风优良”的指示精神，先后开展“讲政治、顾大局、守纪律”“坚定信念、铸牢军魂”“干在实处、创新有为”及党的群众路线等主题教育活动，通过教育动员、专题辅导、参观见学、党性分析和辨析交流，深化干部职工的思想认识。借鉴地方“三思三创”活动，把思想教育、社会实践和工作实际联系起来，多次邀请余姚市党政领导、军地院校专家学者，为干部职工介绍新形势、新理论、新知识，深化主题教育效果。年度开展一次普遍的谈心活动，不拘泥形式、方法、场地，搞清楚干部职工在“干什么、想什么、需要什么”，通过一人一事的思想工作和定期的组织生活，使大家心里没疙瘩、工作有追求、精神有寄托。还先后组织参观四明山革命根据地遗址、临山卫遗址、泗门卫星镇新农村建设等。

【遂行多样化任务】

针对全市山林火灾、洪涝灾害易发多发的实际，先后筹划组织4批320人次的民兵应急分队森林灭火、水上救援和反恐维稳等训练。上半年，指导市、镇二级修订完善应急抢险救援预案，并通过《余姚日报》向全社会发布。7月底，组织包括民兵、驻姚部队、公安、电力、水利、通信、志愿者等10支队伍300余人参加的救援演练。12月，组织抢险救灾背景下的方向指挥所开设演练，规范方向指挥所应建的要素和指挥流程，军分区秦司令员现场指导，各县市区人武部现场观摩。

【军事训练】

强化专武干部军事素养，按照“缺什么、补什么，弱什么、强什么”的思路，以军事理论和业务技能为重点，采取“理论辅导、个人作业，讲解示范、实装操作，训考结合、以考促训”等方法，坚持每季度组织一次集中强化训练，建立每周五例训制度。筹划和组织基干民兵训练，根据上级明确的训练任务，落实分层组训。市属民兵应急连采取外聘教员、封闭强化、实地模拟等方法组织集中强化训练，将练思想、练作风、练技能贯穿到训练、管理全过程。

【民兵工作调整改革】

年度先后撤编13支队伍，优化编组、重点建设市属民兵应急连、预炮营、心理战分队等9支分队，采取自主购买、动员预编的办法实现齐装满员、人装配套。对全市64支分队进行编组整顿，开展“三个现地”点验和方案化演训，专业对口率达到100%，退伍军人比率达90%，实现“一队多装、一队多能、一队多用”。

【基层规范化达标建设】

以《浙江省后备力量基层建设规范》为依据，以基层武装部、民兵营连部建设为重点，坚持软件、硬件建设齐头并进。通过先进典型的示范引路，统一规范建设标准，全市投入资金100余万元，用于加强应急连（排）森林防火、水上救援、反恐维稳能力建设，新购冲锋舟、橡皮艇、风力灭火机以及救生器材，所有基层武装部均按照规范化建设标准设置“两室一库”，应急物资配备齐全、管理有序；5月、11月，对全市各级基层武装部和民兵营连部进行规范化建设达标考评。

【征兵工作】

年初编印1万册征兵宣传手册，张贴5000张宣传画，在城乡122辆公交车上进行电视宣传，余姚电视台综合栏目每天12次播放海洋权益公益宣传片，《算好参军五笔账》和《大学生参军十大好处》两篇宣传文章被省市转发。还到13所高中（职校）宣传征兵政策，与毕业生面对面答疑解惑。把思想政治工作融入征兵工作全程，做到政审过程就是思想转化过程，家庭走访过程就是政策宣传过程，各乡镇、街道采取联合走访、联村包干、结对帮扶等方法，确保思想工作到点到位。定兵前，组织“双合格青年”体验军营生活，按照新兵进行训练管理，增进预定兵员对部队的感性认识，减少入伍后的思想波动。年度征集的兵中，仅出现一例思想问题，远低于往年和兄弟单位的比例。

【全民国防教育】

上半年结合群众路线教育实践活动，组织制作爱国主义教育宣传片，以梁弄抗日革命根据地旧址为载体，组织广大机关干部和群众接受教育，受教育者达5万余人。第十四个全民国防教育日期间，制作“海洋权益”宣传展板，在中小学校巡回展出；各乡镇、街道组织机关中层干部过“军事日”活动，体验军营生活，感受国防进步，增进国防意识。

双胞胎携手入军营

【国防动员建设】

发挥市国动委“八办”作用，在经济社会发展布局、重大基础工程建设、开发高新产品技术中兼顾军事需求，促进资源共享和共建共赢。开展后备力量资源潜力调查，修订兵要地志，实地勘察国防工程，完善“动员一号”数据系统，把国防动员工作反映在统计数据上、方案计划上、物资储备上。

（市人武部）

政法综治

【概况】

2014年，全市刑事发案总量比上年下降15.6%，信访总量下降11%，安全生产事故总量及死亡人数下降0.9%和9.7%，群众安全感满意率提高1.6个百分点，未发生“一票否决”的重特大事件，连续第八年获省“平安市”称号。

【维护社会稳定】

落实社会稳定形势定期分析研判制度，加强矛盾纠纷排摸调处工作，组织开展对征地区片价调整、房价下行等热点难点问题的调研，共处置意外死亡、“房闹”、欠薪等突发性群体性事件80余起，调解纠纷11445件，排摸化解不稳定因素8000余个，确保四级“两会”、十八届四中全会、APEC宁波高官会议和北京会议、亚信峰会、世界互联网大会等重要会议及重大节庆日、上级巡视期间全市社会面上的基本平稳。加强对网络舆情引导处置的机制建设，深化网宣部门舆情监控、公安局网监部门落地查人的工作格局，对网络有害信息第一时间引导、删除、落地。深化风险评估工作，调整充实市重大决策社会稳定风险评估工作领导小组，出台《2014年余姚市深化重大决策社会稳定风险评估规范化建设实施方案》《关于建立余姚市重大决策风险评估人才“专家库”的通知》等制度性文件，推进评估工作规范化建设，全年未发生一起因重大决策事项实施而引发的群体性事件。

【严打整治斗争】

依法严厉打击各类犯罪，共破获各类案件5493起，破获审结一批有影响力的大案要案，打掉盗窃、毒品、赌博、黑恶势力等犯罪团伙97个，抓获违法犯罪嫌疑人6021人，提起公诉2588人，判处罪犯2689人，社区矫正1212人。坚持打防并举，健全完善视频监控、人力巡防、重点整治、集中清查等人、物、技防相结合的社会治安立体化防控体系，挤压犯罪空间，全年“两抢一盗”等侵财型犯罪比上年下降14.6%，命案发生6起，为近20年最低。加大审判执行力度，共审结民商事案件11235件，涉案金额47.7亿元，强制执行到位金额18.2亿元，提供法律援助1115件，法律咨询5600余人次。深化隐蔽战线斗争，把握对敌斗争主动权，成功破获“2·22”等邪教“法轮功”“全能神”案件，反邪教工作继续走在全省前列。落实反恐怖斗争各项工作部署，增加重点部位的安保巡防力量，强化应急处突演练，强化全市上下反恐意识，增强群众出行安全感。

【基层基础工作】

优化网格化管理、组团式服务，在农村以村民小组为单位划分农村基层管理网格，由村民小组长担任网格长，实现网格人员、职责、培训、补助的“四落实”；在城市社区，结合全市社区治理工作改革，以住宅小区、楼栋为单元进行网格划分，由社工担任网格长，在职党员担任副网格长和楼道长，理顺社区网格的工作体系，为全市基层治理事务搭建共用网格平台，得到省委政法委的肯定。开展“红袖套小喇叭”巡逻、党员志愿者夜巡等群防群治工作，强化群众参与和网格长作用发挥。加强对网格长、村治保主任的教育培训，对网格长培训率达到100%，其中，组织市级综治司法干部培训班2次，受训人员350人。提炼挖掘省首届十佳“平安村”谢家路村在平安综治工作中形成的“小板凳”工作法平安综治解法并向全市推广，提升基层维稳信访干部化解矛盾的水平。

【社会管理创新】

助力全市“五水共治”“三改一拆”“六大百亿工程”等中心工作，开展司法强拆、保护性施工、打击犯罪、法律解释、矛盾化解等工作，保障治水、拆违等工作顺利开展。强化对信访事项的依法规范处置，全市信访呈现信访总量、越级上访、非访总量“三下降”，辞退民师等特殊利益群体基本可控，未发生因处置不当影响稳定和上级党委政府“一票否决”的信访事件。推进涉法涉诉信访改革，加强初信初访办理工作，强化办理事项主体责任落实、办理过程规范流转、办理结果通报、办理效果评估等工作措施，初信初访一次性办结率达95%以上，市领导接访件调处率98%以上。规范信访秩序，对非访行为及时采取训诫谈话、强制带离、行政拘留等强制措施，减少重复访、无理访和越级访，未出现新的老访户和缠访户。开展平安校园、平安家庭、平安村(社区)、平安企业、平安铁路、平安金融等22个基层系列平安创建活动，完善部门牵头、乡镇(街道)落实的基层系列平安创建工作机制。

【“平安余姚”创建】

建立健全平安建设指导协调、暗访通报、三色预警、约谈问责等工作机制，加大对各地各部门平安建设的考核分值，与年底评先晋优、绩效考核相挂钩，提高各级领导对平安创建的思想认识，落实部门一把手责任，确立党委领导、政府主导、部门负责、全民参与的平安工作体系，全市基本形成地方部门齐抓共创，干部群众共同参与平安建设的局面。定期开展平安“三率”、平安模拟测评，发现问题及时整改，对重点难点等问题组织协调，解决一批易失分问题。在市、镇、村三个层面组织开展平安创建“百日宣传活动”，整合政府部门、乡镇街道、村社区和企事业单位的各种资源和力量，采取多种宣传方式，开展全方位、立体化、浸润式的宣传活动，引导群众认识和参与平安建设，提升全市的“平安三率”。根据宁波测评，余姚市平安建设知晓率、参与率分别位列宁波大市第一、第二位，安全感满意率达94.31%。

【政法队伍建设】

开展第二批党的群众路线教育实践活动，加强政法综治干部的作风建设，落实中央“八项规定”和各项禁令。全面听取基层干部、群众意见建议，落实整改措施82条。组织成立政法系统“正风肃纪”工作领导小组，开展“正风肃纪”工作，推动政法窗口单位的规范化建设，通报处理干警33人次。开展“学习最美，向身边先进看齐”活动，采集编写《余姚市政法干警风采录》，提升政法队伍整体形象。深化执法规范化建设，加强执法监督工作，组织开展防止冤假错案、案件集中评查和执法检查等专项行动，加大审务、检务、警务公开力度，准确处理群众投诉举报，提高办案质效。年度全市政法信访系统共有60个集体和96名个人获国家、省、宁波级以上荣誉和表彰，市委市政府被评为2014年度宁波市社会管理综合治理工作先进集体。

（市政法委）

公　安

【概况】

2014年，全市未发生重大群体性事件、重大恶性刑事案件、有影响的涉黄涉赌涉枪治安问题、较大以上交通和火灾事故。全年发案总量、刑事发案、行政案件比上年分别下降12.8%、15.6%、8.6%，全部案件破案率上升10.3%；命案发案6起，下降57.1%，命案发案数为近20年以来最低，破获率100%；共刑拘犯罪嫌疑人2610人，逮捕1485人，移送起诉2679人；直接影响群众安全感、满意度的“盗窃、抢夺、抢劫”侵财案件分别下降19.15%、32.24%和10.28%；社会各界及市民代表对公安工作的满意度明显上升(余姚城调队对2500名代表抽样测评，满意度95%)。市公安局获“浙江省依法行政示范单位”“浙江省社会管理综合治理先进单位”“全省信访工作先进集体”等各级荣誉14项，“相对集中办案模式”被公安部法制局评定为

“全国优秀执法制度”，全局共有1名民警立个人二等功、17名民警获三等功，53个集体和207名个人获上级各类表彰。

【惩治违法犯罪】

打击刑事犯罪。以“大侦查”“大行动”等县域警务新机制为切入点，探索“四侦合一”“四网合一”等合成作战模式，整合警种资源，加大打击犯罪的力度，提高人民群众的安全感和满意度。全年共刑拘犯罪嫌疑人2610人，逮捕1485人，移送起诉2679人，共破获侵财型（刑）案件1664起，抓获各类侵财犯罪嫌疑人982人。

侦破命案。以“命案必破”为目标，相继侦破“6·7”白骨案、“6·18”故意伤害致死等命案6起，破获6起，命案发案数为近20年以来最低，且命案的恶性程度不断下降，命案破案率始终保持100%。

打击黑恶势力。以打击赌博领域、基础工程建设领域黑恶势力为重点，打击各类黑恶势力违法犯罪活动，遏制黑恶势力的滋生和蔓延。共排查并录入各类涉黑涉恶信息735条，破获八大类涉黑涉恶案件103起，处理犯罪嫌疑人194人。打掉3人3起以上的恶势力团伙12个，打掉涉嫌开设赌场、敲诈勒索、强迫交易、非法持有枪支、非法拘禁、强迫卖淫、聚众斗殴、寻衅滋事等涉黑涉恶犯罪嫌疑人194人。

打击侵财型犯罪。在上年连续打掉三个盗窃“电动车、电动三轮车及摩托车”的犯罪团伙基础上，年度又打掉一个作案猖獗的扒窃手机团伙以及两个专业盗销电动车、摩托车团伙，共抓获犯罪嫌疑人48人，追回涉案的苹果、三星手机115部，被盗摩托车、电瓶车70余辆，摩托车发动机800余台，总价值120余万元。全年共破获侵财型（刑）案件1664起，抓获各类侵财犯罪嫌疑人982人。

打击毒品犯罪。10月1日开展“全国百城禁毒会战”以来，共抓获犯罪嫌疑人151人，抓获吸毒人员932人，查获强制隔离戒毒人员206人。全年共移诉涉毒犯罪嫌疑人170人，查处吸毒人员1333人次，处置强制隔离戒毒人员282人，查获海洛因、冰毒等各类毒品1235.48克，成功侦破公安部“2014—293”号部目标案件，摧毁以陈雪江为首和以郑永刚为首的犯罪团伙2个，共抓获涉毒嫌疑人93人，破获省级目标案件2起。

打击经济犯罪。共受理各类经济案件100起，经初查立案97起，破案92起，破案数比上年上升12.2%，破获部督、省督案件各1起；抓获各类经济犯罪嫌疑人167人，移送起诉73人，摧毁经济犯罪团伙12个，挽回直接经济损失8000余万元，分别上升83.5%、52.1%、32.2%、73.9%，在打击破案及执法质量等方面均走在宁波经侦系统的前列，其中“7·6”集资诈骗专案组立集体二等功。

打击网络犯罪。全年共办理涉网主侦案件24起，抓获犯罪嫌疑人119人；配侦案件127起，配合相关单位抓获各类犯罪嫌疑人88人，其中利用网侦手段直接抓获CCIC逃犯51人，挖掘上报有价值的涉案情报线索4条，成功破获“7·27”特大网络赌博专案，共抓获违法犯罪嫌疑人57名（其中刑拘45人、行政处罚12人），涉案金额3亿元；破获网上介绍卖淫、网上贩卖气枪、网上贩卖香烟等一系列涉网违法犯罪案件，抓获违法犯罪嫌疑人6人；在“6·7”白骨案侦破中发挥重要作用。局互联网舆情监控中心被评为公安部二级监控中心。

监管工作。截至年末，全市监管场所共羁押被监管人员7041人（其中看守所羁押3993人，拘留所羁押3048人），出所6004人（看守所出所3044人，拘留所出所2960人）。未发生造成重大影响的被监管人员脱逃事件，未发生社会反映强烈的被监管人员非正常死亡案件，未发生影响恶劣的涉公安监管舆情事件，圆满完成年度监管工作。

反恐工作。6月12日始，按照“在火车站、高铁站出现的暴恐警情，必须在1分钟内赶到现场，立即展开实施武力打击”的要求，抽调机关、巡特警相关警力，携带冲锋枪，每天分2组、各日夜2班轮转，对高铁余姚北站、余姚火车站进行24小时武装巡逻。全年对车站、码头、加油站、反恐重点单位共检查10次发现31个问题，并通过市府办进行发文通报，加强落实回访制度，均已及时督促整改。强化对“三电”设施、城市供水系统等重点单位、部位的联合检查力度，对相关单位提出针对反恐形势，开展相关安保工作和制订应急预案要求，提高工作协作关系，提高相关单位的反恐意识和能力。

【行政管理】

维护社会稳定。围绕十八届四中全会，各级“两会”“三改一拆”“五水共治”，村级组织换届选举等重要项目，累计化解平息107次“涉军、民师、农村电工、转业士官”等特殊人员的群体上访和在党政机关门口非法集聚活动，处置25起涉宗违法建筑、出租车司机罢运、帅康公司搬迁以及保利国际、璟月湾、众安时代广场、淘宝城的“房闹”等重大、敏感群体性事件。加强“重点人员管控、武装联勤巡逻、重点行业管理、危险物品监管”等工作措施，强化反恐战备，增强处突能力。

实有人口管理。制订出台《户口登记管理专项清理整治工作实施方案》，对21个派出所的户口登记管理专项清理整治工作进行2次实地指导，共清理复核各类重点数据7269条，完成率为97.75%。全市登记在册流动人口533311人，比上年下降0.1%；坚持每月实地检查与网上核查相结合的原则，对派出所的流动人口进行通报；加强对足浴、歌舞厅、宾馆、饭店、超市、医院等流动人口管理薄弱的用工单位的检查；通过外来人口管理工作共抓获逃犯21人，协助破获刑事案件162起。落实派出所对E超市标准地址及流动人口做证地址的修改统一，全市E超市流动人口信息自动匹配率达99.97%。

行业场所管控。全年共检查旅馆业、歌舞厅、桑拿洗浴足浴按摩场所、洗头房、电子游戏室460家，出动警力785人次，并组织相关警力每月对10家娱乐场所、4家洗浴场所进行两次重点整治，通过集中统一检查，对8家存在问题的场所均进行限期整改和罚款处罚。规范和加强典当、旧货调剂、废旧金属收购等治安重点旧货经营行业阵地管控工作，共登记上传交易记录15000余条，通过旧货业治安管理信息系统破获盗窃刑事案件1起，并抓获逃犯1人。加强金融行业的安全监管，新建自助机具、自助银行防护舱设施配备率达到100%，成功阻截电信诈骗案件15起，案值2531万元。掌握寄递业底数，加强检查指导。

出入境与往来港澳台管理。全年共接待临时到余姚的国（境）外人员13438人次，其中外国人10499人次，华侨104人次，港澳同胞1171人次，台湾同胞1664人次；共查处涉外案（事）件4起49人，其中“三非”案件1起，其他案件3起。4月，组织近100名民警集中审查非法入境、非法就业人员，对越南籍翻译阮氏千（音）等44名非法入境、非法就业越南人依法进行拘留审查，对另2名越南籍人员采取限制活动范围，并于6月10日将上述人员遣送出境；受理、审核、上报公民因私出国（境）64851人次，比上年增加36.4%。报备不准出境人员1640条。局出入境管理大队在全省公安出入境管理工作会议上受表彰，立集体三等功，在宁波市公安局出入境管理部门协辅警业务技能比武中获团体二等奖。

道路交通安全管理。共查处交通违法49.26万起，交通事故四项指数（上报事故数、死亡人数、受伤人数、经济损失）实现连续10年全面下降，达到省厅下达的“双下降”要求（亡人交通事故和较大以上交通事故下降10%以上），交通事故死亡人数为105人，比年度控制指标少2人，比上年减少12人。

消防安全管理。全市火灾形势平稳，亡人火灾得到有效遏制，未发生较大以上火灾事故。全年共接警1052起，出动消防车2790辆次，消防官兵17792人次，抢救被困人员191人，疏散人员29人，抢救财产价值2265.5万元；共受理备案项目193家，受理审验项目68家，受理消防安全检查项目101家；排摸出重大火灾隐患15处，整改11处（另4处尚未整改完毕），区域性火灾隐患1处，整改1处；监督检查单位1593家次，发《责令改正通知书》220份，实施三停单位16家，并对123家单位和个人进行行政处罚，处罚总额累计94.02万；调查火灾案件74起。

行政审批工作。按照行政许可、非行政许可审批、行政确认、其他行政权力划分标准，历时3个月集中开展权力清单梳理工作。局权力清单已在浙江政务服务网公布。全年共受理各类审批、服务项目40160件，所有事项均在公开承诺期限内办结，未发生差错，未出现投诉，正确率和满意率均为100%。全年收到群众感谢锦旗7面、表扬信1封，4次被市审管办评为“优胜窗口”。

巡特警工作。先后执行奉化居民楼倒塌维稳、余杭维稳、侦破公安部“2014—293”贩毒目标案件、侦破“5·15”特大六合彩赌博案件和处置“新西门桥跳河事件”等重大任务。全年共出动警力4260人次，加强型接处警192起，妥善处置各类群体性、突发性治安事件63起次，完成各类安全保卫和备勤工作28场次。共查破各类案件6起，抓获各类嫌疑人12人。

警卫工作。以“零差错率”为目标，完成余姚河姆渡农业博览会、春节汽车交易会、婚庆博览会、首届海峡两岸时尚商品博览会等大型活动20次，完成浙江省防灾减灾启动仪式等由市政府牵头组织的活动15次，完成上级下达警卫任务7起，其中现场执勤3起，高速执勤1起，高速备勤3起。

网络舆情管控。全年上报各类敏感信息5852余条，巡查获取互联网涉稳、涉政、涉警信息345条，发现处置网上各类有害信息7284条，落地查证122人，对51名网上重点人员落实网上监管机制；查处关闭违法网站栏目82个，处罚违法网站4家；检查网吧512家次，处罚违规网吧25家次，对10家网吧进行治安重点整治；对全市2054余家专线联网单位进行网上备案，二类用户网上备案率达95%以上，排摸百兆以上专线用户30家，并对110家上网宾馆、107家专线联网单位落实安全管控措施；发挥新兴媒体的生力军作用，在保持“110宣传日”、防范宣传“五进”活动、《姚江警讯》《姚江110》等传统宣传阵地高效运作的基础上，强化网络平台和微博等新兴传播工具建设，经营“余姚公安”政务微博、“余姚公安”官方微信、余姚论坛姚江警务板块等一批网络宣传载体，其中，“余姚公安”微信在“东南商报新媒体中心”评选的“宁波市十佳政务微博”中名列第一，宁波市政法类官方微信平台综合排名第一。

“民调入所”工作。年度在所有派出所设立人民调解室，确定117名社区民警为调解民警，聘用专兼职人民调解员48人。共受理调解案件3068起，比上年上升28.74%，调解成功2778起，上升25.64%，调解成功率达90%以上。

公安信访工作。共办理各类信访件382件，办结率98.7%，未出现超期办理情况，其中公安部交办的4件信访件及省厅交办的30件信访件均已办结。组织开展局领导集中下访、接访活动，共接待来访41批次82人，做到件件信访有回复。

【警务保障】

大情报体系建设。在原有警眼排查系统、办案区管理系统的基础上，创新研发智能指挥实战应用平台、红色预警对象预处理平台、“一站式”人员信息核录平台等软件，推进情报信息科技化深度应用。全年搜集、汇总、研判各类有价值涉案线索210余条，抓获各类违法犯罪嫌疑160人，上升99.3%；收集上报各类情报线索1356条，其中省厅和宁波市局编刊、流转、录用154条；上报各类分析研判材料96篇，其中省厅录用8篇，宁波市局录用22篇；将情报信息分析研判成果运用到行业场所治安管控工作中，累计对7批次45家行业场所实施90次集中清查行动，现场查获各类违法违规行为79起。4月，宁波市局大情报工作试点推广现场会在余姚召开；市公安局被宁波市公安局评为年度大情报工作先进单位。

派出所社区警务建设。全市63家警务室全部做到工作时间开门、亮灯、有人，并按照1∶4的要求配备协警，将社区警务融入社区（新农村）建设等党委政府中心工作大局，开展情报信息搜集、实有人口管理和化解矛盾纠纷等基础工作。7月，在城区范围内开展以社区（村）为单位的案件公示，公示内容包括“发案公示”“近期防范要点”“安全防范宣传”和“社区民警公示”四个版块。社区民警通过“警民恳谈”、日常走访等工作，倡导“情景防范”，通过实物展示、模拟演示一些盗抢案件的特点，让社区群众在身临其境中提升防范意识。

立体化防控体系建设。推动市委办、市府办《关于进一步深化平安建设完善立体化社会治安防控体系的意见》的出台和实施，社会治安呈现“四下降三上升”的态势，即发案总量下降（比上年下降12.8%）；刑事发案下降（下降15.6%）；行政案件下降（下降8.6%）；命案大幅下降（下降57.1%）；全部案件破案率上升（10.3%，上年破案率为9.27%）；全市党政机关和领导干部的“党政认可度”明显上升（宁波市局委托第三方测评为96%）；社会各界及市民代表对公安工作的满意度明显上升（余姚城调队对2500名代表抽样测评，满意度95%）。全市已配备专职巡防力量1885人，占全市实有人口数的万分之十三；已建成治安视频监控点2545个，计划待建点位600个，整合社会视频监控1300余只,“社会视频外延”监控3000余只,直接服务社会治安的视频监控近7000只,全市主要道路街面、要害单位(部位)视频监控网覆盖率100%,监控日均运行完好率达98.5%;自主研发智能指挥实战应用平台,整合各类监控资源,推行视频员与110接警员同步处警的工作机制。同时,涌现以“梁弄经验”为代表的一大批典型经验,并得到总结推广。如马渚派出所运用科技夯实基础管控、三七市派出所高危人员分类管理、低塘派出所“心防”工程建设、阳明派出所“1+2+1”网格化巡防模式和刑侦大队视频作战创新模式等等。

执法规范化建设。继续深化“相对集中办理刑事案件”模式,4月14日,省警察协会领导到余姚专题调研,给予高度评价;8月6日,该经验材料在公安部《公安内参》第34期上刊发;10月16日,市公安局在“省厅1号文件经验交流电视电话会议”上作专题介绍。年底,“相对集中办理刑事案件”模式被公安部法制局评选为“优秀执法制度”。同时,完善法制民警常态化派驻工作制度,把日常执法办案中出现的问题解决在初始状态;在市人民医院建立嫌疑人就医专用通道及专用医护房,既保障嫌疑人合法权利,又提高执法办案效率;启用自行研发的“办案区人员登记管理系统”,增强办案区的信息化管理水平,防止各类违法违规问题的发生;先后制定出台《余姚市公安局办案区管理规范》等10余项规章制度,使执法工作逐渐走上制度化、规范化的轨道。

【公安队伍建设】

业务技能培训。在组织参加省厅、宁波市局组织的科所队长轮训、经侦业务培训、警衔晋升培训等各类培训基础上,5月21日起,开展公务用枪专题培训,共10期818人参加。开展增强“执法自信和执法公信”培训,共举办9期,合计425人参训。

纪律作风建设。全年查处民警违纪违规问题11起,其中政纪处分4人,诫勉2人,通报批评5人。7月始,共开展网上督察点击20.4万余次,实现全局各单位办案区、窗口区网上督察覆盖率100%;发现违规、隐患问题130个,整改116个。同时,按照“像抓民警队伍一样抓好协辅警队伍”的总体要求,开展协辅警业务培训,全年举办4期共580人参训,组织15批650名协辅警赴宁波市局廉政教育基地参观学习。

市公安局巡特警大队民警持枪巡逻

【案例举要】

破获一起特大盗窃案。1月15日上午,在宁波市公安局相关部门及湖南长沙警方的支持下,余姚市公安局在湖南省长沙市一旅馆内抓获盗窃犯罪嫌疑人郑某某、石某。经审讯,该2名犯罪嫌疑人交代2013年12月29日凌晨结伙他人窜至朗霞街道杨家村某裘皮店内盗窃人民币、裘皮服饰、电脑等物品的犯罪事实,被盗物品总价值80余万元。后专案组民警在湖北省咸宁市某租房内追回被盗裘皮服饰63件及另一起盗窃案中被盗手机223部。

破获一起宁波市局督办污染环境案。1月17日下午,市公安局在临山镇农业银行抓获犯罪嫌疑人施某某。经审讯,交代其于2013年11月期间,在临山镇湖堤村某出租厂房内非法进行电解抛光加工作业,并将作业中产生的废水未经处理直接排放至外环境。经市环保局监测,该加工点排放的废水中铜、镍、铬等金属含量超国家规定电镀污染物排放标准最高允许值的三倍以上,涉嫌构成犯罪。该案被宁波市局列为2014年度第一批督办污染环境案件。

摧毁一个系列性扒窃团伙。2月19日上午,市公安局抓获犯罪嫌疑人龙某等15名犯罪嫌疑人。经审讯,该团伙交代结伙在阳明街道财富广场、华联商厦、新大新商场等地附近人行道上,采用镊子夹、当场转移等手段扒窃过往行人“苹果”“三星”等品牌的高档手机并销赃的犯罪事实，共作案120起，追回赃物手机115部，价值人民币30余万元。

摧毁“2·22”邪教“法轮功”地下团伙。4月18日晚至19日凌晨，市公安局抽调警力83人，在上级有关部门的支持下，破获2014年“2·22”邪教“法轮功”地下团伙案件，抓获团伙成员7人，捣毁窝点5处，缴获邪教“法轮功”反宣品10000余份及一大批制作工具。省公安厅专门向市局发贺电表示祝贺，市委常委、政法委书记韩永丰作专门批示。

摧毁“1·1”特大贩毒团伙。根据前期充分侦查并经过精心组织，在宁波市公安局相关部门的支持以及慈溪市局的配合下，余姚市公安局抽调相关部门、派出所共760余名警力，于5月17日凌晨2点开始对“1·1”特大贩毒团伙实行统一抓捕。在余姚、慈溪、湖南等地抓获涉毒嫌疑人共93人，当场缴获毒品100余克，其中，刑事拘留37人、监视居住1人、行政处罚55人。

摧毁1个特大非法经营六合彩赌博犯罪团伙。市公安局经半年多的侦查与经营，4月28日凌晨和5月15日凌晨，抽调300余名警力2次开展集中收网行动，共抓获犯罪嫌疑人35人，查扣手机31部及传真机、电脑、复印机、打印机、U盘等作案工具，查扣账单若干份，并冻结相关涉案人员的银行账户，摧毁一特大非法经营六合彩赌博犯罪团伙。经审查，该团伙投注总金额达1亿元以上，从中获利数百万元。

抓获1名贷款诈骗犯罪嫌疑人。5月14日下午，市公安局抓获贷款诈骗犯罪嫌疑人周某某（余姚市某电器有限公司法定代表人）。经审讯，其交待2013年7月26日向杭州银行余姚支行贷款，后以非法占有为目的，通过对停止生产、注册新公司再生产等手段，骗得该银行贷款人民币450万元的犯罪事实。

破获一起杀人隐案。6月7日6时52分，市公安局110指挥中心接到报警称：陆埠镇官路沿村高速公路旁的绿化林中发现一只箱子，内有骨头。市公安局领导亲临现场指挥，成立专案组以疑似凶杀案件展开侦查。经DNA鉴定，确定死者为武某，死者家属曾于2008年6月19日在宁波市公安局江东分局东郊派出所报失踪。经专案组侦查，抓获武某某和葛某某2名犯罪嫌疑人。经审查，武某某因债务、情感纠纷等原因怀恨受害人武某，于2008年5月初，犯罪嫌疑人武某某伙同葛某某从安徽窜至宁波江东受害人武某租房，趁武某熟睡之际，采用捂口鼻、掐脖子等手段将武某杀害，并于当晚抛尸于陆埠镇高速公路下涵洞内的犯罪事实。

破获一个特大盗、销二轮电瓶车犯罪团伙。6月20日凌晨，市公安局在上级业务部门及贵州、安徽警方的配合下，分别在余姚、慈溪、贵州毕节、安徽亳州等地开展统一抓捕行动，抓获盗、销违法犯罪嫌疑人33人。经审讯，该犯罪团伙交代自2014年3月以来，在余姚城区采用设备搭线手段盗窃二轮电瓶车，并由专人销赃的犯罪事实，交代作案70余起，追回被盗摩托车、电瓶车70余辆，摩托车发动机800余台，价值90余万元

摧毁一个组织、领导传销活动犯罪团伙。2013年以来，犯罪嫌疑人豆某某、江某、张某（女）、韦某某、张某某（女）、陶某某、吴某某等人在罗某（女）的组织下，在余姚城区以天津天狮生物发展有限公司的名义，采用“拉人头”的传销方式发展会员。7月15—22日，市公安局抽调警力，对该团伙进行打击，共抓获罗某（女）等犯罪嫌疑人8人，教育遣返传销人员110余人，摧毁该组织、领导传销活动犯罪团伙。

破获一起特大网络赌博案。9月25日凌晨，市公安局“7·27”网络赌博专案组在宁波市局技侦、网侦及鄞州分局的支持下，抽调刑侦、网侦及相关派出所共400余名警力，通过近两个月的侦查，破获以沈某、毛某某等人为首的网络赌博团伙，共抓获涉案违法犯罪嫌疑对象54人，其中刑事拘留40人，取保候审3人，行政处罚11人，查扣电脑40台、手机99部、涉案汽车6辆、银行卡120张及账本等涉案物品，涉案金额3亿元。

破获一起轮奸案。10月13日凌晨1时许，犯罪嫌疑人聂某某、王某某、王某等3人将受害人白某某（女，22岁）带至兰江街道夏巷村一小河边，采用扇巴掌、扒衣等手段，对其进行轮奸。10月13日下午，兰江派出所会同刑大特情中队在兰江

街道兰墅公寓三期工地门口抓获嫌疑人。经审讯，该3人交代将受害人白某某轮奸的犯罪事实。

破获“2014—999号”公安部目标案件。在宁波市公安局相关部门的支持下，经过前期充分侦查与精心组织，余姚市公安局抽调禁毒大队、信息应用中心、刑侦大队、网警大队、巡特警大队以及城区四所在内的9个派出所共160余名警力，于12月31日凌晨3时，开始实行统一抓捕。在余姚、宁波鄞州、湖南长沙等地抓获涉毒嫌疑人彭某某、彭某、敖某某等共28人，其中刑事拘留16人、行政拘留11人、强制隔离戒毒1人，当场缴获冰毒1500余克。

（市公安局）

检　察

【服务经济社会发展】

优化经济发展环境。围绕营造公平竞争的市场环境，开展金融检察，批准逮捕金融诈骗、传销、非法集资、非法经营等破坏市场经济秩序犯罪嫌疑人83人，提起公诉103人，比上年分别上升144%和下降23%。部署开展经济犯罪专项立案监督，畅通与侦查机关的信息通报渠道，提高审查批准逮捕案件质量，共监督经济犯罪案件立案9件17人。对同时涉及刑事犯罪和民商事纠纷的金融案件，加强与公安、法院的对接，定期会商研判相关问题，慎重处理金融债权抵押物，保护相关人员合法权益。建立检察官联系、服务企业新常态，主动了解企业司法需求，促进和保障实体经济发展。

助推生态文明建设。制订实施《服务保障“五水共治”，促进美丽余姚建设专项行动的工作方案》，打击破坏环境资源犯罪活动，批准逮捕违法排放污水废水污染环境犯罪嫌疑人2人，起诉破坏环境资源犯罪嫌疑人28人。查办环境监管领域职务犯罪，立案查处环保、排水领域职务犯罪案件9件11人。开展水环境治理重点工程联合预防，对姚江干流防洪整治工程、海塘除险治江围涂工程等开展专项预防。落实“河长制”，推进东大河“一河一策”治理工作。

服务深化改革创新。开展行政执法检察监督，围绕医药卫生、生态补偿等改革，分别查处相关领域职务犯罪11人和3人。加强知识产权司法保护，为“千人计划”产业园区建设、企业创新主体培育等营造良好氛围，全年共起诉侵犯知识产权犯罪案件27件28人。深化行贿犯罪档案查询，为有关单位和个人提供查询1311次，促进社会征信体系完善。

【创新服务社会治理】

深化平安建设。全年共批准逮捕刑事案件1014件1498人，分别下降12.8%和16%；提起公诉1866件2588人，分别上升3%和1.3%；报送宁波市检察院审查起诉17件36人。人均办理审查批准逮捕和起诉案件数量分别居全省第5位和第6位。突出打击抢劫、抢夺、盗窃等多发性侵财犯罪，毒品、赌博、危害食品药品安全等严重影响人民群众安全感和满意度的犯罪活动，依法批准逮捕上述犯罪嫌疑人981人，提起公诉1350人。坚决打击“法轮功”等邪教组织犯罪，依法批准逮捕姚红文等7人利用邪教组织实施犯罪。加强对命案等重大刑事案件的监督配合，及时派员介入现场勘查，确保依法规范侦查。

促进社会和谐。在审查逮捕环节建立社会危险性证明和双向说理机制，共适用无逮捕必要不捕155人，上升26%。在公诉环节推进刑事和解，促成轻微刑事案件当事人和解96件，增加39%；

依法作出相对不起诉决定60人，下降36%。推行未成年人法律援助制度，联合有关部门建立合适成年人参与诉讼、案前社会调查、案后帮教和未成年人犯罪记录封存制度，在市职业技术学校设立"检察官工作室"，开展青少年维权、警示教育等活动14次。强化法律监督说理，息诉民事申诉案件5件。

"检察官工作室"授牌仪式

提升治理水平。完善外来人员犯罪案件同等办理机制，对80名外来人员作无逮捕必要不捕决定，并推动市委政法委出台《余姚市涉罪外来人员帮教基地建设若干意见》，实现司法同城待遇。推进涉法涉诉信访工作机制改革，建立健全案件导入、执法瑕疵处理等制度，共受理来信来访135件（次），成功化解矛盾107件（次），向有关部门移送信访事项25件。强化基层检察室建设，制订实施《泗门检察室检察工作网格化方案》，促进基层执法监督和综合治理。

【推进反腐倡廉建设】

查办职务犯罪案件。全年立案侦查贪污贿赂犯罪22件26人，渎职侵权犯罪4件7人，其中国家机关工作人员渎职犯罪3人。着眼从根源上遏制腐败，依法查处行贿犯罪7人。加大重大责任事故、社会事件、食品安全事件等背后渎职犯罪查处力度，健全介入核查机制，参与5起企业生产安全事故调查。

推进侦查方式转变。建立信息引导侦查机制，搭建案件线索发现、管理、分析利用信息平台，与金融机构、通讯公司建立涉案信息快速查询机制。强化科技强侦，加强侦查装备现代化建设，积极运用话单分析系统、电子数据、手机定位等侦查技术。加强办案安全，全面运用身心监护仪，执行同步录音录像工作制度，确保文明规范执法。依法保障律师会见权，维护当事人合法权益。

开展职务犯罪预防。部署开展"千场预防职务犯罪宣讲进乡村活动"，进行各类预防宣讲和警示教育22场次。推进侦防职务犯罪一体化建设，在侦查阶段对2起案件开展同步预防，对上年查办的征地拆迁、塑料城管委会系列职务犯罪案件深入剖析，向市委报送职务犯罪分析和预防调查报告7篇，向有关单位发送检察建议3份，均得到整改回复。发挥职务犯罪年度报告的参谋作用，撰写的《2013年度惩治和预防职务犯罪年度综合报告》获市委主要领导批示肯定。

【持续强化法律监督】

刑事诉讼监督。重视监督有罪不究、执法不严等问题，共监督立案19件33人，纠正漏捕8人，纠正漏诉8人。如监督立案的一起涉案金额达370万元的诈骗案，被告人周某、韩某均被法院判处十年以上有期徒刑。对侦查机关不应当立案而立案的，督促撤案10件21人；对不构成犯罪、证据不足的，依法不批准逮捕116人，不起诉20人。提出刑事抗诉4件4人，法院已全部改判。加强对刑罚执行和监管活动的监督，组织开展减刑、假释、暂予监外执行专项检察活动，对2名监管人员的违纪违规行为，建议主管部门给予党政纪处分的意见得到采纳。

民事行政监督。构建多元化民事行政监督格局，对认为确有错误的民事行政判决和裁定，向上级检察院提请抗诉3件，法院再审后已改判1件；对2起民事审判活动中文书送达和立案不当情况进行监督。全年共办理执行监督案件5件，涉案金额达200余万元。严厉打击恶意串通虚假诉讼，向公安机关移送涉嫌刑事犯罪线索2件5人。办理的傅某等10人虚构劳资纠纷申请劳动仲裁骗取法院执行案，获评宁波市检察机关2014年度案件质量"优胜奖"。

人权司法保障。加强对刑讯逼供和非法证据的源头预防，联合公安机关制定《关于非法证据排除及补正协作机制的若干意见》，建立非法证据发现、证明、认定、排除和分类处理机制，坚守防止冤假错案发生底线，共启动非法证据排除案件28件，补强证据后审结21件。加强捕后羁押必要性审查，对不需要继续羁押的11人，及时向有关机关提出变更强制措施的书面建议。规范不批捕、不起诉、撤案、变更强制措施等敏感案件处理程序，确保检察权依法规范行使。

【提升检察队伍水平】

强化自身监督意识。主动向市委和人大常委会报告重要工作，配合开展专题调研和执法检查，接受人大常委会对3名检察官开展履职评议，抓好整改落实。自觉接受民主监督，认真办理政协委员提出的提案。坚持以公开促规范、以公开树公信，制订出台《关于深入推进"阳光工程"建设的实施方案》，设立检务接待大厅，实现业务咨询、律师接待、案件信息查询等"一站式"便民服务，在检察院案件信息公开网上公开案件信息936条，主动回应社会关切。健全案件质量评查机制，落实新闻发布制度，连续五年被评为"全国检察宣传先进单位"。

素质能力建设。创新法治人才培养机制，制定优秀检察人才管理使用办法，组织开展首届优秀检察人才评选。加快推进队伍专业化建设，开展主诉检察官考核测评工作，组织干警参加业务讲座、专题研讨、跨界知识等培训16期974人次。加强检察文化建设，打造"检察官茶座"文化品牌，采取案例式、互动式教学，提高干警实务能力。培育先进典型，向市委政法委推荐先进集体和个人入选《余姚政法干警风采录》，5个集体15名个人获宁波市级以上表彰。

纪律作风建设。开展群众路线教育实践活动，整治"四风"和执法方面的突出问题。推进自身惩治和预防腐败体系建设，制定《反腐倡廉建设组织领导与责任分工、分解》，层层落实党风廉政建设责任，健全廉政风险防控机制。强化执法办案内部监督，开展"执法办案和纪律作风专项督察"等检务督查活动，提升检察队伍公正廉洁执法水平。

（戚吉琼）

法　院

【概况】

2014年，市人民法院有内设机构21个，派出人民法庭6个。政法专项编制188人，地方事业编制14人。设院长1人，副院长3人，党组专职副书记1人；政治处主任、执行局局长和各人民法庭庭长按副局（科）级干部配备；机关中层职数53人。

【维护社会公平正义】

全年受理刑事案件1955件，审结1964件，判处罪犯2689人，对877人适用非监禁刑。加强人权司法保障，通知法律援助机构为219名被告人指派辩护人。受理各类民商案件10897件，审结11235件。发挥调解和判决的不同作用和优势，尊重当事人意愿进行调解，民事调解自动履行率81.13%，居基层法院全省第五名、宁波市第一名。坚持法治思维，促进依法行政，受理行政诉讼案件51件，审结40件。推动建立联动执行机制，完善征信系统建设，加强对"老赖"的信用监督、威慑和惩戒，受理各类执行案件4769件，执结5065件，执行标的额49.18亿元。

【助推经济社会发展】

运用司法手段保障"五水共治""三改一拆"等重大决策实施。关注宏观经济运行态势，出台为助企强企稳增促转提供司法保障的实施意见，引导身陷困境的企业通过破产重整盘活存量资产，实现转型升级，处理破产清算案件3件，释放土地资源10公顷，厂房等房屋面积99581.82平方米。发挥司法手段在化解金融风险中的职能作用，审结金融案件740件，标的额达47.71亿元。规范民间资本流通，妥善处理民间借贷纠纷，审结民间借贷案件2036件，涉案标的额达9.82亿元。

【维护群众合法权益】

开展涉民生案件专项集中执行活动，执行到位887.18万元。建设民商事案件远程审理网络，为群众就近选择庭审地点提供便利。设立法律援助服务站，免费提供公益法律服务。率先开通“12368”司法服务热线，群众反映的1905条信息得到及时处理。坚持网拍优先原则，网拍率达93.3%，完成网拍164次，总成交额6.29亿元，为当事人节省佣金1092.65万元。加强基层人民法庭建设，努力把矛盾纠纷化解在基层和萌芽状态。3个人民法庭被评为“省级模范五好法庭”，成为全省拥有“省级模范五好法庭”数量最多的基层法院。

【促进司法公正高效】

成立职业化示范庭，由35岁以下青年干警组成，不设庭长，在干警自我管理和法官办案责任制方面进行探索。应对劳教制度废止后部分治安案件分流入罪问题，率先探索轻微刑事案件速裁机制。完成司法信息集控中心建设，实现审判执行全业务、全流程覆盖和动态管理、实时监督。开展“规范司法礼仪、规范庭审、规范裁判文书”三规范专题活动。加强民意沟通，举行“网民看看看”等专题公众开放日活动。在中国社会科学院公布的2014年度浙江法院阳光司法指数测评中，居全省第五名。

市法院家事审判合议庭成立仪式

【推行失信被执行人名单公布制度】

1月22日，余姚日报以公告形式，公布一份失信被执行人名单，这也是市法院首次在新闻媒体上曝光“老赖”名单。“黑名单”中包括23个自然人和7个法人，涉及金额超8500万元，其中未履行金额最多的一个法人超5497万元，最少的为1.21万元。这些“老赖”都负有履行生效法律文书的义务，但均以伪造证据、暴力、威胁等方法妨碍、抗拒执行。今后，市法院除陆续在新闻媒体上公布“老赖”信息外，其自然人或法人的信息也均录入最高人民法院、市人民法院等相关部门的信息管理系统。同时，这份名单还会向政府相关部门、金融监管机构、金融机构、承担行政职能的事业单位以及行业协会等通报，使相关单位依照法律法规和有关规定，在政府采购、招标投标、行政审批、政府扶持、融资信贷、市场准入、资质认定等方面，对失信被执行人予以信用惩戒。

（胡兴汇）

司法行政

【普法与依法治理】

探索余姚特色普法模式。依托“余姚干部党员学习网”“姚江讲坛”“中青班”三大平台，公务员法律学习内容占到1/3以上。全市各行政村(社区)实现法制宣传阵地全覆盖，全体农村法律顾问参与村级组织换届选举工作，保障依法选举。把法治宣传教育纳入德育教育课程，在全市开展“关爱明天、普法先行”青少年普法教育系列活动。开展各级青少年法治教育基地实践和创建活动，近万名学生接受法制教育。在“小餐厅大课堂”试点的基础上，推进企业法治文化建设。举办全市流动人口法律知识竞赛，共编印下发《流动人口法律知识150问》15000册，100余家规模企业参加比赛。

开展专题法制宣传。把“五水共治”相关法律法规纳入“六五”普法重要内容，并列入“市长学法”计划。编印下发“五水共治”法律知识折页22000余册，挂图1150余套，法律汇编手册和折页3500余册。通过“余姚普法”微博平台，开展“五水共治”有奖互动，点击率近60万次。制作“三改一拆”公益广告短片，在全市大型LED广告屏及400余块楼宇广告屏上多时段播放，并借助手机短信平台、电台等媒介增强活动的传播力和影响力。服务“平安余姚”“文明城市”创建等活动，发放法制宣传伞、环保袋、果盘、围裙等12万份，组织普法志愿者等开展法律宣传和咨询活动。

构筑依法治理整体格局。开展集中清理和规范行政规范性文件的备案工作，严格行政执法人员的资格管理，开展依法行政示范单位创建活动，推进法治政府建设。以规范市场经济秩序和促进社会稳定为中心内容，公安、质监、城管、工商等部门加强执法监督检查，解决环境污染、违法占地、食品安全、社会恶势力、学校周边秩序以及城镇脏、乱、差等群众关注的热点难点问题。开展民主法治村(社区)动态管理，拥有全国级“民主法治示范村”2个，省级“民主法治村”16个，宁波级“民主法治示范村”41个、社区10个，余姚级“民主法治村”178个、社区17个，民主法治村达标率达89.4%。

【司法所建设和人民调解工作】

司法所规范化建设。落实《关于进一步加强和规范全市基层司法所建设的意见》，加快司法所规范化建设步伐。以星级司法所创建为抓手，司法所的组织机构、管理体制、队伍素质、基础装备水平等方面显著提升，司法所服务能力进一步增强。年度梁弄镇、低塘街道、河姆渡镇创建五星级司法所，黄家埠镇创四星级司法所，四家创三星级司法所，星级司法所创建率达45%以上。

人民调解工作。年度召开全市第八次人民调解工作会议，配套修订出台人民调解以奖代补激励机制实施办法和人民调解员等级评定管理办法。开展“人民调解工作规范化建设提升年”活动，组织开展全市人民调解协议质量检查。加强调解组织和调解员队伍管理，指导开展人民调解员选任调配和登记备案，分两批对新任人民调解员进行岗前业务培训。全年共调处各类矛盾纠纷14278件，调解成功13731件，调解成功率为96.17%，开展排查922次，预防纠纷667件，防止群访11起182人次。

【法律服务和法律援助】

服务中心工作。协助市委、市政府开展“三改一拆”行动配套措施的制定和政策解释工作；对重大决策和规范性文件开展合法性审查；对违章建筑拆除和旧城区改造的具体方案，协助开展法律论证等。围绕“五水共治”中心工作，整合律师、基层法律服务、公证和法律援助等资源，组建“五水共治”法律专家顾问团，为党委、政府“五水共治”重大决策、重大项目、规范性文件等开展法律论证，为“五水共治”提供风险预警、矛盾调解、公益诉讼等方面的法律服务。

健全法律顾问制度。全市各乡镇、街道、经济开发区全部建立政府法律顾问制度，在265个行政村和35个社区形成法律顾问全覆盖。各级法律顾问全年共修订涉法文书63件，处理群体性纠纷32件，开展法制宣传100场次，配合调解纠纷322次，提供法律咨询服务875人次，代理诉讼事务40件，帮助54名群众获法律援助，协助处理其他涉法事务102件。

拓宽法律服务市场。联合塑料城管委会在塑料城设立法律服务工作室，每周指派律师为塑料城周边商家免费解答法律咨询，出具法律意见。在参与海事海商、金融证券、涉外非诉讼、重大项目、公司重组上市等高端法律服务领域比率逐步扩大，业务领域不断拓展。同时加强队伍管理，建立与公安、检察、审判等部门的律师行业监管跨部门协调机制和信息共享机制，及时发现律师、基层法律工作者在执业过程中存在的问题。加大对投诉案件的查处力度，通过"法院案卷倒查"模式加强对案件的质量监管。

建设公共法律服务体系。在全市所有乡镇、街道、行政村、社区便民服务中心设置公共法律服务窗口，落实首问负责、一次性告知、公开承诺等服务制度。制定全市公共法律服务产品目录，制作指南折页下发各公共法律服务各网点，在余姚日报专版专题介绍市公共法律服务模式，覆盖城乡三级的公共法律服务网络基本形成。全年法律服务中心共办理援助案件1115件，解答来电咨询1640件，接待来访3187批、4048人次，引导有偿法律服务157件，提供社区矫正咨询服务218人次，分流调处矛盾纠纷125件，为当事人挽回经济损失1318万元。

【社区矫正工作】

社区矫正"三查"专项行动。以安全稳定为第一要务，在全市部署开展以"执法案卷大评查、执法工作大检查、执行情况大排查"为主要内容的社区矫正"三查"专项行动，评查执法程序是否合法、检查执法环节是否规范、排查监管措施是否到位。通过三查行动，对5名违反监管规定的社区服刑人员实施治安处罚，对34人次给予警告处分。结合"2·14"案件开展案件大剖析，组织各司法所及工作人员查找分析本辖区监管中存在的问题和薄弱环节，以问题牵引整改、以案件带动监管，举一反三，堵塞漏洞。全年共接收矫正对象590人，减少681人，完成审前调查242件，进行警告58例，治安管理处罚5人，对2名对象提出收监建议。截至年末，全市共有在册社区矫正人员587人。

重大活动和敏感时期监管工作。按照"见其人、闻其声、知其行、有记载"的目标，对重点人员进行重点监控、重点管理，落实安全防范措施。配合乡镇街道对候选人资格进行联审，审查出3名不符合候选人资格的对象。加强在选举期间对社区矫正人员的管控，防止社区矫正人员在选举中参与闹事等情况发生。

【机关队伍建设】

党的群众路线教育实践活动。通过开展"基层联系点""五联五促""万名干部联万户"结对帮扶等活动，共召开座谈会21场次，谈心75人次，解决司法所难题5件，帮助35户农民解决生产、就学、就医、就业难题。全局文件数量、会议数量大幅下降，公款吃喝、公车私用、公款购买赠送得到有效遏制，"三公"经费较上年下降近70%。重新制定《局领导干部"基层联系点"制度》《局机关作风建设规定》《局机关干部职工考勤办法》以及公务接待、公车管理等一系列制度。

机关全面建设。利用培训会议、远程指导、上门辅导、检查监督等途径，开展司法行政管理平台的应用和推广。启动社区矫正监管指挥中心建设，制订市监管指挥中心的方案和司法所分中心的建设方案，已完成项目的场地装修和部分设备进驻。

推进依法行政。落实《行政执法责任制实施方案》，健全和规范执法基础台账，对执法台账进行及时、如实填写，做到一案一档。重点开展社区矫正执法监督检查，成立社区矫正执法监督工作领导小组，共办理社区矫正执法监督案件65件，其中警告58件，治安处罚5件，撤销缓刑2件。加强执法队伍建设，组织人员参加行政执法持证培训，行政执法持证达23人。

（市司法局）

农业·农村

农　　业

【概况】

2014 年，全市实现农业总产值 63.15 亿元，比上年增长 4.3%；实现农业增加值 41.7 亿元；实现农村居民人均可支配收入 24312 元，增长 10.5%，连续 11 年保持 10% 以上的增幅。1 月，举办第五届中国余姚·河姆渡农业博览会暨第二届中国甲鱼节。

【农林牧渔持续发展】

种植业。全年粮食种植面积 30653 公顷，粮食总产量 18.9 万吨，其中早稻种植面积 4933 公顷，晚稻种植总面积 14740 公顷，总产 10.77 万吨；蔬菜全年收获面积 20667 公顷（含马铃薯），总产量 75.7 万吨，比上年增加 2.3 万吨，总产值 10.6 亿元，其中榨菜收获面积 4933 公顷，总产值 2.64 亿元；水果种植面积 10133 公顷，产量 9.36 万吨，产值 4.51 亿元，增收 2.1%，其中杨梅种植面积 6007 公顷，产值 2.23 亿元，葡萄种植面积 967 公顷，产值 7185 万元。全年茶叶产量 7150 吨，收入 3.3 亿元，其中，余姚瀑布仙茗茶叶产量 960 吨，产值 2.8 亿元；加工各类出口茶产量 3.1 万吨，年出口货值 7.3 亿元，5 月参加浙江省 2014 浙江绿茶博览会，获 2 个金奖。

林业。全年林业总产值 47.05 亿元（不含茶叶）。全市有竹林面积 19333 公顷，其中毛竹林面积 18733 公顷，竹笋竹材总产值 1.64 亿元，增值 10.8%。改造和新建绿化面积 833.5 公顷，其中，山地造林 306.7 公顷；平原绿化 533.5 公顷，道路绿化里程 48.2 千米，面积 150 公顷，河道绿化 42.2 千米。春季全市共有 47.8 万人次参加义务植树，种植各类苗木 143 万株。新创建省级森林村庄 6 个，省级森林城镇 2 个。

渔业。全年渔业经济总产出 7.45 亿元。水产品总产量 23763 吨，其中海洋捕捞产量 2148 吨，海水养殖产量 52 吨，淡水捕捞产量 2253 吨，淡水养殖产量 19310 吨。水产养殖面积 3803 公顷，其中淡水养殖 3786 公顷。

畜牧业。全年肉类总产量 3.8 万吨，增长 5.6%；禽蛋产量 4800 吨，增长 17.1%；牛奶产量 5500 吨；养殖业产值 9.1 亿元，增长 2.2%。年末生猪总存栏 24.3 万头，家禽总存栏为 184 万只。全年免疫家禽禽流感 746 万羽次，牲畜口蹄疫 75 万头次，猪瘟 72 万头次，猪蓝耳病 55 万头次，鸡新城疫 356 万羽次，免疫密度分别达到应免数的 100%。共实施产地检疫生猪 32.2351 万头，家禽 440.28 万羽；实施屠宰检疫生猪 38.9782 万头，检出病死猪 706 头，不合格产品 53208 公斤。

森林资源保护。继续组织开展四明山区域毁林开垦整治行动，强制拔除种植在禁开区的花木84起，拔掉违法种植苗木11930株。全年发生森林火情10余起，森林火灾1起，受害森林面积1.1公顷，损失林木蓄积17立方米，森林火灾受害率0.019‰，未造成人员伤亡事故。共调处各类森林案件38起，其中刑事案件1起，调处林业行政案件及纠纷28起，林业行政罚款金额30余万元，实际检查野生动物驯养繁殖及经营场所50余家，铲除罂粟55株。开展全市林地变更调查及“十三五”期间年采伐限额编制工作。

【农业综合开发】

开展宁波市级标准化粮食功能区建设1600公顷。完成滨海现代农业园区农业综合开发中低产田改造项目二期工程。组织实施2013—2014年中央农业预算内资金生猪标准化养殖场创建项目4个，宁波市规模场建设项目4个，种畜禽提升项目1个，育种平台建设项目1个，完成并验收通过2012年中央现代农业发展资金支持畜牧业项目16个。

继续开展生态农业建设，在“五水共治”行动中，配合完成饮用水源一级保护区和姚江两岸100米范围内157家畜禽养殖污染综合治理工作。全年共计推广无机配方肥1781吨，示范应用1667公顷；推广有机无机复混配方肥2004吨，应用面积947公顷；测土配方施肥技术应用面积4.3万公顷次以上。加强1个省级生态循环农业示范区和10个循环主体建设，推广种养配套循环。全年共完成规模化畜牧场改造提升16家，创建标准化养殖场4家。

新增无公害农产品36个，新申报无公害农产品产地17个；到期通过换证的无公害农产品有30个。新增省级农业园区示范区1个，综合区1个，精品园1个，农业科技园区1个；新增林业示范性专业合作社1家；新增省级示范性渔业专业合作社1家。5家企业被评为省级骨干农业龙头企业。全年申报批复宁波市现代农业园区项目共5个，总投资2088.14万元。完成1家国家级农业龙头企业（宁波天邦股份有限公司）、7家省级龙头企业、47家宁波级农业龙头企业监测。超额完成农业招商引资考核目标，内资5000万元，外资10万美元。组织参加境内外会展活动，国内12个，国外10个，参加企业98家次。

全年政策性农业保险保费达2758.6万元，增加29.3%。全市土地流转面积新增376公顷，累计土地流转面积9820公顷，规模经营面积累计159公顷。

【农村管理】

以小曹娥镇为试点，开展农村土地承包经营权确权登记工作，应确权登记承包农户10174户，签字确认9651户，占全镇总数的94.77%。开展村经济合作社股份合作制改革，全市266个村经济合作社中，已有247个村完成村股改。评选余姚级示范性家庭农场20家、宁波级9家、省级2家，新评定规范农民合作社5家，星级农民合作社3家。

强化农业科技支撑，发布主导品种24个、主推技术30项，遴选培育农业科技示范户500个，建立科技示范基地6个，引进农作物新品种286只。4个乡镇（街道）的“三资”代理服务中心标准化建设，通过宁波市级检查验收。

开展农产品质量安全大整治百日行动，加强农产品质量安全监管，建成农产品安全快速检测室，检测样品3000余只。出动农业执法人员685人次，检查321家单位。

【后备母牛调查】

2月18日，市畜牧兽医局对全市符合条件的2家奶牛场的后备母牛养殖情况进行调查。经调查，市联盛牧场奶牛总存栏672头，其中后备奶牛333头；泗门小路下牧场奶牛总存栏781头，其中后备奶牛331头。符合条件的优质奶牛将按每头500元标准进行补贴。

【滨海现代农业智能化信息平台建设方案通过评审】

4月11日，市农林局组织相关专家对市滨海现代农业先导区综合服务中心建设项目的农业智能化信息平台建设方案进行评审。根据全市农业生产、信息化及基础设施建设现状和具体业务需求，市农林局将以第一批涵盖种植、畜牧、水产三大主导产业的10个农业生产示范点作为样板，逐步建立集监测展示、农业综合信息服务、物联网生产监控管理等功能于一体的现代农业智能化信息平台。通过建立农业智能化信息服务平台，促进农业信息服务网络化、农业资源管理数字化、农业生产过程管理精准化、农业装备智能化，把滨海现代农业先导区建设成为宁波市四个现代农业先导区的典范，为余姚智慧农业发展提供有力支撑。

【市野生动物救助点挂牌成立】

4月21日，市野生动物救助点在丰山路189号的市禽畜病防治研究所正式挂牌成立。主要受理误捕或受伤的陆生野生动物，对其进行专业救护，细心照顾后放归大自然，如果是不能放归大自然的野生动物，将送往宁波动物园。市野生动物救助点工作时间为每天8时至20时，节假日照常上班。联系电话：62835888，62835666。

（周乃君）

农村工作

【概况】

2014年，全市实现农业总产值63.15亿元，比上年增长4.3%；实现农业增加值41.7亿元，增长5.3%；粮食种植面积3.07万公顷，粮食总产量18.9万吨；实现农村居民人均可支配收入24312元，增长10.5%，连续11年保持10%以上的增幅。

【发展现代农业】

农业“两区”建设。完成国家农业综合开发项目4个，建设宁波级标准化粮食功能区1600公顷，新建宁波级现代农业示范区1个、精品园5个，省级精品园1个，临山现代农业园区成为省级现代农业综合园区，滨海现代农业园区成为宁波创国家级现代农业示范区的先导区。

壮大农业生产经营主体。新增市级以上农业龙头企业5家，新备案登记农民合作社4家，创建省级示范性合作社1家，申报省级示范性家庭农场4家、宁波级8家、评选余姚级20家。全市新增土地流转面积364公顷，规模经营面积累计达1.59万公顷。

加大科技支农力度。发布主导品种24个、主推技术30项，遴选培育农业科技示范户500个，建立科技示范基地6个，引进农作物新品种286只。

提升品牌意识。新增无公害农产品35个，新申报无公害农产品产地16家，农产品抽检合格率达98%以上，重大动物疫病强制免疫率达到100%。

农业招商引资。以色列高新农业项目签订合作意向书，农业招商引资引进内资5000万元，外资10万美元。

提高农业机械装备和作业水平。全市农机装备达12.5万台（套），建成浙江省农机示范镇1个、各级农机化示范基地96个；共有21000余台农业机械投入农田作业，累计作业面积8万公顷，水稻生产耕、收机械化作业率保持在98%以上，被农业部授予“全国农业机械化示范区”称号，成为宁波市唯一一家授牌县（市、区）。

【完善农村基础设施】

农田水利基础设施建设。第三次列入中央财政小型农田水利重点县，总受益面积1733公顷。开展农田水利基本建设示范项目，整治河道1723米，新建、拆建、维修泵闸30座，新建灌溉机埠泵房26处。实施四明湖灌区续建配套与节水改造工程（七期）建设，改造河渠4.152千米，改造灌溉机埠3座，28座山塘治理工程主体工程完工。

水环境综合整治。完成牟山镇水环境示范镇项目二期建设，整治河道长1738米。开展村级水环境建设，完成涉及8个村，整治河长8923米。

农村基础设施建设。投资9297万元，新建、改建农村联网公路54条60.6千米，新建农村客运停靠站30个。继续推进四明山片区供水保障能力提升工程建设，改造提升17个村，受益人口2.58

万人，完成投资3339万元。

农村商贸提升。完成54个村级商业中心创建三年行动计划和46家菜市场改造提升三年行动目标，启动省放心市场创建工作，电子商务进万村工程蓬勃发展，农村商品配送中心项目进展顺利，全力打造15分钟便民消费圈。

气象防灾减灾标准化建设。把气象灾害应急准备认证、防灾减灾示范社区（村）创建与防灾减灾示范村创建相结合，完成14个示范村建设，实现乡村气象服务站行政村、社区全覆盖，完成乡镇、街道视频会商软终端建设，实现省、市、县、乡镇（街道）四级会商网络构建，成为省“气象灾害监测预警全覆盖县”。

【改善生态人居环境】

“美丽乡村·幸福家园”建设。新增宁波市级全面小康村4个、宁波市级特色村3个、精品线1条、美丽乡村建设先进乡镇2个，培育宁波市级中心村4个，启动建设本级精品村11个，统筹资金6021万元，4个村已基本完成项目建设。

“森林余姚”建设。推进“退花还林”工程，完成四明山区域生态修复160公顷，新增省级森林城镇2个、宁波级森林村庄28个，改造和新建绿化面积833公顷，其中实现平原绿化533公顷。

农村生活污水治理。制订出台《余姚市农村生活污水治理三年行动计划》，编制完成《余姚市农村生活污水治理专项规划》，全年计划实施87个村，实际已启动112个，其中61个村基本完成工程建设，受益户数30540户，48个项目评审已结束，各级投入建设资金约3亿余元。

农房“两改”。累计完成农民多层公寓建设项目主体工程建设10个，总建筑面积65.1万平方米，共4479套，安置农户6082户（含农村困难家庭危房改造223户、下山移民508户、农民个人改、扩、翻建872户），完成宁波考核目标（4200户）的144.8%。

农业面源污染治理。开展测土配方面积4万公顷次以上，有效减少大田用药。开展饮用水源一级保护区和姚江两岸100米范围内畜禽养殖污染综合治理工作，完成157家畜禽养殖场的关停搬迁。

【“五水共治”成效明显】

防洪水。计划开工的8个“治水强基”项目开工7个，长泠江、姚江干流整治等一批重点防洪排涝项目先后完工。

排涝水。城区11个低洼地块、15处低洼积水点和22个排涝泵站完成改造提升，240千米雨水管网系统完成疏通检测，排涝能力提升1/3。

治污水。榨菜加工、化纤、农业面源污染治理等行业污染整治如期完成，污水处理厂提标改造等工程建成投用。68条“黑臭河、垃圾河”全部摘帽。实际启动农村生活污水治理项目112个，其中基本完成工程建设61个，受益户数30540户。

保供水。新建供水管网10千米、改造供水管网8.9千米，完成姚东水厂主体工程。在全省率先启动第二轮山区农民饮用水工程，总体已完成90%。

抓节水。新增高效节水面积133公顷，推广节水器具1000套，中水回用管网建设10.6千米。

承办宁波市“五水共治”现场推进会。牟山、泗门两镇获省“治水美镇——浙江样本”，姚江水质列宁波“三大江”之首，最良江获宁波市最美河道，创建成为宁波唯一的“全国节水型社会建设示范区”。

【农民收入持续增长】

城乡居民收入比逐年减小。农村居民人均可支配收入24312元，增长10.5%，连续11年保持10%以上的增长幅度。城镇居民人均可支配收入为41921元，增长9.2%，城乡居民收入之比持续缩小。

城乡居民就业创业能力不断提升。依托市职业培训技能鉴定中心，整合市内职业教育和各乡镇、街道成人教育培训资源，挂牌成立“余姚农民学校”，实现农民培训工作资源共享、优势互补，开展首期新型职业农民培训，129名学员获新型职业农民证书，122名学员通过考核鉴定，将同时获农产品经纪人初级资格证书。全年共完成农村劳动力各类技能培训13152人；完成创业培训803人，新增创业实体12210家，创业带动就业人数73300人；开发公益性岗位1490个，农村覆盖率达81%；城镇登记失业率控制在1.28%。

政策性农业保险扩面提升。实施保险品种23个，农保保费达2758.6万元，增加29.3%，水稻保险基本实现全覆盖。

农家乐休闲旅游业快速发展。申报宁波市农家乐休闲旅游重点项目2个、宁波市级农家乐特色村1个、宁波市级农家乐休闲旅游示范点2个、三星级经营户（点）7家，朗霞梨花景观和四明山红枫景观获2014年“中国美丽田园”称号，全年接待人数357万人次，营业收入36437万元，分别增长4.3%和6.4%。

【民生保障持续扩面提质】

农村社会保障扩面提升。推动被征地人员养老保障与职工基本养老保险的衔接办法、低标准养老保险待遇计发办法、低标准与职工基本养老保险的并轨等工作，有2.68万名被征地人员转职工基本养老保险，其中享受待遇人数2.26万人，补缴养老基金17.55亿元，占全市被征地人员参加保障（险）总人数的24.5%；全市户籍新增各类养老保险参保人数10913人，参加养老保险（障）率达92%。

保障水平进一步提高。完成年度企业退休（职）人员基本养老金调整工作，7.12万名符合条件的企业退休（职）人员人均月增资235.22元。1月，向全市6.42万名企业退休（职）人员发放一次性补贴1500元；向13.98万名具有本市户籍年满60周岁及以上享受城乡居民社会养老保险基础养老金的城乡居民，每人发放春节慰问金500元，向731名女55周岁以上60周岁以下的被征地养老保障、农民养老保障和城镇老年居民养老保障待遇享受人员，每人发放补贴300元，共计发放16641.43万元。

养老福利事业蓬勃发展。完成泗门老年公寓建设项目，新增养老床位300张，新增居家养老服务站32家、服务照料中心30个；继续实施老年人春节慰问金发放行动，共计发放资金6989.65万元，惠及老年人139793人。

低保工作规范有力。开展在册低保对象复核工作，清退不符合低保条件的对象，全年享受最低生活保障总共5019户7988人，总金额为3899.8598万元，其中农村低保4510户7333人，金额为3472.3873万元。城乡居民最低生活保障标准由每人每月524元调整为每人每月588元，增长12.2%。

教育基础设施稳步投入。实施教育基建项目26个，公办标准化学校比例达95%以上，普惠性幼儿园招生覆盖率达71%以上，小学、初中适龄人口入学率均达100%，全市小学无流生；小学升初中比例为100%；初升高比例达98.2%，高标准通过全国义务教育发展基本均衡市初评，完成成人“双证制”教育培训900人，培训人数已超常住人口数的千分之一。社区教育实现全覆盖，基本构成市、镇（乡、街道）、村、学习中心户四级社区教育网络。

城乡卫生工作统筹推进。开展乡（镇）村卫生一体化综合管理试点，组成医疗联合体，规划内村卫生室标准化建设率、基本药物制度实施率、一体化管理率均达90%。梨洲街道社区卫生服务中心成为全市第19家宁波市数字化社区卫生服务中心，全市数字化覆盖率达95%。年度全市应参合农民30.67万人，实际参加30.13万人，参合率98.27%，人均筹资650元，统筹区内住院补偿率为76.36%。

农村基层文化设施提升改造。全年改造升级村落文化宫10个，开展周末课堂培训56期，举办免费展览20期，四明阁非遗展馆全年开展活动365场，市公共文化服务中心完成配送演出418场；安装健身路径60条，新建、改建各类球场40片，创建省体育特色乡镇3个、省现代化体育乡镇3个、省小康体育村20个、省乡镇（街道）全民健身中心1个、省中心村全民健身广场2个。建成农村文化礼堂28个，全年各文化礼堂开展活动57场次。实施春泥计划扩面提质工作，建立“春泥计划”示范点21个。宁波市级以上文明村总数达106个，占行政村总数的40%。

【老区全面小康建设】

山区基础设施建设。修建资源型机耕路25条（修建21条，新建4条），总投资784.6万元，落实补助资金300万元。

组团发展村级集体经济。落实补助资金242万元，安排鹿亭乡12个村联合购置店面项目；落实补助资金140万元，20个经济薄弱村运行经费得到保障。

村庄整治建设提升工程。完成欠发达地区9个村的改造提升项目，总投资3028.5万元。完成内聚外迁508户1425人，举办山区劳动力就业转移培训班66期，培训人员2300余人。

万名干部联万户专项行动。安排机关事业党员干部7190人，落实帮扶资金164万元，帮扶物资折合资金59万元。实施低收入农户生产性项目扶持办法，落实低收入农户生产型扶持补助资金36.14万元，争取来料加工项目3个，落实补助资金50万元。全年老区完成地区生产总值92.84亿元，增长8.7%，其中工业68.47亿元，农业7.25亿元，第三产业17.12亿元。农民人均收入12779元，增加13.5%，高于全市平均水平2.5个百分点。

【农村配套改革】

城乡一体化改革发展。2013年全市统筹城乡发展水平综合评价得分92.04分，居全省第九位、宁波第三位，处于全面融合阶段；为加快改革进度，制定出台《关于全面深化农村改革加快推进城乡一体化发展的若干意见》，确定泗门、陆埠、朗霞等3个乡镇、街道为试点单位，制订改革试点方案，初步明确改革目标。

社会信用体系建设。累计完成农户信息采集15.67万户，评选信用乡镇、街道5个（累计13个）、信用村81个（累计129个）、信用户52224户（累计82824户）。新增“道德银行”建设村16个，累计有684户农户获“道德信贷”5923万元。

农村土地承包经营权确权登记试点。制订出台《余姚市农村承包土地经营权确权登记实施方案》，确定小曹娥镇为试点乡镇，出台工作指导意见。已确权登记承包农户10016户，签字确认9492户，占全镇总承包农户数的94.77%，小曹娥镇农村土地承包经营权确权登记试点工作基本完成。

村级股份制改革。全市已有247个村社通过社员代表大会决议同意股改，224个村社基本完成股改工作，超宁波任务数（180个）的24.4%。

【农村基层基础建设】

党组织建设。结合基层党组织“星级考评、动态管理”制度，开展基层党组织星级评定和软弱涣散党组织整顿工作，建立市级领导干部挂点整顿和镇级领导干部蹲点包干制度，逐级落实整顿责任，逐项明确工作目标、方法步骤、整顿时限。按照“突出重点、分类施治”的原则，逐村分析软弱涣散原因，指导基层“量身定做”整改提升方案，对症下药、抓好落实，并以学习推广谢家路村“小板凳”群众工作法为契机，组织开展软弱涣散村级党组织书记走进谢家路活动。全市16个村56个软弱涣散村级党组织已按要求基本完成整顿工作，完成率100%。

村级组织换届选举。选举产生村党组织成员1171人，村委会成员973人（村党组织委员兼任的317人），选举产生村监会成员979人（由村党组织成员兼任的259人），选举产生社管会成员823人（村党组织书记兼任村社管会社长的257人）。新一届村级组织班子平均年龄44.2岁，比上届下降0.8岁；村委会班子平均年龄39.5岁，下降4.8岁。知识结构更加优化，村党组织成员大专及以上文化程度513人，占总数的43.8%，提高近9个百分点；村委会成员大专及以上文化程度370人，占总数的38%，提高近13个百分点。类型结构更加优化，村“两委”班子成员中具有创办企业、外出经商经历和是农业大户、专业户、专业合作社骨干的共计609人，提高8.2个百分点。有127名大学生村干部顺利当选为村党组织成员，增加53人。村党组织成员中女性242人，占20.6%，提高2.8个百分点；村委会成员中女性321人，占33%，提高4.6个百分点。

新型社区治理体系构建。制定《关于加快构建新型社区治理体系进一步提升城市社区建设水平的意见》等系列文件，将城市社区划分为275个服务管理责任网格，社区辖内人、事、物、组织等归入网格进行服务管理，并建立社区工作准入制度，梳理社区公共服务中心职能事项和社区协助政府工作事项清单，强化社区建设支撑保障，提高社区建设事业经费并建立递增机制，推行社区协商民主制度，开展住宅小区“三位一体”业主自治和自我管理服务“五好”试点工作，强化和提升社会组织管理服务能力。

深化农村工作指导员制度。374名农指员为所驻村确立经济发展项目、水电路等基础设施项目474个，争取落实扶持资金3285万元，捐赠物资折合资金近139.2万元。

发展村级集体经济。共立项二、三产业村级集体经济发展项目8个，涉及4个乡镇、街道的17个经济薄弱村；年底通过验收项目10个，其

中2012年立项项目1个、2013年立项项目6个、2014年立项项目3个，下拨财政扶持资金约1557万元，为村集体增加经营性资产0.53亿元，年投资回报率约为6%左右。2013年度村级减债成效明显，29个村共减债1505.5万元，2014年下发奖励资金150.55万元，其中市级财政75.27万元、乡镇街道财政75.27万元。

农村民主法治建设。民主法治村创建工作从重数量达标向重质量达标转变，创建省级“民主法治村”4个、宁波级4个、余姚级10个，民主法治村达标率达89.4%。

（市农办）

扶贫开发

【概况】

2014年，市老区开发建设办公室围绕老区全面小康建设和新农村建设目标，坚持生态立区、产业优化、下山移民、重点突破的发展战略，以增强老区自我发展建设能力和增加农民收入为核心，实施村庄整治建设提升，做大做强特色优势产业，发展壮大村级集体经济，推进移民下山和劳动力转移步伐，促进农民增收致富，推动老区经济社会全面可持续发展。全年老区4个乡镇2个片（四明山、大岚、鹿亭、梁弄4个乡镇和梨洲街道山区片、陆埠镇洪山片）完成地区生产总值92.84亿元，增长8.7%，其中工业68.47亿元，农业7.25亿元，第三产业17.12亿元。农民人均收入12779元，增加13.5%。

【扶贫资金项目管理】

在扶贫资金管理上，按照《余姚市财政扶贫项目和资金管理实施办法》进行运作，由市财政统一拨付。在扶贫项目实施过程中，市老区办负责项目监督管理，不定期对项目实施进度及情况进行抽查，年终联合财政等部门对所实施项目进行验收。财政部门负责资金的拨付和管理，对使用的扶贫资金进行监督，确保专款专用。

【村庄整治建设提升专项行动】

年度全市共有9个村入选村庄整治建设提升工程，分别是四明山镇梨洲村，大岚镇南岚村、丁家畈村，鹿亭乡龙溪村，梁弄镇东溪村、甘宣村、雅贤村，梨洲街道茭湖村，陆埠镇蒋岙村。其中梁弄镇甘宣村为与饮用水改造、污水处理等工程相配套，已于2013年度提前完成。项目总投资3028.5万元，其中宁波、余姚两级财政补助2700万元，镇、村自筹328.5万元。共完成拆除危旧房21702平方米，外立面改造113180平方米，村内道路硬化51400平方米，建设路灯720盏，建设雨水排水设施6320米，实施村庄及庭园绿化20200平方米，拆除露天粪坑452座，新建公厕28座，村内小型河道整治7080米，新建生活垃圾集中设施或垃圾桶320个。

【山区人口内聚外迁工程】

全年完成下山移民408户1425人。为有序引导山区人口向中心镇、中心村集聚以及为宁波新一轮下山移民政策制定提供科学客观的决策依据，多次深入山区调研，召开山区乡镇、街道座谈会，编制完成下山移民五年规划。

【村级集体经济发展项目】

采用集中宁波扶持资金和余姚市本级集体经济薄弱村扶持专项资金，以乡镇为单位组团式发展，项目产生利润每年分红到村的方式，落实资金安排鹿亭乡12个村联合购置万达店面项目1个，落实补助资金242万元，以增加村级集体经济收入。同时，落实补助资金140万元对20个经济薄弱村的运行经费进行补差，以确保每村运行经费达到10万元以上。

【基础设施建设项目】

在不破坏生态环境的前提下，继续实施资源型机耕路建设，改善老区群众生产生活条件。全年共落实修建资源型机耕路25条（修建21条，新建4条），总投资784.6万元，落实补助资金300万元。

【低收入农户奔小康工程】

深化“一户一策一干部”结对帮扶机制，把“万名干部联万户”专项行动作为教育实践活动的载体，安排机关事业单位党员干部7190人，1人联系1至2户低收入农户，发挥个人作用与政府职能相结合，在助医、助房、助业、助养、助学五大方面，帮助低收入农户。全年各联系干部落实帮扶资金164万元，帮扶物资折合资金59万元。同时，继续实施项目扶持，落实低收入农户生产型扶持补助资金36.14万元，争取来料加工项目3个，落实补助资金50万元。

【区域协作帮扶】

根据宁波市委办公厅、市政府办公厅《关于开展区域对口协作帮扶活动的通知》精神，镇海区骆驼街道对口协作帮扶梁弄镇，江北区庄桥街道对口协作帮扶鹿亭乡，余姚市阳明街道和泗门镇对口协作帮扶四明山镇，兰江街道和经济开发区对口协作帮扶大岚镇，梨洲街道和低塘街道对口协作帮扶梨洲街道山区片，凤山街道和朗霞街道对口协作帮扶陆埠镇洪山片，全年共落实帮扶资金635万元。

（李大炜）

水　利

【防汛防旱工作】

备汛工作。3月3—10日，市防指组织力量分15组对全市乡镇（街道）、大中型水管单位进行全面检查，共检查水库、泵站等水利设施206处。3月13日，对全市三防准备工作检查情况进行汇总分析，发出防汛检查意见反馈单34份，要求对防汛存在的安全问题和隐患加以整改落实。4月15日，在《余姚日报》上公布2014年全市水库、海塘安全管理责任人等名单。全市共储备麻袋10.81万条、编织袋21.69万只、救生衣1373件、机动船17条、各类便携式灯具2402只、水泵497台及铁锹、钢镐等防汛物资，同时社会化储备22台挖掘机、441辆自卸车、11辆推土机和砂、石料等防汛设备。组建以民兵、团员为主的抢险应急小分队，计288支4864人；市直接管理的机动抢险小分队2支计40人。修编《余姚市防洪排涝规划》，确立“东泄、南蓄、北排（西分）、中疏、低围”的防洪排涝总体布局。修编完善《余姚市防汛防台应急预案（试行）》，涵盖紧急状态下预警、响应、指挥、协调、善后等各个方面，细分相关单位的工作职责。举行解放军指战员、公安干警等共计350人参加的防汛防台演练，规模之大、内容之多，均为历史之最。制订四明湖水库、梁辉水库、陆埠水库、双溪口水库等一大三中水库和主要河网防汛防台调度预泄预排方案，并于6月18日在《余姚日报》上公示。将1134份《责任告知卡》发放到相关防汛责任人；对小（一）型、小（二）型、万方以上山塘及万方以下的屋顶山塘的管理巡查人员发放水库山塘安全管理明白卡，共1392张。

抗灾工作。汛期全市降雨情况总体正常，平均降水量1315.3毫米，较常年同期均值993.7毫米偏多32.4%。其中，共出现2次较明显的汛情，分别是“8·19”强降雨期间和第16号台风“凤凰”影响期间。在及时启动应急预案、加强水利工程安全检查、强化宣传舆论引导的同时，一方面发布预警信息，首次通过中国移动、联通、电信三家手机运营商向市境内所有手机用户发送公众防御指引686万条，向社会及时发布水雨情信息；另一方面，发挥水利工程作用，加强洪水调度，一大三中水库预泄2804万立方米、拦洪4719万立方米，河网预排17293万立方米，防洪效益显著，实现安全度汛。

【水利基础建设】

重点水利工程建设。治水强基工程建设方面，实施续建项目1个，新开工7个，完成投资12.34亿元。其中，北排重点工程陶家路江泗门泵站工程，7月30日试通水，“8·19”强降雨期间首次发力取得明显效果；姚江干流（中舜江至蜀山大闸）防洪整治工程，7月14日实现堤防全线封闭；城区及上姚江堤防加固工程、食禄桥江整治工程、长泠江整治工程（朗霞段）、陆埠大溪整治工程一期等开工建设；推进新开北排第三通道工程等前期项目。其他重点水利工程建设方面，海塘除险治江围涂四期工程，完成投资3.845亿元，占年度计划的175%；四期围区横塘南块造地工程，完成投资7500万元。

水利灾后恢复重建项目。主汛期前完成1100处抢险应急水毁水利工程修复工作。同时推进灾后水利工程完善提升项目建设，全年完成投资4.45亿元，完成山塘修复33座，溪道堤防修复65.8千米，河道堤防修复95千米，泵站113座，水闸38座，拦水堰102处，桥梁92座等。

农田水利基础建设。完成四明湖灌区续建配套与节水改造工程（六期）验收工作，启动实施四明湖灌区续建配套与节水改造工程（七期）建设。继实施中央财政小型农田水利重点县建设第一批、第二批后，年度又获第三批重点县建设，受益面积1733公顷。继续推进四明山区片供水保障能力提升工程建设，涉及梨洲街道等8个乡镇（街道）共18个村，新增受益人口2.7万人。推进高效节水灌溉，新增喷滴灌203公顷。先后完成涉及阳明街道等6个乡镇（街道）共17台水泵更新改造，以及3座水库除险加固和26座山塘专项治理。开展宁波市级低塘街道农田水利示范镇建设，整治河道1723米。

水环境综合整治。投资3000万元，完成以“亲水、爱水、护水”为主题的宁波市级牟山镇水环境示范镇建设（二期）和牟山镇新东吴村、黄家埠镇五车堰村等8个村级水环境建设，整治河道10.66千米。投资2450万元，完成8条“断头河”打通工程。投资5369万元，完成芝林溪等4条小流域治理。开展河道管理保洁，建立双休日领导带队开展河道保洁监督检查工作。加大对市级河道内河桩、渔具等障碍物的清除工作，清理网簖23道、网箱189只、地笼1050只、沉船132只、船屋9间、“三无”船只4只和竹木桩2350根。对西江、大古塘江等河道开展生态修复治理，运用生物处理技术强化河道生态化改造。

【水利管理】

水政水资源管理。加强堤防管护工作，对下姚江（慈江）71.64千米堤防设置管护标牌，落实专职管护员，开展日常管护。严格水行政审批管理，提高审批效率，按期办结率达100%。加强水土保持工作，编写《余姚市水土保持规划》；成功创建全国第二批水土保持监督管理能力建设县。完成《余姚市饮用水原水水质监测预警应急决策支持技术研究》课题研究，获2014年度浙江省水利科技创新奖三等奖，为饮用水源地保护提供技术支撑。加大水政监察力度，查处各类水事违法案件56起，拆除涉水违章建筑1244平方米。向全市机关单位、城区学校及医院张贴节水提示牌5000余块，印发《市民节水小知识》10000册。借第二十二届“世界水日”、第二十七届“中国水周”之机，开展水法律法规学习宣传活动。

水利工程建设管理。在汛前检查的基础上，5月又对全市山塘水库开展大排查专项行动；建立水库巡查智能化管理系统，对全市小型水库巡查人员实施对讲和实时定位，提高巡查工作的信息化管理。加强水利工程质量与安全监督管理，印发《关于加强水毁水利工程灾后重建项目质量监督工作的通知》，受理质监项目70个，续监项目22个，配合宁波市站4个。坚持“安全第一、预防为主、综合治理”的方针，开展元旦、春节期间的安全生产检查、安全生产大排查大整治专项行动、汛期水利安全生产检查等多项安全检查活动，6月还开展“强化安全意识，促进安全发展”为主题的安全生产月活动，全年未发生1起安全事故。

水利投融资。千方百计向上多争取项目资金，多渠道筹集社会资金。已有10家金融机构向水投公司发放贷款20.14亿元，争取到中央、宁波市等资金3.11亿元,保证各项重点工程的资金需求。

【市8个水利项目入选省重点工程】

年初,省政府办公厅公布年度全省重点建设项目名录,其中农业水利项目174个,余姚市有8个水利建设项目入选。这8个项目是:陶家路江二期整治工程、姚江北排陶家路江泗门强排泵站工程、临海大浦南延工程、长庆桥江整治工程、西江整治及其闸泵站工程、陆埠梁辉向家弄水库下游溪道整治工程、北排河道拓宽及延伸工程、姚江干流(中舜江闸至蜀山大闸段)防洪整治工程。除姚江干流防洪整治工程外,其余均为新立项项目,总投资超100亿元。

姚江干流防洪整治工程竹山江段

【市土壤墒情测报系统建成】

2012年,市水利局在蜀山大闸、临山、泗门、三七市、河姆渡、四明山等地,选定12个土壤和作物有代表性的监测点,安装土壤水分传感器、数据采集器和远程无线传输仪器,经一年多时间的现场调试,2014年已正常投入使用。今后只要点击余姚水利网,输入"墒情发布"4个字,一张特制的余姚地图"余姚实时墒情信息"就会展现,全市12个点的土壤实时含水量一目了然。在县域大范围内监测数据,采集结果向全社会发布,这种"开放式"墒情测报系统,是现代水利为高效农业服务新的结合点,在国内尚属首例。

(市水利局)

农业机械化

【概况】

5月,农业部授予余姚市"全国农业机械化示范区"称号,成为宁波市唯一的授牌县(市、区)。市农机局以此为契机,探索沿海经济发达地区农机化发展模式,形成以粮食生产全程机械化为重点、兼顾农业特色产业发展的农业机械化建设经验。全市农机总动力57万千瓦,建成浙江省农机示范镇1个,各级农机化示范基地96个。

【落实农机补贴政策】

实施农机购置补贴"阳光行动"。全市共计投入农机购置补贴资金1706万元,其中中央资金1025万元,宁波资金207万元,余姚配套资金474万元,补贴受益农户及组织527户,引导农民投入购机资金总额3745万余元。

合理优化扶持政策。会同市财政局联合制订《余姚市2014年度农业机械购置补贴实施方案》,确定农机购置补贴的机具种类和补贴标准,明确农机购置补贴的重点及操作流程。

加大政策宣传力度。根据"自主购机、带机申请、定额补贴、县级结算、直补到户"的补贴兑付方式,将补贴政策、相关法规制度及有关会议精神,通过广播、电视、报纸、网络等媒体宣传报道;制作《余姚市农机购置补贴宣传册》1000余份,在全市各乡镇街道进行发放,让农民及时掌握政策动向。

【农机科技推广】

推广先进高效机械。通过加大政策扶持力度,推广新型实用的农业机械,全年共计推广新型农业机械3000余台(套)。同时执行对水稻插秧机、烘干机优惠补助政策，重点引进机插、烘干新技术，新增高速插秧机75台、粮食烘干机62台，拥有量分别达645台和313台，烘干批次能力3500余吨，占全宁波市的1/3。

特色产业机械示范。引导农机服务组织建设特色产业机械化示范基地，通过与蔬菜、畜牧、水产等专业合作社、基地、示范园区合作，引进高效无人植保飞机、育苗纸钵机、玉米脱粒机、高效毛豆收割机等一大批涉及蔬菜、畜牧等先进特色机械。

设施农业建设。对设施农业（钢架大棚、玻璃温室）建设给予重点扶持，共实施设施农业补贴项目2个，补贴搭建设施大棚面积2.1万平方米，补贴资金44万元。

【农机服务体系建设】

水稻机插秧政策扶持。水稻育插秧作业补贴由原来的60元/亩提高至70元/亩，全年共计发放农机作业补贴资金1044万元，补贴面积1.16万公顷，惠及农户20000余户。

产学研结合。引导全市农机合作社与大专院校、科研单位开展项目合作，为相关单位搭建农机产学研合作交流平台。6月，市求是农机专业合作社与浙江大学合作开发的宁波市级农村科技创新创业资金项目——高油优质油菜新品种“浙大622”产业化研发与综合利用项目签约。

基础设施建设。全市新建农机服务专业合作社3家，总数达65家，其中，全国示范农机合作社3家，省级示范农机合作社3家，宁波示范农机合作社9家。新建农机库房3850平方米，投入资金275万元，补助资金60万元。

全市“双夏”生产农机化工作会议现场

农机跨区作业。组织农机合作社理事长、乡镇农机站站长等人员赴江苏阜宁考察跨区作业市场，通过洽谈合作，新辟大型拖拉机、联合收割机跨区作业市场。全市共组织20台大型拖拉机、58台联合收割机开展跨区作业，作业面积2600公顷，作业收入超260万元。

【农机安全监管】

“安全生产年”活动。结合活动深化隐患排查治理，全年共发生拖拉机道路交通有责事故5起，死亡4人，伤1人，直接经济损失0.15万元，各项农机事故指标均控制在省农业厅和宁波市农机局下达的指标内，无其他农机作业死亡事故发生，农机事故实现10年连续平稳下降的态势，市农机局连续五年获市安全生产工作先进单位。

源头监管。严把拖拉机驾驶员的考试发证关、牌照入户关及安全检测关，定期开展拖拉机技术检测，确保拖拉机的技术性能安全，排查拖拉机及驾驶人管理工作中存在的安全隐患和管理漏洞，完善相关档案资料。深化平安农机建设，新创建平安农机示范镇1个，平安农机合作社3个。

安全专项行动。以“强化红线意识、促进安全发展”为主题，开展系列安全生产宣传教育活动。共悬挂横幅40条、出动宣传车8台次、开展安全咨询3次、发放宣传资料2500余份。加大公安农机联合执法力度，开展全市农机安全生产大排查大整治专项行动、隐患排查治理行动，以及非市籍拖拉机备案调查登记工作。针对影响农机安全监管秩序的外省籍拖拉机及驾驶人涉及假牌假证、准驾不符、脱检脱保、超限超载、违法载人等违法现象进行打击，共登记外籍拖拉机350台次，驾驶人350人次。

农机政策性保险与报废补贴。共有339台联合收割机、471台纯农田作业拖拉机参加农机政策性保险，362辆拖拉机进行报废补贴，共计下发报废补偿资金80万元，保险资金13.88万元。

【农机技术培训】

新型农机化技术示范和培训。先后开展水稻机插育秧技术培训、新购农机驾驶操作培训、农机维护保养职业技能培训等各类培训。累计培训人员3488人次，其中农机管理人员培训6期321人次、农机技术人员培训7期322人次、农机作业服务人员培训44期2845人次（培训新购机农民400人次）。

便民惠民培训。推行纯农田作业拖拉机驾驶员免缴培训费的措施，提高拖拉机驾驶员培训的积极性和主动性，共有184人考取大中型拖拉机驾驶证。同时，推行便民培训措施，采取集中培训、送教下乡、上门培训、地头指导等形式，开展农机化技术的推广应用。

农机远程教育培训。利用全市农机远程教育点和区域性教育培训点，开展新型农民远程教育培训2000余人次。

（市农机局）

工业·工业园区

工业经济

【概况】

2014年，全市实现规模以上工业产值1325亿元，比上年增长7.6%；规模以上工业增加值231亿元，增长9.9%；完成工业投资211亿元，增长18.9%；万元GDP能耗下降4.85%，各项主要经济指标均处浙江省、宁波市前列。

【产业结构优化】

全年实现战略性新兴产业增加值66.9亿元、装备制造业增加值138.6亿元，分别增长11.4%和11.8%，在规模以上工业增加值的占比分别达28.9%、59.9%。

【企业培育】

全年实现规模以上企业利润59.9亿元，增长15.5%；销售百强企业实现销售635.6亿元，增长14.5%。全年新增产值超80亿元企业1家、50亿元企业1家；新增宁波级高成长企业3家，累计21家；全年进入"小升规"重点企业培育库的小微企业538家，完成"小升规"130家。

【提升信息化水平】

推进"两化"融合，信息技术在研发、生产、管理、营销等领域进一步渗透和应用，工业企业智能化、自动化、网络化水平显著提高。信息产业保持高速增长，全年实现软件产业产值32亿元，增长25.5%。"三网融合"、智慧城管、无线城市等智慧城市建设工程实现较大突破。

【2014年全市工业50强名单】

舜宇集团有限公司
宁波世茂铜业股份有限公司
宁波王龙科技股份有限公司
华鑫化纤科技集团有限公司
宁波天邦股份有限公司
余姚市兴达不锈钢有限公司
宁波长振铜业有限公司
浙江国华余姚燃气发电有限责任公司
明峰建材集团
帅康集团有限公司
宁波富佳实业有限公司
浙江大丰实业股份有限公司
宁波科环新型建材股份有限公司
宁波燎原工业股份有限公司
宁波富诚汽车饰件有限公司
浙江朗迪集团股份有限公司
宁波更大集团有限公司
浙江新纶化纤有限公司
宁波格莱特休闲用品有限公司
宁波神通模塑有限公司

宁波贝仕迪电器有限公司
宁波德昌电机制造有限公司
宁波惠杰钢管制造有限公司
宁波大同纺织有限公司
宁波冠中印染有限公司
宁波金源电气有限公司
浙江浦宁不锈钢有限公司
浙江金马实业有限公司
浙江新盛锦纶有限公司
宁波科博特钴镍有限公司
浙江盛奎实业有限公司
宁波正耀汽车电器有限公司
浙江亿达控股集团有限公司
宁波山阳特殊钢制品有限公司
宁波金和新材料股份有限公司
宁波海心实业有限公司
余姚市舜吉塑化有限公司
舜台集团有限公司
宁波比依电器有限公司
宁波好伙伴电器有限公司
宁波大叶园林设备有限公司
宁波耀泰电器有限公司
宁波全兴热轧有限公司
宁波安拓实业有限公司
宁波兴隆车业有限公司
余姚市舜江电器有限公司
余姚市富达电子有限公司
宁波锦莱化工有限公司
宁波蓝达实业有限公司
宁波舜象科技实业有限公司

（市经信局）

浙江省余姚经济开发区

【概况】
2014年，余姚经济开发区以创建国家级开发区为目标，以中意（宁波）生态园和浙江千人计划余姚产业园两大战略性平台为重点，攻坚克难，主动有为，经济社会各项事业取得新突破。全年完成工业总产值214亿元，销售207亿元，利润9.5亿元，其中规模以上企业完成工业总产值140.6亿元，销售134.6亿元，利润7.6亿元，各项指标增幅均在10%以上，其中规模以上企业利润20%。完成进出口总额10.6亿美元，增长8%，王龙科技入围宁波进出口排行榜200强。现代医疗器械产业园创建成为省级特色品牌园区。

【招商引资势头良好】
年度新批项目84个，总投资105亿元，其中三资项目19个，总投资4.86亿美元。实到外资1.18亿美元，实到内资10.4亿元，浙商创业创新到位资金4.6亿元，分别增长17%、10%和3%。

【投资结构趋优向好】
项目建设完成固定资产投资67.5亿元，增长14%。江丰电子溅射靶材、玛汀瑞亚铝合金汽配、大发化纤等25个3000万元以上工业项目，完成工业投资52亿元，增长8%，工业投资占固定资产投资的比重77%。完成技改投入41.3亿元，增长6%，14个项目列入全市“机器换人”重点专项实施计划，总投资1.3亿元。

【创新能力不断增强】
全年完成科技经费投入5.2亿元，其中R&D经费投入3.47亿元，分别增长16%和15%。鑫高益医疗设备股份有限公司成为省级重点企业研究院，宁波大叶园林设备有限公司成为省级企业技术中心，宁波金和新材料股份有限公司和宁波江丰电子材料股份有限公司成为省级博士后工作站试点单位。年度通过自主申报的“国千”专家累计5人，“省千”专家8人，分别占全市总数的67%

和 62%。

【要素制约有效突破】

加强与海洋、国土、水利等部门的对接，获批建设用海指标 193 公顷，荒滩用地指标 30 公顷。挂牌出让土地 10 宗，共计面积 102 公顷。合理处置“批而未供”土地，全年消化闲置土地 4.9 公顷。以投资公司为融资平台，加强与各大银行的对接，保障基础设施建设资金，全年获贷款周转资金 31 亿元。总额度 5 亿元的“余姚经开五水债”成功发行，一期募集资金 2.8 亿元。

（余姚经济开发区管委会）

浙江余姚工业园区

【概况】

2014 年，余姚工业园区根据“十二五”发展规划，按照“省级开发区”和“城市副中心”的发展定位，实施“产城联动”发展战略，推动工业园区、姚北新城、裘皮城、模具城互融、互促、互补式发展，加快园区开发建设。全年实现工业总产值 230 亿元，其中规模以上工业产值 103 亿元，销售 95 亿元，利润 3 亿元，增长 4.3%；工业增加值增长 1.5%；商贸销售 70 亿元，增长 10%，其中裘皮商贸销售 60 亿元，增长 16%。

【园区规划布局】

以《余姚市姚北新城分区规划》为指导，确立“东居西工”发展格局，编制完成《裘皮城周边地块控制性详细规划》《新新 — 赵家区块控制性详细规划》，推进工业西区《朗霞街道（LX04）单元控制性详细规划》及大楼周边崇文路两侧《朗霞街道（LX05）单元控制性详细规划》，实现控规全覆盖。完成核心区块全部 27 家涉拆企业签约工作（除圣捷喷雾泵 1 家缓拆），交房 25 家，面积 6.5 万平方米，完成邵巷、天中、赵家等行政村部分区块拆迁，签约农户 87 户，交房 74 户，面积 2.1 万平方米。

【固定资产投资】

成立项目管理站，赋予项目统计、管理、服务、督促、协调等职能，建立项目拟建库和在建库，形成每月项目分析排摸督促制度，统筹推进产业项目、市政项目、工程项目、农田水利等项目建设。全年新开工项目 58 只，续建项目 10 只，工业项目投产 36 只，完成固定资产投资 30 亿元，其中工业投资 23 亿元，增长 10%。园区（街道）列入市“六大百亿”工程的重点项目进展顺利，其中裘皮产业园二期项目进入供地前期准备阶段；东煌自动化基建项目已完成工程结顶；中和衡器拆迁安置已完成桩基作业，开始地面施工；国际模具城已完成土地招拍挂，即将开工。

【块状经济发展】

年度余姚裘皮产业实现生产总值 60 亿元，生产、销售企业 1500 余家，从业人员近 2 万人，年加工水貂皮 1200 万张，占全国总量的 1/4，占全球的 1/6，集中产销全国 60% 的裘皮服装，并涌现意达皮毛、梦艺皮草、鑫峰皮毛等行业龙头企业，形成裘服特色基地。中国裘皮城二期已正式对外营业，引进企业 382 户，裘皮产业园一期进入内部装修阶段，签订意向入驻企业 143 家，中国裘皮城通过中国水貂皮服装生产基地验收。

【招商引资】

围绕“一区三城”开展平台招商，全年实到内资 8.15 亿元，增长 12.5%，其中宁波市外 3.88 亿元，完成 129.8%，浙商回归 3.49 亿，完成 166%，完成“以企引企”规模以上企业转化 4 家，出让工业用地 25 公顷，名列全市前列。裘皮产业园一期即将对外招商；大型综合超市、浙江五金机电展销 OTO 平台等裘皮城、模具城周边配套项目正在推进。占地 1.7 公顷的小微企业集聚区地块完成土地摘牌，引进科宝电子、今天塑机等 2 家成长型小企业,预计投产后可实现产值 1.5 亿元。

【工贸产业升级】

园区(街道)规模以上企业实现新兴产业产值 28 亿元,占产值的 27%。新增驰名商标 1 个,省级和宁波名牌各 2 个。申报发明专利 65 件,新增市级企业工程技术中心 3 家,实施技改项目 28 个,投入技改资金 10 亿元,增长 12%。园区 25 家企业开展"机器换人",直接产生机器红利 8 亿元。以华丰包装、赵记电器为代表的电商销售稳步增长。光伏产业、液晶电子、装备制造等战略性新兴产业日益崛起。

(龚军飞)

中意(宁波)生态园

【概况】

2014 年 6 月 11 日,在中国国家总理李克强和意大利总理伦齐的共同见证下,宁波市市长卢子跃代表宁波市人民政府与意大利国家引进外资和企业发展署签署《关于合作开发建设中国(宁波)意大利产业园项目的合作协议》,标志产业园正式落户余姚经济开发区滨海新城。10 月 15 日,在两国总理的再次见证下,中国商务部部长高虎城与意大利经济发展部部长桂迪在意大利罗马签署《关于共同支持建立中意生态园的谅解备忘录》,双方支持两国企业、机构及有关组织在余姚经济开发区合作共建"中意(宁波)生态园",意味中国(宁波)意大利产业园正式上升为国家层面的国际合作生态园。

商务部欧洲司副司长马社(左)为中国(宁波)意大利产业园授牌

中意(宁波)生态园总规划面积 40 平方千米,其中近期 26 平方千米,远期向北围海拓展 2 千米约 14 平方千米。坚持"政府引导、中介桥梁、企业主导、市场运作、互利共赢"的开发建设思路,采取内育外引、合资合作等方式,立足意大利,面向全欧美,引进先进的技术、资金、管理和人才,发展节能环保、装备制造、生命健康、教育培训四大主导产业,打造节能减排和绿色低碳发展的典范、中意双边经贸合作的亮点。

【完善基础设施】

全年实施政府性投资项目 15 项,总投资 19 亿元,完成年度投资 4.7 亿元。推进城市森林公园、滨海大道景观绿化、污水输送系统及再生水干管一期等建设工程。其中城市森林公园总投资 2 亿元,集防护、景观、休闲于一体。滨海大道景观绿化工程总投资 1.2 亿元,绿化面积 20 万平方米。在路网建设上,总投资 5 亿元,全长 6 千米的滨海大道完成一期主体工程,核心服务区一期二横一纵路网完成路基工程。在电力保障上,中压电网一期竣工,二期正抓紧前期工作。220 千伏武胜变高压专线工程竣工,110 千伏竹桥变和 220 千伏滨海变完成项目入库、可研、选址意见书、路径协议等一系列工作。

【加快项目落地】

规划设立低碳技术产业园、电子信息产业园、浙商回归产业园等"园中园",开展项目投资信息的搜集和追踪。其中，低碳技术产业园由央企中节能集团投资32亿元打造，占地213公顷，首期67公顷启动建设，有智能型高低压电气成套设备、太阳能制冷技术开发应用等2个项目正式开工，美容器械、环保设备制造、环保设施管理等10个签约项目有序推进。浙商回归产业园占地约67公顷，引进在外浙商的资金、项目、技术和人才，同时配套建设星级宾馆、品牌超市等生活性配套设施，以集聚人气，提升功能，已有4个项目签约落户。

（余姚经济开发区管委会）

浙江千人计划余姚产业园

【概况】

2012年9月23日，余姚市挂牌成立国内首个千人计划产业园，围绕新装备、新材料、新能源、电子信息、医疗器械等战略性新兴产业开展招才引智。2013年4月9日，经省委人才工作领导小组批复，产业园正式定名为“浙江千人计划余姚产业园”。产业园总规划面积约12平方千米，按照孵化基地、中试基地和产业化基地“一园三基地”三位一体的建设思路，分点布局，同步实施。至2014年，千人计划产业园累计有投产项目13个，注册项目19个，共引进“国千”专家19人，“省千”专家3人。此外，66个海外高层次人才项目有明确落户意向，涉及新材料、新装备、新能源、电子信息和生物医疗五大战略性新兴产业，不少项目填补国际或国内空白。

“千人计划”产业园厂房一景

【加强孵化基地服务功能】

年度新入驻企业13家，其中由“国千”专家领衔的4家，分别为诺威医疗、智畅机器人、江丰精密、沧泓电子。引导8家符合毕业条件的企业向外发展，实现孵化空间再利用，保持孵化器的源头活力。

【确定中试基地开发模式】

围绕半导体新材料产业的上下游，依托“国千”专家姚力军团队的技术研发优势，规划建设电子新材料产业基地。同时，为处于种子期的千人计划项目提供加速成长的平台。

【推进产业化基地基础配套】

加快产业化基地各个区块控规以及专项规划的编制、论证和报批，其中一期控规完成报批，低丘缓坡区块完成专家评审，正在报批。强化土地资源保障，完成土地利用总体规划局部修编，争取机器人集聚区建设用地指标40公顷。推进水、电、通信等基础设施和标准厂房项目建设，实现政府性投资1.8亿元，云山中路、云山路、61省道南侧绿化景观工程均完成形象进度的80%以上。首批落户的7个海外高层次人才项目进展顺利，已完成5个项目的厂房建设。

【“千人创业”余姚论坛举行】

6月21日，市政府举办“千人创业”余姚论坛，20余名国家“千人计划”专家围绕如何进一步加快推进浙江“千人计划”余姚产业园建设建言献策。宁波市委组织部副部长、市委人才办主任张良才，余姚市领导毛宏芳、奚明、叶枝利、韩柏顺，“千人计划”专家联谊会副会长、上海飞机设计研究院副院长李东升等出席论坛活动。论坛期间，智能工业自动化和智慧城市产业化项目、超声光散射乳腺成像系统等高端医疗设备项目、智能汽车通信系统及芯片开发项目、亚洲特异性肿瘤的治疗性抗体项目、多元工质吸收式制冷（冰）机项目、半固态压铸汽车高端零部件产业化项目等6项国家“千人计划”专家项目与浙江“千人计划”余姚产业园签约。

（余姚经济开发区管委会）

城西开发建设

【概况】

余姚城西工业园功能定位为打造都市工业和高新技术产业带，从而支撑中心城区的发展。规划总面积13.8平方千米，南至61省道，东至食禄桥江，西至余姚大道，北至姚北工业园，横跨阳明街道、马渚镇，涉及7个行政村。以中间西江和杭甬高铁为分界线，分一、二期建设。一期规划面积6.9平方千米（划给城西工业园6.5平方千米），东起食禄桥江，南至61省道，西至南北大通道，北至杭甬高铁，涉及3个行政村，1131户农户共5941人，农房面积约35万平方米。开发建设初期，由余姚经济开发区负责开发建设。2013年5月，根据市委重大事项酝酿会议、市长办公会议精神，城西工业园与开发区分离，成立市城西开发建设指挥部，指挥部为市政府派出的非常设机构，待开发建设任务完成后撤销。

【安置房一期（北区）工程】

4月工程进场施工，至12月底，桩基工程全部完工，地下室底板大部分浇筑完成，土方开挖基本结束，按工程量计算，已完成建安工程量2.3亿元。

【通环路（城西段）工程】

通环路（城西段）规划选址后，指挥部开始办理立项、指标争取和设计等前期工作。已取得东段4公顷的建设用地指标，相关施工审批也已完成，待所在村土地交地及与肖朗路交叉口拆迁完成后，即可开工建设。

【庙弄农批市场迁建】

联系马渚镇政府，开展拆建地块前期交地、清表、塘渣填埋等出让前工作，同时向省、宁波市供电局沟通，完成高压线移位方案设计。

【征拆清零】

根据市政府关于城西工业园开发建设的总体部署，确定安置房区块、通环路（城西段）新建工程地块、农批市场迁建地块为征地拆迁清零重点。与相关镇、街道拆迁指挥部和村委协调，确保拆迁资金，推进征拆清零工作。全年农户拆迁签约39户、建筑面积16592.75平方米；累计已拆农户572户、建筑面积187803.48平方米，收购企业厂房9家、建筑面积67192.1平方米。截至年末，城西工业园拆迁一期、二期及肖朗路拆迁红线内，尚有79户拆迁滞留户，建筑面积约2.3万平方米（部分未评估），其中影响安置房一期（南区）、安置房二期、农批市场迁建工程、通环路（城西段）工程建设的拆迁滞留户尚有20户，建筑面积约6000平方米。此外，安置房一期地块内前期征地赔偿全部到位，农批市场迁建地块、通环路地块及部分安置房区域内37.5公顷向农户征地补偿基本结束，即将与马漕头村签约交地。

【开发建设中各类矛盾处理】

安排建设资金1700余万元，确保新市里自然村拆迁和已拆迁户临时安置过渡费。开展安置房一期（北区）多方协商工作，及时处理前期政策处理遗留问题，办理规划建设许可证和施工许可证，减少工期延误可能产生的损失。针对丰乐村徐家村民急于拆迁的心理，与阳明街道共同开展解释工作，妥善处理因工程建设可能给周边村民带来的影响，制订徐家自然村拆迁计划。

（城西开发建设指挥部）

电网建设与电力供应

【概况】
2014年，余姚市全社会用电量73.3亿千瓦时，比上年增长3.56%；供电量71.39亿千瓦时，增长2.27%；售电量68.61亿千瓦时，增长2.68%。全社会最高负荷148.11万千瓦；网供最高负荷148.05万千瓦；农网综合电压合格率99.95%，供电可靠率：城镇99.99%，农村99.96%。

【电网建设】
坚持规划先行，衔接城乡发展，编制余姚配网现状分布图和理想分布图。全年投入电网建设资金5.37亿元，开工建设110千伏平桥、单家输变电工程，完成481项配网工程项目建设，新建10千伏线路128千米，新增配变容量29.7万千伏安。投入建设资金3000余万，全面升级15个小区老旧线路。对全市480个台区、450千米农排线路实施改造，完成农排线路总体改造接收任务的80%以上。循环利用旧设备，对鹿亭、方桥2座35千伏变电所实施增容，满足区域用电需求。至年末，配网联络率达80.88%，架空绝缘化率68.47%，电缆化率16.57%。

规范配网设备命名，建立配网设备异动管理流程，深化配调专题图推广应用。实施配网调度管理延伸，在宁波地区率先实现配网分支线调度全覆盖，余姚配网10000条10千伏分支、600余座配电站全部纳入调度管理。开展台区线损治理，推进营配贯通实用化，开展停电到户分析、主动抢修、高压自动业扩报装，提升工作效率。对8座110千伏变电站开展精益化管理评价，推进变电运维一体化。安装低压采集用户8.9万户，推广智能电表14.5万只，实现用电信息采集系统全覆盖。智能总保有效投运数量比率100%，有效投运时间比率达99.88%。

电力工人冒雪巡线

【安全生产】
执行“作业安全十条禁令”，落实“重心下沉、安全第一、现场为大”管控要求。构建公司领导、职能部门与基层单位安全生产联责挂钩考核机制，建立三级反违章检查制度，深化3G移动视频监控应用，开展各级反违章稽查5153场次，查处违章462场次。开展“查找身边的隐患”活动，整改各类安全隐患222条，推广应用安全风险管控系统，评估各级风险作业1491项。21处“跨两高”线路全部整改。以电子台账为平台，一杆一卡完善35千伏线路杆塔“身份”信息，为状态化巡视提供准确依据。

通过政府“挂牌督办”推进电力设施保护纠违，违法建筑得到及时整治。加大技防物防投入，安装台区立式围栏130个，投运低压防盗终端400余套。加强应急基干队伍建设和应急物资储备，开展应急抢修演练。推进安全生产标准化达标，通过县供电企业第三轮安全性评价复评。低塘供电所获全国“安康杯”竞赛优胜班组称号。加强集体企业安全生产无差别管理，设备厂获全国“安康杯”竞赛优胜单位和“宁波市安全文化建设示范企业”称号。市重点治安单位成功挂牌，电力警务室进驻企业，公司因治安安全工作成绩突出受到省公安厅表扬。

【电力营销】

全年新装、增容用户20789户，报装容量计53.6528万千伏安，增长5.04%。截至12月25日零点，全市累计用电户数49.2549万户。

【保供电工作】

年度先后完成春运、“两会”、农博会、全国专业技术人员计算机能力考试、高考、中考、宁波市公务员招录考试、国庆、小家电博览会、第十五届中国塑料博览会、中国裘皮服装节等一批重大活动的保供电工作。

【优质服务】

推进优质服务“三年行动计划”，倡导“依法合规做乙方”理念，开展“无投诉”劳动竞赛。深化营业厅全程引导标准化服务，执行首问责任制和限时办结制。以“人员最精化、效率最大化、服务最优化”为目标，试行营业窗口前后台分离模式，逐步撤销供电服务站营业窗口，提升供电所营业厅规范管理水平。完善49万用户基础信息，客户信息规范率提升至100%。利用信息化手段拓宽互动渠道，全年绑定微信用户1.52万户，开辟手机客户端缴费渠道，新增6台自助缴费终端，供电服务更加便捷高效。

并行优化高压业扩流程，推行低压用户“免填单服务”，在新建居民小区推行“集中装表，分户接电”新模式，提升用电报装工作效率。服务地方经济转型升级，开辟绿色通道，为腾笼换鸟、分布式电源并网、充电桩等项目提供快捷服务。制定《重大活动保供电管理实施细则》，全年完成保供电任务144项。强化抢修专业化、标准化管理，平均抢修响应速度缩短至20分钟以内，平均故障处理时间缩短到80分钟以内，抢修满意率提升至99.9%。邀请网民走进国家电网，全面展示企业良好形象。

【“两保户”如何办理免费用电登记手续】

根据省物价局、省民政厅、省电力工业局《关于我省居民阶梯电价“两保户”免费用电有关事项的通知》精神，城乡“低保户”和农村“五保户”（简称“两保户”）可享受免费用电政策。具体办理免费用电登记手续如下：

一、全市尚未办理免费用电登记的“两保户”和新增“两保户”家庭成员或代办人可到当地供电营业窗口办理免费用电登记手续，并携带以下材料：1. 民政部门颁发的“低保户”或“五保户”证明原件；2. “两保户”户主身份证原件；3. 户口簿或者户籍证明原件；4. 近期电费发票或电量电费通知单；5. 具有法律效力的委托证明材料和代办人身份证原件。

二、供电企业工作人员对照民政部门提供的“两保户”信息，核对一致后，填写城乡“低保户”、农村“五保户”免费用电登记表，登记“两保户”的用电户号、联系电话、身份证等信息，并由“两保户”登记手续办理人签字确认，留存相关证件的复印件。

三、集中供养的“两保户”免费用电登记手续由集中供养单位统一办理。办理人携带集中供养单位开具的介绍信（加盖公章）、办理人身份证原件及复印件，以及集中供养的“两保户”名册、民政部门颁发的“低保户”或“五保户”证明原件及复印件等材料，到供电营业窗口办理免费用电登记手续，并由办理人签字确认、留存相关证件的复印件。

四、对租住他人房屋的“两保户”家庭，在办理免费用电登记手续前，应与房东就免费用电对应的电费处理事宜达成一致。

五、合表用电的“两保户”家庭，在办理免费用电登记手续前，应与合表下其他用户就免费用电对应的电费处理事宜达成一致。

六、“两保户”用电地点发生变更的，应及时携带有关材料到供电营业窗口办理变更手续。

七、“两保户”自民政部门批准的起始月份（但不早于2012年7月）起享受免费用电政策，至被取消“两保户”资格的次月起停止执行。对符合条件的“两保户”家庭，登记前可享受的免费用电对应的电费，由供电企业一次性退还；登记后每月可享受的免费用电对应的电费，直接在当月电费中扣除。

【峰谷电、民用三相电和工业三相电申请步骤】

峰谷电申请步骤。全市各营业窗口均可受理。客户需提供：1. 房产证或土地证原件；2. 房产归属人身份证原件；3. 近期电费发票或电费通知单即可。电费通知单上户名为本人的，可不提供第 1 项资料。

温馨提示：未申请峰谷电前，第一阶梯电价为 0.538 元 / 千瓦时。峰谷电开通后，第一阶梯电价为峰时段（8：00 至 22：00）0.588 元 / 千瓦时，谷时段（22：00 至次日 8：00）0.288 元 / 千瓦时。第二阶梯和第三阶梯分时电价按照峰时每千瓦时加 0.05 元，谷时每千瓦时减 0.25 元标准计收。申请峰谷电后一年不可更改。

居民用户开通三相电申请步骤。全市各营业窗口均可受理。客户需提供：1. 房产证或土地证原件；2. 开户户主的身份证原件；3. 用电设备清单，4. 原用电户号下电费发票或电费通知单；5. 三相电器发票。

非居民三相用电开户申请步骤。全市各营业窗口均可受理。申请低压非居民三相用电的，需提供：1. 营业执照（或组织机构代码）原件；2. 税务登记证原件；3. 法人资格证书原件；4. 房产证或土地证原件；5. 法人代表身份证（或经办人居民身份证原件和法人委托书原件），发票无需开单位名的商业用户可免提供第 1 和 2 项资料，申请高压非居民三相用电的，除需提供以上部分外，另需提供：6. 持有高压进网作业电工证人员进网证原件；7. 厂区总平面图，需开具增值税发票的客户，另需提供；8. 纳税人资格证书，500 千伏及以上客户另需提供；9. 政府主管部门立项或批复文件（企业备案登记表等）。

（钟磊磊）

商　贸

国内贸易与对外经济合作

【概况】

2014年，市商务局（粮食局）以打造区域商务中心为目标，围绕"稳增长促转型，保供应惠民生"两大任务，拓市场、扩消费、调结构、促转型，实现商务经济的平稳发展。全年实现社会消费品零售总额388.1亿元，比上年增长13.1%；实现进出口总额91.7亿美元，增长10.2%，其中，出口70.84亿美元，增长9%，进口20.89亿美元，增长14.6%；实现境外中方投资额1.48亿美元，增长20.7%，实现境外承包工程9927万美元，增长20.3%；实现服务外包执行额13.56亿元，增长25.6%，实现服务外包离岸执行额1.16亿美元，增长40.2%。获宁波市电子商务工作大奖金奖、商贸经济贡献银奖、商贸民生发展银奖、外贸工作银奖、外包工作银奖等奖项。

【现代商圈建设】

引建城市综合体。华润五彩城于6月28日正式开业，汇聚横跨10个业态的140余个国内外优质品牌。四明广场三大主力店——新华联百货、华润超市和大地影院相继开业。华联商厦完成年度品牌结构调整，太平洋大酒店提服务、促转型，逐渐走出销售负增长态势。城西商圈发展良好，逐步打造成为特色夜市区块。

"市场强市"工程。实施"一企一策"政策，裘皮城二期按时开业；红星美凯龙国际家居生活广场于10月开业，实现销售额近6000万元；出台中国有色金属材料城引旺方案，实现销售60亿元。

乡镇商贸建设。泗门卫星城嘉悦城项目进展顺利，泗门宾馆、琴岛国际大酒店等项目完成改造提升，销售业绩出现大幅增长；四明湖度假村开元大酒店项目发展良好，实现销售4837.5万元；村级商业中心创建工程完成三年行动计划目标，全市共创建村级商业中心55个，农村商品配送中心项目进展顺利。

【消费平稳增长】

举办促销活动。坚持"有节造节，无节造势"，营造消费氛围，配合举办农博会和两节市场促销活动，重点策划实施以"马上享受，梦想在余姚"为主题的商贸年度系列促销活动。借助现有商业资源，组织各大商业广场、大中型商场、超市、汽车4S店、餐饮企业等开展消费促进月和金秋购物节活动，全年共组织各类消费促进活动100余次。

培育消费新增点。全年累计新增商贸企业621家，其中限额以上商贸企业（含限额以上个体户）22家。在各类消费刺激政策取消的情况下，适时调整培育重点，抓住灾后重建、结婚大年等有利因素，提升汽车、餐饮等行业的消费增长。发挥中国裘皮城辐射力，培育裘皮消费热点，上海余姚中国裘皮城于12月试营业，经营面积4.2万平方米，入驻高端裘皮、皮衣商家220家。

开拓国内市场。加大对开发市外市场的政策支持，继续支持上海、郑州、成都、义乌、杭州等5家“余姚名品直销中心”平台，开展名品推介、活动促销等，全年各大名品直销中心累计实现销售额近5000万元。中国裘皮城继在西安、哈尔滨开设裘皮市场后，又在上海开设裘皮卖场，三个市外裘皮卖场实现销售3亿元。

【促进外贸外经发展】

外贸转型升级。实施外贸“四换工程”，在政策扶持、参展参会、基地建设、品牌提升、企业培育等方面加大服务力度。全年新增外贸企业343家，新增宁波市级以上出口名牌8个，欧美等传统出口情况逐步复苏，对欧洲市场实现出口22.2亿美元，增长11.84%；对美国市场实现出口16.23亿美元，增长11.66%。

境外投资实现新突破。加快企业“走出去”步伐，鼓励企业构筑国际营销网络体系，扩大企业在全球的布局，全市新批境外企业26家，宁波燎原灯具股份有限公司在德国法兰克福投资1500万美元设立集品牌营销、研发设计、生产加工一体的境外公司，宁波舜宇光电信息有限公司继在韩国、以色列设立研发设计贸易公司后，在美国设立MEMS移动设备有限公司。同时鼓励企业申报相关外经资质，扩大境外承包工程队伍，宁波易鑫诚电器有限公司、浙江和惠照明科技有限公司先后获境外承包工程资质。

【推动服务产业进步】

电子商务园区建设。搭建电商平台，制订电商发展规划，出台电商专项扶持政策，成立市电子商务协会，同时引进“慧聪网”，成立阿里巴巴余慈商学院，浙江甬易支付公司“甬易宝”正式上线运作。加快“电商换市”步伐，坚持电商与物流融合发展，引进新型物流项目，丰树宁波余姚物流产业园区项目正式签约落户余姚。

服务外包示范园区培育。重点推进阳明188文化产业园、市科创中心、文山创意园等3个园区的集聚发展，加强调研走访，鼓励相关行业的服务外包企业入驻园区，全年新增服务外包企业15家，新入驻园区4家。提升政策规划的引领导向作用，推进“退二进三”项目25个。

【深化民生保障事业】

增强市场保障能力。紧扣粮食工作新形势、新要求，加大投入力度，提升服务质量，保障农户利益，全年累计收购小麦、早稻和晚稻近7.5万吨。整合粮食库点网络体系，对全市17个旧粮站进行整合布点，增加2个中心粮库，第三中心粮库初步选址于马渚斗门，第四中心粮库选址于黄家埠。修订生活必需品、粮食、菜篮子等应急保障预案，完善配送网络，落实“菜篮子”“米袋子”等重要商品物资供应储备。

提升消费服务环境。全面保障夏秋淡季蔬菜供应数量充足，质量安全和价格基本稳定，同时加强蔬菜农药残留自检工作，确保“菜篮子”商品质量安全。推进肉菜追溯体系建设，实现“菜篮子”基地四个项目——扩大生产规模、品牌建设、冷库设施建设、农残检测自控通过“市级菜篮子基地项目验收小组”的验收。开展“放心柜”宣传教育，普及食品安全常识，营造生鲜农产品放心消费氛围，完成余姚市家家福超市伊顿店、富巷店、白云店三家超市的“放心柜”建设工作。实施菜市场管理提升工程，向外学习考察，对内加强绩效考核，提升管理，余姚凤山菜场、文山菜场、富巷菜场、低塘菜市场被认定为2014年省放心农贸市场示范单位。

加强行业管理。开展商务执法队伍建设，落实商贸企业安全生产经营责任制。开展成品油、煤炭、民爆、典当、酒类流通等行业专项检查整治行动。推进清理大型零售企业向供应商违规收费、商务诚信和商业预付卡规范化等管理工作，规范市场秩序。

（黄　珊）

招商引资

【概况】

2014年,市招商局围绕“稳中求进、转中求好”的工作总基调,继续实施招商引资“一号工程”,以形成新的经济增长点为核心,引进有助于结构调整、产业集聚和转型升级的相关项目,全市招商引资创历史最高水平。

【外商投资】

全年新批外商投资企业66家,合同外资93050.04万美元,实际利用外资39133万美元。新批合同外资千万美元以上大项目34个,合同外资86183.6万美元,占合同外资总额的92.62%。全年增资企业24家,净增合同外资金额10239.64万美元,占合同外资总额的11%。新批66个项目中,符合国家外商投资产业指导目录鼓励类的有24个,占36.36%;现代服务业项目比重增加,新批现代服务业项目23个,占34.85%。国家级生态园——中意宁波生态园落户余姚。先后赴意大利、德国、荷兰进行中意(宁波)生态园项目的推介和实地考察相关项目;筹划组织小分队参加加拿大—浙江经贸对接洽谈会、浙洽会、塑博会等招商活动。成功引进宝洁—梯瓦、新加坡丰树等世界500强企业投资项目。

【国内投资】

全年实现余姚市外实到内资66.71亿元,宁波市外实到内资51.18亿元。内资招商结构趋于优化,新引进注册资本2000万元人民币以上内资项目(含增资)11个,新引进总投资3000万元以上内资项目17个。通过转变招商引资方式,突出集聚招商和委托招商,加大滨海新城、浙江“千人计划”余姚产业园、浙商回归产业园、中意(宁波)生态园和其他产业基地的建设力度,集中引优质资源。先后赴北京、长春、广州、深圳、上海、杭州等地区开展招商引资活动,同时借助深圳·宁波周、中国余姚—意大利企业合作洽谈会、塑博会等重点活动开展项目推介工作。成功引进新能源汽车产业园、中国慧聪家电产业新城等重大项目。

【浙商创业创新】

2014年是余姚市开展浙商创业创新工作的第三年,全年浙商创业创新实到资金51.46亿元,回归项目数42个,其中工业类项目26个,商贸和公益类项目16个,完成全年目标任务的285.89%。多渠道收集在外浙商、名人信息,充实浙商创业创新信息库。通过“浙商姚商家乡行”“‘八倍增、四提高’科技服务专项活动”等活动,引导支持浙商姚商回乡创业创新,提高招商引资的质量和效率。

【以企引企】

继续推进“以企引企”工作,发挥企业的主体作用,打好感情牌、推介牌和引领牌,引荐更多的投资者到余姚考察投资,形成“引进一个、壮大一个、带来一批”的联动效应。全市“以企引企”已注册项目达到规模以上家数转化为62家,完成全年目标任务的103.33%。

(市招商局)

供销合作社

【概况】

2014年，市供销联社被确定为全省供销社综合改革试点单位，社有经济实现“三连增”：实现总经营收入16.26亿元，比上年增长24.3%；实现利润1053万元，增长16.1%；所有者权益1.61亿元，增长10%，获全省供销社系统综合业绩考核特等奖。

【基层合作经济组织改革】

按照“合作制、实体化、开放式、全覆盖”要求，通过新建、改造、提升等措施，以“社社一体”“社司一体”“社村联合”等模式，推动基层供销社重构体系、重整功能、重塑形象。新建河姆渡等3家新型基层社，改造临山等5家基层社，对名列全省“50强基层社”的泗门供销社进行综合改革，把泗门供销社打造成为省级示范社。在推进基层组织建设中，全面恢复基层社代表大会、理事会、监事会等“三会”管理体制，确保新型社的正常规范运作。同时，通过资产整合、功能聚合、组织联合等措施，新建姚东等4家经营服务综合体，提高新型社的经营服务能力。在实行开放办社过程中，注重择优吸收农民专业合作社领办人和农业龙头企业负责人进入基层社，让之成为推动基层社改革发展的新生力量。强化带动和引领作用，发展农民专业合作社，新参办市舜昌瓜果专业合作社等13家专业合作社，建办总数达49家。

【为农服务体系改革】

改革农资连锁经营管理体系，对甬舜农资公司下辖的连锁店实行二级法人治理，加强农资连锁示范店建设，开展作物病虫害统防统治、农技信息咨询、双夏优质农资服务月等惠农支农活动，使农资服务向产前、产中、产后的全程化服务方向发展，推进农资服务转型升级。全年供应化肥农药4万余吨，销售1.1亿元，开展水稻统防统治面积1833公顷，进行科技试验示范、信息技术和测土配方等100公顷。构建现代农产品流通体系，新建姚东、泗门供销农产品直营店，参与组织“江南葡萄节”等节庆推销，筹建淘宝“特色中国·余姚馆”，发挥农产品经纪人队伍作用，推进农产品产销对接活动，共销售农产品4.7亿元。深化盐业、日用品、再生资源等经营网络建设，增强流通服务功能，发挥保供应、稳市场、惠民生的作用，全年市盐业公司供应各类盐产品7万余吨，浙东供销超市销售各类日用品6.4亿元，改造再生资源回收示范站5家。发展农村金融业务，新建市齐昌渔业专业合作社资金互助会，缓解农业生产经营资金短缺问题。开展农信担保和助农金融服务，提供农信担保760余万元，与建设银行开展“普惠”金融战略合作，发展银行卡助农服务点，逐步开展对种养殖大户的支农贷款业务。

【社有资产管理模式改革】

按照建设实体性合作组织的要求，推进社有资产管理运营模式改革，确定集体资产经营中心为社有资产管理运营主体，代表市供销社行使出资人职责，按照“隔离而不脱离”原则，建立市供销社与集体资产经营中心统一领导、统一管理、一体化运行的组织架构。制定《关于打造社有资产管理升级版的意见》，以资产保值增值为核心，实行“收入一个笼子，预算一个盘子，支出一个口子”的社有资产管理办法，逐渐从管资产向管资本转变，使资本流向更加合理、结构更加优化、运营更加有效，使过去“沉睡”的社有资产真正“活”起来，为发展为农服务事业提供资本保障。

【社有企业转型升级】

坚持以创新促转型、以调整促转型，指导社属企业适应形势，调整经营结构，推进经营创新，在坚持做大传统经营业务的同时，介入新兴服务业，参与农业产业化经营，拓展发展空间，提高市场竞争能力和服务能力。全年社属企业实现销售5.81亿元，实现利润390万元。根据社属企业实际情况，制定出台《2014 年度社有企业绩效考核办法》。同时，加强企业财务预算编制、执行和监督，强化企业安全管理，以建立社会责任报告制度为契机，推动社有企业成为依法经营、服务社会的表率。年度完成 1.7 公顷市级农资配送中心的土地摘牌，并推进项目一期工程建设，增强农资区域配送能力和救灾储备能力。新建防汛物资仓库，加强“三防”物资的储备和供应，提高企业的可持续发展能力和公共服务能力。

（华晓川）

烟草专卖管理

【概况】

2014 年，市烟草专卖局（分公司）共批发销售卷烟 53800 箱，下降 0.2%。批发销售额 19.4 亿元，增长 5.38%；单箱销售额 3.61 万元，增长 5.59%。全年网上订货客户达 5753 户，占总数的 87.26%；网上配货 520 户，占总数的 7.89%；现代终端客户 850 户，已完成年度目标；开通网上结算户数 1044 户，占总数的 15.83%。全年人均配送效率 1511.67 箱，增长 4.53%；单箱物流可控费用 12.83 元，比上年 13.83 元下降 7.23%。

【品牌培育】

年度重点品牌销量 44140.48 箱，增加 8.06%，占总销量 82.05%。专项品牌优先发展，销售七匹狼 879.85 箱，上升 5.36%；销售金圣 127.34 箱，下降 1.37%；销售焦油含量 8 毫克 / 支及以下的国产卷烟 11409.55 箱，占卷烟总销量的 21.21%。

【专卖管理】

创新办案理念，破获网络案 3 起，上升 33.33%。实施“两法三线”，强化内管监督水平，查获 5 万元以上真烟案件 11 起，上升 51.43%，市场净化率在 98% 以上。许可证总量明显下降，比年初减少 301 户，无真烟外流发生。案卷被市政府评为“十佳行政处罚案卷”。

【基础管理】

实行全员岗位预算并利用网上数据进行预算分析，使预算计划更为精准；员工双聘办法的细化与安全责任追究考虑至细节，体现管理的日益精细；落实客户类别不当调整与真烟外流的责任承担，实现精准营销与专卖内管与“零对接”；实施“两法三线”管理办法与制定零售客户个性化服务办法，体现管理与服务的有机结合；运行“5S”市场管理标准与营造“五有”零售市场文化，开拓市场培育与管理的新模式。管理体系纳入超常规考核，人人担责、人人出彩。获“精实甬烟杯”转型提升在岗位主题征文活动一等奖 1 项、三等奖 1 项。创新项目立项 3 项，取得成果 2 项；新登记 QC 小组活动课题 7 个，在宁波市烟草系统 QC 活动评审中获二等奖 1 项、三等奖 1 项，“精益求精”小组获“宁波市质协优秀小组”称号；2 项专利获国家知识产权局授权。

（市烟草局）

盐务管理

【概况】

2014年，全市销售各类盐产品75658吨，其中腌制用盐66133吨，小包装盐3926吨，工盐4115吨。非盐商品销售收入3604万元，增幅达244%。实现商品销售总额10633万元，利润436万元。

【蔬菜加工用盐旺季专项检查】

加强对有涉盐违法前科人员的排查和监控，不间断地到田间地头、菜池和加工企业进行盐政执法检查。针对国家发改委对食盐准运证权限的下放、外界误认为食盐已经放开和工业盐冲销工业盐市场的新情况，分别派员向市农林局、市场监督局领导汇报，联合下发“关于禁止工业盐用于蔬菜腌制加工的通告”，在姚西北7个供应点进行张贴，严防私盐冲销。

【工业副产盐专项检查与管理】

为确保从源头上堵截工业副产盐流入食盐市场，对一家月产出50吨左右工业副产盐的企业实行产出全过程监管，并继续签订《工业副产盐监管责任书》，严防副产盐流入口食盐市场。共出动盐政人员310人次，检查食盐配送点、食盐零售店、工业企业、农贸市场等2695家次，保证全市食盐市场安全和各类盐产品有序供应。

【榨菜用盐供应】

年度全市芥菜、榨菜种植面积5333公顷，榨菜亩产3500公斤左右。为此，市盐务局开展为期一个月的“打好攻坚战、全力保供应”榨菜供盐专项活动。全年共销腌制用盐66133吨，实现社会效益与经济效益双赢的工作目标。

【小包装碘盐和多品种盐供应】

加强对城区主要销售网点和全市食盐委批点的联系沟通，推动新品种盐推广工作，及时开展新品种上货架与顾客见面工作，经常召集有关部门了解各食盐经营网点销售情况，保证小包装碘盐有序供应。对交通不便、偏僻地区的零售供应点要货，做到24小时内送盐上门，对其他食盐零售店分别采取不定期、定期送盐上门的办法。全年共销售多品种盐3926吨，市场产品结构变化明显，消费需求日渐多样化，实现多品种盐全覆盖，保证广大消费者吃上安全放心的多品种盐。

【非盐经营新业务拓展】

全年各类非盐商品销售额3604万元，增加244%，其中销售味精1253吨，大豆油11639桶，散装菜油316吨，酒类商品15.1万元，洗洁产品5.6万元。实现利润110万元，增加127%。

【内部基础管理】

为适应盐业改革步伐，早日融入市场化轨道，提高市场竞争能力，制订对标管理工作整改方案。重点是对三项费用占营业收入的比例进行对标挖潜，年度分别下降23.50%、21.81%、33.33%，促进公司经营管理水平和综合竞争力的提高。加强企业预核算管理，确保资金使用安全，对资金集中管理，严格控制预付、赊销等经营行为，保证重点业务运行。完善公司各项管理制度，健全仓库存货台账，定期开展库存盘点、清理工作。

（杨志明）

中国塑料城

【概况】

2014年，中国塑料城市场交易额首次突破千亿大关，实现总交易额1062.57亿元，增长8.1%，总交易量864.16万吨，增长8.7%。其中，现货市场交易额实现550亿元，增长8%；交易量380万吨，增长6%；网上市场交易额实现512.57亿元，增长8%；交易量484.16万吨，增长10.8%。网上网下交易额均创历史新高。

【现货市场】

市场交易额创历史新高。现货市场交易额实现550亿元，增长8%；交易量380万吨，增长6%。以提升市场整体竞争力为方向，鼓励企业通过现代营销手段，做大规模，吸引市外规模企业在市场集聚。涌现浙江巨雄进出口有限公司、宁波中栋国际贸易有限公司等一批新的塑料贸易巨头，在全市外贸50强企业中，塑料城企业占9家，其中宁波晶圆贸易有限公司列第二位。

诚信市场建设。按照《诚信中国塑料城建设三年行动规划》方案，推进诚信市场建设项目，全年有14家企业获2013年度全国文明诚信经营示范商户称号。规范市场行为，继续开展"严厉打击假冒伪劣"活动，加强日常的巡查和监管力度；制订塑料城信用评价体系企业信用考评指标，被宁波信用办列为信用试点；结合党的群众路线教育实践活动和塑料城建城20周年庆祝活动，联系走访企业，宣传中国塑料城精神，鼓励企业争做诚信典范，营造市场诚信经营氛围，树立城内企业主人翁精神，增强企业凝聚力，深化市场品牌建设。

【网上市场】

市场发展开拓创新。网上市场交易额实现512.57亿元，增长8%，交易量484.16万吨，增长10.8%，交易额创历史新高。以市场建立十周年为契机，推出交易促销活动，并通过举办"中小企业金融服务推介会"、客户推广座谈会等方式，推介公司交易业务，发展新客户；完善交易机制，开发更新仓单交易软件，仓单交易系统已进入公测期；更新"谈生意"洽谈软件，推出"中塑现货"交易手机版软件于10月全新改版上线；完善代理挂牌、代为采购服务功能，推出仓单交易回归现货模式，活跃交易；与平安银行合作开发"中塑现货商城交易会员在线融资"项目，5月4日正式投入运营，有力解决中小企业融资难问题；提升资讯服务功能，全年采集、发布信息5.6万余条，中塑指数价格采集累计17万余次。11月，网上市场在浙江股权交易中心挂牌上市，为引入新的战略合作投资创造条件。

第三方支付平台日渐成熟。3月3日，"甬易支付"第三方平台正式上线运营，是目前全省唯一具有大宗商品交易与支付结算经验的第三方支付平台。首年实现支付结算额500亿元，实现利润526万元。截至年末，平台已与宁波大商所等35家单位签署合作协议，监管模式已对接余姚网上市场的中塑仓单与中塑现货两个交易系统，二方商城与通道模式已对接11家。正寻找战略合作伙伴，投资组建云支付项目公司，已有两家企业的运维布置在平台上，同时已启动P2P票据贷资金托管和跨境支付两项创新业务项目。

【项目建设】

招商引资。3月31日，总投资30亿元、一期投资10亿元的余姚中国·慧聪家电产业新城项目正式签约，所需4.7公顷土地于12月2日摘牌，项目将打造"国家级家电会展、电子商务、交易中心"三位一体的中国家电电子商务产业基地，建设华东地区家电产业最大的常年展示、贸易、电子商务中心；塑料城中央商务区宾馆项目整体招商完成，由深圳同盈股权投资基金管理有限公司投资1.2亿元整体购置，将为广大塑料城企业提供交易办公、商务洽谈、住宿餐饮、休闲娱乐、公共服务等一站式服务；北京首研新材料项目已落户滨海新城涉塑产业园，总投资 1.85 亿元，注册资本 3000 万元，用地 3.3 公顷。

重点项目。新市场二期中塑世纪大厦项目如期交付，中塑新苑完成外墙工程并开盘销售。在中塑会展中心西首新建停车场，缓解塑博会期间停车难问题。涌金桥修建项目有序进行，年内完成拆除老桥，计划于 2015 年上半年完成修建。

【塑料研究院研发合作】

依托改性塑料分会，加大研究院与塑料城生产企业及重点贸易企业的合作力度，解决企业技术难题，已与 4 家生产企业签署合作协议，与 1 家贸易企业就 4 个新产品达成初步合作意向。以浙江省塑料加工技术创新服务平台为基础，提升检测服务能力，为企业提供免费检测服务 116 家，电话技术咨询 120 余家。加快产能升级步伐，工程塑料生产能力达到年产 5000 吨水平。

【会展产业创新发展】

年度余姚市继续蝉联“宁波市会展业发展综合奖金奖”。6 月和 10 月，“第三届中国（余姚）县域会展产业创新发展研讨会暨中国会展经济研究会县域会展经济专业委员会 2013 年年会”和“’2014‘中国尊’中国盆景收藏家藏品国家大展”在余姚举办。全年在会展中心举办展览 16 个，专题活动 4 场，重要会议（论坛）6 个，实现成交额或协议资金 50.79 亿元。第十六届塑博会期间，共设展览面积 4.2 万平方米，展位 2000 个，展区 4 个，436 家企业参展。参会有效客商 2.2 万人，较上届增长 10%，展会总交易额 35 亿元，参展参会客商满意率达 95%。推进中国小家电博览会市场化运作，明确由慧聪网主办，每年 3 月和 8 月各举办一届。培育新的专业展会，举办“首届中国（余姚）铜产品及加工技术装备展览会”。推进展会运作的专业化和规范化，推行重要展会第三方评估认证相关工作。

第十六届中国塑料博览会开幕式

【物流平台功能完善】

东方物流以“创新发展、做优做专”为宗旨，创新公司业务，开展货运配送业务和大包装换小包装的仓储增值业务，提高服务水平。同时，根据海关总署出台的关于转场报关业务的相关政策，开展恢复海关堆场业务的申报工作，为全面尽快恢复堆场业务作准备。

【第三届中国县域会展产业创新发展研讨会】

6 月 26 日，由中国会展经济研究会主办，宁波市会展经济研究所、中塑国际展览管理有限公司承办的“第三届中国县域会展产业创新发展研讨会暨中国会展经济研究会县域会展经济专委会年会”在余姚举行。来自会展行业的 90 余位领导与专家听取余姚市会展工作情况介绍，肯定余姚作为首个“中国县域会展经济研究基地”的会展工作成绩，认为余姚的会展经济结合自身的特点与优势，发展水平走在全国前列。各位代表还研讨县域会展规划与机制探索、会展产业综合体建设、会展人才培养、新形势下县域会展经济的转型升级等议题。

（王　婷）

出入境检验检疫

【概况】

2014年，余姚出入境检验检疫局共检验检疫出境货物18125批，金额5.0亿美元，较上年增长10.93%和1.03%。其中，检出不合格出口商品259批601.5万美元，分别增长1026.09%和1162.52%。出具通关单17529份，换证凭单（含电子转单）2635份。签发FormA产地证书25680份9.24亿美元，分别增长-0.82%和4.67%，区域性优惠原产地证书7017份2.08亿美元，分别增长16.04%和8.48%。

【探索出口商品宏观质量管理方式】

7月起，分别成立质量风险管控和质量执法稽查工作小组，对8家高风险企业进行风险排查，发现假冒原产地等违法行为1例，证书有效性问题3例，产品风险14例，整理形成警示通报2条，产品宏观管理取得初步成效。11月至12月，根据辖区出口商品实际，首次自行组织抽查42批次目录外商品，主要涉及吸尘器、电水壶、灯具、塑料保鲜盒、搪瓷锅、蹦床和摇椅七大类特色产品。

【出口电器质量安全示范区建设】

联合六部门、两协会先后出台《检验检疫联络员制度》《联合检查制度》等规范性文件，同时成立示范区技术专家委员会，对共性关键技术项目进行业务指导。累计发布《质量安全示范区建设简报》7期、《出口电器国内外信息通报》11期、《出口电器安全警示通报》22期。通过部门联动、协会推动、企业带动，示范区形成以技术、品牌、质量、服务为核心的出口竞争新优势。11月26日，“余姚出口电器（家电、灯具）质量安全示范区”通过国家级现场考核验收，为余姚家电、灯具两大出口支柱产业转型升级注入活力。

【出口产品质量监管模式改革】

创新“出口食品监测通检”模式，解决检测周期长与通检便利化的矛盾，通检时间从2周缩短至2—3天，使得国外通报和退货数量相应大幅减少，实现“放、管、治”三方面有机统一。探索出口危险货物“信用放行”模式，开展模式调研，修订《“信用放行”模式工作规范》，已进入实施阶段，初步选定5家企业，纳入新模式企业50%至70%的货物将不需要现场抽批检验。

IECEE（国际电工委员会电工产品安全认证组织）专家组对宁波电气安检中心（余姚）实验室进行CBTL现场评审

【推进地方贸易便利】

推广无纸化报检等贸易便利化措施，通过调研宣传，鼓励企业申请；加强指导监管，确保风险可控；推进电子档案，减轻企业压力。全年共计7776批合计2.04亿美元货物通过无纸化报检模式通检放行，辖区内约4成出口货物实现无纸化报检。创新推行“一站式”窗口服务新模式，优化、整合现有资源，从原来的10类简化为3类，单次业务平均办理时间缩短5/6。

【产地证资源开发】

开展原产地政策特色帮扶，召开区域优惠原产地政策利用情况通气会，深入50余家企业开展宣传，发放材料300余份，走访外贸实效企业和自贸区重点企业20家，举办培训5期，350余人参加。对300家企业开展调研，搭建产地证政策平台，深耕产地证“沃土”，助力企业海外掘金。全年共签发各类原产地证书41209份，金额14.6亿美元，签证份数和金额分别增长3.7%和6.3%，新增产地证备案企业219家，增长18.38%。

【政务信息工作实现质的突破】

完善总局直报点考核和写作机制建设，举办信息宣传研讨会，开展稿件专题策划和经验交流，形成科室内合作、跨科室合作及跨局合作的多重合作模式。围绕检验检疫改革和工作报问题、提建议，全年被总局专报录用15篇，被中办国办录用11篇，分别获李克强总理、汪洋副总理批示1次，支树平局长批示3次，专业深度获支树平局长点名表扬并批示推广，信息宣传排名宁波局系统第二位，列总局直报点第二位。

（朱 颖）

海 关

【概况】

2014年，宁波海关驻余姚办事处共审核验放报关单1319份，其中进口1118份，出口201份；征收税款3407万元，其中关税718万元，增值税2689万元。共开展企业稽查57家，查发问题17家；完成保税核查109次，核查补税454.7万元；完成减免税核查企业15家，完成率100%。共审批减免税货物22票，审批货值823.7万美元，共计减免税款497万元，其中减免关税424.8万元，减免增值税72.2万元。共备案加工贸易手册合同707份，合同备案金额1.7亿美元；手册核销756份，核销金额1.7亿美元；内销征税金额2265万元。

【通关业务改革】

加大通关作业无纸化宣传力度，扩大网上签约企业比例，巩固扩展基础税源。利用现场、报纸、网络等平台，开展长江经济带海关区域通关一体化、关区通关监管模式调整等政策的宣传，吸引余姚辖区企业“回家报关”。全年共征收税款3407万元，增长62.6%。

【加工贸易改革试点】

针对辖区部分企业手册料件、成品项目繁多，单耗对应关系简单的情况，试行加工贸易手册合并备案管理。2家试点企业手册变更次数减少90%，既方便企业内部操作，又降低企业管理成本。参加总署“加工贸易单耗标准和单耗管理课题项目”，派员多次深入企业走访学习，了解产品加工工艺过程，申报并撰写《镍钴锰氢氧化物加工贸易单耗审定办法》研究报告，并制作2个制作工艺视频，已上报总署。

【稽查集约化管理】

开展“绿风”专项行动，对6家相关企业开展稽查，共发现问题企业1家。通过内外勤协作、前后期配合模式整合稽核查人力资源，扩大稽核查成果，共查发问题企业30家，补税457.33万元。移交缉私7起，立案4起，其中1起刑事立案，立案案值1700万元，涉税300万元。

【简政放权】

落实总署取消和下放的7个行政审批项目，突出管精、管少、管好，提高海关管理和服务效能。仅免收加工贸易外发加工风险担保金一项，全年为企业节省资金700余万元。同时取消报关员资格核准、简化报关企业注册登记手续后，降低报关企业经营成本。全年新增进出口企业465家，增长24.3%，新增企业数创历史新高。

【助推余姚重点项目】

支持“中意（宁波）产业园”“浙江省千人计

划余姚产业园”等重大项目开展，专门开辟“绿色通道”，专人专岗负责园区企业海关业务。同时提前介入，主动联系发改委等部门，通过归类辅导、缩短办理时限等内部管理措施，帮助企业享受国家减免税政策，确保企业第一时间完成审批手续。“千人计划余姚产业园”第一批减免税进口设备已顺利入园。

【服务进百企】

配合全市“促企强企稳增促转”工作，开展“改进作风促发展，优化服务进百企”专项帮扶活动。确定辖区110家企业作为帮扶重点，从规范管理、简化流程、政策落地、转型升级、部门协作五方面入手，优化服务理念，发挥海关职能，为企业提供“门对门”“一对一”的个性化帮扶服务，实现关企对接。已实地走访69家进出口企业，帮助21家企业解决28个具体问题，帮助1家企业解决重大通关难题，为5家企业节约年经营成本20余万元。

（宁波海关驻余姚办事处）

交通·信息

交通运输与管理

【概况】

2014年，全市共新建公路86.8千米（含新建农村联网公路82.8千米），改建公路75.65千米，公路建设投资128863万元。年末全市公路里程1937.043千米，其中国道72.153千米，省道153.447千米，县道388.545千米，乡道341.812千米，村道981.086千米。按技术等级分，有高速公路41.992千米，一级公路192.703千米，二级公路106.108千米，三级公路182.082千米，四级公路1414.158千米。公路密度127.1千米/百平方千米。

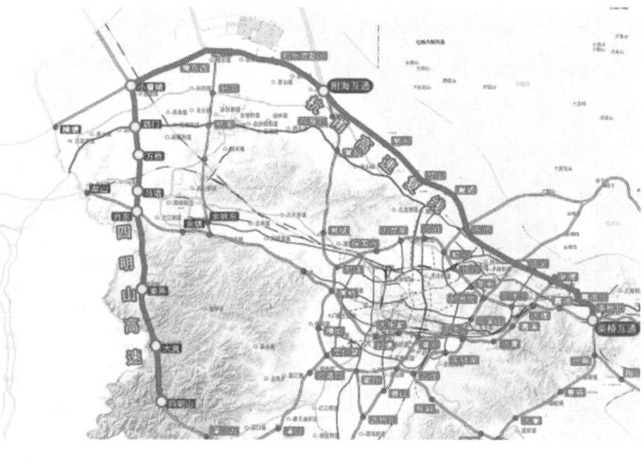

宁波高速公路网新版规划示意图

【交通基础设施建设】

全年完成建设资金15亿元，推进杭甬高速至沿海北线高速余姚连接线、陆埠互通、浒溪线、梁周线、329国道等国省道建设。其中，浒溪线拓宽改造二期工程除政策处理未落实段外项目全部完工，梁周线拓宽改造一期金型二路至329国道完工；实施历石线等12条县道公路灾后重建，完成64个项目82.8千米农村联网公路建设。

【交通安全管理】

以“打非治违”“安全生产月”“道路客运安全年”活动为载体，重点整治“二客一危”企业，落实重大事故隐患挂牌督办制度，对违反相关安全生产制度的企业实行“零容忍”，依法吊销1家违规经营旅游公司的道路运输经营许可证；根据《余姚市人民政府关于印发余姚市安全生产网格化管理工作实施方案的通知》精神，结合交通实际，制定印发《交通运输行业安全生产网格化管理工作的通知》，完善全市交通运输行业安全生产监管体系；细化考核指标体系和考评细则，深化“平安交通”建设。道路运输死亡事故率下降66.7%，水上安全无事故，行业安全形势整体平稳。

【公路养护管理】

以创建“养护示范公路”为契机，新增养护机械 10 台（套），开展养护机械化和机械换人工作，推进养护规范化，全年共投入约 750 万元，完成沥青路面坑槽、沉陷修复、塌方清理、护栏维修等多项养护工作；配合森林余姚创建，以干线公路为重点，落实 230 万元对东连接线、余慈连接线、古乍线等主干公路约 43 千米路段的 30000 平方米的绿化进行补植，投资 220 万元对 329 国道、甬余线、东环线等公路的约 50 万平方米绿化进行修剪、防虫、施肥、除草等工作，提升公路绿化形象；加强公路桥梁养护，按照国省道及农村公路桥梁、隧道管理责任体系，坚持经常性检测制度，全年共投资 650 万元，完成 19 座四五类桥梁的加固改造。

【超限超载管理】

探索建立“政府主导、分级负责、联合执法、综合治理、标本兼治”的货运车辆超限超载长效管理机制，制订完成综合治超工作方案，牵头组织成立治超大队，超限运输综合治理各项工作全面铺开，在市政府出台《余姚市加强公路车辆超限超载综合治理实施办法》的基础上，货运车辆路面动态称重检查网络建设等稳步推进，综合治超体系逐步建立，走在宁波各县市前列。同时，按照上级部署开展各类专项联合治超行动，全年共查获违法超限运输车辆 641 辆，卸载货物 19021.9 吨，有力遏制超限运输势头。

【路政运政执法】

结合“三改一拆”和“公路边三化”工作，全年共拆除违章建筑 440 平方米，整治马路市场 124 个，清理公路堆积物 753 立方米，拆除非公路标志牌 702 块；开展路政案件办理工作，全年共查处违章案件 575 件，办理路政许可 9 件，办结各类行政处理案件 957 件；完成 605 套公路标志的调整、修复、新增和 11084 平方米标线的补划。全年受理运政类申办件 5289 件，办理行政处罚案件 1654 件；查获涉嫌非法营运车辆 63 辆，处罚各类违章大客车 120 辆，查处违章出租车 282 辆，有效净化道路运输市场秩序。

【交通运输管理】

新增、优化调整公交线路 13 条，完成原汽车西站改造和 1 个城区公交首末站（站场）新建工作。全年公交客流 6358.47 万人次，提升 3%。正式启用出租汽车服务中心，淘汰 236 辆客运及货运黄标车，投放新能源公交车 17 辆。应对高铁开通对客运班线造成的冲击，引导企业更新经营理念，转变经营策略，通过稳固优势领域、整合客运资源、优化发班模式、提升服务水平等方式，适应客运市场地变化，引导客运企业转型升级。

【高速公路大隐收费站 ETC 扩建工程完工】

作为 2013 年宁波市民生工程之一，沪杭甬高速公路大隐收费站 ETC（自动收费）车道扩建工程经过近 4 个月的施工，于 2014 年 1 月 8 日完工并投入使用。扩建改造项目包括大隐往宁波入口方向收费站新建工程、出口 ETC 车道扩建工程、副站旁 S318 省道改造工程及相关附属工程。自此，大隐站具有 3 进 3 出 6 车道的规模。

【《余姚市县乡公路网调整规划》通过评审】

5 月初，在市交通局主持召开的评审会上，《余姚市县乡公路网调整规划》原则通过评审。按照宁波市县乡公路网调整规划编制工作要求，余姚市完成分规划的编制，在调整后的国省道网络基础上，对现有的和规划的县乡道及具有县乡道功能的村道进行梳理，优化路网结构及线路走向，构建新的公路网络。根据规划，到 2020 年，全市公路网总体规模将达 2242 千米，其中高速国道一条（G92），普通国道两条（G329、G228），省道 6 条，县道 41 条，乡道 114 条，村道 480 条。

【余慈高速公路全面开工】

继 2013 年 12 月杭州湾跨海大桥杭甬高速连接线余慈高速公路工程（余夫公路至小曹娥互通段）第 3 标段先期开工后，2014 年 6 月其余 3 个标段也全部进场施工，标志该工程全面开工建设。该工程全长约 17.9 千米，起点位于马渚镇大施巷东、余夫公路（S61）北侧，连接在建的杭甬高速肖东互通至余夫公路段，途经马渚镇、阳明街道、朗霞街道、泗门镇、小曹娥镇及慈溪市周巷镇，终点连接规划中的杭甬高速公路复线小曹娥枢纽，并通过杭甬复线连接杭州湾跨海大桥，全线在马渚、方桥、泗门设置互通式立交 3 处。项目采用双向四车道高速公路标准，设计行车时速 100 千米，建设工期 4 年，计划于 2017 年底建成通车，投资概算 47.018 亿元。

【浒溪线大岚至奉化段改造工程基本完工】

浒溪线大岚至奉化段起于大岚镇浒溪线与后朱公路交叉口南侧，终于余姚与奉化交界处，全长约27.8千米。改造工程于2012年10月10日正式开工建设，分三个合同段实施。改造后的浒溪线路基宽8.5米，路面宽7.0米，硬路肩2×0.75米，为沥青砼路面，工程总投资2.97亿元。截至12月底，除位于四明山镇北溪村和梨洲村的750米路段尚待政策处理外，该工程其余路段所有项目均已完工。

（市交通局）

海　事

【概况】

2014年，海事余姚办事处先后开展两船整治、打非除违、辖区扫盲等行动，经常性开展现场巡航与杭州湾南岸检查，全年未发生一起交通事故。

【现场监管数据统计】

全年定期签证客渡船109艘，55358航次，客运量79093人次。客渡船安全检查33艘次，复查15艘次，查出缺陷49项，跟踪纠正41项。共开展现场巡航巡查287次，其中水上巡航176次，陆上巡查65车次；巡查时间635小时，其中水上巡航时间530小时，陆上检查时间105小时；巡航里程5300千米；共出动人员614人次，其中水上巡航484人次，陆上巡查130人次；一般性检查船舶312艘次，其中客渡船270艘次；货运船舶36艘次，工程船6艘次。

【水上交通安全管理】

辖区现有渡口6处，登记渡船7艘，年渡运量8万左右。实现客渡船现场检查每星期一次全覆盖，尤其是加强春节、国庆等重要节假日客渡船现场安全管理工作，对客渡船船员保证一年4小时的安全培训教育时间。年度还对辖区内的船舶开展扫盲摸底工作，及时维护更新船籍港管理系统与客渡船管理系统。共对33艘次船舶实施初查，查出缺陷49项，复查15艘，跟踪纠正缺陷41项。加强运河巡航，检查过闸船舶42艘次，签发过闸单42份。完成一家客运公司、三家普通船舶公司的督查工作，对督查中发现的公司内部管理不足之处及时要求纠正整改。

【与地方政府部门横向联系】

会同余姚市港航处定期召开辖区水上交通安全工作会议和季度安全例会，总结渡口安全管理工作的经验和存在的主要问题，通报历次安全检查中查出缺陷和安全隐患，要求各船舶单位贯彻落实。参加由余姚市委、市政府组织召开的有关“五水共治”工作会议，及时走访有关乡镇及港航、安监、渔政等部门，促进相互了解和合作。

杭州湾南岸查处违章船舶

（海事余姚办事处）

邮　　政

【概况】

2014年，市邮政局新增14个直属网点，设立5个邮务类支局。实现业务总收入12759万元，增长6.88%，完成宁波市公司预算的100.74%；实现利润总额1006.1万元，列宁波地区第2位；有效收入占比达78.61%，增长15.66%；劳动生产率人均20.61万元，增长8.37%。金融业务累计实现收入6718万元，增长3.13%。全年邮政代理网点居民存款市场占有率逆势提升0.3个百分点，是邮银分营以来的首次大逆转。全年储蓄平均余额累计达37.34亿元，新增3.65亿元，新增规模列宁波地区第2位。累计完成代理保险规模3.175亿，基金、理财和国债的有效保有量达12821万元；网上银行和手机银行客户分别新增12873户和13572户。两包业务进一步贴近电商经济，累计实现收入1655万元，增长133.3%；两包收入占函件总收入达57%，其中国内小包收入177万元，增长36.9%，国际小包收入1478万元，增长154.9%。函件业务累计实现业务收入1267.3万元。集邮业务实现业务收入313.3万元。报刊业务实现业务收入1298.4万元，完成计划的167.1%，其中报刊零售业务收入82万元，完成计划的100.25%。分销业务累计产生分销配送额907.82万元，实现业务收入425.33万元，完成年计划的106.33%。

【网点建设】

完成陆埠支局灾后重建工作；竹山桥、湖堤两个网点完成迁址改造；斗门、牟山、大黄桥南路3个网点完成原址改造。加大自助设备投放力度，在马渚所、三七市支局、肖东所、竹山桥所、子陵路所、斗门所、牟山所等7个网点各新增1台CRS，在阳明东路网点新增1台ATM。6月30日，在肖东郭相桥村邮站安装开通第1台离行式ATM自助取款机，成为宁波地区村邮站内试行的首台自助设备。

【团队建设】

组建邮务类业务研究团队，提升理财经理队伍建设和能力，累计开展理财经理业务培训考试20余场，并组织一次全封闭式集中培训活动。针对网点转型工作，成立金融转型发展执行团队，通过进驻网点开展实地指导，强化网点转型升级，前期已进驻指导三七市、黄家埠等多个支局、所。

邮友交流

【“E邮站”建设】

全年共建“E邮站”9个，完成年计划的112%，其中7个智能E邮柜，2个人工E邮站，已有中通、申通、圆通、顺丰等14个社会快递公司加入使用。7个E邮柜投放量累计达2450件。“双11”前，在余姚八中安装E邮柜，解决该校前期快递频繁丢失问题，获校方及民营快递业的好评。“E邮站”项目被列入市政府2015年民生工程项目候选名单。

【村邮站建设】

全年新增信息化村邮站35个，总数已达120个，占全市村邮站总数的45.28%。全面完成信息化村邮站的商易通布放工作，实现小额助农取款3336笔，取款金额100.82万元；信息化邮站有效运营率从上年30%上升至91%。

【营业平台标准化建设】

完成金融集中授权项目工程共33个金融网点、106台终端的升级改造；全市通信质量服务质量明显提高，邮件接收率、投递信息上网率、投递信息反馈率均达到上级局考核要求，邮件传递时限达标率达95%以上。机要通信持续保持全年安全无事故。

【企业管理创新】

9月起，在陆埠、马渚两个支局试行投递大平面管理。成立数据经营中心，采集报刊、社保、超市会员、民营企业、银行对账单等各类数据24万余条，数据经营初具雏形。成立企业创新创业基金，由市局行政和工会统一提供50万元基金预算额度供青年员工自主创业。创新业务外包模式，包括投递、邮运、营业、运钞外包，有效解决人员紧张问题。

（市邮政局）

电　信

【概况】

2014年，中国电信余姚分公司业务收入45297万元，完成全年计划的92.7%，比上年增长-9.88%，增长率列本地网各县(市)分公司第12位。其中，固网收入29902万元，增长-11.30%；移动业务收入达15394万元，增长-6.99%。固定电话计费用户24.5万户；移动网上用户25.5595万户，净增-0.6956万户；宽带总量1.97669万户，净增0.4068万户；iTV（网络电视）总量7.1429万户，净增0.1212万户。

【富巷母局高、低压配电及变压器整体抬高工程竣工】

在2013年10月水灾中，富巷母局高、低压配电室由于地势低洼受灾严重。为消除配电设备水淹隐患，根据上次水位，须将高压配电、低压配电及变压器整体抬高60厘米以上。在供电部门配合下，经过现场反复勘察、设计，最终确定开口式填脚整体插入方案，宁波分公司带来500千瓦移动油机作为后备应急保障。经过6个多小时施工，整体抬高工程顺利完成，恢复正常供电。

【中心营业厅再获省级“青年文明号”】

6月，中心营业厅再次成功创建省级“青年文明号”，距2006年第一次获省级“青年文明号”已有8年。8年中，中心营业厅一直坚守“用户至上，用心服务”的理念，用心服务到厅的每位用户，用自己的青春能量传递文明的信号。

【“市电子政务协同办公系统建设项目”中标】

7月16日，中国电信余姚分公司以总分第一的绝对优势，成功竞标“余姚市电子政务协同办公系统建设项目”。该系统建设全市统一办公门户，把各种政务应用系统、政府数据资源和互联网资源统一集成所形成的一个通用内部办公门户，作为政府工作人员统一的办公工作平台。

【与市农林局签订合作协议】

9月4日，总经理陈焕明与市农林局局长张建培签订《余姚市农林局与中国电信余姚分公司推进余姚市智慧农业建设与发展战略合作协议书》。合作范围包括农业物联网应用、农技咨询移动客户端应用、三屏互动智慧农村云平台推广、农业电子政务系统延伸，以及健全完善基层信息站点及服务内容等。

【“177号段”中国电信4G余姚正式放号】

9月5日，中国电信4G专属177号段在余姚正式放号，标志中国电信CDMA2000-4G业务开通，为余姚各界提供快速、大容量的无线通信网络，成为余姚4G进程的一个重要里程碑。

（邵立新）

移动通信

【概况】

2014年，中国移动余姚分公司通信用户达近百万户，运营收入累计超7亿元，增长率超5%。

【有线无线网络建设】

“光网城市”基础设施建设。年度重点对三七市、河姆渡等农村进行全覆盖，其中三七市成为全市首个“移动光网乡镇”。截至年末，全市移动光网共计50万户，除四明山区部分村庄未覆盖外，其余乡镇均已实现全覆盖，总覆盖率为95%以上。

4G网络建设。将“4G一号”工程列为年度八大工程之首，于年初成立“LTE专项攻坚小组”，提前启动共址站点改造工作，同时开展“土建、传输、设备”三统一，资管数据有序录入。每周召开工程进度会议，通报工程进度情况、协调各专业困难，使工程有序推进。全市已有4G基站、3G基站和2G基站数累计2000余个，延伸系统覆盖面积近500万平方米。全市4G活跃用户10万户，4G终端用户12万户，4GUSIM卡用卡用户75万户，500M流量用户32万户，全市移动整体4G发展用户在地区行业中处于绝对领先地位。

通信保障应急预案编制。在分析上年菲特台风对余姚移动网络影响的基础上，补充和完善网络设计、建设标准，编制和完善《2014年中国移动余姚分公司防汛抗台预案》，重点突出预案的实战性和可操作性，强化和清晰相关保障职责。对市委市政府、三防指挥部、公安、住建、电力、水库、排涝站等重要抢险指挥单位开展网络专项覆盖，确保各级党政单位抗灾指挥通信的畅通。对主城区和地势低洼区域进行网格划分，在每个网格建设或改造一个高品质的基站，确保灾害天气下市民的语音通信需求。对菲特台风中进水被淹基站和停电基站，开展设备抬升、后备电源扩容、发电机增配等工作，共计抬升基站设备31个，扩容蓄电池55组。

【宽带互联网运营】

有线宽带业务转型。通过壮大移动社区经理队伍，发展二级代理点，业绩在全地区名列前茅。累计宽带出账用户7万余户，为近4000户商铺、小微企业提供上网服务。同时，中国移动有线宽带还面对社会发布六项承诺，尤其是48小时安装时限，得到广大用户肯定。

流量经营。全年累计流量1.9亿兆，总体手机流量增长率115%。伴随4G业务的发展，余姚进入流量G时代，月均4G终端用户使用流量即将突破1000兆。用户对流量的爆发式需求，使得中国移动加大网络建设，4G终端的优惠出台，同时降低各类流量套餐的资费，让更多的用户使用4G网络与流量，体会快速的概念网络。

【政企信息化发展】

各行业4G应用。年度继续发展校讯通业务，挖掘学生、教师和家长三者之间的需求，推动智慧校园“和教育”建设，全市共计273所高职校、中小学和幼儿园参与校园智慧教育。全年发展4G行业应用100余户，以旅游大行业为主，其中公检法和广电4G应用，已作为行业案例。

“智慧城市”建设。与市公交公司、各大影院、市人民医院、市交警大队等单位合作，开发“智慧余姚”民生类手机端应用，市民可在移动手机上登入“智慧余姚”平台，实现铁路、公路手机购票，手机购买电影票，手机上缴交通罚款，手机查询医院化验单，手机实时查询公交车到站信息等服务。还与各大银行、公交公司合作，开展公交车手机NFC小额刷卡支付试点。

（中国移动余姚分公司）

中国联通余姚分公司

【概况】

中国联合网络通信有限公司宁波市余姚分公司是中国联通集团公司在宁波的分支机构，主要承担中国联通在余姚地区的通信建设和业务发展重任。2014 年，下辖 12 个营业厅、5 个区域中心、2 个后台支撑部门，共有员工 100 余人。

【提升市场经营能力】

年度 3G 业务 3G 出账率稳步提升，4G 业务得到大力推广。同时，整合渠道资源，2G 用户有效性有所提高。通过实名制抓渠道效能提升和渠道转型工作，实施直销人员能力提升工程，减缓用户大进大出，新增用户有效性得到有序提升。家庭宽带发展势头良好，续费率持续保持在 70% 以上，稳居全市前列。

【加强网络支撑能力】

继续强化网络规划、优化、整治、保障和管理工作，各通信工程建设项目按计划顺利推进，支撑响应能力和网络质量进一步提升。上半年，制订防汛抗台应急预案，9 月即经受住考验，有力保障客户通信需求及公司业务拓展。

【拓展经营管理能力】

建立全成本财务评价体系，确保成本费用归集和分摊的真实准确，余姚分公司各专业线成本占收比指标在全省均名列前茅；强化企业风险管控工作，完善内控与风险管理组织体系，促进公司内控问题的有效整改和内控工作的深入开展；以投资收益最大化为目标，提高投资工作计划性和有效性，项目管理和投资决策水平得到有效提升；通过体制机制创新，强化队伍建设，形成对营业人员、渠道管理人员、集团客户经理、星级客户经理和公众网格经理条线的有效考核，激发一线员工的工作积极性。

（中国联通余姚分公司）

电子政务信息

【概况】

5 月，为更好地履行市电子政务工作，形成切实高效的电子政务管理体制，参照省、宁波市分别设立电子政务处和电子政务办的实际情况，经市编委研究，将余姚市党政信息中心更名为中共余姚市委余姚市人民政府电子政务办公室。

【“中国 · 余姚”门户网站】

通过日常维护技术服务外包，引入第三方专业评测机构咨询规划，加强乡镇街道部门信息报送录用等手段，提高网站建设整体水平。“中国 · 余姚”门户网站全年发布信息 16000 余条，日均访问量达 3000 人次以上，制作专题专栏 3 个。连续第五年蝉联宁波市政府系统示范网站。

【网络应用建设管理】

开展市电子政务视频会议系统升级改造，全市视频会议系统从标清升级到高清，并制定出台电子政务视频会议会场建设标准。9 月，电子政务视频会议系统正式启用。同时，开发新一代电子政务协同办公系统，基本完成统一用户管理平台、公文制发办理、会议通知、工作联系单、信息上报采编及短信双向互动平台等六大主体功能模块的开发。

【数据资源整合管理】

市电子政务数据中心机房完成项目总体验收，逐步开展全市政务数据资源的整合管理，迁移整合服务存储设备共100余台，已有统计局、质监局、规划局、计生局、审管办、市民中心和社会救助服务中心等14个部门托管至数据中心机房统一管理。

【电子政务网络实现村村通】

年初实施电子政务村村通项目建设，为全市265个村和37个社区、19个居委会配发电脑、交换机、综合接入专用箱等，实现百兆光纤到村（社区、居委会）。11月，市电子政务网络村村通工程通过市经信局初步验收。

（吕　品）

财政·税务

财　政

【概况】

2014年，全市实现地区生产总值807.68亿元，增长8.5%，其中第一、二、三产业增加值分别为41.34亿元、467.55亿元、298.79亿元，分别增长5.3%、8.8%、8.5%。全市财政总收入119.43亿元，增长12.3%，其中公共财政预算收入64.81亿元，增长8.7%。全市公共财政预算支出80.47亿元，增长7.9%。全市财政运行情况良好，财政收支平衡。

【组织财政收入】

实施电信业“营改增”，开展建筑、房地产项目纳税评估和建筑项目税收清理核查。推进税收征管改革，新设纳税评估科。开展纳税评估，共处置数据监控异常信息22620条、税收风险点1553户（次），补征税费1.02亿元。开展税收执法监察，对12341条税收执法疑点数据信息进行核查。加强反避税工作，对110户企业进行反避税调查。加强国地税和供电、国土等第三方涉税信息协作，开展“以地控税”工作，查补房土两税2950万元。加强规费征管，开展社保费规范征收、残保金政策调整、建筑业工伤保险费征缴工作。全年地税部门合计征收各项税费109.19亿元，增长23.0%。全市公共财政预算收入占财政总收入的比重达54.3%；公共财政预算收入中税收收入的占比达96.8%。全市非税收入2.10亿元，比上年下降10.7%。

【支持经济发展】

支持全市经济社会转型发展推进年活动和“五水共治”等重点工程建设，增加有效投入。加大财税扶持力度，支持防范化解企业金融风险，实施“助企强企、稳增促调”及其他各项财税扶持经济政策，拨付各级财政扶持企业政策资金5.5亿元。加大减税轻费力度，贯彻实施小微企业税收优惠、工业企业社保费减征等政策，全年各项减税轻费16亿元。

【加大财政支农力度】

建立完善相关支农政策，制定家禽业发展的扶助政策、饮用水源地畜禽养殖污染综合治理资金管理办法、农村污水治理资金补助政策、精品村项目资金管理办法，调整完善政策性农业保险办法。全年安排1000万元资金扶持村级集体经济发展，安排1350万元资金开展四明山区域村庄整治提升；安排4000万元资金支持中心村、特色村、农村精品线等建设；安排2500万元资金用于四明山片区的供水保障能力提升。支持农业生态文明建设，投入7000万元资金实施水环境综合整治；

安排1000万元补偿资金支持四明山区域生态屏障建设；拨付900万元资金用于水源地保护；安排4000万元资金治理废弃矿山。

【支持社会事业发展】

全年公共财政用于民生支出63.60亿元，增长11.6%，占全市公共财政预算支出的79.0%。全市教育支出15.45亿元，增长14.9%。医疗卫生支出9.87亿元，增长31.3%。农林水事务支出13.26亿元，增长56.4%，其中防洪整治、堤防加固等水利工程建设资金增支4.30亿元。交通基础设施建设支出4.03亿元，增长15.1%。住房保障支出9367万元，增长13.8%。

【财政改革】

深化财政国库集中支付与公务卡改革，在6个乡镇（街道）开展国库集中支付改革试点和扩面，开始乡镇（街道）工资统发准备工作。推进财政信息公开，全市财政总预算、部门预算、乡镇（街道）预算及“三公”经费预算全部通过单位门户网站向社会公开。推进政府采购，扩大电子商务政府采购范围，通过政府采购节约资金1551万元。

【财政监管】

加强公务支出管理，对公车上牌按规定实施指标证管理制度，制定实施全市会议费、培训费、差旅费等管理办法和政府性项目装修标准。对上年市本级政策性项目资金进行绩效评估，并在绩效评估的基础上压缩本年度政策性项目56个、资金3亿元。加大结转结余资金清理力度。开展权责发生制政府综合财务报告试编工作。对28个重点项目实施绩效评价，其中10个项目委托中介机构进行评价。配合开展财政同级审、“三公经费”审计以及上级土地出让金专项审计，整改落实审计意见。加强财政监督，对上年涉农涉企政策资金进行“回头看”，开展财经纪律专项治理工作。加强会计管理，组织举办余姚市首期会计领军（后备）人才培训班，《中国会计报》在头版刊登此做法。

【投融资管理】

配合投资公司拓宽融资渠道，筹措重点项目建设资金。加强债务监管，制定实施市本级及乡镇街道政府性债务管理办法，排摸各投资公司资产情况，明确投资公司债务总额管控目标，建立债务每月预警分析制度，加强偿债准备金调度和管理。按照上级规定和上年债务审计口径，对2014年底的存量债务进行清理甄别。加强基本建设资金管理，对融资基建项目实施集中核算、集中支付。

【国有资产管理】

深化国有企业体制改革，调查摸清国有资产，盘活存量资产。加强国有资产管理制度建设，委托会计师事务所对全市82家国有及国有控股企业2012年财务会计报告、国有资产管理办法执行情况进行审计。规范行政事业单位资产管理，制定市级行政事业单位国有资产使用、处置管理办法和罚没物品管理、处置暂行办法。

【助推“机器换人”技术改造】

为推进全市工业经济转型升级，推动工业生产方式由“制造”向“智造”转变，年度市财政在整合企业技术改造政策和资金的基础上，加大补助力度，助推全市工业企业“机器换人”技术改造。补助政策主要包括三方面的内容：一是对列入市“机器换人”重点专项的，在享受本市技术改造政策的基础上，给予上浮2个百分点的补助，单个项目最高补助不超过300万元。二是对列入重点行业自动化（智能化）成套装备研发试点的项目，按实际设备和研发技术投入额给予20%的补助，单个项目最高补助不超过500万元。三是对实施“机器换人”技术攻关项目的，按实际设备和研发技术投入额给予30%至50%的补助，单个项目最高补助不超过20万元。

（市财政局）

国家税务

【概况】

2014年，全市国税系统组织税收收入63.76亿元，增长15.05%；实现财政总收入59.32亿元，增长15.74%，其中组织税收直接收入53.43亿元，增长41.16%；办理免抵调库5.89亿元，下降56.04%，圆满完成市委、市政府下达的目标任务。

【落实税收优惠政策】

为全市纳税人办理各类税收优惠超10亿元，其中实施"营改增"试点改革为企业减负2亿元；办理企业固定资产投资进项税额抵扣6.73亿元；办理高新技术企业、资源综合利用和小微企业等各类减免税1.52亿元，全市90%以上小微企业和个体工商户享受减免税优惠。开展出口退税"同心同力促发展"专项行动，通过开通VIP通道等举措，办理出口退税38.94亿元，总量位于宁波市第6位。实施税务行政审批改革，精简办税流程，优化涉税事项106项，其中待办转即办6项，审批改备案38项，下放审批权限8项，减少办税流转环节24项，取消办税事项24项，合并6项，实现纳税人当场即办事项占总事项的75%以上。执行《全国县级税务机关纳税服务规范》，通过规范9大类72项306个办税流程，做到办税一个标准、服务一把尺子，打通服务纳税人"最后一公里"。提速多元化办税平台，推出网络购买普通发票、车购税自助缴税、"甬税通"手机办税平台等新举措，让纳税人便捷办税。

【推进法治税务建设】

执行《税务行政处罚裁量基准》，建立本级税务指导案例库；加快推进全程说理式税收执法，覆盖一般处罚环节和管理环节；开展重大税务案件审理，建立法律顾问制度，实施税务处罚案件听证，有效预防税务行政争议。加强税收执法监督，组建执法督察专项队伍，开展新一轮重点督察，发现并纠正6个方面81个违规执法疑点数据。整顿税收秩序，推进依法稽查，优化稽查服务，形成以企业自查促广度，重点稽查促深度的双轨稽查工作新格局。全年共计发动企业自查182户，补税692万元；开展专项检查201户，查补3033万元，其中突破查补税款100万元以上大要案3件。

【深化风险管理建设】

出台《税收风险管理暂行办法》，健全税源与征管状况监控分析"一体化"工作机制，完善风险监控指标体系，引进税源一体化风险管理软件，加强风险分析识别应对，全年补税入库7465万元，调整应纳税所得额2.8亿元。加强日常征管数据监控和清理，税务登记信息完整率、财务报表采集率等五项指标均居宁波前列。推进纳税评估规范化建设，完善评估工作流程，强化案头细化分析和回归分析，探索审议工作底稿制度，加强联合建模，共完成评估户数1041户，补缴税款1.27亿元，同比增长近一倍。加强各税种管理，推进"营改增"试点扩围，跟踪企业运行情况，撰写的《"营改增"两年对余姚经济的影响分析》获市长奚明批示。开展增值税税控系统打通整合项目试点，开展农产品收购发票、海关缴款书核查，实施羽毛行业增值税进项税额核定扣除试点。加大企业所得税汇算清缴工作力度，加强后续管理和监控，开展小微企业所得税优惠政策专项清理，确保政策落实到位。继续开展国际税收管理和大企业管理工作，促进大企业健康发展。强化信息管税，加大管理创新工作力度，局6个项目全部被宁波市局评为优秀项目，其中有两个项目被评为推广项目，排名宁波全大市各单位前列。

【电信业"营改增"试点】

根据国务院相关规定，自6月1日起，全市有5家电信业企业被纳入营业税改征增值税试点范围。这5家企业分别为中国移动通信、中国电信及中国联合网络通信等三大电信运营商和中国铁通集团有限公司宁波分公司、余姚市广联信息工程有限公司。一般纳税人企业从这5家电信企业购买服务，取得的增值税专用发票可以抵扣，从而为购买电信业服务的企业降低生产成本，起到减税的作用。

（王美飞）

地方税务

【概况】

2014年，全市地税部门共组织各项收入109.19亿元，增长23.0%，其中税收收入57.85亿元，增长10.2%；教育费附加收入2.28亿元，增长22.9%；社会保险基金收入45.39亿元，增长49.8%。

【税收特点】

共享税增长快于地方税。全年共享税入库20.83亿元，增收4.42亿元，增长26.9%，高于税收增幅16.7个百分点，增收贡献率达82.5%；地方税入库37.01亿元，增收0.94亿元，增长2.6%，回落12.2个百分点。

制造业支撑税收增长。全年制造业税收入库19.64亿元，增长31.4%，高于税收增幅18个百分点，增幅较高主要原因是上年受台风影响基数较低。

房地产业税收增幅明显下降。全年房地产业税收入库12.28亿元，增长7.0%，回落17.3个百分点，增幅回落主要原因是房地产市场持续低迷、房地产企业新增欠税金额较大、土地增值税清算入库减少及上年同期基数较高。

跨年度、一次性税收入库金额较大。全年跨年度、一次性等税收入库12.42亿元，占税收收入的21.5%，其中跨年度税收入库7.56亿元，一次性税收入库4.86亿元。

【税源分析】

营业税。全年入库15.86亿元，减收1.21亿元，下降7.1%，主要是受房地产市场低迷影响，房地产业、建筑业营业税分别下降15.4%、3.5%。

企业所得税。全年入库9.68亿元，增收2.33亿元，增长31.8%，增收贡献率达43.6%，主要是房地产业增收较多，增收2.33亿元。

个人所得税。全年入库11.15亿元，增收2.09亿元，增长23.0%，主要是工资薪金所得、个体工商户生产经营所得、利息股息红利所得个人所得税分别增长27.2%、25.8%、38.5%。

其他税收。全年城建税入库3.68亿元，增收7063万元，增长23.8%；房产税、土地使用税分别入库3.05亿元、4.14亿元，增收1.70亿元、1.85亿元，增长126.3%、80.9%，主要是上年受灾减免形成较低基数；土地增值税入库3.40亿元，减收1.49亿元，下降30.5%，主要是上年同期基数高、房地产业低迷及清算入库减少；耕地占用税入库1.02亿元，减收2030万元，下降16.6%，契税入库4.32亿元，减收6405万元，下降12.9%，主要是跨年度入库减少及上年高基数。

【税收管理与服务】

执行税费优惠政策。落实各项灾情减免，支持企业灾后恢复生产。实施结构性减税，推进电信业“营改增”。贯彻落实小微企业税收优惠政策，增强经济发展活力。支持企业技术和产品创新，促进经济转型升级。全年地税部门共减免税费5.12亿元。

税收法治建设。推进权力清单制度，完成83项地税行政权力梳理工作。开展47项地税行政审批事项和12项地税便民服务事项的梳理，在浙江政务服务网专栏上进行公布。推进依法行政工作，开展“六五”普法教育和“12·4”全国法制宣传日活动，组织执法证年鉴和新录用公务员执法证的培训、考试。

征收管理。推进税收征管改革，新设纳税评估科，将征管科和纳税服务科合并为征管服务科，二分局拆分为二分局、四分局。组织年所得12万元以上个人所得税自行申报，共受理7863人，补税632万元。完成22个房地产项目的土地增值税清算，补缴土地增值税6766万元；对15个房地产项目布置开展清算。根据涉税风险点推送情况，开展纳税评估，共处置数据监控异常信息22620条、税收风险点1553户(次)，补征税费10248万元。开展税收执法监察，对12341条税收执法疑点数据信息进行核查。加强反避税工作，共对110户企业进行反避税调查。加强智慧财税建设，数据质量平台第二批规则正式上线运行。加强国地税和供电、国土等第三方涉税信息协作，开展“以地控税”工作，查补房土两税2950万元。加强规费征管，开展社保费规范征收、残保金政策调整、建筑业工伤保险费征缴工作。

纳税服务。推进纳税服务体系、服务平台、县级税务机关纳税服务规范化建设，开展“便民办税春风行动”和第23个全国税收宣传月活动，组织纳税信用等级评定工作。组织开展纳税50强及重点骨干企业走访活动，帮助企业解决实际困难。

税务稽查。开展税收专项检查，对房地产业、建筑业、中介（服务）业、重点税源企业等行业实施重点检查。开展打击发票违法犯罪活动，查获发票违法案件50件，查处假发票258份。实施电子查账，凡是会计核算电算化的企业均采用查账软件实施税务稽查。全年共检查纳税人65户，入库查补税费1022万元，组织企业自查129户，自查补缴税费3951万元。

（市地税局）

招投标

【概况】

2014年，市级平台共完成612项工程的招标、交易任务，成交总额69.39亿元，其中487项招标项目涉及预算金额60.97亿元，中标金额56.68亿元，节减资金4.29亿元，节减率7.04%；完成各项政府集中采购任务2154项，成交金额12304.23万元，比财政批准预算节减1414.08万元，节减率10.31%。除实施集中采购的项目外，还完成分散采购项目234项，涉及预算13320.78万元，实际成交12021.64万元，节约资金1299.14万元，节减率9.8%；完成产权交易项目67项，出让底价7384.32万元，实际成交8053.43万元，增资669.11万元；完成国土交易项目24项，成交价32.09亿元。在完成原有公共资源项目交易的基础上，市级平台探索新项目，将教育系统校服采购、寄宿制学校入驻超市经营资格定点入围采购、各公立医疗卫生单位打印机耗材定点入围采购、市征地拆迁（征收）审计单位入围招标等不同特点的项目纳入统一平台，新进场项目均取得预期效果。

【完善监督管理手段】

贯彻市府办文件精神，组织代拟一系列治理工程建设领域突出问题的“组合拳”文件，并配合行业主管部门开展实施，共同整治招投标“顽症”，扶持本地建筑企业做大做强。完善村级工程招投标办法。实行重大项目招标法定代表人到场制度等“四大措施”，综合治理工程建设领域“资质挂靠、转包、违法分包”行为。学习借鉴省财政厅政府采购处、阿里巴巴集团电子商务操作和1688平台B2G模式经验，与市财政局联合印发《关于进一步扩大电子商务政府采购的通知》，扩大电商政采的范围和规模，发挥电商政采时间短、价格低的优势。全年共完成电商采购项目186项，涉及财政批准预算130.91万元，成交114.10万元，节减资金16.81万元，节减率12.84%。与市财政局、质监局联合印发相关文件，对10万元以上的货物开展第三方检测验收工作。

【打造为民服务平台】

电子化操作普及应用。整合重组业务流程，网上操作涵盖日常招标文件签收、核准等环节。推进“快服”模式通道，在办公自动化设备、空调等协议采购项目和询价采购项目，实现全流程电子化；以电商为契机，扩大采购范围、简化办事流程、提高采购效率，实现“一体化”操作。运用电子化档案管理系统，基本完成工程建设项目和政府采购项目的电子档案整理，“一键搜索”给档案电子化整理带来便利。形成“点面结合”的业务系统格局，以市级网络平台的电子化功能为支撑，实现乡镇（街道）招投标分中心与市级平台数据的互联共享。

指导帮助分中心建设。采用分中心主任例会等形式进行指导帮助，通过招投标工作QQ群开展互动交流，开辟方便快捷的服务沟通新平台。此外，市级平台还加强对分中心在控制邀请招标方式等方面工作的检查指导，使基层工作推进规范有序。通过市镇两级平台的努力，各分中心操作日趋规范。全市21个乡镇（街道）分中心累计完成各类工程招标、物品采购、资产处置1130项，成交金额98963.06万元，通过工程招标，节减资金6017.59万元，通过集体资产处置，增加集体收入18.89万元。

配合服务工作。结合市“六大百亿工程攻坚年”和“五水共治”重大项目的安排，印发相关重大项目建设招投标服务责任分工的通知，发送至各项目单位及主管部门，明确牵头领导、责任科室，提前与各乡镇（街道）、主管部门进行对接和沟通，建立并实施重大项目招投标工作配合责任分工、提前介入服务、绿色通道预约、主动走访跟踪等制度，推进全市各项重点工程建设。

【市招标投标协会成立】

4月，市招标投标协会成立，成员由代理机构、建筑企业、招投标分中心及个人会员组成，46家机构和7位个人成为首批会员。旨在搭建政府与社会组织之间的桥梁，给社会组织之间创造一个互相交流、相互沟通、相互帮助、相互促进的平台，推动社会组织健康规范有序发展；并在加强行业自律，维护招投标秩序，规范招投标行为，建立公开、公平、公正、诚信的招投标市场方面起积极作用。

（杨凌云）

工业国有资产经营

【概况】

余姚市工业国有资产经营公司是2002年市级经济主管部门机构改革后仍保留的市政府直属部门，主要职责是负责原工业系统企事业单位改制的后续工作和遗留问题的处理，负责原工业总公司受托范围内的资产及债权债务的管理和清理，负责原工业系统离退休人员和离岗退养人员的日常管理等等。公司下属市工业投资公司、市中小企业信用担保公司。

【国企改制后续问题处理】

精减职工生活困难补助初审。已累计为7022人办理初审手续，约占全市3/4。其中，有历史档案资料的人员2245人，无任何历史档案资料的人员4777人。

其他国企改制遗留问题处理。落实原国有企业职教幼教退休教师待遇政策，以及落实特殊工种提前退休政策，提供各类档案和证明材料

信访工作。全年接待和有效化解来人来电来信1000余人次。

【帮助中小企业融资】

转贷服务。在上年转贷资金规模3.65亿元的基础上，经市政府同意向国开行融资扩充转贷资金1亿元，同时通过吸纳民营企业资金2300万元，使转贷资金规模达4.88亿元。对华鑫化纤、中塑国际、新峰实业、金和、中达、通迪等规模企业进行多次重点转贷扶持，实现转贷1100笔，金额140亿元，转贷金额比年初的100亿工作目标实现大幅度增长。全年通过转贷、投资、担保、国开行委

托放贷，缓解企业融资困难994户次，帮助企业周转资金121.6亿元。

投资服务。全年新增投资14户，金额2270万元；投资退出16户，金额2560万元；年末在投24户，金额4252万元。

担保、放贷服务。扩大合作银行家数，拓展担保服务领域，服务重点逐步转向市政府导向的成长型、科技型企业和市政府扶持协调的困难企业。在担保方式上创新突破，积极向省、宁波金融系统争取，安装银行征询系统，加强风险防范。全年新增担保46户，金额16430万元；解保55户，金额19690万元；期末在保60笔，金额20440万元。

（杨林蓉）

金　融

金融管理

【概况】

2014年末，全市银行业金融机构共有一级支行(及以上)30个、二级支行125个、分理处63个、储蓄所32个，从业人员4063人；全市保险机构共有支公司35家(含中心支公司1家)，其中产险支公司26家(含产险中心支公司1家)，寿险支公司9家，营销服务部41家，从业人员2598人。

【金融运行情况】

年末全市银行业金融机构本外币存款余额1200.92亿元，比年初增加22.67亿元，本外币贷款余额1245.41亿元，比年初增加54.48亿元；本外币余额存贷比为103.7%，不良贷款余额34.92亿元，不良贷款率2.8%。

年度全市保险机构实现保费收入19.38亿元，增长6.7%，其中财产险保费收入10.16亿元，人身险保费收入9.22亿元。总赔付9.56亿元，减少56.0%，其中财产险赔付7.92亿元，人身险赔付(给付)1.64亿元。

【金融管理与服务】

协调银企关系。拟定《防范和化解企业金融风险维护经济稳定工作的若干意见》，明确企业帮扶、风险化解的工作目标，构建企业资金风险防范化解体系。健全政银企协调协商工作机制，开展银行资产质量按行别、区域统计分析工作，加强金融风险预警和监测工作。建立市领导联系重点银行制，多次调研走访银行，参加重点企业协调，积极化解风险。加强与财政局、国资局等部门联系，加大银行放贷考核力度。

加大保险服务。推进水灾保险理赔工作，协调个别争议较大的案件，促进理赔工作持续平稳开展。开展农村小额人身险试点工作，拟定关于农村小额保险试点工作的通知。加大保险保障力度，健全多层次医疗保障体系，提高城乡居民重特大疾病保障水平。参与制定政策性农业保险政策意见，加大保障和补偿力度。

优化金融环境。加大普惠金融服务力度，开展农村集体土地抵押试点工作。推动农村信用体系建设，完成第二批信用镇、村及农户和第三批信用村、信用户的评审工作。参与政府平台公司债务管理，协调城投公司发行企业债，公司发行7年期15亿元企业债，用于保障房和自来水工程。推动平安金融建设，开展防范打击非法集资宣传月活动，通过张贴宣传标语、进村进社区现场咨询点、发放宣传手册、电视广告短片播放等多形式增强民众的防范意识和识别能力，引导群众理性理财、保护财产安全。开展金融“十三五”规划前期调研，总结近年金融发展情况，展望未来形势、目标和举措。

服务后备企业。拟定新三板扶持政策，市委、市政府出台《关于助企强企稳增促转的若干意见》，新三板政策与宁波 1∶1 配套。开展分类服务工作，走访调查规模型、科技型企业，鼓励企业家开拓思路，产品与资本两轮驱动；对已进入操作阶段的企业，开展跟踪服务、协调、指导、政策兑现等工作。组织多批次企业参加多层次资本市场培训会、PE 论坛、经济转型与资本市场发展会。组织 30 余家企业赴北京参加投融资与上市研修班，并实地参观全国中小企业股份转让系统有限责任公司。开展基金融资对接，参与基金公司筹建工作。

（市金融办）

中国人民银行余姚市支行

【概况】

2014 年，全市共有各类金融机构一级支行 31 家。年末各类金融机构本外币存款余额 1200.92 亿元，比年初增加 22.67 亿元，增长 2.7%。各项贷款余额 1245.41 亿元，比年初增加 54.48 亿元，增长 4.6%。本外币余额存贷比为 103.7%，上升 2.7 个百分点。新增存贷比为 240.3%，提高 62.6 个百分点。年末金融机构人民币存款余额 1181.87 亿元，增长 2.4%；金融机构人民币贷款余额 1219.09 亿元，增长 5.0%。年末全市金融机构外汇各项存款余额 2.41 亿美元，比年初减少 691 万美元，下降 2.7%；外汇各项贷款余额 4.91 亿美元，比年初增加 3853 万美元，增长 8.51%。

【货币信贷】

执行政策措施。按照上级行相关准备金定向调整政策，对农行余姚市支行三农事业部、余姚农村合作银行完成定向降低存款准备金率政策措施，向余姚农村合作银行续放支农再贷款 2 亿元。

引导信贷资金。向辖内各银行业金融机构转发上级行《深入推进金融创新驱动支持经济转型升级》和《2014 年货币信贷指导意见》，推进“金火炬、金钥匙、金手指”工程。指导余姚农村合作银行在银行间市场发行同业存单 3 亿元。鼓励和引导银行信贷资金支持地方实体经济发展。至年末，全市 69 个重点工业投资及技改项目贷款余额 36.67 亿元，比年初增加 18.85 亿元。

确保信贷效果。根据上级行开展 2013 年度小微与涉农信贷政策导向效果评估的要求，以涉农评估为重点，引导与督促相关金融机构梳理系统支农惠农金融政策，加大涉农信贷投入。对 23 家成立 3 年以上的金融机构进行评估，对农村合作银行开展央行票据兑付后续考核监测，对通济村镇银行进行财务考核。

【金融稳定】

拓宽信贷风险监测范围。针对企业主跑路、逃债事件高发的情况，集中开展信贷风险专项排查和逃废债务情况、房地产信贷情况调查摸底工作。共梳理涉及金额为 1000 万元以上的不良贷款企业 241 家，涉及金额共计 30.36 亿元，受到担保链、资金链等因素影响隐性风险企业 124 家，涉及信贷金额 38.19 亿元。同住房与建设部门联合开展商品房预售资金监管专题调查，共走访金融机构与房地产企业 12 家，并与建设、统计部门沟通协调，建立商品房金融按月监测制度。

深化“两综合两管理”。制定并下发《中国人民银行余姚市支行关于加强金融机构重大事项报告管理的通知》和《人民银行余姚市支行关于转发〈宁波市金融稳定信息工作制度〉的通知》，为提高金融管理的有效性、防范金融风险，维护金融稳定夯实基础，全年各金融机构上报重大事项31件。继续以约谈为金融管理手段，对辖内建行等6家行的主要负责人结合综合评价中存在的问题、风险资产大幅增长等情况进行面对面的约谈。理顺综合执法检查工作机制，结合对辖内各银行业金融机构2013年综合评价情况和上级行的统一部署，对中行余姚分行和建行余姚支行开展综合执法检查。

加强反洗钱非现场监管。继续贯彻“风险为本”的工作思路，组织、引导、监督辖内金融机构开展反洗钱工作，强化金融机构反洗钱监管。对金融机构上报的重大可疑交易，有重点、有选择地进行走访了解，对涉及洗钱嫌疑的重大可疑交易做好跟踪分析，并作为是否实施反洗钱现场走访的依据。同时，对商业银行上报的可疑交易进行分析判断，提高可疑交易报告的质量和有用性，为上级行提供洗钱线索。

【外汇管理】

发挥境外融资平台优势。针对外汇政策多变的特点，连续召开三场外汇政策和外汇产品宣传解读培训会，引导涉外企业用足用好外汇政策和金融产品。针对部分企业反映的融资成本偏高问题，搭建银企对接平台，协助企业解决融资难、融资贵问题。以银行跨境担保为例，全年共有7家企业办理境外融资，融入境外资金共计4550万美元，融资担保总的成本一般约为3.5%，同期国内一年外汇贷款利率一般在5%以上，两者相比，直接为企业节省资金成本1.5个百分点。

引导银行优惠让利。各外汇指定银行对涉汇企业加大优惠力度，在结售汇汇率、融资利率等方面，对涉外企业给予实质性优惠，重点提高对有出口业绩的小微企业的优惠力度。年末各行融资利率优惠1688.92万美元，较上年增长23.12%；结售汇业务优惠53860笔，占结售汇总笔数的63.23%，优惠金额达1605万美元，较上年增长29.59%。

提升外汇服务普及率。在中国银行泗门支行设立外汇金融普惠示范点，将外汇服务延伸至乡镇。设置外汇普惠的业务引导员，进行外汇业务的宣传和引导，使客户对外汇业务有更好的体验。至12月末，该网点开立外汇账户50个，结售汇业务达637笔。

确保外汇运行环境健康发展。开展货物贸易外汇管理现场和非现场核查工作，对589批次重点企业进行非现场监测分析和记录，有效约束并规范市场行为；共对14家外商投资企业大额资本金结汇进行专项检查，对涉嫌违规的2家企业进行立案查处，处罚金额合计104.7万元；对1家涉嫌利用虚假单证和非正常重复使用海关进境货物备案清单办理转口贸易付汇的企业进行立案查处，处罚金额30万元。

【金融服务】

“普惠金融服务年”活动。3月制订下发《普惠金融活动方案》，组织开展普惠金融知识竞赛，党组中心组学习扩大会暨“普惠金融活动年”现场体验学习会等普惠金融活动。以优化金融环境、加大金融支持、强化监管引领为目标，通过科技普惠、融资普惠、服务普惠和外汇普惠，以点带面，条块结合，探索建立普惠金融服务长效机制。

推动非现金支付工具的使用。继续发展“付费通”缴费业务，余姚梁弄自来水厂以一卡通方式加入宁波市“付费通”系统。推进金融IC卡多领域应用，在吸取其他县市推广应用经验基础上，设计“高起点、高标准、共参与”项目实施方案，以项目建设带动辖区金融IC卡多领域应用，打造为民工程，成为全省第一个所有商业银行金融IC卡（带有小额圈存功能）在公交领域应用的县级城市。开展网上支付示范区创建，通过现场督导，非现场监测，多次组织开展网上支付业务宣传和培训，推动省级工业园区、商品交易市场网上支付的应用。成功申报余姚市远东工业城等3个园区（市场、街区、行政村）宁波市级“网上支付示范应用区”，其中余姚中国塑料城作为宁波辖内第一批申报省级“网上支付示范应用区”的专业市场，相关工作得到杭州中支的肯定。

社会信用体系建设。推进农户信息采集工作，累计完成农户信息采集15.7万户，导入全省农村信用信息系统。完成第二批信用镇、村及农户和第三批信用村、信用户的评审工作，评出13个乡镇（街道）、129个村作为余姚市级信用镇、信用村，积极、稳妥、有序推进“三信”工作，使信用体系建设既有利于金融机构控制风险，又有利于缓解“三农”融资难问题，使农村经济发展从中受益。

助农金融服务点建设。以农村为基点，以惠农为目标，通过创新支付服务方式，加强支付硬件建设，推广支付结算工具，加大宣传力度等措施，建好农村支付的枢纽。辖内共建助农金融服务点294个，比年初增长55.56%；共覆盖辖内226个行政村，覆盖率达85.3%。

（人行余姚支行）

银行监管

【概况】

2014年，银监余姚办事处以风险监管为核心，以深化改革为导向，改进金融服务，防范金融风险，提升监管实效，促进全市经济金融平稳有序发展。全年共进行机构初审11家，高管人员任职资格初审41人，高管人员谈话68人次。

【支持实体经济】

明确支持重点。贯彻全市“工业强市提效行动”和“创新驱动提速行动”的要求和目标，支持“五水共治”、灾后恢复重建、现代产业体系构建、新型城镇化建设、民生工程等重点领域建设，支持战略性新兴产业和特色优势产业等重点领域发展。

优化工作方式。运用收回再贷、兼并重组、资产证券化、支持直接融资置换贷款、批量处置不良资产、呆账核销等方式盘活金融资源，提高资金使用效率。

创新产品服务。注重银团贷款和授信台账在支持重点项目建设中的运用，通过差异化监管政策，引导银行加大对小微企业信贷投入，深化“三信工程”建设，保持“三权”抵质押贷款先发优势，扩大“道德银行”受惠面及影响力，加大金融支农服务站的推广力度，鼓励抵、质押方式创新。

规范服务收费。推动“七不准、四公开”政策落实，引导银行机构科学合理设定考核目标，梳理和改进收费方式、范围和费率，让利中小微企业和金融消费者。

【监管和服务职责并重】

服务小微抓落实。加大信贷支持力度，督促银行落实《中国银监会关于2014年小微企业金融服务工作的指导意见》要求，深化余姚市小微企业集聚区建设，支持实体经济发展，加大对小微企业信贷资源的倾斜力度。开展小微企业金融服务宣传月活动，组织银行开展银企对接、产品推介、进村入企、走访调研、座谈会、现场会等小微企业金融宣传服务活动，同时加强宣传引导，普及小微金融知识，营造支持小微的社会舆论氛围。坚持正向激励导向，落实差异化监管政策，适度提高小微企业不良贷款容忍度，指导和督促银行业金融机构落实小微企业金融服务不良贷款尽职免责制度。

扶持“三农”促普惠。推动建立普惠金融体系，优化金融机构网点布局，引导和鼓励机构网点向乡镇及以下区域延伸，推动农村基础金融服务全覆盖。开展金融服务“村村通”工程，提供简易便民服务，在布设便农自助服务终端的基础上，提升农村便民金融服务点的服务和宣传功能。推进“进村入社区”“阳光信贷”“富民惠农”三大工程建设，扩大“道德银行”的受惠面和影响力，鼓励和推动支农产品和服务模式创新，实施本地化、特色化的金融创新。加大信贷支农力度，在保持合理信贷投放总量前提下，调整信贷结构，将信贷资源向“三农”倾斜，突出加大对现代农业的金融支持。

帮扶企业重责任。强化责任机制，建议市政

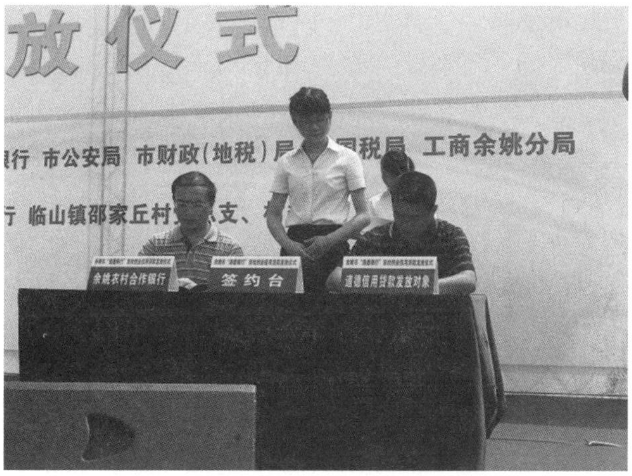

"道德银行"贷款发放仪式

府建立市级以及乡镇（街道）级两个层次的风险责任领导机制，成立以常务副市长任组长的工作领导小组，分管副市长联系相关银行以及乡镇（街道），同时加强考核创新，实行银行和乡镇（街道）的双线考核，形成上下左右联动、共同防范化解风险的立体工作网络。争取政策支持，在市政府召集下召开多次专题会议，研究化解风险的对策，制定防范化解金融风险、维护经济稳定的八大举措，在政策上最大限度的支持风险化解工作。推动高层造访，由市长带队造访相关宁波分行，沟通反映余姚经济和金融的实际情况，并争取相关分行在加大风险化解力度、适度下放权限等方面的支持。开展风险调研，在市政府统一领导下，加强与乡镇（街道）及相关部门的联动，开展困难企业的排摸和分析，组织银行按照标准分类，全面摸底借款企业风险，制定帮扶名单。强化协调机制，明确帮扶意向会商和方案会商阶段的具体要求，督促辖内银行严格执行帮扶会商工作纪律，强化对银行会商纪律遵循情况的跟踪监测，加大金融支持合力。

机构监管抓重点。重点推动余姚农村合作银行股份制改革，组建农村商业银行，落实和完善全面风险管理机制，推进流程银行建设。推动法人机构落实公司治理指引等监管新规，完善"三会一层"的治理结构和制衡有效、激励兼容的运行体制。结合年度监管初评级工作，强化对法人机构理财业务、同业业务的规范、管理，督促其严格执行"三不规定"，加强理财、同业业务的风险防控。围绕案防工作的目标和要求，对法人机构和邮储的案防台账跟踪进行阶段评估和持续跟踪，指导开展案防专项治理工作，提出监管意见，并持续跟踪落实整改，推动建立案件风险防控长效机制。根据《关于宁波市邮政储蓄代理营业机构实施分类管理的指导意见》和《邮政代理网点等级分类结果验收工作方案》，结合新设机构"回头看"工作，开展邮政代理网点分类验收、分类管理工作，跟踪代理机构的内控执行、案件防控、人员到位、岗位设置等情况，督促其及时整改落实；理顺和完善通畅的邮储、邮政协调机制，定期召开邮银协调会议。

【坚守风险底线】

防范化解信贷风险。全面摸清底数，建立台账，动态跟踪，将风险锁定到具体企业和具体数额，"一行一策""一企一策"地制订化解预案。通过兼并重组、转型升级、技术改造等方式，盘活沉淀的信贷资产，减少风险总量；加强协调处置，探索市场化处置方式，加快有效处置进度，加大核销力度，批量处置不良资产，累计处置不良贷款30.45亿元。建立与公安、检察院、法院、金融办、人民银行等部门的季度联席会议制度，联动开展"帮困""打废""治赖"工作，加大打击力度，推动打击逃废债工作在辖内同步进行，抓一批重点打击对象，曝光失信被执行人名单13期。联合金融办等部门指导辖内银行开展防范打击非法集资宣传月活动，向公众普及金融安全知识，提示非法集资风险，提升大众金融安全意识，防范打击非法集资活动。督促银行执行全国统一的小额贷款公司监管和经营管理制度，把小贷公司贷款作为一般公司贷款管理，配合市金融办对辖内的小贷公司开展现场检查，防范风险传染。配合市住建局、市人行开展商品房预售资金监管账户专项调查，加强商品房预售资金监管，规范商品房预售资金正确使用。

维护金融安全。落实属地风险监管责任，指导法人机构落实风险防控责任，订立风险责任书，从总行往下层层建立责任制；培训常态化与制度化，两次邀请宁波局相关处室领导对辖内银行的高管及业务部门人员开展全面风险合规教育培训，提高从业人员的案防合规意识；要求银行对高管加强制度约束，加强履职评估的力度，督促银行完善制度建设，落实年度制度修订计划，及时跟踪反馈。高度关注定期交流、强制休假、主办会计、行为排查等四项制度的推进执行，重点督促法人机构及邮储银行及时并上报年度轮岗、强制休假计划，持续跟踪其落实情况，加强行为排查，充分利用从业人员违规及流动监测平台控制违规人员的流动，配合市局实施违规人员考试工作，加强跟踪落实。指导银行常态化开展案件风险排查和突击性检查相结合，保持案防的高压态势，要求银行根据网点案防工作评价机制，及时清理要害、核心岗位和重要事件上容易产生但尚未形成案件的违规操作，及时整改。开展机构安全评估“回头看”工作，对安全评估中发现问题的整改落实情况进行跟踪、评估，督促机构加强落实；开展节假日机构安保检查，对检查发现的安全隐患限期整改，确保辖内银行业金融机构安全运行。

（银监余姚办事处）

金融业

【中国工商银行股份有限公司余姚支行】

年末各项贷款余额163亿元，比年初增加7.4亿元，在四大行中存量、增量均排名第一。全年向“五水共治”、滨海新城基础设施建设、牟山湖开发等10余个市重点建设项目发放项目贷款32亿元。以开展“2014年普惠金融年”活动为契机，推进全市普惠金融建设。通过开展农村地区的金融知识宣传普及，加大对“三农”融资的支持力度。通过开展“第三届小微企业金融服务宣传月”活动，了解小微企业的生产经营情况和现实需求，提升小微企业服务水平。通过加快推进金融IC卡应用，推广“芯片卡”在公交车上的普及应用。全年开展金融知识宣传普及活动近30次，发放各类宣传单3万余份，受众群体达5万余人次。

（邵佶钦）

【中国银行股份有限公司余姚分行】

经中国银监会“银监复〔2014〕82号”文件批复同意，中国银行股份有限公司余姚支行升格为余姚分行，成为全市首家升格为二级分行的国有银行，5月28日举行升格庆典仪式。年末本外币各项存款余额70亿元，比年初增加4.2亿元。本外币各项贷款余额105.53亿元，比年初增加4.15亿元。

中国银行余姚分行升格庆典仪式

服务地方经济建设，营销中节能产业园项目，为泗门新农村建设开发有限公司“人才公寓”项目投放6500万元，为市政府产业转型及民生工程提供资金支持。发挥外汇业务优势，加强产品创新，拓宽企业融资渠道，全年用于支持涉外主体融资的金额折合人民币近36亿元。推广小额保证保险贷款，推出“中银网络通宝”“微型金融商业模式”贷款业务等中小微企业贷款新品种等，缓解中小微企业融资难题。共有中小企业新模式下授信客户 235 户，新模式下表内授信余额 8.74 亿元，均居中国银行宁波市分行全辖首位。

推进金融普惠，启动市人民医院“医达通”项目、与余姚华联商厦签订金融 IC 卡联名卡发卡合作协议、配合人行推广金融 CPU 卡公交应用项目等，拓展金融 IC 卡在公共服务领域的应用。全年新增金融 IC 卡发卡 106455 张，在当年新发卡中占比达 99.8%。在辖属泗门支行设立对公外汇业务专窗，对涉外企业给予汇率、利率方面的优惠等，推进外汇金融普惠工作。年度共对 299 家企业实行汇率优惠，104 家企业实行手续费优惠。投入使用全市同业首台硬币兑换机、外币兑换机，提升客户服务体验。

（陈　蓉）

【中国建设银行股份有限公司余姚支行】

年末本外币存款余额 99.05 亿元，一般性存款余额 99 亿元。各项贷款余额 147.8 亿元。实现中间业务净收入 1.1 亿元。不良贷款余额 26520 万元，不良率 1.79%，比年初下降 0.97 个百分点。

继续发挥个人类贷款业务传统优势，自营性个人贷款余额 340535 万元，比年初新增 5618 万元，其中个人住房贷款余额 325046 元，比年初新增 9930 万元。委托性住房存款余额 21671 万元，比年初新增 6733 万元，余额和新增额均列全市同业首位。

继续开展小微企业金融服务，推出“善融贷”业务，满足存量结算类小微企业的融资需求。全年共为 12 家小微企业通过“善融贷”累计融资 510 万元。

（徐世洋）

【中国农业银行余姚市支行】

下辖二级支行 19 个，营业部 1 个，储蓄所 1 个，离行式自助银行 22 家。支行机关设 7 个部室，共有员工 391 人。年末各项本外币存款 176.30 亿元，比年初增加 5.22 亿元，在四大行占比达 37.78%，比年初上升 1.19 个百分点。各项本外币贷款 137.09 亿元，比年初减少 2.25 亿元。全年实现中间业务收入 1.40 亿元，在全市同业中位列第二。全年国际业务结算量 32.97 亿美元，增长 19.53%，四大行占比 38.21%，首次超中国银行，在全市同业排名第一。年末电子渠道占比达 91.28%，比年初增加 1.55%。

（张洁琪）

【余姚农村合作银行】

年末本外币各项存款余额 238.52 亿元，比年初增加 23.41 亿元，增幅 10.88%。本外币各项贷款余额 178.23 亿元，比年初增加 21.91 亿元，增幅 14.02%。本外币五级分类不良贷款余额 2.99 亿元，比年初增加 0.22 亿元，五级不良率 1.68%，比年初下降 0.09 个百分点。实现国际结算量 8.65 亿美元，增加 1.37 亿美元，增幅 18.82%；实现中间业务收入 2216 万元，增加 155 万元，增幅 7.52%。实现账面利润 4.26 亿元，增加 88 万元，增幅 0.21%。

推进“微银行”和“丰收村村通”建设，全年新增 ATM 机 52 台（总量 161 台），新增助农终端 96 台（总量 179 台）；重视移动支付的推广应用，在发展网上银行、手机银行的同时，实施 NFC 手机支付在公交领域的应用；持续推进物理网点优化，全年完成 3 家支行营业部、5 家分理处的装修工程。

逐步构建适应支农支小特点的产品体系，先后推出面向农户的“农易贷”“义易贷”信用贷款产品，面向上班族的“信益贷”“园丁贷”“圆梦贷”产品；引进推广台湾微贷技术，开发“幸福余姚”、新余姚人等系列信贷产品；推出官方微信公众号，定期推送产品服务信息，开发“我要借款”“我要办卡”等功能，为客户随时提交金融需求提供方便。

实施网格化管理，持续深化普惠金融，推行对公、对私客户经理联动营销，对辖内客户提供一站式服务，提高信贷服务的标准化程度和审批过程的透明度。在城区，尝试服务社区的新模式，通过开展关爱父母、儿童、老人等社区活动，了解满足居民、个体工商户、小微企业主的金融服务需求。在农村，结合“道德银行”建设，持续推进“三信工程”提质工作，实现农户建档 10.47 万户，评定信用户 8.79 万户、信用村 127 家、信用镇 11 家；发放信用贷款 3115 户，贷款余额 2.05 亿元。在此基础上，以“预授信”工作为抓手，通过银村、银社合作，与行政村、农民专业合作社对接，让广大农户了解信贷政策、金融产品，共发放“预授信”通知书

21525份，农户办卡2707户，建立信贷关系1787户。抓住乡镇国库集中支付、社保卡、公务卡等战略机遇，有效拓展基础客户群，完成8个乡镇（街道）国库集中支付业务的上线，向全市中小学生发放社保卡4万张，向公务员发放公务卡3431张。

（郑旭芳）

【交通银行股份有限公司宁波余姚支行】

支行本部设“五部一室”，分别为公司业务一部、公司业务二部、国际业务部、个金零售部、营运部和办公室；辖属5个二级支行，分别是联盟桥支行、塑料城支行、东旱门支行、大世界支行、城西支行，以及19个自助网点，分别位于天一商城、四明西路、南滨江路、塑料城、郭相桥、严家道地、林枫村、毛家村、首科科技公司、法院、兴诚路、丰山路、泗门镇、临山镇、朗霞镇、小曹娥镇、老方桥镇、马渚镇、丈亭镇。共有员工93人。年末各项人民币时点存款余额524898万元，其中对私时点存款余额182679万元；各项人民币累计日均存款余额546111万元，其中人民币对私存款日均余额162638万元；各项人民币贷款余额621532万元。

（余筱雯）

【上海浦东发展银行余姚支行】

年末本外币一般性存款余额50.66亿元，比年初减少3.54%，其中储蓄存款余额7.48亿元，比年初减少33.74%。本外币贷款余额58.16亿元，比年初减少3.73%，其中小企业贷款余额26.95亿元，比年初增加0.79%。不良贷款余额2605万元，不良率0.45%。离在岸国际结算业务量7.67亿美元，增长15.69%。全年实现账面利润9624万元。

（浦发银行余姚支行）

【中国农业发展银行余姚市支行】

全年累计发放贷款50785.51万元，累计收回贷款61811.82万元，其中累放粮食收购贷款24900万元，支持企业收购粮食6968万公斤；展期地储油贷款237万元，展期地储粮贷款1234万元，发放地储粮贷款4212万元，支持企业轮换储备粮2024万公斤，支持企业累计销售各类粮食18305万公斤，实现销售收入28067万元，销货款全部归行，收回调控贷款20600万元，实现粮食政策性资金的封闭运行；累放农业基础设施建设政府性中长期项目贷款18000万元。年末各项贷款余额252253万元，比年初减少11027万元，日均贷款余额262549万元，比年初增加18861万元；各项存款余额24741万元，比年初减少16766万元，日均存款43799万元，比年初减少2910万元，存贷余额、日均贷款、日均存款名列全市系统第二位，全省系统第六位，实现账面利润6680万元，比上年增加419万元，商业性贷款不良率继续保持为“零”。

（农发行余姚支行）

【宁波银行余姚支行】

年末各项存款余额64亿元，比年初新增3亿元，各项贷款余额43亿元，比年初新增2.4亿元，国际结算业务量12亿美元。实现账面利润6446万元，上缴各类税金1720万元。

（宁波银行余姚支行）

保险业

【中国人民财产保险股份有限公司余姚支公司】

全年实现保费收入41136万元,增长16.38%,市场份额39.28%,经营业绩位于同业绝对领先地位。作为政府政策性保险和重大项目的专业服务企业,历年来与广大客户风雨同行,在2013年的“菲特”台风中,公司共计赔款8亿余元,为余姚灾后恢复生产生活起到积极作用。

(人保余姚支公司)

【中国人寿保险股份有限公司余姚市支公司】

全年实现股份保费收入13388.61万元,比上年下降16.65%,寿险首年保费收入4700.46万元,下降29.89%,首年期交保费收入1407.39万元,下降48.09%,其中个险10年期及以上期交保费663.42万元,增长48.19%;短期险保费收入922.59万元,增长23.45%,其中意外险保费收入711.93万元,增长29.41%,续期保费收入7765.56万元,短期赔付率35.71%,下降7.93个百分点。

(中国人寿余姚支公司)

【中国太平洋财产保险股份有限公司余姚支公司】

全年保费收入22194万元,增长15.88%,其中车险保费16591万元,增长14.51%,非水险保费5397万元,增长20.80%,水险保费206万元,增长5.55%。全年赔款支出16063万元,综合赔付率72.37%。市场份额为21.19%,居余姚保险市场第二位。

(太财保余姚支公司)

经济综合管理

发展与改革

【概况】

2014年,在宏观环境"新常态"背景下,全市上下围绕稳中求进、转中求好的工作总基调,攻坚克难,开展经济社会转型发展推进年活动,推进"五水共治",实施"六项行动",克服上年洪涝灾害带来的不利影响,全市经济社会发展总体保持平稳。

【重点工作成效明显】

"五水共治"增推力。成立"五水共治"工作领导小组及办公室,落实"河长制""一河一档"等制度,实施治水强基提标行动,推进项目建设,143个"五水共治"项目全年完成投资30.84亿元,其中72个项目建成投用。61个村完成农村生活污水治理工程,城市污水处理厂二期扩建等工程完工,陶家路江泗门泵站投入运行,食禄桥江整治等项目开工建设,新增城市内涝应急强排1.3万立方米/小时,新铺设城乡污水收集管网30千米,供水管网10千米,68条"黑河、臭河、垃圾河"全部摘帽,成功创建为全国节水型社会建设示范区。203个灾后重建统筹项目和对口帮扶项目全部开工,全年完成投资5.3亿元,其中164个项目完工。

重大平台壮实力。中国(宁波)意大利产业园落户余姚,并成为全省唯一的国际合作生态园——中意(宁波)生态园,首批3个项目开工建设;滨海新城一期邻里中心、污水输送系统及再生水干管一期等项目稳步实施,滨海大道一期建设工程主体基本完工,武胜变—滨海新城等高压专线投入使用,世茂铜业年产22万吨低氧环保铜线等产业项目投产。浙江"千人计划"余姚产业园建设稳步推进,已投产、注册、签约或正在跟踪洽谈的海外高层次人才项目98个,其中已注册项目32个,首批落户产业化基地的7个项目扎实推进。

转型升级强动力。开展"创新驱动提速行动",实施"四换三名"工程,提升产业创新实力,高新技术产业增加值增长12%,规模以上战略性新兴产业增加值增长11.4%,分别高于规模以上工业增加值增幅2.1个百分点和1.5个百分点。增强企业研发能力,完成科技经费投入34.15亿元,增长12.5%;实施宁波级及以上科技项目101项,新增宁波级及以上企业工程(技术)中心16家,产值亿元以上高新技术企业达70家。加大人才支撑力度,进入国家"千人计划"最后答辩7人,新入选宁波市"3315计划"人选2人。强化知识产权战略,新增发明专利授权261件、宁波级及以上名牌产品24只、宁波级及以上知名(著名)商标17件,国家知识产权强县工程试点市通过验收。推广"机器换人",完成"机器换人"重点项目106个,减员 9200 余人，完成技改财务投入 176 亿元，增长 16.9%。

体制改革激活力。成立全面深化改革领导小组，明确七方面改革任务，细化责任分工，各项改革全面展开。推进行政审批制度改革，区域一体网上审批系统和行政审批标准化体系建设，加快推进“四张清单一张网”工作取得阶段性成效。深化建设社会信用体系，企业信息信用共享平台正式上线，开展全国农村信用建设试验区工作，新增“道德银行”建设村 16 个，727 户农户获“道德信贷”6244 万元。推进城乡一体化改革，8 个农村土地承包经营权确权登记试点村完成档案清理工作，84.9% 的村社完成股改。

【经济运行总体平稳】

现代农业提质增效。强化灾后复产各项服务工作，促进农林牧渔各业生产全面恢复，实现农业总产值 63.18 亿元，增长 4.3%。加快农业“两区”建设，全面启动国家级现代农业示范区创建工作，推进 1600 公顷宁波市级标准化粮食功能区建设，完成滨海现代农业园区综合开发二期。发展适度规模经营，新增土地流转面积 364 公顷。壮大农业经营主体，新增专业合作社 5 家、市级及以上农业龙头企业 5 家，全市农业龙头企业实现销售收入 126 亿元，增长 3.3%。

工业经济量质并增。开展“工业强市提效行动”，实施“六个一”工程，强化困难企业帮扶和风险化解，全年实现规模以上工业产值 1324.78 亿元，规模以上工业增加值 231.41 亿元，分别增长 7.6% 和 9.9%。加强国内外市场拓展，新增出口名牌企业 8 家，新建境外营销机构 16 家，全年实现自营出口 70.84 亿美元，增长 9%。规模培育成效显现，产值前 100 位企业实现产值 691.6 亿元，占规模以上工业产值比重达 52.2%，舜宇集团入选省首批“三名”培育试点企业，新增宁波级高成长企业 3 家，实现“小升规”130 家、“个转企”745 家。

现代服务业稳步发展。坚持传统商贸服务业与新兴服务业两手抓，加强业态培育，优化内部结构，服务业现代化水平逐步提高。改善城乡消费环境，华润五彩城、四明广场、红星美凯龙等商贸重点项目建成开业，万达广场年营业额达 4.5 亿元，村级商业中心创建工程实现三年行动计划目标，共建设村级商业中心 55 个。电子商务加快发展，制定出台电子商务发展规划和专项扶持政策，电商企业达 1300 余家，慧聪家电产业新城招商落户，“甬易支付”结算额达 500 亿元。专业市场、金融业等发展平稳，实现商品市场成交额 851.5 亿元，增长 12.1%，塑料城市场交易额首次突破千亿大关，其中现货市场交易额 550 亿元，网上市场交易额 512.57 亿元，均增长 8%；金融机构本外币存款余额 1200.92 亿元，贷款余额 1245.41 亿元，分别增长 2.7% 和 4.6%。

【有效投入持续放量】

重大项目建设有序。深入实施“六大百亿工程攻坚年”活动，240 项“六大百亿工程”项目完成投资 342.86 亿元，完成年度计划 100.3%。重点工程有效发力，90 个 2000 万元及以上政府投资建设项目完成投资 60.23 亿元，完成年度计划 97.2%；119 个重点建设项目完成投资 166.05 亿元，完成年度计划 103.9%。加强产业投资，帅康集团光伏太阳能组件系统及厨房家电等重点产业项目完工，全年完成工业投资 210.94 亿元，增长 18.9%。民间投资持续发力，完成投资 331.34 亿元，占总投资比重达 64.3%。

各类要素保障有力。加强资金要素支撑，密切政企、银企联系，合理引导信贷资金，强化中小企业融资担保和转贷服务，市转贷基金规模扩充至 4.55 亿元，全年转贷 1176 笔，金额 156.7 亿元。加强土地要素供给，新增建设用地指标 307.7 公顷，招拍挂工业用地 189.7 公顷，消化“批而未供、供而未用”工业用地 177.2 公顷，实施“腾笼换鸟”转产项目 4 个，盘活存量土地 59.8 公顷。

招商引资成效明显。深入实施招商引资“一号工程”，开展针对性招商、委托招商和主题招商，协调解决招商项目在落地、开工过程中涉及的困难和问题，招商引资取得良好成效，新批外商投资项目 66 个，实现合同外资 9.31 亿美元，实到外资 3.91 亿美元；实到余姚市外内资 66.71 亿元，宁波市外内资 51.18 亿元，浙商创业创新资金 51.46 亿元，分别完成全年目标的 148.2%、128% 和 285.9%，已注册项目转化为规模以上企业 62 家。

【生态环境有效治理】

提升环境承载能力。实施“生态环境提质行

动”，加大环境监管力度，环境空气自动监测数据实现日报，检测机动车尾气7.86万辆，淘汰黄标车及老旧车8830辆，整治提升印染、金属表面酸洗、涉汞等重点污染企业193家，宁波光耀热电脱硝、众茂姚北热电厂脱硫等年度重点减排项目建成投运。开展饮用水源地和主要河道规定范围内畜禽养殖场污染综合治理工作，关停搬迁209家。强化废弃矿山治理，13家省级重点废弃矿山生态治理基本完成。推进四明山区域生态修复，实现生态修复160公顷。

发展生态经济。淘汰落后产能，淘汰不锈钢落后产能18.8万吨、铜冶炼1万吨、化纤18万吨、印染12250万米。推广先进生产方式，审核通过宁波级节能新产品（新技术）7项、清洁生产企业20家，实施重大节能改造项目48个。推广应用生态型、循环型等先进技术和农牧结合、农渔结合等新型种养模式，实施测土配方施肥技术4万公顷次。培育生态休闲经济，实现旅游总收入82亿元，增长15.5%，获“中国十佳最具魅力生态旅游休闲目的地”称号。

增强生态屏障。加快“森林余姚”建设，改造和新建绿化面积833公顷，实现道路、河道绿化90千米，新增省级森林乡镇2个、森林村庄28个。实施市域主干道两侧绿化工程，完成古乍线、梁周线两侧苗圃式林带建设，加强城东路等已建苗圃式林带抚育管理。实施“见缝插绿”工程，玉皇山公园、屯山公园等城市公园绿地形象显现，振兴路绿地改造、姚江桥东侧绿地提升等工程完工。

【城乡一体统筹发展】

城市品质不断提档。开展“城乡品质提档行动”，城市区块更新加速，西南组团、城东新城等区块开发更趋完善，三江口新村等4个老小区完成整治改造，皇山桥村安置房三期等5个安置房项目建设完成，姚江干流城区段、华狮北侧地块（二期）等14个地块征收拆迁完成“清零”，姚北新城核心区完成全部27家涉拆企业签约工作。城市管理更趋高效，开启“一长两员”网格化管理新模式，创新精细管理模式和督查方式，市容市貌不断改善。有力实施“三改一拆”，完成拆违面积177.76万平方米；旧住宅改造124.43万平方米、城中村改造36.2万平方米、旧厂区改造38.15万平方米。

城乡建设有序推进。加大小城市、中心镇和特色镇建设力度，完善泗门卫星城核心区块城市设计和马渚新区控规，提升梁弄红色旅游景区品质，陆埠老区区块改造提升实现签约，马渚棚户区改造项目完成立项，河姆渡等5个乡镇的9个区块控规通过规划评审。推进“美丽乡村”建设，农房“两改”稳妥实施，完工（结顶）农村住房集中改造建设项目10个，创建宁波市级全面小康村4个、特色村3个、精品线1条；启动建设本级精品村11个，完成项目建设33个、投资7621万元。

基础设施日趋完善。拓展道路网络，杭州湾跨海大桥杭甬高速公路连接线（夏巷互通立交至61省道段）等工程推进顺利，浒溪线二期（大岚至四明山段）、陆上线拓宽改造等项目完工通车，新西门南路（谭家岭西路 — 黄山路）等3条断头路贯通，新改建农村联网公路54条计60.6千米。完成27项配网项目建设和640个公用变压器增容布点，城镇供电可靠率、农网供电可靠率分别达99.99%和99.96%。全年供应天然气3356万立方米，增长37.7%；新增（改装）路灯2671盏（套），亮灯率保持在98%以上。

【人民福祉持续改善】

开展文明创建。围绕创建全国文明城市目标，建立健全自测自评、检查督查和考核激励等机制，明确创建责任，落实创建任务，发动全民参与。提升市民文明程度和城市形象，梳理破解推进创建重点难点问题27项，提升窗口文明形象和公民旅游文明素质，推动志愿服务制度化、常态化，加强未成年人思想道德建设，刊播社会主义核心价值观、“中国梦”等公益广告，设立“遵德守礼”提示牌5000余块、公交候车亭公益广告200余块。

完善民生保障。十方面民生实事工程全面完成，一般公共预算用于民生支出63.6亿元，占全市一般公共预算支出的比重达79%。实施积极就业政策，新增城镇就业2.51万人、创业实体1.22万家，创业带动就业人数7.33万人。推进社会保障体系建设，职工基本养老、职工医疗、失业、工伤和生育保险分别净增3.9万人、3.15万人、1.68万人、1.09万人和0.98万人；企业退休人员基本养老金平均提高13.6%。助房、助困、助残、养老等工作有序开展，社会福利体系覆盖面进一步扩大。

发展社会事业。通过全国义务教育均衡县（市）评估，市实验高中（暂名）新建工程全面推进，市四中扩建、梨洲小学新建等工程如期完工，泗门、低塘等4所公立幼儿园建成开园。推进国家历史文化名城申报工作，完成9个村落（社区）文化宫升级和12家企业文化中心创建，越剧《探春》获第三届中国越剧艺术节剧目展演奖。组建市镇医疗联合体，搭建区域卫生信息化平台，推进市第二人民医院迁建等项目，城乡医疗卫生服务能力增强。开展人口与计划生育各项工作，人口自然增长率为0.28‰。开展全民健身运动，完成各类省级体育创建项目61个，举办市级全民健身活动300余场次，安装健身路径60条，新建（改建）各类球场40片。

深化社会治理。实施“社会建设提升行动”，加大社会治理力度。加强商品市场监督，商品供需总体正常，居民消费价格上涨1.9%。加强城市社区建设，划分城市社区服务管理责任网格，削减部门进入社区工作50项，减少创建达标（考核）事项44项。维护社会和谐稳定，公安、信访、安全生产工作有力开展，公安案件受理数下降12.8%，侵财型案件破案率提高2个百分点，信访总量、集体上访分别下降4.6%和0.2%，安全生产事故发生起数、直接经济损失分别下降1.3%和5.8%。

【市9个项目列入年度宁波重大前期项目计划】

这9个项目分别是：余姚3000吨级码头新建项目、329国道余姚段提升工程（除黄家埠段）、319省道改建工程（除姚州大桥至兰曹大道段）、兰周公路至兰曹大道连接线工程（北环西路至食禄桥江段）、余姚公共文化中心建设工程、牟山湖东方意大利商业城项目、裘皮产业园二期项目、余姚市农批市场迁建工程、乐安湖科技农业生态园项目。9个项目总投资147.16亿元。其中，余姚3000吨级码头新建项目等4个项目为港口交通项目，总投资43.16亿元；余姚公共文化中心建设工程为社会事业项目，总建筑面积约8.7万平方米，总投资8亿元；牟山湖东方意大利商业城项目等4个项目为现代服务业项目，总投资为96亿元。

（郑静波、史吉力、黄学先）

统　计

【概况】

2014年，市统计局执行国家统计报表制度，开展各专业报表布置、业务培训、收表审核和数据处理工作。建立健全数据质量监控体系，完善以GDP为龙头的数据质量评估制度，探索重点开发区域调查、电子商务统计、小微企业跟踪调查等统计调查的方法机制。

【创新统计调查工作】

建立基本单位名录库联动机制。以片区为核心，建立与工商、税务、质监及乡镇（街道）等部门的联动机制，将统计专网延伸至乡镇（街道）和片区工作站，启用名录库动态维护新制度。定期获取新增单位资料，并与全市基本单位名录库进行比对，确保新增单位及时入库。名录库更新维护法人单位13227个，产业活动单位1067个，其中新增法人单位2735个，产业活动单位257个，个转企单位333个。“四上”单位月度申报新增26家。外资企业联合年检部门网上审批698家。

经济普查攻坚。以查清查准查实为目标，完成普查登记、数据审核和验收、事后质量抽查、资料开发等工作。特别是面对灾后经济普查入户登记工作时间紧、任务重的现状，多措并举，狠抓登记阶段各关键环节工作落实，倒排时间节点，严格责任落实，深入比对单位核查名录库，查找遗漏单位，全市普查登记工作扎实有序。数据质量专项督导组、业务骨干深入乡镇开展数据审核工作百余次，组织事后数据质量抽查10余次，编印成果资料150份，拟定涵盖综合、产业结构、经济效益、重点行业、能源与科技、小微企业与个体经济等多个方面的8个分析研究参考课题，确保摸清余姚家底，取得管用、实用、好用的经普成果。各乡镇（街道）撰写经普技术业务文章22篇，从中评选三篇优秀文章并编印成册。据最新数据，全市共有法人单位19112家，个体经营户72480户。

【提升统计数据质量】

学习培训。年度正式推进片区工作，针对片区工作人员新、专业涉及广的特点，组织专题学习6次，学习《中华人民共和国统计法》《浙江省企业统计工作规范化指导意见》等资料内容；组织科室分专业为片区培训指导5次，指导各专业统计工作的要点；组织片区人员全程参加统计继续教育培训，片区所有人员均通过统计从业资格考试；组织学习企业沟通技巧，提高走访企业效果；召开现场会2次，指导各片区取长补短，实现经验共享。

责任分解。根据各片区的实际情况，制定切实可行的目标任务，将企业走访、投资审核、名录库维护、资料整理归档等工作一一分解落实到人，并每月通过各项工作的完成进度，激发片区人员的工作积极性。全年走访指导服务企业1482家，实地审核固定资产投资项目604个，动态维护名录库单位13419家，较好完成年初预定的目标。

规范流程。规范企业走访流程，明确企业走访要点，按照六必访要求、实现片区指导服务工作流程、企业走访要点等对企业进行走访指导，实现工作程序规范化、业务指导精细化、开展服务标准化。

交流互动。发挥片区在专业科室与企业之间的桥梁纽带作用，根据专业科室月度统计反馈情况，对上报情况不理想企业针对性走访指导，同时将走访情况反馈至各专业科室和法规科，作为执法稽查的重要依据。

绩效考核。出台《片区统计工作站考核办法》，从统计业务、统计服务、作风效能、基础工作、争先创优等五方面对片区工作进行考核，调动片区工作人员的主动性、积极性和创造性。召开片区工作会议11次，交流片区工作情况；召开片长会议13次，交流片区工作中遇到的新情况新问题，集思广益讨论改进措施；结合片区Groove信息管理系统，实时动态管理片区工作情况。同时根据片区工作情况，对片区工作优秀人员进行考核奖励，激发片区工作热情。

以站带镇。通过片区加强对乡镇统计工作的管理指导，年度在11个乡镇（街道）建立统计调查中心，配备1名党政办副主任负责统计调查中心工作，与片区工作站联手加强统计基层基础建设，提高辖区内统计数据的真实性，促进统计信息工作网络的拓展延伸。同时依托片区开展小范围、针对性的统计教育培训，提高统计培训效果。

【提高统计服务水平】

经济运行监测。开展月度主要经济指标预测分析工作，分析重点指标、重点行业运行情况，及时掌握趋势性、苗头性问题，研究提出预警建议并向局主要领导报告，及时以统计信息、统计专报形式为市委、市政府及相关部门提供预警信息及决策建议。编印《余姚统计月报》，定期提供全市、全省部分经济强县市区对比统计资料，利用区域统计信息网络，结合余姚实际情况，进行分析整理，发现问题，找出差距，为领导决策提供参考依据。

经济运行分析和专题调研。围绕领导关注的焦点、群众关心的热点、经济发展的难点，研判发展形势、分析变化特点、找准问题原因，开展经济运行分析，撰写经济运行情况分析材料。一批统计分析报告受到市委、市政府领导的重视、批示和肯定，被市委、市政府专报录用9篇，批示5篇。同时开展专题调研工作，围绕市委、市政府决策需要和热点、难点工作，参与市委、市政府重点课题调研，撰写调研分析报告。完成《从普查基本单位看余姚市私营企业发展状况》《余姚城市综合体的现状和走势研究》等11个课题。

社会公众信息服务。通过电视、广播、报刊、网络等手段，发布经济运行情况，解读统计数据，让社会全面了解全市经济社会发展状况。

社情民意专项调查。发挥社情民意专项调查的作用，畅通统计服务民生渠道，开展全省群众安全感调查、文明城市创建委托调查、城乡居民生活品质调查、宁波市为民办十方面实事调查和党政廉政建设民意调查。特别是依托自主设计的简易CATI系统（计算机辅助电话调查系统），受纪委委托开展服务基本建设项目效能评议第一、二阶段动态测评和年度测评，动态测评涉及全市5058个服务基本建设项目，调查5058人次，年度评议发放2030份问卷。同时，探索短信调查、网络调查、调查户面访等调查方式，个别调查采用两种或两种以上调查方式，确保调查结果真实反映民意，提升统计工作的社会地位和行政执行能力。

【开展统计法治建设】

宣传教育培训。通过稽查走访途径，分发“六五”普法宣传资料2300余份，与市科协合作到乡镇（街道）、村（社区）20余个宣传点举办统计法制科普长廊活动。健全完善统计新闻发言人制度，优化门户网站设计，利用统计网站、信息公开平台及其他传媒公开相关统计制度标准和工作流程，开展统计数据的解读和相关指标的解释说明工作。建立健全统计人才信息库，实现对全市职能局、乡镇和企业统计人员信息入库的动态管理，信息库内已有3500余人，根据信息库内人员情况，开展分区域、分行业、分需求教育培训12期，培训1336人。

监管执法常态化管理。贯彻落实“四条红线”规定，加强对调查对象独立调查、独立上报的监管，从源头统计、上报审核、事后追责全流程出发，建立常规审核检查、约谈、执法稽查的常态化的三级监督执法工作机制。依托片区力量，建立对统计单位的常态化检查机制，尤其关注主要经济指标存在奇异值或异动情况的企业单位，必要时与企业负责人或乡镇统计负责人进行约谈。组织开展联网直报源头数据检查和数据质量专项检查，加大统计违法行为查办力度，提升统计执法的整体合力与效率，共对53家单位开展统计稽查和执法检查，其中对8家企业作出当场警告行政处罚决定，对5家企业发出责令改正通知书，对4家企业作出警告并罚款的行政处罚决定。

（市统计局）

审　计

【概况】

2014年，市审计局共对82个单位开展审计和审计调查，查出管理不规范金额9.64亿元，核减工程款1.47亿元，整改落实审计发现的问题，移送案件线索7起。有3个审计项目获省审计厅、宁波市审计局表彰。被评为“全国审计机关先进集体”，局审计工作和内部审计指导工作连续八年获宁波市审计系统优秀单位和省优胜单位。

【财政审计】

土地出让金审计。根据审计署统一部署，派20名工作人员，历时两个月半，参与北仑、象山两地国有土地出让金收支及耕地保护情况审计。同时开展全市土地迎审工作，选派2名领导及3名业务骨干全程陪同审计组，开展与上海特派办、慈溪审计组的对口衔接及后勤保障工作。

公务支出公款消费审计。按照省厅统一部署，年初组织20名审计人员对25个部门、5个乡镇（街道）共519个单位（账套）公务支出公款消费进行专项审计，对审计中发现的问题，提出建立完善公务支出公款消费制度、加强支出管理、规范津补贴发放、形成监管合力等审计建议，推动出台《余姚市行政事业单位培训费管理办法》《余姚市行政事业单位会议费管理办法》等四项制度。

12个部门同步审计。在财政同级审的基础上，对市级部门实行轮审制，力争五年全覆盖。年度对市规划局、卫生局、商务局、发展和改革局等12

个部门开展预算执行情况同步审计，促使行政事业单位依法行政，提高部门预算和财政财务管理水平。

【固定资产投资审计】

全年完成概算审核项目51个，审计资金73.87亿元，通过审计建议调整概算5.27亿元；完成预算审计2个，审计资金4.02亿元，通过审计核减预算0.11亿元；完成66个政府投资项目招标文件结算条款的审查；完成118项工程重大变更的审查，涉及变更金额8449万元；完成工程结算项目136个，送审资金12.25亿元，核减政府投资项目支出0.92亿元；完成工程决算项目47个，送审资金7.92亿元，核减政府投资项目支出0.55亿元；对委托结算审计项目实行复审制，已对462个单位工程进行复审，通过复审再次核减工程支出1712万元；完成“五水共治”项目31个概（结）算审核。

【企业审计】

对万里小额贷款公司2013年度经营风险进行专项审计，并多次就小贷公司存在的问题和困难，向市领导进行专题汇报，为小贷公司健康发展奠定基础。

【专项资金审计与审计调查】

对涉农专项资金、住房公积金等专项资金开展审计与审计调查，关注资金的管理情况、资金流向和使用效益，促进基金、资金规范运行，确保各项惠民政策落实到位，使审计为民、亲民、惠民。

【农村审计】

组织开展村级审计项目122个，审计总金额24.78亿元，收回各类款项173万元，落实审计整改措施301条；组织村级工程竣工决算审计1681个，送审金额24.75亿元，核减工程款1.32亿元。

【内部审计】

加强对全市内审机构的指导，继续注重内审分会的自身建设，组织13批次390余人次参加各类业务培训。全市各内审机构共完成审计项目2147个，审计资金总额115.81亿元，促进增收节支1.27亿元，提出审计建议意见被采纳1003条；3个内审项目被评为宁波内审优秀项目，其中2个项目被评为省内审优秀项目。推动出台《关于进一步加强内部审计工作的意见》《余姚市内部管理干部经济责任审计办法（试行）》两项制度。

【全市经济责任审计联席会议】

2月18日召开，审议2013年度全市经济责任审计工作情况，确定2014年度经济责任审计项目计划。按照计划，2014年对8个单位的10名市管领导干部开展经济责任审计。会议提出，经济责任审计要严肃财经纪律，高度重视2013年审计发现问题的整改落实，对2012年审计发现的问题未整改到位的两个单位，市国土资源局所属土地储备中心出租收储土地未收缴租金和四明山镇未收缴四明山新型材料厂固定投资回报款，要跟踪督查。会议审议确定《余姚市经济责任审计工作联席会议议事规则》《余姚市经济责任审计工作联席会议办公室工作规则》两个制度。贯彻落实《党政主要领导干部和国有企业领导人员经济责任审计规定实施细则》，按照实施细则要求将自然资源资产的开发利用和保护、生态环境保护以及机构设置、编制使用以及有关规定的执行情况等纳入审计范围进行试点。

（李其锋）

工商行政管理

【概况】

2014年是余姚市市场监督管理局的建局之年，为确保机构改革后人员的全面履职，结合局《三定方案》，对近百名干部进行岗位调整，并通过编发培训资料、强化师徒结对、跨岗交流和骨干培育等方式，组织开展多层次全员化的业务素质培训，重点开展工商行政管理和食品药品监管知识的交叉培训，打造一支能胜任市场监管要求的过硬队伍。组织干部职工参加各类培训49次1000余人次，在提升队伍履职能力的同时也促进系统的整合融合。同时，推进党的群众路线教育实践活动，共梳理权力清单675项，实现减权放权220项；全局会议费开支减少66%，三公经费开支减少56%。

【商事制度改革】

将推进工商登记制度改革、降低市场主体准入门槛作为激发创业活力的第一抓手，实施注册资本登记改革和113项前置审批“先照后证”改革，改进多证联办、远程服务、延时服务、网上登记等便民措施，促进改革红利的释放。全市新增各类市场主体13085户，增长4.6%，其中新增公司3313户，增长38.6%；全市市场主体总量首次突破9万大关。取消企业年检和个体户验照，在全宁波率先开展年报公示试点工作，并通过设立服务专线、服务专区和上门指导等方式，解决小微市场主体申报难题。共有7400余家企业和15400余家个体工商户完成年报提交，整体进度在全宁波系统内处于前列。

【服务地方经济工作】

出台《“个转企”提质扩面实施意见》，完善政策引导和配套扶持，在全宁波率先推出“个转企二次转型”直接变更登记，实现“个转企”企业主体资格的顺畅延续。新增“个转企”745户，其中转为公司553户，占比高达74.2%；累计办结“个转企”2157户，已完成2013—2015三年任务的124.47%。加快商品市场提档升级，推动以中国塑料城为中心的市场群申报省现代商品市场集群，推动塑料城网上市场申报省“智慧市场”，并在诚信市场创建工作中取得显著成绩，被国家工商总局评为“全国先进单位”。此外，参与第十六届塑博会的招展、布展和会务服务，开展全国文明城市创建，在推进“三改一拆”“五水共治”“千人计划”产业园和中意（宁波）生态园区招商对接等工作中取得显著成绩，获党委政府和市民群众的肯定，局行政审批科在全市“涉及服务基本建设项目”效能评议中获“先进科室”称号。

【帮助企业脱困解难】

面对企业发展中面临的多重困难，发挥部门职能和协会平台的作用，开展政策宣传和转型帮扶，破解要素制约，助推广大民营企业攻坚克难，共开展“电商换市”“机器换人”“工商登记制度改革”等主题活动10余次。指导民个协会推进民营企业“对接金融、对接科技”活动，举办各类企业家沙龙、培训班和专题讲座，提升民企管理者素质，帮助企业招工引才1.3万人，解决融资69.65亿元，培训管理人员近万人。同时，加强驰（著）名商标的推广应用和梯队培育，规范和拓展地理标志证明商标的使用，推动品牌建设，全市新增注册商标超1500件，新增省著名商标（商号）10件、新增宁波知名商标11件，商标创牌工作继续走在宁波市前列。

【市场监管执法】

信用监管。发挥机构改革、职能整合的优势，增强监管执法的针对性，并将建立完善信用监管平台作为监管转型的前提和基础。年度市企业信息信用共享平台上线运行，单位法人智能分析系统、“信用余姚网”改版等也先后完成，平台通过专家组评审验收，共采集53个部门（单位）的企业信息和信用数据288.7万条。推进“信用余姚”建设，开展信用示范企业培育、诚信商圈创建、诚信民企、诚信工商户和五好经营户评选等活动，开展中介机构信用监管创新，浓厚全市商务诚信氛围。

执法打击。开展商标专用权保护“议题管理”和打传规直等专项执法行动，确保改革过渡期经检体制不乱、工作不断、力度不减。共查办各类案件823起，罚没款806.27万元，其中大要案294件，移送公安机关6起，推动市场监管执法新体系的构建。在全宁波系统内率先启动行政处罚结果网上公开，建立健全行政执法责任制，开展“领导干部带头学法”和“执法人员定期学法”活动，推动系统依法行政水平提高。全年发生行政复议10起、行政应诉1起，无一败诉或被确认违法，一个案卷入选全市“十佳”行政处罚案卷。

【提升维权效能】

以新《中华人民共和国消费者权益保护法》实施为契机，推进“月月3·15”活动，围绕绿色消费和理性维权广泛开展普法宣传和消费者教育。以快递物流、电信运营、银行等行业为重点，通过行政约谈、公开点评、条款备案等方式，推进格式合同“征霸反霸”专项行动。共审查各类格式合同195余份，确认不公平格式条款172条，向24家银行、电信企业下发行政告诫书，督促整改不公平格式条款内容，从源头减少消费纠纷的发生。机构改革完成后，第一时间整合“12315”“96311（96317）”和消保委等举报投诉渠道，招聘并培训“96311（96317）”专职接线员1人，制定举报投诉处置规范，实现对各类举报投诉的统一流转。重新认定消费维权服务站62家，指导36家企业加入网上和解平台，累计受理并处置各类消费投诉申诉2376件，调解成功率98%以上，为消费者挽回经济损失217万元；妥善处置群体性消费投诉7件，预防消费纠纷次生矛盾的发生。

【公司注册登记不再需要验资报告】

从3月1日起，修订后的《中华人民共和国公司法》正式实施。与原《中华人民共和国公司法》相比，新法主要在三个方面作改革：一是将注册资本实缴登记制改为认缴登记制，公司实收资本不再作为工商登记事项，实行由公司股东（发起人）自主约定认缴出资额、出资方式、出资期限等，并对缴纳出资情况真实性、合法性负责的制度。是放宽注册资本登记条件，除法律、法规另有规定外，取消有限责任公司最低注册资本3万元、一人有限责任公司最低注册资本10万元、股份有限公司最低注册资本500万元的限制；不再限制公司设立时股东（发起人）的首次出资比例和缴足出资的期限。三是简化登记事项和登记文件，降低公司设立门槛，减轻投资者负担，便利公司准入。修订后的《中华人民共和国公司法》取消公司营业执照应当载明实收资本的规定，保留注册资本仍应作为公司营业执照载明的事项。

【31项前置审批事项改为后置审批】

从8月18日起，市市场监督管理局31项工商登记事项由前置审批改为后置审批。经营者可直接向市场监督管理局各审批窗口申请工商登记，在领取营业执照后，持营业执照和有关材料再到相关部门办理许可手续，取得相关批准文件、许可证件后，即可开展相关经营活动。改革涉及事项主要集中在生产经营服务领域，如“设立内资娱乐场所审批”“设立互联网上网服务营业场所经营单位审批”“公共场所卫生许可（不含公园、体育场馆、公共交通工具卫生许可）”等。

（陈武东）

食品药品监督管理

【概况】

2014 年，市市场监管局借机构改革的东风，加大食品药品监管工作力量投入，各大专项整治不断引向深入，各类示范创建提质扩面，影响食品药品安全的突出问题得到有效破解，食品药品安全底线得到巩固。

【食品药品安全宣传培训】

以增强食品药品企业的主体责任和抗风险能力为履职重点，开展食品药品安全风险大排查，为药品经营企业量身定制 GSP 认证方案，对医疗器械生产企业开展有因约谈和专题走访，对保健品和化妆品经营企业建立电子档案，在食品流通领域新培育星级食品示范店 204 家，食品生产企业主体责任自查报告执行率达 95% 以上。通过报纸电视、专家授课、现场指导等形式和“食品安全宣传周”“安全用药月”等专题活动，提升宣传培训的实际效果。推进省级餐饮食品安全示范市创建，启动小餐饮整规，以示范创建和监管整治“双管齐下”，提升餐饮单位许可证、健康证持证率，促进餐饮行业规范。

【保障重点领域食品药品安全】

集中力量开展 H7N9 禽流感疫情防控、重大活动餐饮安全保障等工作，推进十万学生餐饮安全工程，推动学校食堂实施基础设施改造 67 家，实现量化等级提升 36 家，品牌超市占校园商店总数七成以上。探索保健食品按预包装食品核发流通许可证，推进商超农产品、水产品准入，加快食品流通电子监管客户端安装，自主开发食品、餐饮和保健品、化妆品的智能监管系统，指导市食检中心顺利通过国家实验室认可现场评审，强化对食品药品监管的技术支持，“基层流通环节食品安全智能监管平台”项目获宁波市场监管系统“创新奖”。加强食品安全基层责任网络建设，指导各乡镇（街道）和经济开发区设立食安委和食安办，划分设置中网格 316 个、小网格 1706 个，并全部配备协管员和信息员，实现食品安全基层网格全覆盖。

【食品药品安全执法】

整合全系统监管资源，推进食品安全百日严打、医疗器械五整治、中药饮片正本清源、食品加工作坊整治取缔等专项整治行动，处置上海福喜问题食品、宁海毒胶囊等突发监管任务，加大食品药品监管执法工作的力度和效果。全年共查办食品违法案件 244 起，经济检查和食品药品稽查工作实现快速有机融合。拓展各类抽检、快检范围，提高检测的针对性，共完成食品定量和快速抽检 1.74 万次，销毁不合格食品 873 公斤；完成餐饮具抽检 1230 批次、药品 305 批次、医疗器械 31 批次，抽检其他上市商品 303 批次，通过抽检发掘案源 320 余起。

（陈武东）

质量技术监督

【概况】

2014年，市质监局实施行政管理体制调整，理清上下二级事权关系，界定机构职能，推行权力清单制度，减少内部工作流转环节，梳理和公布306项行政权力事项，编制权力运行流程图，并开展食品监管职能的划转、交接等工作。同时，建立权力运行公开机制，推进“阳光工程”建设，对决策程序、办事流程、“三公”经费、强制检定等信息以及全年作出的116件生效的行政处罚决定进行网上公开，并加大对问题企业和问题产品的曝光力度。

【行政审批制度改革】

推进窗口管理服务标准化建设，梳理行政审批和便民服务事项，重新编制《办事指南》，制作岗位文书、项目表格、内外部流程图等图文资料；压缩审批时间，平均办件提速80%左右。推进行政审批“两化”工作，在全省首推组织机构代码证停止年审制度；在全宁波率先开发应用县一级独立的代码信息库；联合工商、税务、公安等部门施行“一窗受理、内部流转、同步审批、统一发证”的“多证联办”新模式，简化审批流程。局代码窗口被评为宁波市质监局代码工作先进单位一等奖，并首次获评全国组织机构代码“文明服务窗口”，是宁波各县(市、区)局中唯一获奖的窗口。

【检测机构改革】

对质检、计量两所进行整合，设立市质量检验检测中心，以政府招投标第三方验收工作为重点，接收政府采购项目137个，涉及总标额6142.64万元，一次性验收合格率为74.63%，挽回财政损失1626.37万元；新建X光、B超、心脑电图机、氧气呼吸机等多个医疗机构在用计量器具检测项目。在食品监管职能划转前，站好食品检验检测工作的最后一班岗。自中心成立后，累计完成各类检测任务11197批次，上半年通过省农产品质量安全检测能力验证和CNAS国家实验室认可现场评审，被列入《“国家认可实验室名录”》，标志市食品行业从此拥有国家认可的实验室。

【质量强市建设】

实施“三大战略”。一是实施名牌战略，开展优秀品牌培育创建工作，帮扶“铜钱桥”以2.42亿元的品牌价值荣登年度中国品牌价值榜；全市新增宁波名牌17个、省名牌7个，新增数列宁波第二；规模以上企业名牌产品销售产值占比为42.1%，高于上年水平(41.6%)。二是实施标准化战略。全市企业参加国家和行业标准起草且已发布或实施的共有21项，其中为主起草国家标准2项；规模以上企业主导产品采用国际标准和国外先进标准比率经测算高于56%。推动“LED道路照明灯具”宁波市级块状产业标准化重点项目和5个宁波市级农业标准化示范区通过验收；指导文山创意广场、东方智慧仓储物流2个宁波市级服务业标准化试点项目完成立项。三是实施质量管理战略。发动15家实力型和成长型企业参加卓越绩效管理模式的免费培训及导入；组织21家企业开展卓越绩效沙龙活动、16家企业开展卓越绩效孵化基地活动；连续第10年开展市长质量奖评审，共19家企业获奖。

质量平台建设。开展“余姚市质量强市信息管理系统”建设工作，加快数据采集、统计分析、系统完善等工作，利用平台为全市区域质量状况分析、政府决策、产业转型升级等提供准确的数据和其他有价值的参考。发挥各类质量宣传平台作用，在宁波市质量强市信息专栏累计投稿80余篇，数量居各县(市、区)第一；在“余姚质监12365”政务微博上发布各类信息491条；围绕民生定期在余姚日报上刊登《质量小报告》专栏24期；新开通“余姚质监”公众微信号，累计发布88期；面向大众开展现场宣传服务活动10余场，共发放各类宣传资料2000余份，接受群众咨询300余人次。

配合地方中心工作。参与“五水共治”，作为辉桥江“河长制”的对口联系部门，成立专门工作小组，牵头制订实施方案，多次进行实地踏勘，组织、协调、督促相关街道及部门开展辉桥江“一河一策”的综合治理。同时配合各乡镇（街道）及部门联合检查河道沿岸的污染源，整治取缔23家无证豆腐小作坊、1家猪油炼制黑窝点、1家电解铜作坊和3家地下轧棉厂。促进节能增效，对3家重点用能单位进行能源审查；推荐宁波长振铜业有限公司确定为浙江省第五批能源计量示范单位；指导全市首个块状行业能源计量数据应用行业推进项目“余姚市水泥行业能源计量应用项目”通过专家考评。推进特种设备节能工作，配合开展禁燃区燃煤锅炉淘汰，指导帮扶低效工业锅炉开展节能改造，共淘汰高能耗煤锅炉33台，新装燃油燃气锅炉18台、生物质锅炉13台、余热锅炉7台。

下企业宣传《中华人民共和国特种设备安全法》

【质量安全监管】

基础领域监管。全年巡查企业1102家次，发现问题120家，问题处置率100%。对22个乡镇（街道）和8个市直有关部门的特种设备协管员、172名村（居）协管员和604名企业负责人进行集中培训，提高一线巡查协管能力。加大执法打假力度，突出对电线电缆、燃气器具等质量问题多发领域的集中整治，共开展专项执法行动36次。全年出动执法人员3000余人次，办案108件，罚没款160余万元，捣毁非法生产窝点19个，受理各类举报投诉171件，无行政复议败诉和行政诉讼案件发生。加强与公安、环保、安监、市场监管等部门的沟通联系，开展联动近150次，形成部门联动机制。

重点领域监管。对全市83家工业产品生产许可证企业进行监控，对262家企业的1492份3C有效证书进行梳理，确定取暖器、减压阀等5类重点监管产品和儿童服装、汽车配件等10类重点关注产品，依据产品风险等级、企业信用等级、质量保证能力等实施分类监管，定期撰写产品质量安全风险分析报告。同时对396家重点使用企业和151台重点监控设备进行监督检查；累计发现并消除特种设备安全隐患357项；处置严重事故隐患报告17份；举办作业人员培训班13期，培训899人。多次联合卫生、旅游、教育等行业主管部门，对医院、学校、酒店等场所开展节前检查，发现并整改隐患23项，并组织开展大型游乐设施应急救援演练活动。探索监察、检验、稽查三方联动机制，建立以乡镇（街道）为单元的特种设备安全状况定期通报制度，把“四有乡镇”规范化工作纳入到政府层面的安全生产责任制考核。

民生领域监管。开展执法为民行动，把执法整治和监督抽查的重点倾斜到群众反映强烈、与百姓生活密切相关的领域，先后举办农资、网购产品、汽车配件等“质监执法惠民系列专项整治行动”28次，监督抽查家用电器、插头插座、玩具、纸巾等日用消费品172批次。创新电梯监管模式，对全市6家电梯维保单位进行综合量化考评；组织开展“网民看看看之电梯应急救援演练”活动；在全国首创小区电梯楼道志愿者活动，发挥小区居民自治力量，已在3个社区招募并培训志愿者近400人。加强民生计量监管，组织开展“放心计量进市场、健康计量进医院、准确计量进油站气站、公平计量进万家、诚信计量进企业”活动，重点对65家加油站的610支加油枪、23家粮站的45台机械秤、9家液化石油气充装站的40台灌装秤、280台超市电子秤、16792只天然气燃气表和3000余只冷水表进行强制检定，对各乡村卫生室、社区卫生站的307台血压计进行免费检定及维修，确保计量准确，让老百姓放心。

（市质监局）

物价管理

【概况】

2014年，全市经济平稳运行，增长态势处于合理区间。居民消费价格总水平同比增长势头进一步趋缓，创近年来新低。商品供需总体比较正常，城乡消费需求稳中有升，全市实现社会商品零售总额3880758万元，比上年增长13.06%。全年居民消费品价格指数为101.9%，上涨1.9个百分点，工业品出厂价格指数为100.5%，上涨0.5个百分点。

据市场监测数据显示，商品市场价格增速低位平稳运行。与上年相比，八大类居民消费价格指数呈5升3降态势，食品类上涨3.8%，列上涨类之首，衣着类上涨2.6%，医疗保健和个人用品类上涨2.5%，娱乐教育文化用品及服务类上涨1.9%，居住类上涨1.2%，交通和通信类价格下降0.7%。烟酒类下降0.4%，家庭设备用品及维护服务类下降0.1%。

【价格管理】

执行上级物价政策规定。贯彻上级价格主管部门有关成品油、药品、粮食等定调价的政策性文件，落实宁波市委、市政府关于加快培育和发展战略性新兴产业的若干意见，会同有关部门出台战略性新兴产业实行差别水价优惠政策；根据省政府关于全面开展政府职权清理推行权力清单制度的通知，对本部门承担的任务按照“三报三回”的程序，提出审核意见。

核批本级商品价格和收费标准。在对兰馨公寓保障性住房定价成本监审基础上，核准年度保障性住房出售价格和公共租赁住房基本租金；开展天然气加气站定价成本监审，同时协调出租汽车使用天然气价格工作；核批17家住宅小区的前期物业服务收费标准；根据劳动力成本的快速上升，结合余姚实际，在调研和征求意见的基础上，修订出台《关于调整建筑装潢垃圾清运收费标准的通知》。根据上级文件精神，调整小水电上网电价；会同市住建局、国土局每月测定公布城区集体土地房屋拆迁补偿商品住宅平均价格。完成《物业服务收费执行中存在问题的探析》调研课题。按时完成来信来访的政策解答工作和人大建议、政协提案件的沟通答复工作。

【市场价格调控】

各项价格成本调查监审。完成农户种植意向调查、农户存粮、农资购买、生猪养殖成本月度预警分析上报；开展对天然气公司、市自来水有限公司、第二自来水有限公司、市城市排水有限公司、各乡镇自来水厂、三大水利工程的定期价格成本监审。春节前牵头召开六部门生猪调控联席会议，分析上年生猪供应情况。年度10月猪粮比价为5.65 ：1，猪肉价格为每千克14.95元，头重133千克生猪盈利近143元，养猪户在一季度亏损较大，头重120千克生猪亏损近300元，从5月开始猪肉价格开始回升，至年末利润区间正常。

价格监测预警分析。对八大类近40种大米、食用油、蔬菜、奶制品、煤气等民生商品价格每周进行价格监测，监测信息定期在《余姚日报》、发改局网站上公示，对煤炭、钢材、尿素、塑料原料等主要生产资料商品价格进行每月监测，并将监测情况与分析材料及时上报上级部门。完成每个季度的价格形势分析。在省粮食生产安全考核组组织的粮食生产安全考核中，市发改局的各项监测、上报工作获好评，满分通过。

【收费管理】

贯彻落实“清费治理”政策。年度执行省有关水土保持补偿收费标准和调整水资源费收费标准，免征国土部门的矿产资源勘查登记费等6项行政事业性收费，卫生、交通部门等16项行政事业性收费转为经营服务性收费等政策。

履行收费监管职能。继续加强医疗收费、教育收费、景点收费、停车收费监管；组织开展高风、四中、姚中书院及民工子弟学校等民办学校教育成本监审工作，调整学费标准；启动出租车调价程序，实施出租车运营成本监审和调查工作，疏导价格矛盾。

规范行政事业性收费。组织开展上年度行政事业性收费年审和收费许可证管理工作，全市共验审单位82家，收费总额18810万元，其中行政性收费总额为10176.44万元，事业性收费总额为8633.56万元，分别占比54.1%和45.9%。与上年相比，收费总额减幅达39.85%，其中行政性收费减幅10.85%，事业性收费减幅56.52%。

参与落实交通治堵。围绕市中心工作，研究商议路内差别化停车收费政策，以减少路内停车需求，缓解城市交通拥堵现状。

协调收费争议。针对医疗收费、学前教育收费、停车收费、旅游景点收费等群众反映的热点问题，及时调处答复有关收费争议及政协提案，化解收费矛盾。

【物价监督检查】

市场价格监管。全年查处各类价格违法案件6件，实施经济制裁总额88.68万元，其中没收违法所得30.67万元，退还用户57.81万元，罚款0.2万元。在开展日常市场价格巡查的基础上，组织实施端午、中秋等节庆商品专项检查，元旦、春节、“五一”、国庆等节日市场价格检查，以及商品房销售明码标价检查，成品油价格跟踪检查，其间下发价格政策提醒函1000余份，对存在的问题及时予以告诫提醒，规范市场价格行为。

价费专项检查。根据上级部署和余姚实际，开展清费减负政策落实情况专项督查、涉农涉企价格和收费专项检查、农资化肥价格专项检查、药品和医疗服务价格专项检查、教育收费专项检查、农贸市场价格政策落实情况专项检查以及相对封闭区域价格信息发布制度落实情况巡查等7项专项检查，查处涉及医疗服务价格、药品价格、网络销售等价格违法案件，维护企业和群众的合法价格权益。

社会价格监督。对全市8个街道(乡镇)、36个社区的义务价格监督工作进行考核，评选2个先进监督站和4个先进社区。组织义务价格监督员开展农业博览会、丰山路家私市场、汽车销售企业、小包装大米市场、商业一条街、大型超市、连锁店等商品价格明码标价及短斤缺两为主要内容的监督检查，在维护市场价格稳定、制止价格违法行为等方面发挥作用。

加强价格举报。在提升举报工作人员业务素质、提高价格举报工作的效率和举报平台办理质量的同时，执行例会分析制度，及时分析苗头性、倾向性以及群众反映强烈的热点价格问题，提出应对措施和方式方法。全年共受理各类价格投诉举报133件，办结率100%。

价格政策宣传。配合市消保委，开展“3·15”国际消费者权益日宣传、咨询活动，现场发放价格政策宣传资料200余份。同时，开展纪念《中华人民共和国价格法》实施16周年宣传活动，通过制作框架广告，更新楼宇宣传广告等形式，在住宅、商场、宾馆、医院等地进行广泛宣传，使《中华人民共和国价格法》的宣传工作真正做到家喻户晓。还编印《浙江省价格条例》2000册、重新印刷《价格宣传资料》2000册，分发给相关经营者，帮助经营者掌握价格政策法规，增强依法经营和维权意识。召开倾听民情座谈会，邀请有关社区主任、学校、医院、商场等单位负责人进行座谈，听取大家对物价工作的意见和建议，促进物价队伍作风建设、提升人民群众对物价工作的满意度。

(王剑儿、沈卫明、俞红)

国土资源管理

【概况】

2014年，全市共上报批准用地399.3公顷，其中新增建设用地307.6公顷。地产市场采用招拍挂方式出让土地117宗，面积265.6公顷，收取土地出让金35.8亿元。其中，经营性用地27宗，面积75.9公顷，收取出让金27亿元。工业用地85宗，面积189.7公顷，收取出让金8.8亿元。在土地市场形势低迷的情况下，调整经营思路，坚持精准投放，全市土地出让面积仍比上年增长49%。开展“批而未供、供而未用”工业用地消化利用专项行动，采取一个地块、一个责任领导、一个限期完成方案的工作责任制，共消化“批而未供”工业用地61.4公顷，处置“供而未用”工业用地12家，面积8.7公顷。开展城镇低效用地再开发试点工作，组织城镇低效用地调查和专项规划编制，经调查和宗地信息整理，全市共有城镇低效用地2972.3公顷，其中历史遗留用地871.3公顷。为下步开展城镇低效用地再开发提供基础资料，并开展前期准备工作。加强建设土地批后监管工作，为防止出现新的批而未用、改变用途、违约建设等问题，落实工业用地出让履约监管措施，按政策规定建立出让用地违约保证金制度，全年共签订履约保证合同89份，面积153.3公顷，收缴保证金7532万元。破解土地利用总体规划对重点建设项目用地的制约，在乡镇主要控制指标不变的前提下，创造条件对三七市、牟山两个镇的土地利用总体规划进行调整，优化空间布局，并获宁波市政府批准，保证“千人计划”余姚产业园和牟山湖意大利城一期项目必需的合理用地。

【土地开发整治】

年度市政府下发《关于调整土地开发整理等有关收费标准的通知》，加大土地开发整理复垦工作的政策支持、财政保障、奖惩措施的力度。全市完成海涂围垦造地502公顷，全部按照水田标准进行规划建设，超额完成年初宁波市政府下达的新增耕地280公顷的任务；实施低丘缓坡垦造耕地项目5个，新增耕地8.7公顷；上报农村土地综合整治项目10个，落实城乡建设用地增减挂钩指标32.7公顷，其中7个项目已经省国土资源厅、宁波市国土资源局批准立项。开展高标准基本农田建设，全年开工建设4060公顷，超额完成宁波市政府下达的年度建设任务。推进建设占用耕地表土剥离再利用工作，全市实施表土剥离项目28只，面积80.6公顷，剥离再利用优质表土27.77万立方米，共有41.3公顷低产畈围涂垦造耕地和新复垦耕地的土壤得到改良，提高新增耕地的肥力和质量。

【矿产开发管理】

根据宁波市政府下达的全市经营性采矿权总量控制在12宗以内的目标任务，加大矿山整治力度，对不符合条件的坚决实施关停并转，严格控制矿山数量，提升矿山的规模和档次。全市有持证矿山7家，新办采矿权证3家，延续登记矿山1家，符合上级规定要求。建立矿山多元巡查检查制度，实行“一人一矿”管理责任考核制度，责任人每月不少于两次对分管矿山巡查制度，机关矿管和法规科室每月组织一次以上联合检查制度，专业单位每季度不少于一次对持证矿山储量动态检验制度，形成矿山批后监管的高压态势，全市违规开采现象得到有效控制。推进绿色矿山建设，全市现有持证矿山按照“应创尽创”的要求，组织引导企业开展创建绿色矿山活动，全市已有7家矿山经验收合格，命名为绿色矿山，其中省级1家，宁波市级1家，余姚市级5家。同时，把绿色矿山创建作为新开设矿山的准入条件，在采矿权出让合同中予以明确，2年内必须达到绿色矿山标准。开展“矿山扬尘整治”及“强化矿政管理，打击非法采矿”专项行动，市政府成立以常务副市长为组长的专项行动领导小组，制订出台《余姚市矿山扬尘整治专项行动方案》，国土、环保、公安、交通等部门根据各自职责，分别制订5个具体工作方案，共同执法，联合检查，全市各企业均达到规范化开采标准，越界开采、非法开采的行为得到遏制。

【地质灾害防治】

余姚市系浙江省、宁波市地质灾害防治重点县市之一，全市有重点监管突发性地质灾害（隐患）点99处，主要分布在南部山区的四明山镇等14个乡镇街道，威胁508户，共1623人。市政府制订印发《余姚市2014年度地质灾害防治方案》，明确全市年度地质灾害防治工作目标任务。建立健全市、镇（乡、街道）、村、点四级地质灾害群测群防体系，市重点监管的地质灾害隐患点，重新确定监测责任人62位，在《余姚日报》公示，明确责任，接受社会监督，并给每位监测责任人发放上岗证和必需的防灾救灾物资，落实补助资金，购买人身意外保险，调动责任人的事业心和责任心。在重视人防的基础上，加强技防措施，已为9处地质灾害隐患点安装全自动专业监测仪器。开展地质灾害隐患点工程治理，已完成工程治理25处，完成地质灾害隐患点搬迁避让2处，搬迁安置群众60户，共185人。根据省国土资源厅的统一部署，余姚市列入全省第一批开展农村山区地质灾害调查评价工作的11个县（市、区）之一，自2013年3月启动以来，先后通过省、宁波市专家组的设计评审，省地质环境监测院的数据库验收，宁波市项目成果报告评审。开展农村山区地质灾害调查评价，全面摸清全市农村山区地质灾害情况，基本查明地质灾害隐患点分布和形成条件、诱发因素、稳定状态及危害程度；分析地质灾害成因机理，进行地质灾害易发程序区划和风险评价，编制地质灾害防治图册，提出地质灾害防治措施，为市和乡镇街道开展地质灾害监测预警、群测群防、应急处置和综合治理提供科学依据。开展创建高标准“十有县”活动，通过审报和省专家组检查验收，被国土资源部授予全国首批宁波市第一个地质灾害防治高标准“十有县（市）”。

【地籍基础管理】

根据国土资源部《关于开展2013年度全国土地变更调查与遥感监测工作的通知》文件，上年度土地利用变更调查流程更加严格，内容更加丰富，数据更加正确。全市采用实地拍照、影像数据、农转用和供地数据整合，逐个图斑进行分析判断。据统计，上年度全市土地利用变更调查监测图斑共843个，土地面积709.6公顷。经调查变更为设施农用地图斑53个，土地面积8.8公顷；变更为农村道路图斑38个，土地面积28.2公顷；变更为临时用地图斑35个，土地面积9.9公顷；变更为建设用地图斑717个，土地面积562.6公顷；通过上海督察局的专项考核验收。推进城镇村庄地籍调查，全市21个乡镇街道已全部完成地籍调查地形测绘工作，总面积269.54平方千米。加强土地权属管理，推进土地登记标准化建设。根据《浙江省土地登记标准化建设实施方案》文件精神，制定出台余姚市《关于进一步规范土地登记的若干规定》《加强土地权利证书使用管理的若干规定》等9个文件，并把土地登记相关业务的法律法规、政策文件、登记流程、受理资料、操作规范等汇编成土地登记《操作手册》，提高土地登记服务水平，使土地登记行为更加规范。全年共办理土地使用权登记1136件，面积1099.7公顷，为企业解决生产资金192.81亿元。

【地政执法监察】

按照预防、查处与管理并重的工作思路开展土地违法和破坏矿产资源的专项行动，整顿和规范全市国土资源管理秩序。开展动态巡查，发挥国土资源动态巡查平台的作用，采取集中与分散相结合的模式，进行网格式无遗漏巡查。全年巡查队伍的巡查线路累计达65200千米，共发现各类违法用地51起，涉及土地4公顷，非法开采28起，把各类违法行为遏制在始发初期。全市共立案查处违法用地70宗，面积8.7公顷，其中耕地2.2公顷。在公安、法院等部门配合下，拆除违法建筑7338平方米，没收违法建筑物36967平方米，收缴罚没款308.37余万元。开展农村干部国土资源法律法规知识培训，采取集中授课、专题讲座、视频网络等多种方式，对全市316个行政村（居委）新上任的书记、村长、主任三套班子成员和全市21个乡镇街道城镇建设办公室主任共1000余人，进行国土资源法律法规知识培训，并下发《国土资源知识培训教材》《国土资源知识实用读本》2000余册，提升全市农村干部依法依规用地管地的能力和水平。全年共办理信访件578件，其中来信88件，来电59件，来访61批126人次，市长电话（信箱）交办件370件，办结率达到100%。

（市国土资源局）

安全生产监督管理

【概况】

2014年，全市安全生产形势总体稳定好转。共发生各类生产安全事故（不包括生产经营性火灾）220起，死亡112人（其中道路交通105人、工矿商贸7人）、受伤134人，直接经济损失167万元，较上年分别下降1.3%、9.7%、3.6%、5.8%；共发生生产经营性火灾228起，受伤2人，直接经济损失989.9万元；未发生较大以上生产安全事故。

【安全生产齐抓共管】

领导亲力亲为抓落实。4月15日，在市委中心理论组学习会上，参会人员学习习近平总书记关于加强安全生产工作的讲话和批示、指示精神。市委书记毛宏芳对油气管道、重要桥梁等重点领域的安全隐患问题作指示。市委副书记、市长奚明多次专题召集市级相关部门主要负责人研究协调安全生产领域的突出问题，先后3次到基层一线开展安全生产督查。此外，各市委常委和副市长都亲自带队督查各自分管行业（领域）内的安全生产工作。各乡镇（街道）、市级有关部门也根据市委、市政府的要求，加强对安全生产工作的领导，开展有关安全生产检查活动。

签订各级责任状。年初，市长奚明与各分管副市长、乡镇（街道、经济开发区）行政主要负责人签订责任书，各副市长与分管市级部门（单位）主要负责人签订责任书，市级部门（单位）主要负责人与下属企事业单位（重点监管企业）主要负责人签订责任书，明确各自安全生产管理职责和年度目标任务。同时，乡镇（街道、经济开发区）与规模以上企业、高危企业，行政村（社区）与中小企业签订安全生产责任书，签订率达到100%。

调整市安委会组织结构。市安委会由市长任主任，各分管副市长和公安局长任副主任，成员单位扩大到54个市级部门（单位）。下设石油天然气长输管道、教卫文体、农林、商贸、建设工程（水上交通、城镇燃气）、工业企业6个专业安委会，还对市安委会和各专业委员会的工作规则作进一步明确和细化。同时，出台《关于加强安全生产促进安全发展的实施意见》，指明3年内全市安全生产工作的目标、措施。

日常履职监督抓落实。修订完善乡镇（街道）和市级部门两类年度安全生产目标管理考核细则，加强年中阶段性考核和年末总结性考核。针对有关乡镇、街道和市级有关部门安全生产履行职责情况，按照《余姚市安全生产行政问责暂行办法》规定，对有关人员进行工作约谈。

【落实安全生产主体责任】

持续四年开展“四化联动联创”活动。标准化方面，全市累计已有1409家企业通过标准化创建验收；规范化方面，对209家已通过规范化创建验收的企业再次进行升级，提高安全管理要求。示范化方面，有3个乡镇和11家企业申报全市安全生产示范化创建单位，有13家企业申报创建宁波市、余姚市安全文化建设示范企业；信息化方面，对全市112家矿山、烟花爆竹批发、危险化学品经营、储存、生产企业和加油站、重大危险源视频监控设备安装、运行情况升级监督检查。

安全执法检查。在春节、“五一”、“十一”等重大节假日前，组织开展安全生产大检查活动。全市各地、各部门均制订年度安全执法计划，通过委托执法、联合执法等方式，监督检查生产经营单位10.2万家次，查处一大批安全生产违法行为。同时，按照“四不放过”的原则，联合安监、公安、检察院、监察局、总工会等单位组成联合调查组，依法对4起工矿商贸领域生产安全死亡事故进行调查，对事故有关责任人员依法追究刑事、行政、经济责任。此外，市住建、安监、质监、旅游等部门落实建设项目“三同时”审批制度，从源头上加强管理，提高企业本质安全水平。

安全宣传教育。设立“余姚安监”“交警之声”“姚江消防”等平台，开展安全生产知识“进农村、进社区、进学校、进单位、进家庭”活动。青少年安全、消防安全、用电安全3个市级公共安全宣教基地常年保持对公众开放。开展第13个全国安全生产月活动，市总工会、公安消防、交警等部门也分别组织“安康杯”知识竞赛、“11·9”消防日、“12·2”全国交通安全宣传日活动。此外，全市各地、各部门结合行业特点，还开展安全生产培训工作。其中，安监部门共培训企业主要负责人3591人，安管员4031人，村（社区）安管员364人，从业人员10万人。

【生产安全隐患治理】

隐患排查治理。全市共计6308家生产经营单位参与网上隐患排查治理信息报送，单位数量较上年增加70%；信息录入率95.9%，季报率98.8%，自主填报率100%，共发现一般事故隐患31576个，按期治理率100%；网上信息报送质量和扩面工作位居11个县（市、区）前列。此外，年度全市共有24个道路交通、工矿商贸、消防领域的重大事故隐患，由宁波市、余姚市分级挂牌督办治理，已有18个通过验收，兰江商贸城等6家单位的消防安全隐患治理工作也按计划有序推进。

打非治违行动。根据上级统一部署，在全市非煤矿山、危险化学品、油气管道、“三场所一企业”、道路交通、建筑施工、消防、海洋渔业等8个行业（领域）开展“八打八治”打非治违专项行动，共有5652名检查人员、专家参与执法检查，开展联合执法18次，对重点地区和单位暗查暗访198次，检查企事业单位、场所14001家次，查处非法违法生产经营建设活动821起，排查并治理安全事故隐患1.2万个。整治结果，9家持证矿山越界开采、无证开采等行为得到遏制；检查危化品生产、经营（带储存）票据经营企业146家，查处非法生产、储存危化品、超范围生产、经营危化品4起；建立市长输油气管道安全事故隐患整治工作领导小组，定期召开部门联席会议，对安全隐患实行“一点一案”管理，整治较大隐患点19处，剩余4处按计划推进；排摸出27家企业的有限空间作业场所、49家企业的涉及可燃爆粉尘作业场所、209家企业的喷涂作业场所、17家涉氨制冷企业，已基本按规范完成整改；市交通运输部门累计开展行动37次，处罚违章行为373起，市公安交警部门查处酒后驾驶607起，闯红灯1717起，货运车违法载人94起，涉牌涉证317起；市住建局牵头开展打击建筑施工领域中建设工程项目、市政公用行业、既有房屋使用等不履行基本建设程序、施工单位弄虚作假等行为，开展深基坑、高支模、脚手架等重点工程专项整治，共计抽取在建工程21个，下发停工整改通知单6份，限期整改通知单14份；公安消防部门开展区域性火灾隐患整治、重大火灾隐患集中整治、消安拆违等专项整治活动，实施三停单位15家，并对122家单位和个人进行行政处罚，处罚总额累计82.5万；市农林局牵头对涉渔“三无”船舶、“船证不符”渔船和禁用渔具开展整治7次，发现并治理存在安全隐患的渔船30艘。

【安全生产监管】

用电安全整治。2012—2014年，对企事业单位用电安全开展综合治理。检查2500家重点电力用户、80个小水电站、180家公有租赁房屋，发现并治理一般隐患25003个、重大隐患7个，隐患整改率100%。更新淘汰S7系列变压器307台，拆除重要电力设施保护区内的违章建筑约4000平方米，关闭取缔非法生产经营单位186家。整治工作被列入省生产安全事故防范创新试点工作，工作经验在全省安全生产综合整治工作会上介绍。

先进技术推广。全市危险化学品运输车、烟花爆竹运输专用车、民用爆竹物品运输专用车、出租车、旅游包车、工程运输车、公交车等七类车辆GPS安装率达到100%，渔船AIS避碰系统安装率也达到100%，758个高清电警设备在主要交通道路全天候“上路执勤”，4家涉及危险化工工艺的重点企业完成DCS自动化控制系统安装，建筑施工现场在线视频监控系统正逐步推开。

社会化管理。在全市156家高危行业企业实施风险抵押金或者安全责任保险工作。调整优化市场资源，通过政府购买服务、行业互助、企业自愿等途径，开展安全生产技术咨询、技术管理、隐患排查等活动，增加生产经营单位安全管理的“菜单”，丰富安全管理“选项”，提升企业、行业安全生产自我管理、自我服务、自我监督的意识和能力。

【监管队伍建设】

基层队伍建设。全市大部分乡镇（街道）安监所人员和设备设施配备已基本到位，并保证工作经费，21个安监所已通过宁波市级规范化创建验收，行政村（社区）安全生产协管员991个，初步建立市安监局—安监所—安全生产协管员三级网格；姚北、姚南、中心、马渚4个区域性消防中队已投入使用，泗门中队即将投入使用。全市还有15支专职消防队、265支志愿消防队，消防大队—区域性中队—乡镇（街道）专职消防队—志愿消防队四级网络进一步健全；全市各乡镇（街道）协管员将近400人，并做到经费、装备、制度、管理"四落实"，道路交通安全协管员队伍得到加强。

网格化管理。根据上级要求，全市建立市级—乡镇（街道）、经济开发区—村（社区）三级监管网格。其中，一级网格下设31个业务子网格；二级网格中，各乡镇（街道）、经济开发区也下设若干个二级子网格。根据行政村（社区）设立情况，全市共设置三级网格310个，每个行政村（社区）结合工作实际下设若干个微网格，全市共计设立微网格991个。同时，实施监管区域、监管对象、责任人员、监管任务、隐患处置流程、确定信息报送方法和应急处置预案"七定"工作措施。全市已有近50%的村（社区）安全生产协管员开展安全生产隐患协查工作。

应急救援演练。全市各地、各部门将安全生产应急救援演练学习培训列入重点工作，按照新安全生产法律法规、技术和管理规定，组织在行业（领域）内开展学习，使一线监管人员及时领会国家应急救援的最新精神。同时，各乡镇、街道和相关部门还组织开展消防救援、应急逃生等"学练结合"的岗位练兵活动，提升安全自救能力。

【安全生产行政审批项目调整】

自12月1日起，市行政服务中心安监局窗口的行政审批项目，根据8月31日经全国人大常委会表决通过的新修订的《中华人民共和国安全生产法》进行调整。矿山等高危建设项目"安全条件论证""安全评价"这两项审批项目合并为"安全评价"一项，规定矿山、金属冶炼建设项目和用于生产、储存、装卸危险化学品的建设项目，应当按照国家有关规定进行安全评价；同时，对矿山等高危企业主要负责人和安全生产管理人员安全生产知识和管理能力的考核，不再与能否任职挂钩。此外，取消高危行业建设项目安全设施竣工验收审批，明确矿山、金属冶炼建设项目和用于生产、储存危险物品的建设项目竣工投入生产或者使用前，应当由建设单位组织对安全设施进行验收，验收合格后，方可投入生产和使用。

（胡　蓉）

城乡建设与管理

城乡规划

【概况】

2014年，市规划局继续推进新型城镇化和构建新一轮城乡规划体系，按照新形势下规划工作的要求，加快构建新型城镇化结构体系。启动市域总体规划修编，不断完善控规、专规编制，引领新型城市化建设，初步形成城乡统筹协调的发展格局。

【规划体系构建】

年度启动市域总体规划修编，并以此为契机，加快构建总体规划、控制性详细规划、专项规划、城市设计相互协调科学合理的城乡规划体系。完成市域总体规划前期调研及实施评估方案，形成城市空间特色规划初步方案。加强乡镇总规编制进度，泗门、马渚、陆埠、丈亭、黄家埠、大隐、大岚等7个乡镇总体规划已完成报批工作。加快控规覆盖，中心城区已批控规率覆盖率达87%，11个乡镇控规通过规划评审。推进专项规划编制，启动历史文化名城保护规划修编，深化府前路、武胜门历史文化街区保护规划。

【城乡品质提升】

落实中心城区规划，利用中心城区山水文化特色，提升综合服务功能，在规划指导下开展建设。加快重点片区发展，形成配套完善的城东新城，推动西南片区高品质整体开发，完善南雷南路沿线城市设计，配套高铁新城开发建设，中等城市格局基本显现。加快新型特色城镇培育，加快泗门卫星城建设，完善核心区块城市设计及控规编制；推动姚北新城核心区建设，重点落实相关区块控规的完善与覆盖；强化梁弄、马渚、陆埠三个中心镇规划体系，因地制宜定位中心镇功能，同时加快特色产业发展，谋划滨海新城、千人计划、环牟山湖等具有特点的城镇发展模块。

【美丽乡村建设】

有3个村庄规划在省首届“美丽宜居”优秀村庄规划评选中获奖（共29个获奖村庄）；在省第三届“美丽乡村建设”优秀村庄规划竞赛中，有5个村庄获奖（共34个获奖村庄），其中柿林村获一等奖。在全面规划编制基础上，重点开展规划实施建设，通过规划人员全程参与项目实施，确保规划意图得到落实，推动村庄规划“落地难”破题。11个先行村建设项目全部审查完成，建设项目有序推进，整合投入资金近2亿元，中村两个街巷整治工程和一个景观改造工程在年底完工。

【依法行政管理】

修改完善《余姚市户外广告及店名招牌设施设置技术规定（试行）》，起草完成《余姚市规划控制地段既有工业仓储用地改扩建规定》，起草《余姚市城乡规划管理技术规定》，完善规划审批项目中介机构管理实施细则。推行权力清单制度，对现行实施的城乡规划、测绘、人防行政权力规范运行依据、职责进行新一轮调整。建立以控制性详细规划、专项规划为基础的规划审批依据体系，强调控规的法律地位，按照无控规不审批原则，引导项目按规划意图进行建设。

【规范管理流程】

在行政审批制度改革的基础上，调整审批流程。取消对一般性项目取消规划设计方案会审，采用多部门商量、专家会审等方式，加强规划方案科学性审查。推行政府信息公开，加强规划公众参与，对于重大规划编制、重要文件发文，通过座谈会、问卷调查等形式，面向社会、基层和服务对象征求意见建议。

【服务重大项目】

谋划滨海新城项目，启动滨海新城提升概念总体规划编制，形成初步方案，市规划局、国土资源局、海洋与渔业局共同协作，完成滨海新城195.79公顷海域使用权的报批，保障中意（宁波）生态园用地需求。完善“千人计划”产业园、牟山湖休闲度假区配套控规。同时，按照规划实施要求，参与市招商活动，开展接待、宣介、洽谈工作，推动项目落地。

【推进民生工程】

办理新墅村村民安置用房、畈周村村民安置用房等近10个安置用房项目的规划选址和建设用地许可证。完成竹山村村民集中安置小区、梁堰村农民多层公寓、南庙村安置小区、阳明街道北郊村经济合作社外来人口集中居住用房等7个建设项目的建设工程规划许可证，完成老年大学及老干部活动中心的方案论证。推进养老产业发展，出具西环南路东侧、新建二院北侧地块规划条件，用地面积为49730平方米，完善城市功能配套。

（吴　珊）

测绘与地理信息

【概况】

2014年，根据市编委《关于单设市地理信息中心批复》的文件要求，市规划局落实市地理信息中心的人员、经费、设备等相关保障，启动中心独立运行，并以此为契机充实技术和管理队伍，加强地理信息公益服务职能，完善测绘与地理信息的管理职能。壮大测绘技术力量，培育丙级测绘资质企业1家和丁级测绘资质企业2家，并引导1家测绘企业完成丁升丙的测绘资质升级。年度测绘与地理信息工作以地理国情普查开展生态监测，以地理信息公共服务平台建设推进地理信息共建共享，提高测绘与地理信息公共服务保障。

【地理国情普查启动】

根据国务院、省政府、宁波市政府对开展第一次地理国情普查的工作要求，启动全市第一次地理国情普查工作。通过普查，查清全市自然和人文地理要素的现状和空间分布情况，为开展常态化地理国（市）情监测奠定基础，满足经济社会发展和生态文明建设的需要，提高地理国情信息对政府、企业和公众的服务能力。按照工作进度，年度完成城市建成区范围调查和城市建成区消防设施、避难场所的普查工作。

【地理空间框架建设】

开展市域范围1∶2000航空摄影测量，首次采集市境的1∶2000航片和激光点云数据。完成全市建设区域大部分1∶500地形图修补测，基本完成1∶2000DOM、DEM、DSM数据生产，启动工程管线排查。7月，《数字余姚地理空间框架建设项目设计书》通过评审，并完成省、宁波市测绘局和余姚市政府三方共建协议签订。

【测绘行业管理】

加强测绘市场执法检查，围绕地下管线跟踪测绘（特别是非开挖方式）、测绘项目成果质量及文本格式、测前测后备案等内容的检查。拟订出台测绘中介行业管理、工程管线信息资源共建共享管理机制、测绘项目成果质量和文本规范管理等相关制度。规范外来测绘单位的管理，建立企业诚信制度，促使企业诚信经营，对违法违规行为予以曝光、通报，直至行政处罚。

【数字余姚地理空间框架建设项目设计通过评审】

7月2日，数字余姚地理空间框架建设项目（又称数字余姚地理信息公共服务平台）设计通过评审。该项目于2013年8月获批，并列入省数字城市地理空间框架建设计划，市测绘与地理信息局作为该项目的责任单位，组织编制《数字余姚地理空间框架建设项目设计书》。评审通过后，省、宁波市测绘与地理信息局和余姚市就该项目签署三方共建协议，标志该项目建设的正式启动。项目建设周期预计为一年，2015年8月前基本完成建设任务。通过该项目的实施，全市将深度整合和挖掘城市各种信息资源，特别是空间信息资源，建立面向政府、企业和公众服务的信息平台，从而避免地理信息重复建设，实现数据共享。同时，平台建设完成后，可利用政府专网为各部门提供相关基础地理信息服务，各部门也可利用这一平台进行信息交换，为政府决策提供支持。

（余新朝）

住房和城乡建设

【概况】

2014年，市住建局围绕“城乡品质提升提档行动”要求，在宏观经济趋缓的大环境下，推进工程建设，累计实现投资31.15亿元（包含城投公司部分），完成年度考核目标任务。

【工程建设全面推进】

排涝治污工程。完成三项“排涝水”工程，城区排涝能力得到恢复与提升，其中排水管网检测及疏通工程共疏通管道240余千米，修复管道破损点593个。城区排涝泵站改造工程中玉立路立交泵站等22座泵站完成改造。11个低洼地段雨水管网疏通及改造工程共计改造面积约228公顷，累计疏通雨、污水管道100千米，铺设雨、污水管道63千米。姚西北海涂片污水治理工程完工，小曹娥污水处理厂提标扩工程提前1月完成主体竣工。四项“治污水”工程、市域污水收集一期工程及污水收集四期工程有序推进。此外，城市防涝规划也于年底编制完成并通过审查。

道路建设工程。年度实施道路工程8项，其中子陵路路面改造工程、三凤路二标段、兰馨路二标段、南雷南路道路完善工程一期、四明广场周边道路改建工程、欣盛路（万年桥路 — 四明东路）一期工程6项工程完工，新西门南路、南排江路两条断头路贯通。此外，还对世南西路、开封路路口及舜水南路、南滨江路路口实施扩容改造。

保障性住房建设。兰墅一期的524套5.4万平方米保障房在6月交付使用。穴湖一期的1484套13.9万平方米的保障房主体竣工，进入室外附属及公租房精装修施工阶段。兰墅桥二期及穴湖二期尚施工中。此外，开展老小区整治改造工程，完成得发花园、保庆路122弄、三江口新村、凤山新村72–104幢4个老小区的改造。

公园绿地建设。对城区几个主要节点的绿地进行提升改造，共计完成城区绿化改造提升面积7.2万平方米。完成玉皇山公园建设工作，公园占地面积18.27公顷，为全市最大的综合性公园，2015年元旦正式向市民开放。

各类代建工程。皇山桥村安置房三期、古路头村安置房三期、原屹东电子安置地块3个项目完工并移交；梨洲街道下山移民安置房等3个项目预计2015年春节前完工；古路头村安置房四期、兰墅公寓三期二区块2个安置房项目开工建设；牟山湖安置房一期等4个安置房项目抓紧实施。其他17个公建项目均进展顺利。

【各项行业持续发展】

市政公用行业。全年供水4941万吨，增长7.2%；收集处理污水4563万吨，日均处理污水12.5万吨；供应天然气3356万立方米，增加37.71%；新增路灯1548盏，改装路灯1123套，亮灯率保持在98%以上；修复各类市政道路面积约75000平方米，核发排水许可证860本。

房地产市场。一手抓住房保障工作，一手抓市场监管，在整体大环境不利的情况下，房产市场平稳过渡。全年新开工面积49.21万平方米，减少75.3%；竣工191.3万平方米，增加89%；批准预售面积90.09万平方米，减少44.5%；合同（预）销售面积86.88万平方米，增加7.5%（住宅69.13万平方米，增加9%）；城区和乡镇普通住宅每平方米均价为9979元和5486元，和上年相比分别下降13%和4.8%。

建筑业市场。实现建筑业产值150亿元，增长14.9%。全年新开工项目196项，建筑面积234万平方米。共检查在建工程项目110个，发出整改通知单105份，其中停工整改22个，限期整改85个。此外，开展“安全生产月”、扬尘综合治理、消防安全隐患排查治理、质量治理两年行动等活动；开展建筑业企业资质审查工作、外地进姚企业的年度考核备案、建筑市场信用信息系统管理及日常人员审核办理等专项工作。

危旧房管理。推进落实房屋使用安全网格化常态化监管制度，形成由以乡镇（街道、经济开发区）为主实施的乡镇、社区、片区三级网格和以市住建局实施的针对比较危险房屋的专业化网格组成的危旧房屋管理机制。此外，开展危房建档和信息系统管理工作，22个乡镇街道已建立片区157个，房屋建档任务完成审核数共6073个，基本完成城镇住宅的建档任务。

物业服务水平提升。起草并由市府办印发《关于进一步加强住宅小区物业管理工作的实施意见》，草拟菜单式服务、以奖代补方案调整及日常维修资金等配套文件，确保实施意见落到实处。在完善相关制度的同时，结合文明城市创建工作，对城区物业小区开展专项整治工作，要求物业企业按照物业服务规范要求整改落实。

农房改造示范村工作。泗门镇小路下村、大庙周村，朗霞街道天华村3个村通过宁波、省两级的验收工作。加快构筑现代都市行动及交通拥堵治理，现代都市完成年度72亿元的考核任务，治堵工作完成预期目标。

【保障房分配实行全程公开】

申请条件和程序公开。结合上年度申请情况和社会经济发展情况，每年及时调整各类保障性住房的准入标准，并在相关新闻媒体上公布申报公告，明确申请对象具体条件、所需申请材料和申请程序，并通过房产信息网和各社区居委会等多种渠道向社会公布。

保障房房源公开。在配租配售15个工作日前，将配租配售房源地址、数量、套型、建筑面积、楼层、销售价格或租金标准等具体问题和注意事项在房产信息网上公示，并将所有房源信息和购房须知以文件形式发放到各社区，由各社区对申报对象做好宣传解释工作，并确保文件发放到户。

资格审核公开。在审核过程中实行“三级审核、二次公示”，先由各社区居委会对申报对象进行受理初审，对初审符合条件的报所在街道进行入户调查审核，将符合条件的申报家庭名单在户籍所在地社区、居住地或所在单位由街道进行7天公示；再由房管、民政、公安、人社等8个部门联合审核后，将符合条件的名单在报纸上公示7天，公示无异议或经核实无异议的，列入保障对象。在此基础上，从2013年开始，又增加房产信息网的同步公示。

分配过程公开。配租配售进行公开抽签，抽签由公证处主持，监察、人大、政协、信访、街道等和新闻媒体到场监督。抽签家庭首先抽取抽签顺序号，再根据抽中的顺序号先后抽取房号。所有抽签号都由公证处保管，以无差别信封投入抽签箱，抽签结果由公证员当场宣布，并实行全程录像，同时将配租配售结果在房产信息网站上进行公示。

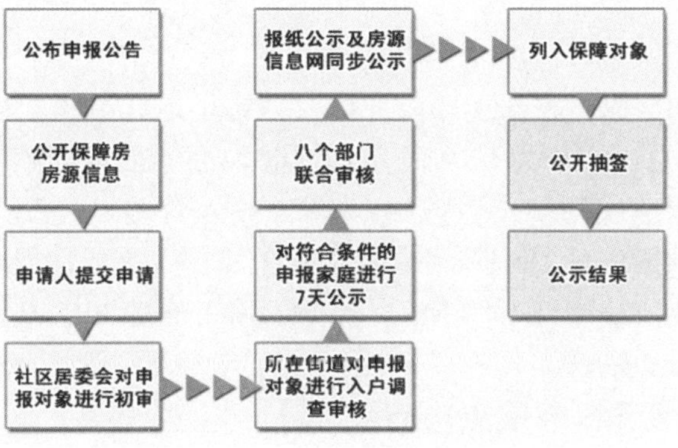

保障房阳光分配流程图

【全市第一个“阳光征收”程序项目启动】

4月28日，府前路历史文化街区区块房屋征收开始全面签约。项目共涉及330户居民，也是全市第一个启动“阳光征收”程序的项目。通过“阳光征收”信息系统，项目实现房屋征收补偿网上签约、网上公开和网上监管。所有房屋征收协议均采用系统统一格式。征收现场办公室人员在录入被征收人、被征收房屋及评估结果等基本信息后，系统自动计算相关政策性补偿金额，并由系统分配对应每户的唯一协议编号，生成房屋征收补偿协议。系统还设置时间控制功能，到规定的签约时间，自动关闭征收奖励项目。通过网上签约，最大程度地限制人为操作的随意性。同时，征收管理及监察等部门可以通过网络，随时对项目签约情况进行监督。全面签约开始后，共有45天签约期限，即至6月11日。如在签约期限内未能签约的，将取消300元每平方米的按期搬迁签约奖励。当天有200户居民先行完成签约。

（叶　城）

公共项目建设管理

【概况】

2014年，市公共项目建设管理中心融入市住建局体系并逐步同轨。年度承建项目29个，其中安置房项目13个，公建项目16个。

【安置房项目】

年度完工的安置房项目6个：皇山桥安置房三期，古路头村安置房三期，原屹东电子安置地块，梨洲街道下山移民安置房，北环西路南侧安置房，高铁永丰村安置房，总建筑面积42.24万平方米，总套数2780套。新开工安置房项目2个：古路头村安置房四期，兰墅公寓三期二区块。续建安置房4个：五圣殿安置地块，白山头安置房，文字地安置房，牟山湖安置房一期。停工安置房1个：邵巷安置房四期。

【其他公建项目】

已完工并交付使用的公建项目6个：朗霞幼儿园，城管三中队业务用房，残疾人服务中心，兰江街道派出所，舜江中学宿舍楼，四明社区办公用房。新开工项目3个：泗门消防站，黄彦华艺术培训中心，二职校改扩建工程综合楼。续建项目6个：实验高中，第二人民医院，朗霞安置厂房，余姚八中实训楼，建工服务中心，金融中心。暂停工项目1个：市中医医院。前期对接项目1个：老年大学。

（市公建中心）

城市投资建设管理

【概况】

2014年，余姚城投集团以“融资思路创新、项目建设提速、管理水平提升”为主题，开展融资和西南组团区块开发、“五水共治”“阳光征迁”、民生实事等工作，发挥政府城市建设融资平台作用，取得企业稳中有进、城市建设加快推进的成效。年末公司总资产288.73亿元，净资产91.22亿元，营业收入6.46亿元，上缴国家税费9397亿元，位列市百强纳税单位前茅。

【年筹城市建设资金95.73亿元】

其中，向银行和非金融机构等融资88.24亿元。发行企业债券15亿元，所筹资金用于兰墅公寓三期保障性安居工程等6个民生项目建设；在浙江股权交易中心发行债权权益产品2亿元，用于市防洪排涝等“五水共治”建设项目；同时向国开银行争取到棚户区项目改造贷款13.8亿元。通过土地出让，土地出让金返还收入4.85亿元。全年提供安置房579套，建筑面积68362.64平方米，保障房54套，建筑面积3985.62平方米，销售收入1.86亿元。盘活存量商业房产118宗，共8368.23平方米，销售收入0.75亿元；房屋租金收入0.03亿元。年末借款余额142.54亿元，比年初借款余额101亿元增加41.54亿元，为区块开发和工程建设提供资金保障。

【重点投资项目】

年度以市“六大百亿工程”“五水共治”工程、民生保障工程为重点投资项目，实施供水、供气、排水排污等管网设施设备项目新建90个、续建60个；安置房建设工程新建2个，续建5个。共拨付项目建设资金20亿元，其中拨付市政工程款5.3亿元，安置房、保障房等工程款6.8亿元，征地拆迁款7.9亿元。区块开发工作根据资金需求和有保有压的要求，在继续对西南组团投入5.21亿元进行征迁工作，公开出让兰江街道西郊村俞家桥和兰墅桥村新建二院北侧共四幅土地计13.8公顷（总成交价为8.19亿元）的同时，重点对府前路北侧地块历史街区改造（一期）投入资金1.6亿元，调拨房屋188套，按“阳光征迁”要求，完成房屋征收协议签订工作305户（占92.4%），交房301户（占91.2%）。

【6个重点项目完工】

为应对突发事件的七里浦水厂应急自备电源工程，于8月13日竣工验收，9月4日完成首次带负荷试运行；为提高饮用水水质的七里浦水厂加碱及污泥脱水系统工程，于9月26日投入运行；城区供水管网改造完善工程于12月完工；姚西北海涂片污水治理工程，于4月1日投入试运行；城区雨水管网疏通及检测工程，于7月底完成，共疏通、检测、测绘管道240余千米，修复管道破损点593个；城东水厂扩建及供水管道二期工程，于12月30日完工，供水能力由每天8万吨扩建至16万吨。

【在建重点民生工程】

“保供水”项目。姚西北供水管网联网工程，已累计完成投资2000万元，铺设管道7千米；姚东水厂及原水管网铺设工程，其中水厂主体及原水管网建设已完成，供水管网完成1230米。

“排涝水”项目。25座城区排涝泵站除胜山西路、富巷新村、仁寿桥等3座因原拆原建、征地拆迁及汛期等原因，于10月底开工建设，其余22座均已基本完成改造，并投入运行。

天然气设施建设项目。完成舜江名苑、丹凤小区、子陵新村等老小区天然气改造7774户；配合完成山后新村、邮电新村等7个老小区低洼地块基础设施设备的改造工作；敷设天然气主干管40.236千米，庭院管61千米。

安置房建设项目。康山五圣殿、北晨雅苑地块拆迁安置房基本竣工；北郊文字地块安置房建设项目、兰墅公寓三期地块（一）、白山头安置地块（白郦江景）已分别完成总工程量的65%、70%、80%；古路头四期和兰墅公寓三期地块（二）等2个安置房建设项目于8月、9月分别开工建设。

【市政公用企业运行】

全年累计供水7202.43万吨（自来水公司3904.43万吨，第二自来水公司3298万吨），全年管网水水质综合合格率平均保持在99.86%（自来水公司为99.83%、第二自来水公司为99.89%），水费回收率在98.52%以上（自来水公司为99.76%、第二自来水公司为98.52%）。全年天然气管道供气3349万立方米，比上年增长37.42%，气费回收率99.79%，新增通气用户8845户。全年污水收集量3930万吨，再生水累计供应54.6万吨。

（姚辰子）

城市拆迁安置

【概况】

2014年，全市完成房屋征迁面积50.2万平方米，完成签约户数1424户。其中，延续项目完成签约面积28.5万平方米、签约户数934户，新启动项目完成签约面积21.7万平方米、签约户数490户。

【拆迁（征收）“清零”专项行动】

安排“清零”项目11个，需完成房屋“清零”面积63762平方米、签约户数60户，共计完成签约项目7个，分别为凤山后埭区块改造一期工程（中山路以西部分）、西北环线北侧区块、姚江干流城区段、华狮北侧地块（二期）、开丰路及周边区块（黄山公园二期）、三凤桥村区块和子陵路北侧区块，共计完成签约面积60631平方米、签约户数44户，分别为目标任务的95%和73%。

【“阳光征迁”】

以“网上签约、网上公开、网上监管”为主要内容的首个“阳光征收”信息化试点项目——府前路历史文化街区区块改造工程，在签约期限内共完成签约301户，签约率达91.3%。在对鄞州区集体土地房屋“阳光拆迁”考察的基础上，结合国有土地上房屋“阳光征收”的经验，开发集体土地房屋“阳光拆迁”信息系统。通过与软件开发公司衔接，并征求各乡镇街道、拆迁公司意见，对相关协议、清单等文本进行完善，对其中自动生成各数据的逻辑关系进行梳理，信息系统已进入调试阶段。

【破解征迁难题】

工业企业未经登记建筑处置。针对工业企业未经登记建筑的调查、认定及处理的责任主体不明确、处置办法不统一的问题，起草《关于征收范围内工业企业未经登记建筑认定处理的建议方案》，并以市拆迁联席会议纪要的形式进行明确。

尝试“模拟征迁”新模式。起草出台以“符合规划、属地负责、统一政策、尊重民意、自愿协商”为基本原则的《余姚市关于实施模拟拆迁征收工作的指导意见》，并在市“五水共治”项目——姚江丈亭集镇段防洪堤坝建设工程中率先推行，取得在规定期限内签约率99%的成效。

探索“房票安置”模式。针对全市商品房严重滞销现状，通过广泛调研，起草并由市政府发文《关于在集体所有土地房屋拆迁安置中实行房票安置的实施意见》，即将在夏巷一号互通工程（一期）工程等项目中推行。

非住宅跟踪审计。为确保征收资金的规范、安全、高效运行，在项目启动后，及时与市审计局联系，由市审计局委托专门的审计中介机构，对征收区块进行跟踪审计，从而制约评估机构评估的随意性。跟踪审计工作方式已在兰江街道兰墅桥区块实施，取得良好效果。

【全市征地区片价调整】

9月，余姚市征地区片综合地价调整方案通过省政府备案。调整后，全市征地区片由四级调整为三级，征地区片价最高提高40%，各征收耕地、其他农用地（除林地）、建设用地的补偿标准分别是：一级区片为每亩6.5万元（其中土地补偿费每亩3.8万元，安置补助费每亩2.7万元），二级区片为每亩5.8万元（其中土地补偿费每亩3.1万元，安置补助费每亩2.7万元），三级区片为每亩5.4万元（其中土地补偿费每亩2.7万元，安置补助费每亩2.7万元）；征收林地、未利用地的补偿标准分别是：一级区片为每亩3.25万元（其中土地补偿费为每亩1.9万元，安置补助费为每亩1.35万元），二级区片为每亩2.9万元（其中土地补偿费为每亩1.55万元，安置补助费为每亩1.35万元），三级区片为每亩2.8万元（其中土地补偿费为每亩1.45万元，安置补助费为每亩1.35万元）。征地区片综合价由土地补偿费和安置补助费组成，青苗和地上附着物补偿费另行计算。

（市动迁办）

城市秩序整治管理

【概况】

2014年，市城市管理行政执法局围绕为民、务实、清廉的总要求，深化城市网格化管理，以“三清三化”为载体，探索城市管理新机制、新方法，全年共办理行政处罚案件392起，人行道违停抄告10345起。

【城市网格化管理】

在中心城区45平方千米范围内实施严控区、一般管理区两级管理制度，共划分32个单元网格，开启“一长两员”网格化管理新模式，实现网格管理全覆盖。通过建立健全城市管理勤务与绩效考核制度，探索建立电子路籍档案制度、社会督察考评制度，设置城管执法岗亭，研发运用城市管理网格化信息系统等措施，加强服务外包监管水平，规范“划格”“填格”“联格”“考格”运行机制。

【解决城市管理的热点难点问题】

市容环境秩序改善。结合全国文明城市创建工作，联合多部门开展中心城区市容环境秩序综合整治、夜间无证小餐饮与油烟扰民联合整治等执法行动1616次，纠正各类违法行为25264起，取缔无证小餐饮店50余家。开展城区餐厨垃圾专项治理，对193家机关企事业单位实行统一收运处置，共处置餐厨垃圾9668.8吨。

行政执法。实行行政处罚结果网上公开制度，共公开案件295起。拆除户外广告183块，合计面积25407平方米，拆除杭甬高速余姚段沿线高立柱广告136块，合计面积32640平方米。现场制止违建案件469起，拆除226起，函告、协助阻止涉及国土、水利等领域各类违法建筑273起，提高新违建防控效率，发挥一线巡查和无违建创建的主力军作用。

城区环卫保洁。对57辆垃圾运输车统一实行IC卡刷卡过磅制度，实施生活垃圾过磅在线实时监测，累计清扫转运生活垃圾37万吨。完成2台75T/H的燃煤锅炉脱硝项目，开工建设发电厂改扩建二期工程。清运粪便10953吨，全部经市生化处理厂粪便处理中心无害化处理。新建、改建公厕7座，购置移动公厕2座，负责管理公厕共109座，其中专管66座，有4座公厕被评为宁波市三星级公厕。

“五水共治”。牵头制订《关于马渚半夜河滕江水环境综合治理工作的实施方案》，加强组织、协调、指导及督查工作，建立河道基本情况档案。会同交警、路政等部门开展联合执法，通过定点检查、街路巡查、突击抽查、区域监控的方式，检查工地602处(次)、查处违规车辆357辆(次)，现场教育整改258辆(次)，立案查处违规倾倒、无证清运、污染道路、超时施工等违法行为58起。

防汛防台应急抢险。提前介入防御台风“凤凰”，清除道路危险隐患，夜堵老闸缺口防倒灌，帮助群众解决困难，累计出动人员2000余人次，收集处置各类问题近3000件，清运垃圾1200余吨，转移安置低洼地区、危房居住人员25人，加固河岸、填补老闸缺口5处。

【智慧城管平台建设】

对建成区45平方千米(中国塑料城、高铁余姚北站)基础地形图修测和城市部件进行普查，将单元网格数量提升至32个；完成系统软件开发和硬件集成，形成第一时间发现问题，第一时间处置问题的智慧城管体系。通过信息员采集、“96310”热线受理、视频抓拍等方式受理案件47153件，立案43965件，解决43350件，案件解决率98.6%，及时处置率96.19%，月平均受理案件数已超过3929件，实现城市管理业务的智能管控、实时管控、协同管控。

【引导社会力量参与城市管理】

完善余姚城管网站服务功能，开通“余姚城管”政务微博，通过微博、论坛等渠道累计处理网民反映城市管理问题360余件。在市级以上报刊刊登新闻稿92篇，在余姚电视台播出新闻52条，公开政府信息603条。发展城管义工组织，引导市民参与管理，已建城管义工街道服务点12个，社区联络站57个，单位会员66个，1万余名城管义工走上街头，累计提供超94200小时的义务服务。重新签订《市容环境卫生责任书》3000份，引导、督促沿街商家和单位遵守城市管理有关的法律法规规定，履行市容环卫责任。指导城区四街道组织各(社)区、物业公司、小区居民等力量清洁沿街各类建(构)筑物墙体立面，清理城中村、城郊接合部积存、暴露垃圾及社区院落、单位卫生死角。

【全市生活垃圾焚烧处理实现在线实时监测】

2月10日起，全市生活垃圾焚烧发电厂正式实行垃圾自动过磅、自动计量和在线监测，为生活垃圾无害化处理再添“保护锁”。近几年来，随人民生活水平的不断提高和城市化进程的加速，城市垃圾以每年8%～10%的速度增长，全市每天无害化处理生活垃圾达1000吨左右。为提高生活垃圾采集数据的科学性、准确性和真实性，提升无害化处理工作效率，市生活垃圾发电厂于2013年斥资3.2万元安装生活垃圾在线实时监控系统，开始对进厂垃圾进行过磅称重、实时监测。实施生活垃圾过磅在线实时监测，可实现垃圾数据网络共享，每月采集数据、存储网络并与市财政局、市城管局环卫处进行电脑联网，通过在线监测对生活垃圾的称重处理进行实时有效监控。

(杨　丰)

杭甬铁路客运专线余姚段建设

【线上征迁扫尾】

线上征迁结算工作基本完成。5月27日，杭甬客专公司会同宁波市铁路建设指挥部召开杭甬客专余姚段拆迁费用结算工作协调会，明确杭甬客专余姚段的拆迁面积、拆迁依据和结合实际的操作惯例，同时根据前期审价单位的审核意见，经各方签认，确认杭甬客专余姚段拆迁补偿费用。

临时用地复垦。全市共需复垦覆绿临时用地

约 29.9 公顷，包括拌和场、制梁场和临时便道等设施。经市指挥部督促协调，正在复垦或已完成复垦约 20.7 公顷，对不具备复垦条件的 8.7 公顷，明确具体操作办法，督促铁路施工单位及时与沿线各乡镇街道签订协议，年底前完成全线复垦工作。

关注线上民生工作。根据老百姓反应比较强烈的噪音影响、排水不畅、遮阴减产等民生问题，继续与铁路部门沟通衔接。特别是高铁噪音问题，要求铁路部门尽快完成环境噪音影响评估验收审核工作，提出针对性措施，维护老百姓的合法权益。

【高铁新城核心区基础设施建设】

屯山公园建设。屯山公园占地面积 6 公顷，总投资约 4800 万元，与高铁南北广场遥相呼应，打造城北地区独具特色的休闲场所，年度已列入市政府十大民生实事工程。年底前完成公园主体建设。

市政基础设施项目前期工作。主要是继续开展舜宇东路、人工湖及周边景观绿化等项目的前期工作，开展项目的可行性研究和方案设计，并结合周边地块招商工作进行布局和调整，年底前启动项目建设。

安置房建设。年度推进五星村、永丰村安置房建设，两个安置小区共占地面积约 13.1 公顷，总建筑面积约 27.8 万平方米，可安置房户数 1750 户。五星村安置房一期已交付，其余安置房计划年底也实现交付。

永丰安置小区

【高铁新城征迁与招商引资】

高铁新城规划面积 6 平方千米，其中由指挥部先行启动核心区 1.69 平方千米。核心区一期 0.81 平方千米已于 2010 年底前完成征迁，各项手续已到位，可随时出让。二期 0.88 平方千米自 2012 年 3 月启动征迁，已完成集体土地房屋拆迁签约 551 户、17.5 万平方米，拆除 16.8 万平方米，完成国有土地企业（单位）协议收购 5 家、1.85 万平方米。交通综合体 3 万平方米商业广场已与宁波迪赛集团签订招商和运营合作协议，进入招商选商阶段。同时，将新城核心区的招商作为“一号工程”和首要任务，经多次洽谈，已有中信集团明确合作意向，年底前签订双方合作备忘录。

（杭甬铁路客专余姚段指挥部）

环境·旅游

环境保护

【概况】

2014年，市环保局围绕环境优先战略和生态市创建目标，以生态镇（街道）创建工作为抓手，以“五水共治”和“四边三化”行动为契机，推进生态文明建设和污染物减排，推进污染行业专项整治，强化环保执法监管，注重网络舆情和队伍建设，盘活新常态下生态环保一盘棋。

【生态文明建设】

组织领导保障。贯彻落实省委、省政府“五水共治”的战略部署，以“治水为突破口，推动经济转型升级，打好生态治理攻坚战”。成立“五水共治”领导小组，负责治污水工作。落实河长责任制，明确目标任务，把生态红线作为环境准入的底线要求。

项目落实保障。实施四明湖水库环湖截污四期工程和农村生活污水分散式治理世行贷款项目等污水治理工程。开展水功能区水环境功能区调整划分工作。完成对禁限养区的划定工作，制订畜禽养殖规划，开展畜禽养殖专项治理工作。出台《四明湖水库污染源整治方案》，推进周边企业关停搬迁，确保饮用水源安全。落实1579条河道河长责任制，68条“三河”制订“一河一策”治理方案。其中18条垃圾河已全部摘帽，90%的黑臭河符合摘帽条件。

政策宣传保障。以新《中华人民共和国环境保护法》为法律支撑，制订宣传方案，发挥新载体作用，多角度深层次进行宣传报道，开展生态绿色创建活动。全方面推进新闻宣传，立体化开展舆论引导，深层次推进公众参与，从提升宣教能力五大方面提升生态文明满意度，共享生态文明。全年有6个镇创建成为“无三河”乡镇，2个乡镇入选年度“治水美镇、浙江样本”50强，创建工作走在宁波大市前列。

【重点行业规范整治】

榨菜污水治理。总投资1.92亿元的榨菜污水治理工程于3月底竣工，并投入运行，榨菜废水日处理量达2000吨左右，6家榨菜加工企业停产或转产，同步实现榨菜废水截污纳管率和污水集中处置率达100%。基本解决榨菜废水直排杭州湾海域的历史问题。

线路板行业整治。35家非法线路板生产企业全部关停，4家线路板生产企业主因涉嫌严重污染环境罪移交公安部门处理。同时，出台线路板行业的审批指导意见，引导线路板行业健康有序发展。

大气污染防治。完善大气污染防治制度保障

机制，实施《余姚市大气重污染应急预案》和《余姚市大气污染防治行动计划（2014—2017年）》，以能源结构调整、工业企业污染整治、机动车污染防治、扬尘治理为突破口，通过改造升级重污染企业，加大废塑料等行业专项整治，加强城区禁燃区建设，推行清洁生产，推进黄标车限行和淘汰。全年减少禁燃区总用煤量4.69万吨，减少化工企业污染物排放量约1.394吨，关停非法生产企业269家，淘汰黄标车8830辆。

重点区域整治。以黄家埠镇和小曹娥镇为重点区域，提升改造基础设备，推进小曹娥工业园区的电镀废水高位暂存池运行和黄家埠工业功能区的废气治理，加强执法监管和监测。要求省控以上企业开展日常废水、废气的自我监测，加强自我监督；加大对该区域企业的监督性监测频次；部门乡镇联动，加大执法力度和监察频次，保持高压态势严防违法排污。

其他重点行业整治。基本完成金属表面酸洗、印染、再生金属熔炼、涉汞等行业整治，严控废塑料加工行业回潮反弹，巩固行业整治成果。全年关停取缔非法废塑料加工企业45家。

【环境执法服务监管】

严格环保准入。按照建设项目环保审批“六项原则”和“十不批”的要求以及“三位一体，两评结合”的原则，把好项目审批关，对不符合规定要求的建设项目，一律不予审批。全年共受理项目481件，其中审批386件，否决95件，“三同时”验收95家。

强化监管执法。采取公安联动执法、领导带队执法、区域互查、错时检查等方式，打击各类环境违法行为。制定出台《行政处罚自由裁量行为实施细则》，在各基层环保所配备案件审核员，规范行政处罚行为。全年出动执法人员3500余次，检查企业4000家次，环境违法案件306起，移交法律案件65起，罚款金额1200.7万元。立案查处22件环境刑事案件，均移交公安侦查。行政处罚力度位居宁波前列。

开展百日专项行动。全面排查环境违法行为、环境安全隐患点，列出9个重点区域进行整治。发挥移动执法系统、在线监测系统作用，实行“八个一律”“双向问责”和一票否决等保障措施，共计出动专项检查执法人员1000余次，检查企业900家次，下达处罚决定书70件，罚款金额265万元，并对15个违法行为进行整改纠正。

【污染减排】

重点减排工程建设。城市污水处理厂扩建工程于4月动工建设，11月底完成主体工程建设。6月，宁波科环水泥熟料脱硝技改工程通过验收正式投入运行。7月，宁波光耀热电有限公司、宁波众茂姚北热电有限公司的炉内脱硝工程已建成投运。推进桐张岙垃圾渗滤液处理设施改造项目。

推行刷卡排污工作。按照“政府引导、市场运作、统筹规划、突出重点”的原则，探索排污权有偿使用和交易制度，加快电镀、印染等重点行业废水污染源和废气污染源刷卡排污总量自动控制系统建设，推进主要污染物总量减排，提升环境执法监管效能。全年共实现排污权交易额205.58万元，有偿使用费1849.5万元，完成刷卡排污企业建设66家，完成量位居宁波第一。

【机动车排气检测开始收费】

1月8日起，在用机动车排气检测开始收取排气检测费用。各类机动车排气污染检测收费标准初检为20元至62元不等，复检为10元至30元不等。根据《宁波市推行机动车排气简易工况法检测工作方案》规定，轻型汽油车采用的是简易瞬态工况法检测，即模拟实际路况的检测方法；重型汽油车和柴油车分别采用双怠速法和自由加速烟度法检测。环保尾气开始检测后，车管所将不再对汽车尾气排放做检测。

（顾巧浓）

旅　　游

【概况】

2014年，全市接待国内外游客903万人次，增长15.1%，实现旅游总收入82亿元，增长15.5%。

【品牌创建】

宁波太平洋大酒店、河姆渡国际旅行社等6家企业分别被评为2013年度宁波市十佳星级饭店、优秀星级饭店、十佳旅行社和优秀旅行社。指导辰茂河姆渡酒店创建四星级旅游饭店，四明山书画院创建四花饭店，海峡国际旅行社成功创建三星级品质旅行社，浙东小九寨景区创建为国家AAA级景区，白鹿登山步道成功创建宁波专项休闲旅游基地。开展《宁波市旅行社管理与服务规范》试点推广工作，5家旅行社纳入推广试点单位，创建力度居宁波市之首。宁波国际旅行社、春秋国际旅行社成功创建宁波旅行社预防性海外领事保护示范单位。太平洋大酒店、辰茂河姆渡酒店获评生态绿色旅游示范企业，太平洋大酒店被评为宁波市"节俭养德"十佳企业。丹山赤水、四明山国家森林公园景区被评为宁波市级平安示范景区。

【项目建设】

在建项目12个，总投资64.80亿元，年度累计投资16.14亿元。璟月湾旅游度假区酒店、室外体育公园等项目进入装修阶段，会所已交付使用；宁波市韵芝堂生态观光工程一期工程完工并试营业；余姚众安希尔顿逸林酒店塔楼18层砼浇筑完成；龙鼎商业广场红星美凯龙主场馆竣工并营业；浙海大酒店竣工，戴斯酒店等项目建设稳步推进。

【招商引资】

重点开展天下玉苑景区、凤凰山庄招商工作，及时与有意向的投资商对接，配合投资商进行项目策划等相关工作。其中，天下玉苑已与中裕投资集团、海南南山旅游集团等投资商洽谈；市旅投公司已与宁波富田集团就开发凤凰山庄项目签约。确定12个旅游招商项目，排摸全市民宿招商资源，确定14个民宿招商区块，编制招商手册。开展投资商到余姚考察的接待工作，累计接待客商22批次。

【旅游规划】

编制完成《余姚河姆渡—天下玉苑创建国家AAAAA级景区总体规划》，并通过评审。编制完成《余姚市旅游公共服务体系规划》。协同有关乡镇部门编制完成《大岚镇黄家庄村旅游总体策划》和《金冠村旅游产品体系建设规划》。启动"十三五"旅游规划的编制工作，完成前期课题研究。

【乡村旅游】

印发《关于推进农家乐休闲旅游业转型升级的指导意见》。启动开展"十大区块和十佳农家乐"和特色乡镇培育行动计划。创建余姚旅游商品创意设计基地。利用媒体平台开展促销，组织企业参加宁波农家乐营销联盟。认定全国休闲渔业示范基地2个、宁波市级休闲旅游示范点2家，确定三星级经营户（点）创建单位7家。全年新增接待床位211个、餐位950个、直接从业人员328人、整体投资规模4010万元。朗霞梨花景观、四明山红枫景观获2014年中国美丽田园称号；余姚佳明工艺礼品商行的河姆渡米粒微雕获全国休闲农业创业精品推介活动产品创意优秀奖、河姆渡文化复制品系列获2014年浙江省旅游商品大赛铜奖；九龙湾乡村庄园获浙江省首届农家乐创意大赛建筑风格及外观一等奖。

【旅游营销】

与山东枣庄、湖州安吉签订区域互游合作协议。组织景区、宾馆、旅行社赴金台温、舟山、嘉兴以及苏州、南京、上海等地举办旅游推介活动3次，签订6个特殊团队，直接拉动当地客源市场。在《中国自驾游杂志》全方位介绍余姚旅游，首次在高铁列车上做桌贴广告。借助大众媒体的优势，与各地各级报纸、广播、电视合作，除广告宣传外，还创新运用节目的形式宣传余姚旅游。发挥分众媒体及新媒体的独特优势，刊载余姚旅游信息，利用高炮、LED大屏、公交车车体等载体进行覆盖宣传。推出《四季余姚》和新版《余姚旅游地图》宣传资料，制作首部旅游微电影《时光出租车》获业内专家和公众好评。

【节庆活动】

举办“远离城市雾霾，美丽余姚邀你过大年”活动。创新举办中国余姚杨梅节和第十一届四明山旅游节，在活动安排、宣传报道、服务协调等方面均突破常规。“五一”“十一”期间，多个景区游客接待量均破历史纪录。支持配合举办四明山红枫樱花节、神奇大岚茶文化节、梁弄樱桃节、临山葡萄节等旅游节庆。年度“幸福家乡欢乐游”在不再统一安排“一日游”的情况下，仍组织安排2批特殊群体，体现旅游惠民宗旨。成功组织首届万达商贸旅游嘉年华活动。

【行业监管】

开展联合执法检查，重点开展学生春游市场和漂流景区开漂前以及“五一”“十一”节假日前的联合安全执法检查。组织对旅游景区和星级饭店服务质量的市场专项检查。开展“打非治违”专项行动。加强旅游质量监督及投诉处理。共受理各类旅游投诉37起，结案率和游客满意度均为100%。注重投诉案例分析通报及企业质监员的培训。

【第十一届四明山旅游节暨首届四明湖浪漫金秋节】

本届四明山旅游节以“文明、生态、休闲、运动”为主题，活动地点主要集中在四明山相关乡镇、丹山赤水景区和四明湖开元山庄，活动时间从9月16—11月16日。其间，共有五大主题板块16项活动，如“金桂飘香话重九，人间首善孝为先——感恩父母走进四明山地质公园”“丹山赤水柿子节暨四明山全民健身运动季”“万名市外游客同游裘皮城”“台州自驾大军进四明山”，包含景点游览、自行车环湖行、篝火晚会、徒步登山争先赛、手机摄影大赛等活动。首届四明湖浪漫金秋节由四明湖开元山庄承办，从10月1—10月31日，举办“最美梁弄，精彩闪现”摄影比赛、户外徒步环湖行、自行车环湖行、梁弄金秋美食季等活动。

（市旅游局）

牟山湖旅游开发

【概况】

2014 年，市牟山湖休闲度假管委会按计划推进招商引资、规划编制、拆迁安置、基础配套等工作，全年投入开发建设资金 4.87 亿元，其中用于征地拆迁资金 2.73 亿元，用于道路、安置房等基础设施配套建设资金 2.14 亿元。

【道路配套建设】

建设完成镇东路、镇南路以及萧甬铁路余姚段牟山上跨立交，打通度假区北入口。完成牟山高速道口绿化工程以及西入口道路的改造，提升进区西入口道路环境。启动建设区内环湖大道工程。其他七通配套建设工程也全面启动建设。

【安置房建设】

启动度假区内砖瓦和大园两个自然村的拆迁工作，拆迁安置小区正有序建设。安置小区计划总面积 25.9 公顷，在全市率先尝试采用“限房价，竞地价”、全面推向市场化运作模式。一期工程占地面积 5.5 公顷，总投资约 4.86 亿元，于上年底开工建设，年度一期工程主体结构基本完成。

（市牟山湖休闲度假区管委会）

四明山旅游开发

【概况】

2014 年，四明山区域旅游总人数 260 万人次，实现旅游收入 9.3 亿元，分别增长 7.9% 和 10.3%。

【规划构建休闲旅游体系】

年度先后完成《余姚鹿亭健行步道（一期）规划》《余姚市鹿亭乡白鹿村登山步道规划方案》《余姚市柿林村传统古村落保护发展规划》，以及《余姚市梁弄镇雅园农庄提升方案》《余姚市望湖农家改造方案》《余姚市梁弄镇福隆山庄改造方案》《余姚市梁弄镇百丈禅意农家改造方案》和《浙江梁弄缸窑风情民宿方案设计》等一批农家改造提升规划。协助市旅游局编制完成《余姚市旅游公共服务体系规划》和《大岚镇黄家庄村旅游总体策划》。协助市交通局编制《余姚市浒溪线（车岗头至奉化段）改造工程人文“五型”路配套工程设计》。

【督促在建项目进度】

区域内共有在建旅游项目 13 个，分别是：正蒙小学修缮、四明湖度假村（娱乐楼）提升改造、四明湖浮桥、红枫山庄（二期）、何克希故居修缮、宁波广电影视创作基地、宁波市韵芝堂生态观光工程、鹿文化园、鹿鸣书院、四明山第一党支部旧址修缮、姚江源乡村客栈、罗汉谷户外运动基地、锦谷园生态农庄等工程项目。其中，正蒙小学修缮、四明湖度假村（娱乐楼）提升改造、红枫山庄（二期）、何克希故居修缮、四明山第一党支部旧址修缮、宁波市韵芝堂生态观光工程一期和锦谷园生态农庄一期均完工。

【打造民宿个性亮点】

推进四明山“低 8 度”系列民宿招商引资和开发建设的前期工作。排摸四明山区域民宿招商资源，确定 9 个民宿招商项目，编制四明山“低 8 度”系列民宿招商手册。9 个民宿招商项目分别是：柿林村、中村、白鹿村、四丰村、四窗岩、岩下山、东岗山农庄、锦谷园生态农庄、702 度假酒店。四明山镇大山村“低 8 度”森林民宿提升改造项目一期工程已完工，大岚镇柿林村“低 8 度”木屋民宿项目已完成，具备接待营业条件。同时，开展梁弄“低 8 度”湖滨民宿建设的前期工作。

【充实人文艺术内涵】

出版《影像四明山》风光摄影集，展示四明山的绮丽风光和人文景观。开展电影《道士下山》剧组的对接工作。举办四明山红枫樱花节、大岚茶文化节、梁弄樱桃节、鹿亭第三届单车爬坡赛、四明山旅游节、丹山赤水柿子节等旅游节庆主题活动。

【各类创建、复评工作】

编制《四明山农家乐休闲旅游精品示范区创建计划》，依据政府引导、市场运作、科学规划和注重特色等原则，按照相关创建要求，指导帮助各乡镇开展项目建设、市场营销、业务培训、特色挖掘和台账整理等工作。鹿亭古道创建徒步运动休闲旅游基地。准备“3+1”宁波市休闲基地复评工作，包括一个宁波市休闲旅游示范基地（余姚四明山休闲旅游基地）和三个专项休闲旅游基地（四明山高山露营地休闲旅游基地、四明山自驾车休闲旅游基地和柿林古村落专项休闲旅游基地）。

（张望望）

文教·科技·卫生

文　化

【概况】

2014年，全市拥有市级、乡镇（街道）级、村（社区）级示范性业余文艺团队50支，先后举办第四届全民读书节、'2014余姚好声音"中国梦"新歌大赛等活动。全年公共文化配送演出418场，与天台、临安和吴兴等县市开展"文化走亲"活动3次，越剧《探春》在第三届中国越剧艺术节中荣获剧目展演奖。泗门镇创建为宁波市公共文化示范区，河姆渡镇"书香河姆渡"活动项目创建为宁波市公共文化示范项目。

【国家历史文化名城申报】

年度完成申报文本文字部分拟稿工作，共6册。通过举办名城申报系列宣传活动启动仪式、编印市民手册和倡议书、树立大型宣传牌、举办姚江文博讲坛、开展知识竞赛、编印工作简报等途径，加大名城申报工作的宣传力度。开展龙泉山自然历史文化保护区调查登记工作，配合完成《余姚市历史文化名城保护规划》《府前路历史文化街区保护规划》的修编和府前路历史街区的改造整治。

【第四批市级非遗传承人和传承基地公布】

6月下旬，市文化广电新闻出版局、市非遗保护中心邀请有关方面专家，对全市各乡镇街道推荐申报的第四批余姚市代表性传承人、传承基地作研讨和评审。根据"三位一体"的要求，综合各基地的历史现状、设施条件及传承人的活动能力等方面进行筛选、评议和公示，最后确定韩波玲等17人为第四批余姚市非遗项目代表性传承人，陆建波佛像雕刻厂等14处为第四批余姚市非遗传承基地，并于7月中旬发文公布。

【河姆渡文化研究中心成立】

9月20—21日，由中国考古学会植物考古专业委员会、浙江省文物考古研究所和余姚市文化广电新闻出版局主办，市河姆渡遗址博物馆承办，稻作农业起源与传播学术研讨会在余姚河姆渡宾馆召开。来自全国各地考古所、大学院校、科研院所、博物馆的70余名专家学者出席会议。开幕式上，同时举行中国考古学会植物考古专业委员会和河姆渡文化研究中心成立仪式。河姆渡文化研究中心位于田螺山遗址，由河姆渡遗址博物馆与浙江省文物考古研究所合作建立，聘请中国社会科学院考古研究所赵志军、北京大学考古文博学院秦岭、英国伦敦大学大学考古学院傅稻镰、日本金泽大学中村慎一和日本奈良文化财研究所松井章共5位国际知名专家为首批特邀研究员。同时，河姆渡遗址博物馆还聘请孙国平为"河姆渡文化名家工作室”领衔人，带领博物馆业务人员研究河姆渡文化，提高博物馆的业务水平。

【（余）姚台（湾）阳明文化缘交流活动】

10月31日，是先贤王阳明诞辰日，姚台阳明文化缘交流活动暨浙江省对台交流基地授牌仪式在王阳明故居纪念馆举行。活动以“文化传情、社里交流、旅游牵线”为主题，以阳明文化为渊源，基层结对为主线，通过开展文化签约、学术研讨、社里结对等一系列多领域的交流活动，达到提升交流层次、丰富活动内容、打造阳明品牌文化、建立长效机制的目的。出席仪式的有台湾文化学者、高雄基层交流团、台湾工商联合会成员，以及国台办、省台办、宁波台办和余姚市台办、农办、文广局等相关领导。

【第三届国际阳明学研讨会召开】

10月31—11月1日，由国际阳明学研究中心主办，中共余姚市委宣传部、市文化广电新闻出版局承办，市文物保护管理所协办的第三届国际阳明学研讨会在余姚宾馆召开。本次国际阳明学研讨会以“王阳明‘知行合一’与中国文化特质”为主题，共举行学术交流、学术沙龙、学术辩论三场学术活动。40余位来自美国、俄罗斯、日本等国家及中国台湾地区的专家、学者参加会议。学术沙龙以“传习”为主题，除介绍余姚本地相关阳明史迹的情况，重点探讨如何保护阳明史迹，传承阳明精神。学术辩论以“阳明与我”为主题，主要探讨阳明学与现实生活的关系和阳明学对当今社会的作用两个问题。

【第六批市级文物保护单位名单公布】

10月，市政府公布40处不可移动文物为第六批市级文物保护单位，其中包括明代的翰林房、管家弄史氏故居，清代的叶家举人房、周家墙门、严氏宗祠、沈氏宗祠，民国时期的鸡山学堂旧址、惠爱医院旧址、八角洋楼、武胜桥等。至此，市级文保单位数量达100处。同时，公布市第五批文物保护点名单，包括太平湖窑址、袁马三北游击司令部旧址、中山纪念林塔碑、梁家堰、临山城墙遗址、“丹山赤水”题刻等40处，全市文保点数量已达95处。

【严子陵学术研讨会】

5月17—18日，由浙江严子陵文化研究会、建德市严州文化研究会、余姚市历史文化名城研究会、余姚市申报国家历史文化名城领导小组办公室联合主办的严子陵学术研讨会在余姚举行。共收到论文40余篇，其中收录文集24篇，在研讨会上交流发言16篇。研讨会从思想内涵、文化贡献、历史影响、现实意义、生平家世等方面，对严子陵进行多侧面、多层次、多角度的论述和介绍。

【文物普查、考古与保护】

年度继续开展第一次全国可移动文物普查、浙江省古籍普查工作，已完成古籍普查20865册，获省古籍保护中心肯定，成为全省9家免审单位之一。完成对6家非文物系统国有单位的可移动文物普查。开展馆藏文物鉴定，增加上级文物124件，完成数据输录50%以上。对新发现的井头山遗址进行钻探调查，继续开展田螺山遗址的考古发掘和资料整理工作。确定羊额古道等6处文保单位为文物维修项目，对翰林房等10余处文保单位开展抢救性维修，完成浙东银行旧址、浙东敌后各界代表会议旧址等国保单位的验收工作。

（方其军）

教　育

【概况】

2014年，全市有各级各类中小学138所。其中，高中段学校16所，含普通高中9所（公立6所、民办3所），在校学生11896人；职业高中7所（公立5所、民办1所、其他部门办1所），在校学生9465人，初中31所（公立30所、民办1所），在校学生27753人；小学87所（公立72所、民工学校15所），在校学生67570人；特教学校1所；其他学校3所（教师进修学校、卫校、技工学校）。幼儿园173所，其中公立17所（教育局直属3所、乡镇街道管理14所），民办156所，在园幼儿32315人。全市在编中小学（幼儿园）教师7605人。

【省教育现代化市创建】

根据市委、市政府创建省教育现代化市实施意见，启动实施教育现代化三年行动计划，列出与争创教育现代化密切相关的八方面主要公共政策和八个重点项目。11月，在全市教育现代化各方面基本达到要求的前提下，向省教育厅提出创建省教育现代化市评估申请的要求，并提交申报材料。全年共实施教育基建项目48个。其中，梨洲学校新建工程、市特教中心迁建等43项工程完成并投入使用。市实验高中开工，计划于2016年秋季交付使用。泗门镇第二小学新建工程，小曹娥、马渚、河姆渡中心小学迁建工程2015年可完工并投入使用。市八中整体迁入城区，市二职校迁入新校区。全市省级标准化学校累计通过101所，达标率98%。牟山、泗门、朗霞、低塘4个中心幼儿园竣工交付使用，三七市、凤山街道中心幼儿园即将建成。新城市和佳汇景苑小区配套幼儿园先后移交教育局，建立市实验幼儿园新城市分园和四明幼儿园南园。

【各类教育稳步发展】

学前教育。新认定普惠性民办幼儿园6所，全市累计87所，包括公办幼儿园和普惠性民办幼儿园在内的普惠性幼儿园招生覆盖率达71%以上。开展省等级（宁波星级）幼儿园的评估验收工作，新增宁波市星级幼儿园4所，4所公办中心幼儿园通过省二级预评估，全市等级（星级）幼儿园招生覆盖率达91%以上。下半年集中整顿无证幼儿园，关停取缔无证幼儿园55所。

义务教育。4月，创建全国义务教育发展基本均衡市评估通过省级认定；12月，以96.4分的高分通过教育部督导办评审，成为全省第二批通过评估验收的全国义务教育发展基本均衡市。年度实施“轻负高质”教学，组织开展全市中小学作业常规督查，提升教师学业作业布置水平；推行零起点教学，取消3年级以下各种形式的统测活动；开展送教下乡、校本教研、市学科规范教研组、示范教研组和名牌教研组等评选活动，提高共同体的质量和效能。对全市52所申报宁波市“数字化校园”的学校进行督查评估。

普通高中。全市重点大学（一本）上线人数913人，增长率居宁波市首位，其中被“211”“985”大学录取291人，被清华、北大录取10人，余姚中学有6人进入文理科全省前100名。高风中学第一批通过省二级特色示范高中评估验收。制定全市普高特色发展规划，确定七中为体育特色，高风中学为音乐特色，四中为艺术特色，三中为传媒特色。建设全市选修课资源库，第二、三批市级选修课分别评选83门、94门，累计评选200余门。完善高中招生改革，创办余姚中学“宜张班”。继续探索并形成初中、高中和大学相互衔接的拔尖创新学生选拔培养制度，完善优质高中招生工作。继续实行校长实名推荐制和自主招生政策，名额对口分配到各初中的新生人数占总招生数的比例达62.5%。加强对普高教学质量的监控，成立局领导联系高中制度，每一名局领导各联系一所高中，定期到高中调研，指导教学质量提升。教研室成立高考指导小组，由教研员和普高名师组成，定期研究。

职业教育。探索推动全市职业教育综合改革，继续推进“一校一品”专业特色建设。市职教中心中德合作“IHK”项目、阿里巴巴商学院、机器人创新团队及市二职校农业实验园建设等4个项目入围宁波市职业教育先行先试项目。在1月举行的全国职业高中学生技能大赛上，余姚市共获6金7银6铜，均创历史最好成绩。拓宽校企合作领域，通过在企业建立实习基地、培训企业职工等形式，使校企合作更加紧密，全市共设市级校外实习基地7家，各职校与100余家企业签订长期合作协议。成立4个职教集团（市职教中心牵头的阳明职业教育集团、市职技校牵头的模具教育集团、市四职校牵头的信息技术职教集团和市二职校牵头的农业技术职教集团）。职高毕业生一次性就业率超97%。

社区成人教育。年度全市职校开展技能培训40000人次以上，成人双证制培训1112人，培训人数超常住人口数的千分之一。全市21个乡镇（街道）均成立社区教育中心，263个行政村和全部社区设立社区市民学校，社区教育覆盖面达100%，全市已基本建成市、镇（乡、街道）、村、学习中心户四级社区教育网络。余姚市被评为全国数字化学习先行区，朗霞街道成为全国社区教育示范街道，梁弄、黄家埠、泗门、丈亭等7所成校通过宁波市高标准成校评估。

特殊教育。全市适龄“三残”（视残、听残、智残）儿童少年义务教育入学率达95%；特殊教育中心正式投入使用；出台《余姚市特殊教育三年行动计划》，学制达到从学前到高中教育全覆盖，下半年新招特殊教育学前班。

【教师队伍建设】

教师招聘、考核和支教工作。修订教师和职工考核表，开展新一轮教职工聘用合同制工作。全年招聘新教师212人，其中面向重点普通高校优秀应届毕业生公开招聘46人。开展支教、交流工作，完善城区骨干教师支教制度。

校级领导班子调整。举办第十一期局管校级后备干部培训班，首次推出局管校级后备干部培训班学员成熟度量化评分标准，对所有符合推荐选拔条件的人员采用现场命题演说的形式进行综合素质考评。出台《关于进一步推进义务教育学校教师校长交流工作的实施意见》，新选拔一批优秀后备干部，以充实书记、校长后备干部库。启动学校校长助理的选聘工作，促进全市学校管理队伍年龄结构的优化。向全市14所民办外来务工人员子女学校公派教育总监14人。全市有4名教师被评为第十一批省特级教师。

职教师资培训。创新师资培训方式，通过请高职院校的专家、企业的能人指导，送教师到高职院校进修，定期到企业实践，举办职教名师高级研修班等途径，加强职教师资培训。组织教师参加国家级、省级骨干教师培训和90学时教师全员培训，职成教教研室还组织40名教师参加华师大合作举办的高级研修班。启动全市职校师资基本教学能力和素质提升工程。

师德师风建设。出台《关于进一步建立健全中小学（幼儿园）教师师德建设长效机制的意见》，结合省和宁波要求，制订师德教育、宣传、考核、激励、监督、惩处、检查、保障八大机制。出台《余姚市教育局关于加强中小学（幼儿园）教师师德师风建设的实施方案》，开展教育系统师德师风建设活动。

【校园安全保障】

“学生安全千万家”活动。重点围绕防溺水事故发生，开展教师家访，同时涉及交通、饮食、防火等安全事项。全市4465名教师合计家访学生79784人，家访率达99.3%。

学生接送安全。推进校车行政许可工作，在《余姚市中小学生交通安全保障工程实施意见》基础上，对学生接送车行政许可中碰到的难题，多次召开协调会议，有85辆学生接送车通过行政许可。

师生食品安全。本年度是实施十万学生饮食安全工程的第二年，完成改造食堂44家，总改造资金1777万元，食堂量化分级A、B等级达79.8%，较好完成省、宁波市确定的考核指标。以“校园放心店”创建为基础，完成“品牌超市进校园”工作，品牌超市占校园商店总数86%。食品源头可追溯率达99%。

校园安保安全。根据防恐工作安排，暑假里所有中小学校和幼儿园校门口完善改造视频监控，新安装监控探头300余个，更换探头150余个。全市共设立保卫机构300余个，配备保卫干部500余人、专职保安410人，配备安保防护器械2000余套，安装摄像监控2010个、紧急报警系统280个，设置治安岗170个。

【“浙派名师名校长培养工程”学术节在余姚举行】

3月25—26日，由杭州师范大学和市教研室主办的首届“浙派名师名校长培养工程”学术节暨市初中课堂教学改革研讨会在阳明中学举行。来自杭州、宁波等地的优秀教师进行现场授课，展示各自学科的教学经验，200余名教师参加教学观摩及交流活动。活动旨在寻找合适学生的课堂模式，探寻课堂转型，身体力行地组织、践行高效课堂。其间，阳明中学教师与来自外校的各级名师开展“同课异构”教学活动，并邀请各科专家进行点评。

（陈汉春）

广播电视

【概况】

2014年，市广播电视台围绕“五水共治”“三改一拆”等全市中心工作，开展宣传报道，对那些“顶风作案”“屡不整改”的典型事例，全程跟踪报道整改进度和效果，通过正面舆论引导，为社会传递正能量。深化节目改版，通过对《今晚播放》《姚江明月》《农科纵横》《记者关注》《快乐碰碰车》观众喜爱的节目做精做强，体现节目制作底气。挖掘当前热点和富有地域特色节目，使节目更接余姚地气，将《姚江桥头》《姚江田野》等具有地域特色类节目，打造成具有鲜明地方特色的精品化节目。

【打造更具深度节目】

结合党的群众路线教育实践活动，把报道重点放在挖掘先进典型上，推出系列报道《服务老区献真情》（供电所）、系列报道《小板凳架起连心桥》（泗门镇谢家路村）、《胡国强：36年扎根农村为农民》、系列报道《最美山区医生姚亚强》等一批重点报道。全方位、大容量、高密度宣传报道“五水共治”，最多时日报道多达四五条，制作如《治理污水有新招　微生物“吃掉”污染物》《“河长”管得牢　治河有成效》《泗北横江治污：抽干河水查找污染源》等一批生动鲜活、具有深度的报道，反映全市推进“五水共治”工作的进展和成效。强化舆论监督和社会热点引导，对一些群众关注的热点、难点问题进行深入报道，采制《这样的豆腐皮是否有问题?》《这个豆腐皮到底归谁管》《兰墅桥拆迁地块怎么成了养猪场?》《城区活禽交易禁而不止日常监管不能松懈》《业主买房抽中88万特等奖要想兑奖有点难》等报道，均引发公众高度关注。

【加大外宣创优报道力度】

年度广播新闻稿件在宁波电台新闻综合频率、浙江电台浙江之声分别播出672条次、161条次（广播其他频率无统计），电视新闻稿件在宁波电视台、浙江电视台各频道分别播出704条次、388条次（其中宁波电视台新闻综合频道、浙江卫视分别播出495条次和106条次）。有50余件作品在宁波市级以上各项评比中获奖，其中电视艺术片《黄宗羲》《严子陵》获省牡丹奖一等奖，专题《男孩女孩站起来》获省广播电视对外传播“金鸽奖”二等奖，对农栏目《姚江田野》获省广播电视对农节目服务工程建设考核鼓励奖。

【事业产业稳步发展】

全年共安装数字电视约30.2万户，机顶盒约58.6万只；已安装宽带用户数1.7万户，基本视听维护费收入约6880万元，增值业务费收入约733

万元。对各类品牌节目进行梳理，对三个自有创收节目重新定位，并对所有时段广告重新开发定价。同时通过优化资源，强化业务，提高承办大型演艺活动能力。做精品牌栏目，提升媒体整体实力。强化视听网络建设维护，通过完善网络直播和回放功能，满足用户网络收看需求。

【宣传、经营、管理三大资源融合】

*融合宣传资源。*通过整合电视频道、FM966、余姚视听网、余姚手机台等现有资源，建立完善节目移植机制，建立内容生产一体化、宣传报道立体化的宣传格局。特别是在重大主题报道、突发事件报道、大型新闻行动中，形成全方位、多角度、立体式的宣传效应。

*融合经营资源。*在清产核资的基础上，通过强化对内部资源、业务、设备等经营资源的重组，盘活现存资源，提高经营效益。通过构建客户服务平台，强化对广告经营的统一调度和管理，优化广告结构。同时，正式组建网络公司，初步形成“三中心”（宣传、技术、行政）、“四公司”（广告、传播、网络、工程）的运营体制。

*融合管理资源。*在节目管理上，以收视率调查为契机，推行栏目制管理，强化宣传精品意识；在人事管理上，强化以绩效为导向，建立并完善岗位目标责任考核和公司经营目标考核；在财务管理上，强化成本核算和内部审计，实行设备统一招投标，使资产购置和报废等制度更加规范。

【整体服务能力提升】

*改善新闻宣传环境。*维修和更换上年水灾损坏设备，并在丰山建设应急广播直播室，确保在自然灾害来临时发挥应急作用。同时加快电台播出新机房建设、演播厅改造、录音棚搭建和添置高清电视转播车，提升新闻宣传质量。完善新闻从业人员考核体系，做精做强《余姚新闻》栏目，增强新闻报道的亲和力、感染力、吸引力。

*打造群众满意窗口。*完善窗口服务人员工作制度，加强业务培训，同时出台外线工考核办法，使市民享受到广电优质的服务。开展“群众满意站”创建活动，改进基层窗口工作作风。完善数字电视收费标准，推进数字电视高清互动点播等增值业务和广电云宽带等新业务。探索会展经济、活动营销，拓展影视制作、视频广告等新型市场营销，优化广告结构，实现增收渠道多元化。

*完善考核机制。*规范乡镇站人员管理，制定《乡镇广电站定编定岗》，提高系统工作效能。提高各站负责人的管理权限，将绩效考核奖分配权限下移至站一级。加强新闻和技术力量，全年共招聘15人，岗位涉及新闻采编、后期制作、网络技术、内勤窗口等。通过定期选派优秀青年工作者上挂到上级台，提高青年新闻工作者采编播能力。同时定期邀请上级台专家、业务能手讲课，提高余姚台工作人员新闻业务水平。

【冠名主办中国(余姚)微广播剧发展论坛】

6月26日，中国（余姚）微广播剧发展论坛在余姚举行。来自北京、上海、四川、浙江等省市的30余位专家、学者，围绕“弘扬社会正能量，宣传核心价值观”这一主题，从微广播剧发展的现状、面临的机遇和挑战，以及未来盈利方式等方面，提出各自的意见和建议。论坛上还举行第三届中国微广播剧大赛签约仪式。本届大赛由中国广播剧研究会、浙江广电集团联合主办，余姚市广播电视台冠名主办，大赛所有获奖作品在全国各参赛电台展播时均冠名为“幸福余姚杯”。

（市广播电视台）

余姚日报

【概况】

2014年,余姚日报社围绕市委、市政府中心工作,服务地方经济、社会、政治、文化和生态文明建设,开展重大主题报道。在确保传统经营平台稳步发展的同时,着力开展新平台建设和经营。

【重大主题宣传报道】

党的群众路线教育实践活动。在第1版专设"扎实开展群众路线教育实践活动"主题专栏,报道教育实践活动的进展情况和典型经验,反映各地各部门解决突出问题、改进工作作风的实际举措和工作成效。全年刊发专栏稿件600余篇。10月初,又推出"晒晒整改成绩单"专栏,报道各地各部门整改落实情况。根据各阶段重点工作及典型事例,组织撰写、刊发系列评论员文章和姚江平文章,共刊发专题评论员文章40余篇。3月18日,刊发长篇通讯《情系田野显身手》,报道临山供销社主任胡国森先进事迹。从4月10日起,推出服务群众的先进基层典型——梁弄供电所的系列报道。4月17日刊发长篇通讯《小板凳架起连心桥》,介绍谢家路村创新新时期群众工作方法的事迹。6月3日,报道扎根大山24年,把全部热情献给山区群众、献给山区医疗卫生事业的大岚卫生院院长姚亚强的先进事迹。

经济社会转型发展。根据年初市委、市政府召开的全市经济社会转型发展推进年动员大会精神,向广大干部群众宣传"六项行动""十大建设"等内容,派出记者深入乡镇、街道和部门,及时报道各地各部门贯彻落实会议精神的情况。连续刊发7篇评论员文章,从不同角度对推进经济社会转型发展进行解读。围绕"转型升级时""三名四换看余姚"等主题专栏,刊发系列报道,营造加快转型发展的氛围。

"五水共治"。创新报道形式,开设"五水共治——余姚在行动""'五水共治',我能做什么"等专栏,同时刊发姚江平、本报评论员等评论文章,形成"五水共治"宣传强势。全年刊发相关报道600余篇。3月31日始,又以乡镇、街道为单位,推出"五水共治"专版,介绍各地"五水共治"目标、路径图等内容,给群众以知情权。

【年度新一轮改版】

改版重点。把握"党报+都市报"的方向,确立新闻立报、质量办报、发展强报的办报理念,以增加信息量、增强可读性、突出民生性、凸现冲击力指导采编工作,并渗透和体现于每一个版面,从而增强舆论引导能力,创新提升新闻宣传的影响力。

改版思路。以一、二版为主的党报板块,坚持围绕中心、服务大局的原则,坚持正面宣传为主的方针,重点做好深度文章,加强评论工作,加强图片优化和新闻图式化,使之更具权威性、引导力、可读性和表现性。以民生新闻版为主的都市报板块,重点做好热点引导文章,加强正能量传播,对群众关心的新闻事件开展深度解读,使之更具贴近性、亲和力和服务性。专刊副刊板块则发挥余姚的地域文化优势,做好版式创新和版面美化文章,使之更有时代气息、更有人文情怀、更有文化担当。

新推版面。"新闻纵深"主要是对余姚发生的新闻事件进行纵深解剖,深层次分析事件成因,把新闻做深做透,让读者全面了解新闻背景及有关信息。"坊间视点"版主要针对网络上的热点话题和敏感事件,组织民间人士作为评论员进行点评。与改版前相比,新版面的版式更加清新通透,内容上引导性、贴近性的特色更加明显,受到读者高度评价,不少版面已初具品牌影响。

【报业传统经营】

广告经营。广告部与新老客户加强联系和沟通,保证客户源;加强专栏、专版策划,细分消费市场,争取部门支持,多方吸引广告客户;先后策划举办春季相亲会、3D魔幻艺术画展、第四届读者

节等特色活动，用活动带动广告，使广告业务得到拓展，经营业绩稳中有升。

发行经营。发行部门巩固和提升发行体制改革成果，保证发行队伍的基本稳定，促进投递质量稳步上升；在稳定原有订户的基础上，出台一系列便民措施，方便读者订阅，确保发行工作顺利进行。

印务经营。印务中心从实际出发，实施新一轮减员增效，全年共减员14人，部分岗位采用一人多岗，减少人员开支，降低生产成本。开展节能降耗工作，降低生产成本，提高生产效益。

网络经营。网络新闻部通过向广告客户展现余姚新闻网的优势，做强做大各类服务资讯频道，在维护原有客户的基础上，接手中国余姚网的运维工作，开发余姚万达广场等新客户。通过举办各类活动，提升余姚新闻网的影响力。

图书音像经营。开拓余姚图书出版市场，进军音像制品市场，提高业务量；抓紧办理图书出版批发相关许可证书，为下步开拓新的市场打基础。

教育市场开拓。在上年底成立小记者工作部的基础上，年度上半年出刊《金色年华》小记者专刊。暑假期间推出系列夏令营活动，取得较好的经济效益和社会效益。8月起，完善小记者网络，扩大《余姚日报》《金色年华》的发行量。

【浙江联尚电子商务有限公司成立】

7月7日，由余姚日报社吸纳民营资本成立的浙江联尚电子商务有限公司正式成立。是为全市第一家由国有资本与民营资合作组建的电子商务企业。与民营资本合作成立电商企业，也是余姚日报社积极创新报业经营模式的举措之一。副市长卢建国和宁波日报报业集团副社长、总经理应海龙为浙江联尚电子商务有限公司揭牌。

【市首届市民摄影节】

8月5日，由余姚日报社和余姚农村合作银行主办、余姚市市民摄影联合会承办的余姚市首届市民摄影节举行开幕式。市民摄影讲师团同时宣告成立。

【“天下余姚人”大型采访活动启动】

11月24日，余姚日报社举行“天下余姚人”大型采访活动启动仪式。第一批采访小组成员前往上海，采访余秋雨、陈宜张、杨国平等一批在上海工作、生活的余姚籍知名人士。

“天下余姚人”大型采访活动启动仪式

（余姚日报社）

体　育

【概况】

2014年，市体育局组织举办第十一届市直机关运动会等市级全民健身活动10余次，指导市直部门、单项协会开展有届次的全民健身活动和各类杯赛300余场。市全民健身中心接待健身市民97.2人次。此外，全市近1/3乡镇结合实际举办各具特色的全民运动会，全市机关企事业单位、行政村（社区）也广泛举办各种趣味体育比赛，参与群众达5万人次。

【完善健身体育设施】

完成第六次全国体育场地普查工作，基本摸清全市体育场地类型和数量。完成各类省级体育创建项目60个，其中成功创建省体育特色乡镇3个，省现代化体育乡镇3个，省小康体育村20个，省乡镇（街道）全民健身中心1个，省中心村全民健身广场2个。市级层面重点推进全民健身中心分中心工程，利用舜江大桥桥下1300平方米空置场地，规划建设篮球场、门球场、气排球场、拆装式游泳池等健身场地。安装健身路径60条，新建、改建各类球场40片。修订出台《余姚市全民健身设施建设和管理实施办法》和《余姚市学校体育场地向社会开放实施办法》，加强健身设施的建设和管理，提高学校场地对外开放质量。

【提高竞技体育水平】

组队向上参赛，在浙江省第十五届运动会上共获23.17金、18.5银和13铜，位列全省金牌榜和总分第19位，县（市）第8位。在宁波市计划内青少年体育竞赛中，共获20金22银13铜。及时向上输送在竞赛中冒出的优秀体育苗子，全年共计输送12人。王益楠、李玲、庄水彬、伍佳慧等运动员在国内外体育赛事中取得令人瞩目的成绩，引进选手李玲和输送选手庄水彬在亚运会上分获1金1银，残疾运动员王益楠在亚残会上获6金1银。

【承办大型体育赛事】

先后承办“体彩杯”浙江稠州篮球俱乐部与塞尔维亚KK康斯坦丁俱乐部职业男子篮球对抗赛等国家级及以上赛事5次，承办浙江省春季少儿业余围棋段位赛等省级赛事4次，承办兰江杯”宁波市老年人门球赛等宁波级赛事10余次。

【李玲获全国首个撑杆跳世界冠军】

9月14日晚，在摩洛哥举行的国际田联洲际杯赛中，余姚籍撑杆跳运动员李玲获女子撑杆跳世界冠军。是为中国撑杆跳建项以来获得的第一个世界冠军，也是余姚市首个田径世界冠军。李玲祖籍山东，十几年前由市体管中心引入，目前有两个正式身份：宁波市体工大队注册运动员和北京体育大学留校老师。

（方其军）

科学技术

【概况】

2014年，全市科技工作围绕创新驱动战略和创新驱动提速行动目标任务，以营造创新氛围、提升科技创新能力、发展民生科技、搭建创新平台、解决创新难题为重点，谋划科技创新工作，增强科技实力和企业自主创新能力，年度通过国家知识产权强县工程试点市的验收，市科技局被评为宁波市科技进步目标责任考核优秀单位。

【提升企业创新能力】

发展高新技术产业。全市实现高新技术产业产值495亿元，增长9.6%，占规模以上工业企业总产值的比例达37.4%。实现高新技术产业增加值106.8亿元，增长14.7%，高于规模以上工业增加值增幅2.1个百分点。同时，推进高新技术企业培育，多次召开高新技术企业申报培训、复审认定及管理工作培训会，新认定高新技术企业14家；组织30家高新技术企业进行重新认定，19家进行复审，全部通过专家审核和公示。全年高新技术企业实现产值320亿元，增长21%，增幅高出规模以上工业企业增幅13.4个百分点，平均每家高新技术企业实现产值2.62亿元，高出全市规模以上企业平均产值1.15亿元的128%。实现产值亿元以上的高新技术企业有70家，其中宁波舜宇光电信息有限公司实现产值70.2亿元，宁波王龙科技股份有限公司实现产值29.8亿元。

培育企业创新能力。年度实施科技项目预申报制度，科技项目质量与立项数均大幅提高，各级项目立项101项，其中国家级20项、省级1项、宁波级80项。增加企业研发投入，全市规模以上企业完成科技经费投入34.1亿元；完成R＆D经费投入20.5亿元，分别增长10.5%和12.9%。壮大企业研发机构，新增省级研发中心6家、宁波市级10家、宁波企业研究院4家，累计拥有市级以上企业工程（技术）中心266家，其中省级31家，宁波88家；省级重点企业研究院1家，宁波企业研究院7家。新增宁波市科技型企业20家、宁波市创新型初创企业289家。

提升企业专利质量。年度全市专利申请量8645件，授权量7093件，发明专利申请量1600件，发明专利授权量259件，发明专科申请和授权量分别增长55.6%和41.5%；占专利总量的比例分别为18.5%和3.7%。落实专利质押贷款贴息制度，有4家企业用专利向银行质押贷款7680万元，享受贷款贴息60余万元。开展国家知识产权强县工程试点市创建工作，通过四年努力，通过考核验收。实施知识产权保护战略，加强企业专利保护工作，建立与海关、法院、公安等部门的联合执法协作机制，解决专利侵权投诉案1起。

【拓展科技合作】

产学研协同创新。围绕全市主导产业和特色产业，搭建有针对性的合作交流模式，实现企业和高校院所的有效结合。优先支持企业在新兴产业领域与优势高校院所共建创新载体，鼓励企业与高校院所联合承担科技计划、开展技术研发、制定技术标准、转化科技成果。全年在机器换人、自动化设备等方面，组织大型科技合作活动2次，赴杭州、武汉、重庆等高校院所专项科技合作活动5次；征集企业技术难题100余项，牵线近百家企业与高校院所洽谈；科技合作项目签约81项，技术合同金额8809万元，新增付款2743万元。

公共服务平台建设。主动服务中国兵科院余姚研究所，针对余姚所运营一年来市场知名度低、产学研合作效果不明显等情况，帮助研究所执行新的体制与运行模式，逐步建设成集科研、应用开发、生产制造、人才培养和综合服务为一体，促进传统产业升级和新兴产业发展的孵化基地，为全市经济发展提供技术支撑。新引进浙江工商大学余姚技术转移中心。对已建浙大自动化研发中心、杭电灯具和电子信息研发中心、浙江大学余姚技术转移中心,浙江工业大学余姚技术转移中心、中国计量学院余姚技术转移中心加强监督,改善运行机制,以期为余姚企业转型升级服务。与华中科技大学洽谈在姚设立技术转移中心的合作意向。

【农业创新有新突破】

提升农社项目质量。为提高农业科技项目立项率及验收结题率,组织开展以农业科技项目体系介绍、农业企业会计核算及科技经费账务管理为主要内容的农业科技项目管理培训班。组织6家企业会同浙江大学等3家技术依托单位联合申报国家科技富民强县专项行动计划。由宁波铜钱桥食品菜业有限公司申报的“榨菜加工自动化生产中试与示范”项目入选国家农业成果转化重点项目,宁波东大空调设备有限公司申报的“新型空调热回收关键技术研究及设备开发”项目入选国家科技支撑计划,分别获财政补助200万元和710万元,打破近二年农业科技项目无国家级财政资助项目立项的状况。全年各级农业科技项目立项26项,其中国家级5项,宁波级21项,数量为近三年来最高。

提升农业产学研合作成效。组织开展“渔业产业进浙江海洋学院”“畜牧产业进浙江省农科院”等小分队科技对接活动,有3家企业与高校院所合作的项目被列入2014年宁波市农村创新创业资金项目;组织团队特派员上门服务,解决农业企业的实际困难。

【创新科技环境】

强化人才金融支持。全年安排专项资金1000万,设立“风险池”基金,保障相关科技企业贷款风险。开展高层次人才服务工作,完善“三个500万”政策,引进高层次人才落户余姚,落实项目评审和政策兑现。全年共参与接待创业团队50余批次,对17个项目进行专家评审、部门会审和审批工作,现场走访和财务审核30余次;联合开发区、财政局对10家企业下达扶持资金3930万元(包括开发区下达3180万元),4家企业下达种子资金2000万元,1家企业下达贷款贴息30.25万元。建立高层次人才项目台账,对扶持资金支持的企业实行季度进展情况上报制度,项目实现规范化管理。

科技创新政策保障。全年编印和下发《企业自主创新政策要点汇编》,组织规模以上企业举办各类科技政策培训8场,共有企业780余家,1500余人次参加。落实企业享受研发费加计抵扣、高新技术企业税收优惠等政策。2013年度全市高新技术企业享受所得税减免政策企业102家,共计减免所得税13807万元;享受研发费150%加计抵扣应纳所得税额政策企业129家,共计加计抵扣研发费3.02亿元,合计享受政策税收抵扣7556万元。

【2014年学术大会】

11月13日,余姚市召开2014年学术大会。学术大会每两年召开一次,本届学术大会以“科技创新促转型升级、‘五水共治’建美丽余姚”为主题,共收到市内外作者撰写的各类学术论文90篇,共评出一等奖2篇、二等奖5篇、三等奖11篇。

(市科技局)

医疗卫生

【概况】

2014年，全市共有各级各类医疗卫生机构544家，核定床位2776张，有卫生技术人员5523人，其中医生2784人，注册护士2503人。按照户籍人口统计，每千人口拥有床位3.32张，卫技人员6.6人，医生3.33人，护士2.99人。医疗机构门急诊总量935.64万人次，比上年增加13.19%；出院总人数9.12万人次，增加4.95%；平均住院床日8.4天，减少0.22天。全市平均期望寿命80.52岁，常住婴儿死亡率下降至2.15‰，户籍孕产妇死亡率下降至17.95/10万，住院分娩率达100%。

【公立医院改革】

医院内部管理。出台《关于完善医疗卫生单位绩效考核结果运用的指导意见》和《医疗卫生单位班子成员双排双考制度》，对医疗服务能力、运行效率、群众满意度等核心指标和提高领导班子管理能力进行政策引导。各公立医院探索或引进现代医院管理制度，市人民医院开展JCI国际认证工作，市第二人民医院继续实施绩效管理与全成本管理项目。

“名医名院”工程。新增与上海胸科医院、上海九院、湖州三院（原省精神病院）的紧密型学科合作，全市5家市级医院已与全国11家三甲医院的15个学科进行签约合作。年度共有13项新技术填补市内空白，如市人民医院骨科的颈椎骨折脱位切复椎管减压经椎弓根螺钉系统固定融合术、市人民医院胸外科的胸腔镜下亚肺叶切除术及肺袖状切除术等。市人民医院急诊科成为全省县级医院中唯一的区域专病中心，并与妇产科同时通过省龙头学科中期评估。

控制医药费用不合理增长趋势。以降低药品、耗材等成本为重点，加大对费用控制执行情况的考核力度，控制医疗机构门诊、住院均次费用。市级医院门诊均次费用183.36元，比上年增加2.94%；每出院病人住院费用8065.57元，增长3.51%；基层医疗机构门诊均次费用59.72元，增加1.82%；每出院病人住院费用2251.24元，增加2.22%。鼓励公立医院将基本药物作为首选药物并按规定比例配备和使用，市级医院基本药物使用比例上升至26.02%。

【市镇村卫生一体化综合管理试点改革】

城乡联动工作。组建5个由市级医院为龙头，联合若干家乡镇（中心）卫生院的医疗联合体，联合体内实行人员、技术、设施、管理等资源共享和互动。市中医医院对丈亭中心卫生院的骨伤科进行托管，中医专家对联合体内2家卫生院的基层中医医生进行师带徒；市三院和阳明街道社区卫生服务中心组建联合体，医务人员实行流动，绩效分配机制实行统一。深化资源共享中心建设，市临床检验中心增加至576个检验项目，医学影像会诊中心年会诊片子4万张左右，心电图会诊中心扩面工作继续向村级医疗机构延伸。

基层医疗卫生机构内涵建设。全市15家卫生院全部创建成为“浙江省等级乡镇卫生院”，其中低塘、马渚、丈亭、临山、陆埠等5家中心卫生院创建成为甲等特级卫生院。梨洲街道社区卫生服务中心创建成为全市第19家宁波市数字化社区卫生服务中心，全市数字化覆盖率达95%。推行家庭医生“契约式医疗服务”，全市家庭医生签约人数14万人，其中60岁以上、慢性病（高血压、糖尿病）患者、孕产妇、0～6岁儿童签约率分别达53.68%、71.28%、98.02%、97.79%。

村卫生室综合改革。贯彻落实市政府《关于进一步加强村卫生室建设和管理的实施意见》，有204家完成标准化建设，实施基本药物制度，并纳入新农合门诊实时结报定点医疗机构，完成率达90.27%，被评为年度政府创新工作二等奖。推行乡村医生医疗责任保险制度，解决乡村医生的后顾之忧。市镇村卫生一体化综合管理试点改革相关工作经验，在省委《改革信息》和省政府《专报信息》上进行专题介绍。

【医疗服务水平提升】

基础设施建设。市二院迁建工程预计在2015年春节前完成主体结构结顶，市中医医院迁建工程土建已挂网招标。梨洲街道、朗霞街道社区卫生服务分中心和鹿亭乡卫生院后勤保障楼建成并投入使用。市康复医院筹建工作有序进行。全年完成固定资产投资2.7亿元，完成核定投资额的180%。加大民营医院引进力度，牵头拟订《关于进一步鼓励和引导社会资本举办医疗机构的若干意见》，与中国医疗集团（CHC）初步达成合作办医意向。

医疗业务量。全年市级医院门急诊总量439.51万人次，增加9.58%；基层医疗机构门急诊总量496.12万人次，增加16.59%。全市出院人次9.12万人次，增加4.97%。市级医院平均住院床日由上年的8.84日下降至8.57日。

医疗质量管理。推进实施电子病历、单病种质量控制等工作，扩大临床路径的病种范围。加强抗菌药物和大输液的规范管理，落实处方点评制度。对12个质控组织考核标准进行重新修订并下发，药事和急诊质控中心对全市医疗机构进行处方点评和医院急诊建设的培训。加大医疗核心制度执行力度，规范诊疗行为，注重医疗风险控制和医患沟通，防范医疗纠纷发生。

中医药事业。开展基层中医药服务能力提升工程，以市中医医院的“省中医药适宜技术应用和推广基地”为平台，向基层医疗机构推广中医适宜技术，共推广13个常见病种的14项适宜技术。除四明山镇卫生院外的所有卫生院和71.7%的村级医疗机构均能提供中医药服务。加快中医药人才培养，市人民医院马伟明、姜宏伟分别被评为省级名中医和省级基层名中医培养对象。

【公共卫生服务】

卫生应急。全年报告甲、乙、丙类传染病22种，13189例。面对年初的人感染H7N9禽流感疫情，市卫生局承担市联防联控领导小组办公室的职责，通过加强疫情监测、暂停主城区活禽交易、普及预防知识、开展医疗救治工作等措施，使全市的H7N9疫情得到有效控制。开展手足口病的防控工作，全市无暴发疫情发生。针对西非地区的埃博拉出血热疫情，与公安、商务等部门建立境外人员到余姚情况通报制度，各医疗卫生单位组织应急准备，严防疫情输入市境，共对11名来自尼日利亚来华（归国）人员进行健康监护，结果均正常。巩固省卫生应急工作示范县（市）创建成果，尚未创建卫生应急示范乡镇（街道）的8个乡镇街道均参加创建工作，年内开展防台防汛医疗救援等卫生应急演练4次。

疾病防控。艾滋病人治疗覆盖率达100%，结核病初始涂阳病人治愈率达85.2%。全市刚满周岁户籍儿童七苗覆盖率达97.01%；流动儿童七苗覆盖率达92.98%。阳明街道社区卫生服务中心等4家接种门诊接受省五星级和四星级的规范化预防接种门诊评审。成功创建为国家慢性病综合防控示范区，在低塘、黄家埠启动慢性病社区综合防治规范化管理试点工作。启动“千名医生进农村（社区）管慢病”活动，通过“百场健康讲座进社区”，举办讲座370余场次，开展健康咨询活动107次，参加群众1.5万余人。全市高血压规范管理率82.91%，糖尿病规范管理率83.23%。为91万居民建立电子健康档案，建档率90.94%，档案实时使用率76.6%。开展适龄儿童免费窝沟封闭工作，对全市9691名小学三年级学生进行窝沟封闭，封闭率99.2%。

卫生监督执法。在强化日常卫生监管的基础上，先后组织开展卫生监督专项检查或整治活动17次。共监督12355户（次），行政处罚193起，立案金额330759元。重点开展医疗服务市场秩序的规范工作，以及依法执业守护健康活动，对全市医疗机构进行分级监管。继续加大非法行医打击力度，联合公安等部门开展打击非法行医专项行动，取缔无证行医56家（次），立案处罚40起，移送公安机关刑事侦查6起。

妇幼保健。开展“妇幼保健规范年”和“妇幼保健走亲”活动，提高孕产妇保健工作质量和产科抢救成功率，实现全市孕产妇零死亡目标，5岁以下儿童和婴儿死亡率为2.87‰和2.15‰。落实重大公共卫生妇幼项目，分娩产妇叶酸服用率达99.67%，农村孕产妇住院分娩补助率达97.16%。

妇女健康提升工程进展顺利，11.7 万名妇女参加体检。开展婚检、产前和新生儿疾病筛查工作，婚检率达 98.52%，产前筛查率 97.15%，新生儿疾病、新生儿听力筛查率分别为 99.39%、99.53%。在宁波市妇幼健康技能竞赛中，获 4 个项目中 3 个项目的第一名；在省级比赛中，2 人获省级项目二等奖。

精神卫生、爱国卫生、无偿献血。继续对所有服药精神病人提供补助，发放专项救助卡共 3619 张。全市精神病人规范服药率 71.8%，规范管理率 96.2%。同时，通过提高市精神卫生中心病床周转率、将部分病人送周边兄弟医院住院、可出院病人及时送往户籍地等措施，使精神病人住院难问题得到初步缓解。开展爱国卫生运动，梁弄镇、三七市镇分别启动国家卫生镇、宁波市级卫生镇的创建工作，马渚镇、大岚镇分别通过省级卫生镇和宁波市级卫生镇复查。继续开展院前急救工作，急救中心出车总数 14546 次，长途转运 855 次。全市无偿献血 8031 人次，献血总量 243.7 万毫升，无输血安全事故发生。

【人才队伍和信息化建设】

科研教育管理。开展基层卫生院市级特色学科（专科）评选活动，马渚中心卫生院眼科等 8 个学科入选，进行为期 3 年的重点扶持。鼓励卫技人员参加远程继续医学教育培训，培训各类人员 1381 人次。全系统发表论文 151 篇，其中在 SCI 杂志中发表 4 篇，一级杂志发表论文 29 篇。科研项目 19 项，其中厅级科研项目 2 项，地市级科研项目 3 项，县市级科研项目 12 项。马渚中心卫生院、三七市镇卫生院完成国家科技部“十二五重大攻关科技项目”卫生课题——“心脑血管疾病危险因子调查”子课题。

人才队伍建设。新提任局管干部 18 人，其中 40 岁以下年轻干部 8 人。创新干部考评制度，拟订下属单位领导干部“双排双考”考核制度。完成新一轮岗位设置调整工作，调整岗位 2000 余个。开展卫生引才工作，招录卫技人员 156 人，其中硕士及以上高层次人才 11 人。制定《市级医院医生晋升中高级职称前下派基层医疗机构服务工作实施方案（试行）》，并结合“百名专家下基层解民忧”活动，有 149 名医生下基层服务。注重本地人才培养，择优录用 10 名余姚籍应届高考生委托宁大科技学院开展五年制临床医学专业定向培养，继续与温医大合办临床医学研究生班，2 人被评为全市第二轮首批优秀中青年人才。

卫生信息化建设。区域卫生信息化平台建设顺利进行，居民电子健康档案共享交换平台、慢性病诊疗指导中心平台建设已基本完成，市级医院预约挂号平台投入使用。临床检验报告网上查询功能开通使用，“余姚医疗”手机 APP 软件开发成功。

【余姚发现首例人感染 H7N9 禽流感病例】

1 月 24 日，省卫计委公布余姚首例人感染 H7N9 禽流感确诊病例，是宁波市发现的第 8 例人感染 H7N9 禽流感病例。患者杨某某，女，76 岁，住城区某街道，退休在家。于 1 月 17 日下午出现发热、咳嗽等症状，20 日收住入院。经流行病学调查，判定密切接触者 19 人，均实施医学观察。

【中医泰斗赵炯恒诞辰一百周年纪念会】

2 月 14 日是国家级名老中医、市中医泰斗赵炯恒诞辰一百周年纪念日。市卫生局邀请宁波、余姚两地中医学会的专家、赵炯恒的亲属、生前好友、弟子及市内部分中医业内人士共 30 余人，举办赵炯恒诞辰一百周年纪念暨学术经验交流会。赵炯恒 1914 年生于陆埠镇，早年启蒙于浙东名医吴涵秋门下，后赴苏州国医研究院深造，学成返甬襄佐吴涵秋悬壶、办学，后参与创建余姚县中医院，历任副院长、院长、名誉院长。从医近 60 年，发表论文 20 余篇，编撰《晚馨斋临床浅得》一书，被评为浙江省名老中医和首批全国名老中医药专家学术经验继承指导老师，享受国务院特殊津贴待遇，2000 年去世。

（沙　倩）

人口与计划生育

【概况】

2014年，全市共出生6406人，人口自然增长率0.28‰，计划生育率97.35%，多孩违法生育发生率控制在0.4%以内；全员出生人口性别比108.94。全市人口与计划生育工作总体运行良好，各项指标均达上级考核要求。

【计生宣传教育】

青春期健康教育。优化市青春期健康教育主题馆内设环境，先后安排全市4800名初中以上学生参观，接受青春期性与生殖健康教育，帮助学生安全健康度过青春期。

文化阵地建设。开通梁弄镇红色精品线路，完成朗霞街道“婚育风情苑”“人口文化和谐园”和小曹娥镇滨海园区“婚育新风园”等文化阵地建设。印发《优生优育优教促进工作实施意见》，明确市级三优示范点创建标准。各乡镇（街道）年均开展活动6次以上，宣传培训覆盖面达到目标人群的85%以上。

宣传倡导。协调主流媒体组织开展性别比公益性宣传活动，投入12万元联合市电视台播放性别比治理宣传广告，投入4万元联合电台推出专题节目，投入6万元在市中心大型电子广告屏滚动播放公益广告片。在国家级、省级刊物上发表信息报道25篇，获《人口与计划生育》杂志全国宣传工作先进奖。组建讲师团，策划推出以政策宣传、关爱女孩为主要内容的菜单式讲座预约活动，为广大育龄群众、青少年及外来人口送出近50堂课，各乡镇（街道）也纷纷设计载体开展宣传服务。

【性别比治理】

目标责任考核。将出生性别比值、“两非”案件查处情况、政策处理到位率、再生育全过程管理和性别比治理宣传工作及对连续两年未完成出生人口性别比评估指标的给予“一票否决”等内容列入目标管理考核，并与相关部门、各乡镇（街道）一把手签订责任书，明确重点部门工作职责。

重点环节治理。加大“两非”查处力度，共取缔并处罚无证行医窝点9家，罚款13349元，移送刑事案件2起。坚持每月二次定期巡查制度，累计对20家民营医疗机构开展73批次的巡查。重点关注单独二孩生育对象和外来流动人口孕妇，加强生育全过程管理，督促指导乡镇（街道）开展流动人口怀孕重点管理对象劝返、社会抚养费征收等工作，补助交通费用7万余元。

长效机制构建。突出抓再生育审批对象孕前告知、孕前审批、孕期监管及孕情异常倒查等长效机制，累计发放告知书7722份，随访孕妇3093人。建立部门联席会议制度，解决治理工作中的难点问题，提高治理的针对性和实效性。探索借助社会力量加强两非行为监督力度，由各村级计生联络员、社会热心人士等共1837人组成的监督员，对两非行为开展日常监督。

【计生优质服务】

生殖健康服务。组织实施以3万名城区四街道育妇、2万名流动人口育妇、1万名困难计生家庭育妇为主要对象的“3、2、1”生殖健康服务工程，免费开展以“三查”、两癌筛查、孕前优生健康检查等为主要内容的生殖健康服务，该工程被纳入市政府民生实事工程及宁波市人口计生工作创新项目。全年市计生指导站开展妇女健康检查39383人次，TCT宫颈癌筛查37818例，乳腺癌B超筛查33386例，分别完成年度目标任务的131%、145%及128%。

出生人口素质提升。结合各类主题活动把孕前优生健康检查融入各项宣传服务活动中，投入8.8万元制作优生大礼包，提高服务对象优生及参与意识。采取站内服务与下乡服务相结合的形式，最大限度提高免费孕前优生检查覆盖面，全年累计下乡服务49次。优化优生健康检查质量，全市已完成孕前优生健康检查8658例，查出高风险人员1636例，超额完成年度目标任务，优生健康检查室获国家免费孕前优生项目全国第五次临床检验室间质量评价优秀。

【利益导向项目实施】

特殊家庭帮扶项目。下发特殊家庭帮扶项目实施意见，完成411户特殊家庭个案基线调查，制作特殊家庭个案帮扶信息册，在全市范围内组建志愿者队伍，建立“三对一”志愿者结对帮扶工作机制。组织各计生协开展春节期间“生育关怀，爱在余姚”活动，重点对以失独家庭为主的318户困难计生家庭开展走访慰问，发放慰问金13万余元。

青春健康项目。制定青春健康项目文本，各乡镇均落实一所项目点学校规范化开展青春健康教育。同时开展重点子项目——关爱留守儿童工作，在大岚镇试点基础上，建立全市503名留守儿童动态档案，并落实志愿者建立“大手牵小手”结对帮扶机制。该项目被列入宁波市人口计生创新工作之一。

利导关爱项目。执行特扶新政策，提高扶助标准，并完成利导三项政策的调查摸底及电子档案导入工作。全市新增一般奖扶对象3392人、特扶对象128人，同比增加499人。

【流动人口管理和服务】

夯实工作基础。利用公安数据共享及本系统组建的流动人口全员、怀孕及生育信息三大数据库开展管理，基本掌握流动人口孕、育、节育等相关信息。加强对辖区内流动人口孕情信息排摸、核实补充个案信息、核查重点管理对象劝返跟踪服务信息。同时指导各乡镇(街道)协调相关部门，加大对人员的考核和利益导向。

提高管理水平。落实流动人口提质控量工作要求，清查全市近20万外来育龄妇女，并对6100名子女入学对象进行婚育证明查验。健全每月一次信息协查反馈、出生人口性别比通报预警及每月二次重点管理对象信息反馈制度，年度纳入重点管理的外来人员怀孕对象8869人，分发告知书8128人，终止妊娠73人，劝返户籍地697人，离开现居住地620人，承诺回户籍地生育628人。

提升服务水平。继续发放统一的免费四项手术服务卡、分娩救助卡，全年施行免费四项手术362例、分娩救助204例、免费孕环检和妇女病检查17301人次。推进流动人口计划生育家庭关怀关爱行动，开展“十佳新余姚人计生示范户”评选活动。关注流动人口育龄群众生殖健康，实施“2万例流动人口生殖健康服务”项目。继续开展流动人口动态监测，对被抽查到240个调查对象进行上门一对一的问卷调查，为推进流动人口基本公共服务均等化，完善流动人口服务管理工作提供依据。

【计生依法行政】

执行生育政策。开展单独二孩政策实施前统计预测工作和解读和宣传普及工作。组织计生系统集体授课，明确政策把握、独生子女认定、社会抚养费征收衔接等方面的内容，提高队伍素质。严格审核审批制度，全年共批准再生育申请1952例，其中单独二孩再生育审批1012例，出生单独二孩390人。

规范征收工作。加强社会抚养费案卷质量管理，确定专人负责对案卷逐个审核把关。开展案卷评审，确保案卷制作规范。建立社会抚养费征收案件审核审批、集体讨论及征收情况通报等制度，有效保障自由裁量权的规范统一。共征收1141.58万元，其中配合法院强制执行征收社会抚养费64万余元，对5例违法生育对象予以拘留。

【计生基层基础工作】

基层自治管理。制订实施方案，确定全市26个村(社区)为基层群众自治示范创建村。同时按照先试点再扩面的步骤实施，指导泗门镇谢家路村开展试点工作，组织召开全市计生基层群众自治项目现场会。

基础信息管理。定期开展基础信息核查，确保数据统计及时有效。加强人户分离对象管理，坚持人户分离对象信息通报制度，累计通报生孕信息187条，核实对方通报的生孕信息113条。

指导协会工作。出台实施意见，制发工作指南，指导全市310个村(社区)完成换届工作。推进基层群众自治工作，在谢家路村试点基础上，在全市开展基层群众自治示范村创建工作。

(市计生局)

社会生活

人才人事

【概况】

2014年，全市人才总量达24.9万，其中专业技术人才11.2万，高层次人才4653人，高技能人才25010人，全年通过评审、考试和初次确认取得专业技术资格3013人，培养高技能人才1112人。累计培养和引进国家“千人计划”6人，省“千人计划”13人，入选宁波“3315个人计划”7人，入选宁波“3315团队计划”6个。

【市委人才工作领导小组会议】

1月1日召开。市委书记毛宏芳要求大力推进浙江“千人计划”余姚产业园建设，推动人才、信息、要素及各类优惠政策向园区集中，加快“千人计划”、海外领军人才团队、高层次科研院所引进落户，推动园区加快成为宁波乃至长三角地区战略性新兴产业发展的主战场之一。2014年，全市上下要继续树立“人才是第一资源”的理念，开展各项人才工作，争取引进和培养更多改革创新发展所需要的各类人才。会议审议并讨论《2014年全市人才工作要点及责任分解（草案）》，并提出修改意见和建议。市委副书记、市长奚明主持会议。

【落实招才引智政策】

执行《余姚市人民政府关于印发余姚市高层次人才创业扶持资金、种子资金、贷款贴息管理办法（试行）的通知》，兑现“三个500万”政策。全年共有2批次14个项目通过“三级联审”，拨付项目扶持资金7440万元，种子资金2750万元。组织企业赴美国、欧洲、北京、上海、杭州、宁波等地招聘博士、海外留学人才等高层次人才。共引进硕士学历副高职称以上人才108人，其中博士15人，兑现创新型人才引进补贴195万元。为23名海外工程师发放2013年度海外工程师年薪补助共355万元，为34名海外工程师申请宁波市级海外工程师年薪补助计划。

【产业基地及创新团队建设】

“浙江‘千人计划’余姚产业园”一园三基地规划建设进展顺利，产业化基地启动区块7个项目23.1万平方米已结顶，投产、注册、签约或正在跟踪洽谈的海外高层次人才项目92个，其中国家“千人计划”项目65个，已落户项目28个。组织实施宁波博士后三年倍增计划，推进博士后工作站建设，全市现有国家级博士后工作站、省级试点站、宁波扶持单位总数达到12家（其中国家级3家、省级6家），引进博士后5人，全年共发放科研经费补助、生活补贴108万元。推荐6家企业技术创新团队参加宁波市级企业技术创新团队评选，其中5家进入答辩，1家被评为宁波市级企业技术创新团队，全市已有宁波市级企业技术创新团队8家，共发放企业技术创新团队扶持资金120万元。鼓励校企共建综合性高技能人才公共实训基地和培训基地，新增宁波市级技能大师工作室1家，企业技能人才评价标准化体系示范基地3家。

【提升人才队伍素质】

采取推荐、选拔、评优、申报、培训、考核、考察等多方式多渠道提升现有专业技术人才队伍素质。推荐申报国家“千人计划”11人进入答辩7人（其中5人为重点推荐对象）、省“千人计划”11人初选入选2人、宁波“3315计划”个人和团队17个入选1个团队2个个人。推荐申报享受政府特殊津贴人选4人，入选“宁波市第三批外地引进第三类重点高层次人才4人。推荐申报省151人才工程第二层次培养人选6人，入选1人。推荐申报国家百千万人才工程、省第四批特级专家、省名中医各1人。9名宁波市领军和拔尖人才培养工程完成中期考核工作。组织开展专业技术人员继续教育公需课目培训考核共2200余人次，组织年度入选的30名市级第二批首轮优秀中青年人才赴上海复旦大学开展素质提升培训，并发放每人2万元的课题补助。举办第二期留学创业人员沙盘推演与模拟实训暨宁波余姚留学人员创业园经营管理沙盘推演培训班，有45人参加培训。年度成立农民学校，开办市新型职业农民培训班，组织全市100余名农业龙头企业、农民专业合作社、家庭农场等负责人和农产品经济人、种养殖大户等参加培训，全年完成农村劳动力培训13152人。

【优化人才服务】

专门成立市高层次人才创业创新服务联盟管理机构，人员由各部门派驻，开设与宁波相衔接、部门联合、市镇联动的高层次人才创业创新服务联盟总窗，共有28个服务专窗开展相关服务工作。元旦春节期间走访慰问专家199人，发放慰问费23.55万元。组织开展高层次专家参加健康体检及考察疗养活动，办理“千人计划”专家红卡、医疗保健卡，为各类专家营造良好的创业生活环境。组织7900余名高中级知识分子参加健康体检，共支出资金260.1万元。开展人才公寓管理服务工作，100套342个房间全部出租。

【创新公务员考核工作】

印发《余姚市公务员“岗位对责、绩效对账”考核实施细则（试行）》，推行公务员“双对”考核办法，实行“日志式”管理，强化平时考核力度，基本实现考核对象全覆盖，考核运作日趋规范。执行《浙江省公务员考核实施细则（试行）》，组织2013年度公务员考核工作，全市参加年度考核共4407人，其中优秀等次535人，优秀比例12.14%，事业人员参加考核共13452人，其中优秀等次2087人，优秀比例15.51%。开展全市机关目标管理考核工作，严格实施考核结果使用。

【打造“阳光”考录】

完善公务员录用制度，取消全日制应届本科生报考户口限制。规范机关事业人员考录工作，加大报考资格审核力度，面试工作坚持全程监督、严格选拔考官、考官异地交流和考场内现场打分等措施，并实行全程录像，通过构建实现制度“零缺失”、违纪“零容忍”、考试“零投诉”和监督“零盲区”。执行人事编制调控规定，大幅度减少事业单位招聘人数，实现总量控制。全年招录公务员118名，招聘录用事业人员420人，其中录用卫技人员157人、教师207人，通过亮绩竞标选拔事业人员8人，公开选聘和两项计划大学生村干部10人。

【军转工作】

实施“考试考核竞争择优”办法，确定安置岗位和编制使用，安置军转干部10人，随调家属1人。贯彻中央和地方的有关解困政策，改善广大企业军转干部的生活条件。重视企业军转干部的来信来访和矛盾化解工作，建立健全日常联席会议制度，完善健全各级管理网络，密切关注企业军转干部的思想动态，开展服务与政策宣传解释工作，帮助解决多名企业军转干部的实际困难，确保企业军转干部队伍的思想稳定。

【规范机关事业单位工资福利制度】

全年考核晋升职务、级别工资15086人次，职务变动工资2156人次，新录用人员工资工龄核定538人，审核退休人员157人。加强监督力度，会同有关部门开展津补贴和绩效工资发放情况检查工作。基本掌握全市机关事业单位发放情况，发现问题及时提出建议措施，为进一步规范全市机关事业单位工资福利制度做准备。加大调研力度，指导各类事业单位完善绩效工资制度。出台文件，规范机关事业单位工作人员各类假期待遇。

（市人社局）

社会保障

【概况】

2014年，社会保障工作重点突破零参保企业及规模以下小企业和第三产业参保缴费工作，妥善处理社保扩面征缴与扶持企业发展之间的关系。全年职工基本养老保险、城镇职工医保、失业保险、工伤保险和生育保险各净增4.63万人、3.15万人、1.58万人、1万人和0.85万人，分别完成宁波目标任务的297%、157.5%、121.3%、111.1%和109%。全市户籍新增各类养老保险参保人数10913人，参加养老保险（障）率92%，完成目标任务的100.88%和100.88%。

【社保扩面征缴】

开展户籍居民社会养老保险（障）信息登记工作，推进城乡居民养老保险全覆盖。全市职工基本养老保险、职工医疗保险、失业保险、工伤保险、生育保险、城乡居保、被征地人员、城镇居民医保、新农合分别达64.14万人（含退休）、34.94万人、20.58万人、30.99万人、22.3万人、31.7万人、15.8万人、22.58万人和30.13万人。全年累计征缴各项社保基金67.6亿元，支付各项社保待遇42.7亿元，历年累计结余87.1亿元，其中基本养老保险基金累计结余65.9亿元，支付能力达38个月。全市事业单位参加养老保险单位269个，在职参保人数15791人，离退休人数6863人；全年征缴基金2.5亿元，发放待遇2.4亿元。通过有效预防和工伤费率调整杠杆调节作用，工伤事故认定受理案件明显下降，共受理工伤认定案件5700起，作出工伤认定5500件，比上年下降9%，其中认定简易工伤1200件，支付工伤保险待遇7850万元，职工工伤伤残劳动能力鉴定2455人。

【提高养老保障待遇】

年度完成企业退休（职）人员基本养老金调整工作，7.12万名符合条件的企业退休（职）人员人均月增资235.22元。1月，根据市政府要求，向全市6.42万名企业退休（职）人员发放一次性补贴1500元；向13.98万名具有本市户籍年满60周岁及以上享受城乡居民社会养老保险基础养老金的城乡居民，每人发放春节慰问金500元，向731名女55周岁以上60周岁以下的被征地养老保障、农民养老保障和城镇老年居民养老保障待遇享受人员，每人发放补贴300元，共计发放16641.43万元。推动被征地人员养老保障与职工基本养老保险的衔接办法、低标准养老保险待遇计发办法、低标准与职工基本养老保险的并轨等工作，提高户籍居民养老保险参保率，有2.68万名被征地人员转职工基本养老保险，其中享受待遇人数2.26万人，补缴养老基金17.55亿元，占全市被征地人员参加保障（险）总人数的24.5%。

【整合城乡医保资源】

将原由卫生部门管理的新型农村合作医疗全部职能和工作整体划转由市人社局统一管理。实施城乡居民大病保险，主要对参加居民医保和新农合的人员，在患大病时个人自负、承担的医疗费超过一定额度后再次进行补助。对居民医保和新农合有关政策进行调整和完善。推进社会保障卡项目建设，新增4家发卡银行，方便参保人员申领，全年完成社保卡申领10.6万张，累计总申领47.3万张，持卡人数47.3万张，完成宁波指标100.02%。开展职工医保参保人员历年账户余额结转工作，对支付近亲属上年个人缴费和本人上年2%缴费的资金进行结转，为13.6万人划入社保卡金融账户6349万元。开展医保反欺诈“亮剑”专项行动，核查87家两定单位大额医疗费338人次总费用3350.98万元，处理违规案件13起，共追回违规医保基金17.22万元，暂停两定机构9家共28个月。

【停办新增低标准养老保险】

2006年，为扩大养老保险覆盖面，统筹推进城乡养老保险体系建设，解决大龄人员养老保障困难，市政府出台职工低标准养老保险办法。2011年，国家出台实施《中华人民共和国社会保险法》，根据该法，市低标准养老保险办法将与基本养老保险并轨。为妥善处理低标准养老保险并轨问题，减少因制度变化带来的影响，余姚市采取分步并轨的实施办法，从2013年5月1日起，低标准养老保险不再适用于用人单位（含有雇工的个体工商户）及其职工、雇工；从2014年5月1日起，停止办理新增低标准养老保险参保缴费手续，新参保的人员均需按照基本养老保险标准进行缴费和享受相应待遇。同时，低标准养老保险“先补后延”、被征地人员养老保障折算衔接为低标准养老保险的有关规定也停止执行。为实现新老政策平稳过渡，在4月30日前已经参加低标准养老保险的人员，继续按低标准养老保险有关规定按月缴费。

【城镇居民基本医疗保险待遇标准调整】

自9月1日起，对全市城镇居民基本医疗保险的待遇标准进行调整。统筹基金支付住院医疗和特殊病种治疗的最高支付限额由20万元提高到25万元；学生、婴幼儿和其他未成年人住院医疗费年度累计在起付标准以上至2万元（含）的，统筹基金支付比例由78%提高到80%；学生、婴幼儿和其他未成年人住院期间进行院外检查（治疗）发生的符合规定的医疗费，统筹基金支付比例由78%提高到80%。

【企业高温津贴标准上调】

从6月1日起，全市实行新的高温津贴标准，不同工作人员的高温津贴均有所增加。高温作业工人由每人每月200元调整为225元；非高温作业工人由每人每月160元调整为180元；一般工作人员由每人每月130元调整为145元。发放时间为4个月（6月、7月、8月、9月）。企业安排劳动者在35℃以上高温天气从事室外露天作业，以及不能采取有效措施将工作场所温度降低到33℃以下的，应当向劳动者发放高温津贴。

【最低工资标准调整】

自8月1日起，全市最低工资标准由原来的每月1310元调整至1470元，最低小时工资标准由原来的10.7元调整为12元。因最低工资标准调整，参照最低工资标准确定的社会保险缴费基数也作相应调整。从1994年实施最低工资标准制度以来，是为全市第14次最低工资标准调整。

【新增4家社保卡合作银行】

从9月1日起，宁波市社会保障卡增加中国农业银行余姚支行、余姚农村合作银行、中国邮政储蓄银行余姚支行、宁波银行余姚支行4家单位作为宁波市社保卡合作银行，宁波市社保卡合作银行由原来中国工商银行余姚支行、中国建设银行余姚支行、中国银行余姚分行3家增加到7家。全市未申领社会保障卡的参保（参合）人员可从7家银行中进行选择。

（市人社局）

就业和劳动关系

【概况】

2014年，全市城镇新增就业人员22500人，城镇失业人员再就业6200人，其中困难人员再就业2100人，分别完成指标任务的102.3%、137.8%和105%，开发公益性岗位1490个，农村覆盖率达81%，完成指标任务的149%；城镇登记失业率控制在1.28%。

【贯彻促进创业就业政策】

深化全民创业乐业增收工作，制定下发《关于做好2014年度全民创业乐业增收工作的通知》，通过优化企业服务、完善就业服务、强化职业技能培训，确保全市乐业增收工作取得实效。发挥失业保险基金预防失业促进就业的作用，推出《关于进一步促进我市普通高校毕业生就业创业工作的通知》《关于高校毕业生就业创业政策有关问题的实施细则》等促进城乡劳动者就业和自主创业的激励政策，新增中小微企业录用高校毕业生一次性就业补助、高校毕业生灵活就业社会保险补贴、高校毕业生职业培训补贴等项目，规范小额担保贷款业务操作。出台《关于支持姚籍大学生就学和回乡就业创业的若干政策意见》，市财政每年500万元专项用于设立姚江学子发展基金，助推大学生就业创业工作。

【创业带动就业促进充分就业】

在举办原创业培训课程的基础上，加大电子商务、网上创业培训力度，为发展网上创业提供智力支持；开设种植业、养殖业、加工业、销售业等农村实用型技能培训班，健全职业技能培训机制，提高培训的实效性和针对性。建立劳务合作组织21个、来料加工基地5个，规范组织机构、建立服务机制、明确发展规划，帮助城乡劳动者特别是城乡超龄人员就业，实现“务工务农”“赚钱顾家”两不误；建立工业加工型、楼宇型、门面型、市场型等创业孵化基地21个，为初次创业人员提供相对集中的经营场地，促进创业实体健康发展。全年新增创业实体12210家，创业带动就业人数73300人，分别完成指标任务的100.1%和100.1%，创业带动就业比例达到1∶6，创业企业一年以上生存率为87%，全年完成创业培训803人。推进城乡公共就业服务均等化，提高公益性岗位进村率，开发适合就业困难人员就业的保安、保洁、绿化以及社区居家养老服务等公益性岗位，安置就业困难人员就业，共开发公益性岗位1490个（农村覆盖率达81%），完成年度指标任务的149%。

【“就业服务年”活动】

对照宁波市充分就业县（市）区创建活动中的优秀评价标准以及新要求，巩固并扩大充分就业乡镇（街道）创建成果，发挥创建活动的综合抓手作用，统筹开展就业困难群体特别是高校毕业生的就业工作，利用全民力量实现“一对一”就业帮扶，动态消除零就业家庭，帮助劳动者稳定就业和尽快实现就业，全市乡镇（街道）已100%达到宁波市局要求的充分就业标准。完善用工监测直报和就业形势分析制度，及时发布人力资源市场供需状况。组织开展就业援助月、春风行动、民营企业招聘周、高校毕业生就业服务月等公共就业服务专项活动，促进青年和农村转移劳动力、城镇就业困难人员等实现更高质量就业，共举办交流洽谈会169场，达成就业意向31053人。开展毕业生实践基地建设工作，新增大中专毕业生实践（见习）基地8家，接收高校毕业生实习（见习）1360人，完成宁波下达目标任务的100%和136%。全年接收毕业生4644名，就业率98.9%以上。

【构建和谐劳动关系】

围绕“劳动关系源头治理”工作主线，树立“企业兴则经济兴、职工稳则社会稳”的理念，开展“双爱”促和谐技能助转型、企业工用法规政策实务操作培训、企业职工工资集体协商提质扩面、高技能人才金蓝领提升、企业劳动保护分级管理、企业与企业家文化建设提升等六项行动，确保“双爱”活动全面推进，规模以上企业“双爱”活动参与率达100%。组织开展劳动关系和谐指数评价工作，根据宁波要求及时汇总上报有关数据和报表，并对20家企业劳动关系和谐指数进行现场测评，经测评全市企业劳动合同签订率达98.99%。联合开展企业工资集体协商贯彻实施情况调研，推进企业工资集体协商制度，已建工会企业工资集体协议覆盖率达95%，基本实现已建工会企业建立工资集体协商制度。规范劳务派遣行为，贯彻实施新修订的劳动合同法，开展劳务派遣经营行政许可、受理、审核工作，对照许可要求严格按规定办理，规范劳务派遣行为，共受理劳务派遣许可申请7件，办结6件，按期办结率达100%。

【劳动保障监察执法网格化平台建设】

落实市政府农民工工资清欠工作目标责任，强化欠薪预防机制建设，全市筹集工资支付保证金9000万元、欠薪应急周转金1250万元。组织开展清欠农民工工资、清理整顿人力资源市场、劳动关系和谐指数专项调查、建筑企业劳动用工情况等专项检查10次，检查用人单位1323家，涉及职工11.96万人。全年受理各种举报投诉案件570起，及时结案率为98.4%，为634名劳动者追回被拖欠、克扣的工资287.91万元，对32户严重违反劳动保障法律法规的用人单位实施行政处罚，共处罚款17.31万元。开展劳动用工信息采集工作，实现对用人单位劳动管理情况的实时监控，全年共书面审查各类用人单位16238户，完成省下达任务指标的104.1%。“12333”咨询服务电话共接受来电咨询8.5万个，满意率达98.1%。

【劳动人事争议调解】

共受理劳动争议案件1176件，比上年上升7.9%，涉及劳动者1955人，结案1100件（其中调解659件），结案率93.54%，调解率（包括撤回仲裁申请案件198件）77.91%，为劳动者追回劳动报酬、工伤补偿款、经济补偿金等损失1847.8万元。一裁终局案件51件，结案率100%。健全绿色通道，对集体争议案件实行快立、快审、快调、快结，发生的28件集体争议案件（包括欠薪逃匿）均得到快速妥善解决。仲裁庭达到规范化要求。推进基层调解组织规范化建设，以及企业、行业协会、村（社区）等基础调解组织建设，构建劳动争议“大调解”格局，全年各基层调解组织立案2239件，涉及劳动者3649人，调解成功2239件，为职工追回劳动报酬、工伤补偿款等3769万元。

（市人社局）

住房公积金管理

【概况】

2014年，全市归集住房公积金82681.07万元，完成年计划的106.00%；提取住房公积金50230.62万元，完成年计划的108.02%；发放住房公积金个人贷款46342.60万元，完成年计划的115.86%；发放保障房项目贷款3000万元，完成年计划的100%；回收贷款20485.49万元，完成年计划的107.82%；实现增值收益4985.90万元，完成年计划的118.71%。年末住房公积金缴存余额211530.17万元，住房公积金个人贷款余额186112.33万元，保障房项目贷款余额9444.50万元。宁波市住房公积金管理中心余姚分中心获宁波市2013—2014年住房公积金和房改统计工作先进单位，2014年度宁波市住房公积金系统宣传报道工作先进集体。

【扩大住房公积金制度覆盖面】

年度先后开展“住房公积金制度宣传月”“住房公积金走进电视”等活动。组织精干小分队，到拟上市企业和有关重点企业进行住房公积金政策法规宣讲，开展说理式执法活动，督促企业建立住房公积金制度。全年新增公积金缴存人数8123人，净增3398人，超额完成全年扩面任务。至年末，住房公积金覆盖率达36.57%，比上年增加2.5个百分点。

【落实提取和个贷政策】

贯彻国家宏观调控政策和住房公积金政策，坚持“应贷尽贷”“应提尽提”，支持职工住房消费。执行首套房与第二套房的差别化信贷政策，保证首套房的贷款需要，满足二套房贷款的需求，支持居民首套购房和改善型购房，全年未出现贷款轮候排队等情况。开辟特殊情况下提取的绿色通道，重点开展菲特水灾后房屋大修提取的审核把关工作，使住房公积金真正用于住房消费。全年共提取住房公积金60928笔，金额50230.62万元；发放个贷1256户，金额46342.60万元。当年住房公积金使用率达95.20%。

【保障房项目住房公积金贷款试点】

按照保障房项目贷款试点工作的要求，落实人员力量，开展利用住房公积金贷款支持城东穴湖保障房新建工程一期试点。6月，根据批准后的项目贷款计划调整方案，与借款人、承办银行签订补充合同，将贷款额度由2亿元调整为1亿元。根据工程进度和用款计划，于4月和5月分别发放1000万元和2000万元的2笔贷款，至此，计划调整后的1亿元项目贷款已全部发放到位。同时审核支付的每一笔工程款项，确保资金支付与工程进度相匹配。开展试点以来，共计拨付项目贷款资金14笔，累计支用8355.60万元，回收项目贷款利息691.60万元。4月下旬和10月中旬，住建部督察员巡察组分两次到余姚检查保障房项目贷款试点情况，分中心按规定向检查组汇报试点工作，并对检查中提出的意见进行整改落实。

【住房公积金缴存基数调整】

7月1日起，全市职工住房公积金月缴存基数下限调整为1470元，上限调整为26315元。此次调整的业务办理时间为6月24—7月15日，办理地点为宁波市住房公积金管理中心余姚分中心一楼营业大厅。新的缴存标准执行时间为2014年7月1—2015年6月30日。

【住房公积金实行转账支付】

为方便缴存职工办理提取业务，从11月起，住房公积金支取方式由原来的开具现金支票支付，改为网上银行转账支付。实行转账支付后，办理住房公积金提取业务的职工在提供相应资料的基础上，还须提供一张本人持有的银行卡。在审核通过后，中心再把提取金额直接转账支付至提取人的银行卡账户内。

【住房公积金新政11月25日起实施】

自11月25日起，职工按规定连续足额缴存住房公积金满6个月的，可申请住房公积金个人住房贷款。连续缴存住房公积金满2年的职工，首套房最高贷款额度调整为90万元：夫妻双方缴存住房公积金的，从60万元提高到65万元；单方缴存住房公积金的，从30万元提高到35万元。

缴存职工家庭无房，购买首套自住住房，或名下有一套住房并已结清相应住房贷款（含公积金贷款和商业银行贷款），购买第二套改善型普通自住住房，申请住房公积金个人住房贷款的，执行首套房贷款政策。缴存职工家庭住房套数按住房公积金缴存地、购房所在地房屋登记管理部门出具的住房登记查询证明和中国人民银行个人征信报告进行认定。原在异地缴存住房公积金、在本市连续缴存不满6个月并已转移到我市缴存的，缴存时间可以合并计算。

（宁波市住房公积金管理中心余姚分中心）

民政工作

【社会救助和社会福利】

城乡居民最低生活保障。实行低保新增对象电子档案登记，优化低保网上审批工作，建立低保备案制度，加快低保工作管理信息化和规范化进程。全年新增低保对象229户377人，注销低保对象647户1227人。年末全市共有低保对象8536人。8月1日起，上调城乡低保标准，由原每月524元上调至588元，全年支出低保资金4634万元。

医疗救助。全年救助患病困难群众1780人次，支出医疗救助金2141万元。开展大病致贫困难群众的帮扶工作，共为71名困难群众提供帮扶基金355.1万元。1月1日始实现医疗救助网上审批，对未经过医疗救助即时结报的困难群众，改现有纸上审批为网上审批。

助房助困助学助残。完成农村困难群众危旧房改造223户，超额完成市民生实事工程100户的任务要求。继续开展助学工作，大幅提高助学标准，本科生的救助标准由原每人每学年5000元提高至8000元，专科生的救助标准由原每人每学年3500元提高至6000元。全市共有563名困难学生获助学救助，支出补助金401万元。加大临时救助力度，安排临时救助资金320万，人均达3.85元，全年市本级救助临时困难群众620人次，支出救助资金178万元。

救助机制建设。贯彻落实《社会救助暂行办法》，在乡镇（街道）建立“一门受理、协同办理”的社会救助申请窗口。完善居民家庭经济状况核对信息平台，扩大居民家庭状况比对范围，实现居民家庭经济状况核对信息平台于社会救助信息管理平台对接，提升全市社会救助管理和服务水平。

防灾减灾救灾。承办省、宁波市主办的“5·12”防灾减灾日主题宣传活动。深化避灾安置场所规范化建设，开展避灾安置场所标识标牌的标准化设置工作，乡镇级避灾安置场所标志牌、指示牌100%完成设置，村（社区）避灾安置场所标志牌、指示牌设置达60%。推进综合防灾减灾示范社区（村）创建，创建全国综合防灾减灾示范社区（村）3个，省级综合防灾减灾示范社区（村）2个。

养老事业。出台《关于加快推进我市社会养老服务体系建设的实施意见》，明确全市养老服务业的发展路径和主要任务举措。加快机构养老建设，完成泗门、临山两家养老机构新建和改造建设，共新增床位330张。开展养老机构许可证的发放工作，严格养老机构准入关，促进养老机构健康发展，共为6家养老机构颁发养老机构许可证。推动全市养老机构的政策性保险，覆盖面达90%以上。实施养老服务补贴发放制度，共有108人享受补贴。拓展居家养老服务网络，新建泗门区域性居家养老服务中心，社区（村）居家养老服务站32个。继续实施老年人春节慰问金发放行动，共计发放资金6989.65万元，惠及老年人139793人。

【社区建设】

社区建设概况。年度新增东城社区，全市共有社区37个，其中阳明街道8个，兰江街道5个，梨洲街道7个，凤山街道5个，低塘街道1个，泗门镇4个，马渚镇3个，丈亭镇1个，梁弄镇1个，经济开发区2个。

城市社区治理创新。深化社区网格化管理，将城市社区划分为275个服务管理责任网格，社区辖内人、事、物、组织等归入网格进行服务管理。推进社区减负松绑，将部门进入社区的工作由原98项削减到48项，将针对社区的创建达标和考评事项由原53项整合为9项，取消32种纸质台账，并建立社区工作准入制度，梳理社区公共服务中心职能事项和社区协助政府工作事项清单，使社区及社区干部有更多的时间和精力为居民群众服务。

社区信息化建设。加快推进社区信息化平台建设，整合各类面向居民群众的公共服务信息资源，推行社区工作台账电子化，加快电子政务信息平台与社区对接，建立融事务办理、工作展示、信息发布、诉求反映、社群互动等功能的社区综合服务管理信息平台，已有78%的城市社区建立面向居民服务的门户网站。

【双拥优抚安置】

双拥工作。为驻军部队排忧解难，帮助2名部队干部家属办理随调手续。开展文化、文艺进军营活动，组织演职人员为驻军部队巡回演出，市电影公司为驻军放映十余部爱国题材的影片。依托全国100个爱国主义教基地之一的四明山革命烈士纪念碑和余姚市爱国主义教育基地胜归山烈士陵园开展国防教育活动，全年有关部门（组织）开展烈士公祭活动96次，参加人数3602人，学校、企事业单位和部队开展主题教育活动196次，参加活动7257人。年度再获“省双拥模范城（县、区）”称号。

优抚工作。年末全市共有各类优抚对象32343人，其中革命伤残人员330人，烈军属8536人，在乡复员军人315人，在乡退伍妵23010人，孤老优抚对象152人。全年发放各类优待抚恤金1400万元。加强零散烈士纪念设施抢救保护工作，投入资金593万元对全市11处烈士纪念设施进行迁移修缮。

安置工作。全年接收冬季退役士兵398人，发放自主就业退役士兵一次性经济补助金1456.30万元。接收符合政府安排工作条件退役士兵8人，并按照程序安置工作。开展退役士兵职业技能教育培训工作，有314名退役士兵报名参加驾驶、数控、电脑维修等技能培训，4人报名参加高职教育。

【基层民主政治建设】

第十届村委会换届选举。全市265个行政村均进行村委会换届选举,其中"自荐直选"村21个,"海推直选"村244个。全市共登记选民587277人,参加村委会换届选举的选民580195人,参选率98.8%。265个村选出村委会成员973人,其中主任263人,委员710人。

"阳光村务"工程建设。推进"阳光村(居)务"建设,专门设计"党务公开""三资公开""村务公开""便民服务""权力清单"五大板块,利用数字电视网络专线,定期或随时直接向每户村民公开,让居民群众足不出户了解村级(社区)事务、财务、党务,保障居民群众的参与权、知情权和监督权。至年末,已基本完成全市行政村的数字电视线路改造和客户端的安装调试。

【专项社会事务工作】

民间组织管理。加强社区(村)社会组织培育力度,出台《关于开展四大类社会组织直接登记的通知》,建立社会组织直接登记的制度,降低社会组织登记门槛,并投入40万元培育20家"十好"社区社会组织。加大社会组织评估力度,年度评估178家,历年共评209家,参评31.2%,有5家社会组织评定为AAAAA单位。组织开展第二届全市社会组织公益创投活动,投入50万元向全市社会组织公开征集社会组织参与社会管理创新、服务公益事业的典型项目。

地名管理。配合宁波市局开展《宁波市地名图册》中有关余姚内容的编制、审核和校对工作。继续开展平安边界创建活动,完成"鄞余线"的第三轮界线界桩联合检查。加强地名信息化建设,开展地名文化遗产的保护工作;完善市区的路、门牌设置,并开展小区命名、门牌编制等日常地名管理与服务。

婚姻收养登记。共办理结婚登记8010对,离婚1611对,补领结、离婚证3313本,开具无婚姻登记记录证明10759份,收养71件。

福利彩票事业。全年福利彩票销售2.81亿,为国家筹集公益金8600万元,比上年净增900万元,增幅11.6%。为市财政提供社会保障和社会福利资金2800万元。

殡葬管理。开展殡葬宣传月活动,宣传殡葬法规政策。推进全市生态墓葬和绿色殡葬建设,共投入300万元用于有关乡镇(街道)公墓绿化、生态墓地建设、公墓升级改造。落实惠民殡葬政策,全年共火化遗体6430具,其中符合减免条件的6133具,占总火化数的95.3%,各类减免累计金额401.5万余元。

钦寸水库移民安置。完成第一批移民搬迁入住相关工作及第二批移民建房任务。启动第三批移民152户建房工作,竣工20户。

【换发补发烈士证明书】

4月,启动烈士证明书换发、补发工作,这也是自1983年以来全国首次换发、补发烈士证明书。相比之前的两个版本,新版烈士证明书在名称上取消"革命"二字,并加入电子芯片防伪,对解放前牺牲的烈士,换发奖状式烈士证明书;解放后牺牲的烈士,则换发证书式烈士证明书。新版烈士证明书于11月发放到烈属手中。

(市民政局)

民族工作

【概况】

2014年，在市级层面组建一支“业务熟、情况明、底数清”的乡镇（街道）民族工作专管员队伍，定期召开专管员会议，交流、部署民族工作。同时，下发民族知识手册、民族工作读本，举办民族知识专题培训，提高专管员的业务能力。指导民族联完善各项工作制度，提高民主管理能力。推动民族联班子成员联片制度、民族联财务管理制度等。健全局领导例行参加民族联会议制度、局领导定期走访代表人士制度。组织民族联开展学习。以“四微”工作为抓手，已建乡镇少数民族关爱基金会7个，联谊组织12个，少数民族文艺团队5个，少数民族志愿者队伍2支，QQ和微信群5个，延伸基层民族工作触角。建立民族工作大数据库，对各乡镇（街道）少数民族群众基本情况、少数民族服务管理组织建设情况、乡镇（街道）、企业、学校、社区（村）民族工作开展情况、少数民族代表人士情况作全面调查，充实民族工作大数据库。

【民族维稳工作】

利用开斋节、古尔邦节等少数民族传统节日进行走访慰问，加强与重点代表人士的情感沟通，开展重点代表人士的统战工作。

【民族服务工作】

开展中考、高考少数民族考生的民族成分审核，为27名高考生和86名中考生办理加分审核手续，同时对少数民族考生进行跟踪服务。梁弄镇少数民族致富帮扶会组织16名少数民族果树种植，妇女开展果树栽培技术培训，由资深老师现场传授樱桃树、桑葚树、蓝莓等果树的培植技术和管理技术。朗霞街道以“帮困扶贫、服务发展”为宗旨，成立全市第7个少数民族发展扶持基金会，用于帮助解决街道少数民族群众生产生活困难、开展技能培训等。指导市民族联筹备建立少数民族管理服务站。

【特色民族工作】

下发《关于开展民族团结进步综合示范乡镇（街道）创建的实施意见》，各乡镇（街道）围绕三大活动、十项任务，开展“解民忧”“谋发展”“促团结”系列工作，申报验收工作在12月完成。按照民族工作五进要求，有关乡镇对照标准结合实际，推进组建村少数民族联谊小组，成立镇少数民族联谊会，设立镇少数民族帮困扶贫基金等工作；舜北小学开展民族团结宣传教育与学校德育工作相结合的活动，完成省级规划立项课题《沿海城镇小学“民族团结”教育的实践研究》的结题工作，获宁波基础教育成果三等奖；华孚纺织公司开展民族文化建设活动，组建少数民族文艺表演队伍多次参与村（社区）文化体育活动，同时企业还为少数民族员工建立专门活动室；阳光小区和舜南社区围绕“民族互融、邻里互帮”主题，开展“民族欢聚闹元宵”“和谐邻里过端午”等系列活动；梁弄镇东溪村组建少数民族红娘子腰鼓队。以城市少数民族流动人口服务管理工作为重点，依托“微组织、微窗口、微热线、微平台”，扩大民族工作覆盖面。如凤山街道构建网络化管理链，爱心互动链，就业培训链，开设民族大课堂等，临山镇为少数民族务工人员搭建文体展示平台。

【建立民族团结文化基地】

联合有关单位，在生源以外来务工人员子女为主且少数民族学生较多的农村公办学校——朗霞天华小学成立“小荷”民族艺术团。安排市少数民族联谊会的老师为艺术团的孩子们进行免费艺术培训，帮助少数民族学生实现学习艺术的梦想。同时深化河姆渡镇翁方村和大岚镇大岚村民族团结宣教基地建设，开展民族知识普及，图片展览等活动。

（陈　芳）

宗教事务

【概况】

2014 年，市民宗局把市外宗教教职人员主持宗教活动作为管理重点，严格执行《浙江省宗教事务条例》第十八条的规定，办理邀请市外教职人员主持宗教活动的申请，活动举办方必须提供双方宗教团体和宗教事务管理部门出具的意见。5 月后，严格控制邀请温州籍牧师到余姚传道，避免不良情绪和负面信息的传播和发散。全年审批各类非通常性宗教活动 31 次。

【宗教维稳工作】

反邪防非。在畅通基层信息渠道的基础上，加强与公安国保、国家安全等部门的联系，及时获取相关信息共同研判，配合开展反邪教、防非法宗教和渗透工作。重点配合开展对东方闪电、心灵法门等处置工作。

安全隐患排查。多次会同安监、公安等部门对重点场所进行联合检查，共排查整治安全隐患 92 处。南皇寺大雄宝殿左后侧的圆柱烂空、灵岩禅寺圆通宝殿中间的承重圆柱被白蚁蛀空等安全隐患均被及时发现并消除，基督教陆埠堂对部分鉴定为 C 级危房的建筑进行加固解危。

重点时段管控。周密部署，精心安排，确保佛教场所春节烧头香、二月十九芦城庙会等活动安全有序。5 月天主教“朝圣月”期间，正值上海“亚信”峰会召开，通过工作，确保前去上海的天主教信教群众缩小规模，错开高峰。8 月，劝阻 6 名天主教人士（神职人员 2 名）赴韩国参加天主教第六届亚洲青年节。

【“三改一拆”专项整治】

会同乡镇（街道）对全市宗教场所和民间信仰场所的数量、类型、历史沿革，以及土地和建筑情况进行全面排摸，并逐个登记造册，建立电子档案。同时根据工作需要，选派 1 名副局级领导进驻“三改一拆”办集中办公，参与“三改一拆”涉及宗教场所和民间信仰场所违法建筑处置工作的沟通协调，并提供宗教方面的政策咨询。按照“一拆二改三规范”的要求，全市拆除合法场所内违法建筑 2 处，借教敛财的非法宗教场所 1 处，宗教标志物 2 个，拆改民间信仰场所 114 处，合计拆改面积 72746 平方米，民间信仰场所拆改率 24.9%。

【佛教组织推行财务监理制】

指导新一届市佛教协会将原场所会计代理制升级为财务监理制，由具备资质的第三方专业机构阳明会计师事务所对全市佛教团体及场所的财务进行监理，主要承担会计做账、财务监督、业务培训等三项职责。

【宗教基层基础工作】

镇村两级工作网络建设。市级层面定期召开专管员会议，乡镇（街道）层面定期召开协管员会议，交流、部署宗教事务管理工作，发挥基层工作网络作用。

宗教团体建设。以宗教团体换届年为契机，加强团体组织建设。结合佛教协会换届，建立健全相关机制，分设负责财务工作的常务副会长，单设秘书长，实行副会长分工负责制和会长办公会议领导下的秘书长工作执行制。

完善宗教工作基础数据。以“三改一拆”涉及宗教及民间信仰场所违法建筑处置工作为契机，完善宗教活动场所和民间信仰场所的基础数据库，有关场所的占地面积、建筑面积、相关权证情况等数据得到补充，并健全信息收集的工作队伍和工作机制，使宗教领域的基础信息收集更加动态、更加准确。同时，对全市 67 处宗教活动场所的登记证进行统一更换，完善相关信息。

（钟冬发）

老龄工作

【概况】

2014年，全市新增30个行政村开展居家养老服务，新建2个社区居家养老服务站。全市已建居家养老服务站社区35个，行政村229家。借助《余姚市人民政府关于加快推进社会养老服务体系建设的实施意见》，通过召开培训会、工作推进会，开展居家养老服务机构等级评定工作。全年共有121家单位申报A级以上居家养老服务机构，其中，4家单位申报AAA级，42家单位申报AA级，75家单位申报A级。

【老年优待】

继续为80周岁以上老年人发放高龄补贴，全年共计发放1930余万元。春节对全市享受城乡居民社会养老保险基础养老金人员发放节日慰问金，每人500元。重阳节，市四套班子领导走访慰问百岁老人，给49位百岁老人送上每人2000元的慰问金和慰问品；为全市3351位90周岁以上的老年人发放每人200元的节日慰问金。

【敬老宣传】

在《宁波老年报》上刊登敬老典型及老龄工作动态消息30余篇，省东方老年网及其他刊物中录用5条。敬老月期间，余姚电视台、余姚日报、余姚广播电台等主要媒体参与“敬老月”活动报道，共计刊发新闻稿件25篇。评选表彰第四届“孝亲敬老之星”和“敬老先进单位”。老年电大余姚分校加大辅导员队伍建设，开展“合格收视教学点(班)”建设和省级“示范教学”创建活动，被评为浙江省先进办学单位。

【敬老活动】

开展2014年夏查工作暨“贯彻群众路线·服务老年民生”主题教育活动，对全市70周岁以上老人进行走访，特别对高龄、孤寡、空巢等五种重点对象详细了解，解决特困老人“急难愁”问题。开展“敬老月”和为老志愿服务活动，其中以医疗服务、家政服务、理发服务等为主要形式的志愿服务活动164次，19711位老人参与享受；开展老年法咨询、讲座等法律维权活动17次，11403位老人参与享受；举办老年运动会、佳木斯展演、老年文艺演出等213场，参与享受老年人21280人。组织开展第二轮“敬老文明号”创建活动，发动卫生、公安、公交等部门更好地开展为老服务活动。继续开展孝文化进社区、进校园、进家庭“三进”活动，组织敬老、养老、助老先进典型的评选表彰活动。

【全市老龄工作会议】

4月，召开全市老龄工作会议，共谋老龄事业发展大计，并表彰一批老龄工作先进单位和个人。部署基层老年人协会换届选举工作，对各基层老年人协会换届工作提出指导性意见。换届结束后，市老龄办专题授课7次。开展“圣奥独居老人暖巢行动”，首先在兰江街道舜南社区进行试点。撰写调研论文《失能老人长期照料困境及应对》，在省老龄论坛上获三等奖。依托三级法律援助网络作用，为老年人提供法律援助。全年共办理老年人优待证1.8万张。

【全市现有百岁老人49人】

截至9月5日，全市有百岁以上老年人49人(含虚岁)。其中，女性38人，男性11人。最长寿的老人为105岁的女寿星韩钊妹，出生于1910年10月，家住小曹娥镇镇海村。百岁老人最多的是梨洲街道，共有9人。根据国家《老年人优待规定》，全市百虚岁老人可享受每月300元的百岁长寿保健补助金，重阳节、春节还可分别享受2000元和500元的慰问金。

(市老龄办)

街道·镇乡

凤山街道

【概况】

2014年，凤山街道下辖8个行政村、6个社区、1个居委会，有常住人口11.2万人，其中户籍人口6.4万人。全年完成公共财政预算收入7.55亿元，增加6.3%；村级集体经济收入5649.52万元，增长8.08%；农民人均收入22940元，增长11.06%。

全街道有商贸服务类企业4568家，其中30家商贸规模企业实现销售61.9亿元，增长57.75%。华润五彩城开业，引进星巴克、韩国CGV影院等名品连锁和高端品牌80余家；文山创意广场引进密室逃生、水木年华等文化产业项目8个，中国有色金属材料城引进4家央企及行业龙头企业。

59家规模以上企业实现产值52.01亿元，增长11.88%；销售48.5亿元，增长7.77%；利润1.95亿元，增长1.9%。固定资产投资9.93亿元。区域内自营出口5.33亿美元；自营进口2.73亿美元。协议引进外资6654万美元，实到外资2300万美元；引进市外资金1.64亿元，其中宁波市外资金1.15亿元。围绕"转型升级"，重点推进11家企业的"机器换人"进度。德昌电器成功拓展美国市场，全年实现外销1.2亿美元。同时，通过引进大叶园林、余大通信等大项目、大企业，打造经济发展新引擎。

基本完成村经济合作社股份合作制改革工作，8个行政村共确认股东31686人，总股份数2994111股。推进农业产业结构调整，培育扶持农业龙头企业，浙江恒达农业发展有限公司被评为宁波级精品农业园，余姚照山饲料有限公司被评为余姚市级农业龙头企业。完成总投资500万元的"凤山街道杨梅产业示范区"申报；落实政策性农业保险工作。

全年共启动高铁核心区块等14个拆迁项目，完成签约拆迁面积10.02万平方米，完成征地16.9公顷。在府前路历史文化街区区块改造（一期）项目中，率先推行"阳光征收"模式，为全市第一家，已完成签约306户，签约率达92.7%；在剑江百隆房产北侧地块实施"模拟征迁"模式。后埭区块改造一期完成"清零"。

借"五水共治"促进灾后重建，完成宁波市保税区援建水利项目27个，马家浦等灾后重建统筹项目31个；完成建成区主要河道堤防临时应急度汛工程；完成向东河、景桥浦等河道的清淤疏浚及后山江胜堰段砌坎整治；开展河道整治，东楼江、西楼江等6条黑臭河摘帽。加强"三改一拆"力度，拆除违章建筑10.51万平方米。推进全国文明城市创建，开展以整治市容秩序、乱停放等为主要内容的九大专项行动。

建立并完善社区网格化建设，“社区＋物业＋业委会＋网格长”的社区治理新模式初步形成。推进老小区改造，投入2000余万元先后完成邮电新村、凤山后埭等低洼区块的改造提升。修编完成街道、村（社）防汛防台应急预案，发放“明白卡”“邻里守望卡”共3万余份。改善基层办公及活动场所，兴建改造酱园街社区办公楼、子陵社区一站式服务大厅及街道党群服务中心，建设村（社）党员活动用房及两新组织区域活动中心。

户籍人口养老保险保障参保率达92.17%，新办理失地农民养老保险418人，办理被征地人员养老保险衔接基本养老保险2352人。开展技能培训615人次，推荐就业2353人，再就业815人，发放高校毕业生就业补贴16.6万元。调整低保户24户，发放低保户和低保边缘户补助资金151.33万元，残保金115.71万元。把99名智残、伤残人士纳入“托安养”工程。

投入750余万元，改造子陵中学、双河小学等4所学校的塑胶跑道，修建新建小学、阳明小学等5所学校的损毁校舍和食堂，建造凤山小学科普实践基地。子陵中学、世南中学等5所学校创建为宁波市“数字化校园”，子陵中学中考优秀率及考入余姚中学比例位居全市公办初中第一，东风小学教育集团的环保教育特色成果获中国环保最高奖——中华宝钢环保奖。开展“阳光计生”，计划生育率97.10%。

永丰村“欢乐大舞台”

推进综合性文化阵地建设，新建同光村文化礼堂。依托“阳光文化直通车”等载体，开展以送戏、送电影、送培训为主要内容的文化“三送”活动。以“我们的节日”为主题开展“中国梦·劳动美”“与祖国同行·相约祖国梦”等活动。继续打造“百姓之声”“锦绣家园”等文化品牌，丰富群众文化生活。

通过“百日系列活动”“进村入户”等载体，共排查纠纷521件，成功调处517件，调解成功率99.2%。集中整治子陵路、五金城等重点路段和区域，取缔无证足浴店30余家。集中开展安全生产领域“八打八治”专项行动，被评为“市安全生产先进单位”。

完成机关干部中层竞聘工作，下派18名35周岁以下优秀机关干部到村（社）挂职锻炼。对全街道11306家农户进行走访，对343家低保低收入农户和101家贫困党员群众建立民情档案，并落实结对帮扶、定期走访等制度。压缩会议、文件和“三公”经费分别为6%、9%和29%，清理清退办公用房238.9平方米。

完成村级组织换届选举，优化班子年龄、文化结构。完成村级小微权力清单编制，推进阳光村务工程。“1+1”群众工作法、“三定、三联、三建”党建工作机制等特色党建工作受到上级好评，党员“一区双进”、党员提案、党组织共驻共建等经验做法收入市级优秀党建案例汇编。

开展正风肃纪明察暗访和重点工作专项督查，发布各类检查通报56次，约谈党员干部13人，免去中层干部职务1人。全年实施招投标项目119个，合同金额8874.21万元，节减资金607.5万元；完成各类审计项目125个，总审计金额30131.92万元，核减工程款731.95万元。

【全面推行“党员先锋指数考评”】

2014年，凤山街道在上年对各行政村党员先行进行先锋指数考评的基础上，将考评范围扩展到全街道所有党组织和所有党员。党员先锋指数考评的具体做法是：将全部党组织分为村（居）社区和机关企事业两种类型，分别制定量化计分考核标准。对村（居）社区党组织党员，突出“四日联动”和发挥作用方面的考评；对机关企事业单位党组织党员突出在职党员发挥作用、“四日联动”参与指导情况等方面的考评，同时突出基层党组织对党员评定档次的决定性作用，确保机关党员心系基层，践行群众路线。根据先锋指数考评结果，每名党员分别被评定为优秀党员、合格党员、基本合格党员和不合格党员。党员先锋指数考评结果作为各类评先评优、后备干部推选等的重要依据。先锋指数得分在95分以上的党员，可通过申请享受“道德银行”在贷款额度、利率、服务等方面的优惠政策。先锋指数得分在60分以下的党员，当年不得推荐为各级党代表、人大代表和政协委员，不得评选为各级党内先进。预备党员有涉及季度积分“反向减分”情形的，延长预备期；情况严重的，取消预备党员资格。

（王静斐）

阳明街道

【概况】

2014年，阳明街道有常住人口149202人，其中户籍人口95344人。规模以上企业实现产值207.9亿元，首次突破200亿大关，增长16.7%，占街道工业总产值的73.5%。战略性新兴产业产值137.1亿元，增长28.1%，占街道规模以上企业工业总产值的58.80%。自营出口11.33亿美元，增长6.7%。自营进口6亿美元，增长54.8%。规模以上企业利润12.8亿元，增长25%。农业总产值5.7亿元，增长10.1%，农产品出口1700万元，农民年平均纯收入18330元，增长12%。综合能耗下降15.3%。财政总收入14.3亿元，增长14.1%。投入科技经费5.16亿元，技改资金6.3亿元；出台科技强企政策11项，投入3.3亿元，实施“机器换人”项目15个，节约资本10亿元，开发新产品26只，完成新型专利650件，发明专利200件，新增浙江省名牌产品3只，宁波市级名牌产品2只。全年完成固定资产投入18.58亿元，增长20.5%，其中工业投资8.92亿元，增长13.6%，完成外资合同额8485万美元，实到外资300万美元，实到内资4.3亿元。

实施灾后重建投入资金8062万元，38个项目提前完成，其中加固江塘26700米，新建泵站21座；投入资金6870万元，改造富巷等5个低洼地段和8个辖区内的易涝地区，硬化道路13.2万平方米，设管4.4万米，新增绿化带3.2平方米，加高江堤4.7千米，城区江堤提升5米，实施城乡主要雨水管疏通。投资1200万元，实施余禾公路建设二期改造；投资770万元新建网络公路2.9千米，硬化村级道路2.3万元/平方米；投资2600万元，完成方桥、旗山村农民公寓主体工程，梁堰、西街村农民公寓结顶；投资860万元，完成老宅改造6.9万平方米，受益660户居民，修复城区水毁墙面4.96万平方米。

以西江整治为重点，推进“五水共治”工作，拆除违章建筑1.36万平方米，清洁河道48.3千米，清除垃圾619吨，整治排放不达标的企业和项目12处，关闭铜冶炼企业25家，打通“断头河”3条，摘除“黑臭河”帽子4条，淘汰落后产能产值7.6万元，节能65.9万度。

以“三改一拆”为抓手，促动城乡环境管理，拆除违章建筑17.6万平方米，完成年计划的153%，完成征地52.7公顷。加强“定时、定人、定点、定责任”网络化管理，清理陈年垃圾1500吨，牛皮癣1.5万处，修补路面2000平方米，清洗路面3.1万元/平方米，投入资金200余万元更新添置环保设备设施。

健全民生保障体系，户籍人口中23周岁以上92%参保，超额完成市下达的指标；全年提供2400余个就业岗位，达成企业用工意向的500余人，推荐就业3354人，新增就业1724人，城镇失业人员再就业1057人，安置困难职工253人，累计发放低保金、扶持金、救助金 1932.94 万元，受惠 16986 人。

实施舜水中学二期改造和富巷小学教学楼改造，总投资 1050 万元。新增 6 个村级卫生室，实施基药制度，农民诊疗费下降 15%。人口计划生育率 98.3%，出生人口性别比上年下降 8 个百分点。成功创建宁波市级小康村 1 个，宁波市级卫生村 1 个。

加强社会治安，夜间盗窃案件下降 36%。调处纠纷 197 起，成功率 98.5%；化解信访事宜 524

党员志愿者夜巡

件，成功率 99.4%；安全生产指标保持“零增长”。

全年组织党员集中学习 110 场次，参加党员 8700 余人次，收集各类基层意见、建议 598 条，走访农户 17320 家，走访率 100%，落实政改条款 552 条。12 个村完成换届选举，14 个村完成村经济合作社股份合作制改革。全年在职党员参与社区、村活动 800 余人次。吸收预备党员 89 人，预备党员转正 121 人，9 名干部提任。查处党员违纪违规案 12 起，其中开除党籍的 7 人，严重警告 1 人，警告 4 人。“三公经费”下降 58.8%。

年度工程招标和政府采购 77 次，节减资金 413.16 万元，审计工程项目 66 个，核减资金 860.90 万元，22 个工程项目核减 2 个，审查预算项目 75 只，核减招标预算资金 145.2 万元。

【专场招聘会解企业用工难】

春节过后，街道辖区各企业相继开工复产，而部分外来务工人员因为种种原因回乡后未返厂工作，造成企业员工需求不足。为有效缓解企业用工难问题，阳明街道办事处联合市人力资源和社会保障局，在市人力资源市场举办阳明街道企业专场招聘会。有 80 余家用工企业推出招聘岗位 243 个，岗位用工人数 1000 余人。前来应聘者达 800 余人，现场达成意向者超 100 人，还有 300 余人留下联系方式，方便以后企业的面试和录用。

【天一家园用公共收益补充专项维修资金】

天一家园于 2001 年交付使用，2013 年，小区业主委员会考虑到小区专项维修资金总额有限，在征得全体业主同意后，将业主交存的小区停车费的 80% 用于补充小区专项维修资金账户，成为全市首个用公共收益补充专项维修资金账户的小区。2014 年初，天一家园业主委员会继续将 2014 年度停车费的 80%，共计 14400 元，交到市物业管理中心该小区的专项维修资金账户上。

【《阳明新闻》开播】

3 月，阳明街道自办新闻节目《阳明新闻》在有线数字电视 0 频道正式播出。每周播出两次，首播时间为每周五晚上 6 点 30 分，重播时间为首播后下一周的周三晚上 6 点 30 分。《阳明新闻》播报阳明街道辖区范围内的各类新闻事件，收看范围仅限于居住在阳明街道辖区内的住户，收看前需要对机顶盒进行自动收台，收台方法为用数字电视机顶盒遥控器打开：菜单 — 节目管理 — 节目搜索 — 自动搜索，搜索完毕后按确定。

【全市首个乡镇（街道）网联会成立】

6 月，阳明街道网络界人士联谊会成立，是全市成立的第一个乡镇（街道）网联会。网联会由 48 名网络舆情人士、新媒体从业人员组成。作为具有知识性、联谊性、非营利性的统一战线性质的社团组织，将围绕网络行业的健康发展和网络界人士的健康成长，开展统战性的联谊、宣传、培训、咨询和服务等活动。

（阳明街道）

梨洲街道

【概况】

2014年，梨洲街道完成工业总产值150亿元，增长9.3%，其中69家规模以上企业完成产值、销售、利润等46.7亿元、44.9亿元和1.5亿元，分别增长14%、14%和22.3%。共申请专利1000件，其中发明专利40件，宁波市级以上新产品70只。推进余姚利帅影视器材有限公司和宁波金典照明科技有限公司申报国家级高新技术企业，全街道完成科技经费投入1.47亿元。完善原扶贫开发区和明伟工业功能区的基础设施，加强重大项目用地保障，完成工业用地供地13.3公顷。

全年完成工业投资7亿元，其中同祺包装、圣沃德家具等项目投资在5000万元以上；贝仕迪电器智能小家电产品生产项目和彩鹰实业项目即将进场施工。全年实到内资1.77亿元，增长38.28%，完成年度考核指标的110.63%；实到外资2352万美元，增长3.47%。推进商贸中心、商业特色街和商业示范社区建设，梨洲置业商贸综合体大楼即将结顶，保利文化商业广场的部分商业项目开始动工，开元曼居大酒店和稠州银行等项目进驻开业。

全年实现农村经济总收入168亿元，增长8%，其中农业收入2.47亿元，增长5.8%，农民人均收入18445元，增长11.3%。推进农业产业转型升级，市舜味菌业有限公司投资200余万元，扩大食用菌栽培基地；市屹立茶厂完成销售1000余万元，其“四明春露”品牌获浙江绿茶博览会金奖，“瀑布仙茗”品牌获省“中绿杯”名优绿茶金奖。启动东片排涝二期工程，实施投资3000余万元。发展农业休闲产业，基本形成以短途旅游、休闲、特色餐饮为主的农家乐经济发展模式。加强农村集体资产管理，推进村经济合作社股份合作制改革，11个村基本完成股改任务。

完成姚江干流城区段和华狮北侧地块拆迁“清零”工作，全长12千米的姚江干流整治工程全线打通，完成白山头500余穴坟墓搬迁任务。统筹交通道路等基础设施建设，完成梨洲小学西侧道路拓宽工程和山区道路水毁修复工程，推进黄山东路、南排江路等市政道路建设工程，开展黄竹线至邵家渡等农村网络公路建设工作。启动三江口新村老小区改造，完成花园新村、三江口区块低洼地段改造工作。

下山移民二期工程竣工，建成安置房28幢828套，总建筑面积12万平方米，安置工作已经启动。启动农村安置房工程，古路头四期安置房正在建设，竹山村民安置房揭顶，明伟—姜家渡、新墅等村民安置点抓紧实施。完成茭湖村村庄整治，共投资300万元，拆除旧宅9000余平方米，新建停车场3个，开展房屋外立面的粉刷、溪道整治、道路两旁绿化等工作。完成山区17个点的地质灾害治理，废弃矿山生态治理工作有序推进。完善农村生活基础设施，投入256万元，实施金冠、章雅山两村的农村供水保障能力提升工程，受益人口2800余人。开展金冠村创建美丽乡村精品村和南庙村“中心村”改造建设工作。

推进“三改一拆”工作，拆除各类违章建筑17.1万平方米，违法建设行为得到遏制。以“五水共治”为突破，推进农村水环境治理，辖区内50条市、街道、村三级河道均落实“河长制”，共投入资金近60万元，重点治理向漕江“黑臭河”、最良村东河“垃圾河”取得成效。开展畜禽养殖污染综合治理，一期17家畜禽养殖场已全部关停搬迁，二期8家畜禽养殖场已全部完成签约任务，姚江两岸和一级饮用水源保护区的水质环境得到保护。结合全国文明城市创建开展“六乱”整治，重点整治跨门营业、违章搭建、背街小巷。

投资近8000万元的梨洲小学已投入使用，开展两个实验小学分立工作，配合完成余姚八中迁人，开展公立幼儿园建设前期准备。以“风从东南来”为文化品牌，实施文化惠民工程，投资300余万元对舜水大桥下区块进行改造，建设欢乐大舞台、门球场、篮球场等文体场所，在部分村建造村史家园馆。开展宁波市卫生应急示范街道创建工作，继续开展爱国卫生运动。

年度养老保险、失业保险、医疗保险和工伤保险分别新增1097人、1502人、1708人、880人，分别完成全年目标任务数的151%、186%、101%和110%，新农合覆盖面达97%。新增就业2973人，完成任务的173%；帮困就业280人，完成任务的112%。

在党的群众路线教育实践活动中，开展学习讨论会453次，邀请专家举办辅导报告会55次，党委中心组每月开展一次集中理论学习。开展“走亲连心”活动，共走访基层党员群众18353户，其中走访低收入农户677户，共征得党员群众意见建议87条131条次。

年度开展机关中层干部竞聘，有14人提拔或调整，基本消除上届竞聘中遗留的中层干部超职数配备现象。年初开展村级组织换届选举，调整村党组织书记4人、村委会主任4人。创新社区党组织设置模式，形成“社区党总支—网格党支部—楼群党小组”三级管理服务体系。深化党员服务，各社区均建“在职党员活动站”，定期开展志愿服务活动。全年处理违纪党员干部11人，并在明伟村探索实施不合格党员刚性退出机制。

【唐锦芳连续7年向村里老人发慰问金】

唐锦芳是梨洲街道姜家渡村震宇金工制品有限公司的企业主，自2007年始，每年春节前向村里70岁以上老人发慰问金。此外，唐锦芳还自掏腰包修缮村里的诸家闸桥。

【金冠村创建为宁波市古村落休闲旅游基地】

年初，金冠村通过宁波市旅游局验收，成为宁波市古村落休闲旅游基地。此前，金冠村已于2005年8月由宁波市政府首批命名为“宁波市历史文化名村”，2012年被列入“浙江省首批历史文化村落”和“中国传统村落”。近几年来，金冠村以提升村庄整体素质为载体，全面启动美丽乡村建设，创建宜居环境，结合原有风貌，倾力打造古村休闲胜地，基本形成古村貌自然生态、烧烤基地、摄影绘画区相结合的原生态古村落休闲旅游品牌。

（梨洲街道）

冠珮古村

兰江街道

【概况】

2014年,兰江街道完成财政总收入7.06亿元,增长22%,完成年初预算的113%;公共预算收入3.77亿元,增长30%,完成年初预算的113%;本级可用收入3.23亿元,完成年初预算的117%。工业总产值135.64亿元,完成考核指标的111%,增长5%。完成批而未供土地消化面积8.6公顷。依托富达、四明两个商圈的区位优势,完成商品市场成交额4.81亿元,完成考核指标的105%,增长5%;万达广场成功引进物美超市;四明银亿广场部分开业,并成功引进乐购超市、地下水晶街和大地影院。实现全社会固定资产投资12.48亿元,完成考核指标的110%,增长8%。宁波富诚汽车公司汽车手套箱和副仪表总成项目已完成基建项目的70%,奥迪4S店基建部分完工,预计2015年2月营业。

全年村级集体经济资产总额5.76亿元,增长4.4%;农业收入1.89亿元,增长2.6%;农民人均纯收入19780元,增长11%。基本完成13个行政村的股份制改革工作。加强农村"三资"管理,以"一村一策"的方式,发展壮大村级集体经济,政策性农业保险指标和农村住房保险完成率达100%。扶持农技服务组织,投资10余万元建成农业公共服务中心,拥有农业专业合作社7家。

完成三凤桥区块、黄山公园二期区块的拆迁"清零"任务;夏巷一号互通工程(一期)征迁项目全部完成评估;完成直江路以东富诚、夏巷刘黄等地块的土地征用工作。全年拆迁签约23户,签约面积46337平方米,征地近15公顷。完成保庆路122弄的老住宅小区整治改造,启动安居乐小区整治改造工程。完善辖区内路网结构,启动余梁线北延工程兰江段建设,完成新西门南路延伸段建设。谭家岭西路垃圾压缩站建成并投入使用,启动四明西路垃圾压缩站建设,环卫仓储用房完成基建项目。

在伊顿国际小区开展党支部、理事会、业委会"三位一体"自治试点,解决联系服务群众"最后一百米"问题。推行"网格化"城市管理新模式,实行"一长两员"市容管理机制,定时定点定岗,开展重点区域的市容管理和交通疏导工作。突出"三改一拆"工作重点,启动"无违建村社区"创建。组织开展"寻找污染源,消灭违法排污行为"专项行动,完成6处影响较大的企业污染源整治,完成27家禽畜养殖场养殖污染综合治理任务。推行"一河一策"治理方案,6条垃圾河、黑臭河全部"摘帽"。实施农村生活污水治理三年行动计划,推进污水纳管工作,全年新纳管单位118家,完成市下达指标的118%。

加快防洪排涝项目建设,全年投入灾后重建资金3200余万元。实施冯村溪道修复工程,启动7座排涝泵站新建改建工程,实施城区低洼地段改造,完成中山河河堤加固加高,及建成区内2000余米河道堤防临时应急度汛工程。完成谭家岭西路梁周线以西段修复,启动锦凤路延伸工程和杭甬高速公路傅家畈桥下穿道路工程建设,完成梨洲中学、世南小学等体育馆、健身房的灾后修复并投入使用。重新修编防汛防台应急预案,加大应急救援物资的储备,健全街道、村(社区)基层应急组织网络,组织开展城区内涝、山体滑坡、江堤防洪等科目的实战演练。

完善城乡社会保障体系,城镇职工养老等五项社会保险完成率及户籍人口参保率均居全市前列。全年筹集新农合资金219万元,参保率99%,报销医疗费527余万元。保障困难群众基本生活,共发放补助金300余万元。新建和改造四明、舜南、蕙兰、筀竹等村社办公用房,新建磨刀桥村"文化礼堂""欢乐大舞台",扩建滨江公园文化广场,新增舜南、四明、蕙兰3家活动室,新建维修58条健身路径，更新街道图书馆设施，街道老年服务中心二期扩建工程完成并投入使用，兰墅桥村成功创建为省级文明村。完成兰江小学实验楼、姚江小学新建、肖东二小扩建改造工程，启动姚江中学新建工程。

在党的群众路线教育实践活动中，开展专题辅导、观看警示片、微型党课、知识竞赛等30余场次，参加人数5000余人。完成13个村下属组织设置的调整，建立48个下属支部，79个村级党员教育点全部安装启用EOC设备。构建“社区、片区、楼道”三级运行机制，让每个党员在各自居住的楼道“零距离”发挥作用。在“两新”组织建立“两新党总支—区域活动中心—企业党支部”管理网络，开展“软弱涣散”党组织的整顿转化，解决历史遗留问题，注重和规范农村基层权力等制度建设，开展“走村不漏户、户户见干部”“联系不漏户、党群心贴心”等活动。发挥在职党员作用，各社区推出清洁家园、便民服务、治安巡逻等服务岗位，2270名在职党员岗位认领率100%，活动参与率99%。完成村级组织的换届工作，发展新党员52名。全年受理各类矛盾纠纷317起，成功调解317起。破获各类刑事案件525起，各类案件减少18%。

【四明西路获评“省级餐饮服务食品安全示范街”】

3月30日，“省级餐饮服务食品安全示范街”评选揭晓，兰江街道四明西路榜上有名。四明西路是余姚市综合性商业街之一，有各类适合广大群众口味的餐饮店25家。“省级餐饮服务食品安全示范街”评选活动是由省食品药品监督管理局开展的浙江省餐饮服务食品安全“321示范工程”的内容之一。

【食品安全百日严打行动】

为确保人民群众“舌尖上的安全”，兰江街道于年初开展食品安全百日严打行动。通过抽检一批重点品种、深挖一批违法线索、约谈一批违规企业、整治一批重点区域和突出问题、查处一批食品违法案件等方式，对街道内无证无照小作坊、小餐饮及食品集中生产加工区域等重点场所进行检查，打击在食用农产品种植、养殖、收购、贮存、加工、运输等过程中，使用禁限用农药、兽药及滥用添加剂、着色剂等物质，私屠滥宰生猪，屠宰病死动物，注水及非法添加有毒有害物质等行为。

（兰江街道）

朗霞街道

【概况】

2014年，朗霞街道实现财政总收入6.41亿元，增长4.38%。全社会固定资产投资30亿元，与上年基本持平。实现农业收入4.9亿元，农民人均纯收入26949元，分别增长7.21%和12.15%。实现工业总产值230亿元，其中规模以上企业总产值103亿元、销售95亿元、利润3亿元，增长4.3%；工业增加值，增长1.5%；商贸销售70亿元，增长10%，其中裘皮商贸销售60亿元，增长16%。新型农业经营主体不断壮大，组建各类规模经济组织60家。

全年投入3400万元，打通东泠江路、崇文路等2条断头路；投入2500万元，新增欣朗路、辉桥路、崇文路等道路两旁简易绿化15万平方米；投入2300万元，铺设永和路、辉桥路、东泠江路等污水主干网12.33千米；投入320万，新建新新桑家至群乐、天中藉义巷至马廊夏等2条4千米的通村公路；投入170万，修复干家路、天中、天华、镇西、赵家等5个村的7座危桥；投入70万元，新建叶家桥、后闸桥江排涝站。投资2600万元的姚北新城实验幼儿园建成并于9月开园；投资800万元的社区卫生服务分中心于12月投入使用。完成杨家村文化礼堂、镇西村欢乐大舞台建设。完成赵家等5个村3万平方米的农民多层公寓建设。新增南田屋和高甸头城乡公交站台2个。

推进"三改一拆"工作，全年拆除违法建筑238起，拆除面积73435平方米。"五水共治"初见成效，辖区168条河道均落实"河长制"管理，实行"一河一策"分类整治，重点实施辉桥江、大古塘江等黑臭河综合治理工程，投资1亿元进行长泠江堤防加固。全年累计投入近3000万，治理黑臭河10千米，疏浚河道30千米，完成清淤、疏浚方量12000立方米，拆除河岸违建14600平方米。启动新新村综合环境整治工程和朗霞等6个村的生活污水纳管工程，完成52家企业污水纳管。以天华村为试点，开展AAAA级旅游特色村创建；以杨家村为试点，开展裘皮特色村建设；开展"一户多宅"集中清理及零星宅基地整治。

完善弱势群体帮扶机制，为重大疾病患者办理医疗救助申请31户，落实救助金额84万元。建立和完善街道、村两级卫生服务网络，实现市级卫生村全覆盖。举办第五届园区文化艺术节，开展公共文化配送18场。成功创建省级森林街道和宁波市文明街道，13个村均完成股改任务。实行综治网格化管理，划分185个网格，组成204个服务团队，全年共受理信访件380件，调处矛盾纠纷107起，调处成功率均为100%。开展"严打"整治行动，全年发生刑事案件132起，刑事案件数量明显下降。

在党的群众路线教育实践活动中，累计组织4000余人次开展集中学习52次，召开座谈会19场，走访农户12711户，征到原始意见建议252条，形成意见建议52条。创新性提出"一户双档"工作法，建立农户档案管理中心。慰问困难群众180余户，发放慰问金9万余元。出台贫困家庭危旧房改造工程暂行办法，对符合条件的39户贫困户房屋修缮发放补助金近40万。

年度引进国家"千人计划"人才3人。开展机关中层干部集中调整聘任工作，新提拔中层干部1人，提拔中层正职干部3人；启动村级后备干部公开推选，确定村级后备干部20人。已组建各级志愿服务队30余支，志愿者达2000余人。

全年调处涉纪信访件17件，查处违纪党员11人，其中开除党籍1人、严重警告2人、党内警告8人。完成6个村（居）、2个学校的财务收支审计，收回资金73079.6元。完成75个工程项目审计，总核减510万元，核减率5.35%。落实《村级非生产性开支限额预警制度》，村级非生产性开支239万元，减少21%，招待费支出19万元，减少76%。清理办公用房面积222.3平方米，会议、文件分别削减12%和10%，压缩"三公"经费支出32万元，减少29%。

【余姚中国裘皮城二期对外营业】

9月16日，余姚中国裘皮城二期裘皮精品区正式对外营业。10月28日，举行开业庆典。余姚中国裘皮城总投资30亿元，营业面积50万平方米，拥有高端裘皮服装生产企业1300家，实现产销一体化，交易量占全球的1/6，集中产销全国60%的裘皮服装，已成为中国水貂皮服装产业基地、中国水貂皮服装专业市场、全球最大的水貂皮服装交易集散地。它由总部产业基地和前端水貂皮进口系统、全国直销商场三部分组成，其中总部产业基地由一期裘皮交易区、二期裘皮精品区、三期裘皮创意园组成。二期精品区项目于2012年破土动工，总投资5.8亿元，建筑面积10万平方米，拥有商铺354家及香港、广州、温州、海宁等高端裘皮品牌。另外，三期裘皮产业园项目于2013年7月开工建设，占地面积10公顷，总建筑面积16万平方米，土建工程已基本完成。

【2014年央视农民春晚在天华村录制】

2014年央视农民春节联欢晚会分为"大团圆""大拜年""闹新春"和"庆丰收"四档节目。天华村为拍摄主现场之一，另有安徽、福建、象山三个分会场。其中，"大团圆"在天华村符氏祠堂内录制，"正月初一大拜年""正月初二闹新春""正月初三庆丰收"等节目在锦绣天华大舞台拍摄。整台节目于大年三十至正月初三在中央电视台7套播出。

【余姚国际模具城开工建设】

3月20日，由多元集团投资的余姚国际模具城正式开工建设。多元集团是一家以房地产投资开发为主业，集投资、金融、酒店等于一体的大型民营企业集团。余姚国际模具城位于朗霞街道，规划占地面积47.7公顷，建筑面积70万平方米，总投资50亿元，规划建设模具制造区、模具科创区、模具材料区、五金机电采购中心、综合配套服务区五大功能区。项目建成后可容纳2000余家模具企业，提供2万个就业岗位，年销售额达100亿元。

（朗霞街道）

低塘街道

【概况】

2014年，低塘街道实现工农业生产总值252.78亿元，增长13.86%；全社会固定资产投资13.05亿元，增长15.48%；完成财政总收入5.65亿元，增长9.38%。农民年人均纯收入24414元，增长14.48%。实到外资2019万美元；内资2亿元，其中宁波市外内资9308万元；实现“以企引企”项目转化4个。

全年19个工贸投资项目实现投资10.5亿元，增长19.5%。帅康集团等市四大百亿工程项目全部按照节点完成年度目标。实施“机器换人”项目20个，累计投入1.15亿元；申请各类专利557件，增长12%；规模以上企业科技经费投入1.87亿元；新兴产业产值18.4亿元，增长12.5%。2家企业入选国家高新技术企业；4家企业建成市级工程中心。创建清洁型生产企业12家，注册商标656件。

全年实现出口交货值19.7亿元，增长10.1%。有59家企业实现自营出口2.75亿美元以上，9家企业自营出口超千万美元。推进姚北新城商贸核心区块及村级商业中心建设，拥有各类连锁便利（专卖）店23家，商品市场6个，超市卖场9个，建立社区服务分中心1个，实现规模商贸企业零售额9.6亿元，商贸市场实现成交额8.7亿元。落实晚稻高产示范区，推广小麦和直播油菜533.3公顷，粮食生产全程机械化面积347公顷。

开展姚北新城核心区控规、城市设计及姚北新城低塘产业园总规等相关规划的完善论证，启动道路、污水等专项规划的修编和洋山村湖南朝北山地块等重要地块的控规编制论证，重点开展黄清堰村、西郑巷村“美丽乡村”精品村村庄规划及其他有关村的新农村建设规划。启动新堰东路东延、历石线、梁周线至兴塘路、工一路、九房路及澄清桥等一批道路桥梁新建改造工程，筹备新洋公路东段、帅洞路改造等建设项目前期工作。低塘总泵站至黄湖监狱污水管道建设工程和低塘集镇污水管道建设工程进展顺利；黄清堰村、西郑巷村、汤家闸村和低塘村等四个村的农村生活污水集中治理工程进入招投标程序。产业园内自来水管线移位、天然气管道铺设、110千伏高压线移位及10千伏高压线入地工程基本完成。继续开展姆湖村、郑巷村的标准农田质量提升工程，完成镆剑山村等四个村千亩标准农田建设任务。

历山村“虞舜传说”陈列馆

开展“三改一拆”和土地违法行为专项整治，全年拆除违章建筑124起，面积10.088万平方米。推进重点区块建设步伐，完成低塘村农民公寓竣工扫尾工作，启动姆湖、汤家闸、黄清堰等3个村农民公寓建设；启动原帅康集团、佰丝特、原历山建筑公司、原低塘中学等5个拆迁区块拆迁工作，完成拆除面积1178.11平方米。启动集镇旧城棚户区改造的调查摸底。

社会基本五险参保人数分别达14925人、12302人、8819人、13730人和9611人。开发公益性岗位38个，实现就业1509人。向困难、弱势群体发放各类补助金1000余万元；开展双拥优抚工作，发放抚恤金250余万元。在黄清堰村建立街道首个村级老年人日间照料中心；实施小康工程，扩大残疾人受益面，免费援助残疾人41人。

优化教育资源，完成实验幼儿园新建工程，取缔无证幼儿园13家。出台《低塘街道农村环境卫生长效保洁管理办法（试行）》，对道路、公共场地、绿化、公厕、河道等实行一体化保洁，推行村级垃圾直运工程。开展食品药品安全集中突击检查，约谈违规企业8家，行政处罚12起。

加强维稳调解工作，调处各类矛盾纠纷288起，调解成功率达100%；处理本级和上级交办的信访件512件。排查并整治道路交通安全隐患8处，投入78万元用于完善安全设施、道路标志标牌和解决老集镇路段堵塞等问题。加强平安建设工作，组建低塘街道特勤中队。

区域内76条河道全部落实三级“河长”管理制度，建立“一河一档”，实行“一河一策”，按照“三洁九无”要求加强日常保洁管理力度，重点开展14条黑臭河、垃圾河整治工作，共清理河道垃圾7450吨，完成河道疏浚132.15千米，清淤123.47万立方米。推进投资4200万元的中江及延伸段加固加高工程建设，启动投资4700万元的农田水利基本建设实施项目中22座排涝泵站建设，开展洞池湖泵闸、芦城水闸工程和大古塘江综合整治工程。

实施污染行业“百日整治”专项行动，关停线路板22家、铜熔炼企业15家；出台实施废塑长效监管办法，从重从严打击非法废塑行业，反弹现象得到遏制。集中开展西郑巷工业园区环境整治工作；对辖区361家沿河企业进行地毯式排摸，并进行分类动态监管。制订实施畜禽养殖污染综合治理实施方案，确定78家养殖场关停对象，已完成关停签约72家，关停验收39家。

创建“省级生态街道”，成立生态环境监察中队，落实整改影响生态环境的各类现象和行为820余件。重点加强主要道路两侧综合环境整治，整治、劝离、疏导许家堰路、镇北路等道路流动摊190余个。制订20个废弃山塘的治理方案，完成9座矿山生态环境治理任务。

在党的群众路线教育实践活动中，组织机关干部对全街道14075户农户实现走访全覆盖。完成村级组织换届，推选村级后备干部27人。开展机关中层干部集中聘任调整工作，共调整机关干部26人，新提任8人。对114名机关干部岗位职责进行明确，编制33项街道级和100项村级重点专项工作。组织作风效能检查12次；“三公”经费支出压缩比例49.48%，清退办公用房793平米。开展财务审计工作，提出审计建议21条；工程结算审计项目65个，工程项目造价预算52个；完成各类招标交易106次，节减率8.4%。

【“宁波慈善村”实现全覆盖】

2013年3月始，低塘街道以郑巷村为试点，开展“宁波慈善村”创建活动。创建期间，全街道共募集村级慈善帮扶基金139.3万元，比2012年增加78.5万元，增幅达129%，全街道13692户村民，参加“慈善一日捐”的达11964户，参与率达87.4%，参加人数34227人，参与率87.9%，均远超“宁波慈善村”创建标准。2013年，全街道共发放慈善救助款270余万元，受助、受惠对象近6000人次。2014年春节前夕，低塘街道11个行政村、1个社区全部获宁波市“慈善村”称号，成为余姚市首个实现“宁波慈善村”全覆盖乡镇（街道）。

【4个村级菜市场完成改造】

近年来，低塘街道先后投资600余万元，对低塘、西郑巷、汤家闸和黄湖4个村级菜市场进行改造提升，其中低塘村菜市场在2013年被评为省文明示范农贸市场。下步街道将对其他村级菜市场进行改造提升，从根本上改变菜市场基础设施简陋等问题。

（低塘街道）

泗门镇

【概况】

2014年，泗门镇实现地区生产总值74亿元，增长8.7%。财政收入11.03亿元，增长5.0%。其中，财政总收入8.04亿元，增长8.5%；公共财政预算收入3.66亿元，增长3.9%。城镇居民可支配收入37200元，增长10.1%；农村居民人均纯收入28593元，增长10.8%。

全年合同利用外资8050.57万美元，实到外资2605.56万美元，余姚市外实到内资6.99亿元，宁波市外内资2.89亿元，到位浙商创业创新资金3.36亿元；完成“以企引企”转规模以上企业7家，均超年度目标任务。总投资3.5亿元的丰轩仓储（余姚）有限公司项目签约，完成企业注册和一期8.3公顷土地招拍挂。全年“供而未用”消化土地14.8公顷，“批而未供”消化土地18.6公顷。工业用电4.397亿度，增长4.54%。

全年推进重点项目134个，其中新建项目105个，续建项目29个，年末完工项目92个，已开工项目34个。完成固定资产投资39.93亿元，增长22.1%，其中，工业投资25.6亿元，增长26.3%。投资3.5亿元的宁波金碟精密机械制造有限公司年产1.5万套高精密静音轴承项目，投资1.9亿元的宁波创基机械有限公司年产1万台节能环保注塑机项目等一批重点产业项目相继竣工或投产。

完成规模以上工业产值127.6亿元、销售118亿元、利润5.5亿元，分别增长10.0%、10.1%和10.2%；实现新产品产值42.8亿元，增长20.7%；高新技术产业增加值6.4亿元，增长10.3%。投资1.24亿元完成“机器换人”项目13个，申请专利1068件，其中发明专利161件。完成“个转企”125家，新增规模以上企业21家。第三产业增加值占地区生产总值比重达18%，提高1.2个百分点。滨海水果产业示范区、滨海特色葡萄精品园通过验收，成功创建农业部蔬菜标准园2个，宁波市级粮食生产功能区标准化建设项目完成前期工作；成功创建宁波级示范家庭农场2家，余姚市示范专业合作社1家。全年累计投入农业技改资金715万元，引进先进机械代替人工作业，建成农业综合服务中心。

落实“五水共治”（2014—2016）三年行动计划，全年投资4642万元，相继实施城乡污水收集管网工程、农村生活污水治理工程、小流域水环境治理工程、桥梁改扩建工程等项目，铺设污水收集主干管网7.7千米，企事业单位污水纳管验收60家，完成4个村农村生活污水治理项目。配合市重点工程提前完成陶家路泗门泵站土地征用任务。落实“河长制”和“一河一档、一河一策”等制度，整治29条镇级河道、75条村级河道，6条黑臭河全部摘帽，1条断头河打通，其他河道基本完成“三洁九无”治理任务，成功入选2014“治水美镇·浙江样本”50强。

开展城乡环境百日整治专项行动，共清理垃圾死角391处，美化绿化12万平方米，清除河道漂浮物747吨，建筑垃圾3159吨，生活垃圾1902吨。完成拆违面积8.22万平方米，10个村（社区）创建无违建村（社区）。淘汰落后产能，完成第一阶段废旧金属熔炼行业整治，关停企业8家，规模以上工业能耗降低5.25%。

年度被确定为宁波市城乡一体化改革发展试点镇，试点方案经宁波市委、市政府批复通过。推进美丽乡村精品村建设项目，小路下、谢家路两个精品村全年共完成投资1337万元，完成总投资额的90%。推进省级森林村庄创建，谢家路村跻身省级森林村庄行列，全镇已有省级森林村6个。投资143.5万元，完成五塘横江和浙东引水工程绿化项目，谢家路江、陶家路江入围宁波市十佳生态景观河道候选名单。

围绕宜居宜业精品小城建设，完善卫星城市规划体系，城乡一体化发展的试点方案、城市客厅及全民健身中心（四海公园）初步设计方案、329

国道两侧区块、南片居住组团区块控制性详规报批通过，商贸新城区块控制性详细规划和核心区城市设计报市政府审批，工业功能区控制性详细规划通过评审，编制完成天然气、给水、绿地景观等专项规划，

投资7600万元，实施道路新建、改造工程15项，总长度13.49千米。双周路一期二期、长河路西延、镇西路北延和通达桥新建工程建成通车；滨江路、河塍路、新建路等城区道路完成路面改造。投资7950万元，实施市政建设项目7项，新建、改建入地管网9.1千米，完成城区污水收集管网、汝湖西路雨水管网工程和10家事业单位的污水收纳系统管网工程建设。完成城区电力线路改造二期工程，城区电力线路入地工程三期将于2015年1月底完成建设。

连接余姚大道（四海大道、汝湖路）和3号泵站西侧绿地景观工程完工，329复线二期绿化工程按计划推进，区域出租车一期10辆已经运营，二期4辆先期投放。电镀厂拆迁改造区块，集体土地新签约21户，累计112户，占总户数的85.5%；国有土地新收购4户，累计23户，占总户数的57.5%。实施湖边东路道路改造、老城区建筑立面改造工程，城市"三路一节点"夜景亮灯工程完工。配合市政府完成杭州湾跨海大桥杭甬高速公路连接线高架互通征地任务。

全年发布企业用工岗位信息4280条，推荐就业5060人，发放就业创业小额贷款65万元，帮助600名城镇失业人员实现再就业，实现"零就业家庭"动态清零。户籍城乡居民养老保险参保率达92%以上。全年募集各类慈善款396.8万元，发放慈善救助款257.5万元，群众受惠2633人次。发放救助资金1757万元，群众受惠7895人次，新增宁波市慈善村5个。镇残疾人康复服务站被省残工委命名为省示范站，成为全省首个乡镇级示范站。同时，实施廉租房补助，补助资金11万元，受惠25户。

镇中心幼儿园建成开园，健康教育促进中心、老年公寓落成投用，环卫站迁建工程建成启用，泗门二小、泗门消防站新建等工程有序推进。完成16家村卫生室的标准化建设。稳步实施单独二孩生育政策，人口自然增长率为–0.3‰。

全年受理各类治安案件1793件，下降18.5%。其中，刑事案件1107件，下降15.7%；盗窃案件1122件，下降15.4%；抢夺案件19件，下降45.7%。开展安全生产大检查与安全生产百日专项整治活动，工商企业实现职工生产事故零死亡。

状元楼保护修缮竣工，成之庄修缮保护启动。开展大型便民志愿服务9次，受惠群众9000余人次。推进农村文化礼堂建设，创建成为宁波市首批公共文化示范区，后塘河社区成为宁波市文明社区。

增设重点项目投资管理办公室，加强项目前期准备和统筹协调。建立运行"数字市政"平台，初步实现市政公用设施的信息化、科学化管理。镇中心幼儿园引入余姚实验幼儿园管理团队，泗门镇中与浙江师范大学合作组建浙师大实验中学，老年公寓引入宁波市爱照护为老服务中心管理运作。推进农村赋权确权改革，完成村经济合作社股份制改革。

泗门新貌

【首批出租车上路运营】

2013年7月，经市政府批复，泗门镇决定投放出租车20辆。第一批10辆出租车于2014年1月1日上路运营，起步价标准与余姚城区相同。此前，全镇已建成5纵6横的大通道，形成10分钟的交通圈，公交车实现村村通。

【省小城市培育试点考核组肯定泗门成绩】

2月18日，省小城市培育试点考核组对泗门镇小城市培育试点工作进行年度考核。考核组在听取市、镇两级2013年度省小城市培育试点工作情况汇报并查阅相关台账资料后，分组对泗门镇小城市培育试点工作进行现场踏勘和检查。考核

组对余姚市以及泗门镇一年来的小城市培育试点工作给予肯定，认为余姚市委、市政府对小城市培育试点工作高度重视，泗门镇党委、政府扎实开展小城市培育试点各项工作，成绩显著。考核组同时希望余姚市和泗门镇在新的一年里，贯彻落实中共十八届三中全会和中央城镇化工作会议精神，结合新一轮小城市培育试点三年行动计划的总体部署和具体要求，加速推进泗门由中心镇向小城市的转变。

【谢家路村与滕头村开展合作】

2月28日，泗门镇谢家路村与奉化市萧王庙街道滕头村签署合作发展协议。按照合作协议，为壮大谢家路村集体经济，由宁波滕头谢家路置业有限公司每年出资500万元，一定三年，共计1500万元扶助资金。同时帮助谢家路村在项目合作和项目指导上实现可持续发展，发展实体经济。谢家路村则将发挥多年来党建等方面的工作优势，把“小板凳工作法”等一系列做法和经验与滕头村共享。余姚市委副书记诸晓蓓，奉化市委副书记郑一平，余姚市委常委、泗门镇党委书记谢勇毅等出席签约仪式。

【谢家路村“小板凳工作法”受到中组部肯定】

继中央和本地相关媒体年初先后推出泗门镇谢家路村“小板凳工作法”的先进经验后，引起中央党的群众路线教育实践活动办公室、中央组织部领导的重视。5月，中组部办公厅在《组工信息》中发文，肯定谢家路村“小板凳工作法”，同时号召全国基层党组织学习、推广“小板凳工作法”，实现“一站式”服务，以实际成果取得人民群众满意的结果。

【状元楼修缮工程通过验收】

状元楼始建于公元1447年，是全市现存唯一的一处明代歇山顶建筑，系市级文物保护单位。修缮工程项目总用地面积1100平方米，建筑面积430平方米，于2013年9月由镇政府投资180余万元进行修缮保护，2014年6月通过验收。

【浙师大泗门实验中学成立】

7月23日，浙江师范大学泗门实验中学宣告成立，是为浙江师范大学与泗门镇合作共建的一所公立学校。浙江师范大学副校长楼世洲和余姚市领导谢勇毅、陈为能出席签约仪式。根据双方协议，浙师大将委派1至2名专家担任实验中学外派校长及助理，在实验中学设立基础教育研究基地，组建一支专家与名师队伍，担任实验中学理论和实践指导教师，建立名师工作室，进行课题指导与校本研究，有重点地设计实验中学教师教学科研发展规划，指导实验中学建立现代化管理制度，推进教师素质提升，力争在3年内，把实验中学办成“办学条件一流、办学思想先进、教师队伍精良、管理科学规范、教育质量优良、办学特色鲜明”的优质学校。

（谢纯尧）

马渚镇

【概况】

2014年，马渚镇实现工农业生产总值223亿元，增长9.7%。财政总收入5.2亿元，增长12%，其中公共财政预算收入4.6亿元，增长12%。农民人均纯收入20293元，增长11.5%。

全年完成工业总产值218亿元，增长10.1%。浙江金马实业有限公司和宁波正耀汽车电器有限公司被评为年度全市“二十强”工业企业，宁波正耀汽车电器有限公司、宁波永佳汽车零部件公司、浙江达可尔汽车电子科技公司入选全市纳税百强，全镇纳税200万元以上企业达37家。完成工业投资10亿元，增长15%。实施“机器换人”项目10个，完成技改投入3亿余元。实现自营出口3.75亿美元，增长12%；自营进口1700万美元，增长15.4%。实到外资1920万美元，增长28%；实到内资1.77亿元，增长30%。规模以上企业商贸实现销售3.4亿元，增长7%。

全年实现农业总产值近5亿元，增长4.2%，完成各项粮食生产任务。统筹推进1400公顷粮食生产功能区和渚北、渚山等村标准农田建设，推广高速插秧机、联合收割机等高科技农具，农业机械化水平达90%。扩大政策性农业保险面，早、晚稻参保率均超93%，基本实现全覆盖。

完成编制《余姚市马渚镇总体规划（2010—2030年）》，镇东新区和部分重点区块控制性详细规划完成评审。马云公路A、C标段完工。完成下叶社区下水道改造、湖涌江拓宽、全佳桥水毁道路修复等16个镇海区对口帮扶项目。成功申报国家开发银行棚户区改造贷款项目，为新一轮旧城改造和新区建设解决融资难题。斗门村完成宁波市小康村示范村创建，开元、全佳桥、沿山、乐安湖等4个村完成美丽乡村系列规划，开元、菁江渡、庙前、全佳桥、渚北等5个村开展宁波市级生态村创建。

3月底完成第十届村民委员会换届选举，9月完成基本型村级经济合作社股份制改革。投资八千万元的镇中心小学迁建工程，完成中间结构验收，形象进度达70%。青山教学点撤并工作完成。总投资近4500万元，占地1.6公顷的镇文化中心竣工并投入使用。全佳桥、开元等村文化礼堂和欢乐大舞台相继落成，村级宣教文化平台全年开展主题演出近百场，沿山村开展的谢师礼仪活动被推荐为省文化礼堂活动典型案例。

推进“五水共治”专项活动，开展大（小）施巷江黑臭河整治，投入近600万元，实施清淤疏浚、岸坡砌石复绿、沿河企业截污纳管等工程。完成10家单位、小区和50家工业企业污水纳管工作，投资3000万元的马渚镇工业功能区东区（斗门、菁江渡区域）污水管网建设工程完成前期准备。开展姚江两岸100米范围内畜禽养殖污染专项治理，按照关停歇业、饲舍移除、人员转产的要求，拆除违规搭建的禽舍近5000平方米。投入160余万专项资金用于河道保洁，建立保洁质量评估体系，专人考核，确保质量。

【全市首家企业红十字会成立】

7月16日，全市首家企业红十字会在浙江金马实业有限公司成立。成立仪式上，金马公司红十字会向市红十字医院捐赠价值55万元的血液透析仪，捐赠3万元人道救助金用于马渚镇贫困人群的救助。

【174条河道水面保洁全覆盖】

马渚镇共有河道182条，总长近200千米，其中镇、村级河道174条，总长160余千米，是全市河网最密集的乡镇。在“五水共治”专项行动中，马渚镇投入3亿余元，实施13个重点治水项目，并以河道“三洁九无”为目标，组织力量清障，同时对大施巷江两岸117处排污口在全面清理的基础上实行集中纳管处理。在此基础上，镇政府通过建立“河长制”、引进专业保洁机构承包河道保洁工作等措施，实现174条河道保洁全覆盖。

【全市首个规模化村级公交站场启用】

10月15日，公交402路设在马渚镇大将桥村的公交站场正式启用。该公交站场总投资310万元，占地面积0.3公顷，于5月开始动工新建，是全市自城乡公交改革后建成的首个村级规模化公交站场。

（王 徽）

陆埠镇

【概况】

2014年，陆埠镇实现工业总产值122.5亿元，增长6.8%；农业总产值2.86亿元，增长3.2%；完成全社会固定资产投资6.7亿元，增长29.6%，其中工业投入2.85亿元，增长14%；国地税收入3亿元，增长17%；农村居民人均纯收入1.4万元，增长12%。

全年新增亿元企业4家，规模以上企业7家，在浙江小微企业平台上新增企业15家，完成“个转企”155家。宁波正特光学有限公司被批准为宁波市科技型企业，宁波强生电机有限公司先后通过宁波名牌和国家火炬计划。余姚市外内资到位7373.7万元，宁波市外内资到位6078.7万元，浙商回归创业资金6282.19万元，合同外资完成668.86万美元，实到外资503.94万美元。新增国家级无公害产品2个，宁波市无公害基地1家。先后实施8条溪道水毁修复工程、3座小型水库除险加固和山塘整治工程，慈溪对口帮扶的灾后水利重建项目全部完工，陆埠大溪整治一期工程开工建设。完成规模以上商贸服务业销售1.9亿元，增长8.7%，新增商贸投资1.6亿元，增长10.94%。与众安集团合作的众安新区开发项目完成项目签约和公司组建。

完成北部新镇区和五马工业功能区控制性详规编制并通过评审，启动“多规融合”纲要编制试点并形成初步方案，编制完成蒋岙等3个村庄规划。陆丈线一期（杭甬高速陆埠互通）工程开工建设；陆上线拓宽改造一期工程年底通车。总投资2170万元，陆埠大街、禁河路、中学路、十八弄道路改造工程，以及强弱电入地工程、文教弄改造工程等全部完工。完成集镇污水管网建设1500米，制订《陆埠镇供水主管网建设方案》，一期江南水暖城段开工建设。石门村“宁波市特色村”建设项目基本完成，蒋岙村村庄整治工作项目通过上级验收，杜徐岙村“宁波市特色村”项目完成规划设计等前期工作。完成农民饮用水保障能力提升工程3个和“一事一议”项目3个。镇中塑胶跑道改造、洪山中学宿舍楼、食堂改建等项目相继完工并投入使用，陆埠二小教学楼一期完工，二期正抓紧建设。

开展“五水共治”专项行动，镇域内河道达到“三无九洁”标准83条，关停拆除姚江两岸及陆埠水库上游畜禽养殖场29家；创建成功国家级生态镇，新增兰溪村和杜徐岙村2个宁波级森林村庄；对软管振抛、小熔炼、不锈钢冷镦等高污染、高耗能行业进行专项整治。完成五马园区土地新征近7公顷，“批而未供、供而未用”工业土地消化利用近10公顷。“三改一拆”完成拆违10.6万余平方米。成功创建省级卫生村2个，宁波市级卫生村7个，被评为“宁波市卫生应急示范乡镇”。

全镇社会参保覆盖率占应参保群体的92%，全年累计报销农村合作医疗费用488.7万余元；通过开展“订单式”培训，培训农村劳动力902人，城镇新增就业1775人，失业、困难人员再就业286人。建立健全“一门受理、协同办理”工作机制，累计发放救助资金1919.5万元。

菲特台风纪念石

【杜徐岙村立“菲特台风纪念石”】

纪念石高3米，1月22日立。原石于2013年“菲特”台风期间自山上滚落至杜徐岙村委东边道路上。因石头过于沉重，挖土机也无法将其搬移，村里遂决定留在原地以作纪念，在石头正面书“菲特台风纪念石”，背面镌刻关于“菲特”洪灾的介绍。

【全国裘氏宗亲联谊会在裘岙村举行】

2月23日，来自全国各地的裘氏宗亲代表齐聚裘岙村，召开以“同心，同德，同相聚”为主题的裘氏宗亲联谊会。参加联谊会的裘氏宗亲代表近200人，分别来自香港、上海、河北、江西、福建及省内的兰溪、绍兴、萧山、慈溪等地，其中最远的来自西班牙。自宋朝奉化裘村九世孙裘道清迁徙裘岙后，裘岙村逐渐发展成为余姚市唯一的裘姓集居村，现有裘姓700余人。

【杭甬高速陆埠收费道口开建】

在完成前期征迁政策处理和基建工程招投标工作的基础上，杭甬高速公路陆埠收费道口建设工程于2014年3月正式开工建设。杭甬高速公路陆埠收费道口距余姚收费站9千米、距大隐收费站14千米，是由地方政府和交通部门自行立项、自行投资、自行组织设计和建设的地方配套性交通建设项目，建成后将委托高速公路运营公司管理。工程总投资2亿元，工期两年，预计2015年年底前建成投用。

（马　震）

梁弄镇

【概况】

2014年，梁弄镇实现农村经济总收入46.82亿元，增长12.01%。其中，一产总收入1.73亿元，与上年基本持平；二产总收入33.75亿元，增长11.83%，其中，工业总产值28.52亿元，增长12.02%，建筑业产值5.23亿元，增长10.81%；三产总收入11.34亿元，增长14.89%。财政一般预算收入1.15亿元，增长18.89%，农民人均纯收入14112元，增长12.02%。固定资产投资5.71亿元，增长21.97%。

年度推出由四明湖现代农业示范园区、特色小水果产业基地、现代农业教育实验园、东溪现代农业综合园区组成的休闲观光农业精品线路，以横路片、横坎头片、汪巷片、湖东片为主的“一片一品”特色块状农业发展格局基本形成。全镇年销售额2000万元以上规模企业达20家。其中，百岁山矿泉水有限公司年销售额突破2亿元，宁波康辉LED灯具生产等项目建成投产。通过举办樱桃节、首届四明湖浪漫金秋节等活动，全年游客人次突破130万，获省城乡统筹现代商贸服务示范镇称号。

镇总体规划、镇南地块和正蒙街北侧地块控制性详细规划通过评审，17个行政村区域规划实现全覆盖。推进横坎头精品村、美丽乡村精品线建设，先后完成宁波市第三轮村庄整治提升工程、荷梁线浒溪线路口改造、精品线绿化改造工程及外立面改造项目。集镇农贸市场建成并投入使用；农房“两改”一期工程完成抽签分房，安置地质灾害隐患户、重点工程拆迁户、住房困难户等共计157户，农房“两改”二期工程320套安置房开工建设；占地1.3公顷的汽车站新建工程和占地0.4公顷的东溪加油加气站完成塘渣填方。甘宣桥、小万家桥等9座桥梁重建修复工程提前完成；部分农村联网公路及正蒙街南侧道路工程、雨污管道铺设竣工，正蒙公园、镇北路党校路段完成改造。全年拆除违章面积7.6万平方米，完成率排名全市前列。

编制“五水共治”三年行动计划，建立专业保洁队伍和保洁督查队伍，落实47名河长职责，全镇22条河道均实现“三洁九无”目标。总投资800余万元的“菲特”水毁修复工程全面完工，投资5000万元的集镇污水收集四期工程有序推进，投资2000万元的中溪治理工程竣工并发挥效应，投资300万元的如意路排水工程完工。开展畜禽养殖污染综合治理，拆除畜禽养殖场所51家，完成市级考核任务的142%，拆除养殖场所建筑面积2.14万平方米。51处民间信仰点全部整治规范到位。

开展社保扩面工作，超额完成市级考核目标任务，其中养老净增参保人数完成全年任务的774.67%。全年发放各类慰问金、救济金、受助金共计1300余万元，获宁波市扶残助残爱心乡镇称号。完成中心幼儿园综合教学楼、镇中心小学学生候车厅、湖东小学塑胶跑道等工程，完成全镇义教段学校“阳光食堂”改造、镇校学生直饮水改造工程，全镇所有学校幼儿园建成公安联网校园监控系统。举行首届“火红梁弄”群众文化节、第三届农民运动会，被授予浙江省民族团结进步综合示范乡镇称号。实现全市首个村（社区）美丽乡村共建参议会全覆盖，全省民主协商观摩现场会在梁弄召开。

【首个乡镇微信公众平台开通】

年初，梁弄镇开设微信公众平台“梁弄微视角”，为全市首个开通的乡镇级微信公众平台。“梁弄微视角”开辟“学习贯彻十八届三中全会精神、“微语阳光”“红色记忆”“诗韵乡音”“风味民俗”“品味经典”“恪守信孝俭”“文明礼仪常识”等栏目，每天实时更新，同时通过主题讨论、知识竞赛、有奖问答等网络互动形式，提高群众的关注度。

【“正蒙学堂”正式对外开放】

3月4日，梁弄“正蒙学堂”经市旅游投资发展有限公司出资300余万元修缮后正式对外开馆。“正蒙学堂”始建于清光绪三十二年（1906），由乡绅黄守斋先生创办，抗日战争时期为浙东敌后各界临时代表大会会址，2006年公布为全国重点文物保护单位。开馆现场举行全市党的群众路线教育实践活动“三问三观”现场学习会，市领导和省委督导组全体成员参观“正蒙学堂”，现场感受红色景区的人文魅力。

【“中国梦·美丽浙江行”梁弄首演】

4月27日晚，“中国梦·美丽浙江行”2014年浙江歌舞剧院宣传“五水共治”全省巡演在梁弄镇拉开序幕。姚江是浙江八大水系之一，活动现场，市委常委、宣传部长陈长锋将采集到的一壶姚江源头之水交到主办方手中，希望姚江之水伴随全省巡演的脚步走遍浙江大地，并在6月5日“世界环境日”当天，与其他水系的源头之水汇流，助力“五水共治”行动。本次巡演由省委宣传部、省文化厅联合主办，以全省八大水系为巡演路线，弘扬“务实、守信、崇学、向善”的浙江人的价值观，讴歌创业创新和浙江人民建设“美丽浙江”的精神风貌。

（梁弄镇）

牟山镇

【概况】

2014年，牟山镇实现工农业生产总值55亿元，增长6.2%；全社会固定资产投资7.4亿元，增长27.6%；财税总收入2.5亿元，其中财政总收入2.1亿元；农民人均纯收入20733元，增长9.6%。

全年实现工业总产值41.9亿元、销售39.5亿元、利润2.8亿元，分别增长14.4%、12.2%和23.5%。其中规模以上企业实现产、销、利分别为22.2亿元、19.9亿元、1.8亿元，分别增长21.2%、17.1%和35.3%。实现固定资产投入7.4亿元，增长27.6%；工业投资完成3亿元，增长11.7%。500万元以上投资项目开工19个，竣工15个。引进余姚市外资金1.6亿元，完成年度任务的135%；引进宁波市外资金1.4亿元，完成年度任务的322%，完成率居全市第一。推进“以企引企”“浙商姚商回归”战略，浙商创业创新实现1.1亿元，完成年度任务的240%，完成率居全市第二；实到外资240万美元，合同外资840万美元，分别完成年度任务的104%和140%。申报发明专利8个，实现高新技术产业增加值1.3亿元，新产品产值5.7亿元。外贸出口额6562万美元，增长19.8%；进口额1364万美元，增长35.9%。推进工业园区建设，出让土地7.3公顷。魏家村通过村级商贸中心验收，全镇村级商贸中心三年创建计划全部完成。

全年实现农业经济收入6.1亿元，增长7.5%。早稻面积666.7公顷，晚稻面积733.3公顷，早晚稻轻型栽培面积1213.3公顷。改善农田水利基础设施，完成总投资685万元的中央财政小型农田水利建设。全镇18家规模较大的农家乐经营单位接待游客20余万人次，创收1.8亿元，增长9.7%，牟山湖垂钓中心被农业部命名为“全国休闲渔业示范基地”。成功举办第九届西山白杨梅欢乐游和第十届牟山湖大闸蟹休闲节活动。

投入540万元提前完成环湖北路、徐家公路、张家公路、牛道公路修复工程，投入3920万元完成镇东路一期二期工程、陈家至前荡岙公路、镇南路西延、振华路、魏家至铜钱桥公路等道路建设，开工建设投资额为1800万元的牟临公路。投入213万元完成61省道至璟月湾路灯工程、振华路10千伏电力排管和弱电综合管线建设、镇东路至牟山湖休闲度假区拆迁安置房燃气管道铺设。投入120余万元完成张房至孙家污水支管工程，完成新东吴小王剡作至329国道复线、王剡作至西连接线、泰和家园至镇政府污水管道的设计。完成张房至孙家公路、张家公路、陈家至前荡岙公路绿化。新东吴村、青港村分别通过宁波市全面小康建设示范村、宁波市中心村验收。投入100万元完成61省道、环湖北路、过五线27处候车亭改造新建。投入460万元实施西连接线与61省道交界绿化景观工程。

推进牟山湖开发一期拆迁区块拆迁工作，砖瓦区块已签263户，签约率92%，并同步完成房屋移交。新大园区块基本完成评估。牟山湖休闲度假区安置房一期工程主体结构累计投入1.7亿元，完成进度的78%，安置房二期准备实施。完成第十届村民委员会换届选举工作。6个村股改工作全部完成，全镇共产生股东18557人，总股数65543.5股。

实施“五水共治”专项行动，全镇75条河溪全面落实“河长制”。严格执行禁养区、限养区规定，关停牟山江两岸8家畜禽养殖场。全年拆除各类违法建筑48处，计38660平方米，超额完成全年目标任务，3个村创建为“无违建村”。投入475万元开展水毁修复工程，完成东岙底水库修复加固工程、部分村水毁进排水工程、西湖岙姜山溪沟加固清淤工程、魏家村湖舍片防洪体系修复工程。继续实施宁波市农村水环境整治工程，一期工程投资2517万元，二期工程投资1568万元，生态河道整治长度约5千米均已完工。投入300万元完成新东吴村宁波级农村水环境整治工程。实施总投资2468万元的河道堤防加固、排涝站改造提升工程，整治河道6.88千米，新建泵闸8座，预计在2015年汛期前完工。入选省“治水美镇·浙江样本”50强，获“管水护水”样本美镇称号。

投资近2000万元的第一幼儿园开园，投入230万元完成青港小学校园设施提升工程。举办第二届“最美牟山”摄影大赛，策划出版《醉美牟山》摄影集。成立市文联牟山分会和镇文愿艺术团，举行“魅力牟山”全市书画摄影邀请展，组织开展首届“金牛出水·魅力牟山”文化节。投入260万元改造镇卫生院后勤楼和2座无害化、标准化集镇公厕。

联合马渚法庭在镇社会服务管理中心增设“法庭”窗口，实行“人民调解进派出所”机制，矛盾纠纷调处成功率和办结率均为100%，被评为“宁波市人民调解先进集体”。组建镇特勤中队，开展“平安创建百日系列活动”，被评为“余姚市社会综合治理先进集体”。全年破获刑事案件28起，抓获各类犯罪人员25人，破获治安案件34起，打击处理违法人员38人。创建安全生产标准化企业29家。

实施“乐业增收”计划，开展技能培训527人，完成率159.7%。新增城镇就业810人，充分就业村创建率达100%。依托成校共举办失地农民培训11期，开设创业培训、岗位技能培训及劳动力培训等培训班。成功调处工资纠纷2起、工伤纠纷13起，涉及金额分别为45.8万元和72.6万元。累计发放低保救助资金72.2万元，受益共181户计329人，各类弱势群体救助131.8万元。全年完成各类招标项目42个，中标成交额2431万余元，节减率6%。

【镇社管服务中心增设“法庭”服务窗口】

6月初，经牟山镇综治办、司法所与市人民法院马渚法庭共同努力，镇社会服务管理中心增设“法庭”服务窗口。该窗口每逢周二、周四上午向公众开放，由马渚法庭派1名法官为群众提供法律咨询、普法宣教、矛盾调解等一站式便民服务。

（牟山镇）

丈亭镇

【概况】

2014年，丈亭镇实现工农业总产值146.70亿元，增长3.85%。其中，工业总产值143亿元，增长4.01%；农业总产值3.70亿元；农民人均纯收入19076元，增长10.72%。公共财政收入3.22亿元，增长23.85%。

全年规模以上企业工业总产值55.26亿元，增长12.16%；销售收入52.5亿元，增长7.20%；实现利润3.2亿元。引进内外资项目8个，实到内资1.8亿元，完成市级下达指标的150%；实到外资1310万美元，协议利用外资5663万美元，完成考核指标145.39%；“以企引企”转化规模以上企业3家；完成固定资产投资102186万元，增长24.1%，完成任务的102.6%；其中工业投资79940万元，增长10%，完成任务的101.19%。五谷、众力、嘉源和赛达等4家企业申请“机器换人”重点专项，安拓实业申报宁波技术改造项目。实施工业投资项目27个，计划总投资8亿元，其中列入市重大项目开工计划的项目2个。实际投资9000万元的新型建材二期项目竣工，总投资1.5亿元的园林工具生产项目顺利推进。新增新峰照明和积体动力2家余姚级工程技术中心，成功申报宁波科技型企业。引进“千人计划”项目，与孙韬博士团队达成蓝宝石超精密制造纳米新材料产业化项目，已实现试生产。

以争创宁波市市镇商贸中心为契机，完成白羊山地块征地拆迁工作，姚洲润滑油库二期项目投入试营业。以华润万家、华联家电为中心，辐射带动建成区内工业企业“退二进三”，打造长乐路、朝阳路、新民路等商业示范街区，逐步引进中高档餐饮、休闲、娱乐等消费性服务业，改造提升传统商贸服务业向现代服务业过渡。全年商贸规模企业实现销售2.98亿元，增长11.61%；新增商贸企业投资额1.58亿元，增长10.48%。

投资190万元完成胡界村水系沟通工程，投资170万元完成半岙大溪修复工程，投资400万元完成周家山、龙山浦、胡界东三座排涝站的新建、改建工程，分两期完成姚江堤防加固工程；总投资4650万元的马家浦、朱家浦、潺子浦三大浦塘除险加固工程开工建设；计划投资6600万元的集镇段堤防加固工程完成立项，投资771万元的上钱家埠河、沙江头河断头河打通工程完成招投标；完成柯家、平湖等2座水闸拆建工程；继续实施东岙、马龙岙、黄石岗等3座山塘整治工程。全镇92条河道全部安装“河长”公示牌，并建立河道档案；开展河道垃圾集中清运和河道清淤，1条垃圾河和3条“黑臭河”通过整治验收。宁波市级农业标准化乡镇创建工作通过验收；精选杨梅观光景点(农家乐)38个，并对部分观光点进行调整提升；推广杨梅实用技术，杨梅疏花、疏枝、矮化466.7公顷。

完成集镇区的控制性详细规划编制，开展各行政村规划调整的调研工作，完成新农村用地指标报批工作及历史遗留用地(高铁用地)指标报批。完成汇头东岙高铁安置地块室外工程、新峰道路拓宽工程、寺前王村老省道边及张孙冲毁小桥工程、梅溪村道路塌方修复工程、龙南村水毁桥涵修复工程、人和路鲻山路路灯工程等。完成三中门前、新民北路万家岭段、人和路北侧桂家段的下水管铺设及渔溪新区下水道疏通工程。实施高铁沿线土地综合整治工作和凤东土地综合整治项目，新增有效耕地面积近7公顷。阻止新增违建30余起，强制拆除3起，自行拆除4起，完成“三改一拆”工作任务。

改造提升环卫基础设施建设，生活垃圾集中收集率达到100%。开展姚江两岸100米内畜禽养殖场关停搬迁工作；完成辖内金属表面酸洗企业整治，对未通过验收的企业进行停产治理。完成人和路、鲻山路污水总管铺设和人民西路、朝阳西路污水支管铺设工程，完成杨梅路至省道北侧污水管网铺设招投标工作，完成油车浦两边污水管网设计工作。制订各村生活污水治理三年行动计划，并启动实施桂家人和路两侧的生活污水纳管工程，已完成纳污企事业单位20余家。在原有6个宁波市级生态村基础上，年度又完成3个宁波市级生态村的送审工作。

投资6000万元的三江小学完成工程建设，预备2015年春季开学；投资400万元的镇中食堂、宿舍楼综合改造工程开工建设；取缔4家无证幼儿园；成职校创建为宁波市高标准成校。加大食品药品安全监管力度，整治45家，行政处罚2家，取缔黑诊所1家。无偿献血工作位居全市前列，被评为市无偿献血先进集体。丈亭卫生院通过省一级甲等卫生院验收。投资120万元实施卓新民烈士墓改扩建工程。阻止滥建坟墓10起，拆除滥建坟墓5座。

全年发布招聘岗位信息3382条，完成全年指标的106.35%；推荐就业人数1696人，完成全年指标的104.78%。实施农村劳动力培训564人，完成全年指标的133.90%，外来务工农村劳动力培训505人。推进实施劳动合同和企业集体合同制度，小微企业劳动合同签订率达98%以上，已建工会组织的企业集体合同签订率达到100%。调解各类工伤劳资纠纷10起，为企业员工追讨工资约54万元。全面完成各村避灾安置点建设。

先后举办“印象丈亭”第二届网络杨梅文化节暨丈亭镇第28届“三江之声”杨梅文化旅游系列活动启动仪式、“五水共治·共育青山碧水蓝天”主题征文赛、“三江之声”秋冬篇和第八届“和谐三江”文艺会演等活动。开展凤东村村落文化宫的升级改造，指导渔溪村欢乐大舞台建设，完成文保点陈家三立堂修缮工程。完成宁波市非遗“三位一体”申报工作，传统文化品牌“三江之声”获宁波市群众性优秀文化品牌。

全年受理各类信访件190起，办结率达到

100%；共调解各类矛盾纠纷198件，成功化解195件，调解成功率达98%。全年未发生赴宁波到省城进北京上访事件，实现各重要时段"零上访"。全年未出现一起精神疾病人员肇事肇祸事件，矫正对象无脱管、漏管现象发生，无重新再犯罪。

新增治安卡点4个、新增高清治安监控点位3个，安装村级监控100只，实现行政村全覆盖。受理各类案件780起，下降14%，刑事案件发案率下降28%。组织开展"八打八治"打非治违专项行动，检查生产经营单位65家。5家企业通过三级标准化企业创建，3家企业通过四级标准化企业。未发生重大伤亡的生产安全事故和重大火灾事故，成功创建宁波市乡镇（街道）安监机构规范化示范单位。

【姚东蔬菜种植场成为宁波"菜篮子"基地】

始建于2005年的姚东蔬菜种植场位于丈亭镇胡界村，占地面积14.7公顷。主要生产番茄、茄子、芹菜、青菜、花菜、各类瓜果等农产品，常年可产出蔬菜1000余吨，产值200万元左右，主要面向丈亭、余姚及宁波供应时令蔬菜，并保障淡季蔬菜供应。曾获评"无公害农产品基地"，并成功注册"东顺"商标。2014年春，该种植场通过宁波有关部门验收，成为余姚市年度新增的3家宁波市级菜篮子商品供应基地之一。

【"陈家三立堂"修缮完工】

陈家三立堂位于丈亭村陈家河东，建于1921年。该建筑具有巴洛克风格，是市重点文物保护单位。10月，市文物保护管理所拨出资金2万元，对陈家三立堂进行抢修，工期一个月，于11月底完工。

（李佳敏）

三七市镇

【概况】

2014年，三七市镇实现工农业总产值74.48亿元，增长9.85%。其中，工业总产值65.68亿元，增长10.2%；农业总产值8.8亿元，增长7.5%。财政总收入1.81亿元，其中公共财政预算收入8135万元，分别增长27.9%和27.1%。农村居民人均纯收入20615元，增长14.3%。

全镇实现规模以上工业总产值27.9亿元，增长17.85%；销售收入26.5亿元，增长14.67%；利润8000万元，增长14.84%。消化利用批而未供闲置土地2.6公顷；推进千人计划产业园区二期建设用地征用工作，首批签约落户项目开工建设。实现"个转企"19家，完成年度指标的111.76%，规模企业达36家。申请发明专利17件，实现新产品产值9.69亿元，增长46.78%，技改投入4.15亿元，增长11.1%；完成"机器换人"项目4个，实现自营进出口6600万美元，增长13.28%。实现固定资产投资6.5亿元，完成年度指标的127.7%，增长44.53%；完成工业投资4.15亿元，增长11.1%；完成合同外资1100万美元，完成年度指标的183.33%；实到外资237.48万美元，完成年度指标的100.21%；实到内资1.67亿元，完成年度指标的139.17%，其中实到宁波市外内资8783万元，完成年度指标的175.67%；引进浙商创业创新资金8908万元，完成年度指标的185.6%。

石步村被国家农业部命名为全国"一村一品"示范村；546.7公顷高标准粮食功能区建设项目通过宁波市级验收；成立三七市供销合作社。政策性农业保险实现全覆盖；完成村经济合作社的股份制改革；全年无重大动植物疫情发生。

全年实现商贸投资额7600万元，增长22.96%；商贸服务规模企业销售3.5亿元，增长18.37%；实现商品市场成交额1.1亿元，增长7.63%。完成镇农贸市场改造工程。

完成投资近100万元的集镇中心休闲、停车两用广场建设，投资400万元实施金川路东延工程和吴泽二桥建设，中山路创建为宁波市乡镇街容卫生达标路；投资280万元的相岙、三七市、唐李张3个村共计2.8千米的网络公路硬化建设完成，二魏公路路灯亮化工程和村级危桥加固工程竣工，对三七市老街路面实施破损修复。

唐家村口、李家大会堂广场等工程启动建设，其中美丽乡村规划获省第三届"美丽乡村"优秀村庄规划，投资270万元的唐李张村农民饮用水工程建设基本完成；幸福村农民多层公寓和魏家桥村集中建房（一期）开始农户安置，推进祝家渡等4个行政村的农房"两改"。成功创建为宁波市幸福美丽新家园。投资近3000万元的一期农村生活污水治理完成规划设计，镇环卫站、汉君金属等13家污水纳管单位启动对接工程建设。落实"责任河长"和"民间河长"107人，全镇河道实现"河长制"全覆盖；完成一级饮用水源保护区200米内的畜禽养殖治理，"黑臭河"治理任务基本完成；集中整治涉及消防安全、民间信仰场所等违建现象，拆除违建6.69万平方米。

云山村文化礼堂

完成总投资1800万元的镇中心幼儿园建设及总投资420万元的中小学操场改造提升；35名学生考入余姚中学，考录率继续居全市初中前列。新建2个文化礼堂和2个欢乐大舞台，先后举办第五届全民运动会、第十五届"姚东之音"等大型文体活动。投资70万元的镇卫生院污水处理系统及发电机房改造提升工程建成，村卫生室实施基本药物制度和标准化建设实现全覆盖，成功创建为宁波市卫生应急示范乡镇和宁波市卫生镇。

社会养老、医疗、工伤等均超额完成市指标，新增就业人员718人，创业带动就业1150人。发放优抚金、低保金等各类保障救助金635.9万元，帮扶各类困难家庭548户。推进钦寸水库移民安置，4个村的安置房主体工程建设基本完成。启动实施12个村的村级社会治安动态视频监控网建设，设置启用61省道农贸市场段违停抓拍系统。全年受理各类案件374起，其中刑事案件230起，分别下降19.6%和25.8%，连续六年获市级以上信访工作先进集体。

完成22个江东区灾后重建帮扶项目建设；投资8000余万元涵盖21座泵站和22千米浦塘堤防建设的镇防洪排涝提升工程，成为全市首个立项项目，并全线开工建设，已完成9座排涝泵站的改造提升和朱家山防洪堤、下蒋防洪堤等建设。完成防汛防台应急预案修编。

【新增628路、649路两条公交线路】

1月1日起运行，均从三七市站发车。其中，628路有一南一北两个走向。朝南的开往胜利村，全程2.3千米，设三七市、余家、后宅、胜利村4个站点；朝北开往大池墩方向，全程7.7千米，沿途设三七市、三七市村、上义庄、新凉亭、石步、旱桥跟、大池墩、上王、下翁等站点，终点唐家。649路公交车全程9.7千米，沿途设幸福村、坚四房、钟陈、高家、祝家、下宅、大丁家、顾家、张家、西下林堡、云山村委、云山、下钱等站点。649路发车时间分别为6:50、10:00、13:30、15:50；开往唐家方向的628路发车时间分别为6:10、8:30、12:10、16:45；开往胜利村方向的628路公交车发车时间分别为6:40、9:30、13:00、15:40。

【农业合作社购置直升机】

年初，市田螺山粮食专业合作社投资16.8万元，购置全市首架农用直升机，用于农田施药作业。这架直升机学名叫"植保旋翼施药机"，具有体积小、操作灵活的特点，可在3至7米的低空作业，喷洒速度快，用药均匀，一架飞机可以抵4个劳动力，还能节省农药成本30%以上。

【三七市镇实现移动 4G 全覆盖】

为促进社会主义新农村建设，提升乡村品质和群众生活便捷度，中国移动余姚分公司投入 800 余万元，在三七市集镇和所有行政村（包括企业）安装光纤和基站，实现 4G 网络通村到户，为下一步该镇社会综合治理、智慧农业、村务信息管理等方面应用 4G 网络、实现信息革命打下基础。三七市镇也由此成为全市首个宽带网络和光纤全覆盖的乡镇。

（楼锋聚）

河姆渡镇

【概况】

2014 年，河姆渡镇实现工农业生产总值 88.1 亿元，增长 12%；国地税收入 2.48 亿元，增长 23%；全社会固定资产投资 4.45 亿元，增长 21%；农民人均收入 20450 元，增长 14.6%。

全年实现农业产值 5.6 亿元，增长 11%。其中，茭白主导产业复种面积 1786.7 公顷，产值 1.26 亿元，粮油产值 3147 万元，畜牧养殖业产值 8765 万元，渔业产值 3451 万元，名优茶、杨梅、春笋等林业特色产业实现产值 1.74 亿元。通过浙江省创新农作制度重点推进项目考核，获全国“一村一品”示范镇称号。“余姚茭白”、茭白专业合作社的“源升”牌商标被认定为省著名商标，金吾庙茶场的“古茶”牌商标被认定为宁波市知名商标，另增注册商标 2 个，宁波四明十二雷牌茶叶获第七届国际森林产品博览会金奖。推广“余茭 4 号”茭白新品种面积近 667 公顷，引进水稻优质良种 3 个约 133.3 公顷，茭白田套养甲鱼、泥鳅、蛋鸭等种养面积超 667 公顷。

全年实现工业总产值 80.4 亿元，增长 12.6%。其中，规模以上企业实现产值 45.9 亿元、销售收入 44.6 亿元，分别增长 19.5% 和 19.2%。工业固定资产投资 2.85 亿元，超额完成全年指标。全年实到内资 1.4 亿元，其中宁波市外 7780 万元，省外回归引进资金 4780 万元。罗江工业园区已确定入驻项目 10 个，其中余姚市外企业投资 6 个，已开工 5 个，总投资额 1.5 亿元。实施“零土地”技改项目 7 个，总投资额 6120 万元。不锈钢熔炼企业专项整治工作基本完成，关停不锈钢熔炼企业 41 家，其中 38 家通过宁波验收。实现工业技改投入 2.85 亿元，实现新产品产值 8.5 亿元，新增创新性企业 8 家，新申请发明专利 24 件、实用新型专利 39 件、外观设计专利 28 件，完成发明专利申请 28 件，实施“机器换人”项目 5 个。启动 500 万元以上工业投资项目 18 个，已完成 13 个。镇品牌指导站成功创建为宁波市三星级品牌工作指导站。

全年实现第三产业产值 2.1 亿元，增长 10.5%。其中，旅游业产值 0.6 亿元，增长 11.2%；规模以上商贸服务业销售 1.5 亿元，增长 8.5%；实现商贸服务业新增投资 4720 万元。结合余姚河姆渡——天下玉苑创建国家 AAAAA 级景区总体规划，发展以休闲观光为主的农家乐示范基地建设，鼓励企业投资旅游观光产业。以新集镇开发建设为契机，开展商贸土地开发的前期工作，启动罗江加油站项目建设。

根据新集镇区域功能区块划分，完善各类规划修编工作，集镇控详性规划通过评审。推进各行政村规划编制，翁方村精品村规划完成批复，车厩等 6 个村的村庄规划完成初步设计。农房“两改”工作全面铺开，东澄村、芦山寺村项目已进入分配阶段，小泾浦村项目完成 50%，其余各村已进入征地、招投标等前期工作。推进农村土地综合整治工作，一期包括罗江、车厩、东澄 3 个村，其中车厩村项目基本完成，剩余 2 个村正进行有关对接工作，二期包括江中、芦山寺、小泾浦、河姆渡 4 个村，已通过省国土资源厅审批，进入面上政策处理等前期阶段。

全镇社会基础设施投资 1.6 亿元，增长 74.3%。

镇中心小学及文体中心主体工程基本完成。甬梁线东山河段、东澄段、陶徐冯段的桥梁拆建工程全部完成，纬四、纬五、车厩大道北接线等主要道路工程有序推进。新建农村网络公路3条，完成自来水管网改道4条。完成16个"菲特"台风灾后应急修复项目，推进车厩、陶徐冯大溪整治、江浦塘除险加固、白罗岙沿山溪整治等三大水利基础工程。

实施"五水共治"三年行动计划，对17条镇级河道实施河道清淤、网箱打捞等治理，基本完成姚江两岸50米范围内的畜禽养殖场的拆违整治工作，拆除面积2万余平方米。万元工业增加值能耗降低率6%，27家中频小户熔炼企业按计划完成除尘装置。完成罗江二号泵站建设，罗江工业园区、车厩大道污水工程和翁方村、罗江村、东澄村农村生活污水项目进展顺利。制定出台《河姆渡镇环境卫生管理工作一体化实施意见（试行）》，对镇主干道及部分河道进行市场化保洁。

全年开展农村劳动力素质培训7期、外来务工人员岗位培训5期，培训人员651人。完成推荐就业人数749人，就业和再就业40人，帮助20名"4050"人员解决就业。累计完成社会养老保险8434人、医疗保险7214人、失业保险6089人、工伤保险7611人、生育保险6711人、城镇居民医保4554人，新增失地农民养老保险509人。累计发放最低生活保障金114.9万元、优抚社救款57.46万元、特困户临救款11.37万元、特困户大病医疗救助金76.17万元、残疾人基本生活保障金92.87万元、80周岁以上高龄老人生活津贴36.6万元、60周岁以上农村籍退役士兵补助款13.96万元、"菲特"台风救灾资金89万元。改造低保及低保边缘户家庭危房5户，完成钦寸水库移民30户82人。

罗江小学"数字化校园"创建达标，并完成透明食堂改造，清理无证幼儿园3家，全镇普惠性幼儿园达到100%。启动特殊家庭帮扶项目，出生人口性别比低于全市平均水平。村卫生室实施基本药物制度改革，全年开展新农合、育龄妇女、居民健康体检6000余人，高血压、糖尿病规范管理率分别达60.6%和69%。

翁方村成功创建浙江省文明村，车厩村、宁波宇华电器有限公司创建宁波市文明村和文明单位。继续在翁方、五联、河姆渡、车厩等4个村推进道德银行建设工作，新增贷款农户6户，总额60万元。"宁波三美乡村"创建现场会在翁方村召开，罗江村家园馆、"欢乐大舞台"、道德文化长廊、文化讲堂等投入使用，芦山寺村家园馆和稻作文化展示馆完工。举办第八届"书香河姆渡"全民读书月和第三届"古韵河姆渡"乡土文化节，组织开展"迎国庆"全镇大合唱比赛和第二届"道德明星"评选等系列活动，"书香河姆渡"全民读书月活动被评为宁波市首批示范项目。"欢乐大舞台"全年开展各类文体活动13次，其中翁方村"欢乐大舞台"承办市镇大型文化活动6次，罗江村"欢乐大舞台"承办2次。

完成第十届村民委员会换届选举和村经济合作社股份合作制改革。"阳光村务"在翁方村、罗江村试点的基础上，各村基本实现党务、村务、三资、公共服务及权力清单的全面公开。全年完成3个行政村、2个部门和64个工程项目的审计工作。民主法治村创建实现全覆盖，罗江村成功创建省级民主法治示范村，东澄村成功创建宁波市级民主法治示范村。

全年累计调处各类纠纷151件，其中镇调委会调处20件，村调委会调处66件，新余姚人调委会调处65件，调处成功率达100%，未发生重大恶性刑事案件和重大影响的群体性事件。实施罗江村、芦山寺村引水上山工程，镇森林扑火队获宁波市森林消防高压泵借力灭火技能比赛一等奖。全员培训模式工作经验在全市推广，全年培训5589人次，全镇安全生产事故发生率下降约70%。

【宁波市"三美乡村"建设工作会议在翁方村召开】

4月17日，宁波市"三美乡村"建设工作会议在河姆渡镇翁方村召开。宁波市委副书记、宣传部部长余红艺出席会议并讲话。宁波市副市长张明华主持会议。余姚市委副书记诸晓蓓，市委常委、宣传部部长陈长锋陪同参观市"道德高尚心灵美、文化丰富生活美、社会和谐乡风美"建设工作图片展和翁方村道德文化长廊、文化礼堂、家园馆等宣传文化阵地设施。

【镇茭白种质资源圃建成】

为优化茭白品质，年初，河姆渡镇会同市农科所，在镇茭白产业基地标准化示范区内新建总面积0.7公顷的茭白种质资源圃。搭建育茭小坑40余个，每个坑培育1个新品种，共培育从全国各地引进的单、双季茭白新品种38个。

（施　韩）

小曹娥镇

【概况】

2014年，小曹娥镇有常住人口40615人，其中户籍人口28600人，外来人口12015人。有耕地1785公顷。实现工农业生产总值161.34亿元，增长6.9%；财政总收入3.22亿元，其中公共财政预算收入3.04亿元，分别增长10.6%和24.5%；农民人均收入21767元，增长13.6%。

全年工业总产值155亿元，增长6.7%。其中，43家规模以上企业实现产值、销售、利润分别为129亿元、122亿元、5.05亿元，分别增长7.2%、7.3%、6.5%，其中产值超亿元企业19家。实现新兴产业产值58亿元；新产品产值36.6亿元；科技投入1.71亿元；申请专利185件，其中发明专利10件，实用新型27件，外观148件，专利授权85件。实施固定资产投资项目44个，其中新开工项目37个，接转项目7个。完成全社会固定资产投资10.4亿元，增长20.8%，其中工业投资项目27个，投资8.05亿元，增长12.7%。实到外资309万美元，宁波市外内资1.62亿元，浙商创业创新实到资金5426.4万元，共签约内外资项目5个，注册项目2个，以企引企达到规模以上企业转化2家。新增商贸企业投资额8400万元，实现商贸规模企业销售1.16万元，实现出口交货值14.7亿元。

全年实现农业总产值6.34亿元，增长12%。组织实施“冬春菜+黄瓜+豇豆”“菜+毛豆+菜”“菜+长豇豆+菜”“菜+抗虫棉+矮刀豆”“西兰花+豆类+包芥+榨菜+辣椒”等高效生态种植布局，十大主作物全年复种面积4845公顷，复种指数达271.4%。推出省级现代生态循环农业示范主体3个（金贝、环邦、滨海兔业），新增国家级农业标准园1个（佳云），市级设施农业建设基地1个（云鹏），引进秸秆粉碎还田机、旋耕机等各类新型农机具37台。全镇12家榨菜企业实现产值3.4亿元，收购鲜头榨菜5.8吨。现有宁波级农业龙头企业8家。新增土地流转面积23.3公顷。35家农民专业合作社销售农产品9200余吨，产值2750余万元，100余名农民经纪人销售各类农产品2100万元。总投资1500万元实施滨海现代农业园区中低产田改造项目完工，涉及中西片南北海涂田，建设面积233.3公顷，新建机耕路6388米、板渠9820米、河道砌石3567米、泵站2座、桥梁2座、水闸1座。完成总投资600万元的年度全国小农水重点县建设项目和总投资246万元的宁波市水环境整治示范村项目工程。总投资800万元实施标准农田质量提升工程，面积743，1公顷，对五塘江以北区块发放商品有机肥1880吨，硼肥3.370吨，洋丰复合肥126吨，实施秸秆还田，强化深耕，固氮作物轮值157.5公顷。

主动对接滨海新城，编制完善集镇控详规划、商贸规划、生活污水管网规划，逐步拉开集镇框架。实施 号公路 期工程建设，全长4.5千米，共征地13.7公顷；完成总投资113万元的余姚大道至方家路道路新建工程，以及符丁直路至沿江东路碎石道路铺垫。完成曹娥小学段道路改造和整修。完成535路公交车始发站建设搬迁。

实施“五水共治”三年行动计划，全镇11条镇级河道、65条村级河道落实“河长”制，并按照“三洁九无”目标建立河道保洁专业队伍。利用“十闸三泵”功能实施水体流动。引进生物技术净化污染严重河段水质，七塘横江延伸段、爱国江等7条“黑臭河”“垃圾河”均已“摘帽”。完成榨菜废水管网延伸工程和榨菜企业内部雨污分离改造，及20家企业事业单位生活污水纳管工程。启动实施南新庵村农村生活污水纳管工程和人和村农村生活污水分散式收集生化处理工程。取缔非法电镀加工企业1家、废塑料加工企业5家，新增清洁生产企业2家。电镀废水高位池建设项目建成投运。

实施南新庵村美丽乡村精品村项目建设，完

成朗海、曹娥两个村的农民多层公寓楼建设工程。实施南新庵等7个村的农村土地综合整治项目，复垦面积4.7公顷。加强12.7公顷海塘防护林、8.5公顷引水工程防护林培育管理，创建宁波市级森林村庄1个。全镇8个村均建立环境卫生长效保洁队伍，保洁路面68万平方米。借“五水共治”专项行动进行环境整治，清除各类垃圾3600吨，沉船8只，地笼、插网863处，疏浚河道9.7万立方米，封堵污口18个，拆除河岸违章建筑457平方米，完成绿化带修补扩种4000平方米，治理脏乱道路9000平方米。

镇中心小学迁建工程有序推进，镇公办幼儿园开业，新建曹娥小学塑胶田径场，维修镇中科教综合楼，安装镇中和曹娥小学校园监控。镇中心小学入围全国“优秀传统文化进校园”项目首批试点学校。举办“我们的节日·端午之忆”主题活动及镇第十一届“曹娥之声”等文化活动。开展“恪守信孝俭，共筑美丽幸福家园”系列活动，汇编《孝女故里·和谐曹娥》小册子。完成朗海村“文化大礼堂”和南新庵村“欢乐大舞台”建设。

新型农村合作医疗覆盖率达99.19%，受惠群众115470人次。完成劳动技能培训410人，推荐就业1053人，城镇新增就业784人，调处各类劳资纠纷28起，工伤认定45起。发放低保金额141万元，残疾人基本生活保障200万元，提供临时生活补助240户，大病医疗救助145户，完成农村困难家庭危旧房改造20户。发挥各级调解组织、镇“新余姚人”调委会组织作用，排摸纠纷384件，成功调处383件，调处成功率99.7%，治安案件与刑事案件发案率分别下降24.3%和11.5%。完成村民委员会、村社管会、社监会换届选举。开展全国第三次经济普查，共登记法人代表、产业活动单位522家、个体经营户1211家、非普查对象160家，总计1893家。

【百岁老人名录】

全镇现有百岁老人4人。陈小土，男，1911年2月出生，住曹娥村三发片沿江北路43号；韩剑妹，女，1910年10月出生，住镇海村10队；王阿连，女，住滨海村11队，1914年3月出生；施国林，男，1916年9月出生，住滨海村5队。

（周志培）

临山镇

【概况】

2014年，临山镇实现工农业生产总值151.8亿元，增长7.9%；完成财政总收入3.33亿元，公共预算收入2.84亿元，社会固定资产投资7.6亿元；农民人均纯收入22056元，增长9.5%。年末银行存贷款余额分别为22.3亿元、15.1亿元。

全年实现工业产值116亿元，增长5.5%。其中，规模以上企业产值40.2亿元，增幅9.5%。引进两大填补国内空白的高新项目，其中创润年产250吨电子级低氧超高纯钛项目投产，产品品质达到预期；投资3.5亿元的高纯钼材料项目落户。全年实到内资20163万元，增长172.5%；实到外资649.78万美元，增长36.57%。围绕项目攻坚，完善项目联系、跟踪服务、督查推进等制度，加快奔利电器、天超风机、国昌电器等23个在建续建项目施工进度。全年完成技改投入4.1亿元，申请发明专利87只，授权4只，新产品立项59个。其中，宁波市重点新产品1件；完成个转企48家，小升规6家，新增亿元企业3家，兴敖达、日樱、华孚、日晟等9家企业破亿。有16家企业进行“机器换人”改造工程，其中有6家企业申报余姚市级“机器换人”重点专项。

全年实现农业产值11.39亿元，增长10%。总投资近6亿元的宁波甬丰、杭州欧银等2个市六大百亿工程农业重点项目进展顺利，其中铁皮石斛种植项目已栽种铁皮石斛220万盆，预计2015年底可对外销售；投资2500万的甬丰公司农业服务中心大楼已完成主体工程建设。启动总投资646.3万元的标准农田改造提升、耕地复垦、农田水利养护、泵闸改造、沟渠路设施等建设；推进总面积200公顷的滨海示范园区基础建设项目和投资4200万的两江四岸工程建设。

全年实现三产收入24.4亿元，增长15.7%。围绕十字街、迎凤路和329国道商贸带的提档升级，商贸规模企业实现销售3.67亿元，增长34.1%。依托味香园葡萄品牌，在保持葡萄种植规模的基础上，探索葡萄精益生产、精细管理、精品销售，实现葡萄销售收入近2亿元。全年葡萄采摘游客12万以上，实现旅游收入2500万元。

《临山镇总体规划》完成评审，《部分区块城市规划设计》《07、09区块控制性详细规划》启动编制。围绕宜居集镇建设，两江四岸工程开工，文教中心地块土地启动征收，镇换乘中心地块完成政策处理。完成总投资7500万元的临山至牟山连接线工程第一层沥青铺设。以美丽乡村·精品家园建设为抓手，完成邵家丘村“美丽乡村·精品家园”特色村建设；初步完成临南村中心村建设；临城村“凤栖锦苑”集中居住小区竣工；推进临南村、汝东村集中安置小区的规划选址、立项设计等前期工作。基本完成329复线、迎凤路、凤栖路等路段污水收集工程；完成桥板西路和工商所地块两处低洼地块的改造工程；启动临南、汝东及梅园生活污水建设。完成129条河道的水环境整治，摘除3条垃圾河、黑臭河的帽子；拆违58起，拆除违章建筑45295平方米。

推进镇初级中学、镇中心幼儿园和文教中心的规划建设；开展红五月、葡萄节、文化志愿者下村巡演等各类文化活动。完善社会保障体系，全民参保率达90%。全年募集各类善款196.4万元，累计发放最低生活保障、节日补助、临时救助等各类救助资金1082万元。共办结刑事案件512起，治安案件162起，排查调解各类矛盾纠纷63起，调处成功率达100%，受理各类信访案件433件，办结来信、来电、来访405件。集中开展安全生产大排查大整治和重点行业、重点领域事故隐患排查，实现规模以上企业安全生产标准化覆盖率100%。

全年立案查处党员违法违纪案件5起，其中开除党籍3人，党内警告1人，党内严重警告1人。开展各类工程审计34个，核减资金150.95万元；完成招标交易29个，节减资金215.5万元；压缩“三公”经费达26.67%。

【“振兴临山三年行动计划”启动】

1月，临山镇党委、政府推出“振兴临山三年行动计划（2014—2016）”，力争“一年夯基础、两年有提升、三年出成效”，加快产业发展高地和品质城镇建设，加快产业转型升级和结构优化，加快公共服务提升和社会大局稳定，把临山打造成有实力、能宜居、尚文明、保平安的现代化新型城镇。

【年度八大民生实事工程简介】

投资4200万元的“两江四岸”整治工程，以大浦江、下姚江等两江四岸为主的河道拓宽、石砌河岸以及13座泵闸改造；投资400万元的大浦江六桥重建工程，拆除6座老桥，重建长92米、宽12米的新桥；投资150万元的邵家丘水环境整治工程，进行以邵家丘村为主的河道清淤、水质改善；投资400万元的集镇生活污水纳管二期工程，改善凤栖路沿线人居环境；投资7500万元的临牟公路新建工程，建成长5.39千米，路基宽12米的农村网络公路；投资500万元的生活污水管网工程，收集临城村任家片约500户居民生活污水；投资120万元的敬老院扩建工程，设计以改善养老人员生活条件为主的宿舍新大楼；一期投资80万元的镇中扩建筹备工作，完成学校选址、规划、论证、设计等前期筹备工作。

【临山镇与高校举行“机器换人”对接会】

3月15日，临山镇商会在浙江工业大学、中国计量学院举行“机器换人”对接会。浙江工业大学、中国计量学院的8名专家教授针对临山企业实际，用PPT和电脑视频演示等形式，为临山镇68家骨干企业负责人展示电子、家电、文具、塑料等多机自动化生产、高性能多工序复合加工机床，以及各类数控专用机床等多个科技应用项目。

"机器换人"科技对接会

【《临山名人》出版】

6月,《临山名人》一书由中国文史出版社出版发行,是为临山镇继《临山民间故事》《抗倭名将戚继光》《临山卫志》后又一部地方史书。《临山名人》由"古代篇"和"近代篇"两部分组成,分乡贤卷、功名卷、德政卷、英烈卷,辑录在临山经济、军事、文化等方面做出贡献的名人乡贤百余人。

(赵　丹)

黄家埠镇

【概况】

2014年,黄家埠镇实现工农业总产值170.1亿元,其中工业总产值151亿元,农业总产值7.42亿元,第三产业总产值11.7亿元。实现财政总收入3.026亿元,公共财政预算收入2.38亿元,农民人均纯收入21280元。

全年引进内资1.8亿元,其中宁波市外0.9亿元,完成考核任务的123%;浙商姚商回归0.8亿元,完成考核任务的121%。完成工业投入8.52亿元,增长13%。市重点项目——投资1.1亿元占地4.3公顷的格莱特二期休闲用品研发测试基地及商住项目正在建设之中,投资1.5亿元占地3公顷的正欣消防项目完成土建。4个已供地项目宁波上善、余姚圣天时、双龙钢构、宁波凯拓加快建设进度。宁波乐品、裕东等8个项目相继投产。富华等4家企业实施总投资3200万元的"机器换人"项目。新争取土地指标8.7公顷,"批而未供"土地消化1.4公顷。防洪排涝、生活污水处理、教育设施建设、休闲公园、通海管道、农村网络公路等六大民生实事工程完成年度目标任务。

全年规模以上企业产值、销售、利润各为49亿元、46亿元和1.66亿元,分别增长13.7%、15.9%、19.4%。新增规模以上企业6家、亿元企业2家、个转企46家。全镇规模企业总数已达44家,其中销售超亿元的企业有14家。消防行业作为镇传统优势块状经济之一,在市场整体处于淡季的情况下,规模以上企业利润实现70%的高增长;休闲用品、电子能源、汽配五金三大新兴块状产业,规模以上企业产值之和达27亿元,增长33%,占规模以上工业总产值的55%,比上年提高6个百分点。全年专利申请193件,专利授权168件,其中发明专利37件。实现新产品产值15亿元,增长27.2%。企业科技投入达1.42亿元,增长9.2%。正欣、安科等企业创建为余姚市工程(技术)中心,金田创建为宁波市科技型企业,捷华创建为国家级高新技术企业。节能降耗工作成效明显,规模以上万元增加值综合能耗下降6%。全镇20家规模以上商贸服务业实现销售1.1亿元,增长10%,新增商贸投资项目1个,累计投资1.7亿元。

全年总投资1800万元开展农田水利设施建设,其中投资450万元实施五闸新建、泵站改造等工程,投资945万元完成全国小型农田水利建设工程。投资600余万元建成宁波市首家乡镇现代农业综合服务中心,投资120万元建成宁波市首家乡镇级病死动物无害化处理中心。实施加工蔬菜示范园区建设项目，秋穗公司标准化出口蔬菜生产基地项目第一批九头大葱亩产值超万元。全年下拨各类扶持资金200万元，加大对农民专业合作社、家庭农场、农业大户的指导帮扶，新增宁波级示范家庭农场2家，余姚级示范家庭农场1家。落实蔬菜加工示范区、329复线两侧绿化等土地流转近50公顷；完成三号水库、中河路南侧等地块征用政策处理近70公顷；水稻生产实现全程机械化。

总投资1.3亿元，重点推进12个“五水共治”项目。其中，投资600万元的镇级榨菜污水纳管系统已与市总管对接投入运行；投资2000万元新建电镀印染两条各5千米的通海排污管道；投资276万元完成工业园区及集镇周边生活污水纳管，接户企业30余家；投资850万元新建上塘、十六户、五车堰3个村污水处理设施，生活污水实施村实现全覆盖。累计淘汰各类电镀、印染等落后设备169台，更新设备131台，减少电镀车间13个，关停落后加工企业10家。各企业共投入2000万元升级废气处理设施，光耀热电公司投资1100万元完成脱硝工程，华盈公司投入400万元引进台湾先进设备，将废气处理装置升级到全行业先进水平。推进畜禽养殖行业专项治理，对村庄内的小型养殖场实施搬迁改造或关停，完善规模化养殖场三沼治理。开展水环境整治、河道疏浚、“三河”治理等专项整治，投资180万元完成2万余米的河道疏浚；投资425万元完成回龙村、五车堰村水环境整治项目；投资40万元修复高桥江水生植物。投资190万元对6条垃圾河及黑臭河采取“一河一策”专项攻坚治污，已全部“摘帽”，打通后蒋外江断头河。在全市率先推行“民间河长”制，首批挑选20名群众担任“民间河长”。

总投资2.6亿元的329国道黄家埠段拓宽改造提升工程完成政策处理，北幅路基、桥梁及管道已开始施工；兰风大道高桥节点单幅贯通；五星地块林翔商务项目正对外招引商家进驻；前冯商住地块郡王府项目一期推出住宅140套、商铺25套。全年镇村两级共投入资金4476余万元，用于农村基础设施建设，完成宁波市级总长3.86千米的3条网路公路建设，硬化村级道路1.84万平方米，安装路灯75盏，疏浚河道2.3千米，砌石9.8千米。回龙和十六户2个村完成美丽乡村规划评审，回龙村欢乐大舞台和十六户村红色通道纪念园等一批项目已建成或正实施。回龙村土地综合整治项目，安置土地面积近3公顷，安置面积26669平方米，需拆迁104户，签约率90%，安置小区规划设计和项目施工图已完成。全年拆除违章建筑3.78万平方米，10个村创建“无违建村”。启动平原绿化三年行动，推进“森林城镇”创建，投资326万元新建兰风公园，占地0.4公顷；投资30余万元完成高桥公园绿化补种；投资2500万元的开展329复线绿化，完成5处废弃矿山的生态复绿。出资30万元购置大型不锈钢垃圾箱16个，投资160万元的垃圾压缩设备及压缩机房改建项目完成招标。出资370万将全镇环卫工作外包，实行水陆一体的保洁模式。

投资近200万元新建的中河小学三层教学楼已于9月投入使用；镇中余姚中学录取人数在农村中学中名列前茅。镇成校通过“宁波市高标准成校”复查，镇公立中心幼儿园被评为宁波市三星级幼儿园。10个村实现村级医疗服务站全覆盖。新建杏山村、横塘村文化礼堂，修缮陈汉山武侠作品陈列室。完成回龙村等4个村的道德银行建设工作，回龙村被授予首批省级信用村，镇跻身首批省级信用镇行列。推进“十分钟文体活动圈”发展，深化“蒋梦麟读书节”“潮涌黄家埠”等特色宣传品牌。开展“人才强镇”工程，全年有1名高级工程师、7名工程师及18名助理工程师、经济师申报成功。

开展被征地农民参保工作，实施失地农民补助410人，共计资金246万元。落实就业创业补助80万元，安排公益性岗位就业人员41人。累计发放各类救助资金600余万元。开展安全生产大排查大整治和“九打九治”专项行动，整改各类安全隐患近850余个。全年共处理群众来信来访、市长信箱、市长电话等信访件177件，办结率100%。镇村共调处各类重大矛盾纠纷95起，调解成功率99%。镇司法所成功创建省级四星级规范化司法所。

【宁波市首家乡镇病死动物无害化处理中心投入使用】

黄家埠镇现有规模生猪养殖场2家，年出栏生猪3万头，规模禽类养殖场2家，年出圈禽类20万只。针对全镇养殖规模不断扩大，畜禽交易和消费量不断增大，畜禽疫情来源复杂的实际，2014年初，黄家埠镇采用政府投入与企业投资相结合的模式，投资120余万元建成宁波市第一家乡镇病死动物无害化处理中心，建有收样室、冷藏库等辅助设施，可在一个周期内(3天)处理死畜禽1.5吨。

【镇农业综合服务中心建成】

12月，位于黄家埠镇国家级现代农业示范园区先导区内的镇农业综合服务中心正式投入使用。总投资600余万元，占地面积2500平方米，建筑面积1500平方米，集农业科技试验推广、信息采集发布、农资采购供应、农业交流合作、产品质量溯源、信贷保险服务等六大功能于一体。中心还投资20万元配备农药残留速测仪、土壤肥料养分速测仪、美国哈希水质分析仪等专业设备，开展农残检测、水质检测、土壤检测、水产检测、畜牧检测等服务。中心同时承担农技推广、动植物疫病防控、农产品质量安全监管“三位一体”的农业公共服务职能，可集中开展农业科技、农资服务、土地流转、农业保险、水利水政等面向“三农”的一站式综合服务。

（黄家埠镇）

大隐镇

【概况】

2014年，大隐镇有常住人口13848人，其中户籍人口8926人。全镇实现工农业总产值19.83亿元，增长13.2%。社会固定资产投资7350万元，增长11.2%。农民年人均收入17660元，增长13.8%。公共财政预算收入9466万元，其中地方级收入完成3471万元。

全年实现工业总产值15.25亿元，增长8%。实施工业技改项目2个，完成技改投入2432万元。申报宁波市级新产品10件，专利申报90余件。实到内资1980万元，其中宁波市外1100万元，实到外资15万美元。全年增加值能耗下降6%，增加值电耗下降5.5%。消化利用“批而未供”土地1.7公顷，工业园区二期一、二号地块招拍挂土地开工建设。全年实现农业总产值1.24亿元，与上年持平。新增宁波市知名商标1家，新增无公害农产品6个，新建集旅游、采摘为一体的农业观光园区3处。成功创建“省农机平安乡镇”、地质灾害治理“十有”乡镇。实现第三产业总产值3.34亿元，增长15%。实现旅游总收入2100万元，增长17%。“浙东小九寨”创建为国家AAA级景区，并创建全市首家旅游特色产品商店。重点商贸企业销售收入780万元，增长12%，第三产业入库税收230万元，增长12.2%。

启动实施“五水共治”三年行动计划，修编完善“大隐镇防汛防台应急预案”。累计投入5900万元用于六大水利基础设施建设，开展云旱溪整治、隐溪河整治、姚江江塘整治、章山新村防洪、芝林村小流域治理、馒头山水库强塘固基等工程。累计投入1415万开展新型城镇化建设，完成滨溪南路绿化(甬梁线至三山桥段，罗山桥至上大线段)及自来水总管改造(甬梁线至三山桥段)、中心学校综合行政楼拆危重建、集镇部分老旧路灯改造和延伸。完成部分工业园区内的道路、管网、给排水等基础配套设施的建设。完成袁毛线(大隐段)改造。集镇污水总管铺设(鄞州—高桥段)完工。配合完成姚江鄞州段堤防加固工程3.9公顷的征用。大隐村完成农民多层公寓分配，推进章山村、学士桥村农民多层公寓建造，云旱村完成标准厂房出租。芝林村推进“美丽乡村”建设，完成污水处理工程分管铺设、农民饮用水工程、综合服务中心建造和生态停车场建设。

户籍人口养老保险（保障）参保人数累计6725人，参保率达92.01%。养老、医疗、失业、生育和工伤五大保险分别为3469人、2815人、2526人、2604人和3299人，城乡居民养老保险（含被征地人员养老保障）累计4754人。参加新型农村合作医疗保险3582人，参加城镇居民医疗保险2774人。在全市率先完成学生社会保障一卡通办理工作。累计发放各类帮扶资金40余万元。培训农村劳动力300余人，帮助790余名城乡劳动力实现就业再就业。学前儿童入园率，义务教育普及率、巩固率、升学率均达100%，成功创建为全市首家“省健康促进学校金牌”单位。开展慢性病、传染病防治，群众体检建档率85%以上，成功创建“宁波市公共卫生应急示范乡镇”。举办第六届“隐溪河畔文化节”，并被评为第二批宁波市群众性文化活动优秀品牌。举办第二届全民运动会，成功创建为“浙江省体育特色乡镇”。

开展“三改一拆”专项整治，先后拆除影响芝林村“美丽乡村”建设的集体厂房、雪峰寺违章建筑、姚江边100米以内4家畜禽养殖场和隐溪河50米以内2家畜禽养殖场，还拆除高速公路两侧的广告牌12处。拆除各类违章建筑29处，累计拆违面积22880平方米，完成上级考核任务的190.7%，位列全市第一。同时，完成镇域范围内14座小庙小庵专项整治工作。开展治污水专项行动，对镇域内3条镇级河道、5条村级河道分别落实“河长制”和“民间河长”。全镇刑事案件、治安案件数与上年基本持平。调处各类矛盾和纠纷72起，调处成功率达100%。累计受理劳动争议案件120起，调解成功率达100%。开展“六打六治”等安全生产专项行动，取缔云旱村煤气代充点。全年未发生较大的安全生产事故、食品安全事故、道路交通事故。

【芝林村发现白顶溪鸲】

初春，有摄影爱好者在芝林村山谷中拍到一只小鸟，羽毛呈深蓝黑色，腹部和尾羽呈棕红色，尾羽尖呈黑色，头顶似盖一块白纱。经宁波鸟类爱好者辨认，确认此鸟为白顶溪鸲。据相关文献记载，白顶溪鸲在浙江有夏候鸟一说，但也有冬候鸟、留鸟一说，此次发现为后者提供佐证。

芝林白岩龙潭

【张和芳烈士牺牲70周年座谈会】

5月9日，大隐镇邀请张和芳烈士家属、市新四军研究会、老干部代表和当地社会各界代表近30人，举行张和芳烈士牺牲70周年座谈会。张和芳烈士系大隐镇人，1939年1月加入中国共产党。1944年5月6日在探索敌情后不幸被捕，坚贞不屈，5月9日被害于在大隐镇学士桥头，牺牲时年仅36岁。

（大隐镇）

大岚镇

【概况】

2014年，大岚镇实现工农业总产值8.54亿元，其中工业产值5.6亿元，农业产值1.09亿元，第三产业收入1.85亿元，财政总收入4452万元，农民人均收入12815元。

全年生态修复面积67.3公顷，留养新竹45万株，种植红豆杉5万株、红叶石楠5万株。出台休闲观光农业扶持政策，鼓励企业、农业大户把果蔬生产性基地转化为集生产、采摘、体验、观光于一体的旅游农业，重点打造大岚村以蓝莓、红心猕猴桃、中华肾果为主的特色经济水果基地，大俞村香榧基地，大路下村薄皮山核桃基地。实现茶叶总产量975吨，产值2860万元，镇名茶企业先后获中绿杯金奖、省绿茶博览会金奖、第六届中国义乌国际森林产品博览会优质奖、中国名茶评选金奖。

全年接待游客67余万人次，实现直接经济收入2680余万元，其中农家乐共计接待游客33.5万人，带动周边消费1554余万元。落实投资1500万元的大俞四窗岩户外运动项目，打造上马樱花观赏点，同时启动姚江源头、野猫岗、蜻蜓岗等重点区块旅游项目的招商引资工作。筹建姚江源乡村客栈管理指导中心，培育"姚江源乡村客栈"品牌。柿林美丽乡村精品村建设规划获省第三届"美丽乡村建设"优秀村庄规划竞赛一等奖。拓展政府网站旅游专栏、微博、微信公众服务等平台，举办"神奇大岚"茶文化节和丹山赤水柿子旅游节庆活动，其中丹山赤水柿子旅游节荣获宁波市社会化办节三等奖。

完善基础设施建设，投入800余万元完成岩头至后朱公路和大俞至大元基公路建设，投入160余万元完成城乡公交线路安保工程，投入300余万元完成镇老年服务中心主体改造工程，投入50余万元完成镇烈士陵园改造提升，投入200余万元建设镇中心小学塑胶跑道。推进"五水共治"工作，投入520万元完成全镇"菲特"台风灾后修复工程，投入655万元完成6只山塘水库整治和6只病险水库报废工作。投入255万元完成最后1个村饮用水管网改造工程；投入850余万元对5个行政村进行生活污水治理。

实施城乡居民乐业增收计划，全年举办各类培训班7期，培训人员314人次。农村合作医疗累计报销医药费579.8万元，发放抚恤、救灾、救济等各类补助资金240余万元，新建、改造困难农户危房8户，修缮部分独居老人房屋。完成村经济合作社股份合作制改革。创建数字化校园，通过省均衡化教育验收。发展中医科医疗，镇卫生院成功创建为浙江省一级乙等卫生院、宁波市人民满意卫生院。先后举办"逐梦岚山"首届全民运动会，出版发行《神奇大岚》，承办2014全国围棋甲级联赛，举办市首届百姓文化节暨大岚村第六届"情融姚江源"村落文艺会演等活动。

开展"最美山乡行"活动，挖掘宣传镇卫生院院长姚亚强等先进典型。结合领导干部"五联五促""万名干部联万户"活动，开展"走亲连心""双带双走"活动，镇领导班子成员走遍全镇369户低保户、低收入户和困难党员，镇机关干部走遍全镇3913户农户，走访率达98%以上。强化村级班子"领头雁"工程建设，调整党支部书记2人。开展农村"小微权力"规范运行工作，编制下发《大岚镇农村小微权力规范运行操作手册》及试点村小微权力清单164份。加强对招投标的管理和监督，完成招投标交易共43次，累计中标金额2972.14万元，节减136.97万元。全镇财务审计和工程结算审计项目共计65项，审计金额6078.73万元，审计核减282.03万元，平均核减率8.86%。镇村两级共调处各类民间纠纷85起，受理各类信访件93件，办结率100%。

浒溪大岚段

【第九届“神奇大岚”茶文化旅游节】

4月12—5月12日，大岚镇政府、市旅游局、农林局、文化广电新闻出版局、四明山旅游开发建设办公室和宁波、余姚茶文化促进会、市内外茶叶及旅游企业联合举办第九届“神奇大岚”茶文化旅游节。本次茶文化旅游节以“品茗、赏花、问道”为主题，共开展“网络茶话·温馨大岚”——网络茶话会、“品谷雨清茶·汇天下茶人”——天下茶人会、“美丽茶乡游·精彩零距离”——“田野零距离”节目组走进大岚茶园、“争做小小茶艺星·传承中国茶文化”“品饮中国·五洲茶亲”、“吃在大岚·乐在农家”、“待到山花烂漫时·陪我去赏花可好”情侣互动、“发现大岚之美”、茶园爱情微电影等活动13项。共接待体验茶文化之旅游客1600余人次，实现茶叶等农副产品销售额200余万元。

【《神奇大岚》出版发行】

11月，《神奇大岚》一书由中国书籍出版社出版发行。该书分地理、风物、景致三大篇章，选编关于大岚的24篇散文、随笔及145幅图片，以文学艺术的形式反映大岚人文、历史、风光，展现大岚物华天宝、人杰地灵的一面，展现当地日新月异的发展变迁。

（茹建华）

四明山镇

【概况】

2014年，四明山镇实现工农业生产总值6.75亿元，其中工业总产值4.29亿元，农业总产值2.001亿元，第三产业总产值0.46亿元；公共财政预算收入1130万元；农民人均收入13882元。

全年投入资金110万元，推广种植以红豆杉为主、红叶石楠为辅的珍贵树种97.7公顷，完成生态修复24.3公顷，在茶培村建立香榧种植示范基地3公顷。借助“印雪白茶”“四明红”等茶品牌效应，对现有茶山进行改造升级、茶厂扩建，打造茶产业精品系列，引导各村发展白茶、甜柿、樱桃、薄壳山核桃等“一村一品”特色产业。科创基地累计投资130万元，引进香榧、红豆杉、蓝莓、小叶紫檀、美国紫薇等特色品种，实行容器繁殖、盆景栽培，发挥示范引领作用。

全年实现固定资产投资4823万元，完成目标任务的100.48%。先后引进宁波崛奋弹簧有限公司、市大左环保工贸有限公司，注册资本各100万元；引进宁波飞梦腾电器有限公司，注册外资15万美元。同时联系杭州享元照明电器有限公司，力争落地注册。7家个体工商户转型为个人独资企业，提前一年完成“个转企”考核任务。落实安全生产监管责任，成功创建宁波市规范化安监所。全年实现出口产值7721万元，增长39.4%。

依托大山村“美丽乡村精品村”建设，打造“低八度”民宿品牌。投资10万余元参与“宁波休闲博览会”，先后举办“台州自驾游四明”“劳模免费游景区”等活动，第九届中国红枫樱花节尝试“视频办节”。仰天湖景区被评为“浙江最美森林”，四明山红枫景观被中国农业部命名为“中国美丽田园”。全年接待游客超90万人次，增长18%，门票餐饮住宿娱乐等营业收入总计超6000万元，增长21%。

四明山地质公园

以“五水共治”为契机，推进芦田桥口、西湖头及芦田电站水库整治工程，实施唐田、溪山、大山村的农民饮用水安全保障提升工程，集镇自来水厂水质检测室装修工程完工，开展梨洲、芦田、平莲3个村农村生活污水治理工程。规范开展“一事一议”项目，推进投资80万元的唐田村停车场建设，投资65万元的北溪村村内道路建设通过验收，35千伏大梨线、10千伏岩梨237线、环镇线等电网改造工程进展顺利。完善防汛防台预案并在余姚日报上公示，安排30万元山塘水库抢险专用资金，对全镇村级山塘进行除险抢修。落实山塘水库安全责任，与42名安全巡查人员全部签订协议。对茶培村坪头、板坑、大竹山、大山朱曹里等4处地质灾害点实行打包招投标，梨洲隧道应急工程竣工。

开展“无违建”乡镇创建，全年拆违12000平方米。推进浒溪线二期拓宽改造工程政策处理，北溪村11户拆迁户中，下山移民8户，本地安置3户，完成附属用房27户的拆迁工作。梨洲村村庄整治提升6个项目，湖里、大岙、庙下公共服务中心新建工程、新建生态公厕及公厕维修工程、集镇街面改造工程和庙下黄梨洲文化公园改造工程通过验收。唐田村0.5公顷、梨洲村0.3公顷的农村土地综合整治项目基本完工。

投入160万元完成镇中心小学塑胶跑道建设，投入50万元完成小学宁波数字化校园建设，投入50万元用于中小学、幼儿园暑期维修工程。实行医生联村包干制度，开展慢性病随访及问诊。实施妇女健康提升工程，1375名妇女参加体检。免费开展高血压、糖尿病两类慢性疾病健康体检活动，1002人参加体检。开展孕前优生检测工作，102人参加。招募造血干细胞捐献志愿者5人，组织100余人参加无偿献血活动。成功申报省乡镇卫生院等级评审（乙等），完成宁波市应急示范乡镇创建。完成芦田村农村文化礼堂和梨洲村“欢乐大舞台”建设。棠溪村唐氏祠堂、北溪村天兴庙公布为市文保点，北溪村积善桥升级为市文保单位。

实施城乡居民“乐业增收”计划，开设创业培训等各类专业技能培训10期，培训人数372人，帮助1人申领创业无息贷款30万元。统筹开展人力资源调查，涉及6725人，新增234人，发布各类招聘岗位信息1413人，推荐就业750人，新增城镇就业330人。开发和维护公益性岗位，解决就业困难人员8人，帮助创收14万余元。全年养老保险净增384人，完成率724.53%；失业保险净增116人，完成率103%；工伤保险净增145人，完成率112%；医疗保险净增60人，完成率100%；生育保险净增178人，完成率100%。全镇低保户204户346人，发放最低生活保障金124万元，发放各类残保金80余万元。

强化毗邻地区联动协作机制，与奉化溪口镇、上虞岭南镇、嵊州下王镇、鄞州章水镇建立相邻乡镇和谐联姻室，与奉化溪口镇、鄞州章水镇签订共建平安边界协议书。联合梁弄交警中队开展交通事故调解入村模式，实现行政调解与人民调解无缝衔接。推广“流动道德庭”，做到“小事不出组、不过日，大事不出村、不过周”。发挥工程监审职能，全年镇村工程审计项目送审55个，送审工程金额3558.75万元，已审定48个，核减工程金额184.6万元，核减率5.2%。

【镇苗木科创基地开始运作】

为加快花木产业转型升级发展步伐，年初四明山镇与宁波林场合作，投资130余万元建立面积为3.3公顷的镇苗木科技创业基地。镇政府首年投入80万元，引进香榧、红豆杉、蓝莓、小叶紫檀、美国紫薇、山核桃、杜鹃等特色苗木品种，于3月18日入栽镇苗木科技创业基地。为保证苗木成活率，便于培育管理，基地科技人员专门为这些特色树种量身定制种植技术规范。

【棠溪村唐氏宗谱圆谱】

5月2日，来自余姚市以及周边市县的500余名唐姓人士齐聚棠溪村，庆祝宗谱重修完成。唐氏宗谱上次纂修是在近百年前，2013年7月开始续修。

（四明山镇）

鹿亭乡

【概况】

2014年，鹿亭乡有常住人口近1.8万人，实现工农业生产总值13.55亿元，完成财政一般预算收入4182.41万元，农民人均纯收入12954元。

全年实现农业总产值1.09亿元，增长4.1%。高山果蔬基地被评为宁波市级优秀“菜篮子”供应基地，由白云桥美味食品厂承担建设的市竹笋种植标准化示范区被列为市农业标准化项目，生态甲鱼、石蛙等新型养殖品种成为市级优先重点发展项目。发展铁皮石斛种植园区2个，面积5.3公顷，其中香泉湾铁皮石斛仿生态种植已取得初步成效。投资1000万元的鹿文化产业园一、二期全部建成，梅花鹿存栏达220头，鹿茸、鹿血等衍生产品陆续得到开发。投资3000万元的茅岗山农业综合园区落户，进入规划设计阶段；投资2000万元的东岗山生态农庄项目基本完成土地征用工作。构建农产品物流中心，在余姚、梁弄等地专设鹿亭农副产品展销点。

全年实现工业总产值10.98亿元，固定资产投入3830万元，余姚市外实到内资400万元，宁波市外实到内资250万元，实到外资15万美元，合同外资90万美元，浙商创业创新180万元，均完成年度目标。以企引企1家，注册企业1家，工商个转企2家。鼓励企业加大技改投入，松乐继电器、亚希尔电器、海浪液压等传统优势支柱产业在“九阳”“美的”等重点品牌家电产业中衍生发展。

晓鹿大溪

全年实现第三产业总产值1.48亿元，游客6万人次。香泉湾一期于5月正式完工，又加资3000万元进行二期工程。位于中村的宁波市唯一一家标准综合性户外运动基地运转良好，常年举办童子军夏令营等各类活动。新增香泉湾、东岗精品小环线游步道。云河漂流项目完成转制工作。连续3年举办“快乐两轮、运动鹿亭”山地车赛，连续4年开办全国户外登山协会户外指导员培训班。此外，白鹿登山健身游步道创建宁波徒步运动休闲旅游基地，香泉湾山庄创建宁波市农家乐示范点、省中医药文化养生旅游基地，仙草苑成功创建余姚市级休闲观光示范园。

先后完成晓鹿大溪三期整治，小黄泥岭水库除险加固和姜岙坑、毛岗中湾山塘治理工程，“菲特”台风水毁项目抢险工程；开展晓鹿大溪沿岸畜禽养殖场整治，关停搬迁养殖场8家。拆除违章建筑9335平方米，完成12个行政村地面建筑物普查，对“一户多宅”“一户一宅”情况进行摸底，共排查建筑物7168幢，总面积730141平方米。实施中村精品村建设，完成房屋总体修缮进度达90%以上，滨水景观带建设进度60%以上。先后完成龙溪村村庄整治提升工程、荷梁线（中村—香泉湾）段路面改造，开展荷梁线、李俞线沿线毛竹堆放场、垃圾中转站建设。

加大教育投入力度，对乡中心学校综合楼、食堂、学生宿舍进行改造扩建，完成幼儿园校车更换。新建乡卫生院综合楼，启动门诊楼改造。完成中村村文化礼堂建设。全年排查解决矛盾纠纷80余起，接待群众来信来访78起，处理上级转办件46件。监督检查生产经营单位56家次，整改安全隐患102个，培训企业主要负责人、各类安管员及职工1182人。

全年走访慰问低保、低收入及困难户555户，发放慰问金近65万元，发放临救、困难补助资金10万元，落实低保、低收入群众特殊病种大病医疗救助补助资金52万元，落实低保户住房救助17户。乡村两级慈善机构共募集慈善基金50万元。年度同心实践基地建设第二批项目石潭村卫生室、中姚村“五水共治”项目等26个已全部落地实施，共资助411万元。截至年末，首轮同心实践基地结束，共启动项目75个，获实体类投资金额近5000万元，民生实事项目、扶贫帮困资金超1000万元，受惠群众近6000人次。

【摄影画册《美丽中村》出版发行】

年初，市侨办主任、中国摄影家协会会员、市摄影家协会主席黄孟丹的摄影作品集《美丽中村》由中国摄影出版社出版发行，首期印刷3500本。鹿亭乡中村系中国首批传统村落，也是市侨办确定的“侨助美丽乡村建设”示范基地。黄孟丹从二十余年来数十次在中村拍摄的千余件作品中遴选94幅影像精品，分为“那景”“那情”“那人”“那物”四辑，以精美独特的摄影语言，表现依溪而建的古老村落，流碧溅翠的丛林幽谷，淳朴热情的山乡村民。

（鹿亭乡）

文件选编

余姚市“五水共治”三年行动计划实施方案

余党发〔2014〕1号

为认真贯彻落实省委“五水共治”决策部署，全力确保“五水共治”三年行动计划顺利实施，为建设美丽富裕幸福新余姚奠定基础，特制订如下实施方案。

一、指导思想

按照“科学治水、依法治水、系统治水、综合治理”的原则，把治水工作与防洪排涝能力提升、水环境综合整治、水生态文明建设结合起来，统筹推进防洪水、排涝水、治污水、保供水、抓节水五项行动，切实做好防洪排涝、截污治污、饮水保障、高效节水等各项工作，全面提升我市防洪排涝能力及水环境承载能力，为经济社会全面协调可持续发展提供保障。

二、总体目标

通过三年努力，以“构筑最牢固的堤坝、消除最易淹的区域、打造最清澈的河流、输送最放心的饮水、创建最节水的城市”为目标，力争“五水共治”工作取得明显成效。防洪排涝方面：农村和集镇防洪标准达到20年一遇，排涝标准达到20年一遇三天暴雨三天排出；城区和卫星镇防洪标准基本达到50年一遇，排涝标准达到20年一遇24小时暴雨24小时排出。污水治理方面：城区污水处理率达到90%，城镇生活污水集中处理率达到80%以上，农村生活污水治理行政村覆盖率达到90%以上，农村农户受益率达到70%以上，全市重要水功能区水质达标率达到71%，全市河道基本消除劣V类水质，全市水环境质量得到明显好转。供水保障方面：饮用水源水质达标率达到100%，平原地区供水普及率达到100%，山区及半山区农民饮用水安全覆盖率达到95%，基本实现城乡供水一体化。高效节水方面：节水管理长效机制得到建立健全，水资源利用效率进一步提高，全市节水型社会建设实现纵深发展。

三、工作任务

坚持当前与长远、整体与局部、重点与难点、轻重与缓急相结合，全力开展防洪水、排涝水、治污水、保供水、抓节水专项行动。

（一）防洪水、排涝水行动

总体按照“东泄、南蓄、西分、北排、中疏、低围”的格局，系统性、项目化地推进“治水强基”工作。

1. 强化规划引领和应急保障。全面总结“菲特”台风防洪排涝工作经验，详细掌握我市防洪排涝基础设施的薄弱环节及制约因素，科学编制姚江流域防洪治涝专项规划、城市防洪规划、城市雨水排涝与综合利用规划。合理编排防洪排涝工程项目计划，在项目优化过程中广泛征求并吸收采纳市人大代表、政协委员、市民代表等社会各界的意见和建议，确保规划的科学性和项目可行性。提升对气候、气象变化情况的动态掌握水平，加强对水情的监测分析，及时发布预报、预警信息，科学做好水库调蓄。完善应急保障体系，做好防汛抗灾物资和机械储备，落实避灾场所，加强应急抢险队伍建设，提高应急抢险救灾能力。进一步推进基层防汛防台体系建设，全面提高全民防灾减灾意识。

2. 扩大向北排涝能力。实施陶江路江、青山港、谢家路江、洪家路江、长庆桥江、长冷江、食禄桥江、西江、临海大浦等北排主要骨干河道疏通、拓宽整治提升工程，使河道规模与出海闸功能相匹配，打破北排河道的排涝瓶颈。同时，在329国道复线合适位置增设强排泵站，增强水体的流动能力，有效提升北排效果，减轻城区和下姚江流域行洪压力。

3. 全力推进城区综合防涝。启动实施城区堤防封闭工程，结合沿江道路、绿化景观提升改造，重点对建城区内的堤防按照现有标准进行加固加高及封闭，建设城区封闭防洪系统。同时，加强排涝设施配置，提升泵站排涝能力，实施城区低洼地块改造提升工程，改善城市排水出口设施，逐步使城区“三江六岸”全线达到防洪标高，实现全城区防洪工程封闭。

4. 加强农村圩区建设。根据水系和地势等实际情况，按照姚江流域防洪治涝专项规划要求，在西上河、上姚江及丈亭陆埠等地势低洼区域设置小圩区，适当修建圩堤，合理配置节制闸和泵站设施，采取闸泵结合的方式适时排涝。

（二）治污水行动

切实推进“两治理”（源头治理和重点污染行业治理）、“两处理”（污水集中处理和垃圾集中处理）、“四清理”（黑河、臭河、垃圾河、断头河清理），通过三年努力，有效提升河道环境和水体质量。

1. 加强源头污染治理。加强农村生活污水治理，因地制宜加快集中式、分散式处理设施建设。全力推进农业面源污染整治，严格执行禁养区、限养区规定，优化全市屠宰场的选址布局，推进全市畜禽养殖场的整治提升，合理控制农药化肥使用量，杜绝秸秆等农作废弃物对水环境的影响。全力推进企业污水排放整治，落实重点监管、挂牌督办、限期治理和动态管理等措施，健全重点污染企业刷卡排污、在线监控等机制，巩固电镀、印染、酸洗发蓝、榨菜等行业整治成果。全力推进河道排放口日常监管，实行市、乡镇（街道）两级河道排放口“红黄绿”分类整治管理，对红色标注的污水排放口能封堵的一律予以封堵，对黄色标注的雨污混合排放口进行全面整治并加强日常监管，确保污水达标排放。完善公众监督机制，建立市、乡镇（街道）两级人大代表、政协委员和村民代表参与环境执法行动的阳光执法机制，逐步实现重污染企业公开排污情况，主动接受社会监督和检查。

2. 疏通洁净河网水系。建立市、乡镇（街道）、村三级“河长”管理制度，由“河长”全面负责河道截污治污及环境清理工作的指导、协调和日常监管工作。加大城乡河道整治力度，以“双清”和“四边三化”等专项行动为依托，清理拆除市、乡镇（街道）、村三级河道两岸垃圾、废弃物、违章建筑及非法渔网（箔），扎实做好河道两岸乱占、乱堆、乱倒、乱搭建等整治工作，切实改善河道整体环境。进一步完善河网水系规划布局，加大城乡河道水系疏通整治力度，全面治理“黑河、臭河、垃圾河”，全力打通“断头河”，促进水体顺畅流动，提升水体自净能力。加大城乡河道生态修复力度，做好市、乡镇（街道）、村三级河道水面保洁、清淤疏浚、绿化护岸等工作，运用生物处理技术强化生态化改造，加强我市河网水生态系统的保护和修复。

3. 完善截污治污设施。全力推进全市截污纳管整治，完成城区企事业单位污水接纳和城区老小区的雨污分流改造及污水接纳；做好乡镇、街道和余姚经济开发区的污水专项治理规划，完成污水收集管网阶段性建设任务，推进城市污水处理厂扩容提标工程，做好集镇建成区、工业区、河道沿线的企事业单位污水接纳工作。

（三）保供水行动

深入推进水源地保护工程、五大水厂建设工程、输水管网联通工程和水质安全工程，实现应急能力、制水能力双提升，水质和服务双提质。

1. 提升供水能力。制定完善供水专项规划，充分发挥现有供水设施作用，着力解决供水系统存在的问题，切实保障供水安全。新建和扩建各类供水工程，加快区域配水管网建设，切实提高制水、供水能力。

2. 提高供水质量。加快推进山区农民饮用水提升改造工程，努力改善和提高农民饮用水条件。强化饮用水水源地保护，加快推进四明湖水库等饮用水水源地保护工程建设。加快自来水处理工艺改造，积极采用新技术、新工艺、新材料，加快供水管网改造，完善配水系统，减少供水漏损和管网设施二次污染，增强供水的稳定性。

3. 强化供水保障。完善第二水源或备用水源建设，配套建设必要的取水、净水设施和输水管道，实现净水厂之间的原水互供和水厂多水源供应。加强原水管网互连互通，加大输水管道和供电设施建设投入，做到调度科学，提升原水供应和供水的连续性，提高供水突发事件应急处置能力，保障居民饮用水安全。

4. 优化供水服务。加强农村供水工程运行管理的监督、技术指导和行业管理，加强设备维护维修，确保供水设备完好。严把“原水进厂关、制水工艺关、出厂水合格关、管网水达标关”四个关口，多频监测水质，做到早监测、早发现、早告知、早处理，确保水质达标。加强供水抢修服务队伍建设，畅通供水咨询服务热线，及时解决各类供水故障和问题，全面提升供水服务的质量和水平。

（四）抓节水行动

坚持“工程性节水、技术性节水、政策性节水、全民化节水”四措并举，全力创建节水型城市。

1. 推进节水工程。继续深化节水型社会建设，提升水资源节约集约利用水平。大力推进高效农业节水工作，全面推广经济型微灌技术，新建喷滴灌工程 1.8 万亩。着力开展工业节水工作，推进滨海再生工业水厂扩建工程，加快中水管网建设，推广中水回用，努力实现水资源循环利用。合理配置公共厕所、公园绿地等公共服务场所的节水设施，提高用水综合效益。

2. 落实节水措施。调整优化工业布局和产业结构，鼓励发展符合国家产业政策、水资源消耗少、用水效率高的产业。制定和完善梯级水价、超定额加价制度和节水优惠政策，鼓励引导用户积极采用节水新技术、新工艺、新设备，大力提倡中水、雨水等非传统水资源的开发利用，强化用水和节水的基础管理。

3. 倡导全民节水。加大节水宣传教育力度，通过开展“节水宣传周”、评选“节能家庭”和“节水大使”等活动，引导更多的市民关注身边细节，提高节水意识。积极推广节水器具使用，逐步提高家庭节水器具的更换普及率。同时，通过实行阶梯水价等方式，杠杆化地推动全民节水。

四、时间安排

（一）前期准备阶段（2013 年 12 月 1 日 — 2014 年 1 月 15 日）。按照“五水共治”三年行动计划实施方案及下达的年度任务要求，由市农办、市环保局、市住房和城乡建设局、市农林局、市水利局、市旅游局、市商务局、余姚城投集团有限公司分别牵头负责制定“五水共治”实施方案，明确实施计划、工作任务及责任分工，为该项工作顺利开展奠定基础。

（二）组织实施阶段（2014 年 1 月 16 日 — 2016 年 11 月 30 日）。各责任单位按照职责分工及下达的年度实施计划，组织开展“五水共治”工作。每个年度末，由市委督查考核办、市政府督查室牵头，会同市“五水共治”工作领导小组办公室，对各责任单位年度工作进展情况进行督查和考核，并及时通报。

（三）总结完善阶段（2016 年 12 月 1 日 — 2016 年 12 月 31 日）。“五水共治”三年行动计划完成后，成立由相关职能部门和专业资质单位组成的考核验收组，对各项工作进行考核验收，并及时总结经验、查漏补缺，健全完善长效机制。

五、保障措施

（一）加强组织领导。成立由市政府主要领导任组长、市委副书记、常务副市长任常务副组长、相关市领导任副组长、市直有关部门负责人为成员的市“五水共治”工作领导小组（详见附件 1），全面负责组织、指挥、协调“五水共治”工作。领导小组下设办公室、市流域防洪工程建设指挥部、市城市防洪排涝工程建设指挥部，市“五水共治”工作领导小组办公室与市水环境综合整治工作领导小组办公室合署办公。为明确责任分工、便于工作协调，“防洪水、排涝水行动”具体由市流域防洪工程建设指挥部和市城市防洪排涝工程建设指挥部负责组织实施，“治污水行动”具体由市水环境综合整治工作领导小组办公室负责组织、协调和监督，“保供水行动”具体由余姚城投集团有限公司和市住房和城乡建设局牵头组织实施，“抓节水行动”具体由市节水办负责组织实施，其他相关部门按照各自职责分工全力配合支持。各地各有关部门也要进一步健全齐抓共管的责任机制，成立相应的“五水共治”工作组织机构，按照各专项整治方案和年度实施计划分解落实任务，根据实际制订规划、落实项目、分清时序、强化保障，吸引全民参与和监督，切实推进“五水共治”各项工作。

（二）强化要素保障。研究制定相关配套政策，市、乡镇（街道）两级财政要根据“五水共治”年度计划及资金需求，积极整合政策资金，合理安排资金预算，全力保障“五水共治”相关项目建设。加大对上衔接力度，全力争取上级部门的资金支持。拓宽融资渠道，做好与金融机构的对接，努力获取金融支持，创新项目包装，进一步构建多元支持的投入机制。千方百计保障项目用地需求，在合理安排年度建设用地指标的基础上，精心包装项目，强化对上衔接，全力争取上级土地规划预留指标。

（三）严格督查考核。建立以市人大、市政协主要领导为组长的巡视督查组，通过明察暗访、定期检查、随机抽查等方式，对各乡镇（街道、余姚经济开发区）和市直有关部门“五水共治”工作进行监督检查，督查结果在全市通报。加强对“五水共治”工作的考核，将“五水共治”工作纳入年度目标考核，未能按要求完成“五水共治”工作的责任单位，取消当年度评先评优资格。

（四）营造良好氛围。充分利用广播电视、报纸、网络、公益广告牌、主题活动等多种平台，组织开展多层次、多形式的宣传教育活动，广泛宣传抓好“五水共治”工作的目的和意义，提高全体市民对“五水共治”工作的认识和重视。积极组织开展“五水共治”全民参与活动，各地各有关部门要发动干部群众，党员干部要带头参加“保水护水节水”公益活动，工青妇等部门要落实志愿者广泛参与到“五水共治”相关工程项目建设，从项目比选、方案设计、资金使用、工程质量及运行效果等全过程发动吸引群众参与，接受群众监督。同时，深入挖掘“五水共治”工作中的先进典型，认真总结、推广好的做法和经验，努力营造全社会支持、参与“五水共治”工作的良好氛围。

附件：（略）

中共余姚市委
余姚市人民政府
2014 年 1 月 20 日

关于在城区部分区域时段禁止燃放限制销售烟花爆竹的实施意见

余政发〔2014〕12号

各乡镇人民政府、街道办事处，市直各部门：

根据国务院《烟花爆竹安全管理条例》《浙江省烟花爆竹安全管理办法》和《宁波市经营燃放烟花爆竹安全管理规定》有关规定，结合我市中心城区不断扩大的实际，市政府决定从2014年2月1日零时起调整城区禁止燃放、限制销售烟花爆竹（以下简称禁放）的区域和时间。为确保禁放工作的顺利进行，现提出如下实施意见。

一、工作目标

禁放宣传教育工作到位，形成全社会参与支持的禁放工作氛围；市民禁放意识和自觉性不断提高，使禁放工作成为市民的日常行为规范；禁放工作管理机构健全，管理措施落实，各职能部门、街道职责明确，职能作用有效发挥；烟花爆竹日常管理规范，非法运输、储存、销售得到有效遏制；违规燃放烟花爆竹行为明显减少；减少因燃放烟花爆竹形成的市容、空气污染，积极预防雾霾等极端天气产生。

二、禁止燃放、限制销售的区域及时间

（一）禁止燃放、限制销售烟花爆竹的区域。四明东—子陵路—新建北路—金型路—东江—北环东路—路—南雷南路—谭家岭西路—开封路—玉立路—丰山路东环北路—冶山路—月梅路—望湖路—东环北路—子陵路—中山中路—姚江—城东路—四明东路，以上路段及河道相连形成的封闭区域内。城区其他地方暂不列入禁止燃放、限制销售烟花爆竹范围。

（二）禁止燃放烟花爆竹的时间。除春节（农历十二月二十八至正月十六）外，全年其余每日22时至次日凌晨6时禁止在上述区域内燃放烟花爆竹。在允许经营、燃放烟花爆竹期间，当遇到空气重污染，市环保、气象部门发出橙色、红色预警时，禁止销售、燃放烟花爆竹。

三、工作措施

（一）加强领导，建立班子。为切实加强对禁放工作的领导、监督和协调，市政府成立禁放工作领导小组，由市委常委、常务副市长任组长，市府办、市安监局、市公安局、市城管执法局分管负责人任副组长，市委宣传部、市监察局、市教育局、工商余姚分局、市环保局、市质监局、市交通运输局和阳明街道办事处、凤山街道办事处、兰江街道办事处、梨洲街道办事处等单位有关负责人为成员。领导小组下设办公室，设在市公安局，由市公安局分管副局长兼任主任，负责禁放工作的具体实施。

（二）明确职责，落实责任。各有关部门要各司其职，密切配合，齐抓共管，共同抓好禁放工作。其职责分工如下：

1. 市公安局。负责烟花爆竹的公共安全管理，负责禁止燃放烟花爆竹等宣传牌的制作和设立，负责违反禁止燃放的违规行为的查处工作。

2. 市安监局。负责烟花爆竹的安全生产和经营监督管理，负责非法储存、销售各类烟花爆竹的收缴和查处工作。

3. 市委宣传部。负责舆论宣传引导工作，利用广播、电视、报刊、网络等新闻媒体做好烟花爆竹安全管理及禁放烟花爆竹的宣传教育工作，以多种形式宣传禁放工作重要意义，形成家喻户晓、人人皆知的禁放氛围。

4. 城区各街道办事处及社区、村委会。运用多种形式，广泛宣传依法、文明、安全燃放烟花爆竹的实际意义，组织人员逐户逐单位发送市政府《关于在城区部分区域时段禁止燃放限制销售烟花爆竹的通告》（以下简称《通告》）；开展创建禁

放优胜小区、新村评比活动；落实辖区内重点场所的教育、宣传，落实禁放区域内宾馆、饭店、酒楼的《禁放责任书》签订工作。协助有关部门做好经营、燃放烟花爆竹的安全管理工作，及时向有关部门报告烟花爆竹安全隐患。

5. 市教育局。组织学生认真学习《宁波市经营燃放烟花爆竹安全管理规定》和《通告》等法规文件的相关精神，教育学生进行文明、安全、合法、合规燃放烟花爆竹。

6. 市城管执法局、市质监局、市交通运输局、市环保局、工商余姚分局等部门要按各自职责做好烟花爆竹安全管理工作，确保禁放工作顺利进行。

（三）宣传发动，营造氛围。各城区街道及有关部门要加大宣传力度，通过各种行之有效的途径，以社区入户宣传、学校宣传、单位宣传、禁限放点宣传等覆盖面大的地区为重点，分阶段、分步骤地组织对重点人群、重点地区开展宣传活动。特别是各新闻媒体要担当宣传工作的主力，通过新闻宣传报道，让市民及时了解禁放范围的扩大和禁放时间的调整，充分认识燃放烟花爆竹的危害性，引导市民自觉遵守禁放规定；要加大对违法行为、典型案例及过度大量集中燃放烟花爆竹行为的曝光力度，加强禁放舆情的宣传和引导，努力营造全社会监督、支持、参与禁放工作的良好氛围。

（四）综合执法，确保实效。禁放工作由市公安局牵头，市安监局等相关部门要共同配合，开展综合执法，切实提升工作效率。要加强对禁放区域的执法检查，依法查处各类违法违规行为，确保禁放工作顺利开展并取得实效。

本意见实施后，原《余姚市人民政府关于在城区部分区域时段禁止燃放限制销售烟花爆竹的实施意见》（余政发〔2005〕34号）废止。

余姚市人民政府
2014年1月29日

余姚市加快黄标车淘汰工作实施办法

余政发〔2014〕10号

为控制机动车污染物排放总量，改善城市大气环境质量，根据《中华人民共和国大气污染防治法》、《宁波市机动车排气污染防治管理办法》（宁波市人民政府令第180号）、《宁波市加快黄标车淘汰工作实施方案》、《宁波市鼓励黄标车提前淘汰政府奖励补贴实施办法》等精神，特制定如下实施办法。

一、工作目标

根据《国家重点区域大气污染防治“十二五”规划》（环发〔2012〕130号）、《浙江省大气复合污染防治实施方案》（浙政办发〔2012〕80号）和《中共宁波市委关于加快发展生态文明努力建设美丽宁波的决定》（甬党发〔2013〕17号）等的要求，我市黄标车淘汰的工作目标为：2015年底前淘汰所有营运黄标车，2016年底前基本淘汰全部黄标车。

二、工作原则

坚持“政府带头、引逼结合、突出重点、逐步推进”的原则做好黄标车淘汰工作。一是体现表率作用，机关事业单位应带头淘汰所属黄标车，禁止黄标车过户给私籍。二是强化政策引导，通过加大黄标车限行力度，提高道路通行、营运等相关行政许可的准入门槛，通过禁止黄标车市内过户等措施，加快黄标车淘汰。三是聚焦重点难点，根据车辆具体情况，对私人和企业提前淘汰的黄标车实施车型、时间差别化补贴政策。四是分阶段逐步推进,不断扩大黄标车限行范围。

三、有关定义

(一)黄标车:是指污染物排放达不到国Ⅰ标准的汽油车和达不到国Ⅲ标准的柴油车(即国0汽油车和国0、国Ⅰ、国Ⅱ柴油车),不包括三轮汽车、低速货车。

(二)黄标车属地判定:按行驶证上注册登记地址所属的现行行政区域为准。

(三)车辆实际使用年限计算方式:为车辆回收登记日期减去车辆初次注册登记日期。

(四)车辆提前淘汰年份计算方式:按《机动车强制报废标准规定》(国家商务部、发改委、公安部、环境保护部令〔2012〕第12号)规定的车辆使用年限,减去车辆实际使用年限;无强制淘汰年限的车辆如申请报废淘汰的都属于提前淘汰。

(五)省及市、县际营运客车、集装箱运输车属性确认方式:持有本市交通运输局颁发的有效营运证的上述类型车辆。

四、具体措施

(一)以现有机制和资金渠道,落实机关事业单位的黄标车淘汰更新

1. 党政机关和参照《公务员法》管理的事业单位黄标车淘汰更新所需经费,按现有财政预算管理的渠道和经费管理体制由财政统筹安排,不再享受黄标车淘汰政府奖励政策,所需资金按现有老旧汽车更新机制统筹安排,分年度纳入部门预算。

2. 其他事业单位淘汰黄标车所需经费,按现有财政预算管理渠道和经费管理体制向财政主管部门申请安排,不再享受黄标车淘汰政府奖励政策;财政主管部门按原有经费管理体制不予安排经费的,经财政主管部门证明,可按本规定享受黄标车淘汰财政奖励政策。

(二)通过实施黄标车限行等措施,加快黄标车淘汰

在2013年底全市主城区划定限行区域基础上,逐步扩大限行区域范围。同时采取加大道路执法、提高营运和道路通行证等发放门槛、禁止黄标车市内过户等措施,加快黄标车淘汰。

1. 市中心城区从2013年12月开始实施黄标车限行政策,并逐步扩大限行范围。

2. 加强路面监控设施能力建设,强化对违反限行规定的黄标车执法力度。定期公布违章查处结果,接受公众监督。

3. 从鼓励黄标车提前淘汰政府补贴政策实施之日起,禁止黄标车市内过户。

4. 提高营运车辆发证门槛,自2014年2月1日起,严格控制黄标车的营运证发放,优先核发绿标车的营运证。

5. 加强临时通行证的把关管理工作,自2014年2月1日起,严格控制黄标车临时通行证的发放,优先核发绿标车的临时通行证。

6. 加快机动车排气污染防治能力建设,健全组织机构,加强对黄标车和超标车的路检和遥检执法。

(三)以财政奖励补贴方式,鼓励私人和企业黄标车提前淘汰

1. 补贴范围和条件。

在2013年11月20—2016年12月31日期间报废淘汰的黄标车,同时具备以下条件的,适用本办法:

(1)在本市注册登记的车辆,登记所有人为个人、个体工商户、企业和其他非财政供养的社会组织;

(2)申请淘汰报废必须距离国家强制报废年限一年以上(无强制报废年限的车辆均视为提前淘汰),且非因自然报废或交通事故等导致直接报废的;

(3)其车辆性质为环保部门核准的黄标车。

下列黄标车淘汰,不适用本办法

(1)在检验有效期届满后连续3个机动车检验周期内未取得机动车检验合格标志的,根据2013年5月1日起实施的《机动车强制报废标准规定》被公安部门强制报废注销的机动车;

(2)党政机关和参照《公务员法》管理的事业单位以及由财政安排车辆淘汰更新经费单位的黄标车。

2. 申请期限和补贴标准。

黄标车提前淘汰补贴申请自2014年2月1日起开始受理,至2016年12月31日截止。2013年11月20—2014年1月31日期间淘汰的符合

补贴条件的车辆（已享受政府汽车报废更新补贴的车辆除外），可申请补办手续申领补贴。

补贴参照《宁波市鼓励黄标车提前淘汰政府奖励补贴实施办法》执行。同一车辆，在2014年申请淘汰的，享受全额补贴标准，在2015年申请淘汰的，补贴标准约为全额的75%，在2016年申请淘汰的，补贴标准约为全额的50%。（不同年度核定后的补贴标准详见附件1）。

对省市际固定班线长途营运客车、县际固定班线大型营运客车、县际固定班线中型营运客车和集装箱运输车辆，考虑到其更新成本较高，在统一补贴标准的基础上，每辆分别追加5万元、2万元、1万元和3000元的额外补贴。

3. 申请及办理程序。

为方便车主，在本市机动车回收公司（低塘街道西郑工业小区28号）设立受理点，委托回收公司按下列程序便民办理。（具体流程见附件2）

（1）车主携带相关材料将车辆交至本市机动车回收服务公司办理报废手续，受理点对报废车辆进行属性和完整性判定，不属于补贴范围的按原有报废程序回收或退回，属于补贴范围的按淘汰补贴程序回收。并取得《报废汽车回收证明》和《机动车注销证明》。

（2）受理点根据车主提交的有关材料，完成车辆信息的审核。对符合淘汰补贴条件的出具《黄标车提前淘汰补贴资金申请表》（详见附件3），并向车主公示审核结果，车主认定后提出淘汰补贴申请的，由车主签名确认。

（3）受理点在《黄标车提前淘汰补贴资金申请表》上加盖各部门联合审核章，将其中一联给车主以作凭证，车主返回等待资金拨付入账。

4. 申请所需材料。

（1）车主身份证或企业组织机构代码证原件和复印件；

（2）机动车行驶证和车辆登记证原件和复印件；

（3）如委托他人办理的，需提供车主全权委托书或单位法人全权委托书原件（特殊情况的需提供有法律效应的相关证明），全权代理人身份证原件和复印件；

（4）与车主同名的个人银行账户或对公账户银行开户许可证原件和复印件（加盖公章）；

（5）营运客车、集装箱车需提供营运证原件和复印件。

申请材料的原件主要用于核对，核对无误的，全部复印件和全权委托书原件留下存档，其他退还。

5. 受理职责。

（1）市环保局负责黄标车属性的认定；

（2）市商务局负责黄标车提前淘汰报废回收工作的落实，出具《报废汽车回收证明》；

（3）市公安局负责黄标车提前淘汰报废信息真实性的审核和车辆注销，出具《机动车注销证明》；

（4）市交通运输局负责营运客车和集装箱车辆属性的认定；

（5）市财政局按现有财政预算管理渠道和经费管理体制，负责对安排车辆淘汰更新经费单位车辆的认定；

上述部门职责范围内日常工作原则上可由回收公司“一站式”代办，各部门与代办单位签订协议约定责任义务。

6. 补贴审核拨付。

车主申请材料先由受理点进行现场审核，对符合要求的给予办理；以10个工作日为批次，由受理点汇总后报市商务局进行初审，商务局在5个工作日内出具意见后将材料交市环保局进行复审，市环保局5个工作日内完成复审，资料交由市财政局终审，符合要求的，自审核通过之日起5个工作日内，由市财政局向回收公司下达付款通知，回收公司接通知后在3个工作日将补贴资金划拨至车主开设的银行账户。自车主申请受理至补贴资金入户的所有行政手续总办理时间严格控制在45个工作日内，需到宁波注销的黄牌车，可延长5个工作日。

7. 政府资金渠道。

市财政局设立黄标车淘汰奖励补贴专项资金，并在2014年至2016年期间每年安排一定数量的专项资金额度，由市财政局实施监督。

8. 监督管理。

黄标车所有人对提交的申请黄标车提前淘汰补贴材料的真实性负责。对采取虚假、冒领等手段骗取补贴资金的，由环保部门会同财政部门追回资金，并按照《财政违法行为处罚处分条例》等有关法律法规处理；对受理点工作人员和有关部门公职人员徇私舞弊，违规发放补贴的，分别由代理公司和纪检监察部门按照公司有关规定和党纪、政纪作出处理；触犯刑法的，由检察机关追究刑事责任。

五、组织领导和职责分工

（一）组织领导

成立全市机动车排气污染防治工作领导小组。领导小组由分管副市长担任组长，成员由市环保局、市交通运输局、市财政局、市公安局、市商务局、市机关事务管理局等单位负责人组成。领导小组办公室设在市环保局，办公室负责领导小组日常工作。

（二）职责分工

1. 市环保局：负责黄标车淘汰日常组织协调工作，会同市有关部门制定全市加快黄标车淘汰工作实施办法；会同市商务局落实淘汰车辆收储点及申请受理点、电子信息化受理平台的建设工作；负责淘汰车辆黄标车属性的审核认定工作；负责淘汰工作实施前同步的宣传工作。

2. 市财政局：会同市环保局制定鼓励黄标车淘汰政府奖励补贴专项资金管理办法；统筹落实黄标车提前淘汰专项资金和各阶段限行执法所需资金，并做好资金发放的监督管理工作；负责市级行政机关、事业单位的黄标车淘汰更新资金的落实，分年度纳入部门预算。

3. 市商务局：负责落实淘汰车辆收储点及奖励补贴申请受理点、电子信息化受理平台的设置和建设工作；负责《报废汽车回收证明》的出具工作；协同市环保局做好淘汰补贴申请的受理工作；加强对汽车回收企业的监管，确保每辆淘汰车辆的拆解落到实处。

4. 市公安局：配合市商务局做好奖励补贴申请受理点电子信息化受理平台建设工作，确保及时提供车辆登记信息；负责审核车辆提前淘汰的有效性，办理报废黄标车注销登记和《机动车注销证明》的出具工作；做好禁止黄标车市内过户和临时通行证的把关管理工作；配合市环保局做好逐步扩大黄标车限行的相关工作，并加大执法力度，定期向社会公布黄标车违反区域限行规定查处结果，接受公众监督，协同做好限行宣传工作。

5. 市交通运输局：负责推进公交车、出租汽车及其他道路客货营运黄标车淘汰工作；负责道路营运证管理和注销登记工作，提前锁定并提供省际、市际、县际固定班线营运客车和集装箱运输车辆信息。

6. 市机关事务管理局：负责统计本级党政机关的公务黄标车数量，推进本级党政机关黄标车淘汰更新工作。

六、保障机制

各部门、各单位要统一思想，充分认识黄标车淘汰的重要性和必要性，高度重视此项工作。市环保局要负责做好淘汰工作的牵头组织工作，公安、财政、商务、交通运输等部门要在各自职责范围内，负责做好黄标车淘汰的信息统计、审核上报和补贴资金的筹集、资金发放等工作，并进行跟踪检查和监督管理，确保相关资金在规定的范围内使用。各部门要密切配合确保各项工作措施落实到位，积极稳妥地完成全市黄标车淘汰工作。

七、其他

（一）本办法实施前，已享受过中央财政汽车报废更新补贴的黄标车，不再按本办法规定享受地方财政补贴；本办法实施期间，同时符合享受中央财政汽车报废更新补贴和本办法规定地方财政补贴的报废黄标车，可按就高不就低的原则选择享受汽车报废更新财政补贴，但不得重复享受。

（二）本办法自 2014 年 2 月 1 日起施行。

附件：1. 余姚市黄标车提前淘汰各阶段补贴标准（略）

2. 黄标车提前淘汰补助资金办理流程图（略）

3. 黄标车提前淘汰补贴资金申请表（略）

余姚市人民政府

2014 年 1 月 27 日

余姚市高层次人才创业扶持资金、种子资金、贷款贴息管理办法

余政发〔2014〕9号

为鼓励和扶持国内外高层次人才通过带技术、带资金、带项目、带团队等形式来姚创业，实现技术与资本、创业与创新的有机融合，推动余姚经济社会又好又快发展，根据《市委、市政府关于建设人才特区打造人才高地的意见》(余党〔2012〕7号)精神，制定本办法。

一、资助对象

资助对象为高层次领军型人才在余姚创办符合产业导向、拥有核心技术、市场前景好的企业，且该人才在企业内所占股份不少于30%。高层次人才标准为：中科院、工程院“二院”院士；国家、省“千人计划”特聘专家、国家“特支计划”专家和宁波市“3315计划”入选者及符合申报国家、省“千人计划”和国家“特支计划”条件的海内外人才。

主要资助符合我市产业导向的、具有国际竞争力的新能源与节能、电子信息、新材料、新装备、生物医药及其他新兴产业的产业化项目。

二、资助项目入选程序

1. 专家评审：申请人提交创业项目申请书和可行性报告及相关证明材料，相关部门组织专家组对项目的先进性和市场前景、项目方案可行性和合理性、项目支撑条件、项目的预期经济和社会效益及项目存在的风险性等五个方面进行综合评审，提出详细评审意见。

专家组构成：建立由国家千人计划专家和国内高校院所、专业机构专家组成的专家库，项目评审时抽取相关专业的专家7–9人组成。

2. 部门会审：由市委人才办、市发展改革局、市经信局、市财政局、市人力社保局、市科技局、市招商局和余姚经济开发区管委会等部门根据专家组意见，综合余姚实际情况，提出项目的会审意见，报市政府审定。

三、资助资金

资助资金分为高层次人才创业扶持资金(简称“扶持资金”)、高层次人才创业种子资金(简称“种子资金”)和高层次人才创业贷款贴息资金(简称“贴息资金”)。

扶持资金、种子资金和贴息资金支出安排：余姚经济开发区区域内注册的企业(包括市千人计划产业园)由余姚经济开发区管委会安排并拨付，其他市内区域注册的企业由市财政安排拨付。

(一)扶持资金

1. 项目确定入选后，给予500万元额度的扶持资金支持。

2. 扶持资金分批下拨：在项目启动后企业投入金额达到200万元及以上时，扶持资金拨付投入金额的一半，以此类推，直至扶持资金达到500万元。

3. 扶持资金拨付在企业提出申请后，一个月内完成核实和拨付。

4. 到位的扶持资金不超过企业注册资本的一半。

(二)种子资金

1. 项目确定入选后，给予500万元额度的种子资金支持。种子资金原则上通过银行贷款给予，由市中小企业信用担保有限公司或余姚市姚江科技投资发展有限公司进行担保，市财政或经济开发区管委会全额补贴贷款利息。

2. 扶持资金下拨一年后，通过相关部门中期审核的，下拨种子资金。如项目进度提前，经申请核实后，可提前下拨种子资金。

3. 到位的种子资金不超过企业注册资本的

一半。

（三）贴息资金

申请单位发生银行贷款的，给予最高500万元银行贷款额度的利息补贴，贴息金额＝实际贷款金额×同期银行贷款基准利率（自贷款发生之日计），贴息期限不超过3年。

四、其他

1. 企业注册资本最低额度为500万元，否则不予支持。自注册之日起2年内增资的，扶持资金和种子资金按额度可补差。补差申请时应提供相关增资证明材料。

2. 扶持资金下达前企业应与落户地签订协议，明确双方的责任与义务以及企业最低经营期限等，并提交税务登记证、企业营业执照、投入金额明细表和经费拨付申请表。按经费支出渠道分别由市财政局、市科技局或余姚经济开发区管委会核实、拨付。

3. 市生产力促进中心和余姚经济开发区管委会分别负责相关区域内的种子资金管理。种子资金下达前企业应提交经费用款计划表、用款承诺书，同时须签订偿还承诺书，3年内归还本金，时间按经费拨付之日起计算。确因企业发展需要的特殊项目，申请人可提交相关报告，经市政府批准可适当延长，最长不超过2年。

4. 贷款贴息每年在4月和10月分两批下达，申请单位应在每年3月31日和9月30日前提交《余姚市创业贷款贴息补助申请表》（表格由市科技局另行印发）、企业营业执照、贷款合同、利息支付单据。市科技局和财政局或余姚经济开发区管委会负责审核，报市政府审定。

5. 申请人应据实提供申报材料，如有弄虚作假等欺骗行为，一经查实，在申报期间的予以取消申报资格，已发放补助资金的全部予以追回，并取消其3年内申请本市级各类资金资助的资格。

6. 扶持资金和种子资金必须用于企业的研发和生产，单独建立会计科目核算，不得挪作他用，不得出借，并按季报送资金使用情况表和相关财务报表。加强资金使用的管理和监督，市财政局、市科技局和余姚经济开发区管委会等相关部门要不定期对企业申请补助资金的运行情况进行检查和监督，对未按规定要求完成项目或资金开支不规范的，有权收回或中止未下拨的经费。

7. 特别重大或引领性项目采用一事一议。

8. 本管理办法自2014年3月1日起执行。原《余姚市高层次人才创业扶持资金、种子资金、贷款贴息资金管理办法（试行）》（余政发〔2013〕51号）停止执行。本办法发布前已拨付过项目资金的，按原办法执行；未拨付过资金的，按本办法执行。

余姚市人民政府

2014年1月27日

余姚市推进“阳光村务”工程实施方案

余党办〔2014〕15号

为深入推进农村基层信息公开工作，进一步扩大基层民主，完善村民自治，强化农村基层廉政建设，提升农村公共服务水平，根据“全省加快推进村级便民服务和‘三务’公开信息平台建设”视频会议精神以及省纪委《关于加快推进村级便民服务和“三务”公开信息平台建设的通知》（浙纪〔2012〕30号）、宁波市纪委《关于贯彻落实省纪委的通知》（甬纪发〔2013〕3号）文件精神，经市委、市政府研究，决定在全市推进“阳光村务”工程，具体方案如下：

一、指导思想

按照“全面公开、规范有序、安全正确、高效便捷”的工作要求，在巩固过去几年“村务公开”和前阶段村级“三资”管理规范化建设成果的基础上，利用数字电视等信息化技术和手段，实现村级党务、村务、“三资”和便民服务等各类信息“阳光公开”，着力保障村民的知情权、参与权和监督权，更加方便群众办事，切实维护农村和谐稳定，为建设美丽富裕幸福新余姚打下更加坚实的基础。

二、工作内容

（一）建立健全领导机制和工作机制。建立以市委副书记为组长，市委常委、纪委书记、市委常委、组织部部长、市政府分管副市长为副组长，市纪委（监察局）、市委组织部、市委宣传部、市委政法委、市财政局、市农林局、市民政局、市商务局、市广播电视台、市审管办、市残联、市电信局等部门为成员单位的市“阳光村务”工程建设领导小组（具体名单见附件）。根据职责分工，市纪委、市委组织部负责“党务公开”板块，市农林局负责“三资公开”板块，市民政局负责“村务公开”板块，市纪委、市民政局负责“便民服务”板块，其他成员单位根据自身职责配合开展工作。各乡镇、街道（包括余姚经济开发区，下同）要相应成立以分管党群工作的副书记为组长，纪检、组织、农业、民政等分管负责人为副组长的“阳光村务”工程建设领导小组，指导各线开展工作。同时，建立市、镇、村三级“阳光村务”信息公开管理队伍，认真履行信息公开各项职能。

（二）制定公开基本目录。“阳光村务”公开的范围为党务、村务、“三资”和便民服务等领域。市“阳光村务”工程建设领导小组负责制定、更新和发布公开基本目录，相关责任部门根据公开基本目录，对每一个公开板块、每一项公开信息，制定相应的处理标准和规范，并统一提交信息公开平台形成标准化程序，各乡镇、街道参照公开基本目录和标准规范指导各村做好信息公开工作。

（三）规范公开运作机制。制定出台全市“阳光村务”工程信息公开管理办法，确保公开信息的规范性、准确性、及时性和针对性。“阳光村务”公开信息的数据处理通过逐级报送、分级审核的方式进行，村信息员根据公开基本目录做好信息采集、数据输入等工作，经村（社）监会、村党组织负责人（经济合作社社长）审核同意后报乡镇、街道；乡镇、街道对各村上报的数据按班子成员职责分工，由各分管负责人审核把关，经乡镇（街道）“阳光村务”工程建设领导小组同意后于每月15日前报市广播电视台；市广播电视台对上报数据进行审核把关，并负责在每月20日之前实现“阳光村务”信息公开数据的更新和发布。

（四）加快平台改造升级。在巩固前阶段村级“三资”数字电视公开工作的基础上，抓紧开发“阳光村务”数字电视公开平台的数据网络管理系统。改造升级后的“阳光村务”数字电视公开信息平台须具备格式审核、更新提示、延误提醒、依权限分级审核、信息查询、统计分析等基本功能。进一步完善“阳光村务”数字电视公开监控系统，确保市级主要责任部门和乡镇、街道通过特定的授权可查看全市（或辖区）所有村的“阳光村务”数字电视公开情况。加强对用户终端的权限管理，保障各类数据发布的针对性和各级用户的收看权限。

三、实施步骤

（一）第一阶段：2014 年 4 月 —5 月。总结村级“三资”阳光公开工作经验，建立完善“阳光村务”信息公开操作规范和工作流程，发布“阳光村务”信息公开基本目录，完成数据网络管理系统开发工作，实现市、乡镇（街道）、村三级联网。根据先试点后推广的原则，每个乡镇（街道）确定 2 个行政村作为“阳光村务”工程信息公开试点村，对照公开基本目录，在继续抓好村级“三资”信息公开的基础上，确保5月底前完成试点村党务、村务、“三资”和便民服务事项的信息公开工作。

（二）第二阶段：2014 年 6 月 —8 月。各乡镇、街道结合试点村工作，建立“阳光村务”数字电视公开数据模型并加快推广运用，在 7 月底前完成各村“阳光村务”信息公开数据的审核上报工作，确保在 8 月底前实现全市所有行政村“阳光村务”信息公开。

（三）第三阶段：2014 年 9 月起为长效管理阶段。进一步完善“阳光村务”信息公开网络监控和终端监控建设，对上传数据进行实时审核、定期验收。根据“阳光村务”信息公开基本目录，不断丰富公开内容。进一步完善信息公开操作规程，加强市、镇、村三级信息管理员队伍建设，建立健全“阳光村务”信息公开长效监管和保障机制，努力使“阳光村务”信息公开操作更加便捷、服务更加高效、公开更加全面。

四、工作要求

（一）统一思想，加强领导。各有关部门要加强组织领导，各司其职，齐抓共管，共同推进“阳光村务”工程。各乡镇、街道要把这项工作作为当前和今后一段时期内深化农村基层党风廉政建设、实现农村社会管理创新的一项重要任务来抓，强化责任分解，明确目标任务，落实工作机制，加强进度督促。各行政村要把这项工作纳入到当前党建工作的重点议题，建立健全各项工作制度和保障机制，做到组织到位、人员到位、制度到位、责任到位。

（二）协调联动，加强保障。市“阳光村务”工程建设领导小组各成员单位要加强工作协调，广泛征求意见，统筹推进“阳光村务”信息公开工作。市广播电视台要抽调专业技术力量，设立专门的“阳光村务”数字电视公开信息数据管理办公室，切实加强对平台设施的整合利用、管理软件的开发升级和传输网络的运行维护，确保数据传输发布高效、便捷、安全，今后可根据信息技术手段发展情况逐步完善工作平台和载体。各乡镇、街道要抽调纪（工）委、监察审计室、组织办、社会事务办、经管站、综治办、村“三资”代理服务中心、便民服务中心、招管办、国土所、广电站等各线力量集中精力做好相关数据采集、审核、上报和技术保障服务等工作，为推进“阳光村务”信息公开创造良好的舆论氛围、组织保障和工作环境。

（三）注重运用，加强监管。各有关部门要落实专人对信息公开情况进行实时监控，对存在的问题及群众的投诉咨询要及时督促相关责任部门加以纠正和解决。定期对各乡镇、街道落实“阳光村务”信息公开工作进行统计评估，每年组织一次对乡镇、街道落实“阳光村务”信息公开工作的情况汇总与考评，考评结果纳入乡镇、街道经济社会发展实绩考核体系，并作为基层党建创先争优、村务公开和民主管理示范单位等考评推荐的重要依据。各乡镇、街道要严把公开信息审核关，确保“阳光村务”各类公开信息真实、准确、及时、完整。各地各部门要严肃工作纪律，强化责任追究，严禁借“阳光村务”数字电视等公开名义向村级组织和广大村民额外收取费用，不得增加基层负担，严肃查处在推行“阳光村务”信息公开工作中发现的各类违规违纪行为。

市电信局等以其他形式参与“阳光村务”信息公开的单位参照此方案执行。

附件：余姚市“阳光村务”工程建设领导小组名单（略）

中共余姚市委办公室
余姚市人民政府办公室
2014 年 2 月 18 日

关于加快推进企业“机器换人”技术改造三年行动计划（2014—2016年）

余政发〔2014〕24号

根据省委、省政府和宁波市委、市政府关于全面推进“机器换人”的总体要求，为全面推进工业强市建设、全力打造余姚工业升级版，发挥先进装备在工业转型升级中的支撑与牵引作用，市政府决定全面推进以“四减两提高”为主要内容的“机器换人”技术改造三年行动计划，现提出以下行动计划：

一、总体目标

1. 到2016年，力争全市有85%以上规上企业实施“机器换人”项目，完成投入达到100亿元，其中“机器换人”重点专项超过400个（总投资300万元以上，且设备投资不少于200万元的为重点专项）。

2. 三年内完成重点行业自动化（智能化）成套装备改造试点项目10个左右，并在相关行业内推广应用。

3. 到2016年，“机器换人”实施单位从业人员比2013年下降30%以上，全员劳动生产率达到16万元/人·年，比2013年提高40%左右。

4. “机器换人”重点项目实施完成后，实施企业人均产销利税等经济指标高于全市同行业平均水平；主导产品采标率达到60%以上；实现关键环节信息技术集成应用，数字统计工具普及率达到90%以上；关键工序数控化率达到80%以上。

二、工作措施

1. 扎实推进“机器换人”重点专项。建立市、乡镇（街道）二级联动的示范企业和项目库，支持企业有规模地推广应用自动化、数字化、网络化、智能化等先进制造系统、智能制造设备和自动化流水线，提高企业自动化和信息化水平，将推进“机器换人”重点专项作为强化工业有效投入的重要内容，2014年力争实施项目超100个。

2. 大力开展重点行业自动化（智能化）成套装备改造。每年选择3个左右重点行业作为应用试点，以试点应用企业技术改造为切入点，鼓励应用企业与自动化（智能化）成套装备制造企业结成技术联盟，攻克瓶颈技术，完善标准体系，促进行业专用自动化（智能化）成套装备的研发制造。通过试点突破、典型示范，实现面上推广，促进全市特色块状经济质量和效益明显提升，助推全市高端装备制造业发展。

3. 加大“机器换人”技术攻关力度。为解决劳动密集型产业和小微企业“机器换人”的关键与共性技术难题，每年推出5个左右的“机器换人”技术攻关项目，面向相关专家团队、“机器人”及装备生产企业招标，攻克瓶颈技术，促进智能制造技术和自动化设备在特色块状经济领域广泛应用，全面提高“机器换人”覆盖面。

4. 加快机器人产业基地建设。编制机器人产业基地发展规划，谋划产业发展空间布局，引进掌握核心技术的高端人才和优质项目，发展机器人、智能装备产业，培育具有一定规模、品牌、市场、特色的机器人、智能装备制造企业，形成一批具有整机设计能力、技术攻关能力、核心制造能力、自主品牌、市场竞争力的装备制造业成套、整机集成骨干企业，形成“机器人、专业机器人系统、机器人柔性自动化生产线、智能云工厂”的机器人产业链，加快机器人产业集聚园区的形成。

5. 切实加强“机器换人”服务体系建设。充分发挥行业协会、“机器换人”产业技术联盟等平台作用，组建产业专家信息库，着力组建“机器人产业研究院”，搭建产业创新平台。通过举办“机器换人”专场培训，组织“千人计划”专家和博士、工程师与企业现场对接诊断，开展“机器换人”针对性服务，助推企业“机器换人”。建设“机器换人服务中心”，提供“机器换人”解决方案、实施策划和后续服务，帮助企业分步骤实施“机器换人”，逐步推进整条生产线的自动化改造，为中小企业“机器换人”工艺提升、设备采购提供咨询，为企业“机器换人”提供方向与路径，帮助解决重点产业“机器换人”共性问题。

三、政策措施

1. 对列为市“机器换人”重点专项的，在享受本市技术改造政策的基础上，给予上浮2个百分点的补助，单个项目补助最高不超过300万元。

2. 对列入重点行业自动化（智能化）成套装备研发试点的项目，按实际设备和研发技术投入额给予20%的补助，试点项目补助最高不超过500万元。

3. 对实施“机器换人”技术攻关项目的，按实际设备和研发技术投入额予以30%至50%的补助，单个项目补助最高不超过20万元。

4. 为加快推进我市机器人产业基地建设，在“机器换人”推进过程中，项目实施单位应优先考虑与本市“机器人”及智能装备生产企业进行合作研发和制造。

以上补助政策的享受与项目实施效益挂钩，“机器换人”项目完成后，对实施工序、部位或生产线进行综合评估（评估办法由市经信局会同市财政局另行制订），要求从业人员减少30%以上，产能提高3倍以上，如达不到这一目标，则不能享受以上政策补助。上述政策不重复享受。

四、保障措施

1. 强化组织领导。成立市“机器换人”工程领导小组，分管工业副市长任组长，市经信局、科技局、财政局、统计局、人社局、质监局等部门为成员单位，领导小组办公室设在市经信局，具体负责“机器换人”日常工作，并出台具体操作意见。各乡镇政府、街道办事处、经济开发区管委会要把“机器换人”作为推进本地工业经济转型升级的重要任务，建立健全组织，落实工作责任，结合本地区的实际，出台推进“机器换人”的工作举措。

2. 加强工作考核。市政府每年对各乡镇（街道）、经济开发区下达企业现代化技术改造、“机器换人”目标任务，并将各地“机器换人”相关工作和绩效纳入目标责任制考核的重点。对推进工作成效显著的单位予以表彰奖励，树立工作标杆。

3. 加强要素保障。在整合企业技术改造政策和资金的基础上，市财政加大支持力度，每年安排“机器换人”专项资金，用于扶持政策和奖励。推动土地等有限要素资源向“机器换人”项目倾斜，促进金融机构加大对企业技术改造的信贷支持，积极争取上级部门的支持。

4. 加强宣传发动。大力宣传“机器换人”对工业转型升级的重要作用，以召开现场会、对接会等形式将“机器换人”示范项目的先进经验在全市给予推广。加强新闻媒体对典型经验、先进技术、智能装备的宣传报道，在全市上下形成鼓励和引导“机器换人”、减员增效的良好社会氛围。

本行动计划自2014年4月4日起施行。

余姚市人民政府

2014年4月4日

关于进一步促进我市普通高等学校毕业生就业创业工作的通知

余政办发〔2014〕25号

各乡镇人民政府、街道办事处，市直各部门：

根据《国务院办公厅关于做好2013年全国普通高等学校毕业生就业工作的通知》（国办发〔2013〕35号）、《浙江省人民政府办公厅关于促进普通高等学校毕业生就业创业的实施意见》（浙政办发〔2013〕91号）和《宁波市人民政府办公厅关于进一步促进普通高等学校毕业生就业创业的意见》（甬政办发〔2013〕194号）精神，经市政府同意，结合我市全民创业乐业增收工作实际，现就做好进一步促进我市普通高校毕业生就业创业工作提出如下意见：

一、结合实际，进一步拓宽高校毕业生就业渠道

（一）大力开发适合高校毕业生就业岗位

以全民创业乐业增收工作为抓手，大力发展先进制造业和新兴产业，鼓励发展服务业和智力密集型、技术密集型产业，开发更多适合高校毕业生的就业岗位。着力培育新的就业增长点，积极开发适合高校毕业生就业的基层管理和公共服务岗位，支持高校毕业生积极投身现代农业建设，鼓励农业企业吸纳高校毕业生就业。

（二）积极鼓励高校毕业生到中小微企业就业

发挥中小微企业吸纳高校毕业生就业的主渠道作用，不断增强中小微企业对高校毕业生的就业吸引力。在进一步落实《余姚市人民政府关于使用失业保险基金预防失业促进就业有关问题的通知》（余政发〔2013〕63号）有关中小微企业录用高校毕业生社会保险补贴政策的同时，自2013年起至2015年，年度内毕业的本市户籍高校毕业生，到余姚市中小微企业首次就业、工作满一年、按规定缴纳社会保险费的给予一次性毕业生就业补助，其中专科学历3600元，本科及以上学历6000元。补贴资金由失业保险基金支付。

（三）鼓励引导高校毕业生面向城乡基层就业

结合推进城镇化、加强和创新社会管理进程，通过政府购买服务的方式，开发城乡基层特别是面向本市城乡最低生活保障家庭、特困职工家庭、城镇零就业家庭、城乡困难家庭中，主要靠申领助学贷款完成学业的余姚生源登记未就业高校毕业生（以下简称"困难家庭未就业毕业生"）就业的城市社区和农村公共管理及社会服务工作岗位，保证有就业意愿的困难家庭毕业生全部实现就业。毕业2年内的高校毕业生被选任或招聘为城乡社区公共服务岗位专职工作者的，确保年收入不低于当地上一年的全社会在岗职工年平均工资水平，其中专职从事就业和社会保障公共服务的，从失业保险基金促进就业经费中按规定给予补贴，具体按省及宁波市有关规定执行。

（四）鼓励支持高校毕业生灵活就业

鼓励支持高校毕业生通过多种形式灵活就业，对2013、2014年度内毕业的，以灵活就业形式实现就业，办理就业登记并参加城镇职工基本养老、基本医疗和失业保险的本市户籍高校毕业生，按其应缴纳基本养老、基本医疗和失业保险费最低标准之和的三分之二的额度给予最长不超过24个月的补贴。公共就业人才服务机构要按规定为其提供人事代理服务，做好社会保险关系接续工作。

（五）搭建高校毕业生就业见习平台

结合产业发展需要和高校毕业生情况，扶持一批规模较大且有一定社会影响力的企事业单位作为就业见习单位，并进一步完善就业见习管理办法，建立健全高校毕业生就业见习基地评估体系，规范就业见习活动，努力为高校毕业生提供优

质的就业见习服务，帮助毕业生提升就业能力。每年新增余姚市大中专毕业生实践（见习）基地10家以上，力争到2015年总数达到90家。定期开展实践（见习）基地评选活动，对被评为“余姚市大中专毕业生实践（见习）基地”的单位，市财政每年给予1万元的工作经费，同时每年对各基地进行考核评估，对接收实习生较多且工作成绩突出的，给予2万元奖励（被奖励基地数不超过基地总数的20%）。积极鼓励企事业单位参加宁波市级大中专毕业生实践基地、宁波市级高校毕业生就业见习示范基地见习单位评选活动，对入选单位在宁波给予资金补助的基础上，市财政按1:1的标准配套。见习单位要加强对见习工作的安全管理，要为参加见习的高校毕业生购买人身意外伤害保险。

（六）强化高校毕业生技能培训

积极组织本市生源高校毕业生参加职业技能培训和技能鉴定，高校毕业生在参加职业技能培训或鉴定并取得相应职业资格证书或培训合格证书的，可按照相关规定的标准享受补贴。

二、完善措施，大力支持高校毕业生自主创业

（一）扶持大学生创业平台建设

要进一步拓展发展空间，挖掘资源潜力，充分利用现有条件和闲置资源，围绕当地特色产业，统筹规划建设高校毕业生创业基地，为创业大学生提供集聚式创业创新平台。加强市科创中心大学生创业园平台建设，提升服务功能，建立并畅通创业融资、成果转化和项目合作的渠道，不断增强高校毕业生创业的承载力。对本市户籍高校毕业生在创业园区、孵化基地等创业平台内创业的，可按各园区（基地）优惠政策享受场租补贴。在创业平台（孵化基地）外首次从事个体经营的高校毕业生，符合条件的可享受年租金10%，每年不超过3000元的场租补贴，补贴期限最长不超过3年。

（二）进一步放宽高校毕业生创业市场准入资格

高校毕业生创办企业可依法分期缴纳注册资本。放宽高校毕业生创办企业住所（经营场所）登记条件，面向股权投资企业和电子商务、文化创意、软件设计、动漫游戏等现代服务产业的内资企业试行“一址多照”，同一地址可以作为两个以上企业住所（经营场所）登记。面向无前置审批的内资公司试行“一照多址”，住所和经营场所在同一区域范围内的，可以申请在企业营业执照“经营范围”后加注经营场所地址，免于另行办理分支机构登记。从事生物医药、新能源、新材料、海洋新兴产业和高端装备制造业等战略性新兴产业以及筹建周期较长且涉及前置审批的服务业企业，可申办筹建营业执照。深化行政审批制度改革，实行“多证联办”“并联审批”，进一步减轻企业负担，不断提高审批效率。

（三）进一步完善金融扶持政策

本市户籍高校毕业生在本市自主创业自筹资金不足的，可依据《余姚市人民政府关于使用失业保险基金预防失业促进就业有关问题的通知》（余政发〔2013〕63号）等有关规定申请小额担保贷款，享受小额担保贷款贴息政策。鼓励各金融机构为没有固定资产、无法提供合适担保对象的高校毕业生创业者，提供信用贷款。

（四）有效落实财税减免政策

高校毕业生创办的符合税法规定条件的小型微利企业，可按《浙江省人民政府办公厅关于促进小型微型企业再创新优势的若干意见》（浙政办发〔2012〕47号）有关规定享受企业所得税减免政策；对高校毕业生创办的纳税确有困难的中小企业，报经地税部门批准，可给予减免房产税和城镇土地使用税的照顾；对毕业2年以内的高校毕业生从事个体经营的，按每户每年2000元的限额减免应缴的地方水利建设基金，优惠期为3年。

（五）扶持高校毕业生网络创业

本市户籍毕业2年以内的高校毕业生从事电子商务经营并通过网上交易平台实名注册认证的，经市人力社保、财政部门认定，可办理人事代理，参加社会保险，按规定缴纳社会保险费满1年的，可享受创业者社会保险补贴、小额担保贷款和贷款贴息等政策，所需资金从失业保险促进就业经费中列支。网络创业认定办法参照省人力社保厅、省财政厅有关规定执行。

（六）加大高校毕业生创业培训力度

建立大学生创业培训基地，选取符合条件的学校、企事业单位、社会教育培训机构，通过考核认定一批创业定点培训机构，其中优秀的可挂牌

成立余姚市大学生创业培训基地，在挂牌期限内享受市创业培训基地有关政策。

鼓励有创业愿望和培训需求的高校毕业生参加创业培训，其中本市户籍高校毕业生可免费参加我市创业培训定点机构组织的创业意识教育培训、SYB 创业培训。实施创业培训补贴，按照相关规定的标准给予补贴。

三、提升能力，加强高校毕业生就业创业指导、服务和援助

（一）优化高校毕业生就业创业服务

设立大学生就业创业服务窗口，积极为大学生提供鉴证报到、政策咨询、信息服务、人事代理、职业指导、技能培训等就业服务，对创业大学生提供项目推荐、风险评估、融资服务、开业指导、创业培训等"一条龙"服务。加强市人才市场、人力资源市场的需求预测分析，完善职业供求信息收集和发布制度，定期举办高校毕业生就业创业服务月活动，组织开展高校毕业生专场招聘会、创业接洽会、就业创业形势报告会等系列活动。市总工会、团市委、妇联、残联等部门要发挥群团优势，组织开展多种形式的高校毕业生就业创业助推活动。公共人才就业服务机构要加强与高校毕业生就业指导服务机构及其他就业服务机构的合作，不断提高就业创业服务能力。大力引进国内外知名人力资源服务机构到我市落户，帮助开展高校毕业生就业服务，对经审核符合条件的知名人力资源服务机构，市财政给予一定的奖励，具体奖励标准按照《余姚市人民政府关于进一步加强中介机构培育引进和规范发展的若干意见》（余政发〔2011〕8）号规定执行。鼓励企业与高校合作，为高校毕业生提供有针对性的指导和服务，引导高校毕业生理性求职。

（二）做好高校毕业生就业、失业登记工作

进一步完善就业、失业登记办法，建立起就业登记与劳动合同管理、社会保险费缴纳联动机制，进一步简化办事程序和手续，为已就业高校毕业生免费办理就业登记，并按规定提供人事代理服务。切实做好未就业高校毕业生的实名制登记工作，将未就业高校毕业生纳入户籍所在地失业人员范围统一进行管理，并积极帮助其享受就业扶持政策。

（三）强化困难家庭未就业毕业生帮扶

将就业困难的高校毕业生纳入当地就业援助体系，建立专门台账，实施"一对一"职业指导和重点帮扶，通过电话回访、上门走访等形式了解其就业意向与动向，并向用人单位重点推荐或安排公益性岗位实现安置就业。对毕业半年后 2 年内仍未实现首次就业的本市城乡最低生活保障家庭、特困职工家庭、城镇零就业家庭、城乡困难家庭中主要靠申领助学贷款完成学业的本市生源登记未就业高校毕业生，按照《关于贯彻市政府进一步促进高校毕业生就业政策有关问题的通知》（甬人才〔2009〕13 号）规定给予困难家庭临时生活补助。

各乡镇政府、街道办事处要高度重视长时间失业的高校毕业生以及女性、残疾等高校毕业生群体的就业问题，制定实施专门的就业扶持政策，提供有针对性的高校毕业生就业服务和就业指导。

（四）保障高校毕业生就业权益

在用人单位招用人员、职业中介机构从事职业中介活动过程中，严禁发布违反国家规定的涉及性别、年龄、户籍、学历等歧视性条款的需求信息，严禁发布虚假性、欺诈性的非法就业信息，严禁发布含有限定 985、211 高校等字样的招聘信息。加大人力资源市场监管力度，严厉打击招聘过程中的欺诈行为，着力消除就业歧视现象，营造公平公正的就业环境。进一步完善公务员招考和事业单位公开招聘制度，切实增强招考招聘工作的透明度。加强国有企业招聘活动监管，规范国有单位招聘行为，在国有企业中全面推行分级分类的公开招聘和岗位信息统一公开发布制度，切实做到招聘岗位公开、过程公开、结果公开。进一步深化高校毕业生就业制度改革，简化高校毕业生就业程序，规范签约行为，任何高校不得将毕业证书发放与高校毕业生签约就业挂钩。加大对各类企业特别是中小企业在劳动用工、社会保险费缴纳等方面的劳动监察力度，切实维护高校毕业生的合法劳动权益，确保其工资待遇、参加社会保险等符合国家有关规定。

（五）加强高校毕业生就业创业工作领导

各地各部门要认真贯彻落实本意见精神，进一步加强对高校毕业生就业创业工作的领导。市里建立健全高校毕业生就业创业工作联席会议协

调机制，定期召开由市委人才办、人力社保、财政、工商、发改、教育、卫生、农林、商务、民政、旅游、金融办、人民银行、总工会、团市委、残联等部门组成的联席会议，及时解决工作中遇到的问题。市人力社保部门要认真做好牵头协调工作，各职能部门要密切协作，负责做好职责范围内的工作，各乡镇政府、街道办事处要按照全市工作总体要求，完成相应工作任务，使高校毕业生就业创业工作不断凝神聚力。要强化目标责任，把高校毕业生就业创业工作列入市政府绩效考核内容。要加大对就业创业政策措施和先进典型的宣传力度，充分营造高校毕业生充分就业、热情创业的氛围。

本通知自2014年4月3日起施行。

余姚市人民政府办公室

2014年3月3日

关于实施农村生活污水治理三年行动计划的通知

余党办〔2014〕39号

各乡镇、街道党（工）委，政府、办事处，市直各部门：

根据省委办公厅、省政府办公厅《关于深化“千村示范、万村整治”工程，扎实推进农村生活污水治理的意见》（浙委办〔2014〕2号）和宁波市委办公厅、宁波市政府办公厅《关于实施农村生活污水治理三年行动计划的通知》（甬党办〔2014〕14号）以及市委、市政府《关于余姚市“五水共治”三年行动计划实施方案》（余党发〔2014〕1号）精神，就全市农村生活污水治理三年行动计划有关事项通知如下：

一、指导思想和目标任务

1. 指导思想。深入贯彻党的十八大、十八届三中全会和省委关于“五水共治‘污水先行’”的决策部署精神，围绕“村点覆盖全面、群众受益广泛、设施运行常态、治污效果良好”的要求，坚持全面治理和扩面提升并重，促进农村水环境质量持续改善，打造和谐优美的城乡人居环境，推进美丽乡村·幸福家园建设，为实现经济社会与生态环境协调发展做出积极贡献。

2. 目标任务。通过实施三年（2014—2016年）行动计划，新增农村生活污水全面治理村184个、扩面改造村81个，到2016年全市农村生活污水治理村基本实现全覆盖、农户受益率达到80%以上，超额完成省、宁波市下达的考核任务。

二、基本原则

1. 政府主导，合力推进。切实加强领导，充分发挥政府主导作用，加大财政投入力度，以乡镇、街道为组织实施主体，加强部门资源和力量整合，调动各方积极性，形成“多方协作、上下联动、合力推进”的工作机制。

2. 因地制宜，分类实施。按照“效率优先、经济适用”的要求，对区位条件允许的村，优先考虑采取集中纳管收集处理；对不能纳管的，则根据村庄不同条件就地建设集中型、区域型、联户型、分散型等生态化污水治理设施。

3. 技术合理，严格标准。按照“维护简便、工艺科学、标准统一”的工作要求，深入分析农村生活污水的水质水量、排水方式、排放去向等方面的情况，明确符合实际的农村生活污水排放标准、治理模式和技术工艺。

4. 生态节能、资源回用。围绕治污水与抓节水相结合，推广生物组合处理技术，实现污染物的生物降解和氮、磷的生态去除，结合当地农业生产，回灌农田、经济林木等，加强生活污水消减和尾水的回收利用，满足循环利用和生态农业的需要。

三、主要举措

1. 加强领导，明确责任。成立以市政府主要领导为组长、相关领导为副组长、有关部门为成员单位的市农村生活污水治理工作领导小组，领导小组下设办公室，办公室设在市农办，配足配好项目管理和工程技术专职工作人员，加强统筹谋划、综合协调和指导服务。全市农村生活污水治理工作由市农办牵头负责政策研究、计划制定、督促检查、项目验收等工作，并做好农村分散式生活污水治理的组织协调工作；市住房和城乡建设局牵头负责城镇污水厂、大管网建设和进村入户工程集中纳管式一体化治理的组织协调工作；市委组织部、市委宣传部等单位负责农村生活污水治理的组织保障和宣传报道；市发展和改革局负责农村生活污水治理项目的立项、审批和监管工作；市财政局加大农村生活污水治理资金的筹措、监管和审核力度；市国土资源局负责对农村生活污水治理工程用地政策处理的指导和支持，落实工程用地需要；市环保局负责农村生活污水治理的技术指导和水质监测等监管工作；市规划局负责对农村生活污水治理规划编制的指导工作；市农林、水利、卫生、交通、供电等部门做好农村生活污水治理项目与农村沼气净化工程、河道清理、卫生改厕、道路建设、电气化改造等项目的结合工作；市审计局负责对农村生活污水治理项目的工程审计；市招投标管理办公室负责农村生活污水治理项目的招投标工作；余姚城投集团有限公司加强农村生活污水进村入户工程集中纳管式一体化治理的技术指导和设施的运行管护工作；市委督查考核办做好农村生活污水治理工作的督查和目标考核；市政府督查室做好农村生活污水治理工作的督查。各乡镇、街道要成立相应的领导小组和实干工作班子，发挥农村生活污水治理主战场的作用，切实做好项目的组织实施、群众发动和政策处理等工作。同时，按照市下达的目标任务，进一步细化实施方案，落实工作责任，形成一级抓一级、层层抓落实的工作格局。

2. 统筹规划，科学安排。坚持“高起点、翔实化、贯到底”的工作要求，以市域总体规划为先导，充分考虑城乡统筹发展、经济社会发展状况、环境功能区划、生态环境容量和人口分布等因素，从全局和整体上科学安排全市范围内的农村生活污水治理工作，抓紧编制出台《全市农村生活污水治理专项规划》。各乡镇、街道结合村庄建设规划和基础设施建设，制定具体的实施计划，确定各年度建设改造任务、技术方案和实施措施，按照全面治理和改造提升并重的要求，分清轻重缓急，合理确定村庄建设时序，有序推进农村生活污水治理工作。

3. 加快建设，保证质量。认真总结推广世行贷款农村生活污水治理项目建设经验，修订完善工作方案、实施细则、施工规范、验收办法等，努力实现污水处理项目的标准化建设、规范化实施、制度化管理。探索建立“四统一”做法，即：项目方案统一设计、实施模式统一确定、主要材料设备统一采购、工程竣工统一验收。加强质量监管，招标或委托具有丰富农村污水治理工程建设监理经验的监理单位，进行专业监理，强化第三方监管机制。充分发挥乡镇、街道和村的日常监管作用，乡镇、街道要有专人负责；各村要成立由责任心强、有一定工程管理经验的党员干部和村民代表组成的质量监督小组，全过程参与工程项目建设的监督检查，并实行质量监督小组隐蔽工程签字认可制度。严格把好工程验收关，强化施工单位自验、业主初验和竣工终验等环节，确保工程建设项目保进度、高质量，提高财政资金使用实效。

4. 整合资源，加大投入。按照“政府扶持、社会参与、群众自筹”的原则，强化资金保障。一是世行贷款农村生活污水处理项目按现行政策执行，山区乡镇直接建设费用由宁波、余姚两级财政按7∶3比例分担，平原乡镇、街道直接建设费用由宁波、余姚、乡镇（街道）按5∶3∶2比例分担。二是集中纳管、分散式处理等不同建设类型的农村生活污水项目的直接建设费用由市、乡镇（街道）按6∶4比例分担。三是整合项目资金，各级涉农资金要优先用于农村生活污水项目治理，积极引导工商企业、民间资本参与农村生活污水治理工程建设。四是各部门要简化审批手续、降低规费标准、开辟绿色通道、优化服务质量，对农村生活污水治理项目涉及的规费收取，要能免则免、能减则减，集中力量做好农村生活污水治理工作。

5. 强化考核，长效运行。强化农村生活污水治理工作目标考核，年初由市农村生活污水治理工作领导小组办公室根据总体推进计划，下达乡镇、街道年度建设任务，并签订目标责任书，列入市委、市政府重点专项工作考核内容并作为各类创建村的否优指标，确保此项工作有力有序有效推进。落实措施，确保农村生活污水治理设施的正常运行。推行“群众参与、环保监测、公司实施、财政补助”的运行模式，以乡镇、街道为实施管理主体，余姚城投集团有限公司（市城市排水有限公司）做好牵头协调及技术保障工作，项目所在乡镇（街道）、村参与日常监管，实现污水治理设施的专业化运行、日常化管理。加强农村生活污水治理的宣传发动，使这项工作成为全市上下和社会各界共同关心的民生实事工程，形成群众广泛参与、社会各界大力支持的农村治污良好氛围。

附件：农村生活污水治理三年行动计划目标任务分解表（略）

中共余姚市委办公室
余姚市人民政府办公室
2014 年 4 月 18

关于支持姚籍大学生就学和回乡就业创业的若干政策意见

余党办〔2014〕54 号

各乡镇、街道党（工）委，政府、办事处，市直各部门：

为进一步支持姚籍大学生就学和回乡就业创业，加大招才引智力度，促进全市经济社会转型发展，结合我市实际，现提出以下政策意见：

一、全力保障姚籍大学生完成学业

1. 困难家庭学生就学补助。对就读全日制普通高校的全市户籍低保户、低保边缘户和持证残疾学生，分别给予专科生、本科生每人每年 6000 元、8000 元的补助。不同对象同一人员不能重复享受。

2. 助学贷款贴息扶持。对就读全日制普通高校且系低保户和低保边缘户子女、依法由社会福利机构监护的孤儿、革命烈士子女、持证残疾人、因受灾或患重大疾病等原因造成家庭经济困难的学生，提供每人每学年 1 万元以下的生源地助学贷款并补贴银行利息。

二、努力吸引姚籍优秀大学生回姚工作

1. 优秀大学生就学就业资助。在市教育局设立姚江学子发展基金，按照政府资助和社会募集相结合的方式，市财政每年安排 500 万元注入基金，并广泛发动社会力量多方筹措资金，专门用于姚籍优秀大学生的就学就业资助。从 2014 年开始，对经教育、人社部门认定符合条件的姚籍优秀大学生，按每人每学年 1 万 ~ 2 万元的标准给予就学就业资助。资助方式：对学生和其父母凭录取通知书或《学生证》与市教育局、市人力资源和社会保障局三方共同签订《姚籍大学生就学就业资助协议》的，学生在校期间以信用担保贷款方式逐年平均发放资助总额的 40%，毕业当年回姚首次就业在企事业单位（事业单位仅限学校、医院）工作满一定年限并按规定缴纳社会保险费的，在工作满 1 年、3 年、5 年后，各发放资助总额的 10%、20%、30%。对签约学生毕业后要求读硕读博的，可续签协议，读硕读博期间补助标准和发放办法仍按上述规定执行。

2. 紧缺专业类人才就学就业资助。从 2014 年开始，对经教育、人社部门认定符合条件的紧缺

专业类姚籍优秀大学生，按每人每学年1万元的标准给予就学就业资助。资助方式：对学生和其父母凭录取通知书或《学生证》与市教育局、市人力资源和社会保障局及相关用人单位共同签订《姚籍大学生就学就业资助协议》的，学生在校期间以信用担保贷款方式逐年平均发放资助总额的40%，毕业当年回姚首次就业（公务员除外）且从事与所学专业相关工作满一定年限并按规定缴纳社会保险费的，在工作满1年、3年、5年后，各发放资助总额的10%、20%、30%。对签约学生毕业后要求读硕读博的，可续签协议，读硕读博期间补助标准和发放办法仍按上述规定执行。所需资金由姚江学子发展基金列支。

三、着力推进姚籍大学生回归就业

1. 高校毕业生中小微企业就业补贴。对2013年至2015年毕业的本市户籍全日制普通高校毕业生，到我市中小微企业首次就业、工作满1年、按规定缴纳社会保险费的，给予专科学历3600元、本科及以上学历6000元的一次性就业补贴，所需资金由失业保险基金列支。

2. 高校毕业生城乡基层就业收入保障。对毕业2年内的本市户籍全日制普通高校毕业生被选任或招聘为城乡社区公共服务岗位专职工作者的，确保年收入不低于当地上一年的全社会在岗职工年平均工资水平。

3. 高校毕业生灵活就业社保补贴。对2013年、2014年毕业的以灵活就业形式实现就业，并办理就业登记且参加城镇职工基本养老、基本医疗和失业保险的本市户籍全日制普通高校毕业生，按其应缴纳基本养老、基本医疗和失业保险费最低标准之和三分之二的额度给予最长不超过24个月的补贴。

4. 高校毕业生就业实（见）习补助。对在本市大中专毕业生实践见习基地实（见）习的本市户籍全日制普通高校毕业生，给予每人每月不低于当地当年度最低工资标准50%的补助，最长不超过6个月。

5. 困难家庭高校毕业生就业援助。对毕业半年后2年内仍未实现首次就业的低保户、低保边缘户、特困职工家庭、城镇零就业家庭、城乡困难家庭中主要靠申领助学贷款完成学业的本市生源登记未就业的全日制普通高校毕业生，给予每人每月800元的困难家庭临时生活补助。

四、大力支持姚籍大学生自主创业

1. 高校毕业生涉农创业补助。对年龄在35周岁以下、在本市直接从事农（含林、牧、渔）业生产经营且达到一定规模的本市户籍全日制普通高校毕业生，在宁波给予资金补助的基础上，给予每人每年不低于1万元的配套补助。

2. 高校毕业生网络创业社保补贴。本市户籍毕业2年以内的全日制普通高校毕业生从事电子商务经营并通过网上交易平台实名注册认证，经市人力社保、财政部门认定，且按规定缴纳社会保险费满1年的，可享受创业者社会保险补贴，其中新创办企业的，补贴标准为依法应缴纳的基本养老、基本医疗和失业保险费最低标准之和，新创办个体工商户的，补贴标准为依法应缴纳的基本养老、基本医疗和失业保险费最低标准之和的三分之二，所需资金由失业保险促进就业经费列支。

3. 高校毕业生创业场租补贴。对本市户籍全日制普通高校毕业生在各种创业园区、孵化基地等创业平台内创业的，可按各园区（基地）优惠政策享受场租补贴。在创业平台（孵化基地）外首次从事个体经营的，符合条件的可享受年租金10%、每年不超过3000元的场租补贴，最长不超过3年。

4. 高校毕业生自主创业融资扶持。对本市户籍全日制普通高校毕业生在本市自主创业自筹资金不足的，可给予5万～15万元的小额担保贷款，其中个人有自然人信用保证和抵押物的，贷款额度可分别提高到20万元和30万元；对合伙经营的，可按每人不超过15万元、最高不超过50万元的小额担保贷款。上述贷款期限最长为1年，到期还本付息后，据实全额贴息，符合条件的可续贷2次，所需资金由失业保险基金列支。

5. 高校毕业生自主创业税费减免。对本市户籍全日制普通高校毕业生创办的符合税法规定条件的小型微利企业，自2014年起至2016年，对年应纳税所得额低于10万元（含10万元）的，其所得减按50%计入应纳税所得额，按20%的税率征收企业所得税。对本市户籍全日制普通高校毕业生创办的纳税确有困难的中小企业，报经地税部门批准，可给予减免房产税和城镇土地使用税的照顾。对毕业2年以内的本市户籍全日制普通高校毕业生从事个体经营的，按每户每年2000元的限额减免应缴的地方水利建设基金，优惠期为3年。对本市户籍全日制普通高校毕业生从事个体经营且符合相关条件的，自其在工商部门首次注册登记之日起，按规定免收属于登记类和证照类等各项行政事业性收费，最长不超过3年。

五、有关说明

1. 为增强政策的可操作性，各主管部门根据自身职责，会同有关市直部门共同抓好政策意见的贯彻落实。第一部分“全力保障姚籍大学生完成学业”，由市教育局牵头，会同市财政局、市民政局、市残联、市金融办组织实施；第二部分“努力吸引姚籍优秀大学生回姚工作”，由市教育局牵头，会同市财政局、市人力资源和社会保障局、市委人才办、市金融办等部门制订出具体的操作办法和实施细则，共同组织实施；第三部分“着力推进姚籍大学生回归就业”，由市人力资源和社会保障局牵头，会同市财政局、市教育局、市民政局等部门组织实施；第四部分“大力支持姚籍大学生自主创业”，由市人力资源和社会保障局牵头，会同市财政局、市国税局、市发展和改革局、市农林局、市金融办、人民银行余姚支行等部门组织实施。

2. 本政策意见自发文之日起施行，原有政策规定与本意见不一致的，以本意见为准。执行过程中如遇上级或本市政策调整，本意见也作相应调整。

中共余姚市委办公室
余姚市人民政府办公室
2014年5月20日

关于调整征地区片综合地价的通知

余政发〔2014〕40号

各乡镇人民政府、街道办事处，市直各部门：

根据《浙江省人民政府关于调整完善征地补偿安置政策的通知》（浙政发〔2014〕19号）精神，加快我市经济社会发展，推进城市化进程，切实保障农民合法权益，结合我市实际，决定调整征地区片综合地价标准。现将有关事项通知如下：

一、征地区片划分

全市征地区片调整为以下三级。

一级区片：兰江街道、梨洲街道（除原黄明乡、菱湖乡、燕窝乡）、阳明街道、凤山街道行政区域范围内的土地。

二级区片：低塘街道、朗霞街道、三七市镇、河姆渡镇、大隐镇、陆埠镇、丈亭镇、梁弄镇、牟山镇、马渚镇、黄家埠镇、临山镇、泗门镇、小曹娥镇及梨洲街道山区片（原黄明乡、菱湖乡、燕窝乡）行政区域范围内的土地。

三级区片：四明山镇、大岚镇、鹿亭乡行政区域内的土地。

二、各区片征地综合地价标准

（一）征收耕地、其他农用地（除林地以外）和建设用地

一级区片征地综合地价为每亩65000元。其中土地补偿费为每亩38000元，安置补助费为每亩27000元。

二级区片征地综合地价为58000元。其中土地补偿费为每亩31000元，安置补助费为每亩27000元。

三级区片征地综合地价为每亩54000元。其

中土地补偿费为每亩 27000 元，安置补助费为每亩 27000 元。

（二）征收林地、未利用地

一级区片征地综合地价为每亩 32500 元。其中土地补偿费为每亩 19000 元，安置补助费为每亩 13500 元。

二级区片征地综合地价为每亩 29000 元。其中土地补偿费为每亩 15500 元，安置补助费为每亩 13500 元。

三级区片征地综合地价为每亩 28000 元。其中土地补偿费为每亩 14500 元，安置补助费为每亩 13500 元。

三、其他补偿标准

（一）青苗补偿标准。征收农用地的每亩 1000 元。

（二）地面附着物补偿标准。经有资质的评估机构评估并经所在地乡镇政府、街道办事处确认后按实给予补偿。

四、征地补偿费的管理与分配

征地补偿费由市国土资源局或各乡镇（街道）、余姚经济开发区全额拨付给被征地行政村，任何单位和个人不得移用、挪用和截留。

土地补偿费为被征地行政村集体经济组织所有。

青苗补偿费应发放给种植人，地上附着物补偿费应发放给所有权人。

安置补助费除按规定应抵缴的社保资金可直接拨入安置人员的社保资金专户外，剩余资金应直接发放给需安置人员个人。如村集体经济组织通过调剂土地等方式在村内部安置的，安置补助费可归村集体经济组织所有。

本通知自 2014 年 7 月 1 日起施行。原余姚市人民政府《关于重新公布全市征地区片综合地价的通知》（余政发〔2012〕16 号）同时废止。

余姚市人民政府

2014 年 6 月 23 日

关于加快我市电子商务发展的若干政策意见

余政发〔2014〕44 号

各乡镇人民政府、街道办事处，市直各部门：

根据《宁波市人民政府关于深入推进“电商换市”加快电子商务发展的若干意见》（甬政发〔2014〕6 号）精神，为进一步推进“电商换市”战略，提升我市电子商务发展水平，市政府决定安排 1500 万元电子商务发展专项资金，用于我市电子商务的培育、提升和发展。特提出实施意见如下：

一、加快市级电子商务产业园培育

对建筑面积在 5000 平方米以上，入园企业在 10 家以上，招租率在 50% 以上并经有关部门认定的市电子商务产业园建设主体和入驻企业，参照中共余姚市委办公室余姚市人民政府办公室《关于加快余姚市文化产业发展若干政策意见》（余党办〔2012〕32 号）实施，入驻企业计算补助的租赁面积最高不得超过 500 平方米。对产业园内引入著名商业模式且作用明显的第三方电商服务平台和企业，可实行“一事一议”。

二、推进特色电子商务服务平台建设

根据宁波市人民政府办公厅《关于印发加快推进甬易第三方支付平台建设和发展若干意见的通知》（甬政办发〔2014〕10 号）精神，在当年完成上级考核支付结算业务流量的基础上，每年安排 500 万元专项资金用于“甬易宝”平台建设运行和市场培育。对当年交易额超过 50 亿元的 B2B 网络平台企业，以上年为基数，增幅达到10%以上、20%以上、30%以上的，分别给予10万元、20万元、30万元的奖励。对开发余姚电商服务中心，开设余姚产品特色馆，推介销售余姚产品在年销售5000万元以上的平台企业，经认定给予其软硬件投入额30%的一次性补助，最高不超过100万元。

三、鼓励跨境电商企业发展

对实体企业进驻国内外跨境电商平台注册上线经营的，给予注册费用50%的补助，最高不超过5万元。对自建第三方平台、服务余姚企业并实现销售在1亿元以上的跨境电商平台企业，给予其软硬件投入额30%的一次性补助，并给予一定的融资贴息补助，最高不超过100万元。对跨境电子商务应用企业当年销售首次突破3000万元、5000万元、1亿元的，分别给予15万元、30万元、45万元的奖励，并授予“余姚市电子商务示范企业”称号。

四、鼓励实体企业应用电子商务

加快我市企业电子商务应用和普及，鼓励企业积极参与慧聪网余姚产业带建设与阿里巴巴宁波产业带余姚分馆建设。对自有品牌的实体企业，在天猫、京东、苏宁、一号店、慧聪网（“姚商通”产品）等第三方电子商务平台以本企业名义新注册开设官方旗舰店、专卖店、专营店等，每家给予注册费用50%的补助，最高不超过2万元；对企业自建平台，其当年线上拓市场相关投入给予10%的一次性补助，最高不超过30万元；实体企业通过第三方平台或自建平台当年在网上销售达到1000万元以上的，超过部分按2‰比例奖励，最高不超过30万元。以上奖励（补助）单体累计最高不超过100万元。

五、支持电子商务企业上规模

对新注册的当年网上销售额超过200万元以上的电商企业，给予不超过5万元的奖励；对原注册的电商企业当年网上销售首次突破3000万元、5000万元、1亿元的，分别给予10万元、20万元、30万元的奖励。同时，对上述企业授予“余姚市电子商务示范企业”称号。对当年新获得国家、省、宁波市“电子商务示范企业”称号的，分别给予30万、25万元、5万元的奖励。

六、扶持电子商务服务企业发展

对主营业务收入当年首次达到30万元以上的电子商务服务企业，按当年主营业务收入的10%给予奖励，最高不超过10万元。经有关部门确认的省电子商务进万村示范点，给予每个点2000元的一次性补助。对以商品市场、商业街区、工业园区、产业集聚区等实体为依托，服务单位在30家以上的电子商务服务企业，按其当年投入额的30%给予一次性补助，最高不超过10万元。

上述政策（按照孰高原则）不得重复享受，本意见自2014年9月1日起施行。

附：余姚市电子商务发展工作领导小组成员名单（略）

余姚市人民政府

2014年7月25日

余姚市大气污染防治行动计划（2014—2017年）

余政发〔2014〕46号

为改善我市大气环境质量，保障群众身体健康，根据《国务院关于印发大气污染防治行动计划的通知》（国发〔2013〕37号）、《浙江省大气污染防治行动计划（2013—2017）》（浙政发〔2013〕59号）和《宁波市大气污染防治行动计划（2014—2017）》（甬政发〔2014〕49号）等文件精神，结合我市实际，特制定本行动计划。

一、总体目标

按照经济发展与环境保护相协调、联防联控与属地管理相结合、总量减排与质量改善相统一的基本原则，坚持源头预防、强化治理，以能源结构调整、工业企业污染整治、机动车污染防治、扬尘治理等为突破口，实施二氧化硫（SO_2）、氮氧化物（NO_X）、颗粒物（PM2.5、PM10）、挥发性有机物（VOCs）、扬尘等多污染物的协同控制，积极倡导绿色低碳生产生活方式，建立健全我市大气污染联防联控管理机制，有效解决当前突出的大气污染问题。到2017年，我市空气质量好转，优良天数逐年提高，细颗粒物（PM2.5）年均浓度比2013年下降18%以上，市中心城区降尘强度比2013年下降20%以上。

二、主要任务及分工

（一）严格环境准入

1. 修编生态文明建设规划。开展新一轮生态文明建设规划和生态功能区划的编制及修订工作，按“禁止开发、限制开发、优化开发、重点开发”原则，划定区域生态保护红线。（牵头单位：市生态办）

2. 严把项目准入关。新、扩、改建排放二氧化硫、氮氧化物、工业烟粉尘、挥发性有机物等大气污染物的项目，实行区域内现役源2倍削减量替代，耗煤建设项目实行1∶1.1的煤炭减量替代，严格执行各类大气污染物特别排放限值，确保实现增产减污。新建石化、化工企业必须采用先进的污染物治理设施，大气污染物达到排气筒和厂界双达标，并安装挥发性有机物排气筒和厂界的在线监测装置，建立泄漏检测与修复（LDAR）体系。强化节能环保指标约束，把二氧化硫、氮氧化物、烟粉尘和挥发性有机物排放总量指标作为环评审批的前置条件。（牵头单位：市环保局）

禁止新建20蒸吨/小时（含）以下使用高污染燃料锅炉，禁止新建直接燃用非压缩式成型生物质锅炉，城市建成区以外，鼓励以压缩成型生物质为燃料的锅炉项目建设。（牵头单位：市经信局）

禁止配套建设自备燃煤发电项目，除向区域集中供热的热电联产项目和整体煤气化联合循环发电系统（IGCC）外，禁止审批新（扩）建燃煤发电项目。现有燃煤机组合计装机容量达到30万千瓦（含）以上的，可按照1∶1.1的煤炭减量替代的原则建设大容量燃煤机组。严控高污染、高能耗行业新增产能，不再审批产能严重过剩行业新增产能项目，坚决遏制产能过剩行业盲目扩张。（牵头单位：市发展改革局）

新（扩、改）建热电联产项目执行《火电厂大气污染物排放标准》（GB13223—2011）中“天然气燃气轮机组”的特别排放限值。（牵头单位：市环保局）

严格限制石化、化工等行业中的高能耗、高污染项目。除规划聚集区外，城市建成区禁止新（扩）建石化、化工、建材等行业中的高污染项目。对未通过环评、能评审查的投资项目，有关部门不得审批、核准、批准开工建设，不得发放生产许可证、安全生产许可证（牵头单位：市发展改革局、市经信局）；金融机构不得提供任何形式的新增授信支持(牵头单位：市金融办)；有关单位不得供水(市城投集团)、供电(市供电公司)。

(二)调整能源结构

1. 实行煤炭消费总量控制。到2017年，地方煤炭消费总量比2012年下降10%以上，煤炭在一次能源结构中所占比重有所下降。(牵头单位：市经信局)

2015年底前，全市基本完成10蒸吨/小时(含)以下高污染燃料锅炉的淘汰改造工作；2017年底前，基本完成工业窑炉、高污染燃料锅炉的淘汰改造工作，基本完成10万千瓦以下自备燃煤电站的淘汰或天然气改造任务。(牵头单位：市经信局)

2. 加快热网建设。2015年底前，省级以上工业园区(产业集聚区)基本实现集中供热。2017年底前，省级以上工业园区(产业集聚区)全面实现集中供热。(牵头单位：市发展改革局)

3. 推进禁燃区建设。加强四明山区域的保护和建设，2014年底前，完成四明山区域禁燃区建设可行性论证工作。2015年底前，市中心区域建成禁燃区。(牵头单位：市环保局)

4. 推广使用洁净煤。实施低硫、低灰分配煤工程，推进煤炭清洁化利用，洁净煤使用率达到90%以上。在火电(热电)等大型用煤企业和煤炭交易市场建立煤炭采样检测制度，从源头上保证洁净煤的使用。(牵头单位：市经信局、市发展改革局)。

5. 提高清洁能源使用率。禁止进口、使用高灰份、高硫分的劣质煤炭，限制高硫石油焦进口。提高能源使用效率，新建高耗能项目单位产品(产值)能耗达到国际先进水平。加大清洁能源供应。建立健全清洁、高效、稳定的现代能源保障体系，加快保障天然气等清洁能源供应的基础设施建设，加大天然气等清洁能源的供应。到2015年，城市清洁能源使用率大于80%，清洁能源占能源消费总量的比例达到16%以上，可再生能源占能源消费总量3%左右。(牵头单位：市发展改革局)

(三)调整产业结构

1. 淘汰落后产能。大力开展淘汰落后产能推进"腾笼换鸟"专项行动，按照依法淘汰、就地转型和梯度转移相结合工作原则，推动产业集聚、转型发展。2014年底前，完成"十二五"落后产能淘汰任务。2015至2017年，结合产业发展实际和空气质量状况，制定范围更宽、标准更高的淘汰政策，再淘汰一批落后产能。(牵头单位：市经信局)

2. 推进清洁生产。2015年底前，对钢铁、水泥、化工、石化、有色金属冶炼等重点行业进行清洁生产审核。到2017年，上述重点行业的排污强度较2012年下降30%以上。(牵头单位：市经信局、市环保局)

3. 推进节能降耗。加快节能技术推广应用，提高能源利用效率，降低能源消耗强度，新建高耗能项目单位产品(产值)能耗达到国际先进水平，到2017年，全市单位工业增加值能耗比2012年降低15%。继续实施不锈钢行业差别电价政策，稳步推进铸造等其他高耗能、重污染、低产出行业实施差别电价政策，充分发挥市场在资源配置中的基础性作用。积极发展绿色建筑，新建建筑要严格执行强制性节能标准，推广使用太阳能热水系统、地源热泵、空气源热泵、光伏建筑一体化、"热—电—冷"三联供等技术和装备。(牵头单位：市经信局)

4. 优化产业空间布局。结合产业布局调整对城区内钢铁、石化、化工、有色金属冶炼、水泥、平板玻璃等大气重污染企业实施搬迁改造。2015年底前，城市建成区基本完成大气重污染企业关停或搬迁工作，2017年底城市建成区全面完成大气重污染企业关停或搬迁。(牵头单位：市环保局)

5. 发展循环经济。实施省级园区循环化改造，到2017年，50%以上的省级园区实施循环化改造。(牵头单位：市发展改革局)

(四)治理工业污染

1. 实施脱硫脱硝工程。基本完成全市火电(热电)行业脱硫、脱硝工程建设，二氧化硫、氮氧化物排放稳定达到《火电厂大气污染物排放标准》(GB13223—2011)规定的排放限值。(牵头单位：市环保局)

2. 实行特别排放限值。2017年底前，所有新建、在建燃煤火电机组必须采用烟气清洁排放技术，现有燃煤火电(热电)机组基本完成烟气清洁排放技术改造，60万千瓦(含)以上火电机组二氧化硫、氮氧化物、烟尘达到《火电厂大气污染物排放标准》(GB13223—2011)中"天然气燃气轮机组”的特别排放限值，汞及其化合物排放达到特别排放限值；热电企业的二氧化硫、氮氧化物、烟尘、汞及其化合物达到《火电厂大气污染物排放标准》（GB13223—2011）规定的特别排放限值。（牵头单位：市环保局）

3. 深化工业烟粉尘治理。基本完成所有火电（热电）机组提标改造，烟尘排放达到《火电厂大气污染物排放标准》（GB13223—2011）规定的特别排放限值。2015 年底前，燃煤锅炉和工业窑炉基本完成除尘设施建设或改造，全面消除烟囱冒黑烟现象。燃煤锅炉以及钢铁、石化、水泥、有色、化工等五大行业的烟尘、颗粒物排放，达到相应污染物排放标准中“大气污染物特别排放限值”的要求。对有烟粉尘排放的露天堆场等开展粉尘治理，减少对周边环境影响。工业企业堆场实施封闭式管理，确实无法封闭的，应建设满足要求的防风抑尘设施。（牵头单位：市环保局）

4. 实施挥发性有机废气治理。2015 年底前，完成重点污染源、重点行业集聚区的挥发性有机物治理与验收。2017 年底前，完成印染、炼化、化工、涂装、合成革、生活服务、橡胶塑料制品、印刷包装、木业、制鞋、化纤等 11 个主要行业及液化仓储行业的 VOCs 整治，基本建成 VOCs 污染防控体系，VOCs 排放量削减 20% 以上。（牵头单位：市环保局）

对加油站、储油库和油罐车加强监管，确保油气回收装置稳定运行。在化工企业推广运用泄漏检测与修复技术（LDAR），严格控制“跑冒滴漏”；在重点企业试点安装挥发性有机物（VOCs）在线监测、厂界监测和污染物处理设施运行效率监测设备，加强 VOCs 排放的监管、提高污染物处理水平，实现排气筒和厂界双达标。（牵头单位：市环保局）

（五）加强城市综合污染防治

1. 控制建设扬尘。强化《宁波市建设工程文明施工管理规定》和《余姚市建筑工地扬尘综合整治专项行动实施方案》的执行力度，严格落实施工扬尘管理，建立对违法企业的长效制约机制。开展建设工程扬尘综合整治专项行动，规模以上工程安全文明标准化工地创建率不低于 100%，建立公众参与监督等工作制度。到 2017 年，市建成区落实扬尘污染防治措施的建设工地持续达到 100%。施工单位因扬尘污染受到行政处罚的，作为不良行为录入“宁波市建筑市场信用管理系统”，并在市住建局网站上公示。（牵头单位：市住建局）

2. 控制道路扬尘。渣土运输车辆全部采取密闭措施，逐步安装卫星定位系统，探索建立城乡一体化的道路保洁机制，着力提高城镇道路机械化清扫率。到 2015 年，城市建成区机械化清扫率达到 50% 以上；到 2017 年，城市Ⅱ级以上城市道路机械化清扫率达到 55% 以上，着力维护城市整洁有序的形象。（牵头单位：市城管执法局）

3. 深化城区挥发性有机物治理。加强建成区干洗、车辆维修行业有机废气治理工作，并建立治理设施的运行维护制度。（牵头单位：市环保局）

深化建成区餐饮油烟治理及监管，到 2015 年全面完成餐饮油烟治理，建成区内排放油烟的餐饮企业和单位食堂油烟净化装置安装率达 100%，建立定期清洗和长效管理机制，确保油烟稳定达标排放。（牵头单位：市城管执法局、市环保局）

推广使用水性涂料，鼓励生产销售和使用低毒、低挥发性溶剂，民用建筑内外墙体强制使用水性涂料。（牵头单位：市住建局）

4. 控制烟尘扰民。禁止露天焚烧生活垃圾、工业边角料，严格控制露天烧烤（牵头单位：市城管执法局、市环保局）。打击垃圾露天焚烧行为，规范城乡垃圾收运、处置体系的运作，加大对城郊、城乡接合部等重点区域垃圾露天焚烧行为的打击力度，杜绝垃圾露天焚烧行为（责任单位：市城管执法局，各乡镇政府、街道办事处、经济开发区管委会）。

严禁在规定时间、规定地点外燃放烟花爆竹（市公安局）。到 2015 年全面建成“烟控区”（牵头单位：市环保局）。

5. 实施绿化造林工程。大力开展植树造林和城市绿化，到 2016 年，我市人均公园绿地达到 11.5 平方米，绿地率达到 35%，绿化覆盖率达到 40%。（牵头单位：市住建局）

大力开展植树造林，到 2015 年，完成新造林 29517 亩以上，森林覆盖率达到 46.3% 以上。（牵头单位：市农林局）

（六）完善机动车污染防治

1. 完善机动车排气检测体系。2014年，建成机动车环保检测和监管体系，基本建成加载减速法柴油车环保检测线，实施机动车环保标志管理。2015年起，开展机动车排气监督抽测工作。（牵头单位：市环保局）

2. 强化机动车排气污染执法。2014年，市建成区实行“黄标车及无标车”区域限行，并根据限行要求，严格执行。（牵头单位：市公安局）

3. 加速黄标车淘汰。2014年，实施鼓励黄标车提前淘汰政府奖励补贴政策，淘汰黄标车7493辆，2015年底，全面淘汰辖区内的黄标车。（牵头单位：市环保局）

4. 提升燃油品质。在2014年底前，全面供应符合国家第四阶段标准的车用柴油；在2015年底前，全面供应符合国家第五阶段标准的车用汽、柴油。（牵头单位：市商务局）

5. 加大清洁能源车辆投放力度。市区每年新增或更新的公共汽车中清洁能源汽车的比例达到50%以上。到2015年底，清洁能源公交车占市区公交车总量的27%左右，淘汰所有公交营运黄标车。（牵头单位：市交通运输局）

6. 落实公交优先发展战略。实施客运交通节能改造项目，推广应用低碳技术，每年投入、更新新型公交车31辆以上，营运客车（不包含出租汽车）中高级客车所占比重达到80%以上，国Ⅲ标准达标率以每年16%的比例递增，到2015年达到100%；95%以上的营运车辆达到燃料消耗量限值标准。（牵头单位：市交通运输局）

7. 实施交通治堵工程。加快实施公共交通系统建设，采取综合措施，降低机动车使用强度，促进道路畅通。2017年底前，余姚市主城区公共交通非步行出行分担率达到36.8%以上。改善居民步行、自行车出行环境，鼓励居民选择绿色出行方式。（牵头单位：市交通运输局）

（七）控制农业农村污染

1. 强化秸秆综合利用。广泛开展宣传教育，加快推进秸秆综合利用技术的推广应用，力争到2017年，基本形成秸秆还田和多元化利用格局，秸秆综合利用率达到90%以上，基本消除秸秆露天焚烧现象。（牵头单位：市农林局）

2. 控制农业氨污染。积极推行测土配方施肥和减量增效技术，大力推广有机肥，引导农民科学施肥，着力提高肥料利用率，减少农田化肥使用量，减少氨挥发和逸出。到2016年，全市单位面积氮肥施用量减少5%以上，主要农作物测土配方施肥技术覆盖率达到80%以上。（牵头单位：市农林局）

3. 实施采矿污染治理。2014年底前，采取综合措施，全面落实全市矿山矿区道路硬化、临时排水沟和沉淀池的设置和洒水、喷淋等环保措施，控制矿山企业扬尘、污水、噪音污染，并建立长效管理机制。（牵头单位：市环保局）

4. 实施废弃矿山治理。全面摸清全市废弃矿山分布和数量，制定全市废弃矿山治理三年行动计划。到2017年底，城镇周边、主要公路两侧、铁路两侧、风景旅游区及高速公路两侧须治理废弃矿山治理率达到80%以上。严格控制新矿山的开发，新建矿山开采项目必须按规定编制环评、安评报告，按要求落实相关措施，坚决打击非法采矿行为。（牵头单位：市国土资源局）

三、保障措施

（一）加强组织领导和督查考核。进一步加大对大气污染防治工作的领导，工作体系沿用余姚市环境污染整治工作领导小组，严格执行领导小组及其办公室制定的工作保障机制。强化监督考核，将大气污染防治工作任务作为生态市建设和生态文明建设工作的一项重要工作任务分解到各地、各有关部门，市环境污染整治工作领导小组办公室将会同市委督查考核办、市政府督查室定期不定期对大气污染防治工作进展情况进行督查。

（二）强化综合监管和环境执法。进一步完善环境保护综合执法工作体系，健全以各地政府为主体，执法部门和水电气供应单位之间的协作网络和联动机制，完善信息互通平台，规范通报、会商、协查和移送等工作，实现资源共享、优势互补；进一步推进环境重点监管区治理工作，打击各类环境违法行为，坚决实行“零容忍”，对区域性、行业性的突出大气环境问题，通过政府和相关部门的挂牌督办、约谈、媒体曝光和司法移送等措施，实现当地环境空气质量的改善。

（三）深化公众监督和宣传教育。进一步发挥人大、政协监督和舆论引导作用，组织开展专项督查，加大环境信息公开力度，依法公布环境信息，公开曝光环境违法行为，切实保障人民群众对生态环境保护的知情权、参与权和监督权。创新和完善公众参与机制，动员全社会积极参与清洁空气行动，自觉践行符合低碳经济和生态文明要求的生活方式。

附件：2014—2017年余姚市大气污染防治项目表（略）

余姚市人民政府

2014年8月4日

关于进一步加强社区专职工作者队伍建设的实施意见

余党办〔2014〕87号

各乡镇、街道党（工）委，政府、办事处，市直各部门：

为充分发挥社区专职工作者在加强社会建设、创新社会治理、构建和谐社会中的积极作用，根据市委、市政府《关于加快构建新型社区治理体系，进一步提升城市社区建设水平的意见》（余党发〔2014〕27号）要求，现就进一步加强我市城市社区专职工作者队伍建设和整合社区协管员队伍提出如下实施意见。

一、充分认识加强社区专职工作者队伍建设的重要性

（一）重要意义。社区专职工作者是专职从事社区工作的人员，是社区居民自治的组织者、实践者、推动者。加强社区专职工作者队伍建设，对于巩固和扩大党的执政基础和群众基础，维护社会稳定，促进社会和谐，加快提升人民群众的生活品质具有十分重要的意义。近年来，我市社区专职工作者队伍建设取得了可喜的成绩，但也存在着队伍结构不够合理、职业素质亟待提高、服务与管理能力还不能较好适应新时期社区治理建设要求等问题。各地各有关部门要深入贯彻落实党的十八大及十八届三中全会精神，从加强和创新社会治理、构建和谐社会的高度，统一思想，提高认识，进一步加强社区专职工作者队伍建设，切实维护社区专职工作人员的利益，改善社区工作条件和环境，激发广大社区专职工作者的工作积极性和创造性，推进我市城市社区建设事业又好又快发展。

（二）总体目标。按照社区专职工作者知识化、专业化、职业化的发展要求，在“十二五”期间建立完善由职业准入制度、教育培训制度、管理考核制度、保障激励制度等构成的社区专职工作者管理制度体系，按照“一岗多能、一员多责、多网多岗合一、条块左右协同”的原则，培养和造就一支政治坚定、业务过硬、作风扎实、结构合理的社区专职工作者队伍。其中，在年龄结构上，形成一支以中青年为主体、老中青梯次结构合理的社区专职工作者队伍。到2016年底，在文化结构上，具有大专以上学历的社区专职工作者力争达到85%以上；在专业结构上，有35%以上的社区专职工作者持有《社会工作者职业水平证书》；在人员来源上，社区专职工作者的属地化率达到30%左右；在人员性别上，男性比例不低于30%。

二、明确社区专职工作者的主要职责

（一）依法组织居民开展自治活动。宣传贯彻党的路线、方针、政策和国家的法律、法规，认真执行社区党组织、社区居民委员会的决定和社区成员（代表）会议的决议；及时向社区居民通报社区

工作重要事项，答复、反馈、解释各类事项的办理情况；引导社区居民遵纪守法，遵守社会公德和居民公约，依法履行应尽义务，组织开展多种形式的社区精神文明建设活动；推进社区公共事务和公益事业的民主决策、民主管理和民主监督；利用社会各种人力、物力、财力等资源，开展扶贫帮困、便民利民、纠纷调解等社区互助和志愿服务活动，组织协调社区成员单位开展共建活动；及时向党委、政府和有关部门反映社情民意，提出意见、建议。

（二）依法协助或配合基层政府或其派出机构开展工作。协助基层政府或其派出机构做好与居民利益有关的社会保障、社会救助、平安建设、综治工作、应急动员、公共卫生、计划生育、优抚救济、劳动就业、宣传舆情、文化体育、法制宣传、人民调解、社区矫正、社区教育、住房保障、小区管理以及老年人、残疾人、未成年人和流动人口服务管理及纳入社区工作准入目录事项与创建项目等工作，推动政府社会管理和公共服务覆盖到全社区。组织居民依法、依规、有序参与涉及其切身利益的活动，维护居民的合法权益。

三、规范职业准入制度

社区专职工作者的录用采取民主选任和公开招聘相结合、以公开招聘为主的方式进行，具体录用工作由各乡镇、街道（含经济开发区，下同）报市主管部门备案后实施。

（一）规范选聘任用制度。通过上级党组织任命或党内选举为社区党组织书记、副书记或委员，通过社区居民委员会选举依法当选社区居民委员会成员的人员，其符合相关聘用资格条件的，经审核同意后，可由乡镇、街道直接聘为社区专职工作者。在选任或选聘社区专职工作者时，应提倡社区党组织和居委会成员交叉任职，采用定籍定居定性或交流调剂等多种途径或办法，提高社区专职工作者中青年、男性和户籍属地的比例，注重招聘、培养和使用男性专职社区工作者。积极引导符合条件的社区优秀中青年和高校毕业生、复转军人等社会工作人才从事社区工作，依法参选社区党组织成员或居委会成员。

（二）试行挂职下派制度。要积极试行由市直机关和所在街道优秀年轻干部到社区挂职任职制度，实施“基层培养优选计划”，每年选派适当数量具有基层工作经验的优秀中青年干部到社区挂职任职，工作时间不少于半年，既加强干部的自身培养锻炼，又在实践历练中指导帮助推进社区工作，充实和有效改善社区干部队伍及结构，在社区专职工作者队伍建设中起到示范引领作用。

（三）完善公开招聘制度。社区专职工作者的公开招聘工作由市统一资格条件，各乡镇、街道组织实施。公开招聘分为普通招聘和定向招聘。招聘采取面向社会公开招聘的办法进行，按照“公开招聘、统一考试、竞争上岗、择优录用”的原则，规范笔试、面试、体检、考核、公示、聘用等程序。普通招聘工作一般一年一次，每年初由乡镇、街道统一根据用人需要提出书面申请，经市城乡社区建设工作领导小组办公室（以下简称市社区办）同意后适时组织实施。普通招聘对象应具有本市常住居民户籍、大专毕业及以上文化、身体健康且年龄不超过35周岁。招聘时，应考虑适当的男女性别比。对具有多年群众工作资历、社会工作专业高校毕业生、不再纳入大学生村官管理的全日制普通高校毕业生、复转军人和持有《社会工作者职业水平证书》等社会优秀中青年，在同等条件下优先录用。必要时，各乡镇、街道可根据所辖社区的工作需求，可向本区域内定向招聘拟担任社区主要干部或其他重要岗位的社区干部，并按相关法律法规程序办理选聘任手续。对具有较强组织协调能力和实际岗位工作经验的定向招聘对象及符合属地条件的，可适当放宽年龄至40岁。社区专职工作者聘任结果报市城乡社区建设工作领导小组办公室备案。

（四）推行职业资格准入制度。从2014年起，新招聘的社区专职工作者在具备社会工作者职业水平考试报名资格后，应在三年内取得《社会工作者职业水平证书》；现有社区专职工作者中40周岁以下的，在三年内应取得《社会工作者职业水平证书》，把持有《社会工作者职业水平证书》作为社区专职工作者续聘的主要依据之一。

四、整合社区协管工作

（一）整合社区协管事务和岗位。目前市直部门、街道经市批准在社区设置的协管事务及协管岗位，按“能减则减、能并则并”和“一岗多能、一员多责，多网多岗合一、条块左右协同”原则予以整合，相关工作事务由社区便民服务中心和社区居委会承担，市直业务主管部门和所在街道负责业务指导。整合后不再在城市社区单独设置和配备协管岗位，由各城市社区在专职社工配置标准内统筹安排。原协管事务及岗位所需经费财政不再安排，纳入城市社区事业保障经费统筹安排。

（二）整合清理社区专职协管员队伍。今年8月31日前经批准由市直部门或城区街道统一公开招聘录用，经费由财政负担，并定岗在城市社区的社保协理员、宣传文化员、物业协管员、外口（综治）管理员等社区专职协管员（不含由城区街道或派出所集中管理使用人员），纳入整合清理对象范围。整合清理对象范围内年龄在45周岁以下，文化程度高中及以上，常住在城区四街道城市社区，符合专职社工资格条件的现岗协管员，由本人申请，经市组织统一考试、街道综合考评、市社区办审定合格后，可以转聘录用为专职社工，纳入专职社工管理体系，免除试用期，原任协管员工作时间可计并为专职社工工作时间。目前专职社工人数已超配置标准的社区不再实施考录转聘。不符合相关考录转聘条件的协管员（包括专职社工已超配置标准的社区的协管员）由原用工单位调整交流至农村或其他工作岗位；主动放弃考录转聘或不愿意服从调整交流至农村或其他工作岗位的现岗协管员，由原用工单位依法予以解除劳动关系。考录转聘的具体办法由市社区办制定。

五、健全教育培训制度

（一）健全教育培训体系。健全市、乡镇（街道）两级社区专职工作者教育培训体系。市级负责社区党组织书记、居民委员会主任的培训工作，乡镇、街道负责其他社区专职工作者的培训工作。同时，乡镇、街道要注重对社区“两委”专职后备干部的培养，一般每个社区根据实际，培养1至2名专职社区后备干部。

（二）规范岗位培训。社区党组织书记、居委会主任每人每年岗位教育培训时间累计不少于7天，其他社区专职工作者应不少于5天。培训教育采用综合集中培训、岗位业务培训和自学相结合的方法。新招聘的社区专职工作者应进行不少于2天的上岗培训。培训情况纳入社区专职工作者的年度考核内容之一，作为续聘、晋升、评先奖优的重要依据。

（三）强化职（专）业教育。鼓励和支持社区专职工作者参加学历教育，积极组织和引导社区专职工作者参加“全国社会工作者职业水平考试”，加快推动社区专职工作者向专业社会工作者提升和转变，有条件的社区设立社会工作示范性岗位。组织开展社区社会工作，每名社区专职工作者每年实施一个以上社会工作个案服务项目，进一步提高社区专职工作者服务居民的能力。

六、完善管理考核制度

（一）实行聘用合同管理。社区专职工作者的管理由所在乡镇（街道）按照《劳动法》和《劳动合同法》的有关规定执行。被聘用为社区专职工作者的人员，统一由乡镇、街道或其委托的机构与其签订聘用合同，首次一年签订一次。首次被聘为社区专职工作者的，实行试用期制，试用期不超过6个月。专职社工达到规定退休年龄的，应依法办理退休解聘和辞职手续。各乡镇、街道要按照“一人一档”的要求，规范社区专职工作者的人事档案管理，人事档案应包括个人简历、学历、招聘录用、年度考核评议、工资调整、奖惩、岗位任免、教育培训等基本情况。

（二）规范日常工作制度。加强社区公共服务平台建设，根据社区居民委员会的功能职责，合理设置社区工作岗位，实行AB岗交叉制度，明确岗位职责和人员分工，推进社区管理和服务的制度化、规范化。全面实行社区专职工作者包片（网格）联户、上门走访、履职承诺、错时上下班、节假日轮休、考勤管理等各项制度，增加社区专职工作者工作责任心，密切与社区居民的关系。进一步完善社区一站式服务、代理代办等服务制度，方便居民办事。

（三）健全绩效考核制度。要加强和改进社区专职工作者的绩效考核制度，大力推行工作实绩和群众满意度双重考核。社区专职工作者的考核由乡镇、街道组织实施，采取年度考核和日常考核、定量考核与定性考核、组织考评与群众评议相结合的方式进行。考核内容包括德、能、勤、绩、廉5个方面，重点考核工作实绩和居民满意度。考核结果应在党务、居务公开栏中进行公示，作为社区专职工作者续聘、解聘、奖惩、调整岗位和晋升工资的重要依据。

（四）完善辞退解聘机制。为了提高专职社工素质，加强专职社工队伍建设，提升社区工作的服务品质，必须制定严格的考核退出机制。对依法被罢免或解除所担任的社区组织职务者；年度考核等次不合格或连续2次年度考核等次基本合格者；违反中央及上级有关整风肃纪规定而受到市级及以上通报批评满2次者，均直接提前解除劳动合同。同时，对在规定时间内未取得《社会工作者职业水平证书》的；年度居民群众满意度测评在60分以下的；不服从社区党组织的领导和居委会的分工，不能配合开展工作的，不遵守社工守则的，合同期满也不再续签。对连续15天以上无故不参加社区工作且并未说明正当理由的，或年累计旷工30天的，可视作自动离职。

七、强化保障激励制度

（一）规范工资福利待遇。社区专职工作者的工资福利待遇由基本工资、奖金、职业补（津）贴、社会保险和住房公积金等构成。要按照待遇提高、考核严格的要求，完善社区专职工作者绩效考核和薪酬激励机制，严格执行上级和我市已出台的有关文件规定，切实提高和保障专职社工的工资福利待遇。从2014年1月起，适当调整提高社区专职工作者的岗位工资标准，确保经考核后工作优秀的社区专职党组织书记和居民委员会主任的年总收入不低于本市上一年在岗职工社平工资的1.5倍，经考核后工作优秀的其他社区专职工作者的年总收入不低于本市上一年在岗职工社平工资水平。社区专职工作者参照企业有关标准享受住房公积金、带薪年休假、高温补贴和《劳动法》规定的其他福利待遇，每两年安排一次健康体检。

（二）提高社区专职工作者配置标准。为了加强基层社会的治理服务创新，根据社区工作的实际需要，配足配强配好社区专职工作人员。从2014年起，适当提高社区专职工作者的人数配置标准，城区街道各社区原则上按实际管辖户数（含非属地户籍住户）每250户配1名专职工作人员；管辖户数在1500户以下或工作任务特别繁重的社区可适当增配人员。所有名额必须全部分配到社区，街道及市直业务主管部门一律不得占用、借用。

（三）加大社区经费保障力度。社区专职工作者的工资福利待遇所需经费纳入社区工作经费范畴，列入市和乡镇、街道两级财政预算，由所在乡镇、街道统一发放。从2014年起，城市社区事业保障经费的标准调整为按社区实际管辖户数每年每百户2.8万元，并按每年5%递增，确保社区日常工作运转和服务经费每年不少于20万元。市财政部门要组织审计、民政等部门，对社区工作经费的投入、使用和管理进行指导和监督，确保经费落实到位。

（四）强化工作激励机制。关心社区专职工作者的成长进步，在政治地位、晋升发展和生活待遇上给予同步关心和支持。积极把优秀社区专职工作者培养发展成为党员。着力打通优秀社区专职工作者成长通道，不断提高社区工作岗位的吸引力和社会地位。完善面向社区专职工作者定向招录公务员和事业单位工作人员制度，加大从社区优秀“两委会”成员和专职工作者中，选任机关事业单位和乡镇、街道领导干部的力度。积极推选符合条件的优秀社区专职工作者担任各级党代表、人大代表和政协委员。市里将适时组织开展优秀社区专职工作者评选活动，对工作成绩突出、居民满意度高的社区专职工作者给予宣传、表彰和奖励。

八、加强组织领导

各乡镇、街道要定期研究社区专职工作者队伍建设工作，切实履行好直接领导和管理职责，完善工作机制，推进社区专职工作者队伍管理的制度化、规范化。市级有关部门要各负其责，密切配合，通力协作，及时协调解决工作中遇到的实际问题，并把社区专职工作者队伍建设工作成效列入乡镇、街道工作年度目标管理考核内容。充分发挥电视、电台、报纸、网络等新闻媒体作用，大力宣传社区专职工作者中涌现出来的先进人物和先进事迹，营造全社会尊重、关心、爱护社区专职工作者的良好氛围。积极探索创新加强社区专职工作者队伍建设的机制体制，及时总结、推广先进经验和有效做法，努力提高社区专职工作者服务群众、管理社会的能力和水平。

各乡镇、街道要按照本实施意见精神，结合实际，做好贯彻落实工作。市直有关部门要结合各自职责，研究制定相关配套政策和措施。

中共余姚市委办公室
余姚市人民政府办公室
2014年9月18日

关于在集体所有土地上房屋拆迁安置中实行房票安置的实施意见

余政发〔2014〕63号

为切实提高集体所有土地房屋拆迁中现房安置比例，改善被拆迁人居住条件，推进拆迁进程，现就集体所有土地上房屋拆迁安置中实行房票安置方式提出如下意见：

一、适用范围

1. 本市城区四街道、余姚经济开发区管委会范围内新启动的拆迁项目。

2. 本市城区四街道、余姚经济开发区管委会范围内已签订拆迁安置协议，但安置房尚未启动建设且安置协议中安置房房号未选定的拆迁项目。

其他乡镇、街道集体所有土地房屋拆迁项目有条件实施的，可参照执行。

二、适用对象

适用范围内选择调产安置的被拆迁人。

三、安置办法

在集体所有土地房屋拆迁安置中，被拆迁人签订就地调产安置协议后，可向拆迁人申请对其按政策可获得补偿的安置房、车位（车库）、架空层（储藏室）面积，折算成价值，制作专门单子（以下称“房票”），在规定期限内凭房票自行选购已取得商品房预售许可证的现房或已通过主体结构验收的商品房，并由拆迁人、项目业主单位与房地产公司以房票价值进行结算，如有差价由被拆迁人与房地产公司自行协商结算。

房票价值由安置房、车位（车库）、架空层（储藏室）三部分的价值组成（详见附件1）。安置房面积按我市现行的集体所有土地房屋拆迁政策规定予以确定。

安置房、车位（车库）、架空层（储藏室）的单价以被拆地块所处区片的标准结算（详见附件2）。

四、结算办法

（一）被拆迁人与房地产公司的结算办法：双方根据商品房购买合同的约定进行结算，超过房票价值外的金额部分，由被拆迁人按合同约定时间履行支付义务；不足房票价值金额的，差额结算由房地产公司与被拆迁人自行协商解决。

（二）拆迁人与房地产公司的结算办法：房地产公司与被拆迁人签订商品房购买合同后，拆迁人依据购房合同和抵用房票一般在一个月内支付房票价值的30%，余款70%待房地产公司交房后三个月内付清。

五、其他规定

（一）参与房票抵用的房地产公司的组织工作由市住建局负责落实，房地产公司愿意参加的，应与拆迁人和项目业主单位签订房票抵用责任承诺书，明确接受本意见规定相关内容，保证按合同约定如期交付房屋、履行逾期交付的违约责任等事项。市房地产业协会应加强行业管理，在公开、公平的基础上，倡导有序竞争，提升行业形象。

（二）鼓励参与房票抵用的房地产公司在拆迁现场指挥部设立办公室，并公示拟出售商品房详细情况，公示内容应包括小区位置、商品房位置、户型、面积、价格和车位（车库）、架空层（储藏室）的位置、面积、价格及层次朝向浮动率等内容，供被拆迁人选择。公示的商品房应为已取得房屋预售许可证的现房或已通过主体结构验收的商品房。

（三）被拆迁人选择房票安置的，应与拆迁人签订就地调产安置协议并在协议中注明以房票方式安置，同时与相应的房地产公司签订商品房买卖合同。

房票由拆迁人在被拆迁人交付应拆房屋后开具。可安置面积130平方米以下的（含130平方米），只能开具一张房票；可安置面积130平方米以上的，可开具二张房票，一张房票只能在一家房地产公司抵用。选择房票安置的，拆迁人除向被拆迁人支付4个月（装修期）过渡费用外，不再另行支付过渡费用。已预付过渡费且预付期限超过4个月（装修期）的，超过部分在房票价值中扣除；不足四个月（装修期）的则补足四个月。

（四）选择房票安置方式的，对于新启动的拆迁项目，被拆迁人原则上应将全部可安置面积选择商品房进行安置，且必须在拆迁公告规定的搬迁期限截至日前选定是否采用房票安置方式，超过该期限不再自行选择；对于原拆迁项目中已签订拆迁安置协议，且符合房票安置条件的被拆迁人若要求房票方式安置，其期房安置面积原则上应全部选择商品房进行安置，并在项目业主单位和项目实施单位决定采用房票安置方式之日起三个月内完成，逾期不再实施房票安置。

（五）选择房票安置方式的被拆迁人，在办理房屋所有权证时，享受与调产安置中安置房权证办理时的契税减免政策。

（六）房票仅限被拆迁人本人使用，不得自行买卖、赠予、抵押等。

六、是否采用房票安置方式由项目业主单位和项目实施单位共同决定，并报市动迁办备案。

七、本意见自公布之日起30日后试行，试行期限一年。

附件 1. XX 区块房票（略）

2. 五个区片房票价值结算表（略）

关于加快推进社会养老服务体系建设的实施意见

余政发〔2014〕61 号

各乡镇人民政府、街道办事处，市直各部门：

为加快发展养老服务事业，努力满足不断增长的社会养老服务需求，根据国务院、浙江省、宁波市有关文件精神，现就加快推进我市社会养老服务体系建设提出如下实施意见：

一、总体目标

全面推进村（社区）居家养老服务网络建设，合理布局日间托老照料中心，切实加快养老服务机构建设步伐，到2016年底，基本建立起制度完善、组织健全、规模适度、运营规范、服务优良、监管到位，以居家为基础、社区为依托、机构为支撑的社会养老服务体系，具体内容：

（一）形成市社会养老服务指导中心、乡镇（街道）养老服务中心、村（社区）居家养老服务站三级管理服务网络。

（二）到2016年城区实现居家养老服务站全覆盖，农村基本实现社区居家养老服务站全覆盖。

（三）全面确立以护理型为重点、助养型为辅助、居养型为补充的养老机构发展模式；每百名老年人拥有养老床位达到4张以上；护理型床位占总床位比例不低于50%、民办（民营）养老机构床位占比达到60%以上。

（四）全面建立养老服务补贴、机构建设扶助、运营补贴、护理人员特种岗位津贴、养老机构政策性保险等财政投入、政策激励、制度监管机制。

（五）健全养老服务人才培育、引进、管理机制。市级职业技术学校根据养老事业发展需要应设立老年护理、康复专业，逐步扩大招生比例；加强学校、医院与养老机构协作，建立委培招生、职岗集训、基地实习、挂职交流等协作机制。全市养老护理人员持证上岗率达到80%以上；建立并落实养老护理员特种岗位津贴，健全养老服务人员职岗工薪制度。

（六）深化完善养老服务信息管理系统，促进服务标准化、管理规范化。建立健全“96345”老年人居家呼叫服务和应急求助服务网络，提高养老服务信息化水平。

二、主要任务

（一）全面推进居家养老服务。建立以企业和机构为主体、社区为纽带，满足老年人各种服务需求的居家养老服务网络，开展为居家老年人上门提供助餐、助浴、助洁、助急、助医等服务，进一步加强村（社区）居家养老服务站建设，努力实现居家养老服务城乡全覆盖；充分利用“96345”市民服务平台，采取购买服务、项目委托、以奖代补等多种形式，更好地满足居家老年人的养老服务需求。

（二）加快日间托老照料服务中心建设。在“十二五”期间各乡镇、街道建立1～2个日间托老照料服务示范基地。为有需求的老年人，特别是高龄、空巢、独居、生活困难的老年人，提供日间照料、集中就餐、托养、健康、休闲和上门照护等服务；协助做好老年人信息登记、身体状况评估等工作。日间托老照料服务中心应当办理法人登记和社区服务组织备案方式进行登记管理。

（三）拓宽资金渠道，加大对发展农村养老服务的政策支持。根据有关法律规定，可将未承包的集体所有的部分土地、山林、水面、滩涂等作为养老基地，收益供老年人养老。鼓励城市资金、资产和资源投向农村养老服务。市和乡镇、街道用于养老服务的财政性资金应重点向农村倾斜。鼓励引导民间资本参与农村居家养老服务照料中心的建设和运营。

（四）积极推进公办养老机构转型升级。做好公办养老机构的公建民营改制工作。加强乡镇、街道老年人服务中心（敬老院）等养老机构设施建设，扩大服务功能、积极承担本区域社会养老、日间托老及村（社区）居家养老工作指导、服务、协调功能；要鼓励乡镇、街道老年人服务中心（敬老院）挖掘现有床位潜力，为有养老需求的社会老年人提供养老服务。妥善解决乡镇、街道老年人服务中心（敬老院）在扩大社会养老服务中出现的人员、工作经费不足的问题，允许在开展社会养老人员服务收费中，按不高于30%的比例提取人员及工作经费。有条件的乡镇、街道老年人服务中心（敬老院）可探索管理服务外包方式运营。

（五）切实加快养老机构建设步伐。按照“政府主导、多元投入，突出护理型，兼顾助养型、居养型”的原则，切实做好养老机构内设的康复医院、老年病医院、护理院等老龄型医疗机构立项、开办、执业资格、医保定点等审批手续。

加快新建、扩建、改造养老机构的进程。“十二五”期间，各乡镇、街道要根据老年人口状况、服务需求和现有床位数，制订建设计划，确保2016年底养老机构床位达到老年人口数4%以上的目标。

建立健全与经济社会发展相协调、社会养老服务需求相适应的公共财政投入机制，逐年提高养老福利事业财政投入比例。

（六）积极引导社会资本投资养老服务产业。民办非营利性养老服务机构、居家养老服务组织，在扣除举办成本、预留单位发展基金以及提取其他有关费用后，如当年仍有收支结余的，经养老服务机构提出申请并经审计符合规定，可以从收支结余中提取一定的比例用于奖励举办人，年奖励总额不超过以举办人累积出资额为基数的同期银行一年期贷款基准利率2倍利息额；投入后运营满5年的，在保证不撤资、不影响法人财产稳定的前提下，经单位决策机构同意，出资人产（股）权份额可以转让、继承、赠予予。

民办非营利性养老机构、居家养老服务组织经依法清算后，其资产增值部分主要以捐赠形式纳入当地政府养老发展专项基金，经养老服务机构提出申请并经审计符合规定的，可对举办人给予一次性奖励，奖励总额不超过资产增值部分的10%。

（七）推动医养融合发展。大力发展具有医护功能，以收养失能、半失能老年人为主，提供长期照护服务的老年护理机构。着力推进老年服务机构的医养结合，提高养老机构护理型床位比例。卫生部门要依据医疗机构准入的规定大力支持有条件的养老机构设置医疗机构，其医疗卫生设施配置要求可适当低于现行《余姚市医疗卫生设施专项规划》中的有关要求。规模较大的（200张床位以上）的老年护理机构可设置医疗康复或医疗服务机构，规模中等的（100张至199张）的可设置医疗机构，规模较小的（100张以下）可与周边的医院、社区卫生服务机构合作。鼓励有条件的公立医疗机构到养老服务机构设置门诊部等医疗机构，为养老服务机构提供医疗服务。城乡居家养老服务中心（站）和日间托老照料中心应与社区卫生服务中心（站）、乡镇卫生院加强合作，实现资源共享。

三、工作措施

（一）加强组织领导。市成立社会养老服务体系建设领导小组，由市政府分管副市长任组长，市府办分管副主任、市民政局局长任副组长，市发展改革局、市财政局、市公安局、市民政局、市规划局、市国土资源局、市住建局、市环保局、市安监局、市人力社保局、市卫生局为领导小组成员单位，领导小组办公室设在市民政局，切实加强对社会养老服务体系建设的组织领导；市将每年确定养老服务体系建设年度工作任务，并列入乡镇、街道、市级部门年度考核的内容。乡镇、街道要按照“有一支工作队伍、一处办公场所、一套工作机制、一项考核制度、一笔专项经费”的要求，建立社会养老服务中心、村（社区）居家养老服务站。

市民政、老龄等部门要根据人口老龄化和养老服务需求状况，科学编制养老服务发展规划、养老服务机构设施布局规划；市发展改革、规划、国土资源等部门要根据各自职责，明确支持养老服务设施建设的相关政策。

认真做好社会养老工作的宣传和表彰，对发展社会养老服务事业作出显著成绩的养老机构和相关人员，依照国家有关规定给予表彰和奖励。

（二）加大公共财政投入，健全养老公共福利服务投入机制。市、乡镇（街道）两级按经常性预算支出项目建立养老服务体系建设经费财政预算制度，逐年加大养老服务公共财政投入，加强城乡老年文化娱乐等公共活动场所建设。

建立困难老年人养老服务补贴制度。对城乡最低生活保障家庭中的失能、失智老人，参照当年重度残疾人托（安）养费用补助标准由政府给予养老服务补贴，养老服务补贴与重度残疾人托（安）养补助不重复享受。对其他高龄空巢、生活难以自理又缺乏家庭有效照料的经济困难老人，继续按政府购买服务办法落实相应帮扶服务。

鼓励村、社区、社会力量创办日间托老照料中心，继续扶持村（社区）居家养老服务站点建设。对新建居家养老服务站进行一次性建站补助，社区每家一次性补助10万元，行政村每家一次性补助3万元。优化居家养老服务站等级管理，实行A级考核（分为A级、AA级、AAA级三个等次），对符合相关标准并经过等级评定，获得A级的每年补助3万元；获得AA级的每年补助4万元；获得AAA级的每年补助5万元。

继续做好对经济薄弱、交通不便、空巢老人相对较多的山区村级老年互助组织的扶持。补助标准为：互助会老人人数在200人以下的，按每人每年100元予以补助；互助会老人人数在200人以上的，按每人每年80元予以补助。

（三）鼓励发展各类养老服务产业，实行民办（民营）养老服务机构建设、营运补助政策。引导和扶持社会力量以独资、合资、承包、租赁、联营等形式，新建、扩建或改建适宜老年人集中居住、日托照料、上门服务、护理康复、生活照料的养老服务机构。对在本市行政区域内依法办理相关登记的福利性、非营利性和营利性养老服务机构，经申请审定符合条件的给予相应建设补助。

实施民办养老服务设施建设补助：对当年新增床位20张以上、取得《养老机构设立许可证》和《民办非企业单位登记证书》、投入使用后一年内老年人入住率达到30%以上的非营利性民办养老服务机构，用房自建的，按新增核定床位数给予每张床位20000元补助，分四年按比例补助到位；用房改建或租用且租期五年（含五年）以上的，按新增核定床位数给予每张床位10000元补助，分五年按比例补助到位。对新增床位50张以上、取得《养老机构设立许可证》和经工商登记并投入使用后一年内老年人入住率达到30%以上的民办养老服务机构，享受民办非营利性养老机构建设补助标准。

建立非营利性养老服务机构运营补助：政府举办的公办养老机构、社会力量投资兴办并投用的非营利性养老服务机构，收住本市户籍的重度失能、半失能老人，按实际收住人数给予每人每月100元的日常运营补助。

（四）落实城镇新建住宅养老用房的配套规划

建设。城镇新建住宅项目按套内建筑面积不低于项目总建筑面积的2‰标准配建居家养老服务设施。以小区居家养老服务设施为基础建立的养老服务机构的房屋、土地权限，可参照社区用房管理形式管理；抓好村级养老服务用房建设。新建农村集中居住小区，原则上按每百户40～120平方米配建，并与住宅同步规划、同步建设、同步验收、同步交付使用。

（五）优先安排落实养老服务机构建设用地。国土资源部门要根据养老服务设施“十二五”建设规划，优先安排养老服务设施新增建设用地。民间资本举办的非营利性养老机构与政府举办的养老机构享有相同的土地使用政策，可以依法使用国有划拨土地或者农民集体所有的土地。对营利性养老服务机构建设项目用地，依据养老服务机构具体类型，可以在规范用途的前提下，参照成本逼近法或收益还原法进行地价评估后，采取招标拍卖挂牌出让方式供地。通过招拍挂出让有偿方式取得的民办养老机构用地，可确定为商服用地—其他商服用地（养老机构用地）。原以行政划拨方式供地的，可依法办理土地出让手续，经评估确定后，以补缴土地出让金或以租赁、作价出资（入股）等方式处置。核发划拨决定书、签订租赁合同或出让合同时，应当规定或者约定建设用地使用权不得分割转让（转租），不得转变土地用途。对擅自改变养老设施用地用途、容积率等土地使用条件搞房地产开发的，由国土资源部门依法依约收回建设用地使用权。

对非营利性和福利性养老服务机构可采取政府划拨方式供地。经规划、国土资源等相关部门同意，并征询环保、住建、消防等相关部门的意见后符合条件的原工业厂房和仓储用房、学校、医院、农村集体房屋、办公楼等存量房产和土地，进行整合改造后可用于兴办养老服务机构。允许利用村集体建设用地建设农村养老机构。支持村集体经济组织使用村级建设留用地兴办养老服务机构。对利用集体所有的山坡荒地且符合城乡规划的建设用地建设并用于民办非营利性养老机构的，应当优先办理土地审批手续。

民办非营利性养老机构停办后，其通过行政划拨方式取得的土地使用权由政府收回或经批准后转由其他民办非营利性养老机构使用。

（六）减免养老服务机构有关税费。民办非营利性养老机构依法享有与公办养老机构同等税费优惠政策。营利性养老机构提供养护服务取得的收入免征营业税。营利性养老机构取得的养老服务收入直接用于改善养老条件的，其后5年缴纳的税收地方留成部分由同级财政给予减半补助。对符合条件并认定为非营利性养老服务机构的收入，免征企业所得税；对福利性、非营利性的养老服务机构自用的房产、土地免征房产税和城镇土地使用税；对养老服务机构占用耕地免征耕地占用税；社会福利院、敬老院、养老院、老年公寓等养老服务机构，缴纳水利建设专项资金确有困难的，报经税务部门批准，可予以减免照顾。

民办养老机构免缴城市基础设施配套费。对非营利性养老机构建设免征有关行政事业性收费，对营利性养老机构建设减半征收有关事业性收费。对民办养老机构免征水利建设基金，接纳残疾老年人达到一定比例的免征残疾人就业保障金。政府主办和特许经营的供水、供电、供气、通信、数字电视等经营单位，应为养老服务机构提供优质服务和优惠收费。民办养老机构和居家养老服务组织用电、用水、用气（燃气）等与居民用户实行同价，并免收相应的配套费，安装、接入等费用依有关规定按实收取；免收养老服务机构电话、数字电视、宽带互联网等一次性接入费，并减半收取通信费、数字电视基本收视维护费。向城市污水集中处理设施排放达标污水、按规定缴纳污水处理费的，不再征收污水排污费。

鼓励社会力量捐赠资助养老服务机构。个人通过非营利性社会团体或政府部门向福利性、非营利性老年服务机构的捐赠，在缴纳个人所得税前准予全额扣除；企事业单位、社会团体等社会力量向福利性、非营利性养老机构等公益事业进行捐赠的，企业在年度利润总额12%的部分准予在计算应纳税所得额时扣除。

（七）支持医养结合，不断改善养老机构和医护条件。鼓励和引导养老服务机构设立老年医疗保健、护理康复功能的卫生所（医务室）；支持医疗机构发挥优势，开展老年护理、精神慰藉、临终关怀等服务。养老机构内独立设置的医疗卫生机构，可申请纳入城镇职工医疗保险和城乡居民合作医疗保险定点范围，其中具备相应医疗资质的医疗卫生机构允许对外服务。市人力社保、卫生部门要加强对养老服务机构医护人员的管理、培训和业务指导监督。

（八）加强服务市场培育。着力培育现代老年服务产业，发展老年食品、旅游、服饰、教育和文化市场；引导企业开发老年保健康复、老年照护、老年住宅、老年公寓、老年社区特别是养老医疗护理商业保险等服务产品；支持企业和社会组织参与养老市场中介服务，提供评估、咨询和第三方认证等服务信息。

（九）加强养老服务人才队伍建设，实施入职奖补制度。从2013年起，就业本市非营利养老服务机构，直接从事养老服务、康复护理和管理等工作的大中专院校毕业生，并持有人力资源部门颁发《养老护理职业资格证书》，与养老机构签订5年以上正式劳动合同，且在同一养老机构缴纳社会保险满5年的，给予就业奖补，奖补标准及办法另行制定。实行养老服务从业人员持证上岗制度。加强养老机构负责人资质培训和教育管理，逐步推行负责人资格上岗制度，落实职业培训补助政策，确保养老护理员岗位培训率达到90%以上。

建立养老服务从业人员工资福利待遇保障机制，保障公办养老服务机构护理员工资不得低于当地社会平均工资。鼓励民办养老服务机构吸纳农村转移劳动力、城镇就业困难人员等从事养老服务。民办养老服务机构录用的养老护理、管理专业人员，与其签订2年以上劳动合同并交纳各类社会保险的，由各级财政或失业保险基金提供为期2年的社会保险补贴。对公办和非营利性民办养老机构中持有初、中、高级、技师（即国家职业资格五级、四级、三级、二级）职称人员，分别给予每人每月100元、150元、200元、250元的养老护理员特种岗位津贴。补贴标准逐年调整。

（十）积极发展公益助老组织。通过发展志愿助老团队、建立慈善助老项目、为广大老年人提供多种形式的服务和帮助。积极探索公益服务项目招标、申领、评估和表彰激励机制，研究民间助老公益组织扶持措施和管理办法。

（十一）完善养老服务机构收费制度。实行公办养老服务机构收费政府定价，按照“公益性、福利性、普惠性”原则明确公办养老服务机构收费项目和收费标准；社会力量兴办的非营利性养老服务机构收费实行政府指导价，根据机构等级、服务质量等收费指导价为基准，以成本补偿和促进发展为原则适当调整；民办营利性的养老服务机构，其收费标准根据设施条件、服务项目等自主确定，实行明码标价、市场调节，并报民政、物价部门备案。

落实非营利性机构盈利用于“补充投入设施建设和提升服务”的政策，允许非营利性养老服务机构投资者提取合理回报。在核算机构运行成本、预留发展基金以及按照国家有关规定提取其他必需的费用后，经审计符合规定的，可从年经营结余中不高于30%且不超过固定资产和流动资金原始投入的5%提取收益，但应承担亏损的相应责任。加强非营利性养老服务机构的行业监管和调控，确保非营利机构的可持续发展。对行政划拨供地、经营10年以上的非营利性民办养老服务机构，如发生主办人变更，在不改变养老机构性质的情况下，经批准同意后，允许按行政划拨办理过户手续。

（十二）健全养老服务机构行业管理制度。加强养老服务机构筹办报批、开业许可、登记注册等审批制度。开展养老服务标准化建设，健全养老服务规范和质量标准体系，建立养老服务机构等级评定，养老机构等级划分采用星级制，分为一星、二星、三星、四星和五星。居家养老服务机构等级划分采用A级制，共分为A级、AA级、AAA级管理。凡符合条件的养老服务机构均可申请等级评定。民政部门根据养老服务机构等级标准、服务规范标准和评定标准，组织第三方进行评定。评定结果经公示无异议后，向养老服务机构颁发证书和标志。

完善服务监管机制。实施公办养老服务机构服务对象入住评估制度，建立享受政府购买服务补助对象的资格评审、服务项目承接机构的资质评估机制，不断完善服务流程各环节监管体系，提升服务效能和专项资金使用效益。

（十三）加强养老服务机构安全管理。市民政、卫生、公安消防部门和属地乡镇政府、街道办事处，要切实履行业主管和行政监管职责，加强养老服务从业人员安全教育和养老服务场所安全检查，督促整改公共卫生和消防安全等问题，及时消除各类安全隐患。

进一步完善养老服务机构政策性保险制度并列入机构强制保险范畴。五保集中供养指定机构相应投保费用实行政府全额补助；公办养老机构及民办非营利性养老机构按托养老人安全责任保险费给予财政补助50%；民办营利性养老机构按托养老人安全责任保险费给予财政补助30%。

（十四）建设养老网络平台，促进数字化养老、智能化服务、信息化管理。采取“96345”市民生活服务热线电话等多种形式，构建社区养老服务信息网络和服务平台，为社区居家老年人提供安全援助、日常呼叫等高效便捷性服务；建设老年信息数据库，建立健全社区困难失能、高龄空巢、特殊病种患病老年人以及养老机构院民等基本信息电子档案；进一步建立具有养老供求动态信息发布、服务咨询、服务需求衔接、服务情况监测反馈统计等功能的市养老服务指导门户网站，为老年人和养老机构、服务企业提供实时衔接和软件支持，提高服务效率和管理水平。

本意见自公布之日起30日后施行。原《余姚市人民政府办公室关于印发余姚市加快发展养老服务业若干意见的通知》（余政办发〔2008〕172号）自行废止。

余姚市人民政府

关于发展月光经济的实施意见

余政发〔2014〕71号

各乡镇人民政府、街道办事处，市直各部门：

为促进我市月光经济健康有序发展，满足居民消费需求，拉动经济增长，提升城市活力与品味，根据《宁波市人民政府关于发展月光经济的指导意见》（甬政发〔2014〕78号）精神，结合我市实际，制定如下实施意见：

一、总体要求

坚持政府引导、企业主体，鼓励发展、规范管理，突出特色、错位发展，全市统筹、属地管理相结合的原则，通过科学规划引领，合理整合资源，创新发展环境，培养消费新风，着力建设一批“商旅、商文、商娱、商体”相融合的布局合理、经营规范、功能齐全、设施完善、交通便捷、清洁卫生、特色鲜明的特色夜市街区，打造繁荣发达的月光经济。

二、工作目标

以主城区为全市月光经济发展龙头，形成以桐江桥商圈（县东街区块、龙泉山东麓、南雷路服饰一条街、舜大财富广场、四明广场）为核心，以三江六岸为带、以城南万达广场（四明西路）、城东华润五彩城（嘉悦广场、东旱门路）、城西全民健身中心（北侧新建夜市）和阳明西路新天地、城北胜山西路（西石山路）等重点广场和特色街区为片区，以各乡镇特色夜市为节点的“一核三带四片多节点”的余姚市月光经济发展空间格局。把桐江桥商圈特别是县东街区块打造成为传承历史文脉、彰显城市魅力、发展月光经济的集聚区，以及融文化演艺、旅游观光、教育培训、餐饮购物、休闲娱乐、体育健身、展览展销于一体的知名精品夜市。形成一批与区域商圈发展相融合、具有一定带动辐射功能的特色夜市街区。

至2017年，全市特色夜市街区达到3～5个，新增社会消费品零售总额10亿元以上。到2020

年，全市特色夜市街区达到8～10个以上，新增社会消费品零售总额20亿元以上。

三、工作重点

（一）科学规划，合理布局。根据城市规划、商业网点布局规划，按照“统一规划、分步实施、重点突出”的要求，科学规划全市夜市街区，明确夜市街区的空间规模、业态特点、服务特色、配套设施等建设标准。夜市街区规划设置要利于人气集聚，以不影响公共安全、不影响市容市貌、不污染环境、不影响道路通行和不扰民为前提，以夜间文化演艺、旅游观光、教育培训、餐饮购物、休闲娱乐、体育健身、展览展销等为主要内容，坚持高起点规划建设，着力打造品牌夜市街区。

（二）引导消费，丰富活动。创新月光经济发展理念和模式，鼓励夜市街区着眼于消费者的文化层次和消费喜好，联动商户策划开展形式多样的夜间消费活动，培育多元化的夜间消费习惯与模式。支持开展美食节、美食街、美食夜市创建活动，丰富夜间餐饮市场；鼓励商户在店庆、法定假日、周末期间延长营业时间，开设夜卖一条街、夜场特卖会、节日商品专区专柜，举办夜间系列促销活动，加大夜间消费打折让利力度，营造夜间消费氛围；大力发展夜市大巴，鼓励企业通过举办消夏节、纳凉节、啤酒节等特色活动，送夜市下乡，丰富乡镇居民夜间生活；大力发展夜市旅游、体育健身、文化娱乐活动，组织展览、竞拍、演艺等特色文化、公益活动，促进公共文化场馆延时开放，丰富夜间精神文化生活，增强夜市消费活力，带动月光经济发展。要积极支持开展月光经济主题活动品牌创建，形成一批常态化、亲民化、特色化的品牌活动。

（三）突出特色，错位发展。强化行业引导，推进夜市街区规范化建设，做到市场定位清晰、个性特征明显、业态结构合理、服务功能互补，实现有序错位发展，推动月光经济相关产业联动发展。主城区以特色化、专业化、规模化、时尚化为发展方向，发展老字号、品牌餐饮、风味小吃、时尚酒吧、娱乐休闲、精品购物、文化演艺、民俗文化展示等多业态集聚发展的时尚型夜市；乡镇和农村街道以搭建创建平台、便民休闲为目的，突出方便、快捷、经济等特点，发展夜市大巴、跳蚤市场等特色夜市。同时要鼓励发展水上夜游项目，推出夜间旅游精品线路，丰富夜晚消费市场，形成“食、游、购、娱、展、演、体”等多功能夜市街区板块。

（四）健全配套，完善设施。配套完善夜市街区水电气供给、污水排放、垃圾处理等市政、环卫设施，按时段和夜市街区活动需求开放城市各类景观灯，全面提高夜市街区整体形象。完善夜市街区交通、卫生、消防、安全警示和业态布局等标识系统，推出夜市街区公共活动空间，增设景观带、休憩区、咨询服务点、车辆停靠点、公交换乘点、公共自行车服务点、自动柜员机等配套设施。加大信息化建设水平，鼓励夜市街区和商户组团发展网上商圈等电商平台。

四、实施步骤

坚持政府引导、企业主体，合理整合资源，按照“改造提升一批、建成投用一批、规划建设一批”分步实施。

（一）近期任务（2014年11月—2015年12月）

1.做好规划编制。在符合城市总体规划和商业网点布局的前提下，依据实施意见，合理做好夜市街区的规划设计，完善空间和业态布局。

2.推进重点区块建设。

桐江桥核心区块：重点完善街区功能和标识设置，做好商圈内的提升发展工作。①统筹协调华联商厦、金泰百货、长发商厦、购物中心等大型商贸企业和南雷路两侧、四明广场商户，鼓励延长营业时间，营造夜间消费氛围；②巩固和发展鼓楼一条街，完成县东街区块改造设计方案初稿；③邀请台湾士林夜市与城市广场开展合作，开展余姚士林夜市欢乐街、士林夜市嘉年华等活动，营造浓厚的月光经济氛围，打造“夜市文化金名片”；④打造姚江夜韵文化夜生活品牌。

城南、城东、城西、城北区块：分别以城南万达广场（四明西路）、城东华润五彩城（嘉悦广场、东旱门路）、城西阳明西路新天地、胜山西路（西石山路）为核心，重点完善街区标识、景观小品，鼓励延长营业时间，积极引导商家参与购物节、年货展以及广场亲子、教育、选秀等各类活动，进一步增强广场的人气。着力打造集购物、餐饮、休闲娱乐于一体新老业态融合的夜市消费商圈。

（二）中期任务（2016年1月—2017年12月）

推进县东街区块、城西全民健身中心（北侧新建夜市）等区块的改造提升和三江六岸休闲带的打造，以全新的业态布局和商业设施，配套服务完善、管理理念先进，着力培养夜市经济新品牌。

1. 县东街区块。秉承修旧如旧、适度改建、统一规划、分步实施的开发理念，通过修复、改造、拆迁、改建等办法，通过历史文化与现代商业的有机结合和成功经营，使该地块最终成为文化旅游、心灵休憩、搜寻记忆、高档休闲的场所，成为老余姚底片、新都市客厅，最终将该地块打造成特色明显、雅俗共赏、底蕴深厚、吸引市外旅游者的泛文化、泛商业历史文化休闲街区。

2. 全民健身中心（北侧新建夜市）。提高全民健身中心的公众开放度，举办演唱会、球赛、广场舞等相关活动，积极发展演艺赛事经济，打造文化生活广场。在北侧地块以文带商新建综合夜市，促进商文互动。重点引进时尚体育运动品牌，体育教学、体育媒体、健身医疗、体彩站点、电子竞技平台、全国风味小吃特色美食等相关企业，打造以“大众体育、全民健身”为主题，多层次满足市民健身、运动休闲、运动康复、文化娱乐和餐饮美食消费等多种需求。

3. 三江六岸休闲带。进一步完成三江六岸休闲带建设规划，以姚江等三江为轴，串联起沿江的龙泉山、凤山、蛇山、龟山等山体所构成的余姚中心城区整体区域景观环境。以山体为点、水系为线，在点、线之间按照自然风貌布置若干项休闲观光为主的小型商贸服务设施，连接沿江主要商业中心和商业设施，凸现余姚江南水乡特色。同时以夜游三江项目为依托，着力打造夜间旅游消费经济。

（三）远期任务（2018 年 1 月 —2020 年 12 月）

打造 3 个以上宁波市级特色夜市街区，形成有余姚区域特色和影响力的月光经济品牌活动、平台及载体。

五、建设要求

夜市街区作为月光经济的主要载体，其建设要符合以下四方面要求：

（一）规划选址要求。要高起点做好夜市街区的规划设计，符合城市总体规划和城市管理相关规定。要有利于集聚人气，便于交通组织，不扰民。

（二）风格特色要求。夜市街区入口或显要位置要有体现街区综合性能的街标。在街区整体风格设计上要各具特色，注重个性化设计，注重挖掘历史文化底蕴、山水景观、传统街巷等资源，注重雅俗共赏。

（三）配套设施要求。要有完善的水电气供应、排水排污等硬件设施。要配套设置休憩区、景观带、公共活动场地、标识系统以及卫生（公厕）、消防、环卫等必要设施。要配置与街区规模相适应的专用机动车、非机动车停车场。涉及食品经营的夜市街区应统一配置防蝇、防虫、防鼠以及清洗消毒设施。

（四）经营管理要求。要有专门的管理机构和人员，有日常管理制度。要充分发挥企业主体作用，结合市场及消费需求，统筹组织各类夜间消费、促销、休闲、演艺等品牌活动。要充分调动街区管理机构、行业协会、商会和商户积极性，推进诚信建设，规范经营行为，营造健康、有序的商业环境。

六、保障措施

（一）加强领导，明确分工。成立由市政府主要领导任组长，常务副市长和分管副市长任副组长，市委宣传部、市府办、市商务局、市发展改革局、市教育局、市公安局、市财政（地税）局、市人力社保局、市国土资源局、市环保局、市规划局、市水利局、市住建局、市城管执法局、市交通运输局、市文广新闻出版局（体育局）、市卫生局、市旅游局、市统计局、市市场监管局、市金融办、市流管办、市总工会、团市委、市妇联、市供电公司、经济开发区管委会、中国塑料城管委会、各乡镇人民政府（街道办事处）负责人为成员的余姚市发展月光经济工作领导小组。统一部署、协调和督导各项工作。领导小组下设办公室，办公室设在市商务局。各领导小组成员单位要按照管理范围和职责分工（附件 1），研究具体措施，制定实施方案，形成工作合力。

（二）落实政策，加大扶持。市财政在市商贸专项资金中单独安排月光经济发展资金，并与月光经济发展状况和绩效挂钩，用于夜市街区的创建、品牌活动开展的扶持补助以及对各单位发展月光经济年度业绩的考核奖励等，争创“市级特色夜市街区”。

（三）优化保障，促进发展。完善夜间便民交通设施、延迟公交末班车时间，鼓励居民夜间出行。适当放宽夜市街区内的广告及促销、广场文化活动、公共空间占用、时段性服务设施摆放等相关审批事项，建立完善审批月光经济相关事项的管理制度，进一步简化审批手续，提高审批效率。加强夜市街区治安管理，维护正常运营秩序，营造安全消费环境。

（四）加强宣传，提升形象。加大月光经济建设和发展工作的宣传力度，充分利用报刊、广播、电视、网络等媒体平台开展月光经济宣传活动，积极引导市民转变消费观念和消费习惯，培育和壮大夜市消费群体。加大特色夜市街区、品牌夜市的宣传推介，打造余姚夜市整体品牌形象，提高知名度和美誉度。

附件：余姚市发展月光经济工作领导小组成员单位职责分工（略）

余姚市人民政府

2014 年 12 月 5 日

荣誉（部分）

余姚市获得的省部级以上集体荣誉

中国最具幸福感城市
2014 年中国中小城市综合实力百强第 12 位
中国县域网络形象百强
全国节水型社会建设示范区
全国义务教育基本均衡县（市）
全国农业机械化示范区
全国地质灾害防治高标准“十有县”
国家慢性病综合防控示范区
国家级出口电器（家电、灯具）质量安全示范区
“美丽中国之旅”十佳山水城市
中国十佳最具魅力生态旅游休闲目的地
2014 年度中国最具魅力节庆城市
第二十届亚洲金旅“最美人文休闲旅游目的地”
’2014 中国优秀民族节庆评选“魅力节庆城市”
中国水貂皮服装产业基地
浙江省社会主义新农村建设优秀单位
浙江省平安市
浙江省农村文化礼堂建设先进县（市）
2013 年度浙江省“低收入农户奔小康工程”结对帮扶工作先进单位
2014 年度浙江省征兵工作先进单位
浙江省双拥模范城（县、区）
2013 年度全省发展外向型农业工作单项考核优秀市（县）
浙江省平安渔业示范县

2013 年度浙江省森林城市
浙江省卫生监督工作优秀县(市、区)
2014 年浙江省农村饮用水工程长效管理达标县
2013 年度浙江省重大农业疫情防控工作考核优秀
省级餐饮服务食品安全示范县(市)
浙江省“年度旅游推广十佳县”
浙江省传统戏剧特色县(姚剧)
2014 年度浙江省体育彩票销售突破亿元县(市、区)
2013 年度全省人才换工作目标责任制考核优秀县(市、区)
浙江省电子商务示范市

市级机关部门获得的省部级以上荣誉

全国基层理论宣讲先进集体:市委宣传部“小载体”宣讲团
全国先进社科联组织:市社科联
全国数字化学习先行区:市教育局
全国检察宣传先进单位:市检察院
全国审计机关先进集体:市审计局
全国个私协会系统先进单位:市民营企业协会
2013—2014 年度民进全国组织建设先进组织:民进余姚支部
2014 年中央台办“两刊”对台宣传工作先进单位:市台办
全国总工会 2014 年度市级工会财务工作先进单位:市总工会
全国工商系统 2012—2013 年度诚信市场创建活动工作突出单位:市市场监管局
全国巾帼文明岗:国税城区分局、泗门分局、丈亭分局、梁弄分局
全国巾帼建功先进集体:市妇幼保健所
全国组织机构代码“文明服务窗口”:市质监局代码窗口
2014 年全国科普日在线活动优秀奖:市科协
2013 年度中国银行业最具社会责任金融机构奖:余姚农村合作银行
工总行首届“五一劳动奖状”:中国工商银行余姚支行
中国商品市场百强:中国塑料城
全国文明诚信经营示范市场:中国塑料城
中国十大销售浙货网络市场:浙江塑料城网上交易市场
浙江省“人民满意的公务员集体”:市行政审批管理办公室
2014 年度浙江政务微博影响力十强:市委宣传部“@ 余姚发布”
浙江省统战信息工作一等奖:市委统战部

2014年度浙江省优秀知联会：市知联会
浙江省基本侨情调查工作先进单位：市侨办
2014年度浙江省工商联系统先进单位：市工商联
浙江省“五好”县级工商联：市工商联
2014年度全省工商联系统先进单位：市工商联
2014年度浙江省科协工作先进集体：市科协
浙江省助残先进集体：宁波思宏电器有限公司
九三学社浙江省委2009—2013年度先进基层组织：九三学社余姚支社
浙江省依法行政示范单位：市公安局
浙江省社会管理综合治理先进单位：市公安局
浙江省信访工作先进集体：市公安局
集体二等功：市检察院反渎局
浙江省政法系统先进集体：市人民法院
浙江省优秀法院：市人民法院
2014年度二等功法院：市人民法院
浙江省阳光司法优秀法院：市人民法院
浙江省社区矫正工作先进集体：市人民法院
浙江省法院信息工作二等奖：市人民法院
省级模范五好法庭：泗门法庭、丈亭法庭、陆埠法庭
浙江省法院审判管理工作先进集体：市法院审判管理办公室
2013年度浙江省农业工作先进集体：市农林局
2013年度浙江省县级林业工作先进集体：市农林局
浙江省2013年度省级开发区综合考评第一名：余姚经济开发区管委会
浙江省2013年度外贸进出口十强开发区：余姚经济开发区管委会
浙江省2013年度利用外资十强开发区：余姚经济开发区管委会
2014年度浙江省贸促系统建设先进单位：市商务局
全省供销社系统综合业绩考核特等奖：市供销联社
浙江省四星级文明规范市场：浙江塑料城网上交易市场
浙江省线上线下结合10强专业市场：浙江塑料城网上交易市场
浙江省十佳品牌展（博）览会：海峡两岸物流与供应链博览会（中国塑料城）
浙江省十佳会展企业：余姚市中塑国际展览管理有限公司
浙江省文明单位：国税梁弄分局
农发行浙江省分行2014年业务发展突出贡献奖：农发行余姚支行
2014年度全省审计机关考核优秀单位：市审计局
2014年度全省内部审计业务指导和监督工作优胜单位：市审计局
全省工商系统宣传工作先进单位：市市场监管局
2013年度省级先进基层质监站所：市质监局第三质监所
浙江省重点工程立功竞赛模范集体：市房地产管理中心
浙江省市政金杯养护示范设施：市住房和城乡建设局（中山桥）
浙江省城市道路照明行业先进单位：市路灯管理处
浙江省白蚁防治先进单位：市白蚁防治所

浙江省青年文明号：市河姆渡遗址博物馆
浙江省巾帼文明岗：市河姆渡遗址博物馆
浙江省科技宣传与普及工作先进单位：市科技局
浙江省“群众满意的社区卫生服务机构”：阳明街道卫生院
浙江省麻风病防治工作先进集体：市疾控中心
浙江省先进办学单位：老年电大余姚分校
2013年度浙江省百强旅行社：春秋国际旅行社、河姆渡国际旅行社
浙江省社区矫正工作先进集体：市司法局泗门司法所
浙江省四星级规范化司法所：市司法局低塘司法所
浙江省三星级规范化司法所：市司法局黄家埠司法所、凤山司法所

乡镇、街道及行政村等获得的省部级以上集体荣誉

全国重点镇：泗门镇、梁弄镇、陆埠镇
2012—2013年国家级生态乡镇：陆埠镇
全国社区教育示范街道：朗霞街道
全国防灾减灾示范社区：凤山街道酱园街社区
全国和谐社区建设示范单位：凤山街道季卫桥社区
中国名村影响力300强：泗门镇谢家路村（第59位）、小路下村（第65位）
首批国家级知识产权优势企业：帅康集团有限公司、宁波燎原工业股份有限公司、浙江大丰实业有限公司、宁波唯尔电器有限公司
中华宝钢环境奖“环保宣教”类优秀奖：市东风小学教育集团
油烟机行业最具影响力企业：帅康集团
2014年全国工人先锋号：浙江帅康集团有限公司热水器开发部
全国休闲农业与乡村旅游四星级：临山“味香园”
全国五金制品行业突出贡献企业：宁波长城精工实业有限公司
2014年中国民营企业制造业500强：舜宇集团（第414位）
中国质量诚信企业：耀泰电器、邦首电器、长城精工、富佳实业、富达电子
全国优秀传统文化进校园项目首批试点学校：小曹娥镇中心小学
第四批全国一村一品示范村镇：三七市镇石步村（余姚杨梅）、河姆渡镇（古址茭白）
中国十大特色农庄：东超双尾渔庄
浙江省小城市培育试点考核优秀：泗门镇
浙江省森林城市（城镇）：低塘街道

浙江省民间文化艺术之乡（2014—2016年度）：泗门镇（犴舞）、小曹娥镇（孝文化）
浙江省示范基层党校：梨洲街道明伟村党校
浙江省思想政治工作优秀单位：泗门镇谢家路村
第三届“浙江孝贤”：小曹娥镇中心小学
浙江省“敬老文明号”单位：黄家埠镇回龙小学、泗门公共交通有限公司
浙江省第三次经济普查省级先进集体：凤山街道
浙江省无邪教社区：凤山街道季卫桥社区
浙江省气象防灾减灾标准化社区：兰江街道舜南社区、四明社区
浙江省武术协会先进集体：兰江街道四明社区
浙江省民族团结进步模范集体：梁弄镇
浙江省五星级规范化司法所：梁弄镇司法所
浙江省科普示范乡镇：梁弄镇
浙江省基层预备役建设先进单位：丈亭镇
浙江省“健身秧歌”之乡：丈亭镇
浙江省老年体育活动中心：丈亭镇
浙江省“安康杯”竞赛优秀班组：宁波安拓实业有限公司
浙江省农村合作金融省级信用乡（镇、街道）：河姆渡镇
浙江省关心下一代工作先进集体：小曹娥镇关工委
浙江省农房改造示范村：小曹娥镇南新庵村
浙江省科普示范村：小曹娥镇建民村
浙江省民主法治示范村：梁弄镇横坎头村、黄家埠镇韩夏村
浙江省体育特色乡镇：大隐镇
2004—2013年度全省平安创建工作先进单位：泗门镇谢家路村
浙江省老龄工作先进集体：泗门镇
第二批17家省级开发区特色品牌园区：余姚经济开发区现代医疗器械产业园

受省部级以上表彰的先进个人

“中国好人榜”敬业奉献好人：曾诚（市消防大队余姚中队）
全国机械工业劳动模范：严华锋（浙江大丰实业股份有限公司）
全国粮食系统劳动模范：黄功铭（市粮食收储有限公司）
全国法院少年法庭工作先进个人：朱蓉蓉（市法院）
全国办案标兵：杜健（市法院）
全国安全生产监管监察先进个人：施水标（小曹娥镇）
油烟机行业终身成就奖：邹国营（帅康集团）

全国五金制品行业终身成就奖：朱文江（宁波长城精工实业有限公司）
2013—2014年度总行优秀共青团员：王莎莎（建行余姚支行）
浙江省劳动模范：宋长洪（宁波长振铜业有限公司）
第四届浙江省优秀检察官：方建军（市检察院）
浙江省自强模范：谢向杰（凤山街道）
第十届浙江青年五四奖章：王华军（宁波格莱特休闲用品有限公司）
2014年度全省统战信息工作先进个人：余松青（市委统战部）
全省基本侨情调查工作先进个人：周姚平、朱炬杰（市侨办）
2014年度浙江省关心下一代工作先进个人：冯德兴（黄家埠镇）
浙江省个人二等功：郑荣、李宏钦（市检察院）
浙江省社区矫正工作先进个人：李宏钦（市检察院）、韩柏根（兰江街道）
全省法院优秀司法警察：马建国（市法院）
全省法院信息工作先进个人：胡兴汇（市法院）
全省法院政工信息工作先进个人：王楚楚（市法院）
2013年度全省海洋与渔业执法工作优秀工作者：茅树杰（市农林局）
浙江省电子商务十大领军人物：黄全明（中国塑料城）
浙江省优秀党务工作者：张永荣（中国移动余姚分公司）
浙江省优秀党员：戚冉然（中国移动余姚分公司）
2014年度全省农信系统优秀领导干部：谢宇辉（余姚农村合作银行）
浙江省城市道路照明行业先进个人：邹浩军（市路灯管理处）
浙江省白蚁防治先进个人：杜勉（市白蚁防治所）
2014年度全省文物执法监察工作成绩显著个人：褚法宝（市文广局）
全省围产保健个人二等奖：俞如葵、黄涨波（市卫生局）
浙江省预备役优秀情报信息员：徐世永（丈亭镇）
2013年度新锐浙商：王华军（宁波格莱特休闲用品有限公司）
全省司法行政系统百名优秀人物提名奖：徐文建（市司法局）

名　　录

2014年余姚市党政机关、人民团体主要负责人

【市委】

中共余姚市委

书　记：毛宏芳

副书记：奚　明　诸晓蓓

市委常委：韩永丰　潘银浩　沈海东（10月止）　杜　瑾（10月始）　赖根法　叶枝利　谢勇毅　李森苗　傅沧海　赵　妩　陈长锋

市委办公室

主　任：俞剑清

副主任：黄少波　方黄军　王明江　俞斌权　宋小根（兼）　茅建刚（兼）　罗旭光（兼）　李国建（兼，12月止）　高　权（兼，12月止）　陈江龙（兼，12月始）　毛柏生（兼，12月始）

办公会议成员：徐文华　黄　洋

政研室主任：方黄军

政研室副主任：周　峰（12月止）　黄科威　王利锋（12月始）

考核督查办主任：倪金伟

机要局局长：徐文华

保密办（市保密局）主任（局长）：袁文庆（12月止）

保密技术中心主任：李美芳

【市人大常委会】

主　任：孙钜昌

副主任：王祥林　魏利民　宋建勋　沈相国　胡　青　姚桂珍

人大常委会党组

党组书记：孙钜昌

党组副书记：王祥林

党组成员：宋建勋　沈相国　胡　青　毛兰萍（11月止）　李国建（11月始）

人大常委会办公室

主　任：毛兰萍（12月止）　李国建（12月始）

副主任：王华威（12月止）　吕银淼　吴旭翡（12月始）

法制工作委员会

主　任：闻　学

财政经济工作委员会

主　任：应耀时（12月止）　陈吉锋（12月始）

城建环保工作委员会

主　任：赵银海

教科文卫工作委员会

主　任：郑先锋

代表工作委员会

主　任：汪忠宝

农业和农村工作委员会

主　任：张建荣（11月始）

副主任：顾素君（11月始）

人大常委会机关党组

党组书记：毛兰萍（11月止）　李国建（11月始）

党组成员：王华威（12月止）　吕银淼　吴旭翡　闻　学　应耀时（12月止）　陈吉锋（12月始）
郑先锋　汪忠宝　张建荣（12月始）

【市政府】

市　长：奚　明

副市长：潘银浩　陈为能　郑桂春　卢建国　范焕平　余　灿（7月止）　赵　妩　韩柏顺　蒋璟璟
郑传统（赴松阳挂职）

市长助理：董祖军（12月始）

市政府办公室

主　任：黄和庆

副主任：陈立山　茅建刚　陈岳阳（10月止）沈继忠　姚核军　鲁永飞　冯彦增　黄建军　洪　波
　　　李永飞（兼）岑建航（兼）史建军（兼）
党组成员：钱　泽　何　良　龚共军
法制办主任：阮伯均
法制办副主任：李吉达
发展研究中心主任：杜晓东
发展研究中心副主任：劳永定　刘颖苗
应急办副主任：王根福
流管办主任：洪　波
流管办副主任：韩德余
市级机关后勤管理服务中心主任：钱　泽
接待办主任：赵　婕
外事办主任：孙雪丹
督查室主任：诸仲玖
金融办主任：马民龙
电子政务办主任：周少亥
驻沪办主任：李永飞

【市政协】

主　席：陈建泰
副主席：孙蝶双　吴　展　陈洪逵　叶文龙　周银燕　徐栋芳
秘书长：张建乔

政协党组

书　记：陈建泰
副书记：孙蝶双
成　员：叶文龙　周银燕　徐栋芳　张建乔

政协办公室

主　任：徐嘉雄
副主任：唐亚明　黄　方

提案委员会

主　任：朱初雷

经济科技和城建资源环境委员会

主　任：徐　峰
副主任：洪吉良

教文卫体和文史委员会

主　任：李臻颖

社会法制和港澳台侨委员会
主　任：陈孟娇
副主任：黄克勤

委员工作委员会
主　任：王卫锋
副主任：孙亚君

【市纪委（监察局）】
书　记：沈海东（11月止）　杜　瑾（11月始）
副书记：朱卫东　诸跃波
常　委：叶立峰　严建根　丁素兰　孟剑锋
办公室主任：韩　哲
信访室主任：周　涛
纪检室主任：余炯炯
党风室主任：万名杰
宣教室主任：沈小悱
纠风（效能）室主任：赵钧鑫

监察局
局　长：朱卫东（兼）
副局长：阮岳军　叶立峰（兼）

【市检察院、法院、人武部】
市人民检察院
检察长：毛纪华
副检察长：王金夫　陈吉明　凤　丹
党组成员、政治处主任：胡建勇
党组成员、纪检组长：胡妙芬
反贪局局长：方建军
反渎局局长：俞东瑾
检委会专职委员：宋方平　诸伟峰
泗门检察室主任：沈叶钏（10月始）

市人民法院
党组书记、院长：应启明
党组副书记：姚明泉
副院长：姜慧军　杨兴明　余国英　韩利荣
党组成员、政治处主任：杨瑶娜
党组成员、纪检组长：姚明泉（9月始）
执行局局长：张建军

审委会专职委员：夏　洁　俞永慧（10月始）
泗门法庭庭长：徐鸿星（5月始）
丈亭法庭庭长：干闻宇
陆埠法庭庭长：朱浩梁（11月始）
马渚法庭庭长：施佰军
梁弄法庭庭长：徐鸣捷（11月始）
低塘法庭庭长：王永军（5月始）

市人武部
部　长：卢青海（2月止）　傅沧海（2月始）
政　委：傅沧海（2月止）　姜保收（2月始）
副部长：徐宜广　钱旭勇（6月始）
党委委员：刘　飞　郝结来
预炮营营长：张军宝

【党群各部门】
市委组织部
部　长：叶枝利
副部长：余　烽　黄红珍　韩夏芬（兼）　周　坚（兼）　方斌全（兼）
人才办副主任：夏向明
“两新”组织党工委副书记：阮坚定　戚建华（兼,11月止）　何建波（兼,9月止）
　　邵　峰（兼,9月止）
部务会议成员：吴微勋　金　军　王　钢

市委宣传部
部　长：陈长锋
副部长：陈为梁　范立书　李　军
部务会议成员：张　红　严春晖　张　伟　杨　波　陈　励
外宣办副主任：张　伟　柳　科
文明办副主任：马金浩

市委统战部
部　长：李森苗
副部长：许建疆（4月止）　陈思红　顾赛波（兼）　黄孟丹（兼）　柳万兴（兼）　胡建波（兼）
部务会议成员：姚云飞

市台办（台联会）
主　任：顾赛波
副主任：胡晓霞

市侨办（侨联）
主　任：黄孟丹
副主任：周姚平

市民族宗教事务局
局　长：柳万兴
副局长：史红科（12 月止）　沈学键（12 月始）

市工商联（总商会）
主　席（会长）：戎伟军
党组书记、副主席（副会长）：胡建波
副主席（副会长）：戚建华（12 月止）　黄柏善（12 月止）　何　明　朱彩虹（12 月始）

市委政法委（综治办、维稳办）
书　记：韩永丰
副书记：张银龙　姚劭明　葛柏明
委　员：许林康　汪新华　应立清（12 月始）

市农办
主　任：李国建（11 月止）　陈江龙（11 月始）
副主任：孙建平　阮纬洲（4 月止）　肖鹤峰（11 月止）　周丽芳
办公会议成员：沈登灿

市编委办
主　任：方斌全
副主任：胡洪杰　陈纪平
办公会议成员：毛黎明（12 月止）

市直机关党工委
书　记：罗旭光
副书记：诸永刚　李文娟（12 月始）
纪工委书记：李文娟（12 月止）　戚莉莉（12 月始）
党工委委员：朱卫东（兼）　黄红珍（兼）　项桂铨（兼）　陈思红（兼）　任庆标

市委老干部局
局　长：韩夏芬
副局长：顾素君（11 月止）　李真龙　严　芸

市史志办公室（市委党史研究室）
主　任：方元文（12 月止）　黄桂树（12 月始）
副主任：徐泉华　罗　捷

市委党校(行政学院、社会主义学院、社科院、社科联)
党委书记、常务副校长、社科院(联)院长(主席):徐耀华
社会主义学院副院长:罗利行
社科院(联)副院长(副主席):杨鹏飞
副校长:毛建忠　赵瑞林

市档案局
局　长:孙启明
副局长:陈水华　邵亚辉　陈伟根(12月始)

市总工会
主　席:沈相国
党组书记:周红霞
副主席:周红霞　严定汉　邵力明(5月止)　朱彩虹(12月止)
党组成员:陈营江(5月止)

共青团余姚市委(青联)
书　记:严文渊(12月止)　马颖颖(12月始)
副书记:韩杭城(12月止)　赵科伟　王罕杰

市妇女联合会
主　席:张丽红
副主席:魏晓萍(11月止)　杜红卫　沈李利

市科学技术协会
主　席:胡百钦
副主席:于丽萍　孙河军　鲁劲松

市文学艺术界联合会
主　席:严文龙
副主席:干亚群　俞文胜　吕余龙(兼)　寿建立(兼)

市残疾人联合会
理事长:杨荷锋
副理事长:杨吉年　孙建惠　叶伟松

市慈善总会
会　长:郑孝华
副会长:柳贵芳　杨智枫　谢建明

市关心下一代工作委员会
主　任：诸晓蓓（兼）
常务副主任：余家其
专职副主任：刘正学（11 月始）

市红十字会
专职副会长：魏园园（12 月止）　魏晓萍（12 月始）

余姚上海建设促进会
常务副会长：干凤苗

市革命老区开发建设促进会
常务副会长：王林君

【政府各部门】

市发展和改革局
局　长：郑利刚
副局长：裘根土（5 月止）　叶文权　陈茂多　朱明富　鲁夏芬　周　峰（12 月始）
党委委员：蒋晓波　陈鲁峰（12 月止）　郑静波（12 月始）

市经济和信息化局
局　长：胡建立
副局长：魏　明　陆军华　胡巍峰　洪安祥
纪检组长：俞姚红
总经济师：潘文卿

市科技局
局　长：王文辉
副局长：姚登峰　吴春莉　谢悦敏
纪检组长：施德明

市公安局
局　长、党委书记：赖根法
政　委、党委副书记：黄伟国（4 月止）　余爱忠（4 月始）
副书记、常务副局长：章国庆
副局长：郭　磊　郑国耀　陈　见　钟后毅　周海江　孙　峰
副政委、纪委书记：李向国
政治处主任：胡国南
交警大队大队长：陈冠民
指挥中心主任：陈光辉（12 月止）　方永尧（12 月始）
督察大队大队长：姚建新

督察大队教导员：鲁国万
治安大队大队长：杨立华（11月始）
治安大队教导员：赵　坚
刑侦大队大队长：张永康
刑侦大队教导员：陈光初
监管大队大队长：赵宁桥
监管大队教导员：卢孟君（9月止）　谢建仕（9月始）
国保大队大队长：俞如康
国保大队教导员：马学良
网警大队大队长：余坚强
网警大队教导员：陈　彪（9月始）
禁毒大队大队长：徐升高
禁毒大队教导员：谢利良
经侦大队大队长：张伟奇
经侦大队教导员：吕晓伟（9月始）
交警大队教导员：谢群芳（12月止）　陈光辉（12月始）
巡特警大队大队长：符勇武
巡特警大队教导员：胡　波
法制大队大队长：倪剑江
法制大队教导员：金飞岳
出入境管理大队大队长：杨卫丰（12月止）　谢群芳（12月始）
出入境管理大队教导员：卢孟君（9月始）
协辅警管理大队大队长：金文芸
协辅警管理大队教导员：杨卫丰（兼，12月始）
消防大队大队长：张雪峰
消防大队教导员：陆金明

市司法局
局　长：张志红
副局长：唐裕康　戚国芳　鲍燮壮　俞永健
党组成员：倪志丹

市信访局
局　长：高　权（12月止）　毛柏生（12月始）
副局长：黄其君　庄振午　顾春雷

市民政局
局　长：顾天祥
副局长、党组副书记：方元文（12月始）
副局长：朱月娟　姚　坚　宓贤通（10月始）　杨万里（12月止）　朱建梁（12月始）
党组成员：宓贤通（10月止）　徐海国　黄雪芬（10月始）

市老龄办

主　任：徐海国

市财政局（地税局）

局　长：施建苗

副局长：杨水昌（4月止）　王文益（4月止）　鲁永飞（12月始）　施钧旻　宋建忠　韩胜余　罗怀乾　周益忠（12月始）

总经济师：周益忠（12月止）　郑　科（12月始）

党委委员：韩士其（12月始）

市审计局

局　长：何吉忠

党组副书记、纪检组长：陈　强

副局长：张焕昌　沈悦华　车成友

党组成员：鲁　君（12月始）

审计分局局长、政府投资项目审计中心主任：黄琼筱

农村集体经济审计中心主任：张碧珍

经济责任审计工作联席会议办公室主任：韩玉仙（12月始）

市人力资源和社会保障局

局　长：周　坚

副局长：徐小军　褚贵炎　沈建平　金利明　毛立波（12月始）

党委委员：单时芬　何琪均

市安全生产监督管理局

局　长：张建荣（11月止）　高　权（11月始）

副局长：周金灿　唐仕辉　戚建华（12月始）　唐永根（12月始）　周成刚（5月止）

党组副书记：杨巨华（4月止）

纪检组长：劳达峰（11月始）

市统计局

局　长：陈亚南

副局长：史习先　郑　杰　茅定威（12月始）

总统计师：刘国锋

农村社会经济调查队副队长：熊建明（1月始）

市住房和城乡建设局

局　长：缪正刚

党委书记：陈明明

副局长：陈明明　周烈钢　周佰勤　俞永民　宋叶忠（12月止）　宋文钦（12月始）

总工程师：翁洪波

纪检组长：张　萌（12月止）　张宵飞（12月始）
党委委员：褚泉良

市公共项目建设管理中心
主　任：缪正刚

市环境保护局
局　长：周成伟
副局长：马　骎　邵剑波　吴建军（12月始）　王明央（5月止）　单世农（12月止）
纪检组长：杜建红
总工程师：陈启昂（12月始）
党组成员：李　鹏（12月始）

市交通运输局
局　长：蔡柏灿
副局长：熊剑锋　丁长生　张建立　褚立军（12月止）　茅立明（12月始）　褚校军
党委委员：叶立川

市规划局（市人防办、市测绘与地理信息局）
局　长：黄晓帆
副局长：李利定　沈　权　杨文鸽　冯江川
党组成员：毛金坤（市人防办副主任）　石运通
纪检组长：王岳良
总工程师：周先平

市城管执法局（城管局）
局　长：徐康林（1月止）　茅建刚（1月始）
副局长：陈四清　范建祥　闻雪芬　茅立明（12月止）　陈攀峰（12月始）
党委委员：陈攀峰（11月止）　高巍（11月始）　施天军　徐利明

市动迁办
主　任：李　斌（12月止）　马丽萍（12月始）
副主任：沈培荣（12月止）　周宏刚　劳剑锋　史红科（12月始）

市国土资源局
局　长：项立秋
副局长：周春苗（8月止）　陆可可（12月止）　方文辉　任春波　干　华　翁松涛　陈海滨
纪委书记：徐小平（12月始）
党委委员：沈永苗

市农林局
局　长：张建培
副局长：柯勤夫　傅珏瑛　俞安辉　徐利奎　金武昌　胡勤奋（5月止）
党委委员：张焕钦　王乃祝
总农艺师：俞永裕

市水利局
局　长：姚俊杰
党委书记：孙文氢
副局长：孙文氢　毛洪翔　毛根良　黄金芳　沈培荣（12月始）
党委委员：袁惠萍　邵建钢（12月止）　汪湖江　吴劭辉（12月始）
总工程师：金文辉

市农机局
局　长：方茂道
副局长：魏园园（12月始）　施立明　郑　业　叶初江（12月止）

市老区办
主　任：傅仲尧
副主任：韩庆良　俞红权（12月止）　汪长海（12月始）

市商务局（粮食局）
局　长：刘国钧
副局长：邹钧孟　杨宇光　郑　平　陆要真　潘　彪　马建萍（12月止）
党委委员：徐银江　胡晓勇

市招商局
局　长：岑　杰
副局长：方　臻　武　彦　顾伟卫　邵建立　金黎君

市旅游局
局　长：成立海
副局长：梅百烽（12月止）　何建军　吴清波　王国滨　高李生（12月始）
党组成员：王永江

市工业国资公司
经　理：陈吉峰（12月止）　陈建华（12月始）
副经理：任　跃　顾志峰

市供销联社
主　任：诸建立

副主任：金黎明　邵黎明　赵忠尧　胡云（10月始）

市教育局

局　长：熊培军

副局长：朱小国　蔡祖航（5月止）　丁维钧　吴　文

党委委员：方晓英　张文表　孙青苗（12月始）

市文化广电新闻出版局（体育局）

党委书记、局长：李岳定

党委副书记、副局长：姚核军（12月始）

副局长：陈伟根（12月止）　徐松炎　王建军　朱月芬

纪检组长：徐和庆

市广播电视台

台　长：万科达

副台长：姚文昌　丁坚强　陈妙意　叶逢春（12月始）

纪检组长：杜浙霞

余姚日报社

社长、总编辑：龚　宁

副总编辑：倪久芳　徐渭明　徐　千　杨华平

市卫生局

局长、书记：陈永润

副局长、副书记：王小华

副局长：鲁建忠　吴建荣　张柏锋

党委委员：徐小平（12月止）　陆可可（12月始）　韩永庆　黄胜利（1月始）　袁海鸿（12月始）

市人口和计划生育局

局　长：许亚芬

副局长：余银虎　叶　文　陈映青

市行政审批管理办

主　任：孙伟强

副主任：魏胜焕（5月止）　宋文钦（12月止）　沈　丹　韩立波（12月始）　单世农（12月始）　徐迪红

党组成员：谢荣华

市招投标管理办

主　任：史建军

副主任：黄越明　程尧洪　邱伟平　王建华　叶初江

宁波市住房公积金管理中心余姚分中心

主　任：缪伯鸿

副主任：张　萌　陆哲学

余姚经济开发区管委会

主　任：郑航捷

副主任：孙雪波　周　强　张汝军　邹云乔　戚红军　李永飞（12 月始）

党工委委员：张树钢　李　舰　方　臻（5 月始）

浙江千人计划余姚产业园管理中心

常务副主任：戚红军

副主任：方　臻（5 月始）　李　舰

中国塑料城管委会

主　任：董朝晖（1 月始）

副主任：邵　峰（兼，10 月止）　王海强　马立红　鲁树峰　翁文涵　陆　峰

党工委委员：徐军荣（12 月止）

杭甬铁路客专余姚段指挥部

副总指挥：陈国军　楼科挺（10 月始　贵州望谟挂职）

市牟山湖休闲度假区管委会

主　任：范焕平（兼）

党组书记、常务副主任：杨国元

副主任：周　斌（兼）　周能君　谢海东

市四明山旅游开发建设办公室

主　任：卢建国（兼）

第一副主任：成立海（兼）

专职副主任：梅百烽

市城西开发建设指挥部

总指挥：陈仰富

副总指挥：陈剑芸　吴迪华

余姚城投集团有限公司

董事长、总经理、党委书记：吴志林

副总经理：劳建达（5 月止）　章意锋

党委委员：董国明

纪委委员：赵漫可　胡益蓉

【宁波市直属管理单位】

市国税局

局　长：卢姚华

副局长：王建新　施焕明　俞传传

纪检组长：励松杰

余姚市市场监督管理局

局　长：蒋狄波

副局长：陈建华（11月止）　吴鲁忠　郑少军　孙建莹　沈立群　林国红　唐孟立　李　敏　周煜铭

纪检组长：黄雪芬（11月止）　叶志千（12月始）

党委委员：周建芳　朱剑钟

市质量技术监督局

局　长：宋越敏

副局长：陈晓明　罗以军　杨文峻

纪委书记：马　斌

余姚出入境检验检疫局

局　长：杜华宏

副局长：袁荣胜　刘　宁

宁波海关驻余姚办事处

主　任：章江桥

副主任：汪　诚　徐祥民

海事余姚办事处

主　任：周登来（11月止）　项孝婷（12月始）

市气象局

局　长：万宁姚（3月止）　刘建勇（3月始）

副局长：龚涛峰　邬立辉（2月始）

市盐务管理局

局　长：陆志明

副局长：姜　岚

市烟草局

局　长（经理）：杨道贵

副局长：陶传坤

副经理：许豪杰

市供电局

总经理、党委副书记：邬宏伟

党委书记、副总经理：陈高辉

党委副书记、纪委书记：孙亦敏

副总经理：方能助　卓　东　魏　明

工会主席：李建明

市邮政局

副局长：吴水军（主持工作）　范力源

中国电信余姚分公司

总经理：陈焕明

党委书记：徐　钧（1月始）

副总经理：徐　钧（1月始）　蔡寅明（10月止）　李　玲（10月始）　周荣根

党委委员：陈焕明　沈吉芳　李　玲（10月始）

中国移动余姚分公司

总经理：张　永

副总经理：陈俭健　屠　骏

中国联通余姚分公司

总经理：金逸华（10月止）　张正明（10月始）

副总经理：戚红霞

【金融保险机构】

中国人民银行余姚市支行

行　长：龚柏新

副行长：徐勤达（5月止）　王道丁　黄金世（5月始）

宁波银监局余姚监管办

主　任：包学彪

副主任：史剑波

工商银行余姚支行

行　长：张伟明

副行长：胡菊青　胡　炫　管大纲　成银芬（12月始）

中国银行余姚分行

行　长：赵　敏

副行长：姜爱萍（9月止）　袁卫勇（9月始）　吴晓锋　胡　巍

建设银行余姚支行
行　长：施根法（2月止）　周红绩（3月始）
副行长：朱百奇　邹　文　董　全（5月始）

农业银行余姚市支行
行　长：韩朝阳（2月止）　王仲辉（3月始）
副行长：黄丽娟　鲁百定　张　冉　顾忠强

余姚农村合作银行
董事长：沈红波
行　长：万克俭
监事长：周冠毅
副行长：谢宇辉　孙继峰　沈雨风（11月止）

交通银行余姚支行
行　长：王伟方（1月止）　宋春海（1月始）
副行长：韩　勇　周文伟　闻人永勇

浦发银行余姚支行
行　长：袁志红（6月止）　戴建东（6月始）
书　记：袁志红（6月始）
副行长：杨建刚　沈树波　王　武　燕　燕

农业发展银行余姚支行
副行长：劳向东（主持工作）　劳科尖

宁波银行余姚支行
行　长：周　军
副行长：胡建伟（12月止）　黄燕燕（12月始）　邹忠良（5月止）　杨立锋（5月始）

人保余姚支公司
总经理：吴小荣
副总经理：谷新星　王　凌　诸寅波（12月始）　钱红军（12月始）

中国人寿余姚支公司
总经理：沈　勇
副总经理：苗立成（11月止）

太财保余姚支公司
总经理：胡静波
副总经理：劳建国　万克为（2月止）

2014 年各街道、镇乡主要负责人

【凤山街道】

党工委书记：吕军云
党工委副书记：鲁建灵　蔡亚红　朱建梁（12 月止）　茅文杰（12 月始）
党工委委员：徐晓飞　帅琪峰　周建红　罗　平　徐龙森
人大工委主任：方祖伟
人大工委副主任：张伯炎
办事处主任：鲁建灵
办事处副主任：茅文杰（12 月止）　章　勇（12 月始）　章　敏　施利森　周吉炎　周伯海
纪工委书记：蔡亚红
纪工委副书记：帅琪峰
政协联络委主任：周建红

【阳明街道】

党工委书记：毛丕显
副书记：邵金耀（11 月止）　孙启春（11 月始）　陈　辉　周海江（11 月始）　何　良（挂职）
党工委委员：吴东共　唐飞琴　徐　毅　周海江（11 月止）　陈山君（11 月始）
人大工委主任：毛丕显（11 月止）　邵金耀（11 月始）
副主任：屠柏荣　沈林虎（11 月止）
办事处主任：邵金耀（11 月止）　孙启春（11 月始）
副主任：俞建立　陆仁祥　钱　瑛　赵建永
纪工委书记：陈　辉（11 月止）　唐琴飞（11 月始）
副书记：唐琴飞（11 月止）
政协联络委主任：徐　毅

【梨洲街道】

党工委书记：朱　刚
党工委副书记：马丽萍　翁贤权　姜学东
党工委委员：史晓红　蒋柏松　钱彩芬　王建忠　严侔泓　张剑波
人大工委主任：丁金康
人大工委副主任：叶永宁
办事处主任：马丽萍
办事处副主任：潘　彪　赵佳铭　邵华荣　杨建苗
纪工委书记：翁贤权
纪工委副书记：钱彩芬
政协联络委主任：黄银龙

【兰江街道】
党工委书记：王文权
党工委副书记：诸剑军　韩光成　余张新
党工委委员：方鑫淼　陈哲明　孙惠清　干志炎（10月止）　丁义伟（10月始）　刘学伟
人大工委主任：诸春富
人大工委副主任：厉海表　谢建英
办事处主任：诸剑军
办事处副主任：姚泉高　郑银权　周罗建　罗旺文
纪工委书记：韩光成
纪工委副书记：方鑫淼
政协联络委主任：孙惠清
组织员：钱爱芬（10月止）

【朗霞街道（余姚工业园区管委会）】
党工委书记：徐栋芳
党工委副书记：潘帅铁（1月止）　陈岳阳（9月始）　俞炳洪　吴建传　周益忠（12月止）
党工委委员：俞炳洪　梁成纪　徐莹峰　张叶飞　黄冠龙　张海文　周益忠（12月止）
人大工委主任：王茂政
办事处主任：潘帅铁（1月止）　陈岳阳（9月始）
办事处副主任：鲁　君（12月止）　孙建强　金权夫（12月止）　沈国平　熊建苗
马荣丰（12月始）
纪工委书记：俞炳洪
纪工委副书记：徐莹峰
政协联络委主任：劳建标

【低塘街道】
党工委书记：潘帅铁
党工委副书记：杨玉红　毛绍炯　毛立波（12月止）　徐世海（12月始）
党工委委员：岑　斌　孙　恒　吴琴芬（12月止）　黄佳娜（12月始）　苏岳明　杨立华（9月止）
魏　达（9月始）
人大工委主任：朱开方
人大工委副主任：王恩惠
办事处主任：杨玉红
办事处副主任：徐世海（12月止）　陆建波（12月始）　何　明　黄佳娜（12月止）　吴琴芬（12月始）
应立清（12月止）　宋叶忠（12月始）
纪工委书记：毛立波（12月止）　毛绍炯（12月始）
纪工委副书记：孙　恒
政协联络委主任：夏永祥

【泗门镇】
党委书记：谢勇毅

党委副书记：徐康林　吴一柱　姚惠平
党委委员：陈启昂（12 月止）　韩杭城（12 月始）　施建尧　谢丽庆　骆高峰　孙　峰　钱建康
人大主席：王秀荣
人大副主席：杜海军（12 月止）
镇　长：徐康林
副镇长：杨钱波　马荣丰（12 月止）　梁红霞　徐亚红
纪委书记：吴一柱
纪委副书记：施建尧
政协联络委主任：马安平（12 月止）　谢丽庆（12 月始　兼）
组织员：宋　烈（5 月始）

【马渚镇】
党委书记：杨文祥
党委副书记：赵明明　毛建良　许建生　郑杰（挂职　12 月止）
党委委员：马颖颖（11 月止）　袁文庆（11 月始）　李渭清　胡嘉良　周建虎　胡文书
人大主席：李春贤
人大副主席：韩　健
镇　长：赵明明
副镇长：黄于波　姚黎明　李　宽　郑　祯
纪委书记：毛建良
纪委副书记：胡文书
政协联络委主任：王丽丽
组织员：董秋明

【陆埠镇】
党委书记：马建利
党委副书记：沈小坤（11 月止）　褚立军（11 月始）　金苏红　周松岳
党委委员：严浩迪　姜春良　叶旭彬　陈山君（12 月止）　袁荷满（9 月始）　张金龙
人大主席：黄万灿
人大副主席：余国荣
镇　长：沈小坤（11 月止）　褚立军（11 月始）
副镇长：张信钿　袁树连　魏建永　邹小华
纪委书记：金苏红
纪委副书记：姜春良
政协联络委主任：张伟斌

【梁弄镇】
党委书记：严忠苗
党委副书记：王燎民　马伟军　何张辉
党委委员：倪永淼　黄建友　周　优　鲁才定（11 月止）　胡鹤云（11 月始）
人大主席：万小平

人大副主席：邵志云（11 月止） 鲁才定（12 月始）
镇　长：王燎民
副镇长：王沛然　黄银强　张霄飞（12 月止） 鲍文建（12 月始） 谢东海
纪委书记：马伟军
纪委副书记：黄建友

【牟山镇】

党委书记：杨国元
副书记：周　斌　韩立波（12 月止） 王欢亮　万建龙（12 月始）
党委委员：卢　杰　孙百荣　谷迪川　严鸿炳　周　晋
人大主席：黄汉林（1 月止） 杨国元（1 月始）
镇　长：周　斌
副镇长：孙百荣　何前明（12 月止） 郑其龙（12 月始） 谷棋明　万建龙（12 月止） 张立东（12 月始）
纪委书记：韩立波（12 月止） 王欢亮（12 月始）
纪委副书记：卢　杰

【丈亭镇】

党委书记：沈纾丹
党委副书记：黄佰坚　徐周康　茅定威（12 月止） 陈映东（12 月始）
党委委员：陈映东（12 月止） 钱夏珍　沈学键（11 月止） 郑焕根　魏柏腾　叶吉松（12 月始）
陈红国（12 月始）
人大主席：符娟娣
镇　长：黄佰坚
副镇长：罗浩杰　汪长海　韩茂洪　郑东明
纪委书记：茅定威（12 月止） 陈映东（12 月始）
纪委副书记：钱夏珍
组织员：胡松华（9 月止）

【三七市镇】

党委书记：金浩明
党委副书记：史勇军　马军辉　张四海
党委委员：陆　超　周丽培（12 月始） 高巍（12 月止） 卢素芬（12 月始） 吕幼萍　王伟波
姚永尧（12 月始）
人大主席：俞国军
镇　长：史勇军
副镇长：沈建峰　阮吉章　张文培　鲍文建
纪委书记：马军辉
纪委副书记：高　巍（12 月止） 卢素芬（12 月始）

【河姆渡镇】

党委书记：鲁海滨（12 月止） 岑忠良（12 月始）

党委副书记：岑忠良（12 月止） 严文渊（12 月始） 柳雅敏 胡坚强
党委委员：施渭桥 卢国君 周夏琴 徐 存 陈 彪（9 月止）
人大主席：鲁海滨
镇 长：岑忠良（12 月止） 严文渊（12 月始）
副镇长：章 勇 经仰贤 吕 伟 张国东
纪委书记：柳雅敏
纪委副书记：周夏琴

【小曹娥镇】
党委书记：陈江龙（11 月止） 丁建军（11 月始）
党委副书记：丁建军（11 月止） 梅百烽（11 月始） 方娟芬（11 月止） 沈 飞（11 月始） 鲁岳彪（11 月始）
党委委员：董 斌（11 月始） 朱佳齐 徐展豪 张剑耀 钱建平（10 月始）
人大主席：陈江龙（11 月止） 方娟芬（11 月始）
人大副主席：周力平
镇 长：丁建军
副镇长：杨剑波 陈忠华 董 斌 鲁定峰
纪委书记：方娟芬（11 月止） 沈 飞（11 月始）
纪委副书记：朱佳齐

【临山镇】
党委书记：郑铭钧
党委副书记：周建铭 陶建民 江振华（11 月始）
党委委员：黄苏洲 张小利 徐 楠 刘 峰 袁利平
人大主席：郑铭钧（11 月止） 孙保定（11 月始）
人大副主席：缪俊杰
镇 长：周建铭
副镇长：杨国军 胡铁钧 赵建梁 罗 洁（11 月始）
纪委书记：陶建民
纪委副书记：黄苏洲

【黄家埠镇】
党委书记：谢 高
党委副书记：黄桂树 高李生 张国安
党委委员：俞素珍 杭检桥 陈 斌 施建森 吕晓伟
人大主席：胡伟龙
镇 长：黄桂树
副镇长：郑其龙 陈 杰 戚莉莉 孙 萍
纪委书记：高李生
纪委副书记：杭检桥

【大隐镇】

党委书记：张银龙（5月止） 周松庆（5月始）
党委副书记：周松庆（5月止） 沈　红（5月始） 俞炳洪（5月止） 朱汉明（5月始）
党委委员：沈维军　熊建苗（5月止） 张焕军（12月始） 茅豪杰　方永尧
人大主席：汪文安（5月止） 沈　红（5月始）
镇　长：周松庆
副镇长：茅豪杰　干肖彦　毛善龙　黄文建
纪委书记：俞炳洪（5月止） 朱汉明（5月始）
纪委副书记：沈维军

【大岚镇】

党委书记：毛柏生（12月止） 潘剑波（12月始）
党委副书记：潘剑波（12月止） 肖鹤峰（12月始） 黄　强
党委委员：蒋伟儿　李基坚　徐志军　谢超炯
人大主席：俞国强
镇　长：潘剑波（12月止） 肖鹤峰（12月始）
副镇长：郑文杰　沈巍伟　曹　丹
纪委书记：黄　强
纪委副书记：蒋伟儿

【四明山镇】

党委书记：周林杰
党委副书记：唐成波
党委委员：赵永良　符志英　韩银裕
人大主席：李义建
镇　长：谢向前
副镇长：符志英　孙　治　祝永权（12月止）
纪委书记：唐成波（2月止） 赵永良（2月始）
纪委副书记：赵永良（2月止）

【鹿亭乡】

党委书记：赵阳军
党委副书记：谢林权　陈晓珍
党委委员：黄国锋　林　宇　黄伯忠　陈福明（10月始）
人大主席：赵阳军
人大副主席：马友明
乡　长：谢林权
副乡长：林　宇　孙建芬　谢　晨
纪委书记：陈晓珍
纪委副书记：黄国锋

索　　引

说明：

一、本索引将年检的百科部分条目按主题词首字汉语拼音字母顺序排列。

二、索引名称后面的数字表示主题所在的页码